2017
中国财政透明度报告
——省级财政信息公开状况评估

（下）

上海财经大学公共政策研究中心

上海财经大学出版社

目 录

1　山东省财政透明度报告 …………………………………… （1）

1.1　山东省财政透明度概况………………………………………（1）
1.2　山东省一般公共预算基金信息公开情况……………………（2）
1.3　山东省政府性基金信息公开情况……………………………（4）
1.4　山东省财政专户管理资金信息公开情况……………………（6）
1.5　山东省国有资本经营预算基金信息公开情况………………（8）
1.6　山东省政府资产负债信息公开情况…………………………（10）
1.7　山东省部门预算及相关信息公开情况………………………（11）
1.8　山东省社会保险基金信息公开情况…………………………（13）
1.9　山东省国有企业基金信息公开情况…………………………（14）
1.10　基本结论……………………………………………………（15）

2　甘肃省财政透明度报告 …………………………………… （16）

2.1　甘肃省财政透明度概况………………………………………（16）
2.2　甘肃省一般公共预算基金信息公开情况……………………（17）
2.3　甘肃省政府性基金信息公开情况……………………………（19）
2.4　甘肃省财政专户管理资金信息公开情况……………………（21）
2.5　甘肃省国有资本经营预算基金信息公开情况………………（22）
2.6　甘肃省政府资产负债信息公开情况…………………………（24）
2.7　甘肃省部门预算及相关信息公开情况………………………（25）

2.8　甘肃省社会保险基金信息公开情况 …………………………（27）
2.9　甘肃省国有企业基金信息公开情况 …………………………（28）
2.10　基本结论 ……………………………………………………（29）

3　四川省财政透明度报告 ……………………………………（30）

3.1　四川省财政透明度概况 ………………………………………（30）
3.2　四川省一般公共预算基金信息公开情况 ……………………（31）
3.3　四川省政府性基金信息公开情况 ……………………………（33）
3.4　四川省财政专户管理资金信息公开情况 ……………………（35）
3.5　四川省国有资本经营预算基金信息公开情况 ………………（36）
3.6　四川省政府资产负债信息公开情况 …………………………（38）
3.7　四川省部门预算及相关信息公开情况 ………………………（39）
3.8　四川省社会保险基金信息公开情况 …………………………（40）
3.9　四川省国有企业基金信息公开情况 …………………………（41）
3.10　基本结论 ……………………………………………………（42）

4　安徽省财政透明度报告 ……………………………………（44）

4.1　安徽省财政透明度概况 ………………………………………（44）
4.2　安徽省一般公共预算基金信息公开情况 ……………………（45）
4.3　安徽省政府性基金信息公开情况 ……………………………（47）
4.4　安徽省财政专户管理资金信息公开情况 ……………………（49）
4.5　安徽省国有资本经营预算基金信息公开情况 ………………（50）
4.6　安徽省政府资产负债信息公开情况 …………………………（52）
4.7　安徽省部门预算及相关信息公开情况 ………………………（53）
4.8　安徽省社会保险基金信息公开情况 …………………………（55）
4.9　安徽省国有企业基金信息公开情况 …………………………（56）
4.10　基本结论 ……………………………………………………（57）

5 湖南省财政透明度报告 (58)

- 5.1 湖南省财政透明度概况 (58)
- 5.2 湖南省一般公共预算基金信息公开情况 (60)
- 5.3 湖南省政府性基金信息公开情况 (62)
- 5.4 湖南省财政专户管理资金信息公开情况 (65)
- 5.5 湖南省国有资本经营预算基金信息公开情况 (66)
- 5.6 湖南省政府资产负债信息公开情况 (68)
- 5.7 湖南省部门预算及相关信息公开情况 (69)
- 5.8 湖南省社会保险基金信息公开情况 (71)
- 5.9 湖南省国有企业基金信息公开情况 (73)
- 5.10 基本结论 (74)

6 辽宁省财政透明度报告 (75)

- 6.1 辽宁省财政透明度概况 (75)
- 6.2 辽宁省一般公共预算基金信息公开情况 (82)
- 6.3 辽宁省政府性基金信息公开情况 (84)
- 6.4 辽宁省财政专户管理资金信息公开情况 (86)
- 6.5 辽宁省国有资本经营预算基金信息公开情况 (87)
- 6.6 辽宁省政府资产负债信息公开情况 (89)
- 6.7 辽宁省部门预算及相关信息公开情况 (89)
- 6.8 辽宁省社会保险基金信息公开情况 (91)
- 6.9 辽宁省国有企业基金信息公开情况 (92)
- 6.10 基本结论 (93)

7 福建省财政透明度报告 (95)

- 7.1 福建省财政透明度概况 (95)
- 7.2 福建省一般公共预算基金信息公开情况 (97)
- 7.3 福建省政府性基金信息公开情况 (99)

7.4	福建省财政专户管理资金信息公开情况	(101)
7.5	福建省国有资本经营预算基金信息公开情况	(102)
7.6	福建省政府资产负债信息公开情况	(104)
7.7	福建省部门预算及相关信息公开情况	(105)
7.8	福建省社会保险基金信息公开情况	(107)
7.9	福建省国有企业基金信息公开情况	(109)
7.10	基本结论	(110)

8 宁夏回族自治区财政透明度报告 (111)

8.1	宁夏回族自治区财政透明度概况	(111)
8.2	宁夏回族自治区一般公共预算基金信息公开情况	(112)
8.3	宁夏回族自治区政府性基金信息公开情况	(114)
8.4	宁夏回族自治区财政专户管理资金信息公开情况	(116)
8.5	宁夏回族自治区国有资本经营预算基金信息公开情况	(118)
8.6	宁夏回族自治区政府资产负债信息公开情况	(119)
8.7	宁夏回族自治区部门预算及相关信息公开情况	(120)
8.8	宁夏回族自治区社会保险基金信息公开情况	(122)
8.9	宁夏回族自治区国有企业基金信息公开情况	(123)
8.10	基本结论	(124)

9 山西省财政透明度报告 (126)

9.1	山西省财政透明度概况	(126)
9.2	山西省一般公共预算基金信息公开情况	(128)
9.3	山西省政府性基金信息公开情况	(130)
9.4	山西省财政专户管理资金信息公开情况	(133)
9.5	山西省国有资本经营预算基金信息公开情况	(134)
9.6	山西省政府资产负债信息公开情况	(136)
9.7	山西省部门预算及相关信息公开情况	(138)
9.8	山西省社会保险基金信息公开情况	(140)
9.9	山西省国有企业基金信息公开情况	(141)

9.10　基本结论 ……………………………………………………… (142)

10　上海市财政透明度报告 ……………………………………… (143)

10.1　上海市财政透明度概况 …………………………………… (143)
10.2　上海市一般公共预算基金信息公开情况 ………………… (144)
10.3　上海市政府性基金信息公开情况 ………………………… (146)
10.4　上海市财政专户管理资金信息公开情况 ………………… (149)
10.5　上海市国有资本经营预算基金信息公开情况 …………… (150)
10.6　上海市政府资产负债信息公开情况 ……………………… (152)
10.7　上海市部门预算及相关信息公开情况 …………………… (153)
10.8　上海市社会保险基金信息公开情况 ……………………… (155)
10.9　上海市国有企业基金信息公开情况 ……………………… (156)
10.10　基本结论 …………………………………………………… (157)

11　江苏省财政透明度报告 ……………………………………… (158)

11.1　江苏省财政透明度概况 …………………………………… (158)
11.2　江苏省一般公共预算基金信息公开情况 ………………… (159)
11.3　江苏省政府性基金信息公开情况 ………………………… (161)
11.4　江苏省财政专户管理资金信息公开情况 ………………… (163)
11.5　江苏省国有资本经营预算基金信息公开情况 …………… (164)
11.6　江苏省政府资产负债信息公开情况 ……………………… (166)
11.7　江苏省部门预算及相关信息公开情况 …………………… (167)
11.8　江苏省社会保险基金信息公开情况 ……………………… (168)
11.9　江苏省国有企业基金信息公开情况 ……………………… (170)
11.10　基本结论 …………………………………………………… (171)

12　河南省财政透明度报告 ……………………………………… (172)

12.1　河南省财政透明度概况 …………………………………… (172)

- 12.2 河南省一般公共预算基金信息公开情况 …………………… (173)
- 12.3 河南省政府性基金信息公开情况 ……………………………… (175)
- 12.4 河南省财政专户管理资金信息公开情况 …………………… (177)
- 12.5 河南省国有资本经营预算基金信息公开情况 ……………… (178)
- 12.6 河南省政府资产负债信息公开情况 ………………………… (180)
- 12.7 河南省部门预算及相关信息公开情况 ……………………… (181)
- 12.8 河南省社会保险基金信息公开情况 ………………………… (182)
- 12.9 河南省国有企业基金信息公开情况 ………………………… (183)
- 12.10 基本结论 ……………………………………………………… (184)

13 内蒙古自治区财政透明度报告 ………………………………… (186)

- 13.1 内蒙古自治区财政透明度概况 ……………………………… (186)
- 13.2 内蒙古自治区一般公共预算基金信息公开情况 …………… (188)
- 13.3 内蒙古自治区政府性基金信息公开情况 …………………… (190)
- 13.4 内蒙古自治区财政专户管理资金信息公开情况 …………… (192)
- 13.5 内蒙古自治区国有资本经营预算基金信息公开情况 ……… (194)
- 13.6 内蒙古自治区政府资产负债信息公开情况 ………………… (196)
- 13.7 内蒙古自治区部门预算及相关信息公开情况 ……………… (197)
- 13.8 内蒙古自治区社会保险基金信息公开情况 ………………… (199)
- 13.9 内蒙古自治区国有企业基金信息公开情况 ………………… (200)
- 13.10 基本结论 ……………………………………………………… (201)

14 广东省财政透明度报告 …………………………………………… (203)

- 14.1 广东省财政透明度概况 ……………………………………… (203)
- 14.2 广东省一般公共预算基金信息公开情况 …………………… (205)
- 14.3 广东省政府性基金信息公开情况 …………………………… (207)
- 14.4 广东省财政专户管理资金信息公开情况 …………………… (209)
- 14.5 广东省国有资本经营预算基金信息公开情况 ……………… (210)
- 14.6 广东省政府资产负债信息公开情况 ………………………… (212)
- 14.7 广东省部门预算及相关信息公开情况 ……………………… (213)

14.8	广东省社会保险基金信息公开情况	(215)
14.9	广东省国有企业基金信息公开情况	(217)
14.10	基本结论	(218)

15 黑龙江省财政透明度报告 (219)

15.1	黑龙江省财政透明度概况	(219)
15.2	黑龙江省一般公共预算基金信息公开情况	(226)
15.3	黑龙江省政府性基金信息公开情况	(228)
15.4	黑龙江省财政专户管理资金信息公开情况	(230)
15.5	黑龙江省国有资本经营预算基金信息公开情况	(231)
15.6	黑龙江省政府资产负债信息公开情况	(233)
15.7	黑龙江省部门预算及相关信息公开情况	(234)
15.8	黑龙江省社会保险基金信息公开情况	(236)
15.9	黑龙江省国有企业基金信息公开情况	(237)
15.10	基本结论	(238)

16 新疆维吾尔自治区财政透明度报告 (240)

16.1	新疆维吾尔自治区财政透明度概况	(240)
16.2	新疆维吾尔自治区一般公共预算基金信息公开情况	(242)
16.3	新疆维吾尔自治区政府性基金信息公开情况	(243)
16.4	新疆维吾尔自治区财政专户管理资金信息公开情况	(245)
16.5	新疆维吾尔自治区国有资本经营预算基金信息公开情况	(247)
16.6	新疆维吾尔自治区政府资产负债信息公开情况	(249)
16.7	新疆维吾尔自治区部门预算及相关信息公开情况	(250)
16.8	新疆维吾尔自治区社会保险基金信息公开情况	(252)
16.9	新疆维吾尔自治区国有企业基金信息公开情况	(253)
16.10	基本结论	(254)

17 广西壮族自治区财政透明度报告 (255)

17.1 广西壮族自治区财政透明度概况 (255)
17.2 广西壮族自治区一般公共预算基金信息公开情况 (257)
17.3 广西壮族自治区政府性基金信息公开情况 (259)
17.4 广西壮族自治区财政专户管理资金信息公开情况 (261)
17.5 广西壮族自治区国有资本经营预算基金信息公开情况 (263)
17.6 广西壮族自治区政府资产负债信息公开情况 (264)
17.7 广西壮族自治区部门预算及相关信息公开情况 (265)
17.8 广西壮族自治区社会保险基金信息公开情况 (267)
17.9 广西壮族自治区国有企业基金信息公开情况 (269)
17.10 基本结论 (270)

18 云南省财政透明度报告 (271)

18.1 云南省财政透明度概况 (271)
18.2 云南省一般公共预算基金信息公开情况 (272)
18.3 云南省政府性基金信息公开情况 (274)
18.4 云南省财政专户管理资金信息公开情况 (276)
18.5 云南省国有资本经营预算基金信息公开情况 (278)
18.6 云南省政府资产负债信息公开情况 (279)
18.7 云南省部门预算及相关信息公开情况 (281)
18.8 云南省社会保险基金信息公开情况 (283)
18.9 云南省国有企业基金信息公开情况 (285)
18.10 基本结论 (286)

19 北京市财政透明度报告 (287)

19.1 北京市财政透明度概况 (287)
19.2 北京市一般公共预算基金信息公开情况 (288)
19.3 北京市政府性基金信息公开情况 (290)

19.4	北京市财政专户管理资金信息公开情况	(292)
19.5	北京市国有资本经营预算基金信息公开情况	(294)
19.6	北京市政府资产负债信息公开情况	(296)
19.7	北京市部门预算及相关信息公开情况	(296)
19.8	北京市社会保险基金信息公开情况	(298)
19.9	北京市国有企业基金信息公开情况	(299)
19.10	基本结论	(300)

20 重庆市财政透明度报告 (302)

20.1	重庆市财政透明度概况	(302)
20.2	重庆市一般公共预算基金信息公开情况	(303)
20.3	重庆市政府性基金信息公开情况	(305)
20.4	重庆市财政专户管理资金信息公开情况	(307)
20.5	重庆市国有资本经营预算基金信息公开情况	(309)
20.6	重庆市政府资产负债信息公开情况	(311)
20.7	重庆市部门预算及相关信息公开情况	(311)
20.8	重庆市社会保险基金信息公开情况	(313)
20.9	重庆市国有企业基金信息公开情况	(314)
20.10	基本结论	(315)

21 天津市财政透明度报告 (317)

21.1	天津市财政透明度概况	(317)
21.2	天津市一般公共预算基金信息公开情况	(318)
21.3	天津市政府性基金信息公开情况	(320)
21.4	天津市财政专户管理资金信息公开情况	(322)
21.5	天津市国有资本经营预算基金信息公开情况	(324)
21.6	天津市政府资产负债信息公开情况	(326)
21.7	天津市部门预算及相关信息公开情况	(326)
21.8	天津市社会保险基金信息公开情况	(328)
21.9	天津市国有企业基金信息公开情况	(330)

21.10 基本结论 ······ (331)

22 吉林省财政透明度报告 ······ (332)

22.1 吉林省财政透明度概况 ······ (332)
22.2 吉林省一般公共预算基金信息公开情况 ······ (339)
22.3 吉林省政府性基金信息公开情况 ······ (341)
22.4 吉林省财政专户管理资金信息公开情况 ······ (343)
22.5 吉林省国有资本经营预算基金信息公开情况 ······ (344)
22.6 吉林省政府资产负债信息公开情况 ······ (346)
22.7 吉林省部门预算及相关信息公开情况 ······ (346)
22.8 吉林省社会保险基金信息公开情况 ······ (348)
22.9 吉林省国有企业基金信息公开情况 ······ (349)
22.10 基本结论 ······ (350)

23 江西省财政透明度报告 ······ (352)

23.1 江西省财政透明度概况 ······ (352)
23.2 江西省一般公共预算基金信息公开情况 ······ (353)
23.3 江西省政府性基金信息公开情况 ······ (355)
23.4 江西省财政专户管理资金信息公开情况 ······ (357)
23.5 江西省国有资本经营预算基金信息公开情况 ······ (358)
23.6 江西省政府资产负债信息公开情况 ······ (360)
23.7 江西省部门预算及相关信息公开情况 ······ (361)
23.8 江西省社会保险基金信息公开情况 ······ (362)
23.9 江西省国有企业基金信息公开情况 ······ (364)
23.10 基本结论 ······ (364)

24 浙江省财政透明度报告 ······ (366)

24.1 浙江省财政透明度概况 ······ (366)

24.2	浙江省一般公共预算基金信息公开情况	(367)
24.3	浙江省政府性基金信息公开情况	(369)
24.4	浙江省财政专户管理资金信息公开情况	(371)
24.5	浙江省国有资本经营预算基金信息公开情况	(372)
24.6	浙江省政府资产负债信息公开情况	(374)
24.7	浙江省部门预算及相关信息公开情况	(375)
24.8	浙江省社会保险基金信息公开情况	(376)
24.9	浙江省国有企业基金信息公开情况	(378)
24.10	基本结论	(379)

25 海南省财政透明度报告 (380)

25.1	海南省财政透明度概况	(380)
25.2	海南省一般公共预算基金信息公开情况	(381)
25.3	海南省政府性基金信息公开情况	(383)
25.4	海南省财政专户管理资金信息公开情况	(385)
25.5	海南省国有资本经营预算基金信息公开情况	(386)
25.6	海南省政府资产负债信息公开情况	(388)
25.7	海南省部门预算及相关信息公开情况	(389)
25.8	海南省社会保险基金信息公开情况	(390)
25.9	海南省国有企业基金信息公开情况	(392)
25.10	基本结论	(392)

26 河北省财政透明度报告 (394)

26.1	河北省财政透明度概况	(394)
26.2	河北省一般公共预算基金信息公开情况	(395)
26.3	河北省政府性基金信息公开情况	(397)
26.4	河北省财政专户管理资金信息公开情况	(399)
26.5	河北省国有资本经营预算基金信息公开情况	(400)
26.6	河北省政府资产负债信息公开情况	(402)
26.7	河北省部门预算及相关信息公开情况	(403)

26.8 河北省社会保险基金信息公开情况 ……………………… (404)
26.9 河北省国有企业基金信息公开情况 ……………………… (406)
26.10 基本结论 …………………………………………………… (407)

27 贵州省财政透明度报告 …………………………………… (408)

27.1 贵州省财政透明度概况 …………………………………… (408)
27.2 贵州省一般公共预算基金信息公开情况 ………………… (410)
27.3 贵州省政府性基金信息公开情况 ………………………… (412)
27.4 贵州省财政专户管理资金信息公开情况 ………………… (414)
27.5 贵州省国有资本经营预算基金信息公开情况 …………… (416)
27.6 贵州省政府资产负债信息公开情况 ……………………… (417)
27.7 贵州省部门预算及相关信息公开情况 …………………… (418)
27.8 贵州省社会保险基金信息公开情况 ……………………… (420)
27.9 贵州省国有企业基金信息公开情况 ……………………… (422)
27.10 基本结论 …………………………………………………… (422)

28 西藏自治区财政透明度报告 ……………………………… (424)

28.1 西藏自治区财政透明度概况 ……………………………… (424)
28.2 西藏自治区一般公共预算基金信息公开情况 …………… (425)
28.3 西藏自治区政府性基金信息公开情况 …………………… (427)
28.4 西藏自治区财政专户管理资金信息公开情况 …………… (429)
28.5 西藏自治区国有资本经营预算基金信息公开情况 ……… (430)
28.6 西藏自治区政府资产负债信息公开情况 ………………… (432)
28.7 西藏自治区部门预算及相关信息公开情况 ……………… (433)
28.8 西藏自治区省社会保险基金信息公开情况 ……………… (435)
28.9 西藏自治区国有企业基金信息公开情况 ………………… (436)
28.10 基本结论 …………………………………………………… (437)

29　青海省财政透明度报告 (438)

- 29.1　青海省财政透明度概况 (438)
- 29.2　青海省一般公共预算基金信息公开情况 (439)
- 29.3　青海省政府性基金信息公开情况 (441)
- 29.4　青海省财政专户管理资金信息公开情况 (443)
- 29.5　青海省国有资本经营预算基金信息公开情况 (444)
- 29.6　青海省政府资产负债信息公开情况 (446)
- 29.7　青海省部门预算及相关信息公开情况 (447)
- 29.8　青海省社会保险基金信息公开情况 (448)
- 29.9　青海省国有企业基金信息公开情况 (450)
- 29.10　基本结论 (450)

30　陕西省财政透明度报告 (452)

- 30.1　陕西省财政透明度概况 (452)
- 30.2　陕西省一般公共预算基金信息公开情况 (454)
- 30.3　陕西省政府性基金信息公开情况 (455)
- 30.4　陕西省财政专户管理资金信息公开情况 (457)
- 30.5　陕西省国有资本经营预算基金信息公开情况 (459)
- 30.6　陕西省政府资产负债信息公开情况 (460)
- 30.7　陕西省部门预算及相关信息公开情况 (461)
- 30.8　陕西省社会保险基金信息公开情况 (463)
- 30.9　陕西省国有企业基金信息公开情况 (464)
- 30.10　基本结论 (465)

31　湖北省财政透明度报告 (467)

- 31.1　湖北省财政透明度概况 (467)
- 31.2　湖北省一般公共预算基金信息公开情况 (469)
- 31.3　湖北省政府性基金信息公开情况 (471)

- 31.4 湖北省财政专户管理资金信息公开情况 …………………… (473)
- 31.5 湖北省国有资本经营预算基金信息公开情况 ………………… (474)
- 31.6 湖北省政府资产负债信息公开情况 …………………………… (476)
- 31.7 湖北省部门预算及相关信息公开情况 ………………………… (477)
- 31.8 湖北省社会保险基金信息公开情况 …………………………… (479)
- 31.9 湖北省国有企业基金信息公开情况 …………………………… (481)
- 31.10 基本结论 ……………………………………………………… (481)

Contents

1   The Report on the Fiscal Transparency of Shangdong Province ······ (1)

1.1   Overview ······ (1)
1.2   The Transparency of General Fund ······ (2)
1.3   The Transparency of Special Fund ······ (4)
1.4   The Transparency of Off-treasure Fiscal Fund ······ (6)
1.5   The Transparency of State-owned Operating Asset Fund ······ (8)
1.6   The Transparency of Governmental Assets and Liabilities ······ (10)
1.7   The Transparency of Governmental Agencies' Budget and the Related Information ······ (11)
1.8   The Transparency of Social Insurance Fund ······ (13)
1.9   The Transparency of State-owned Enterprises ······ (14)
1.10   Conclusions ······ (15)

2   The Report on the Fiscal Transparency of Gansu Province ······ (16)

2.1   Overview ······ (16)
2.2   The Transparency of General Fund ······ (17)
2.3   The Transparency of Special Fund ······ (19)
2.4   The Transparency of Off-treasure Fiscal Fund ······ (21)

2.5	The Transparency of State-owned Operating Asset Fund ...... (22)
2.6	The Transparency of Governmental Assets and Liabilities ... (24)
2.7	The Transparency of Governmental Agencies' Budget and the Related Information .... (25)
2.8	The Transparency of Social Insurance Fund .... (27)
2.9	The Transparency of State-owned Enterprises .... (28)
2.10	Conclusions .... (29)

3 The Report on the Fiscal Transparency of Sichuan Province
.... (30)

3.1	Overview .... (30)
3.2	The Transparency of General Fund .... (31)
3.3	The Transparency of Special Fund .... (33)
3.4	The Transparency of Off-treasure Fiscal Fund .... (35)
3.5	The Transparency of State-owned Operating Asset Fund ...... (36)
3.6	The Transparency of Governmental Assets and Liabilities ... (38)
3.7	The Transparency of Governmental Agencies' Budget and the Related Information .... (39)
3.8	The Transparency of Social Insurance Fund .... (40)
3.9	The Transparency of State-owned Enterprises .... (41)
3.10	Conclusions .... (42)

4 The Report on the Fiscal Transparency of Anhui Province
.... (44)

4.1	Overview .... (44)
4.2	The Transparency of General Fund .... (45)
4.3	The Transparency of Special Fund .... (47)
4.4	The Transparency of Off-treasure Fiscal Fund .... (49)
4.5	The Transparency of State-owned Operating Asset Fund ...... (50)
4.6	The Transparency of Governmental Assets and Liabilities ... (52)

4.7	The Transparency of Governmental Agencies' Budget and the Related Information	(53)
4.8	The Transparency of Social Insurance Fund	(55)
4.9	The Transparency of State-owned Enterprises	(56)
4.10	Conclusions	(57)

5　The Report on the Fiscal Transparency of Hunan Province ······ (58)

5.1	Overview	(58)
5.2	The Transparency of General Fund	(60)
5.3	The Transparency of Special Fund	(62)
5.4	The Transparency of Off-treasure Fiscal Fund	(65)
5.5	The Transparency of State-owned Operating Asset Fund	(66)
5.6	The Transparency of Governmental Assets and Liabilities	(68)
5.7	The Transparency of Governmental Agencies' Budget and the Related Information	(69)
5.8	The Transparency of Social Insurance Fund	(71)
5.9	The Transparency of State-owned Enterprises	(73)
5.10	Conclusions	(74)

6　The Report on the Fiscal Transparency of Liaoning Province ······ (75)

6.1	Overview	(75)
6.2	The Transparency of General Fund	(82)
6.3	The Transparency of Special Fund	(84)
6.4	The Transparency of Off-treasure Fiscal Fund	(86)
6.5	The Transparency of State-owned Operating Asset Fund	(87)
6.6	The Transparency of Governmental Assets and Liabilities	(89)
6.7	The Transparency of Governmental Agencies' Budget and the Related Information	(89)

6.8	The Transparency of Social Insurance Fund	(91)
6.9	The Transparency of State-owned Enterprises	(92)
6.10	Conclusions	(93)

7 The Report on the Fiscal Transparency of Fujian Province (95)

7.1	Overview	(95)
7.2	The Transparency of General Fund	(97)
7.3	The Transparency of Special Fund	(99)
7.4	The Transparency of Off-treasure Fiscal Fund	(101)
7.5	The Transparency of State-owned Operating Asset Fund	(102)
7.6	The Transparency of Governmental Assets and Liabilities	(104)
7.7	The Transparency of Governmental Agencies' Budget and the Related Information	(105)
7.8	The Transparency of Social Insurance Fund	(107)
7.9	The Transparency of State-owned Enterprises	(109)
7.10	Conclusions	(110)

8 The Report on the Fiscal Transparency of Ningxia Hui Autonomous Region (111)

8.1	Overview	(111)
8.2	The Transparency of General Fund	(112)
8.3	The Transparency of Special Fund	(114)
8.4	The Transparency of Off-treasure Fiscal Fund	(116)
8.5	The Transparency of State-owned Operating Asset Fund	(118)
8.6	The Transparency of Governmental Assets and Liabilities	(119)
8.7	The Transparency of Governmental Agencies' Budget and the Related Information	(120)

8.8	The Transparency of Social Insurance Fund	(122)
8.9	The Transparency of State-owned Enterprises	(123)
8.10	Conclusions	(124)

9 The Report on the Fiscal Transparency of Shanxi Province (126)

9.1	Overview	(126)
9.2	The Transparency of General Fund	(128)
9.3	The Transparency of Special Fund	(130)
9.4	The Transparency of Off-treasure Fiscal Fund	(133)
9.5	The Transparency of State-owned Operating Asset Fund	(134)
9.6	The Transparency of Governmental Assets and Liabilities	(136)
9.7	The Transparency of Governmental Agencies' Budget and the Related Information	(138)
9.8	The Transparency of Social Insurance Fund	(140)
9.9	The Transparency of State-owned Enterprises	(141)
9.10	Conclusions	(142)

10 The Report on the Fiscal Transparency of Shanghai (143)

10.1	Overview	(143)
10.2	The Transparency of General Fund	(144)
10.3	The Transparency of Special Fund	(146)
10.4	The Transparency of Off-treasure Fiscal Fund	(149)
10.5	The Transparency of State-owned Operating Asset Fund	(150)
10.6	The Transparency of Governmental Assets and Liabilities	(152)
10.7	The Transparency of Governmental Agencies' Budget and the Related Information	(153)

10.8	The Transparency of Social Insurance Fund	(155)
10.9	The Transparency of State-owned Enterprises	(156)
10.10	Conclusions	(157)

11 The Report on the Fiscal Transparency of Jiangsu Province ······ (158)

11.1	Overview	(158)
11.2	The Transparency of General Fund	(159)
11.3	The Transparency of Special Fund	(161)
11.4	The Transparency of Off-treasure Fiscal Fund	(163)
11.5	The Transparency of State-owned Operating Asset Fund	(164)
11.6	The Transparency of Governmental Assets and Liabilities	(166)
11.7	The Transparency of Governmental Agencies' Budget and the Related Information	(167)
11.8	The Transparency of Social Insurance Fund	(168)
11.9	The Transparency of State-owned Enterprises	(170)
11.10	Conclusions	(171)

12 The Report on the Fiscal Transparency of Henan Province ······ (172)

12.1	Overview	(172)
12.2	The Transparency of General Fund	(173)
12.3	The Transparency of Special Fund	(175)
12.4	The Transparency of Off-treasure Fiscal Fund	(177)
12.5	The Transparency of State-owned Operating Asset Fund	(178)
12.6	The Transparency of Governmental Assets and Liabilities	(180)
12.7	The Transparency of Governmental Agencies' Budget and the Related Information	(181)

12.8	The Transparency of Social Insurance Fund	(182)
12.9	The Transparency of State-owned Enterprises	(183)
12.10	Conclusions	(184)

13 The Report on the Fiscal Transparency of Inner Mongolia Autonomous Region (186)

13.1	Overview	(186)
13.2	The Transparency of General Fund	(188)
13.3	The Transparency of Special Fund	(190)
13.4	The Transparency of Off-treasure Fiscal Fund	(192)
13.5	The Transparency of State-owned Operating Asset Fund	(194)
13.6	The Transparency of Governmental Assets and Liabilities	(196)
13.7	The Transparency of Governmental Agencies' Budget and the Related Information	(197)
13.8	The Transparency of Social Insurance Fund	(199)
13.9	The Transparency of State-owned Enterprises	(200)
13.10	Conclusions	(201)

14 The Report on the Fiscal Transparency of Guangdong Province (203)

14.1	Overview	(203)
14.2	The Transparency of General Fund	(205)
14.3	The Transparency of Special Fund	(207)
14.4	The Transparency of Off-treasure Fiscal Fund	(209)
14.5	The Transparency of State-owned Operating Asset Fund	(210)
14.6	The Transparency of Governmental Assets and Liabilities	(212)
14.7	The Transparency of Governmental Agencies' Budget and the Related Information	(213)

14.8	The Transparency of Social Insurance Fund	(215)
14.9	The Transparency of State-owned Enterprises	(217)
14.10	Conclusions	(218)

15 The Report on the Fiscal Transparency of Heilongjiang Province (219)

15.1	Overview	(219)
15.2	The Transparency of General Fund	(226)
15.3	The Transparency of Special Fund	(228)
15.4	The Transparency of Off-treasure Fiscal Fund	(230)
15.5	The Transparency of State-owned Operating Asset Fund	(231)
15.6	The Transparency of Governmental Assets and Liabilities	(233)
15.7	The Transparency of Governmental Agencies' Budget and the Related Information	(234)
15.8	The Transparency of Social Insurance Fund	(236)
15.9	The Transparency of State-owned Enterprises	(237)
15.10	Conclusions	(238)

16 The Report on the Fiscal Transparency of Xinjiang Uygur Autonomous Region (240)

16.1	Overview	(240)
16.2	The Transparency of General Fund	(242)
16.3	The Transparency of Special Fund	(243)
16.4	The Transparency of Off-treasure Fiscal Fund	(245)
16.5	The Transparency of State-owned Operating Asset Fund	(247)
16.6	The Transparency of Governmental Assets and Liabilities	(249)
16.7	The Transparency of Governmental Agencies' Budget and the Related Information	(250)

16.8	The Transparency of Social Insurance Fund	(252)
16.9	The Transparency of State-owned Enterprises	(253)
16.10	Conclusions	(254)

17 The Report on the Fiscal Transparency of Guangxi Zhuang Autonomous Region ……(255)

17.1	Overview	(255)
17.2	The Transparency of General Fund	(257)
17.3	The Transparency of Special Fund	(259)
17.4	The Transparency of Off-treasure Fiscal Fund	(261)
17.5	The Transparency of State-owned Operating Asset Fund	(263)
17.6	The Transparency of Governmental Assets and Liabilities	(264)
17.7	The Transparency of Governmental Agencies' Budget and the Related Information	(265)
17.8	The Transparency of Social Insurance Fund	(267)
17.9	The Transparency of State-owned Enterprises	(269)
17.10	Conclusions	(270)

18 The Report on the Fiscal Transparency of Yunnan Province ……(271)

18.1	Overview	(271)
18.2	The Transparency of General Fund	(272)
18.3	The Transparency of Special Fund	(274)
18.4	The Transparency of Off-treasure Fiscal Fund	(276)
18.5	The Transparency of State-owned Operating Asset Fund	(278)
18.6	The Transparency of Governmental Assets and Liabilities	(279)
18.7	The Transparency of Governmental Agencies' Budget and the Related Information	(281)

18.8	The Transparency of Social Insurance Fund	(283)
18.9	The Transparency of State-owned Enterprises	(285)
18.10	Conclusions	(286)

19 The Report on the Fiscal Transparency of Beijing (287)

19.1	Overview	(287)
19.2	The Transparency of General Fund	(288)
19.3	The Transparency of Special Fund	(290)
19.4	The Transparency of Off-treasure Fiscal Fund	(292)
19.5	The Transparency of State-owned Operating Asset Fund	(294)
19.6	The Transparency of Governmental Assets and Liabilities	(296)
19.7	The Transparency of Governmental Agencies' Budget and the Related Information	(296)
19.8	The Transparency of Social Insurance Fund	(298)
19.9	The Transparency of State-owned Enterprises	(299)
19.10	Conclusions	(300)

20 The Report on the Fiscal Transparency of Chongqing (302)

20.1	Overview	(302)
20.2	The Transparency of General Fund	(303)
20.3	The Transparency of Special Fund	(305)
20.4	The Transparency of Off-treasure Fiscal Fund	(307)
20.5	The Transparency of State-owned Operating Asset Fund	(309)
20.6	The Transparency of Governmental Assets and Liabilities	(311)
20.7	The Transparency of Governmental Agencies' Budget and the Related Information	(311)
20.8	The Transparency of Social Insurance Fund	(313)

20.9	The Transparency of State-owned Enterprises	(314)
20.10	Conclusions	(315)

21 The Report on the Fiscal Transparency of Tianjin (317)

21.1	Overview	(317)
21.2	The Transparency of General Fund	(318)
21.3	The Transparency of Special Fund	(320)
21.4	The Transparency of Off-treasure Fiscal Fund	(322)
21.5	The Transparency of State-owned Operating Asset Fund	(324)
21.6	The Transparency of Governmental Assets and Liabilities	(326)
21.7	The Transparency of Governmental Agencies' Budget and the Related Information	(326)
21.8	The Transparency of Social Insurance Fund	(328)
21.9	The Transparency of State-owned Enterprises	(330)
21.10	Conclusions	(331)

22 The Report on the Fiscal Transparency of Jilin Province (332)

22.1	Overview	(332)
22.2	The Transparency of General Fund	(339)
22.3	The Transparency of Special Fund	(341)
22.4	The Transparency of Off-treasure Fiscal Fund	(343)
22.5	The Transparency of State-owned Operating Asset Fund	(344)
22.6	The Transparency of Governmental Assets and Liabilities	(346)
22.7	The Transparency of Governmental Agencies' Budget and the Related Information	(346)
22.8	The Transparency of Social Insurance Fund	(348)
22.9	The Transparency of State-owned Enterprises	(349)

22.10 Conclusions ··· (350)

23　The Report on the Fiscal Transparency of Jiangxi Province
　　··· (352)

23.1　Overview ··· (352)
23.2　The Transparency of General Fund ································ (353)
23.3　The Transparency of Special Fund ································· (355)
23.4　The Transparency of Off-treasure Fiscal Fund ·················· (357)
23.5　The Transparency of State-owned Operating Asset Fund ··· (358)
23.6　The Transparency of Governmental Assets and Liabilities
　　··· (360)
23.7　The Transparency of Governmental Agencies' Budget and the
　　Related Information ·· (361)
23.8　The Transparency of Social Insurance Fund ····················· (362)
23.9　The Transparency of State-owned Enterprises ·················· (364)
23.10 Conclusions ··· (364)

24　The Report on the Fiscal Transparency of Zhejiang Province
　　··· (366)

24.1　Overview ··· (366)
24.2　The Transparency of General Fund ································ (367)
24.3　The Transparency of Special Fund ································· (369)
24.4　The Transparency of Off-treasure Fiscal Fund ·················· (371)
24.5　The Transparency of State-owned Operating Asset Fund ··· (372)
24.6　The Transparency of Governmental Assets and Liabilities
　　··· (374)
24.7　The Transparency of Governmental Agencies' Budget and the
　　Related Information ·· (375)
24.8　The Transparency of Social Insurance Fund ····················· (376)
24.9　The Transparency of State-owned Enterprises ·················· (378)

| 24.10 | Conclusions | (379) |

25 The Report on the Fiscal Transparency of Hainan Province (380)

25.1	Overview	(380)
25.2	The Transparency of General Fund	(381)
25.3	The Transparency of Special Fund	(383)
25.4	The Transparency of Off-treasure Fiscal Fund	(385)
25.5	The Transparency of State-owned Operating Asset Fund	(386)
25.6	The Transparency of Governmental Assets and Liabilities	(388)
25.7	The Transparency of Governmental Agencies' Budget and the Related Information	(389)
25.8	The Transparency of Social Insurance Fund	(390)
25.9	The Transparency of State-owned Enterprises	(392)
25.10	Conclusions	(392)

26 The Report on the Fiscal Transparency of Hebei Province (394)

26.1	Overview	(394)
26.2	The Transparency of General Fund	(395)
26.3	The Transparency of Special Fund	(397)
26.4	The Transparency of Off-treasure Fiscal Fund	(399)
26.5	The Transparency of State-owned Operating Asset Fund	(400)
26.6	The Transparency of Governmental Assets and Liabilities	(402)
26.7	The Transparency of Governmental Agencies' Budget and the Related Information	(403)
26.8	The Transparency of Social Insurance Fund	(404)
26.9	The Transparency of State-owned Enterprises	(406)

26.10　Conclusions ······ (407)

27　The Report on the Fiscal Transparency of Guizhou Province
······ (408)

27.1　Overview ······ (408)
27.2　The Transparency of General Fund ······ (410)
27.3　The Transparency of Special Fund ······ (412)
27.4　The Transparency of Off-treasure Fiscal Fund ······ (414)
27.5　The Transparency of State-owned Operating Asset Fund ··· (416)
27.6　The Transparency of Governmental Assets and Liabilities
······ (417)
27.7　The Transparency of Governmental Agencies' Budget and the Related Information ······ (418)
27.8　The Transparency of Social Insurance Fund ······ (420)
27.9　The Transparency of State-owned Enterprises ······ (422)
27.10　Conclusions ······ (422)

28　The Report on the Fiscal Transparency of Tibet Autonomous Region ······ (424)

28.1　Overview ······ (424)
28.2　The Transparency of General Fund ······ (425)
28.3　The Transparency of Special Fund ······ (427)
28.4　The Transparency of Off-treasure Fiscal Fund ······ (429)
28.5　The Transparency of State-owned Operating Asset Fund ··· (430)
28.6　The Transparency of Governmental Assets and Liabilities
······ (432)
28.7　The Transparency of Governmental Agencies' Budget and the Related Information ······ (433)
28.8　The Transparency of Social Insurance Fund ······ (435)
28.9　The Transparency of State-owned Enterprises ······ (436)

28.10　Conclusions ·· (437)

29　The Report on the Fiscal Transparency of Qinghai Province
·· (438)

29.1　Overview ·· (438)
29.2　The Transparency of General Fund ······················ (439)
29.3　The Transparency of Special Fund ······················· (441)
29.4　The Transparency of Off-treasure Fiscal Fund ··········· (443)
29.5　The Transparency of State-owned Operating Asset Fund ··· (444)
29.6　The Transparency of Governmental Assets and Liabilities
　　　·· (446)
29.7　The Transparency of Governmental Agencies' Budget and the
　　　Related Information ·· (447)
29.8　The Transparency of Social Insurance Fund ··············· (448)
29.9　The Transparency of State-owned Enterprises ············· (450)
29.10　Conclusions ·· (450)

30　The Report on the Fiscal Transparency of Shanxi Province
·· (452)

30.1　Overview ·· (452)
30.2　The Transparency of General Fund ······················ (454)
30.3　The Transparency of Special Fund ······················· (455)
30.4　The Transparency of Off-treasure Fiscal Fund ··········· (457)
30.5　The Transparency of State-owned Operating Asset Fund ··· (459)
30.6　The Transparency of Governmental Assets and Liabilities
　　　·· (460)
30.7　The Transparency of Governmental Agencies' Budget and the
　　　Related Information ·· (461)
30.8　The Transparency of Social Insurance Fund ··············· (463)
30.9　The Transparency of State-owned Enterprises ············· (464)

| 30.10 | Conclusions ·· (465) |

31 The Report on the Fiscal Transparency of Hubei Province
·· (467)

31.1	Overview ·· (467)
31.2	The Transparency of General Fund ································ (469)
31.3	The Transparency of Special Fund ································· (471)
31.4	The Transparency of Off-treasure Fiscal Fund ················ (473)
31.5	The Transparency of State-owned Operating Asset Fund ··· (474)
31.6	The Transparency of Governmental Assets and Liabilities ·· (476)
31.7	The Transparency of Governmental Agencies' Budget and the Related Information ·· (477)
31.8	The Transparency of Social Insurance Fund ···················· (479)
31.9	The Transparency of State-owned Enterprises ················· (481)
31.10	Conclusions ··· (481)

1 山东省财政透明度报告

1.1 山东省财政透明度概况

中共十八大以来,山东省贯彻落实新《预算法》关于预决算公开的相关规定和中共中央办公厅、国务院办公厅《关于进一步推进预算公开工作的意见》的相关规定,积极推进财政信息公开工作。

2016年2月18日,山东省财政厅在其官网发布了《关于山东省2015年预算执行情况和2016年预算草案的报告》。2016年8月10日,经省人民代表大会批准后,财政厅网站公开了《山东省2015年财政决算和2016年上半年预算执行情况的报告》以及相关决算报表。

综合政府网站公开资料、《山东财政年鉴》、《山东统计年鉴》和被调查部门的信息反馈情况,项目组计算得出山东省财政透明度得分。从图1-1可知,山东省财政透明度得分虽略有波动,但基本呈现上升趋势,尤其是2014—2017年,得分均超过了55分,2017年更是超过了70分,即公开了超过70%的财政信息。山东省排名情况也较好,除2009年外,其余年份均排在了前10名,2015年和2017年则位于第1名。

就2017年山东省财政透明度得分的各项构成情况(见表1-1)来看,9项信息要素中,山东省单项得分均高于31个省份的平均得分。其中,政府资产负债、社会保险基金、国有企业基金透明度得分这3项信息要素均位列单项排名第1名。

	2009年	2010年	2011年	2012年	2013年	2014年	2015年	2016年	2017年
得分	19.35	29.43	23.37	30.83	36.2	56.16	57.01	56.82	70.01
排名	14	2	10	6	10	2	1	4	1

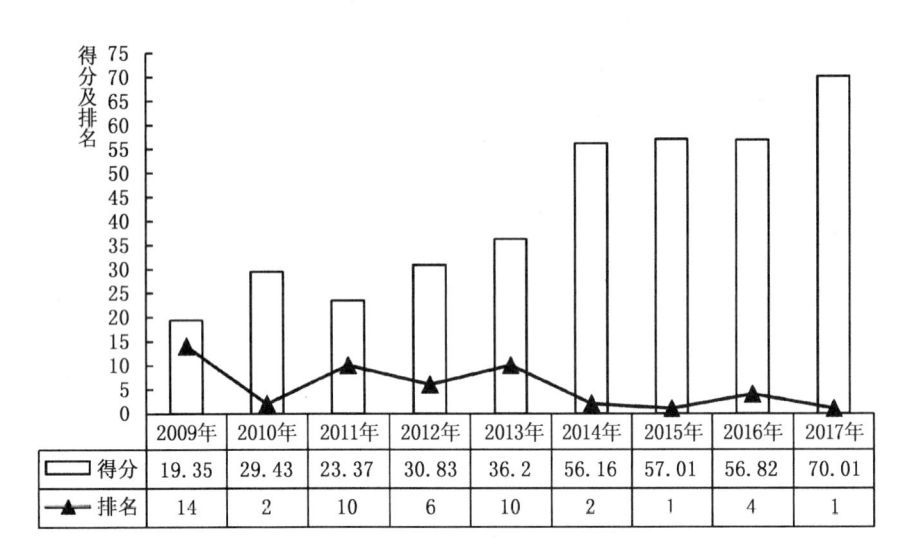

图1-1 山东省财政透明度得分及排名(2009—2017)

表1-1 山东省各调查信息要素的透明度得分(2017)

	一般公共预算基金	政府性基金	财政专户管理资金	国有资本经营预算基金	政府资产负债	部门预算及相关信息	社会保险基金	国有企业基金	被调查者态度
权重	25%	8%	4%	2%	9%	15%	19%	15%	3%
31个省份平均百分制得分	57.86	47.29	4.68	43.64	17.71	47.32	49.11	57.78	77.27
山东省百分制得分	66.51	66.67	25.00	69.44	51.02	71.30	77.14	87.50	86.36

1.2 山东省一般公共预算基金信息公开情况

一般公共预算基金透明度评分指标主要根据财政部要求编制的"公共财政收支决算总表"、"公共财政收入决算明细表"、"公共财政支出决算功能分类明细表"、"公共财政收支决算分级表"、"公共财政收支及平衡情况表"这5张决算表格设计而成。其中,前三张决算表格调查的内容是省总预算的收支情况,各项信息要素权重为2;后两张决算表格调查的内容是省本级和省以下各级地方政府的收支情况,各项信息要素权重为1。另外,项目组还提出了一般公共预算经济分类支出信息公开的申请。

山东省财政厅依申请公开的决算表格有"2015年度山东省一般公共预算收入决算明细表"、"2015年度一般公共预算收支及平衡情况表"、"2015年度山东省一般公共预算收支决算分级表",此外《2016山东财政年鉴》公开了"2016年山东省一般公共预算收入执行情况表"、"2016年山东省一般公共预算支出执行情况表",包含了表1-2中1-25项除经济分类外的信息要素。

山东省财政厅网站公开了2015年度全省及省本级的一般公共预算收支决算情况,其中"2015年省级一般公共预算基本支出经济分类决算表"包含了"省本级公共预算支出经济分类类级科目"这项信息要素。具体的信息公开方式及信息公开内容见表1-2。

表1-2　　　　山东省一般公共预算基金信息公开情况(2015)

编号	信息要素	未公开	依申请公开	网站公开	出版物公开	已公开信息项	应公开信息项
1	省总预算公共预算收支总额		✓	✓	✓	2	2
2	省总预算公共预算收入类级科目		✓	✓	✓	2	2
3	省总预算公共预算收入款级科目		✓	✓	✓	20	22
4	省总预算公共预算收入项级科目		✓			22	22
5	省总预算公共预算收入目级科目		✓			22	22
6	省总预算公共预算支出功能分类类级科目		✓	✓	✓	23	24
7	省总预算公共预算支出功能分类款级科目		✓		✓	24	24
8	省总预算公共预算支出功能分类项级科目				✓	22	24
9	省总预算公共预算支出经济分类类级科目	✓				0	10
10	省总预算公共预算支出经济分类款级科目	✓				0	10
11	省本级公共预算收入类级科目			✓	✓	2	2
12	省本级公共预算支出功能分类类级科目			✓	✓	18	24
13	省本级公共预算支出经济分类类级科目			✓		4	10
14	地市本级公共预算收入类级科目			✓	✓	2	2
15	地市本级公共预算支出功能分类类级科目			✓	✓	17	24
16	地市本级公共预算支出经济分类类级科目	✓				0	10
17	县本级公共预算收入类级科目			✓		2	2
18	县本级公共预算支出功能分类类级科目			✓		17	24

续表

编号	信息要素	未公开	依申请公开	网站公开	出版物公开	已公开信息项	应公开信息项
19	县本级公共预算支出经济分类类级科目	√				0	10
20	乡级公共预算收入类级科目		√			2	2
21	乡级公共预算支出功能分类类级科目		√			17	24
22	乡级公共预算支出经济分类类级科目	√				0	10
23	各地市本级公共预算收入类级科目		√	√		1	1
24	各地市本级公共预算支出功能分类类级科目		√	√		1	1
25	各地市本级公共预算支出经济分类类级科目	√				0	1
26	各县本级公共预算收入类级科目	√				0	1
27	各县本级公共预算支出功能分类类级科目	√				0	1
28	各县本级公共预算支出经济分类类级科目	√				0	1

一般公共预算基金透明度得分计算方法为：

$$\left(\sum_{i=1}^{28} \frac{已公开信息项_i}{应公开信息项_i} \times 二级权重_i\right) \times 100 / \sum_{i=1}^{28} 二级权重_i$$

根据该计算方法，可以得出山东省一般公共预算基金透明度得分为66.51分，比该单项信息排名第一的四川省低12.44分，比31个省份一般公共预算基金透明度的平均得分高8.99分，在该单项信息排名中位列第13名。

1.3 山东省政府性基金信息公开情况

政府性基金透明度评分指标根据"政府性基金收支决算总表"、"政府性基金收支及结余情况表"、"政府性基金收支决算分级表"、"政府性基金收支及平衡情况表"这4张决算表格设计而成。其中，前两张决算表格调查的内容是省总预算的收支情况，各项信息要素权重为2；后两张决算表格调查的内容是省本级和省以下各级地方政府的收支情况，各项信息要素权重为1。另外，项目组还提出了政府性基金经济分类支出信息公开的申请。

综合山东省财政厅依申请公开的"2015年度山东省政府性基金收支及结余情况表"和"2015年度山东省政府性基金收支决算分级表"，以及从《2016山东财政年鉴》中获取的"2016年山东省政府性基金预算收入执行情况表"、"2016年山东省政府性基金预算支出执行情况表"、"2016年省级政府性基金预算收入执行情况表"和"2016年省级政府性基金预算支出执行情况表"，包含了表1-3中第1-24项除经济分类外的信息要素。具体的信息公开方式及信息公开内容见表1-3。

表1-3　　　　山东省政府性基金信息公开情况(2015)

编号	信息要素	未公开	依申请公开	网站公开	出版物公开	已公开信息项	应公开信息项
1	省总预算政府性基金预算收支总额			✓	✓	2	2
2	省总预算政府性基金预算收入款级科目			✓	✓	1	1
3	省总预算政府性基金预算收入项级科目		✓	✓	✓	1	1
4	省总预算政府性基金预算收入目级科目		✓			1	1
5	省总预算政府性基金预算支出功能分类类级科目				✓	10	10
6	省总预算政府性基金预算支出功能分类款级科目		✓	✓	✓	10	10
7	省总预算政府性基金预算支出功能分类项级科目				✓	10	10
8	省总预算政府性基金预算支出经济分类类级科目	✓				0	10
9	省总预算政府性基金预算支出经济分类款级科目	✓				0	10
10	省本级政府性基金预算收入款级科目		✓	✓	✓	1	1
11	省本级政府性基金预算支出功能分类类级科目			✓	✓	10	10
12	省本级政府性基金预算支出经济分类类级科目	✓				0	10
13	地市本级政府性基金预算收入款级科目		✓	✓	✓	1	1
14	地市本级政府性基金预算支出功能分类类级科目			✓	✓	10	10
15	地市本级政府性基金预算支出经济分类类级科目	✓				0	10
16	县本级政府性基金预算收入款级科目			✓	✓	1	1
17	县本级政府性基金预算支出功能分类类级科目			✓	✓	10	10
18	县本级政府性基金预算支出经济分类类级科目	✓				0	10
19	乡级政府性基金预算收入款级科目			✓	✓	1	1
20	乡级政府性基金预算支出功能分类类级科目			✓	✓	10	10
21	乡级政府性基金预算支出经济分类类级科目	✓				0	10

编号	信息要素	未公开	依申请公开	网站公开	出版物公开	已公开信息项	应公开信息项
22	各地市本级政府性基金预算收入款级科目		√			1	1
23	各地市本级政府性基金预算支出功能分类类级科目		√			1	1
24	各地市本级政府性基金预算支出经济分类类级科目	√				0	1
25	各县本级政府性基金预算收入款级科目	√				0	1
26	各县本级政府性基金预算支出功能分类类级科目	√				0	1
27	各县本级政府性基金预算支出经济分类类级科目	√				0	1

政府性基金透明度得分计算方法为：

$$\left(\sum_{i=1}^{27} \frac{已公开信息项_i}{应公开信息项_i} \times 二级权重_i\right) \times 100 / \sum_{i=1}^{27} 二级权重_i$$

根据该计算方法,可以得出山东省政府性基金透明度得分为66.67分,比31个省份政府性基金透明度的平均得分高18.77分,在该单项信息排名中位列第9名。

1.4 山东省财政专户管理资金信息公开情况

财政专户管理资金透明度评分指标根据"财政专户管理资金收支总表"、"财政专户管理资金收入明细表"、"财政专户管理资金支出功能分类明细表"、"财政专户管理资金收支分级表"和"财政专户管理资金收支及平衡情况表"这5张决算表格设计而成。

其中,涉及省总预算财政专户的各项信息要素权重为2,其余省本级和省以下各级地方政府财政专户的各项信息要素权重为1。

财政部不再统一要求地方政府在2015年度政府决算中编制财政专户管理资金的相关表格。山东省财政厅依申请公开了"2015年度山东省本级财政专户管理资金收入明细表"和"2015年度山东省本级财政专户管理资金支出功能分类明细表";《2014山东财政年鉴》公开了"2014山东财政专户管理资金收支情况表",提供了部分相关信息。具体的信息公开方式及信息公开内容见表1—4。

表 1—4　山东省财政专户管理资金信息公开情况 (2015)

编号	信息要素	未公开	依申请公开	网站公开	出版物公开	已公开信息项	应公开信息项
1	省总预算财政专户收支总额				✓	2	2
2	省总预算财政专户收入款级科目				✓	2	2
3	省总预算财政专户收入项级科目				✓	1	2
4	省总预算财政专户收入目级科目	✓				0	2
5	省总预算财政专户支出功能分类类级科目				✓	21	22
6	省总预算财政专户支出功能分类款级科目	✓				0	22
7	省总预算财政专户支出功能分类项级科目	✓				0	22
8	省总预算财政专户支出经济分类类级科目	✓				0	10
9	省总预算财政专户支出经济分类款级科目	✓				0	10
10	省本级财政专户收入款级科目		✓	✓		2	2
11	省本级财政专户支出功能分类类级科目		✓	✓		10	22
12	省本级财政专户支出经济分类类级科目	✓				0	10
13	地市本级财政专户收入款级科目	✓				0	2
14	地市本级财政专户支出功能分类类级科目	✓				0	22
15	地市本级财政专户支出经济分类类级科目	✓				0	10
16	县本级财政专户收入款级科目	✓				0	2
17	县本级财政专户支出功能分类类级科目	✓				0	22
18	县本级财政专户支出经济分类类级科目	✓				0	10
19	乡级财政专户收入款级科目	✓				0	2
20	乡级财政专户支出功能分类类级科目	✓				0	22
21	乡级财政专户支出经济分类类级科目	✓				0	10
22	各地市本级财政专户收入款级科目	✓				0	1
23	各地市本级财政专户支出功能分类类级科目	✓				0	1
24	各地市本级财政专户支出经济分类类级科目	✓				0	1
25	各县本级财政专户收入款级科目	✓				0	1
26	各县本级财政专户支出功能分类类级科目	✓				0	1
27	各县本级财政专户支出经济分类类级科目	✓				0	1

财政专户管理资金透明度得分计算方法为：

$$\left(\sum_{i=1}^{27}\frac{已公开信息项_i}{应公开信息项_i}\times 二级权重_i\right)\times 100/\sum_{i=1}^{27}二级权重_i$$

根据该计算方法，可以得出山东省财政专户管理资金透明度得分为25分，比31个省份财政专户管理资金透明度的平均得分高20.32分，在该单项信息排名中位列第2名。

1.5 山东省国有资本经营预算基金信息公开情况

国有资本经营预算基金透明度评分指标根据"国有资本经营收支决算总表"、"国有资本经营收支决算明细表"、"国有资本经营收支决算分级表"和"国有资本经营收支及平衡情况表"这4张决算表格设计而成。其中，前两张决算表格调查的内容是省总预算的收支情况，各项信息要素权重为2；后两张决算表格调查的内容是省本级和省以下各级地方政府的收支情况，各项信息要素权重为1。

通过山东省财政厅网站、向财政厅申请公开以及对《山东财政年鉴》的查询，我们获得了山东省国有资本经营预算基金信息公开情况（见表1－5）。山东省财政厅网站公开的表格主要有"2015年山东省国有资本经营预算收入决算表"、"2015年山东省国有资本经营预算支出决算草案表"、"2015年省级国有资本经营预算收入决算表"和"2015年省级国有资本经营预算支出决算表"；山东省财政厅依申请公开的表格主要有"2015年度山东省国有资本经营收支决算分级表"和"2015年度山东省国有资本经营收支及平衡情况表"；《2016山东财政年鉴》中包括的相关表格有"2016年山东省国有资本经营预算收入执行情况表"、"2016年山东省国有资本经营预算支出执行情况表"、"2016年省级国有资本经营预算收入执行情况表"和"2016年省级国有资本经营预算支出执行情况表"。

表1－5　山东省国有资本经营预算基金信息公开情况（2015）

编号	信息要素	未公开	依申请公开	网站公开	出版物公开	已公开信息项	应公开信息项
1	国有资本经营预算收支总额		√	√	√	2	2
2	国有资本经营预算收入款级科目		√	√	√	1	1
3	国有资本经营预算收入项级科目		√	√	√	5	5
4	国有资本经营预算收入目级科目		√	√	√	5	5

续表

编号	信息要素	未公开	依申请公开	网站公开	出版物公开	已公开信息项	应公开信息项
5	国有资本经营预算支出功能分类类级科目			✓	✓	11	11
6	国有资本经营预算支出功能分类款级科目			✓	✓	1	1
7	国有资本经营预算支出功能分类项级科目			✓	✓	1	1
8	国有资本经营预算支出经济分类类级科目	✓				0	3
9	国有资本经营预算支出经济分类款级科目	✓				0	3
10	省本级国有资本经营预算收入款级科目			✓	✓	5	5
11	省本级国有资本经营预算支出功能分类类级科目			✓	✓	11	11
12	省本级国有资本经营预算支出经济分类类级科目				✓	3	3
13	地市本级国有资本经营预算收入款级科目			✓	✓	5	5
14	地市本级国有资本经营预算支出功能分类类级科目			✓	✓	11	11
15	地市本级国有资本经营预算支出经济分类类级科目	✓				0	3
16	县本级国有资本经营预算收入款级科目			✓	✓	5	5
17	县本级国有资本经营预算支出功能分类类级科目			✓	✓	11	11
18	县本级国有资本经营预算支出经济分类类级科目	✓				0	3
19	乡级国有资本经营预算收入款级科目			✓		5	5
20	乡级国有资本经营预算支出功能分类类级科目			✓		11	11
21	乡级国有资本经营预算支出经济分类类级科目	✓				0	3
22	各地市本级国有资本经营预算收入款级科目			✓		5	5
23	各地市本级国有资本经营预算支出功能分类类级科目			✓		11	11
24	各地市本级国有资本经营预算支出经济分类类级科目	✓				0	3
25	各县本级国有资本经营预算收入款级科目	✓				0	5
26	各县本级国有资本经营预算支出功能分类类级科目	✓				0	11
27	各县本级国有资本经营预算支出经济分类类级科目	✓				0	3

国有资本经营预算基金透明度得分计算方法为：

$$\left(\sum_{i=1}^{27}\frac{已公开信息项_i}{应公开信息项_i}\times 二级权重_i\right)\times 100/\sum_{i=1}^{27}二级权重_i$$

根据该计算方法，可以得出山东省国有资本经营预算基金透明度得分为69.44分，比31个省份国有资本经营预算基金透明度的平均得分高25.8分，在该单项信息排名中位列第9名。

1.6 山东省政府资产负债信息公开情况

政府资产负债涵盖除社会保险基金和国有企业基金之外的所有政府资产与负债，包括一般公共预算基金、政府性基金、国有资本经营预算基金、财政专户管理资金所形成的资产和负债。具体指标包括资产类指标金融资产（存款、有价证券、在途款、暂付款）和固定资产（地产、房产建筑、设备）、负债类指标短期负债（暂存款、应付款、短期借款）和长期负债（1～3年、3～5年、5年以上）、净资产类指标金融净资产（预算结余、基金预算结余、国有资本经营预算结余、专用基金结余、财政专户管理资金结余、预算稳定调节基金、预算周转金）和非金融净资产。

山东省财政厅依申请公开了"2015年度山东省预算资金年终资产负债表"，但未公开"财政专户管理资金年终资产负债表"。具体的信息公开方式及信息公开内容见表1－6。

表1－6　　山东省政府资产负债信息公开情况（2015）

编号	信息要素	未公开	依申请公开	网站公开	出版物公开	已公开信息项	应公开信息项
1	政府资产负债总额		√			0	2
2	政府资产一级分类信息		√			1	2
3	政府资产二级分类信息		√			4	7
4	政府负债一级分类信息		√			1	2
5	政府负债二级分类信息		√			3	6
6	政府净资产一级分类信息		√			1	2
7	政府净资产二级分类信息		√			7	7

政府资产负债透明度得分计算方法为：

$$\left(\sum_{i=1}^{7}\frac{已公开信息项_i}{应公开信息项_i}\times 二级权重_i\right)\times 100/\sum_{i=1}^{7}二级权重_i$$

根据该计算方法,可以得出山东省政府资产负债透明度得分为51.02分,比31个省份政府资产负债透明度的平均得分高33.31分,在该单项信息排名中与其他4个省份并列第1名。

1.7 山东省部门预算及相关信息公开情况

项目组选取省人民政府办公厅、人大常委会办公厅、政协办公厅、教育厅、财政厅、国家税务局、地方税务局、工商行政管理局、卫生和计划生育委员会、交通运输厅、环境保护厅11个省级部门作为调查对象,部门预算及相关信息透明度最终得分是这11个部门预算及相关信息透明度的平均数。每个部门的透明度评估指标涉及三大类型:关于预算单位的财务信息、关于预算单位的人员信息、关于机构的信息。具体决算表格为"收入支出决算总表"、"支出决算表"、"支出决算明细表"、"基本支出决算明细表"、"项目支出决算明细表"、"资产负债表"、"基本数字表"、"机构人员情况表"。

除国家税务局外,山东省其余10个部门都在网站上主动公开了2015年度部门决算,其中政府办公厅、人大常委会办公厅、政协办公厅、财政厅、工商行政管理局、卫生和计划生育委员会6个部门还依申请公开了相关部门决算表格。各部门主动公开的部门决算信息基本是一致的,下面以山东省教育厅为例,给出部门预算及相关信息透明度得分的计算。

山东省教育厅2015年部门决算信息公开内容包括四部分:第一部分是部门概况,包括部门职责和决算单位构成;第二部分是2015年部门决算表;第三部分是2015年部门决算情况和重要事项说明;第四部分则是对前文出现的一些名词进行了解释。具体公开的决算表格是"收入支出决算总表"、"收入决算表"、"支出决算表"、"财政拨款收入支出决算总表"、"一般公共预算财政拨款支出决算表"、"一般公共预算财政拨款基本支出决算表"、"政府性基金财政拨款收入支出决算表"、"一般公共预算财政拨款'三公'经费支出决算表"8张决算表格。具体的信息公开方式及信息公开内容见表1-7。

表1-7　山东省教育厅部门预算及相关信息公开情况(2015)

编号	信息要素	未公开	依申请公开	网站公开	出版物公开	得分
1	部门收入分类			√		1
2	部门支出功能分类类级科目			√		1
3	部门支出功能分类款级科目			√		1

续表

编号	信息要素	未公开	依申请公开	网站公开	出版物公开	得分
4	部门支出功能分类项级科目			√		1
5	部门支出经济分类类级科目	√				0
6	部门支出经济分类款级科目	√				0
7	基本支出功能分类类级科目			√		1
8	基本支出功能分类款级科目			√		1
9	基本支出功能分类项级科目			√		1
10	基本支出经济分类类级科目			√		1
11	基本支出经济分类款级科目			√		1
12	项目支出功能分类类级科目			√		1
13	项目支出功能分类款级科目			√		1
14	项目支出功能分类项级科目			√		1
15	项目支出经济分类类级科目	√				0
16	项目支出经济分类款级科目	√				0
17	资产一级分类	√				0
18	资产二级分类	√				0
19	资产三级分类	√				0
20	其他补充资产信息	√				0
21	人员编制总数及各类人员编制数	√				0
22	年末实有人员总数及类型	√				0
23	按经费来源划分的各类人员数	√				0
24	部门机构一级信息	√				0
25	部门机构二级信息	√				0
26	部门机构三级信息	√				0

山东省教育厅部门预算及相关信息透明度得分为[(1+1+1+1+1+1+1+1+1+1+1+1)÷26]×100=46.15分。计算11个部门预算及相关信息透明度的平均得分,得到山东省部门预算及相关信息透明度最终得分为71.3分,比31个省份部门预算及相关信息透明度的平均得分高23.98分,在该单

项信息排名中位列第 2 名。

1.8 山东省社会保险基金信息公开情况

社会保险基金透明度评分指标主要根据"社会保险基金资产负债表"、"企业职工基本养老保险基金收支表"、"失业保险基金收支表"、"城镇职工基本医疗保险基金收支表"、"工伤保险基金收支表"、"生育保险基金收支表"、"居民社会养老保险基金收支表"、"城乡居民基本医疗保险基金收支表"、"新型农村合作医疗基金收支表"、"城镇居民基本医疗保险基金收支表"、"社会保障基金财政专户资产负债表"、"社会保障基金财政专户收支表"、"财政对社会保险基金补助资金情况表"、"企业职工基本养老保险补充资料表"、"失业保险补充资料表"、"城镇职工医疗保险、工伤保险、生育保险补充资料表"、"居民社会养老保险补充资料表"、"居民基本医疗保险补充资料表"、"其他养老保险情况表"、"其他医疗保障情况表"这 20 张决算表格设计而成。

山东省财政厅依申请公开了 2015 年度的"社会保险基金资产负债表"、"企业职工基本养老保险基金收支表"、"失业保险基金收支表"、"城镇职工基本医疗保险基金收支表"、"工伤保险基金收支表"、"生育保险基金收支表"、"城乡居民基本医疗保险基金收支表"、"新型农村合作医疗基金收支表"、"城镇居民基本医疗保险基金收支表"、"社会保障基金财政专户资产负债表"、"社会保障基金财政专户收支表"、"财政对社会保险基金补助资金情况表"、"企业职工基本养老保险补充资料表"、"失业保险补充资料表"、"城镇职工社会补充资料表"、"居民基本医疗保险补充资料表"、"其他养老保险情况表"、"其他医疗保障情况表"等表格。具体的信息公开方式及信息公开内容见表 1-8。

表 1-8　　山东省社会保险基金信息公开情况（2015）

编号	信息要素	未公开	依申请公开	网站公开	出版物公开	得分
1	各项社会保险基金的收支总额		√			1
2	各项社会保险基金的收入款级科目		√			1
3	各项社会保险基金的收入项级科目		√			1
4	各项社会保险基金的支出款级科目		√			1
5	各项社会保险基金的支出项级科目		√			1
6	各项社会保险基金收支分级信息（类级科目）		部分信息			0.8

续表

编号	信息要素	未公开	依申请公开	网站公开	出版物公开	得分
7	各项社会保险基金的基本数字(类级科目)		√			1
8	各项社会保险基金资产的类级科目		√			1
9	各项社会保险基金资产的款级科目		√			1
10	各项社会保险基金资产的项级科目	√				0
11	各项社会保险基金负债的类级科目		√			1
12	各项社会保险基金负债的款级科目		√			1
13	各项社会保险基金负债的项级科目	√				0
14	养老基金的长期收支预测	√				0

山东省社会保险基金透明度得分为[(1+1+1+1+1+0.8+1+1+1+1+1)÷14]×100=77.14分,比31个省份社会保险基金透明度的平均得分高28.03分,在该单项信息排名中与其他10个省份并列第1名。

1.9 山东省国有企业基金信息公开情况

国有企业基金透明度评分指标的构成内容包括:①国有企业的总量6项指标(国有企业的收入、费用、利润总额、资产、负债及所有者权益总额);②国有企业的总量4张表(资产负债表、利润表、现金流量表、所有者权益变动表);③政府直属企业按户公布的8项指标(资产总额、负债总额、所有者权益总额、国有资本及权益总额、营业总收入、利润总额、净利润总额、归属母公司所有者权益的净利润);④政府直属企业是否按照国内上市公司的信息披露要求公布企业运营状况。

山东省国有资产监督管理委员会依申请公开了"省管企业资产负债表"、"省管企业利润表"、"省管企业现金流量表"、"省管企业所有者权益变动表"、"直属国有企业资产负债表"、"直属国有企业利润表"、"直属国有企业现金流量表"、"直属国有企业所有者权益变动表"和"直属企业指标",为了解山东省国有企业的整体财务情况提供了数据支持。具体的信息公开方式及信息公开内容见表1-9。

表1-9　山东省国有企业基金信息公开情况（2015）

编号	信息要素	未公开	依申请公开	网站公开	出版物公开	得分
1	国有企业的收入、费用和利润总额		✓			1
2	国有企业的资产、负债及所有者权益总额		✓			1
3	国有企业资产负债表		✓			1
4	国有企业利润表		✓			1
5	国有企业现金流量表		✓			1
6	国有企业所有者权益变动表		✓			1
7	政府直属企业主要指标表		✓			1
8	政府直属企业达到与国内上市公司同等信息披露要求	✓				0

山东省国有企业基金透明度得分为$[(1+1+1+1+1+1+1)\div 8]\times 100=87.5$分，比31个省份国有企业基金透明度的平均得分高29.72分，在该单项信息排名中位列第1名。

1.10　基本结论

山东省在2017年财政透明度调查过程中的答复情况较好，能够依申请公开较多的资料与信息，态度得分为86.36分，单项得分排名为第5名。

综合各项信息要素得分，山东省2017年财政透明度最终得分为$66.51\times 25\%+66.67\times 8\%+25.00\times 4\%+69.44\times 2\%+51.02\times 9\%+71.30\times 15\%+77.14\times 19\%+87.50\times 15\%+86.36\times 3\%=70.01$分。

2 甘肃省财政透明度报告

2.1 甘肃省财政透明度概况

中共十八大以来,甘肃省贯彻落实新《预算法》关于预决算公开的相关规定和中共中央办公厅、国务院办公厅《关于进一步推进预算公开工作的意见》的相关规定,积极推进财政信息公开工作。

综合甘肃省政府及省内部门等网站公开资料、《甘肃统计年鉴》和被调查部门的信息反馈情况,项目组计算得出甘肃省财政透明度得分。从图 2—1 可知,甘肃省财政透明度得分基本上是逐年增加,从 2009 年的 14.79 分增加到 2017 年的 68.24 分;而其在 31 个省份中的排名位次的波动幅度更大,从 2009 年的倒数第一起步,逐年攀升,到 2017 年已经名列第 2 名。

甘肃省 2017 年财政透明度的总得分为 68.24 分,比 31 个省份财政透明度的平均得分高 19.96 分,比排名第一的山东省低 1.77 分,在 31 个省份财政透明度得分排名中位居第 2 名。甘肃省 2017 年的得分大幅度高于 2016 年的得分,主要是政府性基金、政府资产负债、社会保险基金、国有企业基金四部分的透明度得分明显高于 2016 年得分导致的(见表 2—1)。

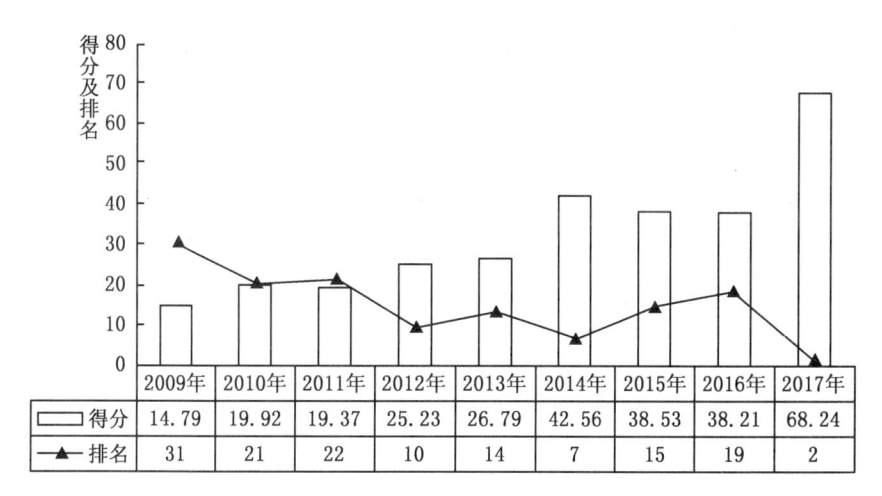

图2—1　甘肃省财政透明度得分及排名(2009—2017)

年份	2009年	2010年	2011年	2012年	2013年	2014年	2015年	2016年	2017年
得分	14.79	19.92	19.37	25.23	26.79	42.56	38.53	38.21	68.24
排名	31	21	22	10	14	7	15	19	2

表2—1　甘肃省各调查信息要素的透明度得分(2017)

	一般公共预算基金	政府性基金	财政专户管理资金	国有资本经营预算基金	政府资产负债	部门预算及相关信息	社会保险基金	国有企业基金	被调查者态度
权重	25%	8%	4%	2%	9%	15%	19%	15%	3%
31个省份平均百分制得分	57.52	47.90	4.68	43.64	17.71	47.32	49.11	57.78	77.3
甘肃省百分制得分	76.32	72.22	8.59	72.22	51.02	56.70	77.14	75.00	86.36

2.2　甘肃省一般公共预算基金信息公开情况

一般公共预算基金透明度评分指标主要根据财政部要求编制的"公共财政收支决算总表"、"公共财政收入决算明细表"、"公共财政支出决算功能分类明细表"、"公共财政收支决算分级表"、"公共财政收支及平衡情况表"这5张决算表格设计而成。其中,前三张决算表格调查的内容是省总预算的收支情况,各项信息要素权重为2;后两张决算表格调查的内容是省本级和省以下各级地方政府的收支情况,各项信息要素权重为1。另外,项目组还提出了一般公共预算经济分类支出信息公开的申请。

甘肃省相关部门提供了部分项目组申请的数据,项目组也通过网站查询和《2016甘肃财政年鉴》获得了部分信息。具体的信息公开方式及信息公开内容见表2－2。

表2－2　　甘肃省一般公共预算基金信息公开情况（2015）

编号	信息要素	未公开	依申请公开	网站公开	出版物公开	已公开信息项	应公开信息项
1	省总预算公共预算收支总额		√	√	√	2	2
2	省总预算公共预算收入类级科目		√	√	√	2	2
3	省总预算公共预算收入款级科目			√	√	22	22
4	省总预算公共预算收入项级科目	√					22
5	省总预算公共预算收入目级科目	√					22
6	省总预算公共预算支出功能分类类级科目		√	√	√	24	24
7	省总预算公共预算支出功能分类款级科目			√	√	24	24
8	省总预算公共预算支出功能分类项级科目			√		24	24
9	省总预算公共预算支出经济分类类级科目		√			10	10
10	省总预算公共预算支出经济分类款级科目		√			10	10
11	省本级公共预算收入类级科目		√	√		2	2
12	省本级公共预算支出功能分类类级科目		√			24	24
13	省本级公共预算支出经济分类类级科目		√			10	10
14	地市本级公共预算收入类级科目		√			2	2
15	地市本级公共预算支出功能分类类级科目		√			24	24
16	地市本级公共预算支出经济分类类级科目	√					10
17	县本级公共预算收入类级科目		√			2	2
18	县本级公共预算支出功能分类类级科目		√			24	24
19	县本级公共预算支出经济分类类级科目	√					10
20	乡级公共预算收入类级科目		√			2	2
21	乡级公共预算支出功能分类类级科目		√			24	24
22	乡级公共预算支出经济分类类级科目	√					10
23	各地市本级公共预算收入类级科目		√		√	1	1
24	各地市本级公共预算支出功能分类类级科目		√		√	1	1
25	各地市本级公共预算支出经济分类类级科目	√					1
26	各县本级公共预算收入类级科目		√			1	1
27	各县本级公共预算支出功能分类类级科目		√			1	1
28	各县本级公共预算支出经济分类类级科目	√					1

一般公共预算基金透明度得分计算方法为：

$$\left(\sum_{i=1}^{28}\frac{已公开信息项_i}{应公开信息项_i}\times 二级权重_i\right)\times 100/\sum_{i=1}^{28}二级权重_i$$

根据该计算方法，可以得出甘肃省一般公共预算基金透明度得分为76.32分，比该单项信息排名第一的四川省低2.63分，比31个省份一般公共预算基金透明度的平均得分高18.8分，在该单项信息排名中与辽宁、福建并列第2名。

2.3 甘肃省政府性基金信息公开情况

政府性基金透明度评分指标根据"政府性基金收支决算总表"、"政府性基金收支及结余情况表"、"政府性基金收支决算分级表"、"政府性基金收支及平衡情况表"这4张决算表格设计而成。其中，前两张决算表格调查的内容是省总预算的收支情况，各项信息要素权重为2；后两张决算表格调查的内容是省本级和省以下各级地方政府的收支情况，各项信息要素权重为1。另外，项目组还提出了政府性基金经济分类支出信息公开的申请。

甘肃省相关部门提供了部分项目组申请的数据，项目组也通过网站查询和《2016甘肃财政年鉴》获得了部分信息。具体的信息公开方式及信息公开内容见表2-3。

表2-3　　　　甘肃省政府性基金信息公开情况（2015）

编号	信息要素	未公开	依申请公开	网站公开	出版物公开	已公开信息项	应公开信息项
1	省总预算政府性基金预算收支总额		√	√	√	2	2
2	省总预算政府性基金预算收入款级科目		√	√	√	1	1
3	省总预算政府性基金预算收入项级科目		√	√	√	1	1
4	省总预算政府性基金预算收入目级科目			√		1	1
5	省总预算政府性基金预算支出功能分类类级科目			√		10	10
6	省总预算政府性基金预算支出功能分类款级科目		√	√	√	10	10
7	省总预算政府性基金预算支出功能分类项级科目			√		10	10
8	省总预算政府性基金预算支出经济分类类级科目	√				0	10

续表

编号	信息要素	未公开	依申请公开	网站公开	出版物公开	已公开信息项	应公开信息项
9	省总预算政府性基金预算支出经济分类款级科目	√				0	10
10	省本级政府性基金预算收入款级科目		√	√		1	1
11	省本级政府性基金预算支出功能分类类级科目			√		10	10
12	省本级政府性基金预算支出经济分类类级科目	√				0	10
13	地市本级政府性基金预算收入款级科目		√			1	1
14	地市本级政府性基金预算支出功能分类类级科目			√		10	10
15	地市本级政府性基金预算支出经济分类类级科目	√				0	10
16	县本级政府性基金预算收入款级科目			√		1	1
17	县本级政府性基金预算支出功能分类类级科目			√		10	10
18	县本级政府性基金预算支出经济分类类级科目	√				0	10
19	乡级政府性基金预算收入款级科目			√		1	1
20	乡级政府性基金预算支出功能分类类级科目			√		10	10
21	乡级政府性基金预算支出经济分类类级科目	√				0	10
22	各地市本级政府性基金预算收入款级科目			√		1	1
23	各地市本级政府性基金预算支出功能分类类级科目			√		1	1
24	各地市本级政府性基金预算支出经济分类类级科目	√				0	1
25	各县本级政府性基金预算收入款级科目			√		1	1
26	各县本级政府性基金预算支出功能分类类级科目			√		1	1
27	各县本级政府性基金预算支出经济分类类级科目	√				0	1

政府性基金透明度得分计算方法为:

$$\left(\sum_{i=1}^{27} \frac{已公开信息项_i}{应公开信息项_i} \times 二级权重_i\right) \times 100 / \sum_{i=1}^{27} 二级权重_i$$

根据该计算方法,可以得出甘肃省政府性基金透明度得分为 72.22 分,比 31 个省份政府性基金透明度的平均得分高 24.32 分,在该单项信息排名中与其他7个省份并列第1名。

2.4 甘肃省财政专户管理资金信息公开情况

财政专户管理资金透明度评分指标根据"财政专户管理资金收支总表"、"财政专户管理资金收入明细表"、"财政专户管理资金支出功能分类明细表"、"财政专户管理资金收支分级表"和"财政专户管理资金收支及平衡情况表"这5张决算表格设计而成。其中,涉及省总预算财政专户的各项信息要素权重为2,其余省本级和省以下各级地方政府财政专户的各项信息要素权重为1。

财政部不再统一要求地方政府在2015年度政府决算中编制财政专户管理资金的相关表格。甘肃省相关部门提供了部分信息。具体的信息公开方式及信息公开内容见表2-4。

表2-4　　　甘肃省财政专户管理资金信息公开情况(2015)

编号	信息要素	未公开	依申请公开	网站公开	出版物公开	已公开信息项	应公开信息项
1	省总预算财政专户收支总额		√			2	2
2	省总预算财政专户收入款级科目		√			1	2
3	省总预算财政专户收入项级科目	√					2
4	省总预算财政专户收入目级科目	√					2
5	省总预算财政专户支出功能分类类级科目		√			1	22
6	省总预算财政专户支出功能分类款级科目	√					22
7	省总预算财政专户支出功能分类项级科目	√					22
8	省总预算财政专户支出经济分类类级科目	√					10
9	省总预算财政专户支出经济分类款级科目	√					10
10	省本级财政专户收入款级科目	√					2
11	省本级财政专户支出功能分类类级科目	√					22
12	省本级财政专户支出经济分类类级科目	√					10
13	地市本级财政专户收入款级科目	√					2
14	地市本级财政专户支出功能分类类级科目	√					22
15	地市本级财政专户支出经济分类类级科目	√					10
16	县本级财政专户收入款级科目	√					2
17	县本级财政专户支出功能分类类级科目	√					22

续表

编号	信息要素	未公开	依申请公开	网站公开	出版物公开	已公开信息项	应公开信息项
18	县本级财政专户支出经济分类类级科目	√					10
19	乡级财政专户收入款级科目	√					2
20	乡级财政专户支出功能分类类级科目	√					22
21	乡级财政专户支出经济分类类级科目	√					10
22	各地市本级财政专户收入款级科目	√					1
23	各地市本级财政专户支出功能分类类级科目	√					1
24	各地市本级财政专户支出经济分类类级科目	√					1
25	各县本级财政专户收入款级科目	√					1
26	各县本级财政专户支出功能分类类级科目	√					1
27	各县本级财政专户支出经济分类类级科目	√					1

财政专户管理资金透明度得分计算方法为：

$$\left(\sum_{i=1}^{27} \frac{已公开信息项_i}{应公开信息项_i} \times 二级权重_i\right) \times 100 / \sum_{i=1}^{27} 二级权重_i$$

根据该计算方法，可以得出甘肃省财政专户管理资金透明度得分为8.59分，比该单项信息排名第一的黑龙江省低21.97分，比31个省份财政专户管理资金透明度的平均得分高3.91分，在该单项信息排名中与宁夏回族自治区并列第6名。

2.5 甘肃省国有资本经营预算基金信息公开情况

国有资本经营预算基金透明度评分指标根据"国有资本经营收支决算总表"、"国有资本经营收支决算明细表"、"国有资本经营收支决算分级表"和"国有资本经营收支及平衡情况表"这4张决算表格设计而成。其中，前两张决算表格调查的内容是省总预算的收支情况，各项信息要素权重为2；后两张决算表格调查的内容是省本级和省以下各级地方政府的收支情况，各项信息要素权重为1。

甘肃省相关部门提供了部分项目组申请的数据，项目组也通过网站查询获得了部分信息。具体的信息公开方式及信息公开内容见表2-5。

表 2—5　　　　甘肃省国有资本经营预算基金信息公开情况(2015)

编号	信息要素	未公开	依申请公开	网站公开	出版物公开	已公开信息项	应公开信息项
1	国有资本经营预算收支总额			✓	✓	2	2
2	国有资本经营预算收入款级科目			✓	✓	1	1
3	国有资本经营预算收入项级科目			✓	✓	5	5
4	国有资本经营预算收入目级科目			✓	✓	5	5
5	国有资本经营预算支出功能分类类级科目			✓	✓	11	11
6	国有资本经营预算支出功能分类款级科目			✓	✓	1	1
7	国有资本经营预算支出功能分类项级科目			✓	✓	1	1
8	国有资本经营预算支出经济分类类级科目	✓					3
9	国有资本经营预算支出经济分类款级科目	✓					3
10	省本级国有资本经营预算收入款级科目			✓	✓	5	5
11	省本级国有资本经营预算支出功能分类类级科目			✓	✓	11	11
12	省本级国有资本经营预算支出经济分类类级科目		✓				3
13	地市本级国有资本经营预算收入款级科目			✓		5	5
14	地市本级国有资本经营预算支出功能分类类级科目			✓		11	11
15	地市本级国有资本经营预算支出经济分类类级科目	✓					3
16	县本级国有资本经营预算收入款级科目			✓		5	5
17	县本级国有资本经营预算支出功能分类类级科目			✓		11	11
18	县本级国有资本经营预算支出经济分类类级科目	✓					3
19	乡级国有资本经营预算收入款级科目			✓		5	5
20	乡级国有资本经营预算支出功能分类类级科目			✓		11	11
21	乡级国有资本经营预算支出经济分类类级科目	✓					3
22	各地市本级国有资本经营预算收入款级科目			✓		5	5
23	各地市本级国有资本经营预算支出功能分类类级科目			✓		11	11
24	各地市本级国有资本经营预算支出经济分类类级科目	✓					3

续表

编号	信息要素	未公开	依申请公开	网站公开	出版物公开	已公开信息项	应公开信息项
25	各县本级国有资本经营预算收入款级科目		√			5	5
26	各县本级国有资本经营预算支出功能分类类级科目		√			11	11
27	各县本级国有资本经营预算支出经济分类类级科目	√					3

国有资本经营预算基金透明度得分计算方法为：

$$\left(\sum_{i=1}^{27} \frac{已公开信息项_i}{应公开信息项_i} \times 二级权重_i\right) \times 100 / \sum_{i=1}^{27} 二级权重_i$$

根据该计算方法,可以得出甘肃省国有资本经营预算基金透明度得分为72.22分,比31个省份国有资本经营预算基金透明度的平均得分高28.58分,在该单项信息排名中与其他7个省份并列第1名。

2.6 甘肃省政府资产负债信息公开情况

政府资产负债涵盖除社会保险基金和国有企业基金之外的所有政府资产与负债,包括一般公共预算基金、政府性基金、国有资本经营预算基金、财政专户管理资金所形成的资产和负债。具体指标包括资产类指标金融资产(存款、有价证券、在途款、暂付款)和固定资产(地产、房产建筑、设备)、负债类指标短期负债(暂存款、应付款、短期借款)和长期负债(1～3年、3～5年、5年以上)、净资产类指标金融净资产(预算结余、基金预算结余、国有资本经营预算结余、专用基金结余、财政专户管理资金结余、预算稳定调节基金、预算周转金)和非金融净资产。

甘肃省相关部门提供了部分信息。具体的信息公开方式及信息公开内容见表2—6。

政府资产负债透明度得分计算方法为：

$$\left(\sum_{i=1}^{7} \frac{已公开信息项_i}{应公开信息项_i} \times 二级权重_i\right) \times 100 / \sum_{i=1}^{7} 二级权重_i$$

根据该计算方法,可以得出甘肃省政府资产负债透明度得分为51.02分,比31个省份政府资产负债透明度的平均得分高33.31分,在该单项信息排名中与其他4个省份并列第1名。

表 2—6　甘肃省政府资产负债信息公开情况(2015)

编号	信息要素	未公开	依申请公开	网站公开	出版物公开	已公开信息项	应公开信息项
1	政府资产负债总额	√				0	2
2	政府资产一级分类信息			√		1	2
3	政府资产二级分类信息			√		4	7
4	政府负债一级分类信息			√		1	2
5	政府负债二级分类信息			√		3	6
6	政府净资产一级分类信息			√		1	2
7	政府净资产二级分类信息			√		7	7

2.7　甘肃省部门预算及相关信息公开情况

项目组选取省人民政府办公厅、人大常委会办公厅、政协办公厅、教育厅、财政厅、国家税务局、地方税务局、工商行政管理局、卫生和计划生育委员会、交通运输厅、环境保护厅11个省级部门作为调查对象，部门预算及相关信息透明度最终得分是这11个部门预算及相关信息透明度的平均数。每个部门的透明度评估指标涉及三大类型：关于预算单位的财务信息、关于预算单位的人员信息、关于机构的信息，具体决算表格为"收入支出决算总表"、"支出决算表"、"支出决算明细表"、"基本支出决算明细表"、"项目支出决算明细表"、"资产负债表"、"基本数字表"、"机构人员情况表"。

除国家税务局外，甘肃省其余10个部门都公布了部分信息。各部门主动公开的部门决算信息基本是一致的，下面以甘肃省人民政府办公厅为例，给出部门预算及相关信息透明度得分的计算。

甘肃省人民政府办公厅公布了项目组调查所需的全部信息。具体的信息公开方式及信息公开内容见表2—7。

表 2—7　甘肃省人民政府办公厅部门预算及相关信息公开情况(2015)

编号	信息要素	未公开	依申请公开	网站公开	出版物公开	得分
1	部门收入分类			√		1
2	部门支出功能分类类级科目			√		1
3	部门支出功能分类款级科目			√		1

续表

编号	信息要素	未公开	依申请公开	网站公开	出版物公开	得分
4	部门支出功能分类项级科目			√		1
5	部门支出经济分类类级科目			√		1
6	部门支出经济分类款级科目			√		1
7	基本支出功能分类类级科目			√		1
8	基本支出功能分类款级科目			√		1
9	基本支出功能分类项级科目			√		1
10	基本支出经济分类类级科目			√		1
11	基本支出经济分类款级科目			√		1
12	项目支出功能分类类级科目			√		1
13	项目支出功能分类款级科目			√		1
14	项目支出功能分类项级科目			√		1
15	项目支出经济分类类级科目			√		1
16	项目支出经济分类款级科目			√		1
17	资产一级分类			√		1
18	资产二级分类			√		1
19	资产三级分类			√		1
20	其他补充资产信息			√		1
21	人员编制总数及各类人员编制数			√		1
22	年末实有人员总数及类型			√		1
23	按经费来源划分的各类人员数			√		1
24	部门机构一级信息			√		1
25	部门机构二级信息			√		1
26	部门机构三级信息			√		1

甘肃省部门预算及相关信息透明度得分为$(26\div26)\times100=100$分。计算11个部门预算及相关信息透明度的平均得分,得到甘肃省部门预算及相关信息透明度最终得分为56.7分,比31个省份部门预算及相关信息透明度的平均得分高9.38分,在该单项信息排名中位列第5名。

2.8 甘肃省社会保险基金信息公开情况

社会保险基金透明度评分指标主要根据"社会保险基金资产负债表"、"企业职工基本养老保险基金收支表"、"失业保险基金收支表"、"城镇职工基本医疗保险基金收支表"、"工伤保险基金收支表"、"生育保险基金收支表"、"居民社会养老保险基金收支表"、"城乡居民基本医疗保险基金收支表"、"新型农村合作医疗基金收支表"、"城镇居民基本医疗保险基金收支表"、"社会保障基金财政专户资产负债表"、"社会保障基金财政专户收支表"、"财政对社会保险基金补助资金情况表"、"企业职工基本养老保险补充资料表"、"失业保险补充资料表"、"城镇职工医疗保险、工伤保险、生育保险补充资料表"、"居民社会养老保险补充资料表"、"居民基本医疗保险补充资料表"、"其他养老保险情况表"、"其他医疗保障情况表"这20张决算表格设计而成。

甘肃省社会保险基金的信息公开方式及信息公开内容见表2-8。

表2-8　　　甘肃省社会保险基金信息公开情况（2015）

编号	信息要素	未公开	依申请公开	网站公开	出版物公开	得分
1	各项社会保险基金的收支总额		✓			1
2	各项社会保险基金的收入款级科目		✓			1
3	各项社会保险基金的收入项级科目		✓			1
4	各项社会保险基金的支出款级科目		✓			1
5	各项社会保险基金的支出项级科目		✓			1
6	各项社会保险基金收支分级信息（类级科目）		部分信息			0.8
7	各项社会保险基金的基本数字（类级科目）		✓			1
8	各项社会保险基金资产的类级科目		✓			1
9	各项社会保险基金资产的款级科目		✓			1
10	各项社会保险基金资产的项级科目	✓				0
11	各项社会保险基金负债的类级科目		✓			1
12	各项社会保险基金负债的款级科目		✓			1
13	各项社会保险基金负债的项级科目	✓				0
14	养老基金的长期收支预测	✓				0

甘肃省社会保险基金透明度得分为[(1+1+1+1+1+0.8+1+1+1+1+1)÷14]×100=77.14分,比31个省份社会保险基金透明度的平均得分高28.03分,在该单项信息排名中与其他10个省份并列第1名。

2.9 甘肃省国有企业基金信息公开情况

国有企业基金透明度评分指标的构成内容包括:①国有企业的总量6项指标(国有企业的收入、费用、利润总额、资产、负债及所有者权益总额);②国有企业的总量4张表(资产负债表、利润表、现金流量表、所有者权益变动表);③政府直属企业按户公布的8项指标(资产总额、负债总额、所有者权益总额、国有资本及权益总额、营业总收入、利润总额、净利润总额、归属母公司所有者权益的净利润);④政府直属企业是否按照国内上市公司的信息披露要求公布企业运营状况。

甘肃省相关部门提供了部分项目组申请的数据,项目组也通过出版物获得了部分信息。具体的信息公开方式及信息公开内容见表2-9。

表2-9　　甘肃省国有企业基金信息公开情况(2015)

编号	信息要素	未公开	依申请公开	网站公开	出版物公开	得分
1	国有企业的收入、费用和利润总额				√	1
2	国有企业的资产、负债及所有者权益总额				√	1
3	国有企业资产负债表		√			1
4	国有企业利润表		√			1
5	国有企业现金流量表		√			1
6	国有企业所有者权益变动表		√			1
7	政府直属企业主要指标表	√				0
8	政府直属企业达到与国内上市公司同等信息披露要求	√				0

甘肃省国有企业基金透明度得分为[(1+1+1+1+1+1)÷8]×100=75分,比该单项信息排名第一的山东省低12.5分,比31个省份国有企业基金透明度的平均得分高17.22分,在该单项信息排名中与其他10个省份并列第8名。

2.10 基本结论

甘肃省在 2017 年财政透明度调查过程中的答复情况较好，能够依申请公开较多的资料与信息，态度得分为 86.36 分，单项得分排名为第 5 名。

综合各项信息要素得分，甘肃省 2017 年财政透明度最终得分为 $76.32\times25\%+72.22\%\times8\%+8.59\times4\%+72.22\times2\%+51.02\times9\%+56.70\times15\%+77.14\times19\%+75.00\times15\%+86.36\times3\%=68.24$ 分。

该得分远远高于 31 个省份平均得分，排名也位居全国前列，排在第 2 名，该排名遥遥领先于甘肃省经济发展水平在全国的排名，这也从一个侧面说明了如下两点：第一，我国的财政透明度水平与经济发展程度并无必然联系，只是存在一些信息公开的障碍，但只要想公开，还是没有什么大的障碍的。第二，我们调查的这些信息，并非某些省份宣称的没有这些信息，这些信息其实都是存在的，只是没有在公开出版物中出版，信息公开基本上是政府意愿的问题，而非能力问题。我们期待甘肃省在接续的调查年份再接再厉，也期待全国各个省份也都能公开，特别是通过民众容易获取的方式公开政府信息。

3 四川省财政透明度报告

3.1 四川省财政透明度概况

中共十八大以来,四川省贯彻落实新《预算法》关于预决算公开的相关规定和中共中央办公厅、国务院办公厅《关于进一步推进预算公开工作的意见》的相关规定,积极推进财政信息公开工作。

综合四川省政府及省内部门等网站公开资料、《四川统计年鉴》和被调查部门的信息反馈情况,项目组计算得出四川省财政透明度得分。从图3—1可知,四川省财政透明度得分在2016年之前比较稳定,基本上在20～25分,2017年的得分迅猛上升,增加到66.57分;而其在31个省份中的排名位次的波动幅度更大,最差是2016年,排在第30名,排名最好的年份是2017年,排在第3名。

四川省2017年财政透明度的总得分为66.57分,比31个省份财政透明度的平均得分高18.29分,比排名第一的山东省低3.44分,在31个省份财政透明度得分排名中位居第3名。四川省2017年各个项目的透明度得分都大幅度高于2016年的得分(见表3—1)。

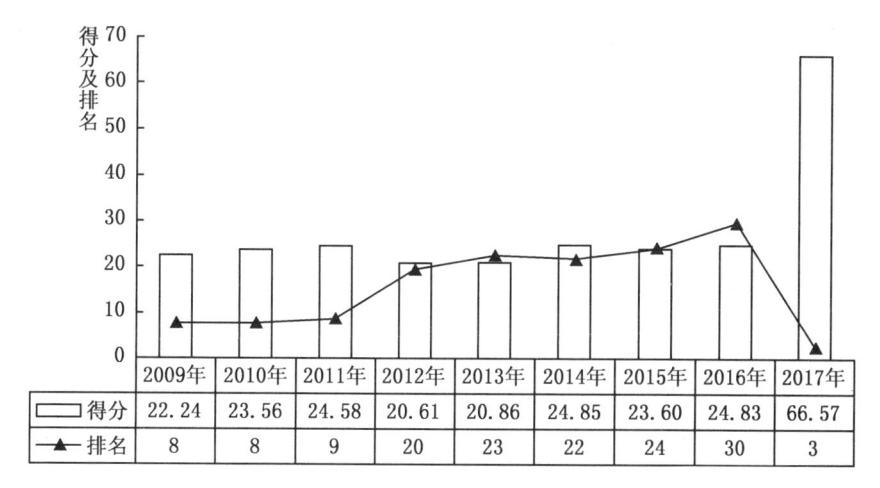

图 3—1 四川省财政透明度得分及排名(2009—2017)

年份	2009年	2010年	2011年	2012年	2013年	2014年	2015年	2016年	2017年
得分	22.24	23.56	24.58	20.61	20.86	24.85	23.60	24.83	66.57
排名	8	8	9	20	23	22	24	30	3

表 3—1　　　　　　　四川省各调查信息要素的透明度得分(2017)

	一般公共预算基金	政府性基金	财政专户管理资金	国有资本经营预算基金	政府资产负债	部门预算及相关信息	社会保险基金	国有企业基金	被调查者态度
权重	25%	8%	4%	2%	9%	15%	19%	15%	3%
31个省份平均百分制得分	57.52	47.90	4.68	43.64	17.71	47.32	49.11	57.78	77.30
四川省百分制得分	78.95	72.22	5.56	72.22	51.02	42.00	77.14	75.00	86.36

3.2 四川省一般公共预算基金信息公开情况

一般公共预算基金透明度评分指标主要根据财政部要求编制的"公共财政收支决算总表""公共财政收入决算明细表""公共财政支出决算功能分类明细表""公共财政收支决算分级表""公共财政收支及平衡情况表"这5张决算表格设计而成。其中,前三张决算表格调查的内容是省总预算的收支情况,各项信息要素权重为2;后两份决算表格调查的内容是省本级和省以下各级地方政府的收支情况,各项信息要素权重为1。另外,项目组还提出了一般公共预算经济分类支出信息公开的申请。

四川省相关部门提供了部分项目组申请的数据,项目组也通过网站查询和《2016四川财政年鉴》获得了部分信息。具体的信息公开方式及信息公开内容见表3－2。

表3－2　　　　四川省一般公共预算基金信息公开情况(2015)

编号	信息要素	未公开	依申请公开	网站公开	出版物公开	已公开信息项	应公开信息项
1	省总预算公共预算收支总额		✓	✓	✓	2	2
2	省总预算公共预算收入类级科目		✓	✓	✓	2	2
3	省总预算公共预算收入款级科目		✓	✓	✓	22	22
4	省总预算公共预算收入项级科目		✓	✓		22	22
5	省总预算公共预算收入目级科目		✓			22	22
6	省总预算公共预算支出功能分类类级科目		✓	✓	✓	24	24
7	省总预算公共预算支出功能分类款级科目		✓	✓		24	24
8	省总预算公共预算支出功能分类项级科目		✓	✓		24	24
9	省总预算公共预算支出经济分类类级科目	✓					10
10	省总预算公共预算支出经济分类款级科目	✓					10
11	省本级公共预算收入类级科目		✓	✓		2	2
12	省本级公共预算支出功能分类类级科目		✓	✓		24	24
13	省本级公共预算支出经济分类类级科目		✓	✓		10	10
14	地市本级公共预算收入类级科目		✓		✓	2	2
15	地市本级公共预算支出功能分类类级科目		✓		✓	24	24
16	地市本级公共预算支出经济分类类级科目	✓					10
17	县本级公共预算收入类级科目		✓		✓	2	2
18	县本级公共预算支出功能分类类级科目		✓		✓	24	24
19	县本级公共预算支出经济分类类级科目	✓					10
20	乡级公共预算收入类级科目		✓			2	2
21	乡级公共预算支出功能分类类级科目		✓			24	24
22	乡级公共预算支出经济分类类级科目				✓	10	10
23	各地市本级公共预算收入类级科目		✓	✓		1	1
24	各地市本级公共预算支出功能分类类级科目		✓	✓		1	1
25	各地市本级公共预算支出经济分类类级科目	✓					1
26	各县本级公共预算收入类级科目		✓	✓		1	1
27	各县本级公共预算支出功能分类类级科目		✓	✓		1	1
28	各县本级公共预算支出经济分类类级科目	✓					1

一般公共预算基金透明度得分计算方法为：

$$\left(\sum_{i=1}^{28}\frac{已公开信息项_i}{应公开信息项_i}\times 二级权重_i\right)\times 100/\sum_{i=1}^{28}二级权重_i$$

根据该计算方法，可以得出四川省一般公共预算基金透明度得分为78.95分，比31个省份一般公共预算基金透明度的平均得分高21.43分，在该单项信息排名中位列第1名。

3.3 四川省政府性基金信息公开情况

政府性基金透明度评分指标根据"政府性基金收支决算总表"、"政府性基金收支及结余情况表"、"政府性基金收支决算分级表"、"政府性基金收支及平衡情况表"这4张决算表格设计而成。其中，前两张决算表格调查的内容是省总预算的收支情况，各项信息要素权重为2；后两张决算表格调查的内容是省本级和省以下各级地方政府的收支情况，各项信息要素权重为1。另外，项目组还提出了政府性基金经济分类支出信息公开的申请。

四川省相关部门提供了部分项目组申请的数据，项目组也通过网站查询获得了部分信息。具体的信息公开方式及信息公开内容见表3—3。

表3—3　　　　　四川省政府性基金信息公开情况（2015）

编号	信息要素	未公开	依申请公开	网站公开	出版物公开	已公开信息项	应公开信息项
1	省总预算政府性基金预算收支总额		√	√		2	2
2	省总预算政府性基金预算收入款级科目		√	√		1	1
3	省总预算政府性基金预算收入项级科目		√	√		1	1
4	省总预算政府性基金预算收入目级科目		√			1	1
5	省总预算政府性基金预算支出功能分类类级科目		√	√		11	11
6	省总预算政府性基金预算支出功能分类款级科目		√	√		11	11
7	省总预算政府性基金预算支出功能分类项级科目		√			11	11
8	省总预算政府性基金预算支出经济分类类级科目	√					10
9	省总预算政府性基金预算支出经济分类款级科目	√					10
10	省本级政府性基金预算收入款级科目		√	√		1	1

续表

编号	信息要素	未公开	依申请公开	网站公开	出版物公开	已公开信息项	应公开信息项
11	省本级政府性基金预算支出功能分类类级科目		✓	✓		11	11
12	省本级政府性基金预算支出经济分类类级科目	✓					10
13	地市本级政府性基金预算收入款级科目		✓			1	1
14	地市本级政府性基金预算支出功能分类类级科目		✓			10	10
15	地市本级政府性基金预算支出经济分类类级科目	✓					10
16	县本级政府性基金预算收入款级科目		✓			1	1
17	县本级政府性基金预算支出功能分类类级科目		✓			10	10
18	县本级政府性基金预算支出经济分类类级科目	✓					10
19	乡级政府性基金预算收入款级科目		✓			1	1
20	乡级政府性基金预算支出功能分类类级科目		✓			10	10
21	乡级政府性基金预算支出经济分类类级科目	✓					10
22	各地市本级政府性基金预算收入款级科目		✓			1	1
23	各地市本级政府性基金预算支出功能分类类级科目		✓			1	1
24	各地市本级政府性基金预算支出经济分类类级科目	✓					1
25	各县本级政府性基金预算收入款级科目		✓			1	1
26	各县本级政府性基金预算支出功能分类类级科目		✓			1	1
27	各县本级政府性基金预算支出经济分类类级科目	✓					1

政府性基金透明度得分计算方法为：

$$\left(\sum_{i=1}^{27} \frac{已公开信息项_i}{应公开信息项_i} \times 二级权重_i \right) \times 100 / \sum_{i=1}^{27} 二级权重_i$$

根据该计算方法,可以得出四川省政府性基金透明度得分为 72.22 分,比 31 个省份政府性基金透明度的平均得分高 24.32 分,在该单项信息排名中与其他 7 个省份并列第 1 名。

3.4 四川省财政专户管理资金信息公开情况

财政专户管理资金透明度评分指标根据"财政专户管理资金收支总表"、"财政专户管理资金收入明细表"、"财政专户管理资金支出功能分类明细表"、"财政专户管理资金收支分级表"和"财政专户管理资金收支及平衡情况表"这5张决算表格设计而成。其中,涉及省总预算财政专户的各项信息要素权重为2,其余省本级和省以下各级地方政府财政专户的各项信息要素权重为1。

财政部不再统一要求地方政府在2015年度政府决算中编制财政专户管理资金的相关表格。四川省相关部门提供了部分信息。具体的信息公开方式及信息公开内容见表3-4。

表3-4 四川省财政专户管理资金信息公开情况(2015)

编号	信息要素	未公开	依申请公开	网站公开	出版物公开	已公开信息项	应公开信息项
1	省总预算财政专户收支总额	√					2
2	省总预算财政专户收入款级科目	√					2
3	省总预算财政专户收入项级科目	√					2
4	省总预算财政专户收入目级科目	√					2
5	省总预算财政专户支出功能分类类级科目	√					22
6	省总预算财政专户支出功能分类款级科目	√					22
7	省总预算财政专户支出功能分类项级科目	√					22
8	省总预算财政专户支出经济分类类级科目	√					10
9	省总预算财政专户支出经济分类款级科目	√					10
10	省本级财政专户收入款级科目		√			2	2
11	省本级财政专户支出功能分类类级科目		√			22	22
12	省本级财政专户支出经济分类类级科目	√					10
13	地市本级财政专户收入款级科目	√					2
14	地市本级财政专户支出功能分类类级科目	√					22
15	地市本级财政专户支出经济分类类级科目	√					10
16	县本级财政专户收入款级科目	√					2
17	县本级财政专户支出功能分类类级科目	√					22
18	县本级财政专户支出经济分类类级科目	√					10

续表

编号	信息要素	未公开	依申请公开	网站公开	出版物公开	已公开信息项	应公开信息项
19	乡级财政专户收入款级科目	√					2
20	乡级财政专户支出功能分类类级科目	√					22
21	乡级财政专户支出经济分类类级科目	√					10
22	各地市本级财政专户收入款级科目	√					1
23	各地市本级财政专户支出功能分类类级科目	√					1
24	各地市本级财政专户支出经济分类类级科目	√					1
25	各县本级财政专户收入款级科目	√					1
26	各县本级财政专户支出功能分类类级科目	√					1
27	各县本级财政专户支出经济分类类级科目	√					1

财政专户管理资金透明度得分计算方法为：

$$\left(\sum_{i=1}^{27}\frac{已公开信息项_i}{应公开信息项_i}\times 二级权重_i\right)\times 100/\sum_{i=1}^{27}二级权重_i$$

根据该计算方法，可以得出四川省财政专户管理资金透明度得分为5.56分，比该单项信息排名第一的黑龙江低25分，比31个省份财政专户管理资金透明度的平均得分高0.88分，在该单项信息排名中与新疆维吾尔自治区并列第8名。

3.5 四川省国有资本经营预算基金信息公开情况

国有资本经营预算基金透明度评分指标根据"国有资本经营收支决算总表"、"国有资本经营收支决算明细表"、"国有资本经营收支决算分级表"和"国有资本经营收支及平衡情况表"这4张决算表格设计而成。其中，前两张决算表格调查的内容是省总预算的收支情况，各项信息要素权重为2；后两张决算表格调查的内容是省本级和省以下各级地方政府的收支情况，各项信息要素权重为1。

四川省相关部门提供了部分项目组申请的数据，项目组也通过网站查询获得了部分信息。具体的信息公开方式及信息公开内容见表3—5。

表 3—5 四川省国有资本经营预算基金信息公开情况（2015）

编号	信息要素	未公开	依申请公开	网站公开	出版物公开	已公开信息项	应公开信息项
1	国有资本经营预算收支总额		√	√		2	2
2	国有资本经营预算收入款级科目		√	√		1	1
3	国有资本经营预算收入项级科目		√	√		5	5
4	国有资本经营预算收入目级科目		√	√		5	5
5	国有资本经营预算支出功能分类类级科目		√	√		11	11
6	国有资本经营预算支出功能分类款级科目		√	√		1	1
7	国有资本经营预算支出功能分类项级科目		√	√		1	1
8	国有资本经营预算支出经济分类类级科目	√					3
9	国有资本经营预算支出经济分类款级科目	√					3
10	省本级国有资本经营预算收入款级科目		√	√		5	5
11	省本级国有资本经营预算支出功能分类类级科目		√	√		11	11
12	省本级国有资本经营预算支出经济分类类级科目	√					3
13	地市本级国有资本经营预算收入款级科目		√			5	5
14	地市本级国有资本经营预算支出功能分类类级科目		√			11	11
15	地市本级国有资本经营预算支出经济分类类级科目	√					3
16	县本级国有资本经营预算收入款级科目		√			5	5
17	县本级国有资本经营预算支出功能分类类级科目		√			11	11
18	县本级国有资本经营预算支出经济分类类级科目	√					3
19	乡级国有资本经营预算收入款级科目		√			5	5
20	乡级国有资本经营预算支出功能分类类级科目		√			11	11
21	乡级国有资本经营预算支出经济分类类级科目	√					3
22	各地市本级国有资本经营预算收入款级科目		√			5	5
23	各地市本级国有资本经营预算支出功能分类类级科目		√			11	11
24	各地市本级国有资本经营预算支出经济分类类级科目	√					3
25	各县本级国有资本经营预算收入款级科目		√			5	5
26	各县本级国有资本经营预算支出功能分类类级科目		√			11	11
27	各县本级国有资本经营预算支出经济分类类级科目	√					3

国有资本经营预算基金透明度得分计算方法为：

$$\left(\sum_{i=1}^{27}\frac{已公开信息项}{应公开信息项}\times 二级权重_i\right)\times 100/\sum_{i=1}^{27}二级权重_i$$

根据该计算方法，可以得出四川省国有资本经营预算基金透明度得分为72.22分，比31个省份国有资本经营预算基金透明度的平均得分高28.58分，在该单项信息排名中与其他7个省份并列第1名。

3.6 四川省政府资产负债信息公开情况

政府资产负债涵盖除社会保险基金和国有企业基金之外的所有政府资产与负债，包括一般公共预算基金、政府性基金、国有资本经营预算基金、财政专户管理资金所形成的资产和负债。具体指标包括资产类指标金融资产(存款、有价证券、在途款、暂付款)和固定资产(地产、房产建筑、设备)、负债类指标短期负债(暂存款、应付款、短期借款)和长期负债(1~3年、3~5年、5年以上)、净资产类指标金融净资产(预算结余、基金预算结余、国有资本经营预算结余、专用基金结余、财政专户管理资金结余、预算稳定调节基金、预算周转金)和非金融净资产。

四川省相关部门提供了部分信息。具体的信息公开方式及信息公开内容见表3-6。

表3-6　　　　四川省政府资产负债信息公开情况(2015)

编号	信息要素	未公开	依申请公开	网站公开	出版物公开	已公开信息项	应公开信息项
1	政府资产负债总额	√				0	2
2	政府资产一级分类信息			√		1	2
3	政府资产二级分类信息			√		4	7
4	政府负债一级分类信息			√		1	2
5	政府负债二级分类信息			√		3	6
6	政府净资产一级分类信息			√		1	2
7	政府净资产二级分类信息			√		7	7

政府资产负债透明度得分计算方法为：

$$\left(\sum_{i=1}^{7}\frac{已公开信息项}{应公开信息项}\times 二级权重_i\right)\times 100/\sum_{i=1}^{7}二级权重_i$$

根据该计算方法，可以得出四川省政府资产负债透明度得分为51.02分，比31个省份政府资产负债透明度的平均得分高33.31分,在该单项信息排名中与其他4个省份并列第1名。

3.7 四川省部门预算及相关信息公开情况

项目组选取省人民政府办公厅、人大常委会办公厅、政协办公厅、教育厅、财政厅、国家税务局、地方税务局、工商行政管理局、卫生和计划生育委员会、交通运输厅、环境保护厅11个省级部门作为调查对象,部门预算及相关信息透明度最终得分是这11个部门预算及相关信息透明度的平均数。每个部门的透明度评估指标涉及三大类型:关于预算单位的财务信息、关于预算单位的人员信息、关于机构的信息,具体决算表格为"收入支出决算总表"、"支出决算表"、"支出决算明细表"、"基本支出决算明细表"、"项目支出决算明细表"、"资产负债表"、"基本数字表"、"机构人员情况表"。

除国家税务局、卫生和计划生育委员会外,四川省其余9个部门都公布了部分信息。各部门主动公开的部门决算信息基本是一致的,下面以四川省财政厅为例,给出部门预算及相关信息透明度得分的计算。

四川省财政厅公布了表3-7中第1-4项、第7-14项信息要素,而其他信息要素并未公布。具体的信息公开方式及信息公开内容见表3-7。

表3-7 四川省财政厅部门预算及相关信息公开情况(2015)

编号	信息要素	未公开	依申请公开	网站公开	出版物公开	得分
1	部门收入分类			√		1
2	部门支出功能分类类级科目			√		1
3	部门支出功能分类款级科目			√		1
4	部门支出功能分类项级科目			√		1
5	部门支出经济分类类级科目	√				0
6	部门支出经济分类款级科目	√				0
7	基本支出功能分类类级科目			√		1
8	基本支出功能分类款级科目			√		1
9	基本支出功能分类项级科目			√		1
10	基本支出经济分类类级科目			√		1
11	基本支出经济分类款级科目			√		1

续表

编号	信息要素	未公开	依申请公开	网站公开	出版物公开	得分
12	项目支出功能分类类级科目			√		1
13	项目支出功能分类款级科目			√		1
14	项目支出功能分类项级科目			√		1
15	项目支出经济分类类级科目	√				0
16	项目支出经济分类款级科目	√				0
17	资产一级分类	√				0
18	资产二级分类	√				0
19	资产三级分类	√				0
20	其他补充资产信息	√				0
21	人员编制总数及各类人员编制数	√				0
22	年末实有人员总数及类型	√				0
23	按经费来源划分的各类人员数	√				0
24	部门机构一级信息	√				0
25	部门机构二级信息	√				0
26	部门机构三级信息	√				0

四川省财政厅部门预算及相关信息透明度得分为[(1+1+1+1+1+1+1+1+1+1+1+1)÷26]×100=46.2分。计算11个部门预算及相关信息透明度的平均得分,得到四川省部门预算及相关信息透明度最终得分为42分,比31个省份部门预算及相关信息透明度的平均得分低5.32分,在该单项信息排名中与其他4个省份并列第21名。

3.8 四川省社会保险基金信息公开情况

社会保险基金透明度评分指标主要根据"社会保险基金资产负债表"、"企业职工基本养老保险基金收支表"、"失业保险基金收支表"、"城镇职工基本医疗保险基金收支表"、"工伤保险基金收支表"、"生育保险基金收支表"、"居民社会养老保险基金收支表"、"城乡居民基本医疗保险基金收支表"、"新型农村合作医疗基金收支表"、"城镇居民基本医疗保险基金收支表"、"社会保障基金

财政专户资产负债表"、"社会保障基金财政专户收支表"、"财政对社会保险基金补助资金情况表"、"企业职工基本养老保险补充资料表"、"失业保险补充资料表"、"城镇职工医疗保险、工伤保险、生育保险补充资料表"、"居民社会养老保险补充资料表"、"居民基本医疗保险补充资料表"、"其他养老保险情况表"、"其他医疗保障情况表"这20张决算表格设计而成。

四川省社会保险基金的信息公开方式及信息公开内容见表3－8。

表3－8　　　　四川省社会保险基金信息公开情况（2015）

编号	信息要素	未公开	依申请公开	网站公开	出版物公开	得分
1	各项社会保险基金的收支总额		√			1
2	各项社会保险基金的收入款级科目		√			1
3	各项社会保险基金的收入项级科目		√			1
4	各项社会保险基金的支出款级科目		√			1
5	各项社会保险基金的支出项级科目		√			1
6	各项社会保险基金收支分级信息（类级科目）		部分信息			0.8
7	各项社会保险基金的基本数字（类级科目）		√			1
8	各项社会保险基金资产的类级科目		√			1
9	各项社会保险基金资产的款级科目		√			1
10	各项社会保险基金资产的项级科目	√				0
11	各项社会保险基金负债的类级科目		√			1
12	各项社会保险基金负债的款级科目		√			1
13	各项社会保险基金负债的项级科目		√			0
14	养老基金的长期收支预测		√			0

四川省社会保险基金透明度得分为[(1＋1＋1＋1＋1＋0.8＋1＋1＋1＋1＋1)÷14]×100＝77.14分，比31个省份社会保险基金透明度的平均得分高28.03分，在该单项信息排名中与其他10个省份并列第1名。

3.9　四川省国有企业基金信息公开情况

国有企业基金透明度评分指标的构成内容包括：①国有企业的总量6项

指标(国有企业的收入、费用、利润总额、资产、负债及所有者权益总额);②国有企业的总量4张表(资产负债表、利润表、现金流量表、所有者权益变动表);③政府直属企业按户公布的8项指标(资产总额、负债总额、所有者权益总额、国有资本及权益总额、营业总收入、利润总额、净利润总额、归属母公司所有者权益的净利润);④政府直属企业是否按照国内上市公司的信息披露要求公布企业运营状况。

四川省国有资产监督管理委员会等部门提供了部分项目组申请的数据,项目组也通过出版物获得了部分信息。具体的信息公开方式及信息公开内容见表3-9。

表3-9　　　　四川省国有企业基金信息公开情况(2015)

编号	信息要素	未公开	依申请公开	网站公开	出版物公开	得分
1	国有企业的收入、费用和利润总额				√	1
2	国有企业的资产、负债及所有者权益总额				√	1
3	国有企业资产负债表		√			1
4	国有企业利润表		√			1
5	国有企业现金流量表		√			1
6	国有企业所有者权益变动表		√			1
7	政府直属企业主要指标表	√				0
8	政府直属企业达到与国内上市公司同等信息披露要求		√			0

四川省国有企业基金透明度得分为[(1+1+1+1+1+1)÷8]×100=75分,比该单项信息排名第一的山东省低12.5分,比31个省份国有企业基金透明度的平均得分高17.22分,在该单项排名中与其他10个省份并列第8名。

3.10　基本结论

四川省在2017年财政透明度调查过程中的答复情况较好,能够依申请公开较多的资料与信息,态度得分为86.36分,单项得分排名为第5名。

综合各项信息要素得分,四川省2017年财政透明度最终得分为78.95×25%+72.22×8%+5.56×4%+72.22×2%+51.02×9%+37.80×15%+77.14×19%+75.00×14%+86.36×3%=65.94分。

该得分远远高于31个省份平均得分,排名也位居全国前列,排在第3名,该排名遥遥领先于四川省经济发展水平在全国的排名,这也从一个侧面说明了如下两点:第一,我国的财政透明度水平与经济发展程度并无必然联系,只是存在一些信息公开的障碍,但只要想公开,还是没有什么大的障碍的。第二,我们调查的这些信息,并非某些省份宣称的没有这些信息,这些信息其实都是存在的,只是没有在公开出版物中出版,信息公开基本上是政府意愿的问题,而非能力问题。我们期待四川省在接续的调查年份再接再厉,也期待全国各个省份也都能公开,特别是通过民众容易获取的方式公开政府信息。

4 安徽省财政透明度报告

4.1 安徽省财政透明度概况

中共十八大以来,安徽省贯彻落实新《预算法》关于预决算公开的相关规定和中共中央办公厅、国务院办公厅《关于进一步推进预算公开工作的意见》的相关规定,积极推进财政信息公开工作。

综合安徽省政府网站公开资料、《安徽统计年鉴》和被调查部门的信息反馈情况,项目组计算得出安徽省财政透明度得分。从图4-1可知,安徽省财政透明度得分和排名波动较大,但自2012年以来得分呈现出较稳定的上升趋势,2017年得分达到了65.69分;排名情况中,取得的最好成绩是在2009年和2016年,均为第3名,此外,在2015年和2017年也取得了第4名的成绩,最差的名次则是2012年的第29名。

就2017年安徽省财政透明度得分的各项构成情况(见表4-1)来看,9个因素中,仅有财政专户管理资金透明度得分为零分,低于31个省份的平均得分,其余8项均高于31个省份平均水平,国有资本经营预算基金透明度得分更是与其他7个省份并列第1名。

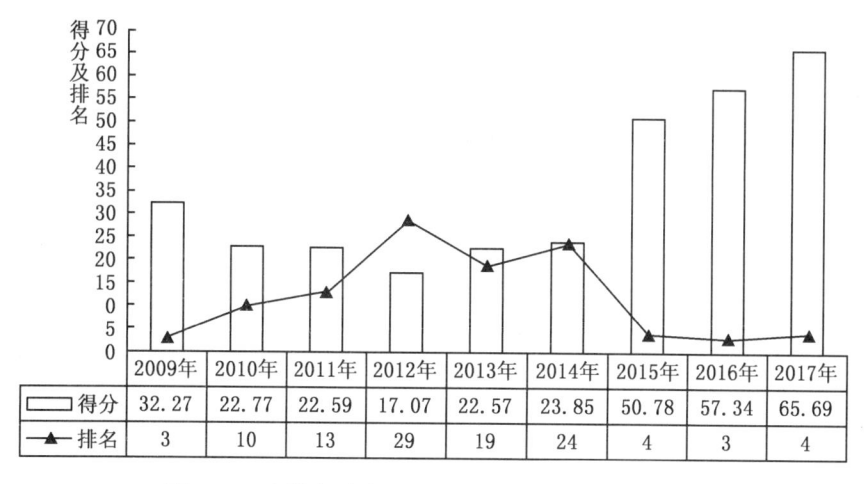

图 4—1　安徽省财政透明度得分及排名(2009—2017)

	2009年	2010年	2011年	2012年	2013年	2014年	2015年	2016年	2017年
得分	32.27	22.77	22.59	17.07	22.57	23.85	50.78	57.34	65.69
排名	3	10	13	29	19	24	4	3	4

表 4—1　　　　　安徽省各调查信息要素的透明度得分(2017)

	一般公共预算基金	政府性基金	财政专户管理资金	国有资本经营预算基金	政府资产负债	部门预算及相关信息	社会保险基金	国有企业基金	被调查者态度
权重	25%	8%	4%	2%	9%	15%	19%	15%	3%
31个省份平均百分制得分	57.50	47.90	4.68	43.64	17.71	47.32	49.11	57.78	77.27
安徽省百分制得分	75.00	61.11	0.00	72.22	48.98	50.30	77.14	75.00	90.91

4.2　安徽省一般公共预算基金信息公开情况

一般公共预算基金透明度评分指标主要根据财政部要求编制的"公共财政收支决算总表"、"公共财政收入决算明细表"、"公共财政支出决算功能分类明细表"、"公共财政收支决算分级表"、"公共财政收支及平衡情况表"这5张决算表格设计而成。其中前三张决算表格调查的内容是省总预算的收支情况,各项信息要素权重为2;后两张决算表格调查的内容是省本级和省以下各级地方政府的收支情况,各项信息要素权重为1。另外,项目组还提出了一般公共预算经济分类支出信息公开的申请。

安徽省财政厅依申请公开的决算报告和决算表格包括"2015年安徽省一

般公共预算收支决算总表"、"2015年安徽省一般公共预算收入决算明细表"、"2015年安徽省一般公共预算支出决算功能分类明细表"、"2015年安徽省一般公共预算收支决算分级表"和"2015年度一般公共预算收支及平衡情况表",包含了除经济分类外所有的信息要素。具体的信息公开方式及信息公开内容见表4－2。

表4－2　　安徽省一般公共预算基金信息公开情况(2015)

编号	信息要素	未公开	依申请公开	网站公开	出版物公开	已公开信息项	应公开信息项
1	省总预算公共预算收支总额		✓	✓	✓	2	2
2	省总预算公共预算收入类级科目		✓	✓	✓	2	2
3	省总预算公共预算收入款级科目		✓	✓	✓	22	22
4	省总预算公共预算收入项级科目			✓		22	22
5	省总预算公共预算收入目级科目			✓		22	22
6	省总预算公共预算支出功能分类类级科目		✓	✓	✓	24	24
7	省总预算公共预算支出功能分类款级科目			✓		24	24
8	省总预算公共预算支出功能分类项级科目			✓		24	24
9	省总预算公共预算支出经济分类类级科目	✓				0	10
10	省总预算公共预算支出经济分类款级科目	✓				0	10
11	省本级公共预算收入类级科目		✓	✓		2	2
12	省本级公共预算支出功能分类类级科目		✓	✓		23	24
13	省本级公共预算支出经济分类类级科目			✓		5	10
14	地市本级公共预算收入类级科目		✓			2	2
15	地市本级公共预算支出功能分类类级科目		✓			22	24
16	地市本级公共预算支出经济分类类级科目	✓				0	10
17	县本级公共预算收入类级科目		✓			2	2
18	县本级公共预算支出功能分类类级科目		✓			22	24
19	县本级公共预算支出经济分类类级科目	✓				0	10
20	乡级公共预算收入类级科目		✓			2	2
21	乡级公共预算支出功能分类类级科目		✓			22	24
22	乡级公共预算支出经济分类类级科目	✓				0	10
23	各地市本级公共预算收入类级科目		✓			1	1
24	各地市本级公共预算支出功能分类类级科目		✓			1	1

续表

编号	信息要素	未公开	依申请公开	网站公开	出版物公开	已公开信息项	应公开信息项
25	各地市本级公共预算支出经济分类类级科目	√				0	1
26	各县本级公共预算收入类级科目		√			1	1
27	各县本级公共预算支出功能分类类级科目		√			1	1
28	各县本级公共预算支出经济分类类级科目	√				0	1

一般公共预算基金透明度得分计算方法为：

$$\left(\sum_{i=1}^{28}\frac{已公开信息项_i}{应公开信息项_i}\times 二级权重_i\right)\times 100/\sum_{i=1}^{28}二级权重_i$$

根据该计算方法,可以得出安徽省一般公共预算基金透明度得分为75分,比该单项信息排名第一的四川省低3.95分,比31个省份一般公共预算基金透明度的平均得分高17.5分,在该单项信息排名中位列第5名。

4.3 安徽省政府性基金信息公开情况

政府性基金透明度评分指标根据"政府性基金收支决算总表"、"政府性基金收支及结余情况表"、"政府性基金收支决算分级表"、"政府性基金收支及平衡情况表"这4张决算表格设计而成。其中,前两张决算表格调查的内容是省总预算的收支情况,各项信息要素权重为2;后两张决算表格调查的内容是省本级和省以下各级地方政府的收支情况,各项信息要素权重为1。另外,项目组还提出了政府性基金经济分类支出信息公开的申请。

安徽省财政厅依申请公开的"2015年度安徽省政府性基金收支决算总表"、"2015年度安徽省政府性基金收支决算分级表"和"2015年度安徽省政府性基金收支及结余情况表",包含了第1—21项信息要素中除经济分类外的其他信息。具体的信息公开方式及信息公开内容见表4—3。

表4—3　　　　　　安徽省政府性基金信息公开情况(2015)

编号	信息要素	未公开	依申请公开	网站公开	出版物公开	已公开信息项	应公开信息项
1	省总预算政府性基金预算收支总额		√			2	2
2	省总预算政府性基金预算收入款级科目		√			1	1
3	省总预算政府性基金预算收入项级科目		√			1	1
4	省总预算政府性基金预算收入目级科目		√			1	1

续表

编号	信息要素	未公开	依申请公开	网站公开	出版物公开	已公开信息项	应公开信息项
5	省总预算政府性基金预算支出功能分类类级科目		√			10	10
6	省总预算政府性基金预算支出功能分类款级科目		√			10	10
7	省总预算政府性基金预算支出功能分类项级科目		√			10	10
8	省总预算政府性基金预算支出经济分类类级科目	√				0	10
9	省总预算政府性基金预算支出经济分类款级科目	√				0	10
10	省本级政府性基金预算收入款级科目		√	√		1	1
11	省本级政府性基金预算支出功能分类类级科目		√	√		10	10
12	省本级政府性基金预算支出经济分类类级科目	√				0	10
13	地市本级政府性基金预算收入款级科目		√			1	1
14	地市本级政府性基金预算支出功能分类类级科目		√			10	10
15	地市本级政府性基金预算支出经济分类类级科目	√				0	10
16	县本级政府性基金预算收入款级科目		√			1	1
17	县本级政府性基金预算支出功能分类类级科目		√			10	10
18	县本级政府性基金预算支出经济分类类级科目	√				0	10
19	乡级政府性基金收入款级科目		√			1	1
20	乡级政府性基金支出功能分类类级科目		√			10	10
21	乡级政府性基金支出经济分类类级科目	√				0	10
22	各地市本级政府性基金收入款级科目	√				0	1
23	各地市本级政府性基金支出功能分类类级科目	√				0	1
24	各地市本级政府性基金支出经济分类类级科目	√				0	1
25	各县本级政府性基金收入款级科目	√				0	1
26	各县本级政府性基金支出功能分类类级科目	√				0	1
27	各县本级政府性基金支出经济分类类级科目	√				0	1

政府性基金透明度得分计算方法为：

$$\left(\sum_{i=1}^{27}\frac{已公开信息项_i}{应公开信息项_i}\times 二级权重_i\right)\times 100/\sum_{i=1}^{27}二级权重_i$$

根据该计算方法,可以得出安徽省政府性基金透明度得分为 61.11 分,比该单项信息排名第一的山西等省份低 11.11 分,比 31 个省份政府性基金透明度的平均得分高 13.21 分,在该单项信息排名中与其他 3 个省份并列第 10 名。

4.4 安徽省财政专户管理资金信息公开情况

财政专户管理资金透明度评分指标根据"财政专户管理资金收支总表"、"财政专户管理资金收入明细表"、"财政专户管理资金支出功能分类明细表"、"财政专户管理资金收支分级表"和"财政专户管理资金收支及平衡情况表"这 5 张决算表格设计而成。其中,涉及省总预算财政专户的各项信息要素权重为 2,其余省本级和省以下各级地方政府财政专户的各项信息要素权重为 1。

财政部不再统一要求地方政府在 2015 年度政府决算中编制财政专户管理资金的相关表格。项目组未获取安徽省 2015 年度任何财政专户管理资金的收支信息,见表 4-4。安徽省财政专户管理资金透明度得分为零分。

表 4-4 安徽省财政专户管理资金信息公开情况(2015)

编号	信息要素	未公开	依申请公开	网站公开	出版物公开	已公开信息项	应公开信息项
1	省总预算财政专户收支总额	√				0	2
2	省总预算财政专户收入款级科目	√				0	2
3	省总预算财政专户收入项级科目	√				0	2
4	省总预算财政专户收入目级科目	√				0	2
5	省总预算财政专户支出功能分类类级科目	√				0	22
6	省总预算财政专户支出功能分类款级科目	√				0	22
7	省总预算财政专户支出功能分类项级科目	√				0	22
8	省总预算财政专户支出经济分类类级科目	√				0	10
9	省总预算财政专户支出经济分类款级科目	√				0	10
10	省本级财政专户收入款级科目	√				0	2
11	省本级财政专户支出功能分类类级科目	√				0	22
12	省本级财政专户支出经济分类类级科目	√				0	10

续表

编号	信息要素	未公开	依申请公开	网站公开	出版物公开	已公开信息项	应公开信息项
13	地市本级财政专户收入款级科目	√				0	2
14	地市本级财政专户支出功能分类类级科目	√				0	22
15	地市本级财政专户支出经济分类类级科目	√				0	10
16	县本级财政专户收入款级科目	√				0	2
17	县本级财政专户支出功能分类类级科目	√				0	22
18	县本级财政专户支出经济分类类级科目	√				0	10
19	乡级财政专户收入款级科目	√				0	2
20	乡级财政专户支出功能分类类级科目	√				0	22
21	乡级财政专户支出经济分类类级科目	√				0	10
22	各地市本级财政专户收入款级科目	√				0	1
23	各地市本级财政专户支出功能分类类级科目	√				0	1
24	各地市本级财政专户支出经济分类类级科目	√				0	1
25	各县本级财政专户收入款级科目	√				0	1
26	各县本级财政专户支出功能分类类级科目	√				0	1
27	各县本级财政专户支出经济分类类级科目	√				0	1

4.5 安徽省国有资本经营预算基金信息公开情况

国有资本经营预算基金透明度评分指标根据"国有资本经营收支决算总表"、"国有资本经营收支决算明细表"、"国有资本经营收支决算分级表"和"国有资本经营收支及平衡情况表"这4张决算表格设计而成。其中，前两张决算表格调查的内容是省总预算的收支情况，各项信息要素权重为2；后两张决算表格调查的内容是省本级和省以下各级地方政府的收支情况，各项信息要素权重为1。

安徽省财政厅依申请公开了"2015年度安徽省国有资本经营收支决算总表"、"2015年度安徽省国有资本经营收支决算明细表"、"2015年度安徽省国有资本经营收支决算分级表"和"2015年度安徽省国有资本经营收支及平衡情况表"，公开了除经济分类外的国有资本经营预算基金的其他信息要素。具体的信息公开方式及信息公开内容见表4—5。

表4—5　　　　安徽省国有资本经营预算基金信息公开情况(2015)

编号	信息要素	未公开	依申请公开	网站公开	出版物公开	已公开信息项	应公开信息项
1	国有资本经营预算收支总额		✓			2	2
2	国有资本经营预算收入款级科目		✓			1	1
3	国有资本经营预算收入项级科目		✓			5	5
4	国有资本经营预算收入目级科目		✓			5	5
5	国有资本经营预算支出功能分类类级科目		✓			11	11
6	国有资本经营预算支出功能分类款级科目		✓			1	1
7	国有资本经营预算支出功能分类项级科目		✓			1	1
8	国有资本经营预算支出经济分类类级科目	✓				0	3
9	国有资本经营预算支出经济分类款级科目	✓				0	3
10	省本级国有资本经营预算收入款级科目		✓	✓		5	5
11	省本级国有资本经营预算支出功能分类类级科目		✓	✓		11	11
12	省本级国有资本经营预算支出经济分类类级科目	✓				0	3
13	地市本级国有资本经营预算收入款级科目		✓			5	5
14	地市本级国有资本经营预算支出功能分类类级科目		✓			11	11
15	地市本级国有资本经营预算支出经济分类类级科目	✓				0	3
16	县本级国有资本经营预算收入款级科目		✓			5	5
17	县本级国有资本经营预算支出功能分类类级科目		✓			11	11
18	县本级国有资本经营预算支出经济分类类级科目	✓				0	3
19	乡级国有资本经营预算收入款级科目		✓			5	5
20	乡级国有资本经营预算支出功能分类类级科目		✓			11	11
21	乡级国有资本经营预算支出经济分类类级科目	✓				0	3
22	各地市本级国有资本经营预算收入款级科目		✓			5	5
23	各地市本级国有资本经营预算支出功能分类类级科目		✓			11	11
24	各地市本级国有资本经营预算支出经济分类类级科目	✓				0	3
25	各县本级国有资本经营预算收入款级科目		✓			5	5

续表

编号	信息要素	未公开	依申请公开	网站公开	出版物公开	已公开信息项	应公开信息项
26	各县本级国有资本经营预算支出功能分类类级科目		√			11	11
27	各县本级国有资本经营预算支出经济分类类级科目	√				0	3

国有资本经营预算基金透明度得分计算方法为:

$$(\sum_{i=1}^{27} \frac{已公开信息项}{应公开信息项} \times 二级权重_i) \times 100 / \sum_{i=1}^{27} 二级权重_i$$

根据该计算方法,可以得出安徽省国有资本经营预算基金透明度得分为72.22分,比31个省份国有资本经营预算基金透明度的平均得分高28.58分,在该单项信息排名中与其他7个省份并列第1名。

4.6 安徽省政府资产负债信息公开情况

政府资产负债涵盖除社会保险基金和国有企业基金之外的所有政府资产与负债,包括一般公共预算基金、政府性基金、国有资本经营预算基金、财政专户管理资金所形成的资产和负债。具体指标包括资产类指标金融资产(存款、有价证券、在途款、暂付款)和固定资产(地产、房产建筑、设备)、负债类指标短期负债(暂存款、应付款、短期借款)和长期负债(1~3年、3~5年、5年以上)、净资产类指标金融净资产(预算结余、基金预算结余、国有资本经营预算结余、专用基金结余、财政专户管理资金结余、预算稳定调节基金、预算周转金)和非金融净资产。

安徽省财政厅依申请公开了"2015年度安徽省预算资金年终资产负债表",但未公开"财政专户管理资金年终资产负债表"。具体的信息公开方式及信息公开内容见表4-6。

表4-6 **安徽省政府资产负债信息公开情况(2015)**

编号	信息要素	未公开	依申请公开	网站公开	出版物公开	已公开信息项	应公开信息项
1	政府资产负债总额	√				0	2
2	政府资产一级分类信息		√			1	2
3	政府资产二级分类信息		√			4	7
4	政府负债一级分类信息		√			1	2

续表

编号	信息要素	未公开	依申请公开	网站公开	出版物公开	已公开信息项	应公开信息项
5	政府负债二级分类信息		√			3	6
6	政府净资产一级分类信息		√			1	2
7	政府净资产二级分类信息		√			6	7

政府资产负债透明度得分计算方法为：

$$\left(\sum_{i=1}^{7}\frac{已公开信息项_i}{应公开信息项_i}\times 二级权重_i\right)\times 100/\sum_{i=1}^{7}二级权重_i$$

根据该计算方法，可以得出安徽省政府资产负债透明度得分为48.98分，比31个省份政府资产负债透明度的平均得分高31.27分，在该单项信息排名中与其他5个省份并列第6名。

4.7 安徽省部门预算及相关信息公开情况

项目组选取省人民政府办公厅、人大常委会办公厅、政协办公厅、教育厅、财政厅、国家税务局、地方税务局、工商行政管理局、卫生和计划生育委员会、交通运输厅、环境保护厅11个省级部门作为调查对象，部门预算及相关信息透明度最终得分是这11个部门预算及相关信息透明度的平均数。每个部门的透明度评估指标涉及三大类型：关于预算单位的财务信息、关于预算单位的人员信息、关于机构的信息。具体决算表格为"收入支出决算总表"、"支出决算表"、"支出决算明细表"、"基本支出决算明细表"、"项目支出决算明细表"、"资产负债表"、"基本数字表"、"机构人员情况表"。

除国家税务局外，安徽省其余10个部门都主动公开了2015年度部门决算，其中财政厅和交通运输厅还依申请公开了相关部门决算表格。各部门主动公开的部门决算信息基本是一致的，下面以安徽省人民政府办公厅为例，给出部门预算及相关信息透明度得分的计算。

安徽省人民政府办公厅2015年部门决算信息公开内容包括四部分：第一部分是部门主要职责；第二部分是部门决算单位构成；第三部分是安徽省人民政府办公厅2015年度部门决算情况说明；第四部分则是对前文出现的一些名词进行了解释。具体公开的决算表格是"收入支出决算总表"、"收入决算表"、"支出决算表"、"财政拨款收入支出决算总表"、"一般公共预算财政拨款支出决算表"、"一般公共预算财政拨款基本支出决算表"、"政府性基金财政拨款支出决算表"7张决算表格。具体的信息公开方式及信息公开内容见表4－7。

表 4-7　安徽省人民政府办公厅部门预算及相关信息公开情况(2015)

编号	信息要素	未公开	依申请公开	网站公开	出版物公开	得分
1	部门收入分类		√			1
2	部门支出功能分类类级科目		√			1
3	部门支出功能分类款级科目		√			1
4	部门支出功能分类项级科目		√			1
5	部门支出经济分类类级科目	√				0
6	部门支出经济分类款级科目	√				0
7	基本支出功能分类类级科目		√			1
8	基本支出功能分类款级科目		√			1
9	基本支出功能分类项级科目		√			1
10	基本支出经济分类类级科目		√			1
11	基本支出经济分类款级科目		√			1
12	项目支出功能分类类级科目		√			1
13	项目支出功能分类款级科目		√			1
14	项目支出功能分类项级科目		√			1
15	项目支出经济分类类级科目	√				0
16	项目支出经济分类款级科目	√				0
17	资产一级分类	√				0
18	资产二级分类	√				0
19	资产三级分类	√				0
20	其他补充资产信息	√				0
21	人员编制总数及各类人员编制数	√				0
22	年末实有人员总数及类型	√				0
23	按经费来源划分的各类人员数	√				0
24	部门机构一级信息	√				0
25	部门机构二级信息	√				0
26	部门机构三级信息	√				0

安徽省人民政府办公厅部门预算及相关信息透明度得分为[(1+1+1+1+1+1+1+1+1+1+1)÷26]×100=46.15分。计算11个部门预算及相关信息透明度的平均得分,得到安徽省部门预算及相关信息透明度最终得分为50.3分,比31个省份部门预算及相关信息透明度的平均得分高2.98分,在该单项信息排名中位列第9名。

4.8 安徽省社会保险基金信息公开情况

社会保险基金透明度评分指标主要根据"社会保险基金资产负债表"、"企业职工基本养老保险基金收支表"、"失业保险基金收支表"、"城镇职工基本医疗保险基金收支表"、"工伤保险基金收支表"、"生育保险基金收支表"、"居民社会养老保险基金收支表"、"城乡居民基本医疗保险基金收支表"、"新型农村合作医疗基金收支表"、"城镇居民基本医疗保险基金收支表"、"社会保障基金财政专户资产负债表"、"社会保障基金财政专户收支表"、"财政对社会保险基金补助资金情况表"、"企业职工基本养老保险补充资料表"、"失业保险补充资料表"、"城镇职工医疗保险、工伤保险、生育保险补充资料表"、"居民社会养老保险补充资料表"、"居民基本医疗保险补充资料表"、"其他养老保险情况表"、"其他医疗保障情况表"这20张决算表格设计而成。

安徽省财政局依申请公开了"2015年安徽省社会保险基金收支情况表"、"二〇一五年社会保险基金资产负债表"、"二〇一五年社会保险补充资料表"、"二〇一五年企业职工基本养老保险基金收支表"、"二〇一五年机关事业单位基本养老保险基金收支表"、"二〇一五年城乡居民基本养老保险基金收支表"、"二〇一五年城镇职工基本医疗保险基金收支表"、"二〇一五年城乡居民基本医疗保险基金收支表"、"二〇一五年新型农村合作医疗基金收支表"、"二〇一五年城镇居民基本医疗保险基金收支表"、"二〇一五年工伤保险基金收支表"、"二〇一五年失业保险基金收支表"、"二〇一五年生育保险基金收支表"、"二〇一五年财政对社会保险基金补助资金情况表"、"二〇一五年社会保障基金财政专户资产负债表"、"二〇一五年社会保障基金财政专户收支情况表"、"二〇一五年城镇职工基本医疗保险、工伤保险、生育保险补充资料表"、"二〇一五年居民基本医疗保险补充资料表"、"二〇一五年失业保险补充资料表"等,资料十分丰富。具体的信息公开方式及信息公开内容见表4-8。

表 4－8　　安徽省社会保险基金信息公开情况（2015）

编号	信息要素	未公开	依申请公开	网站公开	出版物公开	得分
1	各项社会保险基金的收支总额		✓			1
2	各项社会保险基金的收入款级科目		✓			1
3	各项社会保险基金的收入项级科目		✓			1
4	各项社会保险基金的支出款级科目		✓			1
5	各项社会保险基金的支出项级科目		✓			1
6	各项社会保险基金收支分级信息（类级科目）		部分信息			0.8
7	各项社会保险基金的基本数字（类级科目）		✓			1
8	各项社会保险基金资产的类级科目		✓			1
9	各项社会保险基金资产的款级科目		✓			1
10	各项社会保险基金资产的项级科目	✓				0
11	各项社会保险基金负债的类级科目		✓			1
12	各项社会保险基金负债的款级科目		✓			1
13	各项社会保险基金负债的项级科目	✓				0
14	养老基金的长期收支预测	✓				0

安徽省社会保险基金透明度得分为[(1+1+1+1+1+0.8+1+1+1+1+1)÷14]×100＝77.14 分，比 31 个省份社会保险基金透明度的平均得分高 28.03 分，在该单项信息排名中与其他 10 个省份并列第 1 名。

4.9　安徽省国有企业基金信息公开情况

国有企业基金透明度评分指标的构成内容包括：①国有企业的总量 6 项指标（国有企业的收入、费用、利润总额、资产、负债及所有者权益总额）；②国有企业的总量 4 张表（资产负债表、利润表、现金流量表、所有者权益变动表）；③政府直属企业按户公布的 8 项指标（资产总额、负债总额、所有者权益总额、国有资本及权益总额、营业总收入、利润总额、净利润总额、归属母公司所有者权益的净利润）；④政府直属企业是否按照国内上市公司的信息披露要求公布企业运营状况。

安徽省财政厅依申请公开了2015年度的"国有企业资产负债表"、"国有企业利润表"、"国有企业现金流量表"和"国有企业所有者权益变动表",为了解安徽省国有企业的整体财务情况提供了数据支持。具体的信息公开方式及信息公开内容见表4－9。

表4－9　　　　　安徽省国有企业基金信息公开情况(2015)

编号	信息要素	未公开	依申请公开	网站公开	出版物公开	得分
1	国有企业的收入、费用和利润总额		√			1
2	国有企业的资产、负债及所有者权益总额		√			1
3	国有企业资产负债表		√			1
4	国有企业利润表		√			1
5	国有企业现金流量表		√			1
6	国有企业所有者权益变动表		√			1
7	政府直属企业主要指标表	√				0
8	政府直属企业达到与国内上市公司同等信息披露要求	√				0

安徽省国有企业基金透明度得分为[(1+1+1+1+1+1)÷8]×100＝75分,比31个省份国有企业基金透明度的平均得分高17.22分,在该单项信息排名中与其他10个省份并列第8名。

4.10　基本结论

安徽省在2017年财政透明度调查过程中的答复情况较好,如在部门预算及相关信息透明度调查过程中,项目组收到了安徽省人民政府办公厅、教育厅、财政厅、国家税务局、地方税务局、工商行政管理局、卫生和计划生育委员会、交通运输厅、环境保护厅9个部门的政府信息公开申请答复,态度得分为90.91分,单项得分排名为第1名。

综合各项信息要素得分,安徽省2017年财政透明度最终得分为75.00×25％＋61.11×8％＋0×4％＋72.22×2％＋48.98×9％＋50.30×15％＋77.14×19％＋75×15％＋90.91×3％＝65.69分。

5 湖南省财政透明度报告

5.1 湖南省财政透明度概况

中共十八大以来,湖南省贯彻落实新《预算法》关于预决算公开的相关规定和中共中央办公厅、国务院办公厅《关于进一步推进预算公开工作的意见》的相关规定,积极推进财政信息公开工作。

湖南省严格执行新《预算法》对预决算信息公开时限的要求。2016年第一季度,湖南财政网统一集中公开了除涉密单位外的所有省直部门2016年部门预算和"三公"经费,9月5日前公开了2015年度部门决算,公开率达100%。[①] 值得肯定的是,湖南省积极推进政府预决算和部门预决算信息公开平台的建设,部门预决算除在各部门门户网站公开外,湖南财政网专门设立统一平台集中公开,方便查询监督。湖南省财政厅于2016年8月4日在官方网站公开了《关于湖南省2015省级决算草案和2016年上半年预算执行情况的报告》、相关决算表格及文字说明[②]。省级专项资金(含专项转移支付)公开专栏分成"农林水"、"教育科技文化"、"社会保障和就业"、"医疗卫生"、"经济发展转型"、"其他"6个子栏目,每个专项资金公开内容包括"制度办法"、"申报

[①] 《2016年湖南省财政厅政府信息公开工作报告》。

[②] 公开网站地址为 http://www.hncbt.gov.cn/xxgk/zdly/sjczyjs/czyjs/201611/t20161108_3444815.html。

流程"、"评审公示"、"分配结果(细化到每个区县专项资金项目名称、实施单位、财政支持环节与内容和资金金额)"和"绩效评价"四块内容。

综合政府网站公开资料、《湖南财政年鉴》、《湖南统计年鉴》和被调查部门的信息反馈情况,项目组计算得出湖南省财政透明度得分。从图5-1可知,在2009—2015年财政透明度评估中,湖南省财政透明度得分一直在20分左右徘徊;在2016年和2017年透明度评估中,湖南省加大了依申请公开力度,连续两年透明度得分在65分左右。2017年湖南省透明度得分略微下降的一个因素是财政部取消了2015年财政专户管理资金决算表格编制的要求,湖南省财政专户管理资金透明度从2016年的19.44分下降到了2017年的零分。

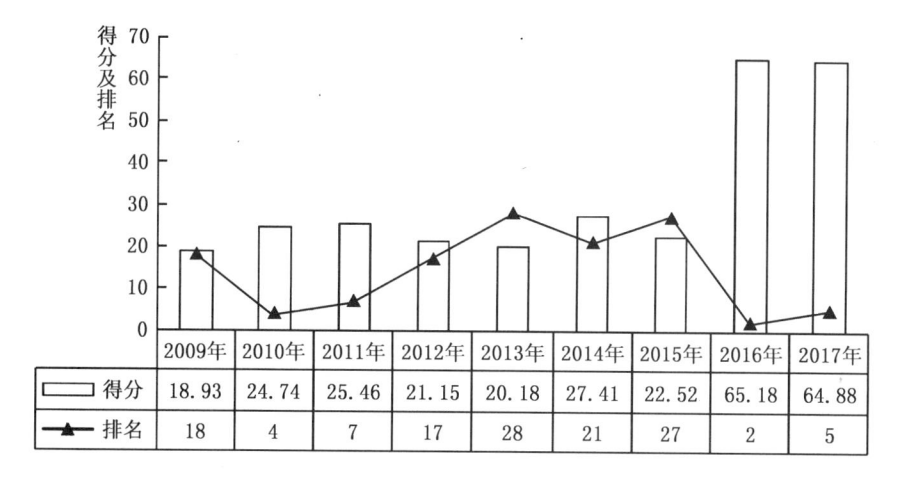

	2009年	2010年	2011年	2012年	2013年	2014年	2015年	2016年	2017年
得分	18.93	24.74	25.46	21.15	20.18	27.41	22.52	65.18	64.88
排名	18	4	7	17	28	21	27	2	5

图5-1 湖南省财政透明度得分及排名(2009—2017)

2016年,湖南省进一步细化在政府网站上向社会公众公布的预决算内容,一般公共预算公开到了经济分类的款级科目,并细化公开债务限额、债务余额和债务发行、使用、偿还等情况。支出细化公开到功能分类的最末一级项级,其中,一般公共预算基本支出按经济性质分类公开到款级,"三公"经费决算细化公开因公出国(境)团组数及人数、公务用车购置数及保有量、国内公务接待批次人数等,部门预算公开表格达到17张,内容更加细化,说明更加具体。部门决算公开表格由往年的3张扩展到8张,并对机关运行、政府采购支出、国有资产占用以及预算绩效管理工作等进行了首次公开。①

就2017年湖南省财政透明度得分的各项构成情况(见表5-1)来看,除财政专户管理资金透明度得分低于31个省份的平均得分外,其余8项信息要

---

① 《2016年湖南省财政厅政府信息公开工作报告》。

素的得分均高于31个省份平均得分,其中政府性基金透明度、国有资本经营预算基金透明度和社会保险基金透明度以分别以77.22分、72.22分和77.14分在31个省份中们列第1名。

表5—1　　　　　湖南省各调查信息要素的透明度得分(2017)

	一般公共预算基金	政府性基金	财政专户管理资金	国有资本经营预算基金	政府资产负债	部门预算及相关信息	社会保险基金	国有企业基金	被调查者态度
权重	25%	8%	4%	2%	9%	15%	19%	15%	3%
31个省份平均百分制得分	57.86	47.90	4.68	43.64	17.71	47.32	49.11	57.78	77.27
湖南省百分制得分	69.74	72.22	0.00	72.22	48.98	49.70	77.14	75.00	81.80

5.2　湖南省一般公共预算基金信息公开情况

一般公共预算基金透明度评分指标主要根据财政部要求编制的"公共财政收支决算总表"、"公共财政收入决算明细表"、"公共财政支出决算功能分类明细表"、"公共财政收支决算分级表"、"公共财政收支及平衡情况表"这5张决算表格设计而成。其中,前三张决算表格调查的内容是省总预算的收支情况,各项信息要素权重为2;后两张决算表格调查的内容是省本级和省以下各级地方政府的收支情况,各项信息要素权重为1。另外,项目组还提出了一般公共预算经济分类支出信息公开的申请。

湖南省财政厅网站公开的"2015年全省一般公共预算收入决算表"和"2015年全省一般公共预算支出决算表"包含"省总预算公共预算收支总额"、"省总预算公共预算收入类级科目"、"省总预算公共预算收入款级科目"、"省总预算公共预算支出功能分类类级科目"、"省总预算公共预算支出功能分类款级科目"、"省总预算公共预算支出功能分类项级科目"这6项信息要素;"2015年省级一般公共预算收入决算表"细化到公共预算收入款级科目,包含"省本级公共预算收入类级科目"1项信息要素;"2015年省级一般公共预算支出决算表"细化到公共预算支出功能分类项级科目,包含"省本级公共预算支出功能分类类级科目"1项信息要素;"2015年省级一般公共预算基本支出决算表"细化到经济分类支出款级科目,涉及的信息要素"省本级公共预算支出经济分类类级科目"部分得分;"2015年全省一般公共预算收支平衡表"、

"2015年省级一般公共预算收支平衡表"、"2015年省对市县税收返还和转移支付决算表"、"2015年省对市县税收返还和转移支付决算表(分地区)"主要是政府间财政关系的相关收支信息,暂时不在透明度评估范围之内。

《2016湖南财政年鉴》中的"2015年湖南省一般公共预算收入完成情况表(决算)"和"2015年湖南省本级公共财政收入决算总表"细化到收入分类款级科目,"2015年湖南省公共财政支出情况表"和"2015年湖南省本级公共财政支出情况表"细化公开到支出功能分类类级科目(教育、文化体育与传媒、社会保障和就业、农林水4项重点支出细化到款级科目)。

湖南省依申请公开的资料如下:"2015年全省一般公共预算收入决算表"公开内容与财政厅网站一致;"2015年度湖南省一般公共预算收入决算明细表"细化公开到收入分类目级科目;"一般公共预算支出决算功能分类明细表"细化到支出功能分类项级科目,其中国防支出和公共安全支出只是细化公开到功能分类类级科目;"2015年度湖南省一般公共预算收支决算分级表"包含"省本级公共预算收入类级科目"、"省本级公共预算支出功能分类类级科目"、"地市本级公共预算收入类级科目"、"地市本级公共预算支出功能分类类级科目"、"县本级公共预算收入类级科目"、"县本级公共预算支出功能分类类级科目"、"乡级公共预算收入类级科目"、"乡级公共预算支出功能分类类级科目"这8项信息要素。具体的信息公开方式及信息公开内容见表5-2。

表5-2　　　　湖南省一般公共预算基金信息公开情况(2015)

编号	信息要素	未公开	依申请公开	网站公开	出版物公开	已公开信息项	应公开信息项
1	省总预算公共预算收支总额		√	√	√	2	2
2	省总预算公共预算收入类级科目		√	√	√	2	2
3	省总预算公共预算收入款级科目		√	√	√	22	22
4	省总预算公共预算收入项级科目		√			22	22
5	省总预算公共预算收入目级科目		√			22	22
6	省总预算公共预算支出功能分类类级科目		√	√	√	23	24
7	省总预算公共预算支出功能分类款级科目		√	√		23	24
8	省总预算公共预算支出功能分类项级科目		√	√		23	24
9	省总预算公共预算支出经济分类类级科目	√				0	10
10	省总预算公共预算支出经济分类款级科目	√				0	10
11	省本级公共预算收入类级科目		√	√	√	2	2
12	省本级公共预算支出功能分类类级科目		√	√		23	24

续表

编号	信息要素	未公开	依申请公开	网站公开	出版物公开	已公开信息项	应公开信息项
13	省本级公共预算支出经济分类类级科目			✓		5	10
14	地市本级公共预算收入类级科目			✓		2	2
15	地市本级公共预算支出功能分类类级科目			✓		23	24
16	地市本级公共预算支出经济分类类级科目	✓				0	10
17	县本级公共预算收入类级科目			✓		2	2
18	县本级公共预算支出功能分类类级科目			✓		23	24
19	县本级公共预算支出经济分类类级科目	✓				0	10
20	乡级公共预算收入类级科目			✓		2	2
21	乡级公共预算支出功能分类类级科目			✓		23	24
22	乡级公共预算支出经济分类类级科目	✓				0	10
23	各地市本级公共预算收入类级科目				✓	1	1
24	各地市本级公共预算支出功能分类类级科目				✓	1	1
25	各地市本级公共预算支出经济分类类级科目	✓				0	1
26	各县本级公共预算收入类级科目	✓				0	1
27	各县本级公共预算支出功能分类类级科目	✓				0	1
28	各县本级公共预算支出经济分类类级科目	✓				0	1

一般公共预算基金透明度得分计算方法为：

$$\left(\sum_{i=1}^{28} \frac{已公开信息项_i}{应公开信息项_i} \times 二级权重_i \right) \times 100 / \sum_{i=1}^{28} 二级权重_i$$

根据该计算方法，可以得出湖南省一般公共预算基金透明度得分为 69.74 分，比 31 个省份一般公共预算基金透明度的平均得分高 11.88 分，在该单项信息排名中与新疆维吾尔自治区并列第 10 名。

5.3 湖南省政府性基金信息公开情况

政府性基金透明度评分指标根据"政府性基金收支决算总表"、"政府性基金收支及结余情况表"、"政府性基金收支决算分级表"、"政府性基金收支及平衡情况表"这 4 张决算表格设计而成。其中，前两张决算表格调查的内容是省总预算的收支情况，各项信息要素权重为 2；后两张决算表格调查的内容是省本级和省以下各级地方政府的收支情况，各项信息要素权重为 1。另外，项目组还提出了政府性基金经济分类支出信息公开的申请。

湖南省财政厅网站公开的"2015年全省政府性基金收支决算表"包括"省总预算政府性基金预算收支总额"、"省总预算政府性基金预算收入款级科目"、"省总预算政府性基金预算收入项级科目"、"省总预算政府性基金预算支出功能分类类级科目"、"省总预算政府性基金预算支出功能分类款级科目"这5项信息要素;"2015年省级政府性基金收支决算表"细化到基金收入项级科目和支出功能分类款级科目,包含"省本级政府性基金预算收入款级科目"、"省本级政府性基金预算支出功能分类类级科目"两项信息要素;"2015年省级政府性基金支出决算表"细化到支出功能分类项级科目。

《2016湖南财政年鉴》中的"2015年度湖南省政府性基金收支及结余情况录入表"细化到基金收入目级科目、基金支出功能分类项级科目。

湖南省财政厅依申请公开的资料如下:"2015年全省政府性基金收支决算表"公开内容与财政厅网站一致;"2015年度湖南省政府性基金收支及结余情况表"细化到基金收入分类目级科目和支出功能分类项级科目;"2015年度湖南省政府性基金收支决算分级表"包含"省本级政府性基金预算收入款级科目"、"省本级政府性基金预算支出功能分类类级科目"、"地市本级政府性基金预算收入款级科目"、"地市本级政府性基金预算支出功能分类类级科目"、"县本级政府性基金预算收入款级科目"、"县本级政府性基金预算支出功能分类类级科目"、"乡级政府性基金收入类级科目"、"乡级政府性基金预算支出功能分类类级科目"这8项信息要素;"2015年度政府性基金预算收支及平衡情况表"包含"各地市本级政府性基金预算收入款级科目"、"各地市本级政府性基金预算支出功能分类类级科目"、"各县本级政府性基金预算收入款级科目"、"各县本级政府性基金预算支出功能分类类级科目"这4项信息要素。除8项涉及基金支出经济分类科目的信息要素外,其余各项信息要素均已依申请公开。具体的信息公开方式及信息公开内容见表5—3。

表5—3　　　　　湖南省政府性基金信息公开情况(2015)

编号	信息要素	未公开	依申请公开	网站公开	出版物公开	已公开信息项	应公开信息项
1	省总预算政府性基金预算收支总额		√	√	√	2	2
2	省总预算政府性基金预算收入款级科目		√	√	√	1	1
3	省总预算政府性基金预算收入项级科目		√	√		1	1
4	省总预算政府性基金预算收入目级科目		√		√	1	1
5	省总预算政府性基金预算支出功能分类类级科目		√	√		8	10

续表

编号	信息要素	未公开	依申请公开	网站公开	出版物公开	已公开信息项	应公开信息项
6	省总预算政府性基金预算支出功能分类款级科目			✓	✓	8	10
7	省总预算政府性基金预算支出功能分类项级科目			✓	✓	8	10
8	省总预算政府性基金预算支出经济分类类级科目	✓				0	10
9	省总预算政府性基金预算支出经济分类款级科目	✓				0	10
10	省本级政府性基金预算收入款级科目		✓	✓		1	1
11	省本级政府性基金预算支出功能分类类级科目			✓		7	10
12	省本级政府性基金预算支出经济分类类级科目	✓				0	10
13	地市本级政府性基金预算收入款级科目		✓			1	1
14	地市本级政府性基金预算支出功能分类类级科目			✓		10	10
15	地市本级政府性基金预算支出经济分类类级科目	✓				0	10
16	县本级政府性基金预算收入款级科目		✓			1	1
17	县本级政府性基金预算支出功能分类类级科目			✓		10	10
18	县本级政府性基金预算支出经济分类类级科目	✓				0	10
19	乡级政府性基金收入款级科目		✓			1	1
20	乡级政府性基金支出功能分类类级科目			✓		10	10
21	乡级政府性基金支出经济分类类级科目	✓				0	10
22	各地市本级政府性基金收入款级科目		✓			1	1
23	各地市本级政府性基金支出功能分类类级科目		✓			1	1
24	各地市本级政府性基金支出经济分类类级科目	✓				0	1
25	各县本级政府性基金收入款级科目		✓			1	1
26	各县本级政府性基金支出功能分类类级科目		✓			1	1
27	各县本级政府性基金支出经济分类类级科目	✓				0	1

政府性基金透明度得分计算方法为：

$$\left(\sum_{i=1}^{27}\frac{\text{已公开信息项}_i}{\text{应公开信息项}_i}\times\text{二级权重}_i\right)\times 100/\sum_{i=1}^{27}\text{二级权重}_i$$

根据该计算方法,可以得出湖南省政府性基金透明度得分为72.22分,比31个省份政府性基金透明度的平均得分高24.32分,在该单项信息排名中与其他7个省份并列第1名。

5.4 湖南省财政专户管理资金信息公开情况

财政专户管理资金透明度评分指标根据"财政专户管理资金收支总表"、"财政专户管理资金收入明细表"、"财政专户管理资金支出功能分类明细表"、"财政专户管理资金收支分级表"和"财政专户管理资金收支及平衡情况表"这5张决算表格设计而成。其中,涉及省总预算财政专户的各项信息要素权重为2,其余省本级和省以下各级地方政府财政专户的各项信息要素权重为1。

财政部不再统一要求地方政府在2015年度政府决算中编制财政专户管理资金的相关表格。项目组未获取湖南省2015年度任何财政专户管理资金的收支信息,见表5-4。湖南省财政专户管理资金透明度得分为零分。

表5-4 湖南省财政专户管理资金信息公开情况(2015)

编号	信息要素	未公开	依申请公开	网站公开	出版物公开	已公开信息项	应公开信息项
1	省总预算财政专户收支总额	√				0	2
2	省总预算财政专户收入款级科目	√				0	2
3	省总预算财政专户收入项级科目	√				0	2
4	省总预算财政专户收入目级科目	√				0	2
5	省总预算财政专户支出功能分类类级科目	√				0	22
6	省总预算财政专户支出功能分类款级科目	√				0	22
7	省总预算财政专户支出功能分类项级科目	√				0	22
8	省总预算财政专户支出经济分类类级科目	√				0	10
9	省总预算财政专户支出经济分类款级科目	√				0	10
10	省本级财政专户收入款级科目	√				0	2
11	省本级财政专户支出功能分类类级科目	√				0	22
12	省本级财政专户支出经济分类类级科目	√				0	10
13	地市本级财政专户收入款级科目	√				0	2

续表

编号	信息要素	未公开	依申请公开	网站公开	出版物公开	已公开信息项	应公开信息项
14	地市本级财政专户支出功能分类类级科目	√				0	22
15	地市本级财政专户支出经济分类类级科目	√				0	10
16	县本级财政专户收入款级科目	√				0	2
17	县本级财政专户支出功能分类类级科目	√				0	22
18	县本级财政专户支出经济分类类级科目	√				0	10
19	乡级财政专户收入款级科目	√				0	2
20	乡级财政专户支出功能分类类级科目	√				0	22
21	乡级财政专户支出经济分类类级科目	√				0	10
22	各地市本级财政专户收入款级科目	√				0	1
23	各地市本级财政专户支出功能分类类级科目	√				0	1
24	各地市本级财政专户支出经济分类类级科目	√				0	1
25	各县本级财政专户收入款级科目	√				0	1
26	各县本级财政专户支出功能分类类级科目	√				0	1
27	各县本级财政专户支出经济分类类级科目	√				0	1

5.5 湖南省国有资本经营预算基金信息公开情况

国有资本经营预算基金透明度评分指标根据"国有资本经营收支决算总表"、"国有资本经营收支决算明细表"、"国有资本经营收支决算分级表"和"国有资本经营收支及平衡情况表"这4张决算表格设计而成。其中,前两张决算表格调查的内容是省总预算的收支情况,各项信息要素权重为2;后两张决算表格调查的内容是省本级和省以下各级地方政府的收支情况,各项信息要素权重为1。

湖南省财政厅网站公开的"2015年全省国有资本经营收支决算表"包含"国有资本经营预算收支总额"、"国有资本经营预算收入款级科目"、"国有资本经营预算收入项级科目"、"国有资本经营预算支出功能分类类级科目"这4项信息要素;"2015年省级国有资本经营收支决算表"细化到收入分类项级科目和功能分类类级科目,包含"省本级国有资本经营预算收入款级科目"、"省本级国有资本经营预算支出功能分类类级科目"这两项信息要素;"2015年省级国有资本经营收入决算表"细化到收入分类目级科目;"2015年省级国有资本经营支出决算表"细化到功能支出款级科目。

湖南省财政厅依申请公开的资料包括："2015年度湖南省国有资本经营收支决算明细表"细化到预算收入目级科目和支出功能分类项级科目,包含国有资本经营预算透明度调查的前7项信息要素；"2015年度湖南省国有资本经营收支决算分级表"包含"省本级国有资本经营预算收入款级科目"、"省本级国有资本经营预算支出功能分类类级科目"、"地市本级国有资产经营预算收入款级科目"、"地市本级国有资产经营预算支出功能分类类级科目"、"县本级国有资本经营预算收入款级科目"、"县本级国有资本经营预算支出功能分类类级科目"、"乡级国有资本经营预算收入款级科目"、"乡级国有资本经营预算支出功能分类类级科目"这8项信息要素；"2015年度国有资本经营收支及平衡情况表"包含"各地市本级国有资本经营预算收入款级科目"、"各地市本级国有资本经营预算支出功能分类类级科目"、"各县本级国有资产经营预算收入款级科目"和"各县本级国有资产经营预算支出功能分类类级科目"这4项信息要素。具体的信息公开方式及信息公开内容见表5—5。

表5—5　　湖南省国有资本经营预算基金信息公开情况（2015）

编号	信息要素	未公开	依申请公开	网站公开	出版物公开	已公开信息项	应公开信息项
1	国有资本经营预算收支总额		√	√		2	2
2	国有资本经营预算收入款级科目		√	√		1	1
3	国有资本经营预算收入项级科目		√	√		5	5
4	国有资本经营预算收入目级科目		√			5	5
5	国有资本经营预算支出功能分类类级科目		√	√		11	11
6	国有资本经营预算支出功能分类款级科目		√			1	1
7	国有资本经营预算支出功能分类项级科目		√			11	11
8	国有资本经营预算支出经济分类类级科目	√				0	3
9	国有资本经营预算支出经济分类款级科目	√				0	3
10	省本级国有资本经营预算收入款级科目		√	√		5	5
11	省本级国有资本经营预算支出功能分类类级科目		√	√		11	11
12	省本级国有资本经营预算支出经济分类类级科目	√				0	3
13	地市本级国有资本经营预算收入款级科目		√			5	5
14	地市本级国有资本经营预算支出功能分类类级科目		√			11	11

编号	信息要素	未公开	依申请公开	网站公开	出版物公开	已公开信息项	应公开信息项
15	地市本级国有资本经营预算支出经济分类类级科目	√				0	3
16	县本级国有资本经营预算收入款级科目			√		5	5
17	县本级国有资本经营预算支出功能分类类级科目			√		11	11
18	县本级国有资本经营预算支出经济分类类级科目	√				0	3
19	乡级国有资本经营预算收入款级科目			√		5	5
20	乡级国有资本经营预算支出功能分类类级科目			√		11	11
21	乡级国有资本经营预算支出经济分类类级科目	√				0	3
22	各地市本级国有资本经营预算收入款级科目			√		5	5
23	各地市本级国有资本经营预算支出功能分类类级科目			√		11	11
24	各地市本级国有资本经营预算支出经济分类类级科目	√				0	3
25	各县本级国有资本经营预算收入款级科目			√		5	5
26	各县本级国有资本经营预算支出功能分类类级科目			√		11	11
27	各县本级国有资本经营预算支出经济分类类级科目	√				0	3

国有资本经营预算基金透明度得分计算方法为：

$$\left(\sum_{i=1}^{27}\frac{已公开信息项_i}{应公开信息项_i}\times 二级权重_i\right)\times 100/\sum_{i=1}^{27} 二级权重_i$$

根据该计算方法,可以得出湖南省国有资本经营预算基金透明度得分为72.22分,比31个省份国有资本经营预算基金透明度的平均得分高28.58分,在该单项信息排名中与其他7个省份并列第1名。

5.6 湖南省政府资产负债信息公开情况

政府资产负债涵盖除社会保险基金和国有企业基金之外的所有政府资产与负债,包括一般公共预算基金、政府性基金、国有资本经营预算基金、财政专户管理资金所形成的资产和负债。具体指标包括资产类指标金融资产(存款、有价证券、在途款、暂付款)和固定资产(地产、房产建筑、设备)、负债类指标短期负债(暂存款、应付款、短期借款)和长期负债(1~3年、3~5年、5年以上)、净资产类指标金融净资产(预算结余、基金预算结余、国有资本经营预算结余、专用基金结余、财政专户管理资金结余、预算稳定调节基金、预算周转金)和非金融净资产。

湖南省财政厅依申请公开了"2015年度湖南省预算资金年终资产负债表",但未公开"财政专户管理资金年终资产负债表"。具体的信息公开方式及信息公开内容见表5-6。

表5-6　　　　　湖南省政府资产负债信息公开情况(2015)

编号	信息要素	未公开	依申请公开	网站公开	出版物公开	已公开信息项	应公开信息项
1	政府资产负债总额	√				0	2
2	政府资产一级分类信息		√			1	2
3	政府资产二级分类信息		√			4	7
4	政府负债一级分类信息		√			1	2
5	政府负债二级分类信息		√			3	6
6	政府净资产一级分类信息		√			1	2
7	政府净资产二级分类信息		√			6	7

政府资产负债透明度得分计算方法为:

$$\left(\sum_{i=1}^{7} \frac{已公开信息项_i}{应公开信息项_i} \times 二级权重_i\right) \times 100 / \sum_{i=1}^{7} 二级权重_i$$

根据该计算方法,可以得出湖南省政府资产负债透明度得分为48.98分,比31个省份政府资产负债透明度的平均得分高31.27分,在该单项信息排名中与其他5个省份并列第6名。

5.7　湖南省部门预算及相关信息公开情况

项目组选取省人民政府办公厅、人大常委会办公厅、政协办公厅、教育厅、财政厅、国家税务局、地方税务局、工商行政管理局、卫生和计划生育委员会、交通运输厅、环境保护厅11个省级部门作为调查对象,部门预算及相关信息透明度最终得分是这11个部门预算及相关信息透明度的平均数。每个部门的透明度评估指标涉及三大类型:关于预算单位的财务信息、关于预算单位的人员信息、关于机构的信息。具体决算表格为"收入支出决算总表"、"支出决算表"、"支出决算明细表"、"基本支出决算明细表"、"项目支出决算明细表"、"资产负债表"、"基本数字表"、"机构人员情况表"。

除国家税务局外,湖南省其余10个部门都在门户网站上公开了2015年度部门决算,其中卫生和计划生育委员会还依申请公开了相关部门决算表格。各部门主动公开的部门决算信息基本是一致的,下面以湖南省人民政府办公厅为例,给出部门预算及相关信息透明度得分的计算。

湖南省人民政府办公厅(研究室)2015年度部门决算公开内容包括三部分:第一部分是部门职责及机构设置情况,含部门职能和机构设置情况两部分内容;第二部分是2015年度部门决算表,含"收入支出决算总表"、"收入决算表"、"支出决算表"、"财政拨款收入支出决算总表"、"一般公共预算财政拨款支出决算表"、"一般公共预算财政拨款基本支出决算表"、"一般公共预算财政拨款'三公'经费支出决算表"、"政府性基金预算财政拨款收入支出决算表"8张决算表格;第三部分是预算执行情况分析,含收入支出执行情况、绩效评价情况、资产占用情况。具体的信息公开方式及信息公开内容见表5—7。

表5—7 湖南省人民政府办公厅部门预算及相关信息公开情况(2015)

编号	信息要素	未公开	依申请公开	网站公开	出版物公开	得分
1	部门收入分类		√			1
2	部门支出功能分类类级科目		√			1
3	部门支出功能分类款级科目		√			1
4	部门支出功能分类项级科目		√			1
5	部门支出经济分类类级科目	√				0
6	部门支出经济分类款级科目	√				0
7	基本支出功能分类类级科目		√			1
8	基本支出功能分类款级科目		√			1
9	基本支出功能分类项级科目		√			1
10	基本支出经济分类类级科目		√			1
11	基本支出经济分类款级科目		√			1
12	项目支出功能分类类级科目		√			1
13	项目支出功能分类款级科目		√			1
14	项目支出功能分类项级科目		√			1
15	项目支出经济分类类级科目	√				0
16	项目支出经济分类款级科目	√				0

续表

编号	信息要素	未公开	依申请公开	网站公开	出版物公开	得分
17	资产一级分类	√				0
18	资产二级分类	√				0
19	资产三级分类	√				0
20	其他补充资产信息	√				0
21	人员编制总数及各类人员编制数	√				0
22	年末实有人员总数及类型	√				0
23	按经费来源划分的各类人员数	√				0
24	部门机构一级信息	√				0
25	部门机构二级信息	√				0
26	部门机构三级信息	√				0

湖南省人民政府办公厅部门预算及相关信息透明度得分为[(1+1+1+1+1+1+1+1+1+1+1)÷26]×100＝46.15分。计算11个部门预算及相关信息透明度的平均得分,得到湖南省部门预算及相关信息透明度最终得分为49.7分,比31个省份部门预算及相关信息透明度的平均得分高2.38分,在该单项信息排名中与贵州省并列第11名。

5.8 湖南省社会保险基金信息公开情况

社会保险基金透明度评分指标主要根据"社会保险基金资产负债表"、"企业职工基本养老保险基金收支表"、"失业保险基金收支表"、"城镇职工基本医疗保险基金收支表"、"工伤保险基金收支表"、"生育保险基金收支表"、"居民社会养老保险基金收支表"、"城乡居民基本医疗保险基金收支表"、"新型农村合作医疗基金收支表"、"城镇居民基本医疗保险基金收支表"、"社会保障基金财政专户资产负债表"、"社会保障基金财政专户收支表"、"财政对社会保险基金补助资金情况表"、"企业职工基本养老保险补充资料表"、"失业保险补充资料表"、"城镇职工医疗保险、工伤保险、生育保险补充资料表"、"居民社会养老保险补充资料表"、"居民基本医疗保险补充资料表"、"其他养老保险情况表"、"其他医疗保障情况表"这20张决算表格设计而成。

湖南省财政厅网站公开了"2015年全省社会保险基金收支决算表"、

"2015年省级社会保险基金收支决算表"、"2015年省级社会保险基金支出决算表",包括的信息要素有"各项社会保险基金的收支总额"、"各项社会保险基金的收入款级科目"、"各项社会保险基金的支出款级科目"。

湖南省财政厅依申请公开了"二〇一五年企业职工基本养老保险基金收支表"、"二〇一五年机关事业单位基本养老保险基金收支表"、"二〇一五年城乡居民基本养老保险基金收支表"、"二〇一五年城镇职工基本医疗保险基金收支表"、"二〇一五年城乡居民基本医疗保险基金收支表"、"二〇一五年新型农村合作医疗基金收支表"、"二〇一五年城镇居民基本医疗保险基金收支表"、"二〇一五年工伤保险基金收支表"、"二〇一五年失业保险基金收支表"、"二〇一五年生育保险基金收支表",上述表格细化到基金收入项级科目和支出项级科目;"二〇一五年社会保险基金资产负债表"和"二〇一五年社会保障基金财政专户资产负债表"细化到基金资产和负债的款级科目。"二〇一五年基本养老保险补充资料表"、"二〇一五年城镇职工基本医疗保险、工伤保险、生育保险补充资料表"、"二〇一五年居民基本医疗保险补充资料表"、"二〇一五年失业保险补充资料表"、"二〇一五年其他养老保险情况表"、"二〇一五年其他医疗保障情况表"是各项社会保险基金参保人数等基本数字情况。此外,湖南省财政厅还依申请公开了"二〇一五年社会保障基金财政专户收支情况表"、"二〇一五年财政对社会保险基金补助资金情况表"。具体的信息公开方式及信息公开内容见表5-8。

表5-8　　　　　湖南省社会保险基金信息公开情况(2015)

编号	信息要素	未公开	依申请公开	网站公开	出版物公开	得分
1	各项社会保险基金的收支总额			√		1
2	各项社会保险基金的收入款级科目			√		1
3	各项社会保险基金的收入项级科目		√			1
4	各项社会保险基金的支出款级科目			√		1
5	各项社会保险基金的支出项级科目		√			1
6	各项社会保险基金收支分级信息(类级科目)			部分信息		0.8
7	各项社会保险基金的基本数字(类级科目)		√			1
8	各项社会保险基金资产的类级科目		√			1
9	各项社会保险基金资产的款级科目		√			1

续表

编号	信息要素	未公开	依申请公开	网站公开	出版物公开	得分
10	各项社会保险基金资产的项级科目	√				0
11	各项社会保险基金负债的类级科目		√			1
12	各项社会保险基金负债的款级科目		√			1
13	各项社会保险基金负债的项级科目	√				0
14	养老基金的长期收支预测	√				0

湖南省社会保险基金透明度得分为[(1+1+1+1+1+0.8+1+1+1+1+1)÷14]×100＝77.14分，比31个省份社会保险基金透明度的平均得分高28.03分，在该单项信息排名中与其他10个省份并列第1名。

5.9 湖南省国有企业基金信息公开情况

国有企业基金透明度评分指标的构成内容包括：①国有企业的总量6项指标（国有企业的收入、费用、利润总额、资产、负债及所有者权益总额）；②国有企业的总量4张表（资产负债表、利润表、现金流量表、所有者权益变动表）；③政府直属企业按户公布的8项指标（资产总额、负债总额、所有者权益总额、国有资本及权益总额、营业总收入、利润总额、净利润总额、归属母公司所有者权益的净利润）；④政府直属企业是否按照国内上市公司的信息披露要求公布企业运营状况。

湖南省财政厅依申请公开了2015年度的"国有企业资产负债表"、"国有企业利润表"、"国有企业现金流量表"和"国有企业所有者权益变动表"，为了解湖南省国有企业的整体财务情况提供了数据支持。具体的信息公开方式及信息公开内容见表5-9。

表5-9　　　　　湖南省国有企业基金信息公开情况（2015）

编号	信息要素	未公开	依申请公开	网站公开	出版物公开	得分
1	国有企业的收入、费用和利润总额				√	1
2	国有企业的资产、负债及所有者权益总额				√	1
3	国有企业资产负债表		√			1

续表

编号	信息要素	未公开	依申请公开	网站公开	出版物公开	得分
4	国有企业利润表		√			1
5	国有企业现金流量表		√			1
6	国有企业所有者权益变动表		√			1
7	政府直属企业主要指标表	√				0
8	政府直属企业达到与国内上市公司同等信息披露要求	√				0

湖南省国有企业基金透明度得分为[(1+1+1+1+1+1)÷8]×100＝75分,比31个省份国有企业基金透明度的平均得分高17.22分,在该单项信息排名中与其他10个省份并列第8名。

5.10　基本结论

湖南省在2017年财政透明度调查过程中的答复情况较好,如在部门预算及相关信息透明度调查过程中,项目组收到了湖南省人民政府办公厅、财政厅、国家税务局、工商行政管理局、卫生和计划生育委员会、交通运输厅、环境保护厅这7个部门的政府信息公开申请答复,但未收到人大常委会办公厅、政协办公厅、教育厅、地方税务局这4个部门的政府信息公开申请答复,态度得分为81.80分,单项得分排名为第14名。

综合各项信息要素得分,湖南省2017年财政透明度的最终得分为68.74×25％＋72.22×8％＋0×4％＋72.22×2％＋48.98×9％＋49.7×15％＋77.14×19％＋75×15％＋81.8×3％＝64.88分。

湖南省在2017年政府信息公开申请过程中提供了较多信息,但受财政专户管理资金透明度下降等影响,得分比2016年略有下降。在其他省份加大信息公开力度的情况下,湖南省财政透明度排名也略有下降。与山东等省份相比,湖南省在一般公共预算基金公开完整性(主要是"公共财政收支及平衡情况表")、部门预算及相关信息公开细化程度等方面可以进一步加大力度。

6 辽宁省财政透明度报告

6.1 辽宁省财政透明度概况

中共十八大以来,湖南省贯彻落实新《预算法》关于预决算公开的相关规定和中共中央办公厅、国务院办公厅《关于进一步推进预算公开工作的意见》的相关规定,积极推进财政信息公开工作。

在 2017 年财政透明度评估中,辽宁省按百分制计算的透明度得分为 61.73 分(见表 6—1),这意味着该省在 2017 年项目组进行的一般公共预算基金、政府性基金、财政专户管理资金、国有资本经营预算基金、政府资产负债、部门预算及相关信息、社会保险基金、国有企业基金 8 个项目约 424 个信息要素调查中公开了其中约 62% 的信息。

与其他 30 个省份相比,辽宁省在 31 个省份的财政透明度排名中名列前茅,位居第 6 名,其透明度得分比 31 个省份平均得分 48.28 分高出不少。若对 31 个省份透明度得分分组,分为 30 分以下组、30~60 分组、60 分以上组的话,辽宁省的财政信息公开状况属于较好的情况,在 60 分以上组。

辽宁省财政透明度排名在 31 个省份中名列前茅但并未进入前三名,是哪些项目提升了其排名?哪些项目拖了其后腿呢?观察财政透明度各调查项目可以发现,辽宁省在各调查项目上的信息公开状况差异较大。

表 6-1　　　　　　　　31 个省份财政透明度排行榜

省　份	百分制得分	排　名	省　份	百分制得分	排　名
山东	70.01	1	广西	49.38	17
甘肃	68.24	2	云南	47.45	18
四川	66.57	3	北京	44.49	19
安徽	65.69	4	重庆	40.83	20
湖南	64.88	5	天津	40.24	21
辽宁	61.73	6	吉林	37.80	22
福建	58.20	7	江西	37.41	23
宁夏	56.29	8	浙江	37.23	24
山西	56.22	9	海南	36.64	25
上海	55.94	10	河北	36.41	26
江苏	55.08	11	贵州	33.00	27
河南	55.01	12	西藏	32.67	28
内蒙古	52.83	13	青海	28.77	29
广东	52.78	14	陕西	27.24	30
黑龙江	52.16	15	湖北	25.50	31
新疆	49.89	16			
31 个省份平均得分：48.28					

从一般公共预算基金透明度项目来看，辽宁省在该项目上的得分为 76.32 分（见表 6-2），即在该项目上，辽宁省公开了调查项目中约 76% 的信息，远超 31 个省份的平均得分 57.50 分，在 31 个省份该项目排名中位列第 2 名，信息公开状况远好于其他大多数省份，相比该项目排名第一的省份，仅少公开了调查项目中约 3% 的信息。

从政府性基金透明度项目来看，辽宁省在该项目上的得分为 72.22 分（见表 6-2），即在该项目上，辽宁省公开了调查项目中约 72% 的信息，远超 31 个省份的平均得分 47.90 分，在 31 个省份该项目排名中与其他 7 个省份并列第一，信息公开状况同样远好于其他大多数省份。

从财政专户管理资金透明度项目来看，辽宁省在该项目上的得分为零分（见表 6-2），即在该项目上，辽宁省未公开调查项目中任何信息，因此，在该项目排名中与其他在该项目上未公开任何信息的21个省份并列第11名,即并列倒数第一。

从国有资本经营预算基金透明度项目来看,辽宁省在该项目上的得分为72.22分(见表6-2),即在该项目上,辽宁省公开了调查项目中约72%的信息,远超31个省份的平均得分43.64分,在31个省份该项目排名中与其他7个省份并列第一。

表6-2　　　31个省份财政透明度各调查项目得分及排名(一)

省份	一般公共预算基金		政府性基金		财政专户管理资金		国有资本经营预算基金	
	得分	排名	得分	排名	得分	排名	得分	排名
北京	69.47	12	61.11	10	0.00	11	27.78	21
天津	46.65	23	37.04	17	2.78	10	41.67	17
河北	38.16	25	33.33	18	19.44	3	27.78	21
山西	74.47	7	72.22	1	0.00	11	72.22	1
内蒙古	44.74	24	50.00	15	19.44	3	44.44	13
辽宁	76.32	2	72.22	1	0.00	11	72.22	1
吉林	37.83	26	27.78	26	0.00	11	11.11	27
黑龙江	51.32	20	33.33	18	30.56	1	44.44	13
上海	53.68	18	55.56	14	0.00	11	61.11	10
江苏	74.74	6	72.22	1	0.00	11	61.11	10
浙江	64.21	15	33.33	18	0.00	11	25.00	26
安徽	75.00	5	61.11	10	0.00	11	72.22	1
福建	76.32	2	72.22	1	0.00	11	72.22	1
江西	32.24	29	16.67	30	0.00	11	11.11	27
山东	66.51	13	66.67	9	25.00	2	69.44	9
河南	51.97	19	33.33	18	0.00	11	27.78	21
湖北	27.63	30	16.67	30	0.00	11	5.56	29
湖南	69.74	10	72.22	1	0.00	11	72.22	1
广东	50.24	21	33.33	18	0.00	11	27.78	21
广西	73.68	8	61.11	10	19.44	3	27.78	21
海南	64.47	14	33.33	18	0.00	11	30.56	20

续表

省份	一般公共预算基金 得分	排名	政府性基金 得分	排名	财政专户管理资金 得分	排名	国有资本经营预算基金 得分	排名
重庆	47.37	22	31.11	25	0.00	11	36.11	18
四川	78.95	1	72.22	1	5.56	8	72.22	1
贵州	54.48	17	27.78	26	0.00	11	5.56	29
云南	36.62	27	27.78	26	0.00	11	44.44	13
西藏	63.16	16	44.44	16	0.00	11	33.33	19
陕西	26.32	31	27.78	26	0.00	11	5.56	29
甘肃	76.32	2	72.22	1	8.59	6	72.22	1
青海	36.62	27	33.33	18	0.00	11	44.44	13
宁夏	73.68	8	72.22	1	8.59	6	72.22	1
新疆	69.74	10	61.11	10	5.56	8	61.11	10
平均分	57.50		47.90		4.68		43.64	

从政府资产负债透明度项目来看,辽宁省在该项目上的得分为零分(见表6－3),即在该项目上,辽宁省未公开调查项目中任何信息,因此,在31个省份该项目排名中与其他在该项目上未公开任何信息的20个省份并列第12名,即并列倒数第一。

从部门预算及相关信息透明度项目来看,辽宁省在该项目上的得分为42.7分(见表6－3),即在该项目上,辽宁省公开了调查项目中约42%的信息,不足调查项目的60%,且低于31个省份的平均得分47.32分,在31个省份该项目排名中与另一个省份并列第18名,信息公开状况居中靠后,相比该项目排名第一的省份,少公开了调查项目中约31%的信息。

从社会保险基金透明度项目来看,辽宁省在该项目上的得分为77.14分(见表6－3),即在该项目上,辽宁省公开了调查项目中约77%的信息,远高于31个省份的平均得分49.11分,在31个省份该项目排名中与其他10个省份并列第一。

从国有企业基金透明度项目来看,辽宁省在该项目上的得分为81.25分(见表6－3),即在该项目上,辽宁省公开了调查项目中约81%的信息,远高于31个省份的平均得分57.78分,在31个省份该项目排名中位列第5名。尽管排名并未进入前三,但从其得分来看,其信息公开程度是很高的,这也是辽宁省在各透明度项目中唯一一个信息公开程度在80%以上的项目,相比该项目排名第一的省份,辽宁省少公开了调查项目中约6%的信息。

表6—3　　　　31个省份财政透明度各调查项目得分及排名(二)

省份	政府资产负债 得分	政府资产负债 排名	部门预算及相关信息 得分	部门预算及相关信息 排名	社会保险基金 得分	社会保险基金 排名	国有企业基金 得分	国有企业基金 排名
北京	0.00	12	45.80	15	26.07	17	47.50	20
天津	0.00	12	39.20	29	26.07	17	75.00	8
河北	0.00	12	42.00	21	24.93	22	62.50	19
山西	48.98	6	40.90	26	77.14	1	25.00	21
内蒙古	0.00	12	47.60	13	77.14	1	80.00	6
辽宁	0.00	12	42.70	18	77.14	1	81.25	5
吉林	0.00	12	42.70	18	69.20	14	25.00	21
黑龙江	51.02	1	50.00	10	48.25	15	75.00	8
上海	0.00	12	50.70	8	73.17	13	85.00	2
江苏	0.00	12	42.00	21	40.79	16	85.00	2
浙江	0.00	12	46.20	14	24.93	22	25.00	21
安徽	48.98	6	50.30	9	77.14	1	75.00	8
福建	48.98	6	58.00	4	26.07	17	75.00	8
江西	0.00	12	44.40	17	77.14	1	25.00	21
山东	51.02	1	71.30	2	77.14	1	87.50	1
河南	48.98	6	40.20	27	77.14	1	75.00	8
湖北	0.00	12	42.30	20	24.93	22	25.00	21
湖南	48.98	6	49.70	11	77.14	1	75.00	8
广东	0.00	12	58.70	3	74.76	12	75.00	8
广西	0.00	12	42.00	21	24.93	22	75.00	8
海南	0.00	12	42.00	21	24.93	22	25.00	21
重庆	0.00	12	51.00	7	23.21	27	75.00	8
四川	51.02	1	42.00	21	77.14	1	75.00	8
贵州	0.00	12	49.70	11	23.21	27	25.00	21
云南	0.00	12	44.80	16	77.14	1	77.50	7

续表

省份	政府资产负债 得分	政府资产负债 排名	部门预算及相关信息 得分	部门预算及相关信息 排名	社会保险基金 得分	社会保险基金 排名	国有企业基金 得分	国有企业基金 排名
西藏	0.00	12	30.40	31	21.43	31	25.00	21
陕西	0.00	12	51.40	6	23.21	27	25.00	21
甘肃	51.02	1	56.70	5	77.14	1	75.00	8
青海	0.00	12	38.10	30	23.21	27	25.00	21
宁夏	51.02	1	40.20	27	25.00	21	85.00	2
新疆	48.98	6	73.80	1	25.50	20	25.00	21
平均分	17.71		47.32		49.32		57.78	

综上所述,辽宁省在财政透明度各调查项目上的信息公开状况差异较大。从31个省份排名来看,辽宁省信息公开最好的项目是政府性基金、国有资本经营预算基金及社会保险基金三个项目,辽宁省在31个省份这三个项目透明度排行榜中均位列第1名,因此,这三个项目的信息公开在提升辽宁省的整体排名上起到了较大的作用;信息公开最差的项目是财政专户管理资金和政府资产负债两个项目,辽宁省在这两个项目上均未公开信息,在31个省份财政透明度排名中均倒数第一,因此,这两个项目上的失分降低了辽宁省在31个省份财政透明度中的排名。就31个省份比较而言,辽宁省的财政透明度较高,信息公开程度超过了调查项目的60%。

上述概况介绍对辽宁省相对其他30个省份在财政透明度各调查项目上的信息公开状况作了一个排名。结果显示,辽宁省在各调查项目上的排名差异较大。为了更好地了解各调查项目对辽宁省在31个省份排名中的影响,项目组首先对辽宁省在财政透明度各调查项目上的得分进行了排序,然后进一步对各项目的信息调查要素得分进行了分类统计。

通过对辽宁省在财政透明度各调查项目上的得分进行排序,可以看到,辽宁省在国有企业基金透明度项目上的信息公开程度是最高的,透明度得分为81.25分(见表6-4),公开了相当于该调查项目约81%的信息。尽管,从该项目31个省份排名来看,辽宁省在该项目上的排名并未进入前三,但辽宁省在该项目上的信息公开程度是其财政透明度各调查项目中最高的,因此,对提升辽宁省的财政透明度的整体排名也起到了较好的作用。而财政专户管理资金和政府资产负债项目的信息公开程度则是最低的,未公开该两个调查项目的任何信息。其余5个项目中,社会保险基金、一般公共预算基金、政府性基金、国有资本经营预算基金的信息公开程度均在调查项目的72%～77%之间,部门预算的信息公开程度相当于调查项目的43%。

表6—4　　　　　　辽宁省财政透明度各调查项目得分及排序

排序	财政透明度各调查项目	得　分
1	国有企业基金	81.25
2	社会保险基金	77.14
3	一般公共预算基金	76.32
4	政府性基金	72.22
5	国有资本经营预算基金	72.22
6	部门预算及相关信息	42.70
7	财政专户管理资金	0.00
8	政府资产负债	0.00

综合辽宁省在31个省份财政透明度调查项目中的得分排名,以及在财政透明度各调查项目上的得分排序,可以看到,辽宁省在社会保险基金、政府性基金、国有资本经营预算基金、一般公共预算基金、国有企业基金五个透明度调查项目上的信息公开状况是最好的,因为这些项目的信息公开程度均超过了调查项目的70%甚至80%,其中有三个项目在31个省份排名中位列第1名,另外两个项目位列前五,但与第1名的得分差距仅约3～6分之差。所以,这些项目有效地提升了辽宁省在31个省份财政透明度排名中的名次。反之,财政专户管理资金、政府资产负债的信息公开状况则是最差的,这是因为这两个项目的透明度得分为零,辽宁省在这两个项目上未公开任何信息,正因为如此,这意味着该两项目实质性地拉低了辽宁省在31个省份财政透明度排名中的名次。

辽宁省财政透明度项目公开的信息约为调查项目的62%。那么,辽宁省主要采用了什么样的信息公开方式呢?为此,项目组对辽宁省财政信息公开方式进行了统计。

统计方法如下:首先,项目组将财政透明度调查项目的信息公开方式分为由政府信息公开办公室或财政厅(局)直接提供的信息要素(或称依申请公开的信息要素)、由相关政府网站公开的信息要素、由相关政府出版物公开的信息要素三种;其次,统计每种公开方式下财政透明度116个信息要素公开与否;然后,加总每种方式下已公开的信息要素数量;最后,计算每种方式下的已公开信息要素占应公开信息要素的比例。需要说明的是,这里的信息公开方式统计主要是针对一般公共预算基金、政府性基金、财政专户管理资金、国有资本经营预算基金、政府资产负债5个项目的116项信息要素展开的,并不包括部门预算及相关信息、社会保险基金、国有企业基金3个透明度项目。

通过对辽宁省政府信息公开办公室或财政厅直接提供的信息要素(即依申请公开的信息要素)进行加总,得出已公开的信息要素为58项(见表6—5);通过对相关政府网站公开的信息要素进行加总,得出已公开的信息要素为20项;通过对相关政府出版物公开的信息要素进行加总,得出已公开的信息要素为6项。也就是说,按照财政透明度5个调查项目应公开116项信息要素计算,辽宁省通过依申请方式公开的信息要素占到116项应公开信息要素的约50%,通过相关政府网站方式公开的信息要素占到应公开信息要素的约17%,通过相关政府出版物方式公开的信息要素占到应公开信息要素的约5%。

比较三种信息公开方式,辽宁省在2017年度的财政透明度调查中,通过依申请公开的信息要素最多,通过相关政府网站公开的信息要素较少,通过相关出版物公开的信息要素则最少。

表6—5　　　　　　　　辽宁省财政信息公开方式统计

信息要素	信息公开方式		
	依申请公开	网站公开	出版物公开
已公开的信息要素(项)	58	20	6
应公开的信息要素(项)	116	116	116
已公开信息要素占应公开信息要素比例	50%	17%	5%

6.2　辽宁省一般公共预算基金信息公开情况

一般公共预算基金透明度调查项目共包含28项信息要素。若按照预算收支进行分类,可以分为一般公共预算收入和一般公共预算支出两大项目,其中,除"省总预算公共预算收支总额"信息要素外,一般公共预算收入项目共有10项信息要素,一般公共预算支出项目共有17项信息要素;一般公共预算支出又可进一步分为功能分类支出和经济分类支出两大类,一般公共预算经济分类支出项目共有8项信息要素。对辽宁省公共预算按政府收支进行分类统

计,结果显示:

辽宁省一般公共预算收入项目的 10 项信息要素平均得分为 100 分(见表 6—6),一般公共预算支出项目的 17 项信息要素平均得分为 58.82 分,显然收入项目的信息公开状况远好于支出项目。进一步观察公共预算支出项目各信息要素得分情况,可以看到,17 项信息要素中有 7 项信息要素得了零分(见表 6—6),这意味着辽宁省在这 7 项信息要素上均未公开任何信息。对这些零分信息要素进行归类后可以发现,这 7 项零分信息要素均为一般公共预算支出中的经济类支出,这意味着辽宁省在公共预算经济类支出的 8 项信息要素中有 7 项未公开任何信息。

表 6—6　辽宁省一般公共预算基金按政府收支分类的信息要素得分

公共预算收入信息要素	得分	公共预算支出信息要素	得分
省总预算公共预算收入类级科目	100	省总预算公共预算支出功能分类类级科目	100
省总预算公共预算收入款级科目	100	省总预算公共预算支出功能分类款级科目	100
省总预算公共预算收入项级科目	100	省总预算公共预算支出功能分类项级科目	100
省总预算公共预算收入目级科目	100	省本级公共预算支出功能分类类级科目	100
省本级公共预算收入类级科目	100	省本级公共预算支出经济分类类级科目	100
地市本级公共预算收入类级科目	100	地市本级公共预算支出功能分类类级科目	100
县本级公共预算收入类级科目	100	县本级公共预算支出功能分类类级科目	100
乡级公共预算收入类级科目	100	乡级公共预算支出功能分类类级科目	100
各地市本级公共预算收入类级科目	100	各地市本级公共预算支出功能分类类级科目	100
各县本级公共预算收入类级科目	100	各县本级公共预算支出功能分类类级科目	100
		省总预算公共预算支出经济分类类级科目	0
		省总预算公共预算支出经济分类款级科目	0
		地市本级公共预算支出经济分类类级科目	0
		县本级公共预算支出经济分类类级科目	0
		乡级公共预算支出经济分类类级科目	0

续表

公共预算收入信息要素	得分	公共预算支出信息要素	得分
		各地市本级公共预算支出经济分类类级科目	0
		各县本级公共预算支出经济分类类级科目	0
本项目平均得分	100	本项目平均得分	59

综上所述,辽宁省一般公共预算基金信息公开程度约为调查项目的76%,在31个省份该项目透明度排名中与其他两个省份并列第2名。其中,一般公共预算经济类支出项目信息公开状况最差,在8个相关信息要素中有7个未公开任何信息,故辽宁省在公共预算经济类支出项目的透明度评估中失分较多。

6.3 辽宁省政府性基金信息公开情况

政府性基金透明度调查项目共包含27项信息要素。若按照预算收支进行分类,可以分为政府性基金预算收入和政府性基金预算支出两大项目,其中,除"省总预算政府性基金预算收支总额"信息要素外,政府性基金预算收入项目共有9项信息要素,政府性基金预算支出项目共有17项信息要素。对辽宁省政府性基金透明度调查项目按预算收支进行分类统计,结果显示:

辽宁省政府性基金预算收入项目的9项信息要素平均得分为100分(见表6-7),政府性基金预算支出项目的17项信息要素平均得分为52.94分,显然,预算收入透明度调查项目的信息公开状况显著好于预算支出调查项目。进一步观察预算支出项目各信息要素得分情况,可以看到,17项信息要素中有8项信息要素均为零分(见表6-7),这意味着辽宁省在这8项信息要素上均未公开任何信息。进一步对这些零分信息要素进行归类后可以发现,8项零分信息要素均为政府性基金预算支出中的经济类支出信息要素,这说明辽宁省在所有的8项经济类预算支出信息要素上均未公开任何信息,即在经济类预算支出项目上可谓是全军覆没。

综上所述,辽宁省政府性基金信息公开程度约为调查项目的72%,在31个省份该项目透明度排名中与其他7个省份并列第一。其中,政府性基金预算经济类支出项目信息公开状况最差,所有的8个相关信息要素均未公开任何信息,故辽宁省在政府性基金预算经济类支出项目的透明度评估中失分较多。

表 6—7　　　辽宁省政府性基金按预算收支分类的信息要素得分

政府性基金预算收入信息要素	得分	政府性基金预算支出信息要素	得分
省总预算政府性基金预算收入款级科目	100	省总预算政府性基金预算支出功能分类类级科目	100
省总预算政府性基金预算收入项级科目	100	省总预算政府性基金预算支出功能分类款级科目	100
省总预算政府性基金预算收入目级科目	100	省总预算政府性基金预算支出功能分类项级科目	100
省本级政府性基金预算收入款级科目	100	省本级政府性基金预算支出功能分类类级科目	100
地市本级政府性基金预算收入款级科目	100	地市本级政府性基金预算支出功能分类类级科目	100
县本级政府性基金预算收入款级科目	100	县本级政府性基金预算支出功能分类类级科目	100
乡级政府性基金预算收入款级科目	100	乡级政府性基金预算支出功能分类类级科目	100
各地市本级政府性基金预算收入款级科目	100	各地市本级政府性基金预算支出功能分类类级科目	100
各县本级政府性基金预算收入款级科目	100	各县本级政府性基金预算支出功能分类类级科目	100
		省总预算政府性基金预算支出经济分类类级科目	0
		省总预算政府性基金预算支出经济分类款级科目	0
		省本级政府性基金预算支出经济分类类级科目	0
		地市本级政府性基金预算支出经济分类类级科目	0
		县本级政府性基金预算支出经济分类类级科目	0
		乡级政府性基金预算支出经济分类类级科目	0
		各地市本级政府性基金预算支出经济分类类级科目	0
		各县本级政府性基金预算支出经济分类类级科目	0
本项目平均得分	100	本项目平均得分	53

6.4 辽宁省财政专户管理资金信息公开情况

财政专户管理资金透明度调查项目共包含 27 项信息要素。若按照预算层级进行分类,可以分为财政专户省总预算和财政专户分级预算两大项目,其中,财政专户省总预算项目共有 9 项信息要素,财政专户分级预算项目共有 18 项信息要素。辽宁省未公开关于财政专户管理资金的任何信息,故辽宁省在该调查项目上的得分为零分(见表 6-8)。

表 6-8　　　　辽宁省财政专户按预算层级分类的信息要素得分

财政专户省总预算信息要素	得分	财政专户分级预算信息要素	得分
省总预算财政专户收支总额	0	省本级财政专户收入款级科目	0
省总预算财政专户收入款级科目	0	省本级财政专户支出功能分类类级科目	0
省总预算财政专户收入项级科目	0	省本级财政专户支出经济分类类级科目	0
省总预算财政专户收入目级科目	0	地市本级财政专户收入款级科目	0
省总预算财政专户支出功能分类类级科目	0	地市本级财政专户支出功能分类类级科目	0
省总预算财政专户支出功能分类款级科目	0	地市本级财政专户支出经济分类类级科目	0
省总预算财政专户支出功能分类项级科目	0	县本级财政专户收入款级科目	0
省总预算财政专户支出经济分类类级科目	0	县本级财政专户支出功能分类类级科目	0
省总预算财政专户支出经济分类款级科目	0	县本级财政专户支出经济分类类级科目	0
		乡级财政专户收入款级科目	0
		乡级财政专户支出功能分类类级科目	0
		乡级财政专户支出经济分类类级科目	0
		各地市本级财政专户收入款级科目	0
		各地市本级财政专户支出功能分类类级科目	0
		各地市本级财政专户支出经济分类类级科目	0
		各县本级财政专户收入款级科目	0

续表

财政专户省总预算信息要素	得分	财政专户分级预算信息要素	得分
		各县本级财政专户支出功能分类类级科目	0
		各县本级财政专户支出经济分类类级科目	0
本项目平均得分	0	本项目平均得分	0

6.5 辽宁省国有资本经营预算基金信息公开情况

国有资本经营预算基金透明度调查项目共包含27项信息要素。若按照预算收支进行分类,可以分为国有资本经营预算收入和国有资本经营预算支出两大项目,其中,除"省总预算国有资本经营预算收支总额"信息要素外,国有资本经营预算收入项目共有9项信息要素,国有资本经营预算支出项目共有17项信息要素。对辽宁省国有资本经营预算基金透明度调查项目按预算收支进行分类统计,结果显示:

辽宁省国有资本经营预算收入项目的9项信息要素平均得分为100分(见表6－9),国有资本经营预算支出项目的17项信息要素平均得分为52.94分,显然,预算收入透明度调查项目的信息公开状况显著好于预算支出项目。进一步观察预算支出透明度调查项目各信息要素得分情况,可以看到,17项国有资本经营预算支出信息要素中,除了9项功能类预算支出信息要素得了满分外,其余8项信息要素均为零分(见表6－9),这意味着辽宁省在这8项信息要素上均未公开任何信息。对这些零分信息要素进行归类后可以发现,8项零分信息要素均为国有资本经营预算支出中的经济类支出信息要素,这说明在预算支出透明度调查项目中,辽宁省在所有的8项经济类预算支出信息要素上均未公开任何信息,即在经济类预算支出项目上可谓是全军覆没。

表6－9　辽宁省国有资本经营预算基金按预算收支分类的信息要素得分

国有资本经营预算收入信息要素	得分	国有资本经营预算支出信息要素	得分
国有资本经营预算收入款级科目	100	国有资本经营预算支出功能分类类级科目	100
国有资本经营预算收入项级科目	100	国有资本经营预算支出功能分类款级科目	100
国有资本经营预算收入目级科目	100	国有资本经营预算支出功能分类项级科目	100

续表

国有资本经营预算收入信息要素	得分	国有资本经营预算支出信息要素	得分
省本级国有资本经营预算收入款级科目	100	省本级国有资本经营预算支出功能分类类级科目	100
地市本级国有资产经营预算收入款级科目	100	地市本级国有资本经营预算支出功能分类类级科目	100
县本级国有资本经营预算收入款级科目	100	县本级国有资本经营预算支出功能分类类级科目	100
乡级国有资本经营预算收入款级科目	100	乡级国有资本经营预算支出功能分类类级科目	100
各地市本级国有资本经营预算收入款级科目	100	各地市本级国有资本经营预算支出功能分类类级科目	100
各县本级国有资产经营预算收入款级科目	100	各县本级国有资本经营预算支出功能分类类级科目	100
		国有资本经营预算支出经济分类类级科目	0
		国有资本经营预算支出经济分类款级科目	0
		省本级国有资本经营预算支出经济分类类级科目	0
		地市本级国有资本经营预算支出经济分类类级科目	0
		县本级国有资本经营预算支出经济分类类级科目	0
		乡级国有资本经营预算支出经济分类类级科目	0
		各地市本级国有资本经营预算支出经济分类类级科目	0
		各县本级国有资本经营预算支出经济分类类级科目	0
本项目平均得分	100	本项目平均得分	53

综上所述,辽宁省国有资本经营预算基金信息公开程度约为调查项目的72%,在31个省份该项目透明度排名中与其他7个省份并列第一。其中,国有资本经营预算经济分类支出项目信息公开状况最差,所有的8个相关信息要素均未公开任何信息,故辽宁省在国有资本经营预算经济分类支出项目的透明度评估中失分较多。

6.6 辽宁省政府资产负债信息公开情况

政府资产负债透明度调查项目共包含7项信息要素。辽宁省未公开关于政府资产负债的任何信息,辽宁林省在该调查项目上的得分为零分(见表22—10)。

表6—10　　　　　　辽宁省政府资产负债信息要素得分

信息要素	得　分
政府净资产二级分类信息	0
政府资产二级分类信息	0
政府资产一级分类信息	0
政府负债一级分类信息	0
政府负债二级分类信息	0
政府净资产一级分类信息	0
政府资产负债总额	0
本项目平均得分	0

6.7 辽宁省部门预算及相关信息公开情况

部门预算及相关信息透明度调查项目共包含26项信息要素。本项目主要针对各省份人民政府办公厅、人大、政协、教育、财政、国税、地税、工商、卫生、交通、环保11个预算部门进行调查和评估,因此,若按照所调查的部门进行分类,可以分为11个部门,每个部门的信息要素均为26项。对辽宁省部门预算及相关信息透明度项目按部门进行分类统计,结果显示:

辽宁省财政部门预算及相关信息透明度的26项信息要素平均得分为100分(见表6—11),人大和国税部门预算项目的26项信息要素均得零分,其他8个部门预算项目的信息要素平均得分均为46.15分。换言之,辽宁省财政部门在部门预算项目的26项信息要素上公开了所有的信息,信息公开程度达到信息要素的100%;相反,人大和国税部门在部门预算项目的同样26项信息要素上未公开任何信息;另外的8个部门则在同样的调查项目、同样的信息要素上公开了约46%的信息。

进一步观察公开了部分信息的8个部门各信息要素得分情况，可以看到，这8个部门在"部门支出经济分类类级科目"、"部门支出经济分类款级科目"、"项目支出经济分类类级科目"、"项目支出经济分类款级科目"、"资产一级分类"、"资产二级分类"、"资产三级分类"、"其他补充资产信息"、"人员编制总数及各类人员编制数"、"年末实有人员总数及类型"、"按经费来源划分的各类人员数"、"部门机构一级信息"、"部门机构二级信息"、"部门机构三级信息"14项信息要素上均得了零分（见表6－11），即辽宁省这8个部门在这些信息要素上均未公开任何信息。对这些零分信息要素进行归类后可以发现，14项零分信息要素中，4项属于支出经济分类科目，4项属于资产分类科目，3项属于基本数字分类科目，3项属于部门机构信息分类科目。

表6－11　辽宁省部门预算及相关信息按部门分类的透明度得分及排名

部门	得分	排名
财政	100.00	1
政府办公厅	46.15	2
政协	46.15	2
教育	46.15	2
地税	46.15	2
工商	46.15	2
卫生	46.15	2
交通	46.15	2
环保	46.15	2
人大	0.00	10
国税	0.00	10
各部门平均得分	42.70	

综上所述，辽宁省部门预算及相关信息公开程度约为调查项目的43%，在31个省份该项目透明度排名中与吉林省并列第18名。在被调查的11个部门中，财政部门的信息公开状况最好，公开程度相当于调查项目的100%，政府办公厅、政协、教育、地税、工商、交通、卫生、环保8个部门信息公开状况其次，公开程度相当于调查项目的46%，人大、国税部门的信息公开状况最差，未公开调查项目的任何信息。进一步从部门预算信息要素分类来看，支出经济分类科目、资产分类科目、基本数字分类科目、部门机构信息分类科目信

息公开状况最差,这四类信息要素均未公开任何信息,故辽宁省在上述四类信息要素以及国税和人大部门的透明度评估中失分较多。

6.8 辽宁省社会保险基金信息公开情况

社会保险基金预算透明度项目共包含14项信息要素。若按照流量和存量进行分类,可以分为社会保险基金收入支出和社会保险基金资产负债两大项目,其中,社会保险基金收入支出项目共有6项信息要素,社会保险基金资产负债项目也有6项信息要素;除收入支出项目和资产负债项目外,另设其他项目,包括"各项社会保险基金的基本数字(类级科目)"、"养老基金的长期收支预测"两项信息要素。对辽宁省社会保险基金预算透明度项目进行分类统计,结果显示:

辽宁省社会保险基金收支项目的6项信息要素平均得分为96.67分(见表6-12),社会保险基金资产负债项目的6项信息要素平均得分为66.67分,其他项目的两项信息要素平均得分为50分。

表6-12　　　　　辽宁省社会保险基金预算信息要素得分

社会保险基金收支信息要素	得分	社会保险基金资产负债信息要素	得分	社会保险基金其他信息要素	得分
各项社会保险基金的收支总额	100	各项社会保险基金资产的类级科目	100	各项社会保险基金的基本数字(类级科目)	100
各项保险基金的收入款级科目	100	各项社会保险基金资产的款级科目	100	养老基金的长期收支预测	0
各项社会保险基金的收入项级科目	100	各项社会保险基金负债的类级科目	100		
各项保险基金的支出款级科目	100	各项社会保险基金负债的款级科目	100		
各项社会保险基金的支出项级科目	100	各项社会保险基金资产的项级科目	0		
各项社会保险基金收支分级信息(类级科目)	80	各项社会保险基金负债的项级科目	0		
本项目平均得分	97	本项目平均得分	67	本项目平均得分	50

进一步观察社会保险基金透明度项目各信息要素得分情况,可以看到,14项信息要素中有3项信息要素得了零分(见表6-12),这3项信息要素为"各项社会保险基金资产的项级科目"、"各项社会保险基金负债的项级科目"、"养老基金的长期收支预测",这意味着辽宁省在这3项信息要素上均未公开任何

信息。对这些零分信息要素进行归类后可以发现，3项零分信息要素中有两项信息要素为社会保险基金资产负债项目中比较明细的科目，另有1项为未来收支的预测预期项目。

综上所述，辽宁省社会保险基金预算信息公开程度约为调查项目的77%，在31个省份该项目透明度排名中与其他10个省份并列榜首。其中，社会保险基金收支项目的信息公开状况显著好于资产负债项目，资产负债项目信息公开状况又稍好于其他项目；未公开信息的一些信息要素主要为社会保险基金资产负债项目中较为明细的科目以及未来收支预测项目中较为敏感的科目。

6.9 辽宁省国有企业基金信息公开情况

国有企业基金透明度项目包含8项信息要素。辽宁省在该项目8项信息要素上的平均得分为81.25分（见表6-13），其中，"国有企业的收入、费用和利润总额""国有企业的资产、负债及所有者权益总额""国有企业资产负债表""国有企业利润表""国有企业现金流量表""国有企业所有者权益变动表"6项信息要素均得满分，这意味着辽宁省在这6项信息要素上公开了透明度调查所要求的信息；相反，"政府直属企业达到与国内上市公司同等信息披露要求"这项信息要素得零分，这意味着辽宁省在这项要素上未公开透明度调查所要求的信息；在"政府直属企业主要指标表"这项信息要素上，辽宁省给出了50%的信息。

表6-13 辽宁省国有企业基金信息调查要素得分

信息要素	得分
国有企业的收入、费用和利润总额	100
国有企业的资产、负债及所有者权益总额	100
国有企业资产负债表	100
国有企业利润表	100
国有企业现金流量表	100
国有企业所有者权益变动表	100
政府直属企业主要指标表	50
政府直属企业达到与国内上市公司同等信息披露要求	0
本项目平均得分	81

总体而言,辽宁省在国有企业基金透明度项目上信息公开程度约为调查项目的81%,在31个省份该项目透明度排名中位列第5名,信息公开状况很好。

6.10 基本结论

综上所述,辽宁省2017年财政透明度评估结论如下:

第一,从2017年度财政透明度排名来看,辽宁省位列第6名,在31个省份的排名中名列前茅。

第二,从财政透明度各调查项目31个省份排名来看,辽宁省在这些调查项目的31省排名中名次差异较大。其中,在政府性基金、国有资本经营预算基金、社会保险基金等调查项目的31个省份透明度排名中均位列第1名;在一般公共预算基金、国有企业基金等项目的31个省份透明度排名中,尽管未名列榜首,但信息公开程度均高达70%甚至80%以上;在政府资产负债、财政专户管理资金两个透明度项目的31个省份排名中,则位居倒数第一,因为辽宁省在这两个调查项目上均未公开任何信息。

第三,从辽宁省在财政透明度各调查项目上的得分排序来看,辽宁省在财政专户管理资产、政府资产负债项目上的透明度得分最低,在国有企业基金项目上的透明度得分最高。尽管在国有企业基金透明度项目31个省份排名中,辽宁省未名列前三,但国有企业基金透明度项目是辽宁省各财政透明度项目中信息公开程度最高的一个项目,也是唯一一个信息公开程度超过调查项目80%的项目。

所以,综合财政透明度各调查项目31个省份排名以及辽宁省在财政透明度各调查项目上的得分排序,辽宁省在国有企业基金、社会保险基金、一般公共预算基金、政府性基金、国有资本经营预算基金项目上的信息公开状况最好,在财政专户管理资金、政府资产负债项目上的信息公开状况最差。前者在提升辽宁省在31个省份财政透明度排行榜上的名次起到了重要作用,后者则使辽宁省在财政透明度评估中失分较多。建议加强财政专户和资产负债项目的信息公开。

第四,从财政透明度各信息调查要素得分情况来看,辽宁省在经济分类支出的各信息要素上的信息公开近乎为零。所以,经济分类支出的信息不公开是影响辽宁省在财政透明度排行榜上名次的重要因素。较为明细的经济类支出信息主要反映在"支出决算经济分类明细表"中,建议加强该决算表的信息披露。

第五，从部门预算透明度项目来看，辽宁省财政部门的信息公开状况最好，公开的信息占到了调查项目的100%；反之，人大、国税部门的信息公开状况则最差，未公开调查项目的任何信息。所以，从部门角度来看，人大与国税部门的信息不公开会影响到辽宁省财政透明度的整体提升。建议推动人大和国税部门的信息公开。

第六，从信息公开方式来看，辽宁省通过相关出版物（财政年鉴、统计年鉴等）公开的信息很少，只占到财政透明度调查项目的约5%。所以，增加该方式的信息公开对进一步提升辽宁省财政透明度会起到一定的作用。建议加强出版物方式的信息公开。

7 福建省财政透明度报告

7.1 福建省财政透明度概况

中共十八大以来,福建省贯彻落实新《预算法》关于预决算公开的相关规定和中共中央办公厅、国务院办公厅《关于进一步推进预算公开工作的意见》的相关规定,积极推进财政信息公开工作。

福建省财政厅结合财政部统一部署的预算公开要求,制订了《福建省财政厅2016年政务公开工作实施方案》,福建省财政信息公开注重以网站为第一平台,将政府信息公开专栏与网站其他栏目有机结合,同时将主动公开的政府信息电子和纸质文件、《福建财政年鉴》等公开出版物送交福建省图书馆和档案馆,以备社会公众查阅。

福建省财政厅将经省人大审查批准的省级财政预算19张表格在福建省财政厅全部公开,内容涵盖一般公共预算、政府性基金预算、国有资本经营预算和社会保险基金预算四本预算,其中:省级一般公共预算支出按功能分类细化到项,按经济性质分类细化到类;按单位公开省级国有资本经营预算收支表,按功能分类细化到项;按险种公开全省及省级社会保险基金预算收支表,按功能分类细化到项;分地区公开税收返还、一般性转移支付和专项转移支付情况,分项目公开省本级财力安排的转移支付项目情况。在部门预决算信息公开方面,2016年有109家省级部门在各自门户网站公开部门预算。部门预算按功能分类细化到项,一般公共预算按经济性质分类细化到类,其中:基本支出公开到经济分类科目款级科目,"三公"经费公开内容包括支出总额以及细化到因公出国(境)费用、公务接待费和公务用车购置及运行费分项数额及年度间增减变化说明。为便于公众理解,除了公开有关表格数据外,还对部门职责、机构设置、数据增减变化的情况进行说明。①

综合政府网站公开资料、《福建财政年鉴》和被调查部门的信息反馈情况,项目组计算得出福建省财政透明度得分。从图7-1可知,福建省财政透明度得分和排名的年度波动性较大,2009年和2010年曾排在31个省份财政透明度排行榜第1名,2011年和2012年排名则大幅后移,2013年、2014年和2015年又回到前三名的位置。2016年和2017年的透明度得分有小幅上升,但在其他省份较大幅度增加依申请公开力度和网站公开力度的情况下,福建省财政透明度排名并不是很靠前。

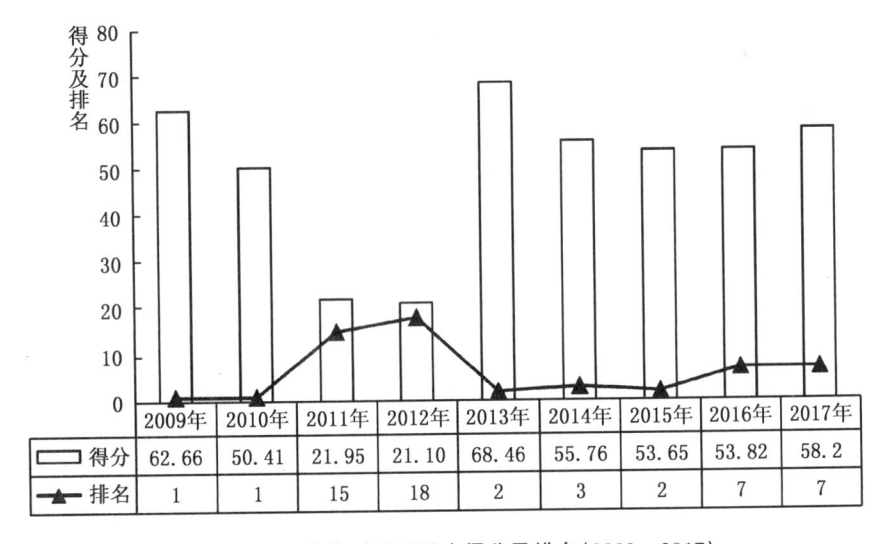

年份	2009年	2010年	2011年	2012年	2013年	2014年	2015年	2016年	2017年
得分	62.66	50.41	21.95	21.10	68.46	55.76	53.65	53.82	58.2
排名	1	1	15	18	2	3	2	7	7

图7-1 福建省财政透明度得分及排名(2009—2017)

就2017年福建省财政透明度得分的各项构成情况(见表7-1)来看,除财政专户管理资金、社会保险基金透明度得分低于31个省份的平均得分外,其余7项信息要素的得分均高于31个省份平均得分,其中一般公共预算基金透明度得分仅次于四川省和甘肃省,政府性基金、国有资本经营预算基金和社会保险基金透明度得分与辽宁等省份并列第一。

① 相关资料来自《福建省财政厅2016年政府信息公开工作年度报告》,福建省财政厅预决算信息公开平台的网站地址为http://www.fjcz.gov.cn/web/czt/yjsgkpt.do。

表 7—1　　　　　　　福建省各调查信息要素的透明度得分(2017)

	一般公共预算基金	政府性基金	财政专户管理资金	国有资本经营预算基金	政府资产负债	部门预算及相关信息	社会保险基金	国有企业基金	被调查者态度
权重	25%	8%	4%	2%	9%	15%	19%	15%	3%
31个省份平均百分制得分	57.86	47.90	4.68	43.64	17.71	47.32	49.11	57.78	77.27
福建省百分制得分	76.32	72.22	0.00	72.22	48.98	58.00	26.07	75.00	86.35

7.2 福建省一般公共预算基金信息公开情况

一般公共预算基金透明度评分指标主要根据财政部要求编制的"公共财政收支决算总表"、"公共财政收入决算明细表"、"公共财政支出决算功能分类明细表"、"公共财政收支决算分级表"、"公共财政收支及平衡情况表"这5张决算表格设计而成。其中,前三张决算表格调查的内容是省总预算的收支情况,各项信息要素权重为2;后两张决算表格调查的内容是省本级和省以下各级地方政府的收支情况,各项信息要素权重为1。另外,项目组还提出了一般公共预算经济分类支出信息公开的申请。

福建省财政厅依申请公开了"2015年度福建省一般公共预算收支决算总表"、"2015年度福建省一般公共预算收入决算明细表"、"2015年度福建省一般公共预算支出决算功能分类明细表"、"2015年度福建省一般公共预算收支决算分级表"、"一般公共预算收支及平衡情况表"等8张决算表格。因此,在第1—10项关于全省总决算收支信息中,除两项预算支出经济分类科目外,其余各项信息要素均已获得;在各地市、各县财政收支信息中,除预算支出经济分类科目外的信息要素也均已获得。

福建省财政厅网站公开的决算表格有"2015年福建省一般公共预算收入决算表"、"2015年福建省一般公共预算支出决算表"、"2015年福建省本级一般公共预算收入决算表"、"2015年福建省本级一般公共预算支出决算表"、"2015年福建省本级一般公共预算支出决算功能分类明细表"、"2015年省对设区市税收返还和转移支付决算表",可以得分的信息要素是"省本级公共预算支出经济分类类级科目"。具体的信息公开方式及信息公开内容见表7—2。

表7-2　　　　福建省一般公共预算基金信息公开情况(2015)

编号	信息要素	未公开	依申请公开	网站公开	出版物公开	已公开信息项	应公开信息项
1	省总预算公共预算收支总额		✓	✓	✓	2	2
2	省总预算公共预算收入类级科目		✓	✓	✓	2	2
3	省总预算公共预算收入款级科目		✓	✓	✓	22	22
4	省总预算公共预算收入项级科目		✓	✓	✓	22	22
5	省总预算公共预算收入目级科目		✓			22	22
6	省总预算公共预算支出功能分类类级科目		✓	✓	✓	24	24
7	省总预算公共预算支出功能分类款级科目		✓			24	24
8	省总预算公共预算支出功能分类项级科目		✓			24	24
9	省总预算公共预算支出经济分类类级科目	✓				0	10
10	省总预算公共预算支出经济分类款级科目	✓				0	10
11	省本级公共预算收入类级科目		✓	✓		2	2
12	省本级公共预算支出功能分类类级科目		✓	✓		24	24
13	省本级公共预算支出经济分类类级科目			✓		10	10
14	地市本级公共预算收入类级科目		✓		✓	2	2
15	地市本级公共预算支出功能分类类级科目		✓		✓	24	24
16	地市本级公共预算支出经济分类类级科目	✓				0	10
17	县本级公共预算收入类级科目		✓		✓	2	2
18	县本级公共预算支出功能分类类级科目		✓		✓	24	24
19	县本级公共预算支出经济分类类级科目	✓				0	10
20	乡级公共预算收入类级科目		✓		✓	2	2
21	乡级公共预算支出功能分类类级科目		✓		✓	24	24
22	乡级公共预算支出经济分类类级科目	✓				0	10
23	各地市本级公共预算收入类级科目		✓		✓	1	1
24	各地市本级公共预算支出功能分类类级科目		✓		✓	1	1
25	各地市本级公共预算支出经济分类类级科目	✓				0	1
26	各县本级公共预算收入类级科目		✓		✓	1	1
27	各县本级公共预算支出功能分类类级科目		✓		✓	1	1
28	各县本级公共预算支出经济分类类级科目	✓				0	1

一般公共预算基金透明度得分计算方法为：

$$\left(\sum_{i=1}^{28}\frac{\text{已公开信息项}_i}{\text{应公开信息项}_i}\times\text{二级权重}_i\right)\times 100/\sum_{i=1}^{28}\text{二级权重}_i$$

根据该计算方法，可以得出福建省一般公共预算基金透明度得分为76.32分，比31个省份一般公共预算基金透明度的平均得分高18.46分，在该单项信息排名中与辽宁、甘肃并列第2名。

7.3 福建省政府性基金信息公开情况

政府性基金透明度评分指标根据"政府性基金收支决算总表"、"政府性基金收支及结余情况表"、"政府性基金收支决算分级表"、"政府性基金收支及平衡情况表"这4张决算表格设计而成。其中，前两张决算表格调查的内容是省总预算的收支情况，各项信息要素权重为2；后两张决算表格调查的内容是省本级和省以下各级地方政府的收支情况，各项信息要素权重为1。另外，项目组还提出了政府性基金经济分类支出信息公开的申请。

福建省财政厅网站公开了"2015年福建省政府性基金预算收入决算表"、"2015年福建省政府性基金预算支出决算表"、"2015年福建省本级政府性基金预算收入决算表"和"2015年福建省本级政府性基金预算支出决算表"4张决算表格。

福建省财政厅依申请公开的资料有："2015年度福建省政府性基金收支决算总表"细化到基金收入分类款级科目和支出功能分类类级科目；"2015年度福建省政府性基金收支及结余情况表"细化到基金收入分类目级科目和支出功能分类项级科目；"2015年度福建省政府性基金收支决算分级表"包含"省本级政府性基金预算收入款级科目"、"省本级政府性基金预算支出功能分类类级科目"、"地市本级政府性基金预算收入款级科目"、"地市本级政府性基金预算支出功能分类类级科目"、"县本级政府性基金预算收入款级科目"、"县本级政府性基金预算支出功能分类类级科目"、"乡级政府性基金预算收入款级科目"、"乡级政府性基金预算支出功能分类类级科目"这8项信息要素；"2015年度政府性基金收支及平衡情况表"包含"各地市本级政府性基金预算收入款级科目"、"各地市本级政府性基金预算支出功能分类类级科目"、"各县本级政府性基金预算收入款级科目"、"各县本级政府性基金预算支出功能分类类级科目"这4项信息要素。除8项涉及基金支出经济分类科目的信息要素外，其余各项信息要素均已依申请公开。具体的信息公开方式及信息公开内容见表7-3。

表 7-3　　福建省政府性基金信息公开情况(2015)

编号	信息要素	未公开	依申请公开	网站公开	出版物公开	已公开信息项	应公开信息项
1	省总预算政府性基金预算收支总额		✓	✓		2	2
2	省总预算政府性基金预算收入款级科目		✓	✓		1	1
3	省总预算政府性基金预算收入项级科目		✓	✓		1	1
4	省总预算政府性基金预算收入目级科目	✓	✓			1	1
5	省总预算政府性基金预算支出功能分类类级科目		✓	✓		11	11
6	省总预算政府性基金预算支出功能分类款级科目		✓	✓		11	11
7	省总预算政府性基金预算支出功能分类项级科目	✓	✓			11	11
8	省总预算政府性基金预算支出经济分类类级科目	✓				0	10
9	省总预算政府性基金预算支出经济分类款级科目	✓				0	10
10	省本级政府性基金预算收入款级科目		✓	✓		1	1
11	省本级政府性基金预算支出功能分类类级科目		✓	✓		10	10
12	省本级政府性基金预算支出经济分类类级科目	✓				0	10
13	地市本级政府性基金预算收入款级科目	✓	✓			1	1
14	地市本级政府性基金预算支出功能分类类级科目	✓	✓			10	10
15	地市本级政府性基金预算支出经济分类类级科目	✓				0	10
16	县本级政府性基金预算收入款级科目	✓	✓			1	1
17	县本级政府性基金预算支出功能分类类级科目	✓	✓			10	10
18	县本级政府性基金预算支出经济分类类级科目	✓				0	10
19	乡级政府性基金预算收入款级科目	✓	✓			1	1
20	乡级政府性基金预算支出功能分类类级科目	✓	✓			10	10
21	乡级政府性基金预算支出经济分类类级科目	✓				0	10
22	各地市本级政府性基金预算收入款级科目	✓	✓			1	1
23	各地市本级政府性基金预算支出功能分类类级科目	✓	✓			1	1
24	各地市本级政府性基金预算支出经济分类类级科目	✓				0	1

续表

编号	信息要素	未公开	依申请公开	网站公开	出版物公开	已公开信息项	应公开信息项
25	各县本级政府性基金预算收入款级科目		√	√		1	1
26	各县本级政府性基金预算支出功能分类类级科目		√	√		1	1
27	各县本级政府性基金预算支出经济分类类级科目			√	√	2	2

政府性基金透明度得分计算方法为：

$$\left(\sum_{i=1}^{27}\frac{\text{已公开信息项}_i}{\text{应公开信息项}_i}\times \text{二级权重}_i\right)\times 100/\sum_{i=1}^{27}\text{二级权重}_i$$

根据该计算方法，可以得出福建省政府性基金透明度得分为72.22分，比31个省份政府性基金透明度的平均得分高24.32分，在该单项信息排名中与其他7个省份并列第1名。

7.4 福建省财政专户管理资金信息公开情况

财政专户管理资金透明度评分指标根据"财政专户管理资金收支总表"、"财政专户管理资金收入明细表"、"财政专户管理资金支出功能分类明细表"、"财政专户管理资金收支分级表"和"财政专户管理资金收支及平衡情况表"这5张决算表格设计而成。其中，涉及省总预算财政专户的各项信息要素权重为2，其余省本级和省以下各级地方政府财政专户的各项信息要素权重为1。

财政部不再统一要求地方政府在2015年度政府决算中编制财政专户管理资金的相关表格。项目组未获取福建省2015年度任何财政专户管理资金的收支信息，见表7-4。福建省财政专户管理资金透明度得分为零分。

表7-4　　　　福建省财政专户管理资金信息公开情况（2015）

编号	信息要素	未公开	依申请公开	网站公开	出版物公开	已公开信息项	应公开信息项
1	省总预算财政专户收支总额	√				0	2
2	省总预算财政专户收入款级科目	√				0	2
3	省总预算财政专户收入项级科目	√				0	2
4	省总预算财政专户收入目级科目	√				0	2
5	省总预算财政专户支出功能分类类级科目	√				0	22
6	省总预算财政专户支出功能分类款级科目	√				0	22

续表

编号	信息要素	未公开	依申请公开	网站公开	出版物公开	已公开信息项	应公开信息项
7	省总预算财政专户支出功能分类项级科目	√				0	22
8	省总预算财政专户支出经济分类类级科目	√				0	10
9	省总预算财政专户支出经济分类款级科目	√				0	10
10	省本级财政专户收入款级科目	√				0	2
11	省本级财政专户支出功能分类类级科目	√				0	22
12	省本级财政专户支出经济分类类级科目	√				0	10
13	地市本级财政专户收入款级科目	√				0	2
14	地市本级财政专户支出功能分类类级科目	√				0	22
15	地市本级财政专户支出经济分类类级科目	√				0	10
16	县本级财政专户收入款级科目	√				0	2
17	县本级财政专户支出功能分类类级科目	√				0	22
18	县本级财政专户支出经济分类类级科目	√				0	10
19	乡级财政专户收入款级科目	√				0	2
20	乡级财政专户支出功能分类类级科目	√				0	22
21	乡级财政专户支出经济分类类级科目	√				0	10
22	各地市本级财政专户收入款级科目	√				0	1
23	各地市本级财政专户支出功能分类类级科目	√				0	1
24	各地市本级财政专户支出经济分类类级科目	√				0	1
25	各县本级财政专户收入款级科目	√				0	1
26	各县本级财政专户支出功能分类类级科目	√				0	1
27	各县本级财政专户支出经济分类类级科目	√				0	1

7.5 福建省国有资本经营预算基金信息公开情况

国有资本经营预算基金透明度评分指标根据"国有资本经营收支决算总表"、"国有资本经营收支决算明细表"、"国有资本经营收支决算分级表"和"国有资本经营收支及平衡情况表"这4张决算表格设计而成。其中,前两张决算表格调查的内容是省总预算的收支情况,各项信息要素权重为2;后两张决算表格调查的内容是省本级和省以下各级地方政府的收支情况,各项信息要素权重为1。

福建省财政厅依申请公开的资料包括:"2015年度福建省国有资本经营收支决算总表"和"2015年度福建省国有资本经营收支决算明细表"细化到预算收入目级科目和支出功能分类项级科目,包含国有资本经营预算透明度调查的前7项信息要素;"2015年度福建省国有资本经营收支决算分级表"包含"省本级国有资本经营预算收入款级科目"、"省本级国有资本经营预算支出功能分类类级科目"、"地市本级国有资产经营预算收入款级科目"、"地市本级国有资产经营预算支出功能分类类级科目"、"县本级国有资本经营预算收入款级科目"、"县本级国有资本经营预算支出功能分类类级科目"、"乡级国有资本经营预算收入款级科目"、"乡级国有资本经营预算支出功能分类类级科目"这8项信息要素;"2015年度国有资本经营收支及平衡情况表"包含"各地市本级国有资本经营预算收入款级科目"、"各地市本级国有资本经营预算支出功能分类类级科目"、"各县本级国有资产经营预算收入款级科目"和"各县本级国有资产经营预算支出功能分类类级科目"这4项信息要素。具体的信息公开方式及信息公开内容见表7—5。

表7—5　　　福建省国有资本经营预算基金信息公开情况(2015)

编号	信息要素	未公开	依申请公开	网站公开	出版物公开	已公开信息项	应公开信息项
1	国有资本经营预算收支总额		√	√		2	2
2	国有资本经营预算收入款级科目		√	√		1	1
3	国有资本经营预算收入项级科目		√	√		5	5
4	国有资本经营预算收入目级科目		√			5	5
5	国有资本经营预算支出功能分类类级科目		√	√		11	11
6	国有资本经营预算支出功能分类款级科目		√			1	1
7	国有资本经营预算支出功能分类项级科目		√			11	11
8	国有资本经营预算支出经济分类类级科目	√				0	3
9	国有资本经营预算支出经济分类款级科目	√				0	3
10	省本级国有资本经营预算收入款级科目		√	√		5	5
11	省本级国有资本经营预算支出功能分类类级科目		√	√		11	11
12	省本级国有资本经营预算支出经济分类类级科目	√				0	3
13	地市本级国有资本经营预算收入款级科目		√			5	5
14	地市本级国有资本经营预算支出功能分类类级科目		√			11	11

续表

编号	信息要素	未公开	依申请公开	网站公开	出版物公开	已公开信息项	应公开信息项
15	地市本级国有资本经营预算支出经济分类类级科目	√				0	3
16	县本级国有资本经营预算收入款级科目			√		5	5
17	县本级国有资本经营预算支出功能分类类级科目			√		11	11
18	县本级国有资本经营预算支出经济分类类级科目	√				0	3
19	乡级国有资本经营预算收入款级科目			√		5	5
20	乡级国有资本经营预算支出功能分类类级科目			√		11	11
21	乡级国有资本经营预算支出经济分类类级科目	√				0	3
22	各地市本级国有资本经营预算收入款级科目			√		5	5
23	各地市本级国有资本经营预算支出功能分类类级科目			√		11	11
24	各地市本级国有资本经营预算支出经济分类类级科目	√				0	3
25	各县本级国有资本经营预算收入款级科目			√		5	5
26	各县本级国有资本经营预算支出功能分类类级科目			√		11	11
27	各县本级国有资本经营预算支出经济分类类级科目	√				0	3

国有资本经营预算基金透明度得分计算方法为：

$$\left(\sum_{i=1}^{27} \frac{已公开信息项_i}{应公开信息项_i} \times 二级权重_i\right) \times 100 / \sum_{i=1}^{27} 二级权重_i$$

根据该计算方法，可以得出福建省国有资本经营预算基金透明度得分为72.22分，比31个省份国有资本经营预算基金透明度的平均得分高28.58分，在该单项信息排名中与其他7个省份并列第1名。

7.6 福建省政府资产负债信息公开情况

政府资产负债涵盖除社会保险基金和国有企业基金之外的所有政府资产与负债，包括一般公共预算基金、政府性基金、国有资本经营预算基金、财政专户管理资金所形成的资产和负债。具体指标包括资产类指标金融资产(存款、有价证券、在途款、暂付款)和固定资产(地产、房产建筑、设备)、负债类指标短期负债(暂存款、应付款、短期借款)和长期负债(1~3年、3~5年、5年以上)、净资产类指标金融净资产(预算结余、基金预算结余、国有资本经营预算结余、专用基金结余、财政专户管理资金结余、预算稳定调节基金、预算周转金)和非金融净资产。

福建省财政厅依申请公开了"2015年度福建省预算资金年终资产负债表",但未公开"财政专户管理资金年终资产负债表"。具体的信息公开方式及信息公开内容见表7-6。

表7-6　　　　　福建省政府资产负债信息公开情况(2015)

编号	信息要素	未公开	依申请公开	网站公开	出版物公开	已公开信息项	应公开信息项
1	政府资产负债总额	√				0	2
2	政府资产一级分类信息			√		1	2
3	政府资产二级分类信息			√		4	7
4	政府负债一级分类信息			√		1	2
5	政府负债二级分类信息			√		3	6
6	政府净资产一级分类信息			√		1	2
7	政府净资产二级分类信息			√		6	7

政府资产负债透明度得分计算方法为:

$$\left(\sum_{i=1}^{7}\frac{已公开信息项_i}{应公开信息项_i}\times 二级权重_i\right)\times 100/\sum_{i=1}^{7}二级权重_i$$

根据该计算方法,可以得出福建省政府资产负债透明度得分为48.98分,比31个省份政府资产负债透明度的平均得分高31.27分,在该单项信息排名中与其他5个省份并列第6名。

7.7　福建省部门预算及相关信息公开情况

项目组选取省人民政府办公厅、人大常委会办公厅、政协办公厅、教育厅、财政厅、国家税务局、地方税务局、工商行政管理局、卫生和计划生育委员会、交通运输厅、环境保护厅11个省级部门作为调查对象,部门预算及相关信息透明度最终得分是这11个部门预算及相关信息透明度的平均数。每个部门的透明度评估指标涉及三大类型:关于预算单位的财务信息、关于预算单位的人员信息、关于机构的信息。具体决算表格为"收入支出决算总表"、"支出决算表"、"支出决算明细表"、"基本支出决算明细表"、"项目支出决算明细表"、"资产负债表"、"基本数字表"、"机构人员情况表"。

除国家税务局外，福建省其余10个部门都在各自门户网站公开了2015年度部门决算，其中财政厅、教育厅和地方税务局还依申请公开了相关部门决算表格。各部门主动公开的部门决算信息基本是一致的，下面以福建省人民代表大会常务委员会办公厅为例，给出部门预算及相关信息透明度得分的计算。

福建省人民代表大会常务委员会办公厅2015年部门决算信息公开内容包括六部分：第一部分是省人大常委会主要职责；第二部分是部门预算单位基本情况；第三部分是部门主要工作总结；第四部分是2015年决算收支总体情况；第五部分是公共财政拨款支出决算情况；第六部分是"三公"经费公共财政拨款支出决算情况。具体公开的10张决算表格是"收支决算总表"、"收入决算表"、"支出决算表"、"财政拨款收入支出决算总表"、"公共财政拨款支出决算表"、"一般公共预算财政拨款支出决算明细表"、"一般公共预算财政拨款基本支出决算表"、"政府性基金预算支出决算表"、"部门决算相关信息统计表"、"政府采购情况表"。具体的信息公开方式及信息公开内容见表7－7。

表7－7　福建省人民代表大会常务委员会办公厅部门预算及相关信息公开情况（2015）

编号	信息要素	未公开	依申请公开	网站公开	出版物公开	得分
1	部门收入分类		✓			1
2	部门支出功能分类类级科目		✓			1
3	部门支出功能分类款级科目		✓			1
4	部门支出功能分类项级科目		✓			1
5	部门支出经济分类类级科目		✓			1
6	部门支出经济分类款级科目	✓				0
7	基本支出功能分类类级科目		✓			1
8	基本支出功能分类款级科目		✓			1
9	基本支出功能分类项级科目		✓			1
10	基本支出经济分类类级科目		✓			1
11	基本支出经济分类款级科目		✓			1
12	项目支出功能分类类级科目		✓			1
13	项目支出功能分类款级科目		✓			1
14	项目支出功能分类项级科目		✓			1

续表

编号	信息要素	未公开	依申请公开	网站公开	出版物公开	得分
15	项目支出经济分类类级科目	✓				0
16	项目支出经济分类款级科目	✓				0
17	资产一级分类	✓				0
18	资产二级分类	✓				0
19	资产三级分类	✓				0
20	其他补充资产信息	✓				0
21	人员编制总数及各类人员编制数	✓				0
22	年末实有人员总数及类型	✓				0
23	按经费来源划分的各类人员数	✓				0
24	部门机构一级信息	✓				0
25	部门机构二级信息	✓				0
26	部门机构三级信息	✓				0

福建省人民代表大会常务委员会办公厅部门预算及相关信息透明度得分为[(1+1+1+1+1+1+1+1+1+1+1+1+1)÷26]×100=50分。计算11个部门预算及相关信息透明度的平均得分,得到福建省部门预算及相关信息透明度最终得分为58分,比31个省份部门预算及相关信息透明度的平均得分高10.68分,在该单项信息排名中位列第4名。

7.8 福建省社会保险基金信息公开情况

社会保险基金透明度评分指标主要根据"社会保险基金资产负债表"、"企业职工基本养老保险基金收支表"、"失业保险基金收支表"、"城镇职工基本医疗保险基金收支表"、"工伤保险基金收支表"、"生育保险基金收支表"、"居民社会养老保险基金收支表"、"城乡居民基本医疗保险基金收支表"、"新型农村合作医疗基金收支表"、"城镇居民基本医疗保险基金收支表"、"社会保障基金财政专户资产负债表"、"社会保障基金财政专户收支表"、"财政对社会保险基金补助资金情况表"、"企业职工基本养老保险补充资料表"、"失业保险补充资料表"、"城镇职工医疗保险、工伤保险、生育保险补充资料表"、"居民社会养老保险补充资料表"、"居民基本医疗保险补充资料表"、"其他养老保险情况表"、

"其他医疗保障情况表"这20张决算表格设计而成。

福建省财政厅网站公开了"2015年福建省社会保险基金预算收入决算表"、"2015年福建省社会保险基金预算支出决算表"、"2015年福建省本级社会保险基金预算收入决算表"、"2015年福建省本级社会保险基金预算支出决算表"。依申请公开的资料有"2015年度福建省社会保险基金收支情况表"。可以得分的信息要素是社会保险基金透明度调查的前6项信息,其中一些信息要素公开内容不全面。具体的信息公开方式及信息公开内容见表7—8。

表7—8　　　　　福建省社会保险基金信息公开情况(2015)

编号	信息要素	未公开	依申请公开	网站公开	出版物公开	得分
1	各项社会保险基金的收支总额			√		1
2	各项社会保险基金的收入款级科目			√		1
3	各项社会保险基金的收入项级科目			部分信息		0.2
4	各项社会保险基金的支出款级科目			√		1
5	各项社会保险基金的支出项级科目			部分信息		0.2
6	各项社会保险基金收支分级信息(类级科目)		部分信息			0.25
7	各项社会保险基金的基本数字(类级科目)	√				0
8	各项社会保险基金资产的类级科目	√				0
9	各项社会保险基金资产的款级科目	√				0
10	各项社会保险基金资产的项级科目	√				0
11	各项社会保险基金负债的类级科目	√				0
12	各项社会保险基金负债的款级科目	√				0
13	各项社会保险基金负债的项级科目	√				0
14	养老基金的长期收支预测	√				0

福建省社会保险基金透明度得分为[(1+1+0.2+1+0.2+0.25)÷14]×100＝26.07分,比31个省份社会保险基金透明度的平均得分低23.04分,在该单项信息排名中与北京、天津并列第17名。

7.9 福建省国有企业基金信息公开情况

国有企业基金透明度评分指标的构成内容包括：①国有企业的总量6项指标（国有企业的收入、费用、利润总额、资产、负债及所有者权益总额）；②国有企业的总量4张表（资产负债表、利润表、现金流量表、所有者权益变动表）；③政府直属企业按户公布的8项指标（资产总额、负债总额、所有者权益总额、国有资本及权益总额、营业总收入、利润总额、净利润总额、归属母公司所有者权益的净利润）；④政府直属企业是否按照国内上市公司的信息披露要求公布企业运营状况。

福建省有关部门依申请公开了2015年度的"福建省国有企业资产负债表"、"福建省国有企业利润表"、"福建省国有企业现金流量表"和"福建省国有企业所有者权益变动表"。除《中国国有资产监督管理年鉴》统一公布的数据之外，项目组未获取其他福建省国有企业2015年度的财务信息。具体的信息公开方式及信息公开内容见表7－9。

表7－9　　　　福建省国有企业基金信息公开情况（2015）

编号	信息要素	未公开	依申请公开	网站公开	出版物公开	得分
1	国有企业的收入、费用和利润总额				√	1
2	国有企业的资产、负债及所有者权益总额				√	1
3	国有企业资产负债表		√			1
4	国有企业利润表		√			1
5	国有企业现金流量表		√			1
6	国有企业所有者权益变动表		√			1
7	政府直属企业主要指标表	√				0
8	政府直属企业达到与国内上市公司同等信息披露要求	√				0

福建省国有企业基金透明度得分为[(1+1+1+1+1+1)÷8)]×100＝75分，比31个省份国有企业基金透明度的平均得分高17.22分，在该单项信息排名中与其他10个省份并列第8名。

7.10 基本结论

福建省在2017年财政透明度调查过程中的答复情况较好,如在部门预算及相关信息透明度调查过程中,项目组收到了福建省人民政府办公厅、教育厅、财政厅、地方税务局、工商行政管理局、卫生和计划生育委员会、交通运输厅、环境保护厅这8个部门的政府信息公开申请答复,态度得分为86.35分,单项得分排名为第5名。

综合各项信息要素得分,福建省2017年财政透明度的最终得分为76.32×25%+72.22×8%+0×4%+72.22×2%+48.98×9%+58×15%+26.07×19%+75×15%+86.35×3%=58.2分。

我们认为,福建省可以进一步加大全省总预算(决算)的社会公开力度,尤其是加大四本预算(决算)支出按经济性质分类科目的信息。部门预决算公开的薄弱点同样在于按经济性质分类科目信息公开力度不够。鼓励福建省在探索建立权责发生制为基础的政府综合财务报告制度的过程中,试点公布政府综合财务报告,向社会更加详细地披露政府资产、负债信息。

8 宁夏回族自治区财政透明度报告

8.1 宁夏回族自治区财政透明度概况

中共十八大以来,宁夏回族自治区贯彻落实新《预算法》关于预决算公开的相关规定和中共中央办公厅、国务院办公厅《关于进一步推进预算公开工作的意见》的相关规定,积极推进财政信息公开工作。

综合政府网站公开资料、《宁夏统计年鉴》《宁夏财政年鉴》和被调查部门的信息反馈情况,项目组计算得出宁夏回族自治区财政透明度得分。从图8-1可知,宁夏回族自治区财政透明度得分虽略有波动,但呈现出明显的上升趋势,尤其是近两年,公开的信息比例均大于50%;宁夏省际排名情况在2015年之前并不算乐观,甚至2010年、2011年曾分别位于第31名和第30名,但2016年和2017年均取得了较好的名次,2016年更是位于第1名。

就2017年宁夏回族自治区财政透明度得分的各项构成情况(见表8-1)来看,9项信息要素中,有6项(一般公共预算基金、政府性基金、财政专户管理资金、国有资本经营预算基金、政府资产负债、国有企业基金)透明度得分高于31个省份的平均得分。

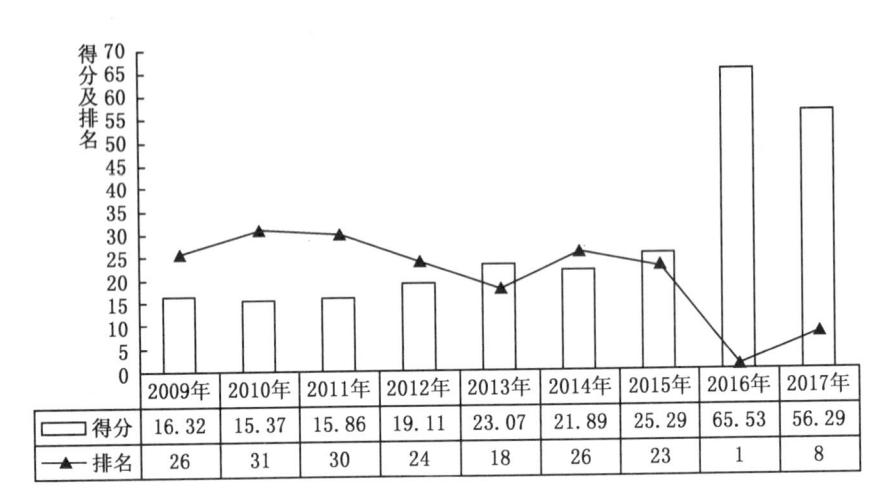

图 8—1　宁夏回族自治区财政透明度得分及排名(2009—2017)

年份	2009年	2010年	2011年	2012年	2013年	2014年	2015年	2016年	2017年
得分	16.32	15.37	15.86	19.11	23.07	21.89	25.29	65.53	56.29
排名	26	31	30	24	18	26	23	1	8

表 8—1　　宁夏回族自治区各调查信息要素的透明度得分(2017)

	一般公共预算基金	政府性基金	财政专户管理资金	国有资本经营预算基金	政府资产负债	部门预算及相关信息	社会保险基金	国有企业基金	被调查者态度
权重	25%	8%	4%	2%	9%	15%	19%	15%	3%
31个省份平均百分制得分	57.86	47.29	4.68	43.64	17.71	47.32	49.11	57.78	77.27
宁夏回族自治区百分制得分	73.68	72.22	8.59	72.22	51.02	40.20	25.00	85.00	72.73

8.2　宁夏回族回自治区一般公共预算基金信息公开情况

一般公共预算基金透明度评分指标主要根据财政部要求编制的"公共财政收支决算总表"、"公共财政收入决算明细表"、"公共财政支出决算功能分类明细表"、"公共财政收支决算分级表"、"公共财政收支及平衡情况表"这5张决算表格设计而成。其中,前三张决算表格调查的内容是省总预算的收支情况,各项信息要素权重为2;后两张决算表格调查的内容是省本级和省以下各级地方政府的收支情况,各项信息要素权重为1。另外,项目组还提出了一般

公共预算经济分类支出信息公开的申请。

宁夏回族自治区财政厅依申请公开了"2015年度宁夏回族自治区一般公共预算收支决算总表"、"2015年度宁夏回族自治区一般公共预算收入决算明细表"、"2015年度宁夏回族自治区一般公共预算支出决算功能分类明细表"、"2015年度宁夏回族自治区一般公共预算收支决算分级表"和"2015年度一般公共预算收支及平衡情况表",包含了除经济分类外所有的信息要素。具体的信息公开方式及信息公开内容见表8－2。

表8－2　宁夏回族自治区一般公共预算基金信息公开情况(2015)

编号	信息要素	未公开	依申请公开	网站公开	出版物公开	已公开信息项	应公开信息项
1	省总预算公共预算收支总额		√	√	√	2	2
2	省总预算公共预算收入类级科目		√	√	√	2	2
3	省总预算公共预算收入款级科目		√	√	√	22	22
4	省总预算公共预算收入项级科目		√	√	√	22	22
5	省总预算公共预算收入目级科目		√	√		22	22
6	省总预算公共预算支出功能分类类级科目		√	√	√	24	24
7	省总预算公共预算支出功能分类款级科目		√	√		24	24
8	省总预算公共预算支出功能分类项级科目		√	√		24	24
9	省总预算公共预算支出经济分类类级科目	√				0	10
10	省总预算公共预算支出经济分类款级科目	√				0	10
11	省本级公共预算收入类级科目		√	√		2	2
12	省本级公共预算支出功能分类类级科目		√	√		21	24
13	省本级公共预算支出经济分类类级科目	√				0	10
14	地市本级公共预算收入类级科目		√			2	2
15	地市本级公共预算支出功能分类类级科目		√			21	24
16	地市本级公共预算支出经济分类类级科目	√				0	10
17	县本级公共预算收入类级科目		√			2	2
18	县本级公共预算支出功能分类类级科目		√			24	24
19	县本级公共预算支出经济分类类级科目	√				0	10
20	乡级公共预算收入类级科目		√			2	2
21	乡级公共预算支出功能分类类级科目		√			23	24
22	乡级公共预算支出经济分类类级科目	√				0	10

续表

编号	信息要素	未公开	依申请公开	网站公开	出版物公开	已公开信息项	应公开信息项
23	各地市本级公共预算收入类级科目		√			1	1
24	各地市本级公共预算支出功能分类类级科目		√			1	1
25	各地市本级公共预算支出经济分类类级科目	√				0	1
26	各县本级公共预算收入类级科目		√			1	1
27	各县本级公共预算支出功能分类类级科目		√			1	1
28	各县本级公共预算支出经济分类类级科目	√				0	1

一般公共预算基金透明度得分计算方法为：

$$\left(\sum_{i=1}^{28}\frac{已公开信息项_i}{应公开信息项_i}\times 二级权重_i\right)\times 100/\sum_{i=1}^{28}二级权重_i$$

根据该计算方法，可以得出宁夏回族自治区一般公共预算基金透明度得分为 73.68 分，比该单项信息排名第一的四川省低 5.27 分，比 31 个省份一般公共预算基金信息透明度的平均得分高 15.82 分，在该单项信息排名中与广西壮族自治区并列第 8 名。

8.3 宁夏回族自治区政府性基金信息公开情况

政府性基金透明度评分指标根据"政府性基金收支决算总表"、"政府性基金收支及结余情况表"、"政府性基金收支决算分级表"、"政府性基金收支及平衡情况表"这 4 张决算表格设计而成。其中，前两张决算表格调查的内容是省总预算的收支情况，各项信息要素权重为 2；后两张决算表格调查的内容是省本级和省以下各级地方政府的收支情况，各项信息要素权重为 1。另外，项目组还提出了政府性基金经济分类支出信息公开的申请。

宁夏回族自治区财政厅依申请公开了"2015 年度宁夏回族自治区政府性基金收支决算总表"、"2015 年度宁夏回族自治区政府性基金收支及结余情况表"、"2015 年度宁夏回族自治区政府性基金收支决算分级表"和"2015 年度政府性基金收支及平衡情况表"。具体的信息公开方式及信息公开内容见表 8—3。

表8－3　　　　宁夏回族自治区政府性基金信息公开情况（2015）

编号	信息要素	未公开	依申请公开	网站公开	出版物公开	已公开信息项	应公开信息项
1	省总预算政府性基金预算收支总额		√	√		2	2
2	省总预算政府性基金预算收入款级科目		√	√		1	1
3	省总预算政府性基金预算收入项级科目		√	√		1	1
4	省总预算政府性基金预算收入目级科目			√		1	1
5	省总预算政府性基金预算支出功能分类类级科目		√	√		10	10
6	省总预算政府性基金预算支出功能分类款级科目			√		10	10
7	省总预算政府性基金预算支出功能分类项级科目			√		10	10
8	省总预算政府性基金预算支出经济分类类级科目	√				0	0
9	省总预算政府性基金预算支出经济分类款级科目	√				0	0
10	省本级政府性基金预算收入款级科目		√	√		1	1
11	省本级政府性基金预算支出功能分类类级科目		√	√		10	10
12	省本级政府性基金预算支出经济分类类级科目	√				0	10
13	地市本级政府性基金预算收入款级科目		√			1	1
14	地市本级政府性基金预算支出功能分类类级科目			√		10	10
15	地市本级政府性基金预算支出经济分类类级科目	√				0	10
16	县本级政府性基金预算收入款级科目		√			1	1
17	县本级政府性基金预算支出功能分类类级科目			√		10	10
18	县本级政府性基金预算支出经济分类类级科目	√				0	10
19	乡级政府性基金预算收入款级科目		√			1	1
20	乡级政府性基金预算支出功能分类类级科目			√		10	10
21	乡级政府性基金预算支出经济分类类级科目	√				0	10
22	各地市本级政府性基金预算收入款级科目		√			1	1
23	各地市本级政府性基金预算支出功能分类类级科目			√		10	1
24	各地市本级政府性基金预算支出经济分类类级科目	√				0	1

续表

编号	信息要素	未公开	依申请公开	网站公开	出版物公开	已公开信息项	应公开信息项
25	各县本级政府性基金预算收入款级科目		√			1	1
26	各县本级政府性基金预算支出功能分类类级科目		√			1	1
27	各县本级政府性基金预算支出经济分类类级科目	√				0	1

政府性基金透明度得分计算方法为：

$$\left(\sum_{i=1}^{27}\frac{已公开信息项_i}{应公开信息项_i}\times 二级权重_i\right)\times 100/\sum_{i=1}^{27}二级权重_i$$

根据该计算方法，可以得出宁夏回族自治区政府性基金信息公开透明度得分为72.22分，比31个省份政府性基金透明度的平均得分高24.93分，在该单项信息排名中与其他7个省份并列第1名。

8.4 宁夏回族自治区财政专户管理资金信息公开情况

财政专户管理资金透明度评分指标根据"财政专户管理资金收支总表"、"财政专户管理资金收入明细表"、"财政专户管理资金支出功能分类明细表"、"财政专户管理资金收支分级表"和"财政专户管理资金收支及平衡情况表"这5张决算表格设计而成。其中，涉及省总预算财政专户的各项信息要素权重为2，其余省本级和省以下各级地方政府财政专户的各项信息要素权重为1。

财政部不再统一要求地方政府在2015年度政府决算中编制财政专户管理资金的相关表格。《2016宁夏财政年鉴》中公开了"2015年宁夏回族自治区财政专户管理资金收支总表"，提供了部分相关信息。具体的信息公开方式及信息公开内容见表8-4。

表8-4　宁夏回族自治区财政专户管理资金信息公开情况（2015）

编号	信息要素	未公开	依申请公开	网站公开	出版物公开	已公开信息项	应公开信息项
1	省总预算财政专户收支总额				√	2	2
2	省总预算财政专户收入款级科目				√	1	2
3	省总预算财政专户收入项级科目	√				0	2
4	省总预算财政专户收入目级科目	√				0	2
5	省总预算财政专户支出功能分类类级科目				√	1	22

续表

编号	信息要素	未公开	依申请公开	网站公开	出版物公开	已公开信息项	应公开信息项
6	省总预算财政专户支出功能分类款级科目	✓				0	22
7	省总预算财政专户支出功能分类项级科目	✓				0	22
8	省总预算财政专户支出经济分类类级科目	✓				0	10
9	省总预算财政专户支出经济分类款级科目	✓				0	10
10	省本级财政专户收入款级科目			✓		2	2
11	省本级财政专户支出功能分类类级科目	✓				0	22
12	省本级财政专户支出经济分类类级科目	✓				0	10
13	地市本级财政专户收入款级科目	✓				0	2
14	地市本级财政专户支出功能分类类级科目	✓				0	22
15	地市本级财政专户支出经济分类类级科目	✓				0	10
16	县本级财政专户收入款级科目	✓				0	2
17	县本级财政专户支出功能分类类级科目	✓				0	22
18	县本级财政专户支出经济分类类级科目	✓				0	10
19	乡级财政专户收入款级科目	✓				0	2
20	乡级财政专户支出功能分类类级科目	✓				0	22
21	乡级财政专户支出经济分类类级科目	✓				0	10
22	各地市本级财政专户收入款级科目	✓				0	1
23	各地市本级财政专户支出功能分类类级科目	✓				0	1
24	各地市本级财政专户支出经济分类类级科目	✓				0	1
25	各县本级财政专户收入款级科目	✓				0	1
26	各县本级财政专户支出功能分类类级科目	✓				0	1
27	各县本级财政专户支出经济分类类级科目	✓				0	1

财政专户管理资金透明度得分计算方法为:

$$\left(\sum_{i=1}^{27}\frac{已公开信息项_i}{应公开信息项_i}\times 二级权重_i\right)\times 100/\sum_{i=1}^{27}二级权重_i$$

根据该计算方法,可以得出宁夏回族自治区财政专户管理资金透明度得分为 8.59 分,比 31 个省份财政专户管理资金透明度的平均得分高 3.91 分,在该单项信息得分排名中与甘肃省并列第 6 名。

8.5 宁夏回族自治区国有资本经营预算基金信息公开情况

国有资本经营预算基金透明度评分指标根据"国有资本经营收支决算总表"、"国有资本经营收支决算明细表"、"国有资本经营收支决算分级表"和"国有资本经营收支及平衡情况表"这4张决算表格设计而成。其中,前两张决算表格调查的内容是省总预算的收支情况,各项信息要素权重为2;后两张决算表格调查的内容是省本级和省以下各级地方政府的收支情况,各项信息要素权重为1。

宁夏回族自治区财政厅依申请公开了"2015年度宁夏回族自治区国有资本经营收支决算总表"、"2015年度宁夏回族自治区国有资本经营收支决算明细表"、"2015年度宁夏回族自治区国有资本经营收支决算分级表"和"2015年度宁夏回族自治区国有资本经营收支及平衡情况表",公开了除经济分类外的所有国有资本经营预算基金的信息要素。具体的信息公开方式及信息公开内容见表8—5。

表8—5 宁夏回族自治区国有资本经营预算基金信息公开情况(2015)

编号	信息要素	未公开	依申请公开	网站公开	出版物公开	已公开信息项	应公开信息项
1	国有资本经营预算收支总额		√			2	2
2	国有资本经营预算收入款级科目		√			1	1
3	国有资本经营预算收入项级科目		√			5	5
4	国有资本经营预算收入目级科目		√			5	5
5	国有资本经营预算支出功能分类类级科目		√			11	11
6	国有资本经营预算支出功能分类款级科目		√			1	1
7	国有资本经营预算支出功能分类项级科目		√			1	1
8	国有资本经营预算支出经济分类类级科目	√				0	3
9	国有资本经营预算支出经济分类款级科目	√				0	3
10	省本级国有资本经营预算收入款级科目			√	√	5	5
11	省本级国有资本经营预算支出功能分类类级科目			√	√	11	11
12	省本级国有资本经营预算支出经济分类类级科目	√				0	3
13	地市本级国有资本经营预算收入款级科目		√			5	5

续表

编号	信息要素	未公开	依申请公开	网站公开	出版物公开	已公开信息项	应公开信息项
14	地市本级国有资本经营预算支出功能分类类级科目		√			11	11
15	地市本级国有资本经营预算支出经济分类类级科目	√				0	3
16	县本级国有资本经营预算收入款级科目		√			5	5
17	县本级国有资本经营预算支出功能分类类级科目		√			11	11
18	县本级国有资本经营预算支出经济分类类级科目	√				0	3
19	乡级国有资本经营预算收入款级科目		√			5	5
20	乡级国有资本经营预算支出功能分类类级科目		√			11	11
21	乡级国有资本经营预算支出经济分类类级科目	√				0	3
22	各地市本级国有资本经营预算收入款级科目		√			5	5
23	各地市本级国有资本经营预算支出功能分类类级科目		√			11	11
24	各地市本级国有资本经营预算支出经济分类类级科目	√				0	3
25	各县本级国有资本经营预算收入款级科目		√			5	5
26	各县本级国有资本经营预算支出功能分类类级科目		√			11	11
27	各县本级国有资本经营预算支出经济分类类级科目	√				0	3

国有资本经营预算基金透明度得分计算方法为：

$$\left(\sum_{i=1}^{27} \frac{已公开信息项_i}{应公开信息项_i} \times 二级权重_i\right) \times 100 / \sum_{i=1}^{27} 二级权重_i$$

根据该计算方法，可以得出宁夏回族自治区国有资本经营预算基金透明度得分为 72.22 分，比 31 个省份国有资本经营预算基金透明度的平均得分高 28.58 分，在该单项信息排名中与其他 7 个省份并列第 1 名。

8.6 宁夏回族自治区政府资产负债信息公开情况

政府资产负债涵盖除社会保险基金和国有企业基金之外的所有政府资产与负债，包括一般公共预算基金、政府性基金、国有资本经营预算基金、财政专户管理资金所形成的资产和负债。具体指标包括资产类指标金融资产（存款、有价证券、在途款、暂付款)和固定资产(地产、房产建筑、设备)、负债类指标短期负债(暂存款、应付款、短期借款)和长期负债(1~3年、3~5年、5年以上)、净资产类指标金融净资产(预算结余、基金预算结余、国有资本经营预算结余、专用基金结余、财政专户管理资金结余、预算稳定调节基金、预算周转金)和非金融净资产。

宁夏回族自治区财政厅依申请公开了"2015年度宁夏回族自治区预算资金年终资产负债表",但未公开"财政专户管理资金年终资产负债表"。具体的信息公开方式及信息公开内容见表8-6。

表8-6　　　　宁夏回族自治区政府资产负债信息公开情况(2015)

编号	信息要素	未公开	依申请公开	网站公开	出版物公开	已公开信息项	应公开信息项
1	政府资产负债总额	√				0	2
2	政府资产一级分类信息		√			1	2
3	政府资产二级分类信息		√			4	7
4	政府负债一级分类信息		√			1	2
5	政府负债二级分类信息		√			3	6
6	政府净资产一级分类信息		√			1	2
7	政府净资产二级分类信息		√			7	7

政府资产负债透明度得分计算方法为:

$$\left(\sum_{i=1}^{7}\frac{已公开信息项_i}{应公开信息项_i}\times 二级权重_i\right)\times 100/\sum_{i=1}^{7}二级权重_i$$

根据该计算方法,可以得出宁夏回族自治区政府资产负债透明得分为51.02分,比31个省份政府资产负债透明度的平均得分高33.31分,在该单项信息得分排名中与其他4个省份并列第1名。

8.7　宁夏回族自治区部门预算及相关信息公开情况

项目组选取自治区人民政府办公厅、人大常委会办公厅、政协办公厅、教育厅、财政厅、国家税务局、地方税务局、工商行政管理局、卫生和计划生育委员会、交通运输厅、环境保护厅11个省级部门作为调查对象,部门预算及相关信息透明度最终得分是这11个部门预算及相关信息透明度的平均数。每个部门的透明度评估指标涉及三大类型:关于预算单位的财务信息、关于预算单位的人员信息、关于机构的信息。具体决算表格为"收入支出决算总表"、"支出决算表"、"支出决算明细表"、"基本支出决算明细表"、"项目支出决算明细表"、"资产负债表"、"基本数字表"、"机构人员情况表"。

除国家税务局外,宁夏回族自治区其余10个部门都在网站上主动公开了2015年度部门决算。各部门主动公开的部门决算信息基本是一致的,下面以宁夏回族自治区财政厅为例,给出部门预算及相关信息透明度得分的计算。

宁夏回族自治区财政厅2015年部门决算信息公开内容包括四部分:第一部分是宁夏回族自治区财政厅概况,包括部门职责、机构设置和决算单位构成;第二部分是2015年度部门决算表;第三部分是2015年度部门决算数据说明;第四部分则是对前文出现的一些名词进行了解释。具体公开的决算表格是"收入支出决算总表"、"收入决算表"、"支出决算表"、"财政拨款收入支出决算总表"、"一般公共预算财政拨款支出决算表"、"一般公共预算财政拨款基本支出决算表"、"一般公共预算财政拨款'三公'经费支出决算表"、"政府性基金财政拨款收入支出决算表"8张决算表格。具体的信息公开方式及信息公开内容见表8－7。

表8－7 宁夏回族自治区财政厅部门预算及相关信息公开情况(2015)

编号	信息要素	未公开	依申请公开	网站公开	出版物公开	得分
1	部门收入分类		√			1
2	部门支出功能分类类级科目		√			1
3	部门支出功能分类款级科目		√			1
4	部门支出功能分类项级科目		√			1
5	部门支出经济分类类级科目	√				0
6	部门支出经济分类款级科目	√				0
7	基本支出功能分类类级科目		√			1
8	基本支出功能分类款级科目		√			1
9	基本支出功能分类项级科目		√			1
10	基本支出经济分类类级科目		√			1
11	基本支出经济分类款级科目		√			1
12	项目支出功能分类类级科目		√			1
13	项目支出功能分类款级科目		√			1
14	项目支出功能分类项级科目		√			1

编号	信息要素	未公开	依申请公开	网站公开	出版物公开	得分
15	项目支出经济分类类级科目	√				0
16	项目支出经济分类款级科目	√				0
17	资产一级分类	√				0
18	资产二级分类	√				0
19	资产三级分类	√				0
20	其他补充资产信息	√				0
21	人员编制总数及各类人员编制数	√				0
22	年末实有人员总数及类型	√				0
23	按经费来源划分的各类人员数	√				0
24	部门机构一级信息	√				0
25	部门机构二级信息	√				0
26	部门机构三级信息	√				0

宁夏回族自治区财政厅部门预算及相关信息透明度得分为[(1+1+1+1+1+1+1+1+1+1+1+1)÷26]×100＝46.15分。计算11个部门预算及相关信息透明度的平均得分,得到宁夏回族自治区部门预算及相关信息透明度最终得分为40.2分,比31个省份部门预算及相关信息透明度的平均得分低7.12分,在该单项信息排名中与河南省并列第27名。

8.8 宁夏回族自治区社会保险基金信息公开情况

社会保险基金透明度评分指标主要根据"社会保险基金资产负债表"、"企业职工基本养老保险基金收支表"、"失业保险基金收支表"、"城镇职工基本医疗保险基金收支表"、"工伤保险基金收支表"、"生育保险基金收支表"、"居民社会养老保险基金收支表"、"城乡居民基本医疗保险基金收支表"、"新型农村合作医疗基金收支表"、"城镇居民基本医疗保险基金收支表"、"社会保障基金财政专户资产负债表"、"社会保障基金财政专户收支表"、"财政对社会保险基金补助资金情况表"、"企业职工基本养老保险补充资料表"、"失业保险补充资料表"、"城镇职工医疗保险、工伤保险、生育保险补充资料表"、"居民社会养老保险补充资料表"、"居民基本医疗保险补充资料表"、"其他养老保险情况表"、

"其他医疗保障情况表"这20张决算表格设计而成。

宁夏回族自治区财政厅依申请公开了"2015年度宁夏回族自治区社会保险基金收支情况表",包含"各项社会保险基金的收支总额"、"各项社会保险基金的收入款级科目"、"各项社会保险基金的支出款级科目"信息,还有"各项社会保险基金收支分级信息(类级科目)"的部分信息。具体的信息公开方式及信息公开内容见表8-8。

表8-8　　宁夏回族自治区社会保险基金信息公开情况(2015)

编号	信息要素	未公开	依申请公开	网站公开	出版物公开	得分
1	各项社会保险基金的收支总额		√			1
2	各项社会保险基金的收入款级科目		√			1
3	各项社会保险基金的收入项级科目	√				0
4	各项社会保险基金的支出款级科目		√			1
5	各项社会保险基金的支出项级科目	√				0
6	各项社会保险基金收支分级信息(类级科目)		部分信息			0.5
7	各项社会保险基金的基本数字(类级科目)	√				0
8	各项社会保险基金资产的类级科目	√				0
9	各项社会保险基金资产的款级科目	√				0
10	各项社会保险基金资产的项级科目	√				0
11	各项社会保险基金负债的类级科目	√				0
12	各项社会保险基金负债的款级科目	√				0
13	各项社会保险基金负债的项级科目	√				0
14	养老基金的长期收支预测	√				0

宁夏回族自治区社会保险基金透明度得分为[(1+1+1+0.5)÷14]×100=25分,比31个省份社会保险基金透明度的平均得分低24.11分,在该单项信息排名中位于第21名。

8.9　宁夏回族自治区国有企业基金信息公开情况

国有企业基金透明度评分指标的构成内容包括:①国有企业的总量6项

指标(国有企业的收入、费用、利润总额、资产、负债及所有者权益总额);②国有企业的总量4张表(资产负债表、利润表、现金流量表、所有者权益变动表);③政府直属企业按户公布的8项指标(资产总额、负债总额、所有者权益总额、国有资本及权益总额、营业总收入、利润总额、净利润总额、归属母公司所有者权益的净利润);④政府直属企业是否按照国内上市公司的信息披露要求公布企业运营状况。

宁夏回族自治区国有资产监督管理委员会依申请公开了2015年度的"国有企业资产负债表"、"国有企业利润表"、"国有企业现金流量表"、"国有企业所有者权益变动表"和"国资委监管企业主要指标表",为了解宁夏回族自治区国有企业的整体财务情况提供了数据支持。具体的信息公开方式及信息公开内容见表8-9。

表8-9　宁夏回族自治区国有企业基金信息公开情况(2015)

编号	信息要素	未公开	依申请公开	网站公开	出版物公开	得分
1	国有企业的收入、费用和利润总额		√			
2	国有企业的资产、负债及所有者权益总额		√			
3	国有企业资产负债表		√			
4	国有企业利润表		√			
5	国有企业现金流量表		√			
6	国有企业所有者权益变动表		√			
7	政府直属企业主要指标表		部分信息			
8	政府直属企业达到与国内上市公司同等信息披露要求	√				

宁夏回族自治区国有企业基金透明度得分为[(1+1+1+1+1+1+0.8)÷8]×100=85分,比31个省份国有企业基金透明度的平均得分高27.22分,在该单项信息排名中与上海、江苏并列第2名。

8.10　基本结论

宁夏回族自治区在2017年财政透明度调查过程中的答复情况一般,如在部门预算及相关信息透明度调查过程中,项目组收到了宁夏回族自治区人民政府办公厅、教育厅、工商行政管理局、交通运输厅、环境保护厅5个部门的政府信息公开申请答复,态度得分为72.73分,单项得分排名为第22名。

综合各项信息要素得分,宁夏回族自治区2017年财政透明度的最终得分为73.68×25%+72.22×8%+8.59×4%+72.22×2%+51.02×9%+40.20×15%+25.00×19%+85.00×15%+72.73×3%=56.29分。

9 山西省财政透明度报告

9.1 山西省财政透明度概况

中共十八大以来,山西省贯彻落实新《预算法》关于预决算公开的相关规定和中共中央办公厅、国务院办公厅《关于进一步推进预算公开工作的意见》的相关规定,积极推进财政信息公开工作。

2016年2月6日,山西省财政厅门户网站公开了经省人代会审议批准的《关于山西省2015年全省和省本级预算执行情况与2016年全省和省本级预算草案的报告》以及相关报表。其中,将一般公共预算支出全部公开细化到支出功能分类的项级科目、经济分类的类级科目,同时,基本支出公开细化到经济分类的款级科目;省级公共预算安排市县专项转移支付按项目公开。政府性基金收支预算公开细化到支出功能分类的项级科目。国有资本经营收支预算公开至功能分类的项级科目。同时,为了便于公众理解,对省级2016年公共财政收支预算、政府性基金收支预算的数据增减变化情况进行了说明。2016年预算报告中说明了省本级"三公"经费预算总数及分项数。

2016年8月1日,经省人代会批准后,山西省财政厅在门户网站公开了《关于2015年省本级财政决算和2016年上半年全省预算执行情况的报告》以及相关决算报表。公开的决算表格有"山西省省本级二〇一五年一般公共预算收入决算表"、"山西省省本级二〇一五年一般公共预算支出决算表"、"山西省省本级二〇一五年一般公共预算收支平衡表"、"山西省省本级二〇一五年一般公共预算基本支出决算表"、"山西省二〇一五年省对市县税收返还和转移支付决算表"、"山西省二〇一五年省对市县税收返还和转移支付分地区决算表"、"山西省省本级二〇一五年一般公共预算地方财力安排专项转移支付分项目决算表"7张一般公共预算收支决算表,"山西省省本级二〇一五年政府性基金收入决算表"、"山西省省本级二〇一五年政府性基金支出决算表"、"山西省省本级二〇一五年政府性基金专项转移支付表"3张政府性基金收支决算表,1张国有资本经营预算收支决算表"山西省省本级二〇一五年国有资本经营收支决算表","山西省省本级二〇一五年社会保险基金收入决算表"和"山西省省本级二〇一五年社会保险基金支出决算表"两张社会保险基金收支决算表,同时还公开了 2015 年山西省省本级"三公"经费支出情况,包括公务接待费、公务出国(境)费用、公务用车购置及运行费等。①

在部门预决算公开方面,山西省人民政府财政资金信息公开专栏集中公布了部门预决算和"三公"经费预决算信息。② 根据山西省财政厅统计,2016年山西省省本级 124 个部门中,除 9 个涉密部门外,115 个非涉密部门全部通过部门门户网站、报纸等新闻媒体公开了本部门预算;剔除 10 个无"三公"经费部门,105 个部门公开了本部门 2016 年"三公"经费预算,公开率为 100%。③

综合政府网站公开资料、《山西统计年鉴》和被调查部门的信息反馈情况,项目组计算得出山西省财政透明度得分。从图 9-1 可知,山西省财政透明度得分和排名的年度波动性较大,2014 年前山西省财政透明度得分在 20 分左右徘徊,排名也比较靠后。2014 年后山西省财政厅加大了依申请公开力度,财政透明度得分逐年上升。2017 年山西省透明度得分虽较 2016 年有所上升,但在其他省份较大幅度增加依申请公开力度和网站公开力度的情况下,山西省透明度排名略有后退。

就 2017 年山西省财政透明度得分的各项构成情况(见表 9-1)来看,财政专户管理资金、部门预算及相关信息、国有企业基金、被调查者态度这 4 项信息要素的得分低于 31 个省份的平均得分,其余各项信息要素的得分均远远超过 31 个省份的平均得分,其中政府性基金、国有资本经营预算基金和社会保险基金透明度这 3 项得分与其他省份并列第一。

---

① 《山西省财政厅 2016 年政府信息公开工作年度报告》。
② 财政信息公开平台的网站地址为 http://www.shanxi.gov.cn/xxgk/czzjxx。
③ 《山西省财政厅 2016 年政府信息公开工作年度报告》。

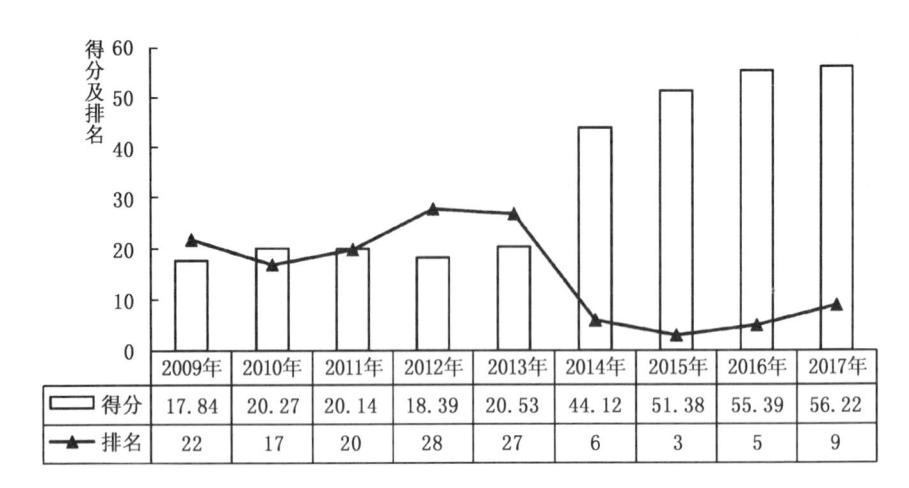

图 9—1 山西省财政透明度得分及排名(2009—2017)

	2009年	2010年	2011年	2012年	2013年	2014年	2015年	2016年	2017年
得分	17.84	20.27	20.14	18.39	20.53	44.12	51.38	55.39	56.22
排名	22	17	20	28	27	6	3	5	9

表 9—1　　　　　山西省各调查信息要素的透明度得分(2017)

	一般公共预算基金	政府性基金	财政专户管理资金	国有资本经营预算基金	政府资产负债	部门预算及相关信息	社会保险基金	国有企业基金	被调查者态度
权重	25%	8%	4%	2%	9%	15%	19%	15%	3%
31个省份平均百分制得分	57.86	47.90	4.68	43.64	17.71	47.32	49.11	57.78	77.27
山西省百分制得分	74.47	72.22	0.00	72.22	48.98	40.90	77.14	25	47.73

9.2　山西省一般公共预算基金信息公开情况

一般公共预算基金透明度评分指标主要根据财政部要求编制的"公共财政收支决算总表"、"公共财政收入决算明细表"、"公共财政支出决算功能分类明细表"、"公共财政收支决算分级表"、"公共财政收支及平衡情况表"这5张决算表格设计而成。其中,前三张决算表格调查的内容是省总预算的收支情况,各项信息要素权重为2;后两张决算表格调查的内容是省本级和省以下各级地方政府的收支情况,各项信息要素权重为1。另外,项目组还提出了一般公共预算经济分类支出信息公开的申请。

山西省财政厅依申请公开了"一般公共预算收支决算总表"、"一般公共预算收入预算变动情况表"、"一般公共预算支预算变动及结余、结转情况表"、"一般公共预算收入决算明细表"、"一般公共预算支出决算功能分类明细表"、"一般公共预算收支决算分级表"、"民族自治地区一般公共预算收支决算表"、"一般公共预算收支及平衡情况表"8张决算表格。"2015年度山西省一般公共预算收支决算总表"包含"省总预算公共预算收支总额"、"省总预算公共预算收入类级科目"、"省总预算公共预算收入款级科目"、"省总预算公共预算支出功能分类类级科目"4项信息要素;"2015年度山西省一般公共预算收入决算明细表"包含"省总预算公共预算收入项级科目"和"省总预算公共预算收入目级科目"两项信息要素;"2015年度山西省一般公共预算支出决算功能分类明细表"包含"省总预算公共预算支出功能分类款级科目"、"省总预算公共预算支出功能分类项级科目"两项信息要素;"2015年度山西省一般公共预算收支决算分级表"包含"省本级公共预算收入类级科目"、"省本级公共预算支出功能分类类级科目"、"地市本级公共预算收入类级科目"、"地市本级公共预算支出功能分类类级科目"、"县本级公共预算收入类级科目"、"县本级公共预算支出功能分类类级科目"、"乡级公共预算收入类级科目"、"乡级公共预算支出功能分类类级科目"8项信息要素;"2015年度一般公共预算收支及平衡情况表"包含"各地市本级公共预算收入类级科目"、"各地市本级公共预算支出功能分类类级科目"、"各县本级公共预算收入类级科目"、"各县本级公共预算支出功能分类类级科目"4项信息要素。另外,山西省财政厅网站公开的"山西省省本级二〇一五年一般公共预算基本支出决算表"包含3个省本级公共预算支出经济分类类级科目。具体的信息公开方式及信息公开内容见表9-2。

表9-2　山西省一般公共预算基金信息公开情况(2015)

编号	信息要素	未公开	依申请公开	网站公开	出版物公开	已公开信息项	应公开信息项
1	省总预算公共预算收支总额			√	√	2	2
2	省总预算公共预算收入类级科目			√	√	2	2
3	省总预算公共预算收入款级科目				√	22	22
4	省总预算公共预算收入项级科目				√	22	22
5	省总预算公共预算收入目级科目				√	22	22
6	省总预算公共预算支出功能分类类级科目			√	√	24	24
7	省总预算公共预算支出功能分类款级科目			√		24	24
8	省总预算公共预算支出功能分类项级科目			√		24	24
9	省总预算公共预算支出经济分类类级科目	√				0	10

续表

编号	信息要素	未公开	依申请公开	网站公开	出版物公开	已公开信息项	应公开信息项
10	省总预算公共预算支出经济分类款级科目	√				0	10
11	省本级公共预算收入类级科目			√	√	2	2
12	省本级公共预算支出功能分类类级科目			√	√	24	24
13	省本级公共预算支出经济分类类级科目				√	3	10
14	地市本级公共预算收入类级科目			√		2	2
15	地市本级公共预算支出功能分类类级科目			√		24	24
16	地市本级公共预算支出经济分类类级科目	√				0	10
17	县本级公共预算收入类级科目			√		2	2
18	县本级公共预算支出功能分类类级科目			√		24	24
19	县本级公共预算支出经济分类类级科目	√				0	10
20	乡级公共预算收入类级科目			√		2	2
21	乡级公共预算支出功能分类类级科目			√		24	24
22	乡级公共预算支出经济分类类级科目	√				0	10
23	各地市本级公共预算收入类级科目			√		1	1
24	各地市本级公共预算支出功能分类类级科目			√		1	1
25	各地市本级公共预算支出经济分类类级科目	√				0	1
26	各县本级公共预算收入类级科目			√		1	1
27	各县本级公共预算支出功能分类类级科目			√		1	1
28	各县本级公共预算支出经济分类类级科目	√				0	1

一般公共预算基金透明度得分计算方法为：

$$\left(\sum_{i=1}^{28} \frac{已公开信息项}{应公开信息项} \times 二级权重_i\right) \times 100 / \sum_{i=1}^{28} 二级权重_i$$

根据该计算方法，可以得出山西省一般公共预算基金透明度得分为74.47分，比31个省份一般公共预算基金透明度的平均得分高16.61分，在该单项信息排名中位列第7名。

9.3 山西省政府性基金信息公开情况

政府性基金透明度评分指标根据"政府性基金收支决算总表"、"政府性基金收支及结余情况表"、"政府性基金收支决算分级表"、"政府性基金收支及平

衡情况表"这4张决算表格设计而成。其中,前两张决算表格调查的内容是省总预算的收支情况,各项信息要素权重为2;后两张决算表格调查的内容是省本级和省以下各级地方政府的收支情况,各项信息要素权重为1。另外,项目组还提出了政府性基金经济分类支出信息公开的申请。

山西省财政厅依申请提供的资料有"政府性基金收支决算总表"、"政府性基金收入预算变动情况表"、"政府性基金支出预算变动情况表"、"政府性基金收支及结余情况表"、"政府性基金收支决算分级表"、"政府性基金收支及平衡情况表"6张决算表格。"2015年度山西省政府性基金收支决算总表"包含"省总预算政府性基金预算收支总额"、"省总预算政府性基金预算支出功能分类类级科目"两项信息要素。"2015年度山西省政府性基金收支及结余情况表"包含"省总预算政府性基金预算收入款级科目"、"省总预算政府性基金预算收入项级科目"、"省总预算政府性基金预算收入目级科目"、"省总预算政府性基金预算支出功能分类款级科目"、"省总预算政府性基金预算支出功能分类项级科目"5项信息要素。"2015年度山西省政府性基金收支决算分级表"包含"省本级政府性基金预算收入款级科目"、"省本级政府性基金预算支出功能分类类级科目"、"地市本级政府性基金预算收入款级科目"、"地市本级政府性基金预算支出功能分类类级科目"、"县本级政府性基金预算收入款级科目"、"县本级政府性基金预算支出功能分类类级科目"、"乡级政府性基金预算收入款级科目"、"乡级政府性基金预算支出功能分类类级科目"8项信息要素。"2015年度政府性基金预算收支及平衡情况表"包含"各地市本级政府性基金预算收入款级科目"、"各地市本级政府性基金预算支出功能分类类级科目"、"各县本级政府性基金预算收入款级科目"、"各县本级政府性基金预算支出功能分类类级科目"这4项信息要素。除8项涉及基金预算支出经济分类科目的信息要素外,其余各项信息要素均已依申请公开。具体的信息公开方式及信息公开内容见表9-3。

表9-3　　　　　　山西省政府性基金信息公开情况(2015)

编号	信息要素	未公开	依申请公开	网站公开	出版物公开	已公开信息项	应公开信息项
1	省总预算政府性基金预算收支总额		√		√	2	2
2	省总预算政府性基金预算收入款级科目		√		√	1	1
3	省总预算政府性基金预算收入项级科目		√			1	1
4	省总预算政府性基金预算收入目级科目		√			1	1
5	省总预算政府性基金预算支出功能分类类级科目		√		√	10	10

续表

编号	信息要素	未公开	依申请公开	网站公开	出版物公开	已公开信息项	应公开信息项
6	省总预算政府性基金预算支出功能分类款级科目			√		10	10
7	省总预算政府性基金预算支出功能分类项级科目			√		10	10
8	省总预算政府性基金预算支出经济分类类级科目	√				0	10
9	省总预算政府性基金预算支出经济分类款级科目	√				0	10
10	省本级政府性基金预算收入款级科目			√	√	1	1
11	省本级政府性基金预算支出功能分类类级科目			√		10	10
12	省本级政府性基金预算支出经济分类类级科目	√				0	10
13	地市本级政府性基金预算收入款级科目			√		1	1
14	地市本级政府性基金预算支出功能分类类级科目			√		10	10
15	地市本级政府性基金预算支出经济分类类级科目	√				0	10
16	县本级政府性基金预算收入款级科目			√		1	1
17	县本级政府性基金预算支出功能分类类级科目			√		10	10
18	县本级政府性基金预算支出经济分类类级科目	√				0	10
19	乡级政府性基金预算收入款级科目			√		1	1
20	乡级政府性基金预算支出功能分类类级科目			√		10	10
21	乡级政府性基金预算支出经济分类类级科目	√				0	10
22	各地市本级政府性基金预算收入款级科目			√		1	1
23	各地市本级政府性基金预算支出功能分类类级科目			√		1	1
24	各地市本级政府性基金预算支出经济分类类级科目	√				0	1
25	各县本级政府性基金预算收入款级科目			√		1	1
26	各县本级政府性基金预算支出功能分类类级科目			√		1	1
27	各县本级政府性基金预算支出经济分类类级科目	√				0	1

政府性基金透明度得分计算方法为：

$$\left(\sum_{i=1}^{27}\frac{已公开信息项_i}{应公开信息项_i}\times 二级权重_i\right)\times 100/\sum_{i=1}^{27}二级权重_i$$

根据该计算方法,可以得出山西省政府性基金透明度得分为72.22分,比31个省份政府性基金透明度的平均得分高24.93分,在该单项信息排名中与其他7个省份并列第1名。

9.4 山西省财政专户管理资金信息公开情况

财政专户管理资金透明度评分指标根据"财政专户管理资金收支总表"、"财政专户管理资金收入明细表"、"财政专户管理资金支出功能分类明细表"、"财政专户管理资金收支分级表"和"财政专户管理资金收支及平衡情况表"这5张决算表格设计而成。其中,涉及省总预算财政专户的各项信息要素权重为2,其余省本级和省以下各级地方政府财政专户的各项信息要素权重为1。

财政部不再统一要求地方政府在2015年度政府决算中编制财政专户管理资金的相关表格。项目组未获取山西省2015年度任何财政专户管理资金的收支信息,见表9-4。山西省财政专户管理资金透明度得分为零分。

表9-4　山西省财政专户管理资金信息公开情况(2015)

编号	信息要素	未公开	依申请公开	网站公开	出版物公开	已公开信息项	应公开信息项
1	省总预算财政专户收支总额	√				0	2
2	省总预算财政专户收入款级科目	√				0	2
3	省总预算财政专户收入项级科目	√				0	2
4	省总预算财政专户收入目级科目	√				0	2
5	省总预算财政专户支出功能分类类级科目	√				0	22
6	省总预算财政专户支出功能分类款级科目	√				0	22
7	省总预算财政专户支出功能分类项级科目	√				0	22
8	省总预算财政专户支出经济分类类级科目	√				0	10
9	省总预算财政专户支出经济分类款级科目	√				0	10
10	省本级财政专户收入款级科目	√				0	2
11	省本级财政专户支出功能分类类级科目	√				0	22
12	省本级财政专户支出经济分类类级科目	√				0	10
13	地市本级财政专户收入款级科目	√				0	2

续表

编号	信息要素	未公开	依申请公开	网站公开	出版物公开	已公开信息项	应公开信息项
14	地市本级财政专户支出功能分类类级科目	√				0	22
15	地市本级财政专户支出经济分类类级科目	√				0	10
16	县本级财政专户收入款级科目	√				0	2
17	县本级财政专户支出功能分类类级科目	√				0	22
18	县本级财政专户支出经济分类类级科目	√				0	10
19	乡级财政专户收入款级科目	√				0	2
20	乡级财政专户支出功能分类类级科目	√				0	22
21	乡级财政专户支出经济分类类级科目	√				0	10
22	各地市本级财政专户收入款级科目	√				0	1
23	各地市本级财政专户支出功能分类类级科目	√				0	1
24	各地市本级财政专户支出经济分类类级科目	√				0	1
25	各县本级财政专户收入款级科目	√				0	1
26	各县本级财政专户支出功能分类类级科目	√				0	1
27	各县本级财政专户支出经济分类类级科目	√				0	1

9.5 山西省国有资本经营预算基金信息公开情况

国有资本经营预算基金透明度评分指标根据"国有资本经营收支决算总表"、"国有资本经营收支决算明细表"、"国有资本经营收支决算分级表"和"国有资本经营收支及平衡情况表"这4张决算表格设计而成。其中,前两张决算表格调查的内容是省总预算的收支情况,各项信息要素权重为2;后两张决算表格调查的内容是省本级和省以下各级地方政府的收支情况,各项信息要素权重为1。

山西省财政厅依申请公开了"国有资本经营收支决算总表"、"国有资本经营收支决算明细表"、"国有资本经营收支决算分级表"、"国有资本经营收支及平衡情况表"。"2015年度山西省国有资本经营收支决算明细表"细化到预算收入目级科目和支出功能分类项级科目,包含国有资本经营预算透明度调查的前7项信息要素;"2015年度山西省国有资本经营收支决算分级表"包含"省本级国有资本经营预算收入款级科目"、"省本级国有资本经营预算支出功能分类类级科目"、"地市本级国有资本经营预算收入款级科目"、"地市本级国有资本经营预算支出功能分类类级科目"、"县本级国有资本经营预算收入款级科目"、"县本级国有资本经营预算支出功能分类类级科目"、"乡级国有资本经营预算收入款级科目"、"乡级国有资本经营预算支出功能分类类级科目"这8项信息要素;"2015年度国有资本经营收支及平衡情况表"包含"各地市本级国有资本经营预算收入款级科目"、"各地市本级国有资本经营预算支出功能分类类级科目"、"各县本级国有资本经营预算收入款级科目"和"各县本级国有资本经营预算支出功能分类类级科目"这4项信息要素。具体的信息公开方式及信息公开内容见表9-5。

表9-5　　山西省国有资本经营预算基金信息公开情况(2015)

编号	信息要素	未公开	依申请公开	网站公开	出版物公开	已公开信息项	应公开信息项
1	国有资本经营预算收支总额		√			2	2
2	国有资本经营预算收入款级科目		√			1	1
3	国有资本经营预算收入项级科目		√			5	5
4	国有资本经营预算收入目级科目		√			5	5
5	国有资本经营预算支出功能分类类级科目		√			11	11
6	国有资本经营预算支出功能分类款级科目		√			1	1
7	国有资本经营预算支出功能分类项级科目		√			1	1
8	国有资本经营预算支出经济分类类级科目	√				0	3
9	国有资本经营预算支出经济分类款级科目	√				0	3
10	省本级国有资本经营预算收入款级科目		√	√		5	5
11	省本级国有资本经营预算支出功能分类类级科目		√	√		11	11
12	省本级国有资本经营预算支出经济分类类级科目	√				0	3
13	地市本级国有资本经营预算收入款级科目		√			5	5
14	地市本级国有资本经营预算支出功能分类类级科目		√			11	11
15	地市本级国有资本经营预算支出经济分类类级科目	√				0	3
16	县本级国有资本经营预算收入款级科目		√			5	5
17	县本级国有资本经营预算支出功能分类类级科目		√			11	11
18	县本级国有资本经营预算支出经济分类类级科目	√				0	3

续表

编号	信息要素	未公开	依申请公开	网站公开	出版物公开	已公开信息项	应公开信息项
19	乡级国有资本经营预算收入款级科目	√				5	5
20	乡级国有资本经营预算支出功能分类类级科目	√				11	11
21	乡级国有资本经营预算支出经济分类类级科目	√				0	3
22	各地市本级国有资本经营预算收入款级科目		√			5	5
23	各地市本级国有资本经营预算支出功能分类类级科目		√			11	11
24	各地市本级国有资本经营预算支出经济分类类级科目		√			0	3
25	各县本级国有资本经营预算收入款级科目		√			5	5
26	各县本级国有资本经营预算支出功能分类类级科目		√			11	11
27	各县本级国有资本经营预算支出经济分类类级科目	√				0	3

国有资本经营预算基金透明度得分计算方法为：

$$\left(\sum_{i=1}^{27}\frac{已公开信息项_i}{应公开信息项_i}\times 二级权重_i\right)\times 100/\sum_{i=1}^{27}二级权重_i$$

根据该计算方法,可以得出山西省国有资本经营预算基金透明度得分为72.22分,比31个省份政府性基金透明度的平均得分高28.58分,在该单项信息排名中与其他7个省份并列第1名。

9.6 山西省政府资产负债信息公开情况

政府资产负债涵盖除社会保险基金和国有企业基金之外的所有政府资产与负债,包括一般公共预算基金、政府性基金、国有资本经营预算基金、财政专户管理资金所形成的资产和负债。具体指标包括资产类指标金融资产(存款、有价证券、在途款、暂付款)和固定资产(地产、房产建筑、设备)、负债类指标短期负债(暂存款、应付款、短期借款)和长期负债(1~3年、3~5年、5年以上)、净资产类指标金融净资产(预算结余、基金预算结余、国有资本经营预算结余、专用基金结余、财政专户管理资金结余、预算稳定调节基金、预算周转金)和非金融净资产。

山西省财政厅依申请公开了"2015年度山西省预算资金年终资产负债

表",但未公开"财政专户管理资金年终资产负债表"。具体的信息公开方式及信息公开内容见表9-6。

表9-6　　　　　山西省政府资产负债信息公开情况(2015)

编号	信息要素	未公开	依申请公开	网站公开	出版物公开	已公开信息项	应公开信息项
1	政府资产负债总额	√				0	2
2	政府资产一级分类信息		√			1	2
3	政府资产二级分类信息		√			4	7
4	政府负债一级分类信息		√			1	2
5	政府负债二级分类信息		√			3	6
6	政府净资产一级分类信息		√			1	2
7	政府净资产二级分类信息		√			6	7

政府资产负债透明度得分计算方法为:

$$\left(\sum_{i=1}^{7}\frac{已公开信息项_i}{应公开信息项_i}\times 二级权重_i\right)\times 100/\sum_{i=1}^{7}二级权重_i$$

根据该计算方法,可以得出山西省政府资产负债透明度得分为48.98分,比31个省份政府资产负债透明度的平均得分高31.27分,在该单项信息排名中与其他5个省份并列第6名。

值得注意的是,《关于2015年全省及省本级政府债务限额分配方案的说明——2015年11月25日在山西省第十二届人民代表大会常务委员会第二十三次会议上》披露了山西省全省和各地市年度政府债务限额情况(见表9-7)。

表9-7　　　　　山西省全省政府债务限额情况(2015)　　　　　单位:亿元

级次	2014年末政府债务限额 合计	一般债务	专项债务	2015年政府债务新增限额 合计	一般债务	专项债务	2015年末政府债务限额 总计	一般债务	专项债务	2015年末政府债务率
全省合计	1 951.8	1 444.0	507.8	171.0	144.0	27.0	2 122.8	1 588.0	534.8	51.6%
省本级	293.5	293.5		30.0	30.0		323.5	323.5		32.9%
各市小计	1 658.3	1 150.5	507.8	141.0	114.0	27.0	1 799.3	1 264.5	534.8	57.4%
太原市	277.9	46.1	231.8	22.0	8.0	14.0	299.9	54.1	245.8	57.3%
大同市	241.7	183.8	57.9	16.0	15.0	1.0	257.7	198.8	58.9	79.3%
晋中市	212.3	145.7	66.6	12.0	11.0	1.0	224.3	156.7	67.6	76.9%

续表

级次	2014年末政府债务限额			2015年政府债务新增限额			2015年末政府债务限额			2015年末政府债务率
	合计	一般债务	专项债务	合计	一般债务	专项债务	总计	一般债务	专项债务	
临汾市	198.2	170.1	28.1	12.0	11.0	1.0	210.2	181.1	29.1	64.4%
吕梁市	156.1	149.6	6.5	19.0	17.0	2.0	175.1	166.6	8.5	56.2%
忻州市	159.0	108.4	50.6	8.0	8.0		167.0	116.4	50.6	61.5%
长治市	119.2	91.7	27.5	10.0	8.0	2.0	129.2	99.7	29.5	44.9%
朔州市	87.1	85.8	1.3	10.0	9.0	1.0	97.1	94.8	2.3	51.5%
运城市	79.5	62.0	17.5	15.0	11.0	4.0	94.5	73.0	21.5	31.7%
阳泉市	84.6	69.5	15.1	9.0	9.0		93.6	78.5	15.1	93.8%
晋城市	42.7	37.8	4.9	8.0	7.0	1.0	50.7	44.8	5.9	24.1%

9.7 山西省部门预算及相关信息公开情况

项目组选取省人民政府办公厅、人大常委会办公厅、政协办公厅、教育厅、财政厅、国家税务局、地方税务局、工商行政管理局、卫生和计划生育委员会、交通运输厅、环境保护厅11个省级部门作为调查对象,部门预算及相关信息透明度最终得分是这11个部门预算及相关信息透明度的平均数。每个部门的透明度评估指标涉及三大类型:关于预算单位的财务信息、关于预算单位的人员信息、关于机构的信息。具体决算表格为"收入支出决算总表"、"支出决算表"、"支出决算明细表"、"基本支出决算明细表"、"项目支出决算明细表"、"资产负债表"、"基本数字表"、"机构人员情况表"。

除国家税务局外,山西省其余10个部门都在各自门户网站公开了2015年度部门决算。各部门主动公开的部门决算信息基本是一致的,下面以山西省财政厅为例,给出部门预算及相关信息透明度得分的计算。

山西省财政厅2015年部门决算信息公开内容包括四部分:第一部分是山西省财政厅概况,包括主要职能介绍和部门决算单位构成说明;第二部分是山西省财政厅部门决算表,包括"2015年收入支出决算表"、"2015年收入决算表"、"2015年支出决算表"、"2015年财政拨款收入支出决算总表"、"2015年一般公共预算财政拨款支出决算表(一)"(按功能分类)、"2015年一般公共预算财政拨款支出决算表(二)"(按经济性质分类)、"2015年政府性基金预算财政拨款收入支出决算表"、"2015年部门决算公开相关信息统计表"(包括政府采购情况、机关经费运行情况、国有资产占有情况)、"2015年一般公共预算财政拨款"三公"经费支出表"9张决算表格;第三部分是山西省财政厅部门决算情况说明;第四部分是名词解释。具体的信息公开方式及信息公开内容见表9-8。

表9-8　　　　山西省财政厅部门预算及相关信息公开情况(2015)

编号	信息要素	未公开	依申请公开	网站公开	出版物公开	得分
1	部门收入分类			✓		1
2	部门支出功能分类类级科目			✓		1
3	部门支出功能分类款级科目			✓		1
4	部门支出功能分类项级科目			✓		1
5	部门支出经济分类类级科目	✓				0
6	部门支出经济分类款级科目	✓				0
7	基本支出功能分类类级科目			✓		1
8	基本支出功能分类款级科目			✓		1
9	基本支出功能分类项级科目			✓		1
10	基本支出经济分类类级科目			✓		1
11	基本支出经济分类款级科目			✓		1
12	项目支出功能分类类级科目			✓		1
13	项目支出功能分类款级科目			✓		1
14	项目支出功能分类项级科目			✓		1
15	项目支出经济分类类级科目	✓				0
16	项目支出经济分类款级科目	✓				0
17	资产一级分类	✓				0
18	资产二级分类	✓				0
19	资产三级分类	✓				0
20	其他补充资产信息	✓				0
21	人员编制总数及各类人员编制数	✓				0
22	年末实有人员总数及类型	✓				0
23	按经费来源划分的各类人员数	✓				0

续表

编号	信息要素	未公开	依申请公开	网站公开	出版物公开	得分
24	部门机构一级信息	√				0
25	部门机构二级信息	√				0
26	部门机构三级信息	√				0

山西省财政厅部门预算及相关信息透明度得分为[(1+1+1+1+1+1+1+1+1+1+1+1)÷26]×100=46.15分。计算11个部门预算及相关信息透明度的平均得分,得到山西省部门预算及相关信息透明度最终得分为40.9分,比31个省份部门预算及相关信息透明度的平均得分低6.42分,在该单项信息排名中位列第26名。

9.8 山西省社会保险基金信息公开情况

社会保险基金透明度评分指标主要根据"社会保险基金资产负债表"、"企业职工基本养老保险基金收支表"、"失业保险基金收支表"、"城镇职工基本医疗保险基金收支表"、"工伤保险基金收支表"、"生育保险基金收支表"、"居民社会养老保险基金收支表"、"城乡居民基本医疗保险基金收支表"、"新型农村合作医疗基金收支表"、"城镇居民基本医疗保险基金收支表"、"社会保障基金财政专户资产负债表"、"社会保障基金财政专户收支表"、"财政对社会保险基金补助资金情况表"、"企业职工基本养老保险补充资料表"、"失业保险补充资料表"、"城镇职工医疗保险、工伤保险、生育保险补充资料表"、"居民社会养老保险补充资料表"、"居民基本医疗保险补充资料表"、"其他养老保险情况表"、"其他医疗保障情况表"这20张决算表格设计而成。

山西省财政厅网站公开了"山西省省本级二〇一五年社会保险基金收入决算表"和"山西省省本级二〇一五年社会保险基金支出决算表",依申请公开的资料有"社会保险基金收支情况表",可以得分的信息要素是表9-9中除第9项、第13项、第14项外的11项社会保险基金透明度调查的信息,其中一些信息要素公开内容不全面。具体的信息公开方式及信息公开内容见表9-9。

表9－9　　　　山西省社会保险基金信息公开情况(2015)

编号	信息要素	未公开	依申请公开	网站公开	出版物公开	得分
1	各项社会保险基金的收支总额			√		1
2	各项社会保险基金的收入款级科目			√		1
3	各项社会保险基金的收入项级科目		√			1
4	各项社会保险基金的支出款级科目			√		1
5	各项社会保险基金的支出项级科目		√			1
6	各项社会保险基金收支分级信息(类级科目)		部分信息			0.8
7	各项社会保险基金的基本数字(类级科目)		√			1
8	各项社会保险基金资产的类级科目		√			1
9	各项社会保险基金资产的款级科目		√			1
10	各项社会保险基金资产的项级科目	√				0
11	各项社会保险基金负债的类级科目		√			1
12	各项社会保险基金负债的款级科目		√			1
13	各项社会保险基金负债的项级科目	√				0
14	养老基金的长期收支预测	√				0

山西省社会保险基金透明度得分为[(1+1+1+1+1+0.8+1+1+1+1+1)÷14]×100＝77.14分，比31个省份社会保险基金透明度的平均得分高28.03分，在该项信息排名中与其他10个省份并列第1名。

9.9　山西省国有企业基金信息公开情况

国有企业基金透明度评分指标的构成内容包括：①国有企业的总量6项指标(国有企业的收入、费用、利润总额、资产、负债及所有者权益总额)；②国有企业的总量4张表(资产负债表、利润表、现金流量表、所有者权益变动表)；③政府直属企业按户公布的8项指标(资产总额、负债总额、所有者权益总额、国有资本及权益总额、营业总收入、利润总额、净利润总额、归属母公司所有者权益的净利润)；④政府直属企业是否按照国内上市公司的信息披露要求公布企业运营状况。

除《中国国有资产监督管理年鉴》统一公布的国有企业信息外，项目组未获取其他山西省2015年度国有企业的财务信息。具体的信息公开方式及信息公开内容见表9-10。

表9-10 山西省国有企业基金信息公开情况(2015)

编号	信息要素	未公开	依申请公开	网站公开	出版物公开	得分
1	国有企业的收入、费用和利润总额				√	1
2	国有企业的资产、负债及所有者权益总额				√	1
3	国有企业资产负债表	√				0
4	国有企业利润表	√				0
5	国有企业现金流量表	√				0
6	国有企业所有者权益变动表	√				0
7	政府直属企业主要指标表	√				0
8	政府直属企业达到与国内上市公司同等信息披露要求	√				0

山西省国有企业基金透明度得分为$[(1+1)\div 8]\times 100=25$分,比31个省份国有企业基金透明度的平均得分低32.78分,在该单项信息排名中与其他10个省份并列第21名。

9.10 基本结论

山西省在2017年财政透明度调查过程中的答复情况相对较差,如在部门预算及相关信息透明度调查过程中,项目组只收到了山西省财政厅、工商行政管理局、卫生和计划生育委员会、交通运输厅、环境保护厅这5个部门的政府信息公开申请答复,答复率不到50%,态度得分为47.73分,单项得分排名为第29名。

综合各项信息要素得分,山西省2017年财政透明度的最终得分为$74.47\times 25\%+72.22\times 8\%+0\times 4\%+72.22\times 2\%+48.98\times 9\%+40.90\times 15\%+77.14\times 19\%+25\times 15\%+47.73\times 3\%=56.22$分。

综合山西省各项信息要素的透明度得分,我们认为山西省有必要进一步加强部门预决算、国有企业财务收支信息的公开力度。

10 上海市财政透明度报告

10.1 上海市财政透明度概况

中共十八大以来,上海市贯彻落实新《预算法》关于预决算公开的相关规定和中共中央办公厅、国务院办公厅《关于进一步推进预算公开工作的意见》的相关规定,积极推进财政信息公开工作。

2016年2月2日,上海市财政局公开了《关于上海市2015年预算执行情况和2016年预算草案的报告》;2016年8月4日,财政局在其官方网站公布《上海市全市及市本级2015年决算情况》和《关于上海市2015年市本级决算及2016年上半年预算执行情况的报告》,公开了包括一般公共预算、政府性基金预算、国有资本经营预算、社会保险基金预算收支决算情况共26张表格及说明。

综合政府网站公开资料、《上海统计年鉴》和被调查部门的信息反馈情况,项目组计算得出上海市财政透明度得分。从图10-1可知,上海市财政透明度得分虽略有波动,但大致呈现上升趋势;省际排名情况较为稳定,取得的最好成绩是2011年的第5名,最差的名次则是2014年的第16名。

就2017年上海市财政透明度得分的各项构成情况(见表10-1)来看,政府性基金、国有资本经营预算基金、部门预算及相关信息、社会保险基金和国有企业基金透明度以及被调查者态度得分均高于31个省份的平均得分,而财政专户管理资金和政府资产负债却没有任何信息,透明度得分为零分。

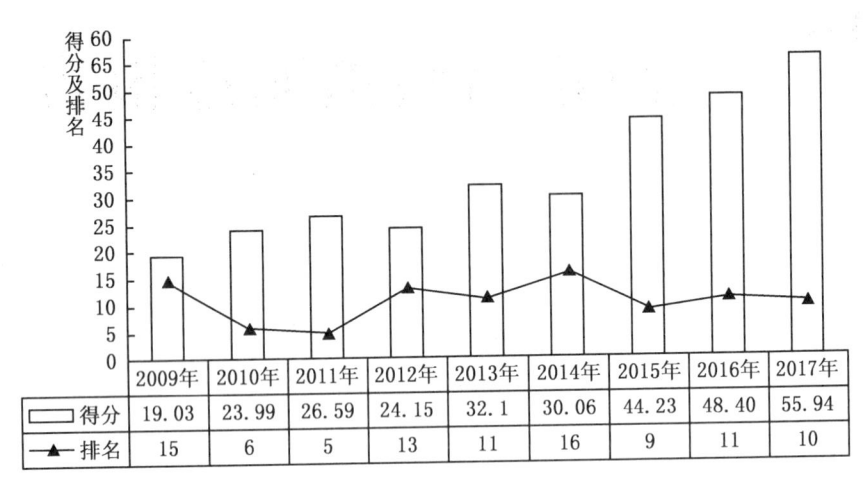

图10—1 上海市财政透明度得分及排名(2009—2017)

	2009年	2010年	2011年	2012年	2013年	2014年	2015年	2016年	2017年
得分	19.03	23.99	26.59	24.15	32.1	30.06	44.23	48.40	55.94
排名	15	6	5	13	11	16	9	11	10

表10—1 上海市各调查信息要素的透明度得分(2017)

	一般公共预算基金	政府性基金	财政专户管理资金	国有资本经营预算基金	政府资产负债	部门预算及相关信息	社会保险基金	国有企业基金	被调查者态度
权重	25%	8%	4%	2%	9%	15%	19%	15%	3%
31个省份平均百分制得分	57.50	47.90	4.68	43.64	17.71	47.32	49.11	57.78	77.27
上海市百分制得分	53.68	55.56	0.00	61.11	0.00	50.70	73.17	85.00	86.36

10.2 上海市一般公共预算基金信息公开情况

一般公共预算基金透明度评分指标主要根据财政部要求编制的"公共财政收支决算总表"、"公共财政收入决算明细表"、"公共财政支出决算功能分类明细表"、"公共财政收支决算分级表"、"公共财政收支及平衡情况表"这5张决算表格设计而成。其中,前三张决算表格调查的内容是省总预算的收支情况,各项信息要素权重为2;后两张决算表格调查的内容是省本级和省以下各级地方政府的收支情况,各项信息要素权重为1。另外,项目组还提出了一般

公共预算经济分类支出信息公开的申请。

上海市财政局主动公开的决算报告和决算表格涉及以下透明度调查信息要素:"上海市2015年一般公共预算收入决算情况表"、"上海市2015年一般公共预算支出决算情况表"和"2015年度上海市一般公共预算收入决算明细表"包含"省总预算公共预算收支总额"、"省总预算公共预算收入类级科目"、"省总预算公共预算收入款级科目"、"省总预算公共预算收入项级科目"、"省总预算公共预算收入目级科目"、"省总预算公共预算支出功能分类类级科目"6项信息要素;"上海市2015年市本级一般公共预算收入决算情况表"和"上海市2015年市本级一般公共预算支出决算情况表"包含"省本级公共预算收入类级科目"、"省本级公共预算支出功能分类类级科目"两项信息要素;"上海市2015年市本级一般公共预算基本支出决算表"包含了"省本级公共预算支出经济分类类级科目"1项信息要素的部分信息;"2015年度上海市一般公共预算收支决算分级表"包含"地市本级公共预算收入类级科目"、"地市本级公共预算支出功能分类类级科目"、"县本级公共预算收入类级科目"、"县本级公共预算支出功能分类类级科目"、"乡级公共预算收入类级科目"、"乡级公共预算支出功能分类类级科目"这6项信息要素。具体的信息公开方式及信息公开内容见表10-2。

表10-2　　上海市一般公共预算基金信息公开情况(2015)

编号	信息要素	未公开	依申请公开	网站公开	出版物公开	已公开信息项	应公开信息项
1	省总预算公共预算收支总额			√	√	2	2
2	省总预算公共预算收入类级科目			√	√	2	2
3	省总预算公共预算收入款级科目			√		22	22
4	省总预算公共预算收入项级科目			√		22	22
5	省总预算公共预算收入目级科目			√		22	22
6	省总预算公共预算支出功能分类类级科目			√	√	23	24
7	省总预算公共预算支出功能分类款级科目	√				0	24
8	省总预算公共预算支出功能分类项级科目	√				0	24
9	省总预算公共预算支出经济分类类级科目	√				0	10
10	省总预算公共预算支出经济分类款级科目	√				0	10
11	省本级公共预算收入类级科目			√	√	2	2
12	省本级公共预算支出功能分类类级科目			√	√	23	24
13	省本级公共预算支出经济分类类级科目			√	√	4	10

续表

编号	信息要素	未公开	依申请公开	网站公开	出版物公开	已公开信息项	应公开信息项
14	地市本级公共预算收入类级科目			✓		2	2
15	地市本级公共预算支出功能分类类级科目			✓		23	24
16	地市本级公共预算支出经济分类类级科目	✓				0	10
17	县本级公共预算收入类级科目			✓		2	2
18	县本级公共预算支出功能分类类级科目			✓		23	24
19	县本级公共预算支出经济分类类级科目	✓				0	10
20	乡级公共预算收入类级科目			✓		2	2
21	乡级公共预算支出功能分类类级科目			✓		23	24
22	乡级公共预算支出经济分类类级科目	✓				0	10
23	各地市本级公共预算收入类级科目	✓				0	1
24	各地市本级公共预算支出功能分类类级科目	✓				0	1
25	各地市本级公共预算支出经济分类类级科目	✓				0	1
26	各县本级公共预算收入类级科目	✓				0	1
27	各县本级公共预算支出功能分类类级科目	✓				0	1
28	各县本级公共预算支出经济分类类级科目	✓				0	1

一般公共预算基金透明度得分计算方法为：

$$\left(\sum_{i=1}^{28} \frac{已公开信息项_i}{应公开信息项_i} \times 二级权重_i\right) \times 100 / \sum_{i=1}^{28} 二级权重_i$$

根据该计算方法，可以得出上海市一般公共预算基金透明度得分为53.68分，比31个省份一般公共预算基金透明度的平均得分低3.82分，在该单项信息排名中位列第18名。

10.3 上海市政府性基金信息公开情况

政府性基金透明度评分指标根据"政府性基金收支决算总表"、"政府性基金收支及结余情况表"、"政府性基金收支决算分级表"、"政府性基金收支及平衡情况表"这4张决算表格设计而成。其中，前两张决算表格调查的内容是省总预算的收支情况，各项信息要素权重为2；后两张决算表格调查的内容是省本级和省以下各级地方政府的收支情况，各项信息要素权重为1。另外，项目组还提出了政府性基金经济分类支出信息公开的申请。

上海市财政局网站公开的"上海市2015年政府性基金收入决算情况表"和"上海市2015年政府性基金支出决算情况表"包含"省总预算政府性基金预算收支总额"、"省总预算政府性基金预算收入款级科目"、"省总预算政府性基金预算收入项级科目"、"省总预算政府性基金预算支出功能分类款级科目"这4项信息要素。"上海市2015年市本级政府性基金收入决算情况表"和"上海市2015年市本级政府性基金支出决算情况表"细化到基金收入项级科目和支出功能分类款级科目，包含"省本级政府性基金预算收入款级科目"、"省本级政府性基金预算支出功能分类类级科目"两项信息要素。

上海市财政局依申请公开的"2015年度上海市政府性基金收支及结余情况表"细化到基金收入目级和支出功能分类项级科目，包含"省总预算政府性基金预算收入目级科目"、"省总预算政府性基金预算支出功能分类项级科目"两项信息要素。

上海市国有资产监督管理委员会依申请公开的"2015年度上海市政府性基金收支决算分级表"包含"地市本级政府性基金预算收入款级科目"、"地市本级政府性基金预算支出功能分类类级科目"、"县本级政府性基金预算收入款级科目"、"县本级政府性基金预算支出功能分类类级科目"、"乡级政府性基金预算收入款级科目"、"乡级政府性基金预算支出功能分类类级科目"6项信息要素。具体的信息公开方式及信息公开内容见表10-3。

表10-3　　　　　上海市政府性基金信息公开情况(2015)

编号	信息要素	未公开	依申请公开	网站公开	出版物公开	已公开信息项	应公开信息项
1	省总预算政府性基金预算收支总额			✓		2	2
2	省总预算政府性基金预算收入款级科目			✓		1	1
3	省总预算政府性基金预算收入项级科目			✓		1	1
4	省总预算政府性基金预算收入目级科目		✓			1	1
5	省总预算政府性基金预算支出功能分类类级科目	✓				0	10
6	省总预算政府性基金预算支出功能分类款级科目			✓		10	10
7	省总预算政府性基金预算支出功能分类项级科目		✓			10	10
8	省总预算政府性基金预算支出经济分类类级科目	✓				0	10
9	省总预算政府性基金预算支出经济分类款级科目	✓				0	10
10	省本级政府性基金预算收入款级科目		✓	✓		1	1

续表

编号	信息要素	未公开	依申请公开	网站公开	出版物公开	已公开信息项	应公开信息项
11	省本级政府性基金预算支出功能分类类级科目		√	√		10	10
12	省本级政府性基金预算支出经济分类类级科目	√				0	10
13	地市本级政府性基金预算收入款级科目		√			1	1
14	地市本级政府性基金预算支出功能分类类级科目		√			10	10
15	地市本级政府性基金预算支出经济分类类级科目	√				0	10
16	县本级政府性基金预算收入款级科目		√			1	1
17	县本级政府性基金预算支出功能分类类级科目		√			10	10
18	县本级政府性基金预算支出经济分类类级科目	√				0	10
19	乡级政府性基金预算收入款级科目		√			1	1
20	乡级政府性基金预算支出功能分类类级科目		√			10	10
21	乡级政府性基金预算支出经济分类类级科目	√				0	10
22	各地市本级政府性基金预算收入款级科目	√				0	1
23	各地市本级政府性基金预算支出功能分类类级科目	√				0	1
24	各地市本级政府性基金预算支出经济分类类级科目	√				0	1
25	各县本级政府性基金预算收入款级科目	√				0	1
26	各县本级政府性基金预算支出功能分类类级科目	√				0	1
27	各县本级政府性基金预算支出经济分类类级科目	√				0	1

政府性基金透明度得分计算方法为：

$$\left(\sum_{i=1}^{27}\frac{\text{已公开信息项}_i}{\text{应公开信息项}_i}\times\text{二级权重}_i\right)\times 100/\sum_{i=1}^{27}\text{二级权重}_i$$

根据该计算方法，可以得出上海市政府性基金透明度得分55.56分，比31个省份政府性基金透明度的平均得分高7.66分，在该单项信息排名中位列第14名。

10.4 上海市财政专户管理资金信息公开情况

财政专户管理资金透明度评分指标根据"财政专户管理资金收支总表"、"财政专户管理资金收入明细表"、"财政专户管理资金支出功能分类明细表"、"财政专户管理资金收支分级表"和"财政专户管理资金收支及平衡情况表"这5张决算表格设计而成。其中,涉及省总预算财政专户的各项信息要素权重为2,其余省本级和省以下各级地方政府财政专户的各项信息要素权重为1。

财政部不再统一要求地方政府在2015年度政府决算中编制财政专户管理资金的相关表格。项目组未获取上海市2015年度任何财政专户管理资金的收支信息,见表10-4。上海市财政专户管理资金透明度得分为零分。

表10-4　上海市财政专户管理资金信息公开情况(2015)

编号	信息要素	未公开	依申请公开	网站公开	出版物公开	已公开信息项	应公开信息项
1	省总预算财政专户收支总额	√				0	2
2	省总预算财政专户收入款级科目	√				0	2
3	省总预算财政专户收入项级科目	√				0	2
4	省总预算财政专户收入目级科目	√				0	2
5	省总预算财政专户支出功能分类类级科目	√				0	22
6	省总预算财政专户支出功能分类款级科目	√				0	22
7	省总预算财政专户支出功能分类项级科目	√				0	22
8	省总预算财政专户支出经济分类类级科目	√				0	10
9	省总预算财政专户支出经济分类款级科目	√				0	10
10	省本级财政专户收入款级科目	√				0	2
11	省本级财政专户支出功能分类类级科目	√				0	22
12	省本级财政专户支出经济分类类级科目	√				0	10
13	地市本级财政专户收入款级科目	√				0	2
14	地市本级财政专户支出功能分类类级科目	√				0	22
15	地市本级财政专户支出经济分类类级科目	√				0	10
16	县本级财政专户收入款级科目	√				0	2
17	县本级财政专户支出功能分类类级科目	√				0	22
18	县本级财政专户支出经济分类类级科目	√				0	10

续表

编号	信息要素	未公开	依申请公开	网站公开	出版物公开	已公开信息项	应公开信息项
19	乡级财政专户收入款级科目	√				0	2
20	乡级财政专户支出功能分类类级科目	√				0	22
21	乡级财政专户支出经济分类类级科目	√				0	10
22	各地市本级财政专户收入款级科目	√				0	1
23	各地市本级财政专户支出功能分类类级科目	√				0	1
24	各地市本级财政专户支出经济分类类级科目	√				0	1
25	各县本级财政专户收入款级科目	√				0	1
26	各县本级财政专户支出功能分类类级科目	√				0	1
27	各县本级财政专户支出经济分类类级科目	√				0	1

10.5 上海市国有资本经营预算基金信息公开情况

国有资本经营预算基金透明度评分指标根据"国有资本经营收支决算总表"、"国有资本经营收支决算明细表"、"国有资本经营收支决算分级表"和"国有资本经营收支及平衡情况表"这4张决算表格设计而成。其中,前两张决算表格调查的内容是省总预算的收支情况,各项信息要素权重为2;后两张决算表格调查的内容是省本级和省以下各级地方政府的收支情况,各项信息要素权重为1。

上海市财政局网站公开的"上海市2015年国有资本经营收入决算情况表"和"上海市2015年国有资本经营支出决算情况表"包含"国有资本经营预算收支总额"、"国有资本经营预算收入款级科目"、"国有资本经营预算收入项级科目"、"国有资本经营预算收入目级科目"、"国有资本经营预算支出功能分类类级科目"、"国有资本经营预算支出功能分类款级科目"、"国有资本经营预算支出功能分类项级科目"这7项信息要素。

上海市国有资产监督管理委员会依申请公开的资料包括:"2015年度上海市国有资本经营收支决算总表"、"2015年度上海市国有资本经营收支决算明细表"和"2015年度上海市国有资本经营收支决算分级表"。前两张表细化到预算收入目级科目和支出功能分类项级科目,包含国有资本经营预算基金透明度调查的前7项信息要素;第三张表包含"省本级国有资本经营预算收入款级科目"、"省本级国有资本经营预算支出功能分类类级科目"、"地市本级国有资产经营预算收入款级科目"、"地市本级国有资产经营预算支出功能分类类级科目"、"县本级国有资本经营预算收入款级科目"、"县本级国有资本经营预算支出功能分类类级科目"、"乡级国有资本经营预算收入款级科目"、"乡级国有资本经营预算支出功能分类类级科目"这 8 项信息要素。具体的信息公开方式及信息公开内容见表 10－5。

表 10－5　　上海市国有资本经营预算基金信息公开情况(2015)

编号	信息要素	未公开	依申请公开	网站公开	出版物公开	已公开信息项	应公开信息项
1	国有资本经营预算收支总额		✓	✓		2	2
2	国有资本经营预算收入款级科目		✓	✓		1	1
3	国有资本经营预算收入项级科目		✓	✓		5	5
4	国有资本经营预算收入目级科目		✓	✓		5	5
5	国有资本经营预算支出功能分类类级科目		✓	✓		11	11
6	国有资本经营预算支出功能分类款级科目		✓	✓		1	1
7	国有资本经营预算支出功能分类项级科目		✓	✓		1	1
8	国有资本经营预算支出经济分类类级科目	✓				0	3
9	国有资本经营预算支出经济分类款级科目	✓				0	3
10	省本级国有资本经营预算收入款级科目			✓		5	5
11	省本级国有资本经营预算支出功能分类类级科目			✓		11	11
12	省本级国有资本经营预算支出经济分类科目	✓				0	3
13	地市本级国有资本经营预算收入款级科目			✓		5	5
14	地市本级国有资本经营预算支出功能分类类级科目			✓		11	11
15	地市本级国有资本经营预算支出经济分类级科目	✓				0	3
16	县本级国有资本经营预算收入款级科目			✓		5	5
17	县本级国有资本经营预算支出功能分类类级科目			✓		11	11
18	县本级国有资本经营预算支出经济分类级科目	✓				0	3
19	乡级国有资本经营预算收入款级科目			✓		5	5
20	乡级国有资本经营预算支出功能分类类级科目			✓		11	11
21	乡级国有资本经营预算支出经济分类类级科目	✓				0	3

续表

编号	信息要素	未公开	依申请公开	网站公开	出版物公开	已公开信息项	应公开信息项
22	各地市本级国有资本经营预算收入款级科目	√				0	5
23	各地市本级国有资本经营预算支出功能分类类级科目	√				0	11
24	各地市本级国有资本经营预算支出经济分类类级科目	√				0	3
25	各县本级国有资本经营预算收入款级科目	√				0	5
26	各县本级国有资本经营预算支出功能分类类级科目	√				0	11
27	各县本级国有资本经营预算支出经济分类类级科目	√				0	3

国有资本经营预算基金透明度得分计算方法为：

$$\left(\sum_{i=1}^{27}\frac{\text{已公开信息项}_i}{\text{应公开信息项}_i}\times\text{二级权重}_i\right)\times 100/\sum_{i=1}^{27}\text{二级权重}_i$$

根据该计算方法，可以得出上海市国有资本经营预算基金透明度得分为61.11分，比31个省份国有资本经营预算基金透明度的平均得分高17.47分，在该单项信息排名中与江苏、新疆并列第10名。

10.6 上海市政府资产负债信息公开情况

政府资产负债涵盖除社会保险基金和国有企业基金之外的所有政府资产与负债，包括一般公共预算基金、政府性基金、国有资本经营预算基金、财政专户管理资金所形成的资产和负债。具体指标包括资产类指标金融资产（存款、有价证券、在途款、暂付款）和固定资产（地产、房产建筑、设备）、负债类指标短期负债（暂存款、应付款、短期借款）和长期负债（1～3年、3～5年、5年以上）、净资产类指标金融净资产（预算结余、基金预算结余、国有资本经营预算结余、专用基金结余、财政专户管理资金结余、预算稳定调节基金、预算周转金）和非金融净资产。

项目组未获取上海市2015年度政府资产负债的收支信息，见表10-6。上海市政府资产负债透明度得分为零分。

表 10—6　　上海市政府资产负债信息公开情况(2015)

编号	信息要素	未公开	依申请公开	网站公开	出版物公开	已公开信息项	应公开信息项
1	政府资产负债总额	√				0	2
2	政府资产一级分类信息	√				0	2
3	政府资产二级分类信息	√				0	7
4	政府负债一级分类信息	√				0	2
5	政府负债二级分类信息	√				0	6
6	政府净资产一级分类信息	√				0	2
7	政府净资产二级分类信息	√				0	7

10.7　上海市部门预算及相关信息公开情况

项目组选取市人民政府办公厅、人大常委会办公厅、政协办公厅、教育委员会、财政厅、国家税务局、地方税务局、工商行政管理局、卫生和计划生育委员会、交通委员会、环境保护局11个省级部门作为调查对象,部门预算及相关信息透明度最终得分是这11个部门预算及相关信息透明度的平均数。每个部门的透明度评估指标涉及三大类型:关于预算单位的财务信息、关于预算单位的人员信息、关于机构的信息。具体决算表格为"收入支出决算总表"、"支出决算表"、"支出决算明细表"、"基本支出决算明细表"、"项目支出决算明细表"、"资产负债表"、"基本数字表"、"机构人员情况表"。

除国家税务局外,上海市其余10个部门都在上海市人民政府网站"部门预决算"专栏上公开了2015年度部门决算。各部门主动公开的部门决算信息基本是一致的,下面以上海市人民政府办公厅为例,给出部门预算及相关信息透明度得分的计算。

上海市人民政府办公厅2015年部门决算信息公开内容包括三部分:第一部分是上海市人民政府办公厅概况,包括部门职责和决算单位构成;第二部分是上海市人民政府办公厅2015年度部门决算表;第三部分是上海市人民政府办公厅2015年度部门决算情况说明。具体公开的决算表格是"财务收支决算总表"、"一般公共预算财政拨款支出决算表"、"一般公共预算财政拨款基本支出决算表"、"一般公共预算财政拨款'三公'经费及机关运行经费支出决算表"、"政府性基金财政拨款支出决算表"7张决算表格。具体的信息公开方式及信息公开内容见表10—7。

上海市人民政府办公厅部门预算及相关信息透明度得分为[(1+1+1+1+1+1+1+1+1+1+1+1)÷26]×100＝46.15分。计算11个部门预算及相关信息透明度的平均得分,得到上海市部门预算及相关信息透明度最终得分为50.7分,比31个省份部门预算及相关信息透明度的平均得分高3.38分,在该单项信息排名中位列第8名。

表10—7 上海市人民政府办公厅部门预算及相关信息公开情况(2015)

编号	信息要素	未公开	依申请公开	网站公开	出版物公开	得分
1	部门收入分类		√			1
2	部门支出功能分类类级科目		√			1
3	部门支出功能分类款级科目		√			1
4	部门支出功能分类项级科目		√			1
5	部门支出经济分类类级科目	√				0
6	部门支出经济分类款级科目	√				0
7	基本支出功能分类类级科目		√			1
8	基本支出功能分类款级科目		√			1
9	基本支出功能分类项级科目		√			1
10	基本支出经济分类类级科目		√			1
11	基本支出经济分类款级科目		√			1
12	项目支出功能分类类级科目		√			1
13	项目支出功能分类款级科目		√			1
14	项目支出功能分类项级科目		√			1
15	项目支出经济分类类级科目	√				0
16	项目支出经济分类款级科目	√				0
17	资产一级分类	√				0
18	资产二级分类	√				0
19	资产三级分类	√				0
20	其他补充资产信息	√				0
21	人员编制总数及各类人员编制数	√				0
22	年末实有人员总数及类型	√				0

续表

编号	信息要素	未公开	依申请公开	网站公开	出版物公开	得分
23	按经费来源划分的各类人员数	√				0
24	部门机构一级信息	√				0
25	部门机构二级信息	√				0
26	部门机构三级信息	√				0

10.8 上海市社会保险基金信息公开情况

社会保险基金透明度评分指标主要根据"社会保险基金资产负债表"、"企业职工基本养老保险基金收支表"、"失业保险基金收支表"、"城镇职工基本医疗保险基金收支表"、"工伤保险基金收支表"、"生育保险基金收支表"、"居民社会养老保险基金收支表"、"城乡居民基本医疗保险基金收支表"、"新型农村合作医疗基金收支表"、"城镇居民基本医疗保险基金收支表"、"社会保障基金财政专户资产负债表"、"社会保障基金财政专户收支表"、"财政对社会保险基金补助资金情况表"、"企业职工基本养老保险补充资料表"、"失业保险补充资料表"、"城镇职工医疗保险、工伤保险、生育保险补充资料表"、"居民社会养老保险补充资料表"、"居民基本医疗保险补充资料表"、"其他养老保险情况表"、"其他医疗保障情况表"这20张决算表格设计而成。

上海市财政局依申请公开了"2015年度上海市社会保险基金收支情况表",包括的信息要素有"各项社会保险基金的收支总额"、"各项社会保险基金的收入款级科目"、"各项社会保险基金的支出款级科目";依申请公开了"二〇一五年社会保险基金资产负债表"、"二〇一五年企业职工基本养老保险基金收支表"、"二〇一五年机关事业单位基本养老保险基金收支表"、"二〇一五年城乡居民基本养老保险基金收支表"、"二〇一五年城镇职工基本医疗保险基金收支表"、"二〇一五年城乡居民基本医疗保险基金收支表"、"二〇一五年新型农村合作医疗基金收支表"、"二〇一五年城镇居民基本医疗保险基金收支表"、"二〇一五年工伤保险基金收支表"、"二〇一五年失业保险基金收支表"、"二〇一五年生育保险基金收支表"、"二〇一五年财政对社会保险基金补助资金情况表"、"二〇一五年城镇职工基本医疗保险、工伤保险、生育保险补充资料表"、"二〇一五年居民基本医疗保险补充资料表"、"二〇一五年失业保险补充资料表"共计16张表格。具体的信息公开方式及信息公开内容见表10-8。

编号	信息要素	未公开	依申请公开	网站公开	出版物公开	得分
1	各项社会保险基金的收支总额		✓			1
2	各项社会保险基金的收入款级科目		✓			1
3	各项社会保险基金的收入项级科目		✓			1
4	各项社会保险基金的支出款级科目		✓			1
5	各项社会保险基金的支出项级科目		✓			1
6	各项社会保险基金收支分级信息（类级科目）		部分信息			0.8
7	各项社会保险基金的基本数字（类级科目）		部分信息			0.44
8	各项社会保险基金资产的类级科目		✓			1
9	各项社会保险基金资产的款级科目		✓			1
10	各项社会保险基金资产的项级科目	✓				0
11	各项社会保险基金负债的类级科目		✓			1
12	各项社会保险基金负债的款级科目		✓			1
13	各项社会保险基金负债的项级科目	✓				0
14	养老基金的长期收支预测	✓				0

上海市社会保险基金透明度得分为[(1+1+1+1+1+0.8+0.44+1+1+1+1)÷14]×100=73.17分，比31个省份社会保险基金透明度的平均得分高24.06分，在该单项信息排名中位列第13名。

10.9 上海市国有企业基金信息公开情况

国有企业基金透明度评分指标的构成内容包括：①国有企业的总量6项指标（国有企业的收入、费用、利润总额、资产、负债及所有者权益总额）；②国有企业的总量4张表（资产负债表、利润表、现金流量表、所有者权益变动表）；③政府直属企业按户公布的8项指标（资产总额、负债总额、所有者权益总额、国有资本及权益总额、营业总收入、利润总额、净利润总额、归属母公司所有者权益的净利润）；④政府直属企业是否按照国内上市公司的信息披露要求公布企业运营状况。

上海市国有资产监督管理委员会依申请公开了2015年度的"上海市国有

企业资产负债表"、"上海市国有企业利润表"、"上海市国有企业现金流量表"和"上海市国有企业所有者权益变动表"、"上海市国有资产监督管理委员会系统管理企业主要指标表",为了解上海市国有企业的整体财务情况提供了数据支持。具体的信息公开方式及信息公开内容见表10—9。

表10—9　　　　　上海市国有企业基金信息公开情况(2015)

编号	信息要素	未公开	依申请公开	网站公开	出版物公开	得分
1	国有企业的收入、费用和利润总额		√			1
2	国有企业的资产、负债及所有者权益总额		√			1
3	国有企业资产负债表		√			1
4	国有企业利润表		√			1
5	国有企业现金流量表		√			1
6	国有企业所有者权益变动表		√			1
7	政府直属企业主要指标表		部分信息			0.8
8	政府直属企业达到与国内上市公司同等信息披露要求	√				0

上海市国有企业基金透明度得分为$[(1+1+1+1+1+1+0.8)\div 8]\times 100=85$分,比31个省份国有企业基金透明度的平均得分高27.22分,在该单项信息排名中与江苏、宁夏并列第2名。

10.10　基本结论

上海市在2017年财政透明度调查过程中的答复情况较好,如在部门预算及相关信息透明度调查过程中,项目组收到了上海市人民政府办公厅、教育委员会、财政局、国家税务局、地方税务局、工商行政管理局、交通委员会、环境保护局8个部门的政府信息公开申请答复,态度得分为86.36分,单项得分排名为第5名。

综合各项信息要素得分,上海市2017年财政透明度的最终得分为$53.68\times 25\%+55.56\times 8\%+0\times 4\%+61.11\times 2\%+0\times 9\%+50.7\times 15\%+73.17\times 19\%+85\times 15\%+86.36\times 3\%=55.94$分。

11 江苏省财政透明度报告

11.1 江苏省财政透明度概况

中共十八大以来,江苏省贯彻落实新《预算法》关于预决算公开的相关规定和中共中央办公厅、国务院办公厅《关于进一步推进预算公开工作的意见》的相关规定,积极推进财政信息公开工作。

综合江苏省政府及省内部门等网站公开资料、《江苏统计年鉴》和被调查部门的信息反馈情况,项目组计算得出江苏省财政透明度得分。从图11-1可知,江苏省财政透明度得分在2017年之前比较稳定,得分在18~27分之间,而2017年得分较高,比2016年的得分增加了30多分,也是历年来江苏的最高得分,为55.08分,除了财政专户管理资金、政府资产负债信息与2016年一样都未公开,在其他信息公开的各个方面都有较大的进步;而江苏省在31个省份中的排名波动比较大,排名最低的为2016年,为最后一名,而2017年则跃升到了第11名。

江苏省2017年的财政透明度总得分为55.08分,比31个省份财政透明度的平均得分要高6.8分,但比排名第一的山东省得分仍落后14.93分,在31个省份财政透明度得分排名中位居第11名。就2017年江苏省财政透明度得分的各项构成情况(见表11-1)来看,除了财政专户管理资金、政府资产负债未公开信息外,只有部门预算及相关信息透明度、社会保险基金透明度得分稍微低于 31 个省份的平均得分,其余 5 项信息要素的得分均高于 31 个省份的平均得分。

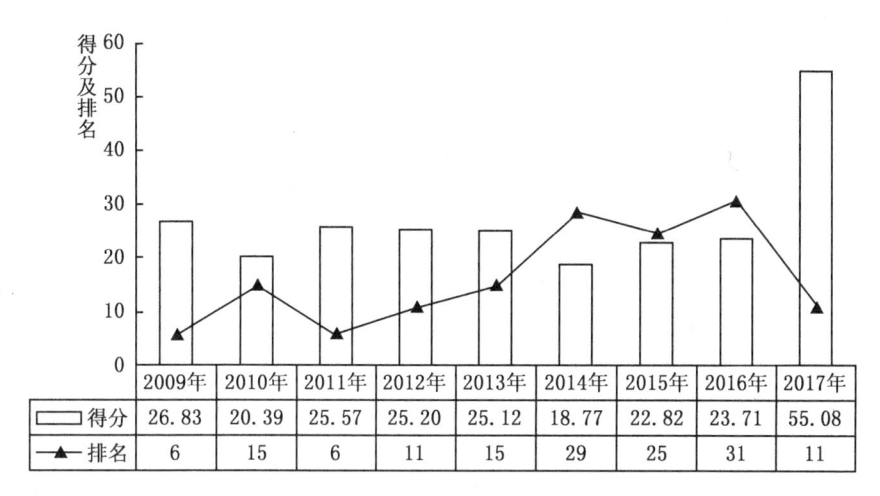

	2009年	2010年	2011年	2012年	2013年	2014年	2015年	2016年	2017年
得分	26.83	20.39	25.57	25.20	25.12	18.77	22.82	23.71	55.08
排名	6	15	6	11	15	29	25	31	11

图 11-1　江苏省财政透明度得分及排名(2009—2017)

表 11-1　　　　　　江苏省各调查信息要素的透明度得分(2017)

	一般公共预算基金	政府性基金	财政专户管理资金	国有资本经营预算基金	政府资产负债	部门预算及相关信息	社会保险基金	国有企业基金	被调查者态度
权重	25%	8%	4%	2%	9%	15%	19%	15%	3%
31个省份平均百分制得分	57.52	47.90	4.68	43.64	17.71	47.32	49.11	57.78	77.30
江苏省百分制得分	74.74	72.22	0.00	61.11	0.00	42.00	40.79	85.00	86.36

11.2　江苏省一般公共预算基金信息公开情况

一般公共预算基金透明度评分指标主要根据财政部要求编制的"公共财政收支决算总表"、"公共财政收入决算明细表"、"公共财政支出决算功能分类明细表"、"公共财政收支决算分级表"、"公共财政收支及平衡情况表"这 5 张决算表格设计而成。其中,前三张决算表格调查的内容是省总预算的收支情况,各项信息要素权重为 2;后两张决算表格调查的内容是省本级和省以下各级地方政府的收支情况,各项信息要素权重为1。另外,项目组还提出了一般公共预算经济分类支出信息公开的申请。

江苏省相关部门提供了部分项目组申请的数据,项目组也通过网站查询和《江苏财政年鉴》获得了部分信息。具体的信息公开方式及信息公开内容见表11-2。

表11-2　　　　江苏省一般公共预算基金信息公开情况(2015)

编号	信息要素	未公开	依申请公开	网站公开	出版物公开	已公开信息项	应公开信息项
1	省总预算公共预算收支总额		✓	✓	✓	2	2
2	省总预算公共预算收入类级科目		✓	✓	✓	2	2
3	省总预算公共预算收入款级科目		✓		✓	22	22
4	省总预算公共预算收入项级科目		✓		✓	22	22
5	省总预算公共预算收入目级科目		✓			22	22
6	省总预算公共预算支出功能分类类级科目		✓	✓	✓	24	24
7	省总预算公共预算支出功能分类款级科目		✓		✓	24	24
8	省总预算公共预算支出功能分类项级科目		✓			24	24
9	省总预算公共预算支出经济分类类级科目	✓				0	10
10	省总预算公共预算支出经济分类款级科目	✓				0	10
11	省本级公共预算收入类级科目		✓	✓		2	2
12	省本级公共预算支出功能分类类级科目		✓	✓		24	24
13	省本级公共预算支出经济分类类级科目			✓		4	10
14	地市本级公共预算收入类级科目		✓			2	2
15	地市本级公共预算支出功能分类类级科目		✓			24	24
16	地市本级公共预算支出经济分类类级科目	✓				0	10
17	县本级公共预算收入类级科目		✓			2	2
18	县本级公共预算支出功能分类类级科目		✓			24	24
19	县本级公共预算支出经济分类类级科目	✓				0	10
20	乡级公共预算收入类级科目		✓			2	2
21	乡级公共预算支出功能分类类级科目		✓			24	24
22	乡级公共预算支出经济分类类级科目	✓				0	10
23	各地市本级公共预算收入类级科目		✓		✓	1	1
24	各地市本级公共预算支出功能分类类级科目		✓		✓	1	1

续表

编号	信息要素	未公开	依申请公开	网站公开	出版物公开	已公开信息项	应公开信息项
25	各地市本级公共预算支出经济分类类级科目	√					1
26	各县本级公共预算收入类级科目			√		1	1
27	各县本级公共预算支出功能分类类级科目			√		1	1
28	各县本级公共预算支出经济分类类级科目	√					1

一般公共预算基金透明度得分计算方法为：

$$\left(\sum_{i=1}^{28} \frac{已公开信息项_i}{应公开信息项_i} \times 二级权重_i\right) \times 100 / \sum_{i=1}^{28} 二级权重_i$$

根据该计算方法，可以得出江苏省一般公共预算基金透明度得分为74.74分，比该单项信息排名第一的四川省低4.21分，比31个省份一般公共预算基金透明度的平均得分高17.22分，在该单项信息排名中位居第6名。

11.3 江苏省政府性基金信息公开情况

政府性基金透明度评分指标根据"政府性基金收支决算总表"、"政府性基金收支及结余情况表"、"政府性基金收支决算分级表"、"政府性基金收支及平衡情况表"这4张决算表格设计而成。其中，前两张决算表格调查的内容是省总预算的收支情况，各项信息要素权重为2；后两张决算表格调查的内容是省本级和省以下各级地方政府的收支情况，各项信息要素权重为1。另外，项目组还提出了政府性基金经济分类支出信息公开的申请。

江苏省相关部门提供了部分项目组申请的数据，项目组也通过网站查询获得了部分信息。具体的信息公开方式及信息公开内容见表11-3。

表11-3　　　江苏省政府性基金信息公开情况（2015）

编号	信息要素	未公开	依申请公开	网站公开	出版物公开	已公开信息项	应公开信息项
1	省总预算政府性基金预算收支总额		√	√		2	2
2	省总预算政府性基金预算收入款级科目		√	√		1	1
3	省总预算政府性基金预算收入项级科目		√	√		1	1
4	省总预算政府性基金预算收入目级科目		√			1	1
5	省总预算政府性基金预算支出功能分类类级科目		√	√		11	11

续表

编号	信息要素	未公开	依申请公开	网站公开	出版物公开	已公开信息项	应公开信息项
6	省总预算政府性基金预算支出功能分类款级科目			√	√	11	11
7	省总预算政府性基金预算支出功能分类项级科目			√		11	11
8	省总预算政府性基金预算支出经济分类类级科目	√					10
9	省总预算政府性基金预算支出经济分类款级科目	√					10
10	省本级政府性基金预算收入款级科目			√	√	1	1
11	省本级政府性基金预算支出功能分类类级科目			√	√	10	10
12	省本级政府性基金预算支出经济分类类级科目	√					10
13	地市本级政府性基金预算收入款级科目			√		1	1
14	地市本级政府性基金预算支出功能分类类级科目			√		10	10
15	地市本级政府性基金预算支出经济分类类级科目	√					10
16	县本级政府性基金预算收入款级科目			√		1	1
17	县本级政府性基金预算支出功能分类类级科目			√		10	10
18	县本级政府性基金预算支出经济分类类级科目	√					10
19	乡级政府性基金预算收入款级科目			√		1	1
20	乡级政府性基金预算支出功能分类类级科目			√		10	10
21	乡级政府性基金预算支出经济分类类级科目	√					10
22	各地市本级政府性基金预算收入款级科目			√		1	1
23	各地市本级政府性基金预算支出功能分类类级科目			√		1	1
24	各地市本级政府性基金预算支出经济分类类级科目	√					1
25	各县本级政府性基金预算收入款级科目			√		1	1
26	各县本级政府性基金预算支出功能分类类级科目			√		1	1
27	各县本级政府性基金预算支出经济分类类级科目	√					1

政府性基金透明度得分计算方法为：

$$\left(\sum_{i=1}^{27}\frac{已公开信息项_i}{应公开信息项_i}\times 二级权重_i\right)\times 100/\sum_{i=1}^{27}二级权重_i$$

根据该计算方法,可以得出江苏省政府性基金透明度得分为72.22分,比31个省份政府性基金透明度的平均得分高24.32分,在该单项信息排名中与其他7个省份并列第1名。

11.4 江苏省财政专户管理资金信息公开情况

财政专户管理资金透明度评分指标根据"财政专户管理资金收支总表"、"财政专户管理资金收入明细表"、"财政专户管理资金支出功能分类明细表"、"财政专户管理资金收支分级表"和"财政专户管理资金收支及平衡情况表"这5张决算表格设计而成。其中,涉及省总预算财政专户的各项信息要素权重为2,其余省本级和省以下各级地方政府财政专户的各项信息要素权重为1。

财政部不再统一要求地方政府在2015年度政府决算中编制财政专户管理资金的相关表格。项目组未获取江苏省2015年度任何财政专户管理资金的收支信息,见表11－4。江苏省财政专户管理资金透明度得分为零分。

表11－4　　　江苏省财政专户管理资金信息公开情况(2015)

编号	信息要素	未公开	依申请公开	网站公开	出版物公开	已公开信息项	应公开信息项
1	省总预算财政专户收支总额	√				0	2
2	省总预算财政专户收入款级科目	√				0	2
3	省总预算财政专户收入项级科目	√				0	2
4	省总预算财政专户收入目级科目	√				0	2
5	省总预算财政专户支出功能分类类级科目	√				0	22
6	省总预算财政专户支出功能分类款级科目	√				0	22
7	省总预算财政专户支出功能分类项级科目	√				0	22
8	省总预算财政专户支出经济分类类级科目	√				0	10
9	省总预算财政专户支出经济分类款级科目	√				0	10
10	省本级财政专户收入款级科目	√				0	2
11	省本级财政专户支出功能分类类级科目	√				0	22
12	省本级财政专户支出经济分类类级科目	√				0	10
13	地市本级财政专户收入款级科目	√				0	2

续表

编号	信息要素	未公开	依申请公开	网站公开	出版物公开	已公开信息项	应公开信息项
14	地市本级财政专户支出功能分类类级科目	√				0	22
15	地市本级财政专户支出经济分类类级科目	√				0	10
16	县本级财政专户收入款级科目	√				0	2
17	县本级财政专户支出功能分类类级科目	√				0	22
18	县本级财政专户支出经济分类类级科目	√				0	10
19	乡级财政专户收入款级科目	√				0	2
20	乡级财政专户支出功能分类类级科目	√				0	22
21	乡级财政专户支出经济分类类级科目	√				0	10
22	各地市本级财政专户收入款级科目	√				0	1
23	各地市本级财政专户支出功能分类类级科目	√				0	1
24	各地市本级财政专户支出经济分类类级科目	√				0	1
25	各县本级财政专户收入款级科目	√				0	1
26	各县本级财政专户支出功能分类类级科目	√				0	1
27	各县本级财政专户支出经济分类类级科目	√				0	1

11.5 江苏省国有资本经营预算基金信息公开情况

国有资本经营预算基金透明度评分指标根据"国有资本经营收支决算总表"、"国有资本经营收支决算明细表"、"国有资本经营收支决算分级表"和"国有资本经营收支及平衡情况表"这4张决算表格设计而成。其中，前两张决算表格调查的内容是省总预算的收支情况，各项信息要素权重为2；后两张决算表格调查的内容是省本级和省以下各级地方政府的收支情况，各项信息要素权重为1。

江苏省相关部门提供了部分项目组申请的数据，项目组也通过网站查询获得了部分信息。具体的信息公开方式及信息公开内容见表11-5。

国有资本经营预算基金透明度得分计算方法为：

$$\left(\sum_{i=1}^{27} \frac{已公开信息项_i}{应公开信息项_i} \times 二级权重_i\right) \times 100 / \sum_{i=1}^{27} 二级权重_i$$

根据该计算方法，可以得出江苏省国有资本经营预算基金透明度得分为61.11分，比31个省份国有资本经营预算基金透明度的平均得分高17.47

分,比该单项信息排名第一的省份低 11.11 分,在该单项信息排名中与上海、新疆并列第 10 名。

表 11－5　　江苏省国有资本经营预算基金信息公开情况(2015)

编号	信息要素	未公开	依申请公开	网站公开	出版物公开	已公开信息项	应公开信息项
1	国有资本经营预算收支总额		✓	✓		2	2
2	国有资本经营预算收入款级科目		✓	✓		1	1
3	国有资本经营预算收入项级科目		✓	✓		5	5
4	国有资本经营预算收入目级科目		✓	✓		5	5
5	国有资本经营预算支出功能分类类级科目		✓	✓		11	11
6	国有资本经营预算支出功能分类款级科目		✓	✓		1	1
7	国有资本经营预算支出功能分类项级科目		✓			1	1
8	国有资本经营预算支出经济分类类级科目	✓					3
9	国有资本经营预算支出经济分类款级科目	✓					3
10	省本级国有资本经营预算收入款级科目		✓	✓		5	5
11	省本级国有资本经营预算支出功能分类类级科目		✓	✓		11	11
12	省本级国有资本经营预算支出经济分类类级科目	✓					3
13	地市本级国有资本经营预算收入款级科目		✓			5	5
14	地市本级国有资本经营预算支出功能分类类级科目		✓			11	11
15	地市本级国有资本经营预算支出经济分类类级科目	✓					3
16	县本级国有资本经营预算收入款级科目		✓			5	5
17	县本级国有资本经营预算支出功能分类类级科目		✓			11	11
18	县本级国有资本经营预算支出经济分类类级科目	✓					3
19	乡级国有资本经营预算收入款级科目		✓			5	5
20	乡级国有资本经营预算支出功能分类类级科目		✓			11	11
21	乡级国有资本经营预算支出经济分类类级科目	✓					3
22	各地市本级国有资本经营预算收入款级科目	✓					5

续表

编号	信息要素	未公开	依申请公开	网站公开	出版物公开	已公开信息项	应公开信息项
23	各地市本级国有资本经营预算支出功能分类类级科目	√					11
24	各地市本级国有资本经营预算支出经济分类类级科目	√					3
25	各县本级国有资本经营预算收入款级科目	√					5
26	各县本级国有资本经营预算支出功能分类类级科目	√					11
27	各县本级国有资本经营预算支出经济分类类级科目	√					3

11.6 江苏省政府资产负债信息公开情况

政府资产负债涵盖除社会保险基金和国有企业基金之外的所有政府资产与负债,包括一般公共预算基金、政府性基金、国有资本经营预算基金、财政专户管理资金所形成的资产和负债。具体指标包括资产类指标金融资产(存款、有价证券、在途款、暂付款)和固定资产(地产、房产建筑、设备)、负债类指标短期负债(暂存款、应付款、短期借款)和长期负债(1~3年、3~5年、5年以上)、净资产类指标金融净资产(预算结余、基金预算结余、国有资本经营预算结余、专用基金结余、财政专户管理资金结余、预算稳定调节基金、预算周转金)和非金融净资产。

项目组未获取江苏省2015年度政府资产负债的收支信息,见表11-6。江苏省政府资产负债透明度得分为零分。

表11-6　　　　江苏省政府资产负债信息公开情况(2015)

编号	信息要素	未公开	依申请公开	网站公开	出版物公开	已公开信息项	应公开信息项
1	政府资产负债总额	√				0	2
2	政府资产一级分类信息	√				0	2
3	政府资产二级分类信息	√				0	7
4	政府负债一级分类信息	√				0	2
5	政府负债二级分类信息	√				0	6
6	政府净资产一级分类信息	√				0	2
7	政府净资产二级分类信息	√				0	7

11.7 江苏省部门预算及相关信息公开情况

项目组选取省人民政府办公厅、人大常委会办公厅、政协办公厅、教育厅、财政厅、国家税务局、地方税务局、工商行政管理局、卫生和计划生育委员会、交通运输厅、环境保护厅11个省级部门作为调查对象,部门预算及相关信息透明度最终得分是这11个部门预算及相关信息透明度的平均数。每个部门的透明度评估指标涉及三大类型:关于预算单位的财务信息、关于预算单位的人员信息、关于机构的信息。具体决算表格为"收入支出决算总表"、"支出决算表"、"支出决算明细表"、"基本支出决算明细表"、"项目支出决算明细表"、"资产负债表"、"基本数字表"、"机构人员情况表"。

除国家税务局外,江苏省其余10个部门都公布了部分信息。下面以江苏省财政厅为例,给出部门预算及相关信息透明度得分的计算。

江苏省财政厅公布了表11—7中第1—4项和第7—14项信息要素,而其他信息要素却并未公布。具体的信息公开方式及信息公开内容见表11—7。

表11—7 江苏省财政厅部门预算及相关信息公开情况(2015)

编号	信息要素	未公开	依申请公开	网站公开	出版物公开	得分
1	部门收入分类			√		1
2	部门支出功能分类类级科目			√		1
3	部门支出功能分类款级科目			√		1
4	部门支出功能分类项级科目			√		1
5	部门支出经济分类类级科目	√				0
6	部门支出经济分类款级科目	√				0
7	基本支出功能分类类级科目			√		1
8	基本支出功能分类款级科目			√		1
9	基本支出功能分类项级科目			√		1
10	基本支出经济分类类级科目			√		1
11	基本支出经济分类款级科目			√		1
12	项目支出功能分类类级科目			√		1
13	项目支出功能分类款级科目			√		1

续表

编号	信息要素	未公开	依申请公开	网站公开	出版物公开	得分
14	项目支出功能分类项级科目			✓		1
15	项目支出经济分类类级科目	✓				0
16	项目支出经济分类款级科目	✓				0
17	资产一级分类	✓				0
18	资产二级分类	✓				0
19	资产三级分类	✓				0
20	其他补充资产信息	✓				0
21	人员编制总数及各类人员编制数	✓				0
22	年末实有人员总数及类型	✓				0
23	按经费来源划分的各类人员数	✓				0
24	部门机构一级信息	✓				0
25	部门机构二级信息	✓				0
26	部门机构三级信息	✓				0

江苏省财政厅部门预算及相关信息透明度得分为[(1+1+1+1+1+1+1+1+1+1+1+1)÷26]×100=46.2分。计算11个部门预算及相关信息透明度的平均得分,得到江苏省部门预算及相关信息透明度最终得分为42分,比31个省份部门预算及相关信息透明度的平均得分低5.32分,在该单项信息排名中与其他4个省份并列第21名。

11.8 江苏省社会保险基金信息公开情况

社会保险基金透明度评分指标主要根据"社会保险基金资产负债表"、"企业职工基本养老保险基金收支表"、"失业保险基金收支表"、"城镇职工基本医疗保险基金收支表"、"工伤保险基金收支表"、"生育保险基金收支表"、"居民社会养老保险基金收支表"、"城乡居民基本医疗保险基金收支表"、"新型农村合作医疗基金收支表"、"城镇居民基本医疗保险基金收支表"、"社会保障基金财政专户资产负债表"、"社会保障基金财政专户收支表"、"财政对社会保险基金补助资金情况表"、"企业职工基本养老保险补充资料表"、"失业保险补充资

料表"、"城镇职工医疗保险、工伤保险、生育保险补充资料表"、"居民社会养老保险补充资料表"、"居民基本医疗保险补充资料表"、"其他养老保险情况表"、"其他医疗保障情况表"这20张决算表格设计而成。

江苏省财政厅依申请公开了部分信息。具体的信息公开方式及信息公开内容见表11－8。

表11－8　　　　江苏省社会保险基金信息公开情况(2015)

编号	信息要素	未公开	依申请公开	网站公开	出版物公开	得分
1	各项社会保险基金的收支总额		√			1
2	各项社会保险基金的收入款级科目		√			1
3	各项社会保险基金的收入项级科目		部分信息			0.9
4	各项社会保险基金的支出款级科目		√			1
5	各项社会保险基金的支出项级科目		部分信息			0.9
6	各项社会保险基金收支分级信息（类级科目）		部分信息			0.8
7	各项社会保险基金的基本数字（类级科目）		部分信息			0.11
8	各项社会保险基金资产的类级科目	√				0
9	各项社会保险基金资产的款级科目	√				0
10	各项社会保险基金资产的项级科目	√				0
11	各项社会保险基金负债的类级科目	√				0
12	各项社会保险基金负债的款级科目	√				0
13	各项社会保险基金负债的项级科目	√				0
14	养老基金的长期收支预测	√				0

江苏省社会保险基金透明度得分为[(1＋1＋0.9＋1＋0.9＋0.8＋0.11)÷14]×100＝40.79分,比该单项信息排名第一的省份低36.35分,比31个省份社会保险基金透明度的平均得分低8.32分,在该单项信息排名中位居第16名。

11.9 江苏省国有企业基金信息公开情况

国有企业基金透明度评分指标的构成内容包括：①国有企业的总量6项指标(国有企业的收入、费用、利润总额、资产、负债及所有者权益总额)；②国有企业的总量4张表(资产负债表、利润表、现金流量表、所有者权益变动表)；③政府直属企业按户公布的8项指标(资产总额、负债总额、所有者权益总额、国有资本及权益总额、营业总收入、利润总额、净利润总额、归属母公司所有者权益的净利润)；④政府直属企业是否按照国内上市公司的信息披露要求公布企业运营状况。

江苏省国有资产监督管理委员会提供了部分项目组申请的信息,项目组也通过相关出版物查询到了部分信息。具体的信息公开方式及信息公开内容见表11－9。

表11－9　　江苏省国有企业基金信息公开情况(2015)

编号	信息要素	未公开	依申请公开	网站公开	出版物公开	得分
1	国有企业的收入、费用和利润总额				√	1
2	国有企业的资产、负债及所有者权益总额				√	1
3	国有企业资产负债表		√			1
4	国有企业利润表		√			1
5	国有企业现金流量表		√			1
6	国有企业所有者权益变动表		√			1
7	政府直属企业主要指标表		√			0.8
8	政府直属企业达到与国内上市公司同等信息披露要求	√				0

江苏省国有企业基金透明度得分为[(1＋1＋1＋1＋1＋1＋0.8)÷8]×100＝85分,比该单项信息排名第一的山东省低2.5分,比31个省份国有企业基金透明度的平均得分高27.22分,在该单项信息排名中与上海、宁夏并列第2名。

11.10 基本结论

江苏省在 2017 年财政透明度调查过程中的答复情况较好,态度得分为 86.36 分,单项得分排名为第 5 名。

综合各项信息要素得分,江苏省 2017 年财政透明度的最终得分为 74.74×25%+72.22×8%+0×4%+61.11×2%+0×9%+42×15%+40.79×19%+85×15%+86.36×3%=55.08 分。

该得分高于 31 个省份的平均得分,排名处于中间位置,排在第 11 名,该排名仍然落后于江苏省经济发展水平在全国的排名,这也从一个侧面说明我国的财政信息公开透明有很多制度性的阻碍。从各个具体项目的透明度来看,江苏省在政府性基金、国有企业基金、一般公共预算基金等方面的信息透明度要好于其他几项,而其在财政专户管理资金、政府资产负债方面的透明度最差,未给出任何信息。

12 河南省财政透明度报告

12.1 河南省财政透明度概况

中共十八大以来,河南省贯彻落实新《预算法》关于预决算公开的相关规定和中共中央办公厅、国务院办公厅《关于进一步推进预算公开工作的意见》的相关规定,积极推进财政信息公开工作。

综合河南省政府及省内部门等网站公开资料、《河南统计年鉴》和被调查部门的信息反馈情况,项目组计算得出河南省财政透明度得分。从图12—1可知,河南省财政透明度得分年度间波动幅度较大,最低分为2012年的20.02分,最高分为2017年的55.01分;在31个省份中的排名波动比较大,排名最好时可以排进前十名,比如2009年和2013年都是第9名,排名最差是在2014年,排到了第27名。

河南省2017年的财政透明度总得分为55.01分,比31个省份财政透明度的平均得分高6.73分,比排名第一的山东省低15分,在31个省份财政透明度得分排名中位居第12名。就2017年河南省财政透明度得分的各项构成情况(见表12—1)来看,政府资产负债、社会保险基金和国有企业基金透明度以及被调查者态度4项得分略微高于31个省份的平均得分,财政专户管理资金透明度得分为零分,其余4项信息要素的得分均低于31个省份的平均得分。

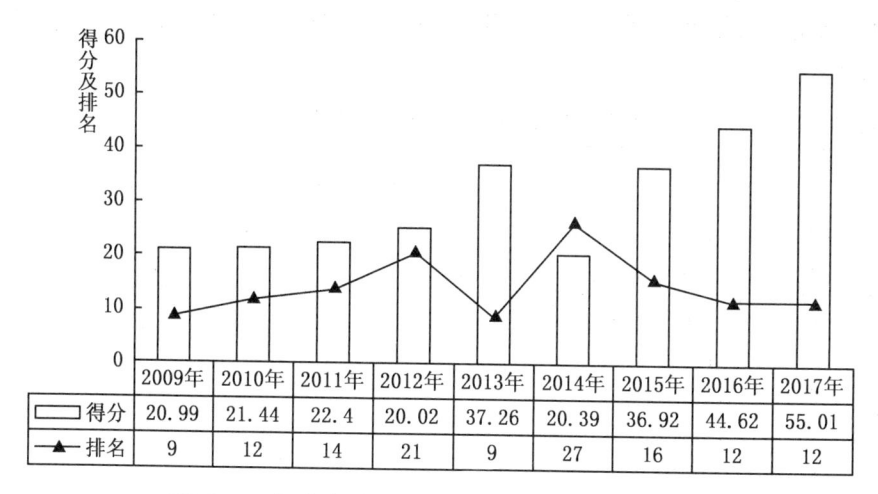

图12-1 河南省财政透明度得分及排名(2009—2017)

	得分	排名
2009年	20.99	9
2010年	21.44	12
2011年	22.4	14
2012年	20.02	21
2013年	37.26	9
2014年	20.39	27
2015年	36.92	16
2016年	44.62	12
2017年	55.01	12

表12-1 河南省各调查信息要素的透明度得分(2017)

	一般公共预算基金	政府性基金	财政专户管理资金	国有资本经营预算基金	政府资产负债	部门预算及相关信息	社会保险基金	国有企业基金	被调查者态度
权重	25%	8%	4%	2%	9%	15%	19%	15%	3%
31个省份平均百分制得分	57.52	47.90	4.68	43.64	17.71	47.32	49.11	57.78	77.30
河南省百分制得分	51.97	33.33	0.00	27.78	48.98	40.20	77.14	75.00	81.82

12.2 河南省一般公共预算基金信息公开情况

一般公共预算基金透明度评分指标主要根据财政部要求编制的"公共财政收支决算总表"、"公共财政收入决算明细表"、"公共财政支出决算功能分类明细表"、"公共财政收支决算分级表"、"公共财政收支及平衡情况表"这5张决算表格设计而成。其中,前三张决算表格调查的内容是省总预算的收支情况,各项信息要素权重为2;后两张决算表格调查的内容是省本级和省以下各级地方政府的收支情况,各项信息要素权重为1。另外,项目组还提出了一般公共预算经济分类支出信息公开的申请。

河南省相关部门提供了部分项目组申请的数据,项目组也通过网站查询和《河南财政年鉴》获得了部分信息。具体的信息公开方式及信息公开内容见表12－2。

表12－2　　　河南省一般公共预算基金信息公开情况（2015）

编号	信息要素	未公开	依申请公开	网站公开	出版物公开	已公开信息项	应公开信息项
1	省总预算公共预算收支总额			✓	✓	2	2
2	省总预算公共预算收入类级科目			✓	✓	2	2
3	省总预算公共预算收入款级科目		✓	✓	✓	22	22
4	省总预算公共预算收入项级科目	✓				0	22
5	省总预算公共预算收入目级科目	✓				0	22
6	省总预算公共预算支出功能分类类级科目			✓	✓	24	24
7	省总预算公共预算支出功能分类款级科目	✓				0	24
8	省总预算公共预算支出功能分类项级科目	✓				0	24
9	省总预算公共预算支出经济分类类级科目	✓				0	10
10	省总预算公共预算支出经济分类款级科目	✓				0	10
11	省本级公共预算收入类级科目		✓	✓	✓	2	2
12	省本级公共预算支出功能分类类级科目		✓	✓	✓	24	24
13	省本级公共预算支出经济分类类级科目				✓	5	10
14	地市本级公共预算收入类级科目				✓	2	2
15	地市本级公共预算支出功能分类类级科目				✓	24	24
16	地市本级公共预算支出经济分类类级科目	✓				0	10
17	县本级公共预算收入类级科目				✓	2	2
18	县本级公共预算支出功能分类类级科目				✓	24	24
19	县本级公共预算支出经济分类类级科目	✓				0	10
20	乡级公共预算收入类级科目				✓	2	2
21	乡级公共预算支出功能分类类级科目				✓	24	24
22	乡级公共预算支出经济分类类级科目	✓				0	10
23	各地市本级公共预算收入类级科目				✓	1	1
24	各地市本级公共预算支出功能分类类级科目				✓	0.75	1
25	各地市本级公共预算支出经济分类类级科目	✓				0	1
26	各县本级公共预算收入类级科目				✓	1	1
27	各县本级公共预算支出功能分类类级科目				✓	0.5	1
28	各县本级公共预算支出经济分类类级科目	✓					1

一般公共预算基金透明度得分计算方法为：

$$\left(\sum_{i=1}^{28}\frac{已公开信息项_i}{应公开信息项_i}\times 二级权重_i\right)\times 100/\sum_{i=1}^{28}二级权重_i$$

根据该计算方法,可以得出河南省一般公共预算基金透明度得分为51.97分,比该单项信息排名第一的四川省低26.98分,比31个省份一般公共预算基金透明度的平均得分低5.55分,在该单项信息排名中位列第19名。

12.3 河南省政府性基金信息公开情况

政府性基金透明度评分指标根据"政府性基金收支决算总表"、"政府性基金收支及结余情况表"、"政府性基金收支决算分级表"、"政府性基金收支及平衡情况表"这4张决算表格设计而成。其中,前两张决算表格调查的内容是省总预算的收支情况,各项信息要素权重为2；后两张决算表格调查的内容是省本级和省以下各级地方政府的收支情况,各项信息要素权重为1。另外,项目组还提出了政府性基金经济分类支出信息公开的申请。

河南省相关部门提供给项目组调查所需的部分信息,也有好几项信息是项目组通过政府网站查询得到的。具体的信息公开方式及信息公开内容见表12-3。

表12-3　　　　　　　　河南省政府性基金信息公开情况(2015)

编号	信息要素	未公开	依申请公开	网站公开	出版物公开	已公开信息项	应公开信息项
1	省总预算政府性基金预算收支总额			√		2	2
2	省总预算政府性基金预算收入款级科目			√		1	1
3	省总预算政府性基金预算收入项级科目			√		1	1
4	省总预算政府性基金预算收入目级科目	√				0	1
5	省总预算政府性基金预算支出功能分类类级科目			√		11	11
6	省总预算政府性基金预算支出功能分类款级科目			√		11	11
7	省总预算政府性基金预算支出功能分类项级科目		√			0	11
8	省总预算政府性基金预算支出经济分类类级科目		√			0	10
9	省总预算政府性基金预算支出经济分类款级科目		√			0	10
10	省本级政府性基金预算收入款级科目		√	√		1	1

续表

编号	信息要素	未公开	依申请公开	网站公开	出版物公开	已公开信息项	应公开信息项
11	省本级政府性基金预算支出功能分类类级科目			√	√	11	11
12	省本级政府性基金预算支出经济分类类级科目	√				0	10
13	地市本级政府性基金预算收入款级科目	√				0	1
14	地市本级政府性基金预算支出功能分类类级科目	√				0	10
15	地市本级政府性基金预算支出经济分类类级科目	√				0	10
16	县本级政府性基金预算收入款级科目	√				0	1
17	县本级政府性基金预算支出功能分类类级科目	√				0	10
18	县本级政府性基金预算支出经济分类类级科目	√				0	10
19	乡级政府性基金预算收入款级科目	√				0	1
20	乡级政府性基金预算支出功能分类类级科目	√				0	10
21	乡级政府性基金预算支出经济分类类级科目	√				0	10
22	各地市本级政府性基金预算收入款级科目	√				0	1
23	各地市本级政府性基金预算支出功能分类类级科目	√				0	1
24	各地市本级政府性基金预算支出经济分类类级科目	√				0	1
25	各县本级政府性基金预算收入款级科目	√				0	1
26	各县本级政府性基金预算支出功能分类类级科目	√				0	1
27	各县本级政府性基金预算支出经济分类类级科目	√				0	1

政府性基金透明度得分计算方法为：

$$\left(\sum_{i=1}^{27} \frac{已公开信息项_i}{应公开信息项_i} \times 二级权重_i\right) \times 100 / \sum_{i=1}^{27} 二级权重_i$$

根据该计算方法，可以得出河南省政府性基金透明度得分为33.33分，比该单项信息排名第一的省份低38.89分，比31个省份政府性基金透明度的平均得分低14.57分，在该单项信息排名中与河北省并列第18名。

12.4 河南省财政专户管理资金信息公开情况

财政专户管理资金透明度评分指标根据"财政专户管理资金收支总表"、"财政专户管理资金收入明细表"、"财政专户管理资金支出功能分类明细表"、"财政专户管理资金收支分级表"和"财政专户管理资金收支及平衡情况表"这5张决算表格设计而成。其中,涉及省总预算财政专户的各项信息要素权重为2,其余省本级和省以下各级地方政府财政专户的各项信息要素权重为1。

财政部不再统一要求地方政府在2015年度政府决算中编制财政专户管理资金的相关表格。项目组未获取河南省2015年度任何财政专户管理资金的收支信息,见表12-4。河南省财政专户管理资金透明度得分为零分。

表12-4　　河南省财政专户管理资金信息公开情况(2015)

编号	信息要素	未公开	依申请公开	网站公开	出版物公开	已公开信息项	应公开信息项
1	省总预算财政专户收支总额	√				0	2
2	省总预算财政专户收入款级科目	√				0	2
3	省总预算财政专户收入项级科目	√				0	2
4	省总预算财政专户收入目级科目	√				0	2
5	省总预算财政专户支出功能分类类级科目	√				0	22
6	省总预算财政专户支出功能分类款级科目	√				0	22
7	省总预算财政专户支出功能分类项级科目	√				0	22
8	省总预算财政专户支出经济分类类级科目	√				0	10
9	省总预算财政专户支出经济分类款级科目	√				0	10
10	省本级财政专户收入款级科目	√				0	2
11	省本级财政专户支出功能分类类级科目	√				0	22
12	省本级财政专户支出经济分类类级科目	√				0	10
13	地市本级财政专户收入款级科目	√				0	2
14	地市本级财政专户支出功能分类类级科目	√				0	22
15	地市本级财政专户支出经济分类类级科目	√				0	10
16	县本级财政专户收入款级科目	√				0	2
17	县本级财政专户支出功能分类类级科目	√				0	22
18	县本级财政专户支出经济分类类级科目	√				0	10

续表

编号	信息要素	未公开	依申请公开	网站公开	出版物公开	已公开信息项	应公开信息项
19	乡级财政专户收入款级科目	√				0	2
20	乡级财政专户支出功能分类类级科目	√				0	22
21	乡级财政专户支出经济分类类级科目	√				0	10
22	各地市本级财政专户收入款级科目	√				0	1
23	各地市本级财政专户支出功能分类类级科目	√				0	1
24	各地市本级财政专户支出经济分类类级科目	√				0	1
25	各县本级财政专户收入款级科目	√				0	1
26	各县本级财政专户支出功能分类类级科目	√				0	1
27	各县本级财政专户支出经济分类类级科目	√				0	1

12.5 河南省国有资本经营预算基金信息公开情况

国有资本经营预算基金透明度评分指标根据"国有资本经营收支决算总表"、"国有资本经营收支决算明细表"、"国有资本经营收支决算分级表"和"国有资本经营收支及平衡情况表"这4张决算表格设计而成。其中,前两张决算表格调查的内容是省总预算的收支情况,各项信息要素权重为2;后两张决算表格调查的内容是省本级和省以下各级地方政府的收支情况,各项信息要素权重为1。

河南省相关部门提供给项目组调查所需的部分信息,也有好几项信息是项目组通过政府网站查询得到的。具体的信息公开方式及信息公开内容见表12-5。

表12-5 河南省国有资本经营预算基金信息公开情况(2015)

编号	信息要素	未公开	依申请公开	网站公开	出版物公开	已公开信息项	应公开信息项
1	国有资本经营预算收支总额			√		2	2
2	国有资本经营预算收入款级科目			√		1	1
3	国有资本经营预算收入项级科目			√		5	5
4	国有资本经营预算收入目级科目	√				0	5
5	国有资本经营预算支出功能分类类级科目			√		9	11

续表

编号	信息要素	未公开	依申请公开	网站公开	出版物公开	已公开信息项	应公开信息项
6	国有资本经营预算支出功能分类款级科目	✓				0	1
7	国有资本经营预算支出功能分类项级科目	✓				0	1
8	国有资本经营预算支出经济分类类级科目	✓				0	3
9	国有资本经营预算支出经济分类款级科目	✓				0	3
10	省本级国有资本经营预算收入款级科目			✓	✓	5	5
11	省本级国有资本经营预算支出功能分类类级科目			✓	✓	11	11
12	省本级国有资本经营预算支出经济分类类级科目	✓				0	3
13	地市本级国有资本经营预算收入款级科目	✓				0	5
14	地市本级国有资本经营预算支出功能分类类级科目	✓				0	11
15	地市本级国有资本经营预算支出经济分类类级科目	✓				0	3
16	县本级国有资本经营预算收入款级科目	✓				0	5
17	县本级国有资本经营预算支出功能分类类级科目	✓				0	11
18	县本级国有资本经营预算支出经济分类类级科目	✓				0	3
19	乡级国有资本经营预算收入款级科目	✓				0	5
20	乡级国有资本经营预算支出功能分类类级科目	✓				0	11
21	乡级国有资本经营预算支出经济分类类级科目	✓				0	3
22	各地市本级国有资本经营预算收入款级科目	✓				0	5
23	各地市本级国有资本经营预算支出功能分类类级科目	✓				0	11
24	各地市本级国有资本经营预算支出经济分类类级科目	✓				0	3
25	各县本级国有资本经营预算收入款级科目	✓				0	5
26	各县本级国有资本经营预算支出功能分类类级科目	✓				0	11
27	各县本级国有资本经营预算支出经济分类类级科目	✓				0	3

国有资本经营预算基金透明度得分计算方法为：

$$\left(\sum_{i=1}^{27}\frac{\text{已公开信息项}_i}{\text{应公开信息项}_i}\times \text{二级权重}_i\right)\times 100/\sum_{i=1}^{27}\text{二级权重}_i$$

根据该计算方法,可以得出河南省国有资本经营预算基金透明度得分为27.78分,比该单项信息排名第一的省份低44.45分,比31个省份国有资本经营预算基金透明度的平均得分低15.87分,在该单项信息排名中与其他4个省份并列第21名。

12.6 河南省政府资产负债信息公开情况

政府资产负债涵盖除社会保险基金和国有企业基金之外的所有政府资产与负债,包括一般公共预算基金、政府性基金、国有资本经营预算基金、财政专户管理资金所形成的资产和负债。具体指标包括资产类指标金融资产(存款、有价证券、在途款、暂付款)和固定资产(地产、房产建筑、设备)、负债类指标短期负债(暂存款、应付款、短期借款)和长期负债(1～3年、3～5年、5年以上)、净资产类指标金融净资产(预算结余、基金预算结余、国有资本经营预算结余、专用基金结余、财政专户管理资金结余、预算稳定调节基金、预算周转金)和非金融净资产。

河南省相关部门提供了部分信息。具体的信息公开方式及信息公开内容见表12-6。

表12-6　　河南省政府资产负债信息公开情况(2015)

编号	信息要素	未公开	依申请公开	网站公开	出版物公开	已公开信息项	应公开信息项
1	政府资产负债总额	√				0	2
2	政府资产一级分类信息			√		1	2
3	政府资产二级分类信息			√		4	7
4	政府负债一级分类信息			√		1	2
5	政府负债二级分类信息			√		3	6
6	政府净资产一级分类信息			√		1	2
7	政府净资产二级分类信息			√		6	7

政府资产负债透明度得分计算方法为:

$$\left(\sum_{i=1}^{7}\frac{已公开信息项_i}{应公开信息项_i}\times 二级权重_i\right)\times 100/\sum_{i=1}^{7}二级权重_i$$

根据该计算方法,可以得出河南省政府资产负债透明度得分为48.98分,比31个省份政府资产负债透明度的平均得分高31.27分,在该单项信息排名中位列第6名。

12.7 河南省部门预算及相关信息公开情况

项目组选取省人民政府办公厅、人大常委会办公厅、政协办公厅、教育厅、财政厅、国家税务局、地方税务局、工商行政管理局、卫生和计划生育委员会、交通运输厅、环境保护厅11个省级部门作为调查对象,部门预算及相关信息透明度最终得分是这11个部门预算及相关信息透明度的平均数。每个部门的透明度评估指标涉及三大类型:关于预算单位的财务信息、关于预算单位的人员信息、关于机构的信息。具体决算表格为"收入支出决算总表"、"支出决算表"、"支出决算明细表"、"基本支出决算明细表"、"项目支出决算明细表"、"资产负债表"、"基本数字表"、"机构人员情况表"。

除国家税务局外,河南省其余10个部门都公布了部分信息。下面以河南省财政厅为例,给出部门预算及相关信息透明度得分的计算。

河南省财政厅公布了表12—7中第1—16项信息要素,而其他信息要素却并未公布。具体的信息公开方式及信息公开内容见表12—7。

表12—7　河南省财政厅部门预算及相关信息公开情况(2015)

编号	信息要素	未公开	依申请公开	网站公开	出版物公开	得分
1	部门收入分类			√		1
2	部门支出功能分类类级科目			√		1
3	部门支出功能分类款级科目			√		1
4	部门支出功能分类项级科目			√		1
5	部门支出经济分类类级科目			√		1
6	部门支出经济分类款级科目			√		1
7	基本支出功能分类类级科目			√		1
8	基本支出功能分类款级科目			√		1
9	基本支出功能分类项级科目			√		1
10	基本支出经济分类类级科目			√		1
11	基本支出经济分类款级科目			√		1
12	项目支出功能分类类级科目			√		1
13	项目支出功能分类款级科目			√		1

续表

编号	信息要素	未公开	依申请公开	网站公开	出版物公开	得分
14	项目支出功能分类项级科目			√		1
15	项目支出经济分类类级科目			√		1
16	项目支出经济分类款级科目			√		1
17	资产一级分类	√				1
18	资产二级分类	√				1
19	资产三级分类	√				1
20	其他补充资产信息					
21	人员编制总数及各类人员编制数	√				1
22	年末实有人员总数及类型	√				1
23	按经费来源划分的各类人员数	√				1
24	部门机构一级信息	√				1
25	部门机构二级信息	√				1
26	部门机构三级信息	√				1

河南省财政厅部门预算及相关信息透明度得分为[(1+1+1+1+1+1+1+1+1+1+1+1+1+1+1)÷26]×100=61.5分。计算11个部门预算及相关信息透明度的平均得分,得到河南省部门预算及相关信息透明度最终得分为40.2分,比31个省份部门预算及相关信息透明度的平均得分低7.12分,在该单项信息排名中与宁夏回族自治区并列第27名。

12.8 河南省社会保险基金信息公开情况

社会保险基金透明度评分指标主要根据"社会保险基金资产负债表"、"企业职工基本养老保险基金收支表"、"失业保险基金收支表"、"城镇职工基本医疗保险基金收支表"、"工伤保险基金收支表"、"生育保险基金收支表"、"居民社会养老保险基金收支表"、"城乡居民基本医疗保险基金收支表"、"新型农村合作医疗基金收支表"、"城镇居民基本医疗保险基金收支表"、"社会保障基金财政专户资产负债表"、"社会保障基金财政专户收支表"、"财政对社会保险基金补助资金情况表"、"企业职工基本养老保险补充资料表"、"失业保险补充资

料表"、"城镇职工医疗保险、工伤保险、生育保险补充资料表"、"居民社会养老保险补充资料表"、"居民基本医疗保险补充资料表"、"其他养老保险情况表"、"其他医疗保障情况表"这20张决算表格设计而成。

河南省相关政府网站公开了部分信息。具体的信息公开方式及信息公开内容见表12-8。

表12-8 河南省社会保险基金信息公开情况(2015)

编号	信息要素	未公开	依申请公开	网站公开	出版物公开	得分
1	各项社会保险基金的收支总额			√		1
2	各项社会保险基金的收入款级科目			√		1
3	各项社会保险基金的收入项级科目			√		1
4	各项社会保险基金的支出款级科目			√		1
5	各项社会保险基金的支出项级科目			√		1
6	各项社会保险基金收支分级信息(类级科目)			部分信息		0.8
7	各项社会保险基金的基本数字(类级科目)			√		1
8	各项社会保险基金资产的类级科目			√		1
9	各项社会保险基金资产的款级科目			√		1
10	各项社会保险基金资产的项级科目	√				0
11	各项社会保险基金负债的类级科目			√		1
12	各项社会保险基金负债的款级科目			√		1
13	各项社会保险基金负债的项级科目	√				0
14	养老基金的长期收支预测	√				0

河南省社会保险基金透明度得分为[(1+1+1+1+1+0.8+1+1+1+1+1)÷14]×100=77.14分,比31个省份社会保险基金透明度的平均得分高28.03分,在该单项信息排名中与其他10个省份并列第1名。

12.9 河南省国有企业基金信息公开情况

国有企业基金透明度评分指标的构成内容包括:①国有企业的总量6项指标(国有企业的收入、费用、利润总额、资产、负债及所有者权益总额);②国有企业的总量 4 张表(资产负债表、利润表、现金流量表、所有者权益变动表);③政府直属企业按户公布的 8 项指标(资产总额、负债总额、所有者权益总额、国有资本及权益总额、营业总收入、利润总额、净利润总额、归属母公司所有者权益的净利润);④政府直属企业是否按照国内上市公司的信息披露要求公布企业运营状况。

河南省国有资产监督管理委员会等部门提供了部分项目组申请的信息,项目组也通过相关出版物查询到了部分信息。具体的信息公开方式及信息公开内容见表 12—9。

表 12—9　　　　河南省国有企业基金信息公开情况(2015)

编号	信息要素	未公开	依申请公开	网站公开	出版物公开	得分
1	国有企业的收入、费用和利润总额				√	1
2	国有企业的资产、负债及所有者权益总额				√	1
3	国有企业资产负债表		√			1
4	国有企业利润表		√			1
5	国有企业现金流量表		√			1
6	国有企业所有者权益变动表		√			1
7	政府直属企业主要指标表	√				0
8	政府直属企业达到与国内上市公司同等信息披露要求		√			0

河南省国有企业基金透明度得分为[(1+1+1+1+1+1)÷8]×100=75 分,比该单项信息排名第一的山东省低 12.5 分,比 31 个省份国有企业基金透明度的平均得分高 17.22 分,在该单项信息排名中与其他 10 个省份并列第 8 名。

12.10　基本结论

河南省在 2017 年财政透明度调查过程中的答复情况较好,态度得分为 81.82 分,单项得分排名为第 14 名。

综合各项信息要素得分,河南省 2017 年财政透明度的最终得分为 51.97×25%+33.33×8%+0+4%+27.77×2%+48.98×9%+40.2×15%+77.14×19%+75×15%+81.8×3%=55.01 分。

该得分高于31个省份平均得分,排名位居中间位置,排在第12名,该排名明显落后于河南省经济总量在全国的排名,这也从一个侧面表现出我国财政信息公开透明有很多制度性的阻碍。从各个具体项目的透明度来看,河南省在一般公共预算基金、社会保险基金、国有企业基金方面的信息透明度要好于其他几项,而其在财政专户管理资金方面的透明度最差,未给出任何信息。

13 内蒙古自治区财政透明度报告

13.1 内蒙古自治区财政透明度概况

中共十八大以来,内蒙古自治区贯彻落实新《预算法》关于预决算公开的相关规定和中共中央办公厅、国务院办公厅《关于进一步推进预算公开工作的意见》的相关规定,积极推进财政信息公开工作。

2016年,内蒙古自治区印发了《关于进一步推进预算公开工作的实施方案》(内党办发〔2016〕40号)和《内蒙古自治区人民政府办公厅关于印发自治区本级预决算公开工作方案的通知》(内政办发〔2016〕27号),对地方预决算公开原则、基本要求、部门职责、公开时间、公开内容、公开方式作出了相应规定,加快推进预决算公开统一平台建设,集中公开政府预决算和部门预决算。

内蒙古自治区财政厅门户网站设立预决算公开专栏,公开内容包括2016年预算报告和自治区本级一般公共预算收支、政府性基金预算收支、国有资本经营预算收支、财政拨款"三公"经费预算等13张预算报表,并对地方政府债务情况、对下转移支付情况进行了重点说明。除涉密信息外,政府预算支出细化公开到功能分类项级科目,一般公共预算基本支出公开到经济分类款级科目,专项转移支付按项目按地区公开。除涉密部门外,内蒙古自治区87个一级预算单位全部通过门户网站或自治区信息公开网站和自治区财政厅网站公开了2016年本部门预算和"三公"经费预算。[①] 2016年8月11日,内蒙古自治区财政厅采取"一揽子"公开的方式,在财政厅门户网站公开了《关于2015年自治区本级财政决算草案和2016年上半年全区预算执行情况的报告》及24张相关决算表格。这是内蒙古自治区首次完整公开了一般公共、政府性基金、国有资本经营、社会保险基金四本决算,也是首次公开自治区本级政府债务限额余额情况和一般公共预算基本支出经济分类科目。[②]

综合政府网站公开资料、《内蒙古统计年鉴》、《内蒙古财政年鉴》和被调查部门的信息反馈情况,项目组计算得出内蒙古自治区财政透明度得分。从图13-1可知,内蒙古自治区财政透明度得分和排名的年度波动性较大,2009年、2011年和2012年曾排在前三名。2017年,内蒙古自治区财政厅加大了"四本预算"的政府网站主动公开力度和社会保险基金、国有企业基金的依申请公开力度,财政透明度得分从2016年的38.07分上升到了2017年的52.83分,排名也有所前移。

	2009年	2010年	2011年	2012年	2013年	2014年	2015年	2016年	2017年
得分	33.96	20.09	39.12	45.04	21.24	32.93	35.39	38.07	52.83
排名	2	18	3	3	22	13	17	20	13

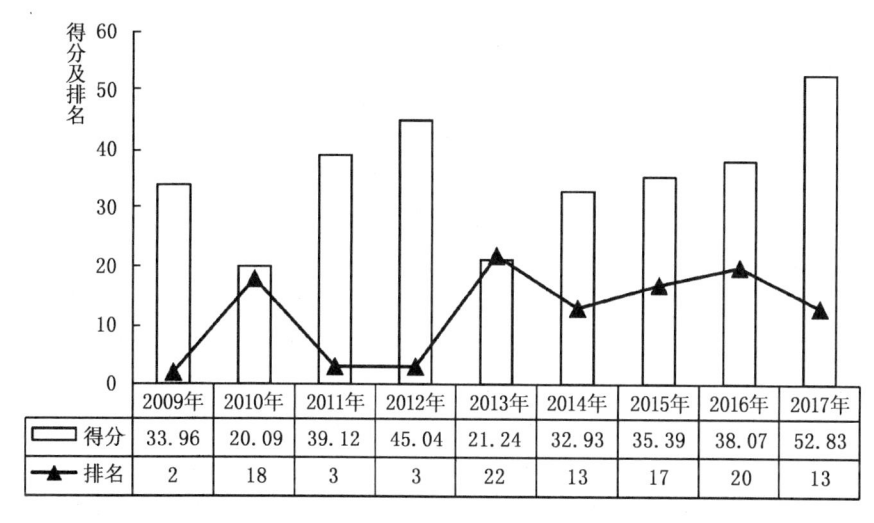

图13-1 内蒙古自治区财政透明度得分及排名(2009—2017)

就2017年内蒙古自治区财政透明度得分的各项构成情况(见表13-1)来看,除依申请公开的社会保险基金和国有企业基金透明度得分较大幅度高

---

① 相关资料来自《内蒙古自治区财政厅2016年政府信息公开工作报告》,内蒙古财政信息公开平台的网站地址为http://www.nmgcz.gov.cn/nmczt/zwxx/zwgk/xxgkml/czsj/list_1.shtml。
② 相关资料来自《内蒙古自治区财政厅2016年政府信息公开工作报告》。

于31个省份的平均得分外,一般公共预算基金、政府性基金、国有资本经营预算基金以及部门预算和相关信息等其余各项信息要素的公开力度都有待进一步提高。

表13—1　　内蒙古自治区各调查信息要素的透明度得分(2017)

	一般公共预算基金	政府性基金	财政专户管理资金	国有资本经营预算基金	政府资产负债	部门预算及相关信息	社会保险基金	国有企业基金	被调查者态度
权重	25%	8%	4%	2%	9%	15%	19%	15%	3%
31个省份平均百分制得分	57.86	47.90	4.68	43.64	17.71	47.32	49.11	57.78	77.27
内蒙古自治区百分制得分	44.74	50.00	19.44	44.44	0	47.60	77.14	80.00	72.75

13.2　内蒙古自治区一般公共预算基金信息公开情况

一般公共预算基金透明度评分指标主要根据财政部要求编制的"公共财政收支决算总表"、"公共财政收入决算明细表"、"公共财政支出决算功能分类明细表"、"公共财政收支决算分级表"、"公共财政收支及平衡情况表"这5张决算表格设计而成。其中,前三张决算表格调查的内容是省总预算的收支情况,各项信息要素权重为2;后两张决算表格调查的内容是省本级和省以下各级地方政府的收支情况,各项信息要素权重为1。另外,项目组还提出了一般公共预算经济分类支出信息公开的申请。

内蒙古自治区财政厅在预决算公开平台上公布了"2015年度内蒙古自治区一般公共预算收入决算表"、"2015年度内蒙古自治区本级一般公共预算收支决算总表"、"2015年度内蒙古自治区本级一般公共预算收入决算表"、"2015年度内蒙古自治区一般公共预算支出决算表"、"2015年度内蒙古自治区本级一般公共预算支出决算表"、"2015年度内蒙古自治区本级一般公共预算基本支出经济分类决算表(试编)"、"2015年度内蒙古自治区本级一般公共预算对下转移支付决算表"、"2015年度内蒙古自治区本级一般公共预算对下税收返还和转移支付分地区决算表"8张一般公共预算的决算表格,以及"关于2015年内蒙古自治区本级一般公共预算收入决算说明"、"关于2015年度内蒙古自治区本级一般公共预算支出决算情况说明"、"关于2015年度内蒙古自治区本级对盟市转移支付情况说明"3份说明。从《中国财政年鉴》可获取内内蒙古自治区"省总预算公共预算收支总额"、"省总预算公共预算收入类级科目"、"省总预算公共预算收入款级科目"、"省总预算公共预算支出功能分类类级科目"这4项信息要素,从《内蒙古财政年鉴》和《内蒙古统计年鉴》可获取5个"省总预算公共预算支出功能分类款级科目"。《2015内蒙古财政年鉴》中的"2014年全区公共财政收支决算分级表"包含"省本级公共预算收入类级科目"、"省本级公共预算支出功能分类类级科目"、"地市本级公共预算收入类级科目"、"地市本级公共预算支出功能分类类级科目"、"县本级公共预算收入类级科目"、"县本级公共预算支出功能分类类级科目"、"乡级公共预算收入类级科目"、"乡级公共预算支出功能分类类级科目"8项信息要素。另外,"2015年度内蒙古自治区本级'三公'经费财政拨款支出决算统计表"、"关于2015年度内蒙古自治区本级'三公'经费财政拨款支出决算情况说明"也在内蒙古自治区财政厅网站公布。具体的信息公开方式及信息公开内容见表13－2。

表13－2　内蒙古自治区一般公共预算基金信息公开情况(2015)

编号	信息要素	未公开	依申请公开	网站公开	出版物公开	已公开信息项	应公开信息项
1	省总预算公共预算收支总额			√	√	2	2
2	省总预算公共预算收入类级科目			√	√	2	2
3	省总预算公共预算收入款级科目				√	22	22
4	省总预算公共预算收入项级科目	√				0	22
5	省总预算公共预算收入目级科目	√				0	22
6	省总预算公共预算支出功能分类类级科目			√	√	24	24
7	省总预算公共预算支出功能分类款级科目				√	5	24
8	省总预算公共预算支出功能分类项级科目	√				0	24
9	省总预算公共预算支出经济分类类级科目	√				0	10
10	省总预算公共预算支出经济分类款级科目	√				0	10
11	省本级公共预算收入类级科目			√	√	2	2
12	省本级公共预算支出功能分类类级科目			√	√	24	24
13	省本级公共预算支出经济分类类级科目				√	5	10
14	地市本级公共预算收入类级科目				√	2	2
15	地市本级公共预算支出功能分类类级科目				√	24	24
16	地市本级公共预算支出经济分类类级科目	√				0	10
17	县本级公共预算收入类级科目				√	2	2

编号	信息要素	未公开	依申请公开	网站公开	出版物公开	已公开信息项	应公开信息项
18	县本级公共预算支出功能分类类级科目				✓	24	24
19	县本级公共预算支出经济分类类级科目	✓				0	10
20	乡级公共预算收入类级科目				✓	2	2
21	乡级公共预算支出功能分类类级科目				✓	24	24
22	乡级公共预算支出经济分类类级科目	✓				0	10
23	各地市本级公共预算收入类级科目	✓				0	1
24	各地市本级公共预算支出功能分类类级科目	✓				0	1
25	各地市本级公共预算支出经济分类类级科目	✓				0	1
26	各县本级公共预算收入类级科目	✓				0	1
27	各县本级公共预算支出功能分类类级科目	✓				0	1
28	各县本级公共预算支出经济分类类级科目	✓				0	1

一般公共预算基金透明度得分计算方法为：

$$\left(\sum_{i=1}^{28}\frac{已公开信息项_i}{应公开信息项_i}\times 二级权重_i\right)\times 100 \Big/ \sum_{i=1}^{28}二级权重_i$$

根据该计算方法，可以得出内蒙古自治区一般公共预算基金透明度得分为44.74分，比31个省份一般公共预算基金透明度的平均得分低13.12分，在该单项信息排名中位列第24名。

13.3 内蒙古自治区政府性基金信息公开情况

政府性基金透明度评分指标根据"政府性基金收支决算总表"、"政府性基金收支及结余情况表"、"政府性基金收支决算分级表"、"政府性基金收支及平衡情况表"这4张决算表格设计而成。其中，前两张决算表格调查的内容是省总预算的收支情况，各项信息要素权重为2；后两张决算表格调查的内容是省本级和省以下各级地方政府的收支情况，各项信息要素权重为1。另外，项目组还提出了政府性基金经济分类支出信息公开的申请。

内蒙古自治区财政厅网站公开了"2015年度内蒙古自治区政府性基金收入决算表"、"2015年度内蒙古自治区本级政府性基金收支决算总表"、"2015年度内蒙古自治区本级政府性基金收入决算表"、"2015年度内蒙古自治区政府性基金支出决算表"、"2015年度内蒙古自治区本级政府性基金支出决算表"、"2015年度内蒙古自治区本级政府性基金对下转移性支付决算表"以及"关于2015年度内蒙古自治区本级政府性基金情况说明"。《2015内蒙古财政年鉴》中的"2014年全区政府性基金收支决算分级表"包含"省本级政府性基金预算收入款级科目"、"省本级政府性基金预算支出功能分类类级科目"、"地市本级政府性基金预算收入款级科目"、"地市本级政府性基金预算支出功能分类类级科目"、"县本级政府性基金预算收入款级科目"、"县本级政府性基金预算支出功能分类类级科目"、"乡级政府性基金预算收入款级科目"、"乡级政府性基金预算支出功能分类类级科目"这8项信息要素。具体的信息公开方式及信息公开内容见表13-3。

表13-3　　内蒙古自治区政府性基金信息公开情况（2015）

编号	信息要素	未公开	依申请公开	网站公开	出版物公开	已公开信息项	应公开信息项
1	省总预算政府性基金预算收支总额			√	√	2	2
2	省总预算政府性基金预算收入款级科目			√	√	1	1
3	省总预算政府性基金预算收入项级科目			√		1	1
4	省总预算政府性基金预算收入目级科目	√				0	1
5	省总预算政府性基金预算支出功能分类类级科目				√	10	10
6	省总预算政府性基金预算支出功能分类款级科目			√		10	10
7	省总预算政府性基金预算支出功能分类项级科目	√				0	10
8	省总预算政府性基金预算支出经济分类类级科目	√				0	10
9	省总预算政府性基金预算支出经济分类款级科目	√				0	10
10	省本级政府性基金预算收入款级科目			√	√	1	1
11	省本级政府性基金预算支出功能分类类级科目			√	√	10	10
12	省本级政府性基金预算支出经济分类类级科目	√				0	10
13	地市本级政府性基金预算收入款级科目			√		1	1
14	地市本级政府性基金预算支出功能分类类级科目			√		10	10
15	地市本级政府性基金预算支出经济分类类级科目	√				0	10
16	县本级政府性基金预算收入款级科目			√		1	1

续表

编号	信息要素	未公开	依申请公开	网站公开	出版物公开	已公开信息项	应公开信息项
17	县本级政府性基金预算支出功能分类类级科目				√	10	10
18	县本级政府性基金预算支出经济分类类级科目	√				0	10
19	乡级政府性基金预算收入款级科目				√	1	1
20	乡级政府性基金预算支出功能分类类级科目				√	10	10
21	乡级政府性基金预算支出经济分类类级科目	√				0	10
22	各地市本级政府性基金预算收入款级科目	√				0	1
23	各地市本级政府性基金预算支出功能分类类级科目	√				0	1
24	各地市本级政府性基金预算支出经济分类类级科目	√				0	1
25	各县本级政府性基金预算收入款级科目	√				0	1
26	各县本级政府性基金预算支出功能分类类级科目	√				0	1
27	各县本级政府性基金预算支出经济分类类级科目	√				0	1

政府性基金透明度得分计算方法为：

$$\left(\sum_{i=1}^{27}\frac{\text{已公开信息项}_i}{\text{应公开信息项}_i}\times\text{二级权重}_i\right)\times 100/\sum_{i=1}^{27}\text{二级权重}_i$$

根据该计算方法，可以得出内蒙古自治区政府性基金透明度得分为50分，比31个省份政府性基金透明度的平均得分高2.1分，在该单项信息排名中位列第15名。

13.4 内蒙古自治区财政专户管理资金信息公开情况

财政专户管理资金透明度评分指标根据"财政专户管理资金收支总表"、"财政专户管理资金收入明细表"、"财政专户管理资金支出功能分类明细表"、"财政专户管理资金收支分级表"和"财政专户管理资金收支及平衡情况表"这5张决算表格设计而成。其中，涉及省总预算财政专户的各项信息要素权重为2，其余省本级和省以下各级地方政府财政专户的各项信息要素权重为1。

财政部不再统一要求地方政府在2015年度政府决算中编制财政专户管

理资金的相关表格。《2015内蒙古财政年鉴》公布了"2004－2014年全区财政专户管理资金收支总额及增长速度"、"2014年全区财政专户管理资金收支表"。具体的信息公开方式及信息公开内容见表13－4。

表13－4　内蒙古自治区财政专户管理资金信息公开情况(2015)

编号	信息要素	未公开	依申请公开	网站公开	出版物公开	已公开信息项	应公开信息项
1	省总预算财政专户收支总额				✓	2	2
2	省总预算财政专户收入款级科目				✓	2	2
3	省总预算财政专户收入项级科目	✓			✓	1	2
4	省总预算财政专户收入目级科目	✓				0	2
5	省总预算财政专户支出功能分类类级科目				✓	22	22
6	省总预算财政专户支出功能分类款级科目	✓				0	22
7	省总预算财政专户支出功能分类项级科目	✓				0	22
8	省总预算财政专户支出经济分类类级科目	✓				0	10
9	省总预算财政专户支出经济分类款级科目	✓				0	10
10	省本级财政专户收入款级科目	✓				0	2
11	省本级财政专户支出功能分类类级科目	✓				0	22
12	省本级财政专户支出经济分类类级科目	✓				0	10
13	地市本级财政专户收入款级科目	✓				0	2
14	地市本级财政专户支出功能分类类级科目	✓				0	22
15	地市本级财政专户支出经济分类类级科目	✓				0	10
16	县本级财政专户收入款级科目	✓				0	2
17	县本级财政专户支出功能分类类级科目	✓				0	22
18	县本级财政专户支出经济分类类级科目	✓				0	10
19	乡级财政专户收入款级科目	✓				0	2
20	乡级财政专户支出功能分类类级科目	✓				0	22
21	乡级财政专户支出经济分类类级科目	✓				0	10
22	各地市本级财政专户收入款级科目	✓				0	1
23	各地市本级财政专户支出功能分类类级科目	✓				0	1
24	各地市本级财政专户支出经济分类类级科目	✓				0	1
25	各县本级财政专户收入款级科目	✓				0	1
26	各县本级财政专户支出功能分类类级科目	✓				0	1
27	各县本级财政专户支出经济分类类级科目	✓				0	1

财政专户管理资金透明度得分计算方法为：

$$\left(\sum_{i=1}^{27}\frac{已公开信息项}{应公开信息项}\times 二级权重\right)\times 100 / \sum_{i=1}^{27}二级权重$$

根据该计算方法，可以得出内蒙古自治区财政专户管理资金透明度得分为19.44分，比31个省份财政专户管理资金透明度的平均得分高14.76分，在该单项信息排名中与河北、广西并列第3名。

13.5 内蒙古自治区国有资本经营预算基金信息公开情况

国有资本经营预算基金透明度评分指标根据"国有资本经营收支决算总表"、"国有资本经营收支决算明细表"、"国有资本经营收支决算分级表"和"国有资本经营收支及平衡情况表"这4张决算表格设计而成。其中，前两张决算表格调查的内容是省总预算的收支情况，各项信息要素权重为2；后两张决算表格调查的内容是省本级和省以下各级地方政府的收支情况，各项信息要素权重为1。

内蒙古自治区财政厅网站公开了"2015年度内蒙古自治区国有资本经营收入决算表"、"2015年度内蒙古自治区本级国有资本经营收支决算总表"、"2015年度内蒙古自治区本级国有资本经营收入决算表"、"2015年度内蒙古自治区国有资本经营支出决算表"、"2015年度内蒙古自治区本级国有资本经营支出决算表"。《2015内蒙古财政年鉴》公开了"2014年全区国有资本经营预算、决算收支表"和"2014年全区国有资本经营收支决算分级表"（县级和乡镇级无收支）。具体的信息公开方式及信息公开内容见表13-5。

表13-5 内蒙古自治区国有资本经营预算基金信息公开情况(2015)

编号	信息要素	未公开	依申请公开	网站公开	出版物公开	已公开信息项	应公开信息项
1	国有资本经营预算收支总额			√		2	2
2	国有资本经营预算收入款级科目			√		1	1
3	国有资本经营预算收入项级科目			√	√	5	5
4	国有资本经营预算收入目级科目	√				0	5
5	国有资本经营预算支出功能分类类级科目			√	√	11	11
6	国有资本经营预算支出功能分类款级科目	√				0	1
7	国有资本经营预算支出功能分类项级科目	√				0	1

续表

编号	信息要素	未公开	依申请公开	网站公开	出版物公开	已公开信息项	应公开信息项
8	国有资本经营预算支出经济分类类级科目	√				0	3
9	国有资本经营预算支出经济分类款级科目	√				0	3
10	省本级国有资本经营预算收入款级科目			√	√	5	5
11	省本级国有资本经营预算支出功能分类类级科目			√	√	11	11
12	省本级国有资本经营预算支出经济分类类级科目	√				0	3
13	地市本级国有资本经营预算收入款级科目				√	5	5
14	地市本级国有资本经营预算支出功能分类类级科目				√	11	11
15	地市本级国有资本经营预算支出经济分类类级科目	√				0	3
16	县本级国有资本经营预算收入款级科目				√	5	5
17	县本级国有资本经营预算支出功能分类类级科目				√	11	11
18	县本级国有资本经营预算支出经济分类类级科目	√				0	3
19	乡级国有资本经营预算收入款级科目				√	5	5
20	乡级国有资本经营预算支出功能分类类级科目				√	11	11
21	乡级国有资本经营预算支出经济分类类级科目	√				0	3
22	各地市本级国有资本经营预算收入款级科目	√				0	5
23	各地市本级国有资本经营预算支出功能分类类级科目	√				0	11
24	各地市本级国有资本经营预算支出经济分类类级科目	√				0	3
25	各县本级国有资本经营预算收入款级科目	√				0	5
26	各县本级国有资本经营预算支出功能分类类级科目	√				0	11
27	各县本级国有资本经营预算支出经济分类类级科目	√				0	3

国有资本经营预算基金透明度得分计算方法为：

$$\left(\sum_{i=1}^{27}\frac{已公开信息项_i}{应公开信息项_i}\times 二级权重_i\right)\times 100/\sum_{i=1}^{27}二级权重_i$$

根据该计算方法,可以得出内蒙古自治区国有资本经营预算基金透明度得分为44.44分,比31个省份国有资本经营预算基金透明度的平均得分高

0.8分，在该单项信息排名中与黑龙江、云南并列第13名。

13.6 内蒙古自治区政府资产负债信息公开情况

政府资产负债涵盖除社会保险基金和国有企业基金之外的所有政府资产与负债，包括一般公共预算基金、政府性基金、国有资本经营预算基金、财政专户管理资金所形成的资产和负债。具体指标包括资产类指标金融资产（存款、有价证券、在途款、暂付款）和固定资产（地产、房产建筑、设备）、负债类指标短期负债（暂存款、应付款、短期借款）和长期负债（1～3年、3～5年、5年以上）、净资产类指标金融净资产（预算结余、基金预算结余、国有资本经营预算结余、专用基金结余、财政专户管理资金结余、预算稳定调节基金、预算周转金）和非金融净资产。

项目组未获取"2015年度内蒙古自治区预算资金年终资产负债表"和"财政专户管理资金年终资产负债表"，见表13－6。内蒙古自治区政府资产负债透明度得分为零分。

表13－6　内蒙古自治区政府资产负债信息公开情况（2015）

编号	信息要素	未公开	依申请公开	网站公开	出版物公开	已公开信息项	应公开信息项
1	政府资产负债总额	√				0	2
2	政府资产一级分类信息	√				0	2
3	政府资产二级分类信息	√				0	7
4	政府负债一级分类信息	√				0	2
5	政府负债二级分类信息	√				0	6
6	政府净资产一级分类信息	√				0	2
7	政府净资产二级分类信息	√				0	7

值得注意的是，内蒙古自治区财政厅公开了"2015年度内蒙古自治区地方政府债务余额情况表"、"2015年度内蒙古自治区本级地方政府债务余额情况表"、"关于2015年内蒙古自治区本级地方政府债务举借情况说明"，见表13－7。

表13-7　内蒙古自治区地方政府债务余额情况(2015)　　　　　　单位:万元

项　目	预算数	决算数
本年地方政府债务余额限额	56 754 500	
一般债务	46 678 300	
专项债务	10 076 200	
年末地方政府债务余额		54 552 122
一般债务		45 348 153
专项债务		9 203 969

13.7　内蒙古自治区部门预算及相关信息公开情况

项目组选取自治区人民政府办公厅、人大常委会办公厅、政协办公厅、教育厅、财政厅、国家税务局、地方税务局、工商行政管理局、卫生和计划生育委员会、交通运输厅、环境保护厅11个省级部门作为调查对象,部门预算及相关信息透明度最终得分是这11个部门预算及相关信息透明度的平均数。每个部门的透明度评估指标涉及三大类型:关于预算单位的财务信息、关于预算单位的人员信息、关于机构的信息。具体决算表格为"收入支出决算总表"、"支出决算表"、"支出决算明细表"、"基本支出决算明细表"、"项目支出决算明细表"、"资产负债表"、"基本数字表"、"机构人员情况表"。

内蒙古自治区国家税务局依申请公开了部门决算相关表格,其余10个部门都在门户网站上公开了2015年度部门决算。各部门主动公开的部门决算信息基本是一致的,下面以内蒙古自治区地方税务局为例,给出部门预算及相关信息透明度得分的计算。

"内蒙古自治区地方税务局2015年度决算公开说明(全区地税系统)"包括八部分:第一部分是基本情况,包括地税系统概况及主要职能、部门决算单位构成情况;第二部分是2015年预算执行情况;第三部分是决算数据比上年增减变化情况;第四部分是财政拨款"三公"经费支出比上年增减变化情况;第五部分是"三公"经费支出对应实物量指标比上年增减变化情况;第六部分是一般公共预算财政拨款机关运行经费支出比上年增减变化情况;第七部分是国有资产占用比上年增减变化情况;第八部分是附件"2015年内蒙古自治区地方税务局决算公开表(全系统)"。具体公开的决算表格是"收入支出决算总表"、"收入决算表"、"支出决算表"、"财政拨款收入支出决算总表"、"一般公共预算财政拨款支出决算表"、"一般公共预算财政拨款基本支出决算表"、"政府性基金预算财政拨款支出决算表"、"部门决算相关信息统计表"（包括财政拨款"三公"经费支出、一般公共预算财政拨款机关运行经费支出、财政性资金政府采购支出、国有资产占用情况等信息）8张决算表格。具体的信息公开方式及信息公开内容见表13-8。

表13-8 内蒙古自治区地方税务局部门预算及相关信息公开情况（2015）

编号	信息要素	未公开	依申请公开	网站公开	出版物公开	得分
1	部门收入分类			√		1
2	部门支出功能分类类级科目			√		1
3	部门支出功能分类款级科目			√		1
4	部门支出功能分类项级科目			√		1
5	部门支出经济分类类级科目	√				0
6	部门支出经济分类款级科目	√				0
7	基本支出功能分类类级科目			√		1
8	基本支出功能分类款级科目			√		1
9	基本支出功能分类项级科目			√		1
10	基本支出经济分类类级科目			√		1
11	基本支出经济分类款级科目			√		1
12	项目支出功能分类类级科目			√		1
13	项目支出功能分类款级科目			√		1
14	项目支出功能分类项级科目			√		1
15	项目支出经济分类类级科目	√				0
16	项目支出经济分类款级科目	√				0
17	资产一级分类	√				0
18	资产二级分类	√				0
19	资产三级分类	√				0
20	其他补充资产信息	√				0
21	人员编制总数及各类人员编制数	√				0
22	年末实有人员总数及类型	√				0

续表

编号	信息要素	未公开	依申请公开	网站公开	出版物公开	得分
23	按经费来源划分的各类人员数	√				0
24	部门机构一级信息	√				0
25	部门机构二级信息	√				0
26	部门机构三级信息	√				0

内蒙古自治区地方税务局部门预算及相关信息透明度得分为[(1+1+1+1+1+1+1+1+1+1+1+1)÷26]×100＝46.15分。计算11个部门预算及相关信息透明度的平均得分,得到内蒙古自治区部门预算及相关信息透明度最终得分为47.6分,比31个省份部门预算及相关信息透明度的平均得分高0.28分,在该单项信息排名中位列第13名。

13.8 内蒙古自治区社会保险基金信息公开情况

社会保险基金透明度评分指标主要根据"社会保险基金资产负债表"、"企业职工基本养老保险基金收支表"、"失业保险基金收支表"、"城镇职工基本医疗保险基金收支表"、"工伤保险基金收支表"、"生育保险基金收支表"、"居民社会养老保险基金收支表"、"城乡居民基本医疗保险基金收支表"、"新型农村合作医疗基金收支表"、"城镇居民基本医疗保险基金收支表"、"社会保障基金财政专户资产负债表"、"社会保障基金财政专户收支表"、"财政对社会保险基金补助资金情况表"、"企业职工基本养老保险补充资料表"、"失业保险补充资料表"、"城镇职工医疗保险、工伤保险、生育保险补充资料表"、"居民社会养老保险补充资料表"、"居民基本医疗保险补充资料表"、"其他养老保险情况表"、"其他医疗保障情况表"这20张决算表格设计而成。

内蒙古自治区财政厅网站公布了"2015年度内蒙古自治区社会保险基金收支情况表"和"2015年度内蒙古自治区本级社会保险基金收支情况表";依申请公开了"二〇一五年社会保险基金资产负债表"等20张社会保险基金收支决算表格,从中可以得到表13－9中除第10项、第13项和第14项信息要素外的相关收支信息,其中一些信息要素公开内容不全面。具体的信息公开方式及信息公开内容见表13－9。

表 13－9　　　　内蒙古自治区社会保险基金信息公开情况(2015)

编号	信息要素	未公开	依申请公开	网站公开	出版物公开	得分
1	各项社会保险基金的收支总额			√		1
2	各项社会保险基金的收入款级科目			√		1
3	各项社会保险基金的收入项级科目		√			1
4	各项社会保险基金的支出款级科目			√		1
5	各项社会保险基金的支出项级科目		√			1
6	各项社会保险基金收支分级信息（类级科目）		部分信息			0.8
7	各项社会保险基金的基本数字(类级科目)		√			1
8	各项社会保险基金资产的类级科目		√			1
9	各项社会保险基金资产的款级科目		√			1
10	各项社会保险基金资产的项级科目	√				0
11	各项社会保险基金负债的类级科目		√			1
12	各项社会保险基金负债的款级科目		√			1
13	各项社会保险基金负债的项级科目	√				0
14	养老基金的长期收支预测	√				0

内蒙古自治区社会保险基金透明度得分为[(1+1+1+1+1+0.8+1+1+1+1+1)÷14]×100=77.14分,比31个省份社会保险基金透明度的平均得分高28.03分,在该单项信息排名中与其他10个省份并列第1名。

13.9　内蒙古自治区国有企业基金信息公开情况

国有企业基金透明度评分指标的构成内容包括:①国有企业的总量6项指标(国有企业的收入、费用、利润总额、资产、负债及所有者权益总额);②国有企业的总量4张表(资产负债表、利润表、现金流量表、所有者权益变动表);③政府直属企业按户公布的8项指标(资产总额、负债总额、所有者权益总额、国有资本及权益总额、营业总收入、利润总额、净利润总额、归属母公司所有者权益的净利润);④政府直属企业是否按照国内上市公司的信息披露要求公布企业运营状况。

内蒙古自治区有关部门依申请公开了2015年度的"本级企业资产负债表"、"本级企业所有者权益变动表"、"本级企业利润表"、"本级企业现金流量表"。《2015内蒙古财政年鉴》公布了"2010－2014年全区地方国有企业资产、负债、所有者权益总额"、"2007－2014年全区国有企业资产、负债、所有者权益主要项目构成"和"2014年全区地方国有企业盈利和亏损情况表"。具体的信息公开方式及信息公开内容见表13－10。

表13－10　　内蒙古自治区国有企业基金信息公开情况(2015)

编号	信息要素	未公开	依申请公开	网站公开	出版物公开	得分
1	国有企业的收入、费用和利润总额		√			1
2	国有企业的资产、负债及所有者权益总额		√			1
3	国有企业资产负债表		√			1
4	国有企业利润表		√			1
5	国有企业现金流量表		√		部分信息	1
6	国有企业所有者权益变动表		√			1
7	政府直属企业主要指标表		部分信息			0.4
8	政府直属企业达到与国内上市公司同等信息披露要求	√				0

内蒙古自治区国有企业基金透明度得分为[(1+1+1+1+1+1+0.4)÷8]×100＝80分，比31个省份国有企业基金透明度的平均得分高22.22分，在该单项信息排名中位列第6名。

13.10　基本结论

内蒙古自治区在2017年财政透明度调查过程中的答复情况相对较差,如在部门预算及相关信息透明度调查过程中,项目组收到了内蒙古自治区财政厅、国家税务局、地方税务局、卫生和计划生育委员会、交通运输厅这5个部门的政府信息公开申请答复,答复率不到50%,态度得分为72.75分,单项得分排名为第22名。

综合各项信息要素得分,内蒙古自治区2017年财政透明度的最终得分为44.74×25%＋50.00×8%＋19.44×4%＋44.44×2%＋0×9%＋47.60×15%＋77.14×19%＋80.00×15%＋72.75×3%＝52.83分。

我们认为,内蒙古自治区可以在一般公共预算基金、政府性基金、国有资本经营预算基金、社会保险基金的省总预算(决算)信息公开方面加大工作力度,以政府预决算公开专栏的方式加大内蒙古全区预决算信息公开的详细程度。部门预决算的信息公开详细程度也有待进一步加强。

14 广东省财政透明度报告

14.1 广东省财政透明度概况

中共十八大以来,广东省贯彻落实新《预算法》关于预决算公开的相关规定和中共中央办公厅、国务院办公厅《关于进一步推进预算公开工作的意见》的相关规定,积极推进财政信息公开工作。

2016年,广东省财政厅细化预算编制,2016年预算草案进一步在细化预算编制、提高透明度方面下功夫,实现"五个首次",包括首次编制《预算报告资金安排附表》;首次分地区编制《税收返还和转移支付补助预算表》;首次公开地方政府债务预算;首次建立网上微信公众平台;首次将市县级检察院、法院共284个单位纳入部门预算编制。广东省财政厅严格公开时限,2016年省级政府预算、2015年省级政府决算分别于2月2日和8月1日,即省人大批准后的3日、4日内,在广东省财政厅门户网站公开,早于预算法规定的时限要求(20日内)。在部门预决算和"三公"经费公开方面,截至2016年底,在省直118个非涉密部门中有116个公开了2016年部门预决算,有116个省级部门向社会公开了2016年部门"三公"经费预算信息,有113个省级部门向社会公开了2015年部门"三公"经费决算信息。[①]

综合政府网站公开资料、《广东统计年鉴》、《广东财政年鉴》和被调查部门

---

① 相关资料来自《广东省财政厅2016年政府信息公开工作年度报告》。

的信息反馈情况,项目组计算得出广东省财政透明度得分。从图14—1可知,2009—2013年,广东省财政透明度得分一直在30分以下,2014年以后透明度得分稳步提升。2017年,广东省财政透明度的最终得分为52.78分,在31个省份中排在第14名。2017年广东省透明度得分上升但排名下降的原因是山东省等省份较大幅度增加了依申请公开力度。

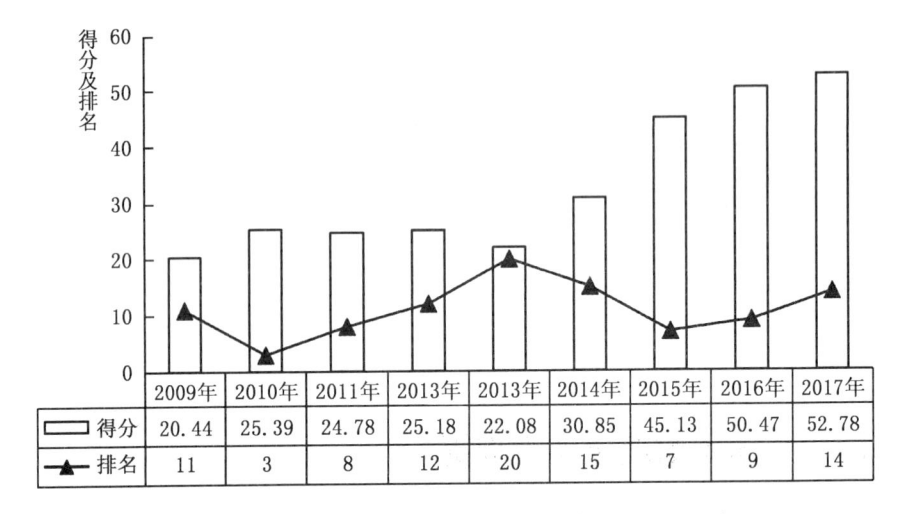

图14—1　广东省财政透明度得分及排名(2009—2017)

年份	2009年	2010年	2011年	2013年	2013年	2014年	2015年	2016年	2017年
得分	20.44	25.39	24.78	25.18	22.08	30.85	45.13	50.47	52.78
排名	11	3	8	12	20	15	7	9	14

就2017年广东省财政透明度得分的各项构成情况(见表14—1)来看,在"四本预算"透明度中,社会保险基金透明度得分高于31个省份的平均得分,一般公共预算基金、政府性基金和国有资本经营预算基金的透明度得分低于31个省份的平均得分。另外,广东省部门预算及相关信息、国有企业基金的透明度得分相对较好,但财政专户管理资金和政府资产负债透明度得分均为零分。

表14—1　广东省各调查信息要素的透明度得分(2017)

	一般公共预算基金	政府性基金	财政专户管理资金	国有资本经营预算基金	政府资产负债	部门预算及相关信息	社会保险基金	国有企业基金	被调查者态度
权重	25%	8%	4%	2%	9%	15%	19%	15%	3%
31个省份平均百分制得分	57.86	47.90	4.68	43.64	17.71	47.32	49.11	57.78	77.27
广东省百分制得分	50.24	33.33	0.00	27.78	0.00	58.80	74.76	75.00	90.90

14.2 广东省一般公共预算基金信息公开情况

一般公共预算基金透明度评分指标主要根据财政部要求编制的"公共财政收支决算总表"、"公共财政收入决算明细表"、"公共财政支出决算功能分类明细表"、"公共财政收支决算分级表"、"公共财政收支及平衡情况表"这5张决算表格设计而成。其中,前三张决算表格调查的内容是省总预算的收支情况,各项信息要素权重为2;后两张决算表格调查的内容是省本级和省以下各级地方政府的收支情况,各项信息要素权重为1。另外,项目组还提出了一般公共预算经济分类支出信息公开的申请。

广东省财政厅网站公布的决算表格有"2015年广东省省级一般公共预算收支决算表"、"2015年广东省省级一般公共预算收入决算表"、"2015年广东省省级中央补助收入决算表"、"2015年广东省省级一般公共预算支出决算表"、"2015年省本级一般公共预算支出决算表(按经济分类)"、"2015年广东省税收返还分地区表"、"2015年广东省一般性转移支付分地区表"、"2015年广东省专项转移支付分项目表"、"2015年广东省专项转移支付分地区表"、"2015年广东省省级上年结转资金决算表",相应的3个得分信息要素是"省本级公共预算收入类级科目"、"省本级公共预算支出功能分类类级科目"和"省本级公共预算支出经济分类类级科目"。

《2016广东财政年鉴》包括"2015年度广东省一般公共预算收支决算总表",相应的3个得分信息要素是"省总预算公共预算收支总额"、"省总预算公共预算收入类级科目"、"省总预算公共预算收入款级科目"、"省总预算公共预算支出功能分类类级科目",其中"省总预算公共预算收入项级科目"部分得分。《2015广东统计年鉴》中的"各市财政收支(2015年)"包含两个得分信息要素"各地市本级公共预算收入类级科目"和"各地市本级公共预算支出功能分类类级科目"。

另外,《广东省2015年预算执行情况和2016年预算草案》公布了"2015年全省一般公共预算收入执行情况表"、"2015年全省各市一般公共预算收入执行情况表"、"2015年全省一般公共预算执行情况表"、"2015年全省各市一般公共预算支出执行情况表"、"2015年省级一般公共预算收入执行情况表"、"2015年省级一般公共预算支出执行情况表"。具体的信息公开方式及信息公开内容见表14—2。

表 14-2　　广东省一般公共预算基金信息公开情况 (2015)

编号	信息要素	未公开	依申请公开	网站公开	出版物公开	已公开信息项	应公开信息项
1	省总预算公共预算收支总额				✓	2	2
2	省总预算公共预算收入类级科目				✓	2	2
3	省总预算公共预算收入款级科目				✓	22	22
4	省总预算公共预算收入项级科目				✓	1	22
5	省总预算公共预算收入目级科目	✓				0	22
6	省总预算公共预算支出功能分类类级科目			✓	✓	24	24
7	省总预算公共预算支出功能分类款级科目	✓				0	24
8	省总预算公共预算支出功能分类项级科目	✓				0	24
9	省总预算公共预算支出经济分类类级科目	✓				0	10
10	省总预算公共预算支出经济分类款级科目	✓				0	10
11	省本级公共预算收入类级科目			✓	✓	2	2
12	省本级公共预算支出功能分类类级科目			✓	✓	24	24
13	省本级公共预算支出经济分类类级科目				✓	10	10
14	地市本级公共预算收入类级科目				✓	2	2
15	地市本级公共预算支出功能分类类级科目				✓	24	24
16	地市本级公共预算支出经济分类类级科目	✓				0	10
17	县本级公共预算收入类级科目				✓	2	2
18	县本级公共预算支出功能分类类级科目				✓	24	24
19	县本级公共预算支出经济分类类级科目	✓				0	10
20	乡级公共预算收入类级科目				✓	2	2
21	乡级公共预算支出功能分类类级科目				✓	24	24
22	乡级公共预算支出经济分类类级科目	✓				0	10
23	各地市本级公共预算收入类级科目				✓	1	1
24	各地市本级公共预算支出功能分类类级科目				✓	1	1
25	各地市本级公共预算支出经济分类类级科目	✓				0	1
26	各县本级公共预算收入类级科目	✓				0	1
27	各县本级公共预算支出功能分类类级科目	✓				0	1
28	各县本级公共预算支出经济分类类级科目	✓				0	1

一般公共预算基金透明度得分计算方法为：

$$\left(\sum_{i=1}^{28}\frac{已公开信息项_i}{应公开信息项_i}\times 二级权重_i\right)\times 100/\sum_{i=1}^{28}二级权重_i$$

根据该计算方法，可以得出广东省一般公共预算基金透明度得分为50.24分，比31个省份一般公共预算基金透明度的平均得分低7.62分，在该单项信息排名中位列第21名。

14.3 广东省政府性基金信息公开情况

政府性基金透明度评分指标根据"政府性基金收支决算总表"、"政府性基金收支及结余情况表"、"政府性基金收支决算分级表"、"政府性基金收支及平衡情况表"这4张决算表格设计而成。其中，前两张决算表格调查的内容是省总预算的收支情况，各项信息要素权重为2；后两张决算表格调查的内容是省本级和省以下各级地方政府的收支情况，各项信息要素权重为1。另外，项目组还提出了政府性基金经济分类支出信息公开的申请。

广东省财政厅网站公布了"2015年广东省省级政府性基金收入决算表"和"2015年广东省省级政府性基金支出决算表"，得分的两个信息要素为"省本级政府性基金预算收入款级科目"和"省本级政府性基金预算支出功能分类类级科目"。另外，《广东省2015年预算执行情况和2016年预算草案》公布了"2015年全省政府性基金预算收入执行情况表"、"2015年全省政府性基金预算支出执行情况表"、"2015年省级政府性基金预算收入执行情况表"、"2015年省级政府性基金预算支出执行情况表"，视同得分的4个信息要素是"省总预算政府性基金预算收支总额"、"省总预算政府性基金预算收入款级科目"、"省总预算政府性基金预算收入项级科目"和"省总预算政府性基金预算支出功能分类款级科目"。具体的信息公开方式及信息公开内容见表14-3。

表14-3　　广东省政府性基金信息公开情况（2015）

编号	信息要素	未公开	依申请公开	网站公开	出版物公开	已公开信息项	应公开信息项
1	省总预算政府性基金预算收支总额			√		2	2
2	省总预算政府性基金预算收入款级科目			√		1	1
3	省总预算政府性基金预算收入项级科目			√		1	1
4	省总预算政府性基金预算收入目级科目	√				0	1
5	省总预算政府性基金预算支出功能分类类级科目			√		10	10

续表

编号	信息要素	未公开	依申请公开	网站公开	出版物公开	已公开信息项	应公开信息项
6	省总预算政府性基金预算支出功能分类款级科目			✓		10	10
7	省总预算政府性基金预算支出功能分类项级科目	✓				0	10
8	省总预算政府性基金预算支出经济分类类级科目	✓				0	10
9	省总预算政府性基金预算支出经济分类款级科目	✓				0	10
10	省本级政府性基金预算收入款级科目			✓		1	1
11	省本级政府性基金预算支出功能分类类级科目			✓		10	10
12	省本级政府性基金预算支出经济分类类级科目	✓				0	10
13	地市本级政府性基金预算收入款级科目	✓				0	1
14	地市本级政府性基金预算支出功能分类类级科目	✓				0	10
15	地市本级政府性基金预算支出经济分类类级科目	✓				0	10
16	县本级政府性基金预算收入款级科目	✓				0	1
17	县本级政府性基金预算支出功能分类类级科目	✓				0	10
18	县本级政府性基金预算支出经济分类类级科目	✓				0	10
19	乡级政府性基金预算收入款级科目	✓				0	1
20	乡级政府性基金预算支出功能分类类级科目	✓				0	10
21	乡级政府性基金预算支出经济分类类级科目	✓				0	10
22	各地市本级政府性基金预算收入款级科目	✓				0	1
23	各地市本级政府性基金预算支出功能分类类级科目	✓				0	1
24	各地市本级政府性基金预算支出经济分类类级科目	✓				0	1
25	各县本级政府性基金预算收入款级科目	✓				0	1
26	各县本级政府性基金预算支出功能分类类级科目	✓				0	1
27	各县本级政府性基金预算支出经济分类类级科目	✓				0	1

政府性基金透明度得分计算方法为：

$$\left(\sum_{i=1}^{27}\frac{已公开信息项_i}{应公开信息项_i}\times 二级权重_i\right)\times 100/\sum_{i=1}^{27}二级权重_i$$

根据该计算方法，可以得出广东省政府性基金透明度得分为33.33分，比31个省份政府性基金透明度的平均得分低14.57分，在该单项信息排名中与其他6个省份并列第18名。

14.4 广东省财政专户管理资金信息公开情况

财政专户管理资金透明度评分指标根据"财政专户管理资金收支总表"、"财政专户管理资金收入明细表"、"财政专户管理资金支出功能分类明细表"、"财政专户管理资金收支分级表"和"财政专户管理资金收支及平衡情况表"这5张决算表格设计而成。其中，涉及省总预算财政专户的各项信息要素权重为2，其余省本级和省以下各级地方政府财政专户的各项信息要素权重为1。

财政部不再统一要求地方政府在2015年度政府决算中编制财政专户管理资金的相关表格。项目组未获取广东省2015年度任何财政专户管理资金的收支信息，见表14-4。广东省财政专户管理资金透明度得分为零分。

表14-4　　广东省财政专户管理资金信息公开情况（2015）

编号	信息要素	未公开	依申请公开	网站公开	出版物公开	已公开信息项	应公开信息项
1	省总预算财政专户收支总额	√				0	2
2	省总预算财政专户收入款级科目	√				0	2
3	省总预算财政专户收入项级科目	√				0	2
4	省总预算财政专户收入目级科目	√				0	2
5	省总预算财政专户支出功能分类类级科目	√				0	22
6	省总预算财政专户支出功能分类款级科目	√				0	22
7	省总预算财政专户支出功能分类项级科目	√				0	22
8	省总预算财政专户支出经济分类类级科目	√				0	10
9	省总预算财政专户支出经济分类款级科目	√				0	10
10	省本级财政专户收入款级科目	√				0	2
11	省本级财政专户支出功能分类类级科目	√				0	22
12	省本级财政专户支出经济分类类级科目	√				0	10
13	地市本级财政专户收入款级科目	√				0	2

续表

编号	信息要素	未公开	依申请公开	网站公开	出版物公开	已公开信息项	应公开信息项
14	地市本级财政专户支出功能分类类级科目	√				0	22
15	地市本级财政专户支出经济分类类级科目	√				0	10
16	县本级财政专户收入款级科目	√				0	2
17	县本级财政专户支出功能分类类级科目	√				0	22
18	县本级财政专户支出经济分类类级科目	√				0	10
19	乡级财政专户收入款级科目	√				0	2
20	乡级财政专户支出功能分类类级科目	√				0	22
21	乡级财政专户支出经济分类类级科目	√				0	10
22	各地市本级财政专户收入款级科目	√				0	1
23	各地市本级财政专户支出功能分类类级科目	√				0	1
24	各地市本级财政专户支出经济分类类级科目	√				0	1
25	各县本级财政专户收入款级科目	√				0	1
26	各县本级财政专户支出功能分类类级科目	√				0	1
27	各县本级财政专户支出经济分类类级科目	√				0	1

14.5 广东省国有资本经营预算基金信息公开情况

国有资本经营预算基金透明度评分指标根据"国有资本经营收支决算总表"、"国有资本经营收支决算明细表"、"国有资本经营收支决算分级表"和"国有资本经营收支及平衡情况表"这4张决算表格设计而成。其中,前两张决算表格调查的内容是省总预算的收支情况,各项信息要素权重为2;后两张决算表格调查的内容是省本级和省以下各级地方政府的收支情况,各项信息要素权重为1。

广东省财政厅网站公布了"2015年省级国有资本经营收支决算总表"、"2015年省级国有资本经营收入决算表"、"2015年省级国有资本经营支出决算表"。另外,《广东省2015年预算执行情况和2016年预算草案》公布了"2015年广东省国有资本经营预算收支执行总表"、"2015年广东省省级国有资本经营预算收支执行总表"、"2015年广东省省级国有资本经营预算收入执行情况表"和"2015年广东省省级国有资本经营预算支出执行情况表"。具体的信息公开方式及信息公开内容见表14-5。

表 14－5　　　　广东省国有资本经营预算基金信息公开情况（2015）

编号	信息要素	未公开	依申请公开	网站公开	出版物公开	已公开信息项	应公开信息项
1	国有资本经营预算收支总额			√		2	2
2	国有资本经营预算收入款级科目			√		1	1
3	国有资本经营预算收入项级科目			√		5	5
4	国有资本经营预算收入目级科目	√				0	5
5	国有资本经营预算支出功能分类类级科目			√		11	11
6	国有资本经营预算支出功能分类款级科目	√				0	1
7	国有资本经营预算支出功能分类项级科目	√				0	11
8	国有资本经营预算支出经济分类类级科目	√				0	3
9	国有资本经营预算支出经济分类款级科目	√				0	3
10	省本级国有资本经营预算收入款级科目			√		5	5
11	省本级国有资本经营预算支出功能分类类级科目			√		5	11
12	省本级国有资本经营预算支出经济分类类级科目	√				0	3
13	地市本级国有资本经营预算收入款级科目	√				0	5
14	地市本级国有资本经营预算支出功能分类类级科目	√				0	11
15	地市本级国有资本经营预算支出经济分类类级科目	√				0	3
16	县本级国有资本经营预算收入款级科目	√				0	5
17	县本级国有资本经营预算支出功能分类类级科目	√				0	11
18	县本级国有资本经营预算支出经济分类类级科目	√				0	3
19	乡级国有资本经营预算收入款级科目	√				0	5
20	乡级国有资本经营预算支出功能分类类级科目	√				0	11
21	乡级国有资本经营预算支出经济分类类级科目	√				0	3
22	各地市本级国有资本经营预算收入款级科目	√				0	5
23	各地市本级国有资本经营预算支出功能分类类级科目	√				0	11
24	各地市本级国有资本经营预算支出经济分类类级科目	√				0	3
25	各县本级国有资本经营预算收入款级科目	√				0	5

续表

编号	信息要素	未公开	依申请公开	网站公开	出版物公开	已公开信息项	应公开信息项
26	各县本级国有资本经营预算支出功能分类类级科目	√				0	11
27	各县本级国有资本经营预算支出经济分类类级科目	√				0	3

国有资本经营预算基金透明度得分计算方法为：

$$\left(\sum_{i=1}^{27}\frac{已公开信息项_i}{应公开信息项_i}\times 二级权重_i\right)\times 100 / \sum_{i=1}^{27}二级权重_i$$

根据该计算方法，可以得出广东省国有资本经营预算基金透明度得分为27.78分，比31个省份国有资本经营预算基金透明度的平均得分低15.86分，在该单项信息排名中与其他4个省份并列第21名。

14.6 广东省政府资产负债信息公开情况

政府资产负债涵盖除社会保险基金和国有企业基金之外的所有政府资产与负债，包括一般公共预算基金、政府性基金、国有资本经营预算基金、财政专户管理资金所形成的资产和负债。具体指标包括资产类指标金融资产（存款、有价证券、在途款、暂付款）和固定资产（地产、房产建筑、设备）、负债类指标短期负债（暂存款、应付款、短期借款）和长期负债（1~3年、3~5年、5年以上）、净资产类指标金融净资产（预算结余、基金预算结余、国有资本经营预算结余、专用基金结余、财政专户管理资金结余、预算稳定调节基金、预算周转金）和非金融净资产。

广东省财政厅公布了"2015年广东省地方政府债务余额情况表"，但项目组未获取广东省"2015年度广东省预算资金年终资产负债表"和"财政专户管理资金年终资产负债表"，见表14-6。广东省政府资产负债透明度得分为零分。

表14-6　　广东省政府资产负债公开情况（2015）

编号	信息要素	未公开	依申请公开	网站公开	出版物公开	已公开信息项	应公开信息项
1	政府资产负债总额	√				0	2
2	政府资产一级分类信息	√				0	2
3	政府资产二级分类信息	√				0	7

续表

编号	信息要素	未公开	依申请公开	网站公开	出版物公开	已公开信息项	应公开信息项
4	政府负债一级分类信息	√				0	2
5	政府负债二级分类信息	√				0	6
6	政府净资产一级分类信息	√				0	2
7	政府净资产二级分类信息	√				0	7

根据"关于广东省2015年地方政府债务限额的报告",广东省2014年末地方政府债务余额8 808.6亿元,加上财政部下达2015年地方政府债务新增限额333亿元,2015年全省地方政府债务余额为9 141.6亿元。省级、市级和县级政府债务余额分别为808.3亿元、4 691.3亿元和3 309亿元,分别占9%、53%和38%。从借款来源看,银行贷款5 053.9亿元,占58%;BT等应付款1 350.2亿元,占15%;地方政府债券454亿元,占5%;企业债券、信托、中期票据和短期融资券872.3亿元,占10%;其他来源1 078.2亿元,占12%。从债务用途看,市政建设3 405.5亿元,占39%;交通运输1 316.4亿元,占15%;保障性住房332.9亿元,占4%;土地收储861.4亿元,占10%;教科文卫、农林水利、生态建设785.1亿元,占9%;其他2 107.3亿元,占23%。从债务期限看,2015年到期1 291.7亿元,占14%;2016年到期1 214.7亿元,占14%;2017年到期1 391.4亿元,占16%;2018年及以后年度到期4 554.4亿元,占52%;以前年度逾期债务356.4亿元,占4%。

14.7 广东省部门预算及相关信息公开情况

项目组选取省人民政府办公厅、人大常委会办公厅、政协办公厅、教育厅、财政厅、国家税务局、地方税务局、工商行政管理局、卫生和计划生育委员会、交通运输厅、环境保护厅11个省级部门作为调查对象,部门预算及相关信息透明度最终得分是这11个部门预算及相关信息透明度的平均数。每个部门的透明度评估指标涉及三大类型:关于预算单位的财务信息、关于预算单位的人员信息、关于机构的信息。具体决算表格为"收入支出决算总表"、"支出决算表"、"支出决算明细表"、"基本支出决算明细表"、"项目支出决算明细表"、"资产负债表"、"基本数字表"、"机构人员情况表"。

除国家税务局外,广东省其余10个部门都在门户公开了2015年度部门决算,其中财政厅、环境保护厅、交通运输厅、教育厅还依申请公开了相关部决算表格。各部门主动公开的部门决算信息基本是一致的，下面以广东省卫生和计划生育委员会为例，给出部门预算及相关信息透明度得分的计算。

广东省卫生和计划生育委员会2015年部门决算信息公开内容包括四部分：第一部分是省卫生和计划生育委员会概况，包括部门职责和机构设置，部门决算构成单位；第二部分省卫生和计划生育委员会2015年部门决算表；第三部分是省卫生和计划生育委员会2015年度部门决算情况说明；第四部分是名词解释。具体公开的决算表格是"收入支出决算总表"、"收入决算表"、"支出决算表"、"财政拨款收入支出决算总表"、"一般公共预算财政拨款支出决算表"、"一般公共预算财政拨款基本支出决算表"、"一般公共预算财政拨款'三公'经费支出决算表"、"政府性基金预算财政拨款收入支出决算表"8张决算表格。具体的信息公开方式及信息公开内容见表14-7。

表14-7 广东省卫生和计划生育委员会部门预算及相关信息公开情况（2015）

编号	信息要素	未公开	依申请公开	网站公开	出版物公开	得分
1	部门收入分类			√		1
2	部门支出功能分类类级科目			√		1
3	部门支出功能分类款级科目			√		1
4	部门支出功能分类项级科目			√		1
5	部门支出经济分类类级科目	√				0
6	部门支出经济分类款级科目	√				0
7	基本支出功能分类类级科目			√		1
8	基本支出功能分类款级科目			√		1
9	基本支出功能分类项级科目			√		1
10	基本支出经济分类类级科目			√		1
11	基本支出经济分类款级科目			√		1
12	项目支出功能分类类级科目			√		1
13	项目支出功能分类款级科目			√		1
14	项目支出功能分类项级科目			√		1
15	项目支出经济分类类级科目	√				0
16	项目支出经济分类款级科目	√				0
17	资产一级分类	√				0

续表

编号	信息要素	未公开	依申请公开	网站公开	出版物公开	得分
18	资产二级分类	√				0
19	资产三级分类	√				0
20	其他补充资产信息	√				0
21	人员编制总数及各类人员编制数	√				0
22	年末实有人员总数及类型	√				0
23	按经费来源划分的各类人员数	√				0
24	部门机构一级信息	√				0
25	部门机构二级信息	√				0
26	部门机构三级信息	√				0

广东省卫生和计划生育委员会部门预算及相关信息透明度得分为[(1+1+1+1+1+1+1+1+1+1+1)÷26]×100＝46.15分。计算11个部门预算及相关信息透明度的平均得分,得到广东省部门预算及相关信息透明度最终得分为58.8分,比31个省份部门预算及相关信息透明度的平均得分高11.48分,在该单项信息排名中位列第3名。

14.8 广东省社会保险基金信息公开情况

社会保险基金透明度评分指标主要根据"社会保险基金资产负债表"、"企业职工基本养老保险基金收支表"、"失业保险基金收支表"、"城镇职工基本医疗保险基金收支表"、"工伤保险基金收支表"、"生育保险基金收支表"、"居民社会养老保险基金收支表"、"城乡居民基本医疗保险基金收支表"、"新型农村合作医疗基金收支表"、"城镇居民基本医疗保险基金收支表"、"社会保障基金财政专户资产负债表"、"社会保障基金财政专户收支表"、"财政对社会保险基金补助资金情况表"、"企业职工基本养老保险补充资料表"、"失业保险补充资料表"、"城镇职工医疗保险、工伤保险、生育保险补充资料表"、"居民社会养老保险补充资料表"、"居民基本医疗保险补充资料表"、"其他养老保险情况表"、"其他医疗保障情况表"这20张决算表格设计而成。

广东省财政厅网站公开了"2015年社会保险基金资产负债表"、"2015年企业职工基本养老保险基金收支表"、"2015年机关事业单位基本养老保险基金收支表"、"2015年城乡居民基本养老保险基金收支表"、"2015年基本养老保险补充资料表"、"2015年失业保险基金收支表"、"2015年失业保险补充资料表"、"2015年城镇职工基本医疗保险基金收支表"、"2015年城乡居民基本医疗保险基金收支表"、"2015年工伤保险基金收支表"、"2015年生育保险基金收支表"、"2015年基本医疗保险、工伤保险、生育保险补充资料表"、"2015年社会保险基金财政专户资产负债表"、"2015年社会保险基金财政专户收支情况表"、"2015年广东省社会保险基金收入情况表"、"2015年广东省社会保险基金支出情况表"、"2015年广东省社会保险基金结余情况表"、"2015年广东省社会保险职工参保情况表"、"2015年广东省社会保险调剂金上缴完成情况表"。具体的信息公开方式及信息公开内容见表14-8。

表14-8　　　广东省社会保险基金信息公开情况(2015)

编号	信息要素	未公开	依申请公开	网站公开	出版物公开	得分
1	各项社会保险基金的收支总额			√		1
2	各项社会保险基金的收入款级科目			√		1
3	各项社会保险基金的收入项级科目			√		1
4	各项社会保险基金的支出款级科目			√		1
5	各项社会保险基金的支出项级科目			√		1
6	各项社会保险基金收支分级信息(类级科目)			部分信息		0.8
7	各项社会保险基金的基本数字(类级科目)			部分信息		0.67
8	各项社会保险基金资产的类级科目			√		1
9	各项社会保险基金资产的款级科目			√		1
10	各项社会保险基金资产的项级科目	√				0
11	各项社会保险基金负债的类级科目			√		1
12	各项社会保险基金负债的款级科目			√		1
13	各项社会保险基金负债的项级科目	√				0
14	养老基金的长期收支预测	√				0

广东省社会保险基金透明度得分为[(1+1+1+1+1+0.8+0.67+1+1+1+1)÷14]×100＝74.76分,比31个省份社会保险基金透明度的平均得分高25.65分,在该单项信息排名中位列第12名。

14.9 广东省国有企业基金信息公开情况

国有企业基金透明度评分指标的构成内容包括：①国有企业的总量 6 项指标（国有企业的收入、费用、利润总额、资产、负债及所有者权益总额）；②国有企业的总量 4 张表（资产负债表、利润表、现金流量表、所有者权益变动表）；③政府直属企业按户公布的 8 项指标（资产总额、负债总额、所有者权益总额、国有资本及权益总额、营业总收入、利润总额、净利润总额、归属母公司所有者权益的净利润）；④政府直属企业是否按照国内上市公司的信息披露要求公布企业运营状况。

广东省国有资产监督管理委员会依申请公开了"（省直国有企业汇总）资产负债表"。除《中国国有资产监督管理年鉴》统一公布的数据之外，项目组未获取其他广东省 2015 年度国有企业基金信息。具体的信息公开方式及信息公开内容见表 14－9。

表 14－9　　广东省国有企业基金信息公开情况（2015）

编号	信息要素	未公开	依申请公开	网站公开	出版物公开	得分
1	国有企业的收入、费用和利润总额				√	1
2	国有企业的资产、负债及所有者权益总额				√	1
3	国有企业资产负债表		√			1
4	国有企业利润表		√			1
5	国有企业现金流量表		√			1
6	国有企业所有者权益变动表		√			1
7	政府直属企业主要指标表	√				0
8	政府直属企业达到与国内上市公司同等信息披露要求	√				0

广东省国有企业基金透明度得分为[(1＋1＋1＋1＋1＋1)÷8]×100＝75 分，比 31 个省份国有企业基金透明度的平均得分高 17.22 分，在该单项信息排名中与其他 10 个省份并列第 8 名。

14.10　基本结论

广东省在2017年财政透明度调查过程中的答复情况较好,如在部门预算及相关信息透明度调查过程中,项目组收到了除政协办公厅、国家税务局之外的9个部门的政府信息公开申请答复,态度得分为90.9分,单项得分排名为第1名。

综合各项信息要素得分,广东省2017年财政透明度的最终得分为$50.24\times25\%+33.33\times8\%+0\times4\%+27.78\times2\%+0\times9\%+58.80\times15\%+74.76\times19\%+75\times15\%+90.90\times3\%=52.78$分。

我们认为,广东省财政厅在公开重点支出项目和省本级预决算方面作出了较大努力,但"四本账"的全省总预算(决算)信息公开的力度还有待进一步提高,在披露政府资产负债信息方面也还有很多提升空间。

15 黑龙江省财政透明度报告

15.1 黑龙江省财政透明度概况

中共十八大以来,广东省贯彻落实新《预算法》关于预决算公开的相关规定和中共中央办公厅、国务院办公厅《关于进一步推进预算公开工作的意见》的相关规定,积极推进财政信息公开工作。

在2017年财政透明度评估中,黑龙江省按百分制计算的透明度得分为52.16分(见表15-1),这意味着该省在2017年项目组进行的一般公共预算基金、政府性基金、财政专户管理资金、国有资本经营预算基金、政府资产负债、部门预算及相关信息、社会保险基金、国有企业基金8个项目约424个信息要素调查中公开了其中约52%的信息。

与其他30个省份相比,黑龙江省在31个省份的财政透明度排行榜上排名居中,位居第15名,其透明度得分比31个省份平均得分48.28分稍高一些。若对31个省份透明度得分分组,分为30分以下组、30~60分组、60分以上组的话,黑龙江省的财政信息公开状况属于中间组的情况。

黑龙江省财政透明度排名在31个省份中并不靠前,是什么项目拖了其后腿呢?观察财政透明度各调查项目可以发现,黑龙江省在各调查项目上的信息公开状况差异较大。

表 15—1　　　　　　　　31 个省份财政透明度排行榜

省　份	百分制得分	排　名	省　份	百分制得分	排　名
山东	70.01	1	广西	49.38	17
甘肃	68.24	2	云南	47.45	18
四川	66.57	3	北京	44.49	19
安徽	65.69	4	重庆	40.83	20
湖南	64.88	5	天津	40.24	21
辽宁	61.73	6	吉林	37.80	22
福建	58.20	7	江西	37.41	23
宁夏	56.29	8	浙江	37.23	24
山西	56.22	9	海南	36.64	25
上海	55.94	10	河北	36.41	26
江苏	55.08	11	贵州	33.00	27
河南	55.01	12	西藏	32.67	28
内蒙古	52.83	13	青海	28.77	29
广东	52.78	14	陕西	27.24	30
黑龙江	52.16	15	湖北	25.50	31
新疆	49.89	16			

31 个省份平均得分:48.28

从一般公共预算基金透明度项目来看,黑龙江省在该项目上的得分为 51.32 分(见表 15—2),即在该项目上,黑龙江省公开了调查项目中约 51% 的信息,不足调查项目的 60%,也不及 31 个省份的平均得分 57.50 分,在 31 个省份该项目排名中位列第 20 名,信息公开状况落后于其他大多数省份,相比该项目排名第一的省份,少公开了调查项目中约 28% 的信息。

从政府性基金透明度项目来看,黑龙江省在该项目上的得分为 33.33 分(见表 15—2),即在该项目上,黑龙江省仅公开了调查项目中约 33% 的信息,不及 31 个省份的平均得分 47.90 分,在 31 个省份该项目排名中与其他 6 个省份并列第 18 名,信息公开状况远逊于其他大多数省份,相比该项目排名第一的省份,更是少公开了调查项目中约 39% 的信息。

从财政专户管理资金透明度项目来看,黑龙江省在该项目上的得分为

30.56分(见表15-2),即在该项目上,黑龙江省公开了调查项目中约31%的信息,尽管得分不高,但远高于31个省份4.68分的平均水平,并且黑龙江省在该项目上的信息公开程度是31个省份中最高的,因此,在该项目排名中名列第一。这与21个省份在该项目上未公开任何信息及其他省份信息公开较少有关。

从国有资本经营预算基金透明度项目来看,黑龙江省在该项目上的得分为44.44分(见表15-2),即在该项目上,黑龙江省公开了调查项目中约44%的信息,与31个省份的平均得分43.64分相当,在31个省份该项目排名中与其他3个省份并列第13名,信息公开状况处在31个省份的中间位置,相比该项目排名第一的省份,少公开了调查项目中约28%的信息。

表15-2　　31个省份财政透明度各调查项目得分及排名(一)

省份	一般公共预算基金		政府性基金		财政专户管理资金		国有资本经营预算基金	
	得分	排名	得分	排名	得分	排名	得分	排名
北京	69.47	12	61.11	10	0.00	11	27.78	21
天津	46.65	23	37.04	17	2.78	10	41.67	17
河北	38.16	25	33.33	18	19.44	3	27.78	21
山西	74.47	7	72.22	1	0.00	11	72.22	1
内蒙古	44.74	24	50.00	15	19.44	3	44.44	13
辽宁	76.32	2	72.22	1	0.00	11	72.22	1
吉林	37.83	26	27.78	26	0.00	11	11.11	27
黑龙江	51.32	20	33.33	18	30.56	1	44.44	13
上海	53.68	18	55.56	14	0.00	11	61.11	10
江苏	74.74	6	72.22	1	0.00	11	61.11	10
浙江	64.21	15	33.33	18	0.00	11	25.00	26
安徽	75.00	5	61.11	10	0.00	11	72.22	1
福建	76.32	2	72.22	1	0.00	11	72.22	1
江西	32.24	29	16.67	30	0.00	11	11.11	27
山东	66.51	13	66.67	9	25.00	2	69.44	9
河南	51.97	19	33.33	18	0.00	11	27.78	21
湖北	27.63	30	16.67	30	0.00	11	5.56	29

续表

省份	一般公共预算基金 得分	排名	政府性基金 得分	排名	财政专户管理资金 得分	排名	国有资本经营预算基金 得分	排名
湖南	69.74	10	72.22	1	0.00	11	72.22	1
广东	50.24	21	33.33	18	0.00	11	27.78	21
广西	73.68	8	61.11	10	19.44	3	27.78	21
海南	64.47	14	33.33	18	0.00	11	30.56	20
重庆	47.37	22	31.11	25	0.00	11	36.11	18
四川	78.95	1	72.22	1	5.56	8	72.22	1
贵州	54.48	17	27.78	26	0.00	11	5.56	29
云南	36.62	27	27.78	26	0.00	11	44.44	13
西藏	63.16	16	44.44	16	0.00	11	33.33	19
陕西	26.32	31	27.78	26	0.00	11	5.56	29
甘肃	76.32	2	72.22	1	8.59	6	72.22	1
青海	36.62	27	33.33	18	0.00	11	44.44	13
宁夏	73.68	8	72.22	1	8.59	6	72.22	1
新疆	69.74	10	61.11	10	5.56	8	61.11	10
平均分	57.50		47.90		4.68		43.64	

从政府资产负债透明度项目来看,黑龙江省在该项目上的得分为51.02分(见表15-3),即在该项目上,黑龙江省公开了调查项目中约51%的信息。尽管得分不算很高,但远高于31个省份的平均得分17.71分,黑龙江省在该项目上的信息公开状况是31个省份中最好的,因此在31个省份该项目排名中位列第1名。这与20个省份在该项目上未公开任何信息有一定的关系。

从部门预算及相关信息透明度项目来看,黑龙江省在该项目上的得分为50分(见表15-3),即在该项目上,黑龙江省公开了调查项目中约50%的信息,稍高于31个省份的平均得分47.32分,在31个省份该项目排名中位列第10名,信息公开状况居中靠前,相比该项目排名第一的省份,少公开了调查项目中约24%的信息。

从社会保险基金透明度项目来看,黑龙江省在该项目上的得分为48.25分(见表15-3),即在该项目上,黑龙江省公开了调查项目中约48%的信息,稍低于31个省份的平均得分49.11分,在31个省份该项目排名中位列第15

名,信息公开状况位居中游,相比该项目排名第一的省份,少公开了调查项目中约29%的信息。

从国有企业基金透明度项目来看,黑龙江省在该项目上的得分为75分(见表15—3),即在该项目上,黑龙江省公开了调查项目中约75%的信息,远高于31个省份的平均得分57.78分,在31个省份该项目排名中与其他10个省份并列第8名。尽管排名并不靠前,但从其得分来看,无论相较排名靠后省份还是相较其自身其他项目,其信息公开程度都是较高的,这也是黑龙江省在八大透明度项目中唯一一个信息公开程度在60%以上的项目,但相比该项目排名第一的省份,黑龙江省还是少公开了调查项目中约13%的信息。

表15—3　　　　31个省份财政透明度各调查项目得分及排名(二)

省份	政府资产负债		部门预算及相关信息		社会保险基金		国有企业基金	
	得分	排名	得分	排名	得分	排名	得分	排名
北京	0.00	12	45.80	15	26.07	17	47.50	20
天津	0.00	12	39.20	29	26.07	17	75.00	8
河北	0.00	12	42.00	21	24.93	22	62.50	19
山西	48.98	6	40.90	26	77.14	1	25.00	21
内蒙古	0.00	12	47.60	13	77.14	1	80.00	6
辽宁	0.00	12	42.70	18	77.14	1	81.25	5
吉林	0.00	12	42.70	18	69.20	14	25.00	21
黑龙江	51.02	1	50.00	10	48.25	15	75.00	8
上海	0.00	12	50.70	8	73.17	13	85.00	2
江苏	0.00	12	42.00	21	40.79	16	85.00	2
浙江	0.00	12	46.20	14	24.93	22	25.00	21
安徽	48.98	6	50.30	9	77.14	1	75.00	8
福建	48.98	6	58.00	4	26.07	17	75.00	8
江西	0.00	12	44.40	17	77.14	1	25.00	21
山东	51.02	1	71.30	2	77.14	1	87.50	1
河南	48.98	6	40.20	27	77.14	1	75.00	8
湖北	0.00	12	42.30	20	24.93	22	25.00	21
湖南	48.98	6	49.70	11	77.14	1	75.00	8
广东	0.00	12	58.70	3	74.76	12	75.00	8

续表

省份	政府资产负债 得分	政府资产负债 排名	部门预算及相关信息 得分	部门预算及相关信息 排名	社会保险基金 得分	社会保险基金 排名	国有企业基金 得分	国有企业基金 排名
广西	0.00	12	42.00	21	24.93	22	75.00	8
海南	0.00	12	42.00	21	24.93	22	25.00	21
重庆	0.00	12	51.00	7	23.21	27	75.00	8
四川	51.02	1	42.00	21	77.14	1	75.00	8
贵州	0.00	12	49.70	11	23.21	27	25.00	21
云南	0.00	12	44.80	16	77.14	1	77.50	7
西藏	0.00	12	30.40	31	21.43	31	25.00	21
陕西	0.00	12	51.40	6	23.21	27	25.00	21
甘肃	51.02	1	56.70	5	77.14	1	75.00	8
青海	0.00	12	38.10	30	23.21	27	25.00	21
宁夏	51.02	1	40.20	27	25.00	21	85.00	2
新疆	48.98	6	73.80	1	25.50	20	25.00	21
平均分	17.71		47.32		49.11		57.78	

综上所述,黑龙江省在财政透明度各调查项目上的信息公开状况差异较大。其中,从排名来看,信息公开最好的项目是政府资产负债和财政专户管理资金两个项目,黑龙江省在31个省份这两个项目透明度排行榜中均位列第1名,因此,这两个项目的信息公开在提升黑龙江省的整体排名上起到了较大的作用;信息公开最差的项目是政府性基金和一般公共预算基金两个项目,黑龙江省在31个省份这两个项目透明度排名中均排名靠后,因此,这两个项目的失分相对较多;此外,黑龙江省在国有企业基金透明度项目上的排名尽管并未位居前列,但信息公开程度在其所有财政透明度调查项目中是最高的,因此,对提升黑龙江省的整体排名也起到了较好的作用。但总体而言,黑龙江省的财政透明度不高,公开的信息不足调查项目的60%。

上述概况介绍对黑龙江省相对其他30个省份在各透明度调查项目上的信息公开状况作了一个排名。结果显示,黑龙江省在各项目上的排名差异较大。为了更好地了解各项目对黑龙江省在31个省份排名中的影响,我们首先对黑龙江省在各透明度调查项目上的得分进行了排序,然后进一步对各项目的信息调查要素得分进行了分类统计。

对黑龙江省在各透明度调查项目上的得分进行排序，可以看到，黑龙江省在国有企业基金透明度调查项目上的信息公开程度是最高的，透明度得分为75分（见表15-4），公开了相当于该调查项目75%的信息。而财政专户管理资金和政府性基金项目的信息公开程度则是最低的，仅分别公开了相当于该两个调查项目的31%和33%的信息。其余5个项目，包括国有资本经营预算基金、社会保险基金、部门预算及相关信息、政府资产负债、一般公共预算基金的信息公开程度均在40%~55%，不足调查项目的60%。

表15-4　　　　黑龙江省财政透明度各调查项目得分及排序

排序	财政透明度各调查项目	得　　分
1	国有企业基金	75.00
2	一般公共预算基金	51.32
3	政府资产负债	51.02
4	部门预算及相关信息	50.00
5	社会保险基金	48.25
6	国有资本经营预算基金	44.44
7	政府性基金	33.33
8	财政专户管理资金	30.56

综合黑龙江省在31个省份财政透明度调查项目中的得分排名，以及在财政透明度各调查项目上的得分排序，可以看到，黑龙江省在国有企业基金透明度项目上的信息公开状况是比较好的，这不仅是因为该项目有效地提升了黑龙江省在31个省份排名中的名次，更因为黑龙江省在该项目上的信息公开程度较大幅度超过了调查项目的60%，假如我们将60%的信息公开程度作为一个最基本的要求的话。反之，政府性基金项目的信息公开状况则是较差的，这不仅是因为该项目的透明度得分很低，信息公开程度远低于调查项目的60%，更因为黑龙江省在该项目的31个省份排名上比较靠后，这意味着该项目实质性地拉低了黑龙江省在31个省份财政透明度排名中的名次。

黑龙江省财政透明度项目公开的信息约为调查项目的52%。那么，黑龙江省主要采用了什么样的信息公开方式呢？为此，项目组对黑龙江省财政信息公开方式进行了统计。

统计方法如下：首先，项目组将财政透明度调查项目的信息公开方式分为由政府信息公开办公室或财政厅（局）直接提供的信息要素（或称依申请公开的信息要素)、由相关政府网站公开的信息要素、由相关政府出版物公开的信息要素三种;其次,统计每种公开方式下财政透明度116个信息要素公开与否;然后,加总每种方式下已公开的信息要素数量;最后,计算每种方式下的已公开信息要素占应公开信息要素的比例。需要说明的是,这里的信息公开方式统计主要是针对一般公共预算基金、政府性基金、财政专户管理资金、国有资本经营预算基金、政府资产负债5个项目的116项信息要素展开的,并不包括部门预算及相关信息、社会保险基金、国有企业基金3个透明度项目。

通过对黑龙江省政府信息公开办公室或财政厅直接提供的信息要素(即依申请公开的信息要素)进行加总,得出已公开的信息要素为22项(见表15—5);通过对相关政府网站公开的信息要素进行加总,得出已公开的信息要素为22项;通过对相关政府出版物公开的信息要素进行加总,得出已公开的信息要素为11项。也就是说,按照财政透明度5个调查项目应公开116项信息要素计算,黑龙江省通过依申请方式公开的信息要素占到116项应公开信息要素的约19%,通过相关政府网站方式公开的信息要素也占到应公开信息要素的约19%,通过相关政府出版物方式公开的信息要素占到应公开信息要素的约9%。

比较三种信息公开方式,黑龙江省在2017年度的财政透明度调查中,通过依申请公开和相关网站公开的信息要素相对多一些,通过相关出版物方式公开的信息要素则较少。

表15—5　　　　　　　　黑龙江省财政信息公开方式统计

信息要素	信息公开方式		
	依申请公开	网站公开	出版物公开
已公开的信息要素(项)	22	22	11
应公开的信息要素(项)	116	116	116
已公开信息要素占应公开信息要素比例	19%	19%	9%

15.2　黑龙江省一般公共预算基金信息公开情况

一般公共预算基金透明度调查项目共包含28项信息要素。若按照预算收支进行分类,可以分为一般公共预算收入和一般公共预算支出两大项目,其中,除"省总预算公共预算收支总额"信息要素外,一般公共预算收入项目共有

10项信息要素,一般公共预算支出项目共有17项信息要素;一般公共预算支出又可进一步分为功能分类支出和经济分类支出两大类,一般公共预算经济分类支出项目共有8项信息要素。对黑龙江省公共预算进行收支分类统计,结果显示：

黑龙江省一般公共预算收入项目的10项信息要素平均得分为57.50分(见表15—6),一般公共预算支出项目的17项信息要素平均得分为39.71分,显然收入项目的信息公开状况好于支出项目。进一步观察公共预算支出项目各信息要素得分情况,可以看到,17项信息要素中有10项信息要素得了零分(见表15—6),这意味着黑龙江省在这10项信息要素上均未公开任何信息。对这些零分信息要素进行归类后可以发现,在10项零分信息要素中,有8项是一般公共预算支出中的经济类支出,这意味着黑龙江省在公共预算项目所有的8项经济类支出信息要素上均未公开任何信息,可谓是全军覆没。

表15—6　黑龙江省一般公共预算基金按政府收支分类的信息要素得分

公共预算收入信息要素	得分	公共预算支出信息要素	得分
省总预算公共预算收入类级科目	100	省总预算公共预算支出功能分类类级科目	100
省总预算公共预算收入款级科目	100	省总预算公共预算支出功能分类款级科目	100
省本级公共预算收入类级科目	100	省总预算公共预算支出功能分类项级科目	100
地市本级公共预算收入类级科目	100	省本级公共预算支出功能分类类级科目	100
县本级公共预算收入类级科目	100	地市本级公共预算支出功能分类类级科目	100
各地市本级公共预算收入类级科目	75	县本级公共预算支出功能分类类级科目	100
省总预算公共预算收入项级科目	0	各地市本级公共预算支出功能分类类级科目	75
省总预算公共预算收入目级科目	0	省总预算公共预算支出经济分类类级科目	0
乡级公共预算收入类级科目	0	省总预算公共预算支出经济分类款级科目	0
各县本级公共预算收入类级科目	0	省本级公共预算支出经济分类类级科目	0
		地市本级公共预算支出经济分类类级科目	0
		县本级公共预算支出经济分类类级科目	0

续表

公共预算收入信息要素	得分	公共预算支出信息要素	得分
		乡级公共预算支出功能分类类级科目	0
		乡级公共预算支出经济分类类级科目	0
		各地市本级公共预算支出经济分类类级科目	0
		各县本级公共预算支出功能分类类级科目	0
		各县本级公共预算支出经济分类类级科目	0
本项目平均得分	58	本项目平均得分	40

综上所述，黑龙江省一般公共预算基金信息公开程度约为调查项目的51%，在31个省份该项目透明度排名中位列第21名。其中，一般公共预算经济类支出项目信息公开状况最差，所有的8个相关信息要素均未公开任何信息，故黑龙江省在公共预算经济类支出项目的透明度评估中失分较多。

15.3 黑龙江省政府性基金信息公开情况

政府性基金透明度调查项目共包含27项信息要素。若按照预算层级进行分类，可以分为政府性基金省总预算和政府性基金分级预算两大项目，其中，政府性基金省总预算项目共有9项信息要素，政府性基金分级预算项目共有18项信息要素。对黑龙江省政府性基金透明度项目按预算层级进行分类统计，结果显示：

黑龙江省政府性基金省总预算项目的9项信息要素平均得分为55.56分（见表15-7），政府性基金分级预算项目的18项信息要素平均得分为11.11分，显然，省总预算透明度调查项目的信息公开状况显著好于分级预算调查项目。进一步观察分级预算透明度项目各信息要素得分情况，可以看到，18项信息要素中除了两项省本级政府性基金预算信息要素得了满分外，其余16项信息要素均为零分（见表15-7），这意味着黑龙江省在这16项信息要素上均未公开任何信息。对这些零分信息要素进行归类后可以发现，16项零分信息要素中，除1项"省本级政府性基金预算支出经济分类类级科目"信息要素外，其余15项信息要素分别为分级预算中的地市级、县级、乡级、各地市级、各县级政府性基金预算透明度信息要素，这说明在分级预算透明度调查项目中，除省级政府性基金预算透明度调查项目外,黑龙江省在地市级、县级、乡级政府性基金透明度调查项目上均未公开任何信息,由此,黑龙江省在省级以下政府性基金透明度调查项目上全军覆没。

表15－7　黑龙江省政府性基金按预算层级分类的信息要素得分

政府性基金省总预算信息要素	得分	政府性基金分级预算信息要素	得分
省总预算政府性基金预算收支总额	100	省本级政府性基金预算收入款级科目	100
省总预算政府性基金预算收入款级科目	100	省本级政府性基金预算支出功能分类类级科目	100
省总预算政府性基金预算收入项级科目	100	省本级政府性基金预算支出经济分类类级科目	0
省总预算政府性基金预算支出功能分类类级科目	100	地市本级政府性基金预算收入款级科目	0
省总预算政府性基金预算支出功能分类款级科目	100	地市本级政府性基金预算支出功能分类类级科目	0
省总预算政府性基金预算收入目级科目	0	地市本级政府性基金预算支出经济分类类级科目	0
省总预算政府性基金预算支出功能分类项级科目	0	县本级政府性基金预算收入款级科目	0
省总预算政府性基金预算支出经济分类类级科目	0	县本级政府性基金预算支出功能分类类级科目	0
省总预算政府性基金预算支出经济分类款级科目	0	县本级政府性基金预算支出经济分类类级科目	0
		乡级政府性基金预算收入款级科目	0
		乡级政府性基金预算支出功能分类类级科目	0
		乡级政府性基金预算支出经济分类类级科目	0
		各地市本级政府性基金预算收入款级科目	0
		各地市本级政府性基金预算支出功能分类类级科目	0
		各地市本级政府性基金预算支出经济分类类级科目	0
		各县本级政府性基金预算收入款级科目	0
		各县本级政府性基金预算支出功能分类类级科目	0
		各县本级政府性基金预算支出经济分类类级科目	0
本项目平均得分	56	本项目平均得分	11

综上所述，黑龙江省政府性基金信息公开程度约为调查项目的33%，在31个省份该项目透明度排名中与其他5个省份并列第17名。其中，省级政府下辖的基层（地市级、县级、乡级）政府性基金预算项目的信息公开状况最差，所有的15个相关信息要素均未公开任何信息，故黑龙江省在政府性基金分级预算的透明度评估中失分较多。

15.4 黑龙江省财政专户管理资金信息公开情况

财政专户管理资金透明度调查项目共包含27项信息要素。若按照预算层级进行分类，可以分为财政专户省总预算和财政专户分级预算两大项目，其中，财政专户省总预算项目共有9项信息要素，财政专户分级预算项目共有18项信息要素。对黑龙江省财政专户透明度项目按预算层级进行分类统计，结果显示：

黑龙江省财政专户省总预算项目的9项信息要素平均得分为50分（见表15-8），财政专户分级预算项目的18项信息要素平均得分为11.11分，显然，省总预算透明度调查项目的信息公开状况显著好于分级预算项目。进一步观察分级预算透明度调查项目各信息要素得分情况，可以看到，18项财政专户分级预算信息要素中，除了两项省本级信息要素得了满分外，其余16项信息要素均为零分（见表15-8），这意味着黑龙江省在这16项信息要素上均未公开任何信息。对这些零分信息要素进行归类后可以发现，16项零分信息要素中，除1项"省本级财政专户支出经济分类类级科目"信息要素外，其余15项信息要素分别为分级预算中的地市级、县级、乡级、各地市级、各县级财政专户信息要素，这说明在分级预算透明度调查项目中，除省级财政专户透明度调查项目外，黑龙江省在地市级、县级、乡级财政专户透明度调查项目上均未公开任何信息，由此，黑龙江省在省级以下财政专户透明度调查项目上全军覆没。

表15-8 黑龙江省财政专户管理资金按预算层级分类的信息要素得分

财政专户省总预算信息要素	得分	财政专户分级预算信息要素	得分
省总预算财政专户收支总额	100	省本级财政专户收入款级科目	100
省总预算财政专户收入款级科目	100	省本级财政专户支出功能分类类级科目	100
省总预算财政专户支出功能分类类级科目	100	省本级财政专户支出经济分类类级科目	0
省总预算财政专户支出功能分类款级科目	100	地市本级财政专户收入款级科目	0

续表

财政专户省总预算信息要素	得分	财政专户分级预算信息要素	得分
省总预算财政专户收入项级科目	50	地市本级财政专户支出功能分类类级科目	0
省总预算财政专户收入目级科目	0	地市本级财政专户支出经济分类类级科目	0
省总预算财政专户支出功能分类项级科目	0	县本级财政专户收入款级科目	0
省总预算财政专户支出经济分类类级科目	0	县本级财政专户支出功能分类类级科目	0
省总预算财政专户支出经济分类款级科目	0	县本级财政专户支出经济分类类级科目	0
		乡级财政专户收入款级科目	0
		乡级财政专户支出功能分类类级科目	0
		乡级财政专户支出经济分类类级科目	0
		各地市本级财政专户收入款级科目	0
		各地市本级财政专户支出功能分类类级科目	0
		各地市本级财政专户支出经济分类类级科目	0
		各县本级财政专户收入款级科目	0
		各县本级财政专户支出功能分类类级科目	0
		各县本级财政专户支出经济分类类级科目	0
本项目平均得分	50	本项目平均得分	11

综上所述,黑龙江省财政专户管理资金信息公开程度约为调查项目的31%,在31个省份该项目透明度排名中名列榜首。其中,省级政府下辖的基层(地市级、县级、乡级)政府性基金预算项目的信息公开状况最差,所有的15个相关信息要素均未公开任何信息,故黑龙江省在财政专户管理资金分级预算的透明度评估中失分较多。

15.5 黑龙江省国有资本经营预算基金信息公开情况

国有资本经营预算基金透明度调查项目共包含27项信息要素。若按照预算层级进行分类,可以分为国有资本经营省总预算和国有资本经营分级预算两大项目,其中,国有资本经营省总预算项目共有9项信息要素,国有资本经营分级预算项目共有18项信息要素。对黑龙江省国有资本经营透明度调查项目按预算层级进行分类统计,结果显示:

黑龙江省国有资本经营省总预算项目的9项信息要素平均得分为77.78分(见表15-9),国有资本经营分级预算项目的18项信息要素平均得分为11.11分,显然,省总预算透明度调查项目的信息公开状况显著好于分级预算项目。进一步观察分级预算透明度调查项目各信息要素得分情况,可以看到,18项国有资本经营分级预算信息要素中,除了两项省本级信息要素得了满分外,其余16项信息要素均为零分(见表15-9),这意味着黑龙江省在这16项信息要素上均未公开任何信息。对这些零分信息要素进行归类后可以发现,16项零分信息要素中,除1项"省本级国有资本经营预算支出经济分类类级科目"信息要素外,其余15项信息要素分别为分级预算中的地市级、县级、乡级、各地市级、各县级国有资本经营预算信息要素,这说明在分级预算透明度调查项目中,除省级国有资本经营预算基金透明度调查项目外,黑龙江省在地市级、县级、乡级国有资本经营预算基金透明度调查项目上均未公开任何信息,由此,黑龙江省在省级以下国有资本经营预算基金透明度调查项目上全军覆没。

表15-9 黑龙江省国有资本经营预算基金按预算层级分类的信息要素得分

国有资本经营省总预算信息要素	得分	国有资本经营分级预算信息要素	得分
国有资本经营预算收支总额	100	省本级国有资本经营预算收入款级科目	100
国有资本经营预算收入款级科目	100	省本级国有资本经营预算支出功能分类类级科目	100
国有资本经营预算收入项级科目	100	省本级国有资本经营预算支出经济分类类级科目	0
国有资本经营预算收入目级科目	100	地市本级国有资本经营预算收入款级科目	0
国有资本经营预算支出功能分类类级科目	100	地市本级国有资本经营预算支出功能分类类级科目	0
国有资本经营预算支出功能分类款级科目	100	地市本级国有资本经营预算支出经济分类类级科目	0
国有资本经营预算支出功能分类项级科目	100	县本级国有资本经营预算收入款级科目	0
国有资本经营预算支出经济分类类级科目	0	县本级国有资本经营预算支出功能分类类级科目	0
国有资本经营预算支出经济分类款级科目	0	县本级国有资本经营预算支出经济分类类级科目	0

续表

国有资本经营省总预算信息要素	得分	国有资本经营分级预算信息要素	得分
		乡级国有资本经营预算收入款级科目	0
		乡级国有资本经营预算支出功能分类类级科目	0
		乡级国有资本经营预算支出经济分类类级科目	0
		各地市本级国有资本经营预算收入款级科目	0
		各地市本级国有资本经营预算支出功能分类类级科目	0
		各地市本级国有资本经营预算支出经济分类类级科目	0
		各县本级国有资本经营预算收入款级科目	0
		各县本级国有资本经营预算支出功能分类类级科目	0
		各县本级国有资本经营预算支出经济分类类级科目	0
本项目平均得分	78	本项目平均得分	11

综上所述，黑龙江省国有资本经营预算基金信息公开程度约为调查项目的44%，在31个省份该项目透明度排名中与其他3个省份并列第13名。其中，省级政府下辖的基层（地市级、县级、乡级）国有资本经营预算基金的信息公开状况最差，所有的15个相关信息要素均未公开任何信息，故黑龙江省在国有资本经营预算基金分级预算的透明度评估中失分较多。

15.6 黑龙江省政府资产负债信息公开情况

政府资产负债透明度调查项目共包含7项信息要素。黑龙江省政府资产负债透明度调查项目统计结果显示：

黑龙江省政府资产负债透明度调查项目的7项信息要素平均得分为51.02分（见表15-10）。其中，"政府净资产二级分类信息"、"政府资产二级分类信息"、"政府负债二级分类信息"3项信息要素的透明度得分分别为100分、57分、50分；"政府资产一级分类信息"、"政府负债一级分类信息"、"政府净资产一级分类信息"3项信息要素的透明度得分均为50分；"政府资产负债总额"则为零分。

表 15—10　　黑龙江省政府资产负债信息要素得分

信息要素	得　分
政府净资产二级分类信息	100.00
政府资产二级分类信息	57.14
政府资产一级分类信息	50.00
政府负债一级分类信息	50.00
政府负债二级分类信息	50.00
政府净资产一级分类信息	50.00
政府资产负债总额	0.00
本项目平均得分	51.02

总体而言,黑龙江省政府资产负债信息公开程度约为调查项目的51%,在31个省份该项目透明度排名中位居榜首。其中,政府净资产、资产、负债二级分类信息要素的信息公开状况好于政府资产、负债、净资产一级分类信息要素,政府资产负债总额信息要素则未公开任何信息。

15.7　黑龙江省部门预算及相关信息公开情况

部门预算及相关信息透明度调查项目共包含26项信息要素。本项目主要针对各省份人民政府办公厅、人大、政协、教育、财政、国税、地税、工商、卫生、交通、环保11个部门进行调查和评估,因此,若按照所调查的部门进行分类,可以分为11个部门,每个部门的信息要素均为26项。对黑龙江省部门预算及相关信息透明度调查项目按部门进行分类统计,结果显示:

黑龙江省财政和环保两个部门的部门预算及相关信息的26项信息要素平均得分均为100分(见表15—11),国税部门预算透明度项目的26项信息要素得零分,其他8个部门预算透明度项目的信息要素得分均在38~46分。换言之,黑龙江省财政和环保部门在部门预算透明度项目的26项信息要素上公开了所有的信息,信息公开程度达到信息要素的100%;相反,国税部门在部门预算透明度项目的同样26项信息要素上未公开任何信息;另外的8个部门则在同样的调查项目、同样的信息要素上公开了约38%~46%的信息。

进一步观察公开了部分信息的8个部门各信息要素得分情况,可以看到,这8个部门在"部门支出经济分类类级科目"、"部门支出经济分类款级科目"、"项目支出经济分类类级科目"、"项目支出经济分类款级科目"、"资产一级分类"、"资产二级分类"、"资产三级分类"、"其他补充资产信息"、"人员编制总数及各类人员编制数"、"年末实有人员总数及类型"、"按经费来源划分的各类人员数"、"部门机构一级信息"、"部门机构二级信息"、"部门机构三级信息"14项信息要素上均得了零分(见表15-11),即黑龙江省这8个部门在这些信息要素上均未公开任何信息。对这些零分信息要素进行归类后可以发现,14项零分信息要素中,4项属于支出经济分类科目,4项属于资产分类科目,3项属于基本数字分类科目,3项属于部门机构信息分类科目。

表 15-11　黑龙江省部门预算及相关信息按部门分类的透明度得分及排名

部门	得分	排名
财政	100.00	1
环保	100.00	1
政府办公厅	46.15	3
政协	46.15	3
教育	46.15	3
地税	46.15	3
工商	46.15	3
交通	42.31	8
人大	38.46	9
卫生	38.46	9
国税	0.00	11
各部门平均得分	50.00	

综上所述,黑龙江省部门预算及相关信息公开程度约为调查项目的50%,在31个省份该项目透明度排名中位列第10名。在11个被调查的部门中,财政、环保两大部门的信息公开状况最好,公开程度约为调查项目的100%,政府办公厅、政协、教育、地税、工商、交通、人大、卫生8个部门信息公开状况其次,公开程度约为调查项目的38%~46%,国税信息公开状况最差,未公开调查项目的任何信息。进一步从部门预算信息要素分类来看,支出经济分类科目、资产分类科目、基本数字分类科目、部门机构信息分类科目信息公开状况最差,这4类信息要素未公开任何信息,故黑龙江省在上述4类信息要素以及国税部门的透明度评估中失分较多。

15.8 黑龙江省社会保险基金信息公开情况

社会保险基金预算透明度项目共包含14项信息要素。若按照流量和存量进行分类,可以分为社会保险基金收入支出和社会保险基金资产负债两大项目,其中,社会保险基金收入支出项目共有6项信息要素,社会保险基金资产负债项目也有6项信息要素;除收入支出项目和资产负债项目外,另设其他项目,包括"各项社会保险基金的基本数字(类级科目)"、"养老基金的长期收支预测"两项信息要素。对黑龙江省社会保险基金预算透明度项目进行分类统计,结果显示:

黑龙江省社会保险基金收支项目的6项信息要素平均得分为70分(见表15—12),社会保险基金资产负债项目的6项信息要素平均得分为33.33分,其他项目的两项信息要素平均得分为27.78分。进一步观察社会保险基金透明度项目各信息要素得分情况,可以看到,14项信息要素中有4项信息要素得了零分(见表15—11),这4项信息要素为"各项保险基金收支分级信息(类级科目)"、"各项社会保险基金资产的项级科目"、"各项社会保险基金负债的项级科目"、"养老基金的长期收支预测",这意味着黑龙江省在这4项信息要素上未公开任何信息。对这些零分要素进行归类后可以发现,4项零分信息要素中有两项信息要素为社会保险基金资产负债项目中比较明细的科目,有1项为社会保险基金收支项目中的分级信息,另有1项为未来收支的预测预期项目。

表15—12　　　　黑龙江省社会保险基金预算信息要素得分

社会保险基金收支信息要素	得分	社会保险基金资产负债信息要素	得分	社会保险基金其他信息要素	得分
各项社会保险基金的收支总额	100	各项社会保险基金资产的类级科目	50	各项社会保险基金的基本数字(类级科目)	56
各项保险基金的收入款级科目	100	各项社会保险基金资产的款级科目	50	养老基金的长期收支预测	0
各项保险基金的支出款级科目	100	各项社会保险基金负债的类级科目	50		
各项社会保险基金的收入项级科目	60	各项社会保险基金负债的款级科目	50		
各项社会保险基金的支出项级科目	60	各项社会保险基金资产的项级科目	0		
各项社会保险基金收支分级信息(类级科目)	0	各项社会保险基金负债的项级科目	0		
本项目平均得分	70	本项目平均得分	33	本项目平均得分	28

综上所述,黑龙江省社会保险基金信息公开程度约为调查项目的 48%,在 31 个省份该项目透明度排名中位列第 14 名。其中,社会保险基金收支项目的信息公开状况显著好于资产负债项目,资产负债项目信息公开状况又稍好于其他项目;未公开信息的一些信息要素主要为社会保险基金资产负债项目中较为明细的科目以及未来收支预测项目中较为敏感的科目。

15.9 黑龙江省国有企业基金信息公开情况

国有企业基金透明度项目包含 8 项信息要素。黑龙江省在该 8 项信息要素上的平均得分为 75 分(见表 15-13),其中,"国有企业的收入、费用和利润总额"、"国有企业的资产、负债及所有者权益总额"、"国有企业资产负债表"、"国有企业利润表"、"国有企业现金流量表"、"国有企业所有者权益变动表"6 项信息要素均得满分,这意味着黑龙江省在这 6 项信息要素上公开了透明度调查所要求的所有信息。相反,"政府直属企业主要指标表"、"政府直属企业达到与国内上市公司同等信息披露要求"两项信息要素均得零分,这意味着黑龙江省在这两项信息要素上未公开透明度调查所要求的信息。

表 15-13　　　　黑龙江省国有企业基金信息要素得分

信息要素	得 分
国有企业的收入、费用和利润总额	100
国有企业的资产、负债及所有者权益总额	100
国有企业资产负债表	100
国有企业利润表	100
国有企业现金流量表	100
国有企业所有者权益变动表	100
政府直属企业主要指标表	0
政府直属企业达到与国内上市公司同等信息披露要求	0
本项目平均得分	75

总体而言,黑龙江省在国有企业基金透明度项目上信息公开程度约为调查项目的 75%,在 31 个省份该项目透明度排名中与另外 10 个省份并列第 8 名,信息公开情况较好。

15.10 基本结论

综上所述,黑龙江省2017年财政透明度评估结论如下:

第一,从2017年度财政透明度排名来看,黑龙江省位列第12名,处于31个省份的中间位置。

第二,从财政透明度各调查项目31个省份排名来看,黑龙江省在这些调查项目的31个省份排名中名次差异较大。其中,在政府资产负债、财政专户管理资金两个透明度项目的31个省份排名中,尽管得分不高,但却均位列第1名;在政府性基金透明度项目的31个省份排名中,则名次较为靠后,与其他6个省份并列第17名,在一般公共预算基金透明度项目31个省份排名中,仅位列第21名。

第三,从黑龙江省在财政透明度各调查项目上的得分来看,黑龙江省在财政专户管理资金、政府性基金项目上的透明度得分最低,在国有企业基金项目上的透明度得分最高。尽管在国有企业基金透明度项目31个省份排名中,黑龙江省未名列前茅,但国有企业基金透明度项目是黑龙江省各财政透明度项目中信息公开程度最高的一个项目,也是唯一一个信息公开程度超过调查项目60%的项目。

所以,综合黑龙江省在财政透明度各调查项目中31个省份排名、及在财政透明度各调查项目上的得分排序,黑龙江省在国有企业基金项目上的信息公开状况最好,在政府性基金项目上的信息公开状况最差。前者在提升黑龙江省在31个省份财政透明度排行榜上的名次起到了重要的作用,后者则使黑龙江省在财政透明度评估中失分较多。建议加强政府性基金预算项目的信息公开。

第四,从财政透明度各信息调查要素得分情况来看,黑龙江省在经济分类支出的各信息要素、基层(地市级、县级及乡级)财政的各信息要素上的信息公开近乎为零。所以,经济分类支出的信息不公开以及基层财政的信息不公开是影响黑龙江省在财政透明度排行榜上名次的重要因素。较为明细的经济分类支出信息主要反映在"支出决算经济分类明细表"中,建议加强该决算表的信息披露。省以下的基层分级预算信息主要反映在"收支决算分级表"、"收支及平衡情况表"中,建议加强这两张决算表的信息披露。

第五,从部门预算透明度项目来看,黑龙江省的财政部门、环保部门的信息公开状况最好,所公开的信息均占到调查项目的100%;反之,人大、卫生部门的信息公开状况较差,国税部门的信息公开状况则最差,未公开调查项目的任何信息。所以,从部门角度来看,国税部门的信息不公开会影响到黑龙江省财政透明度的整体提升。建议推动国税部门的信息公开。

第六,从信息公开方式来看,黑龙江省通过相关出版物(财政年鉴、统计年鉴等)公开的信息较少,只占到财政透明度调查项目的 9%。所以,增加该方式的信息公开对提升黑龙江省财政透明度会起到较为重要的作用。建议加强出版物方式的信息公开。

16 新疆维吾尔自治区财政透明度报告

16.1 新疆维吾尔自治区财政透明度概况

中共十八大以来,新疆维吾尔自治区贯彻落实新《预算法》关于预决算公开的相关规定和中共中央办公厅、国务院办公厅《关于进一步推进预算公开工作的意见》的相关规定,积极推进财政信息公开工作。

2016年,新疆维吾尔自治区党委办公厅和自治区人民政府办公厅制定了《关于进一步推进自治区预算公开工作的实施方案》(新党办发〔2016〕13号),以更好地规范各地各部门的预决算公开行为。新疆维吾尔自治区财政厅印发了《深入推进自治区预算公开工作方案》(新财预〔2016〕82号),明确了预决算公开目标任务、细化公开内容规定,并对财政部门和预算单位的公开职责做出了界定。

综合政府网站公开资料、《新疆统计年鉴》和被调查部门的信息反馈情况,项目组计算得出新疆维吾尔自治区财政透明度得分。从图16-1可知,2009—2017年,新疆维吾尔自治区财政透明度得分和排名的波动幅度较大,2011年和2014年曾在31个省份中排在第1名。2017年新疆维吾尔自治区财政透明度的最终得分为49.89分,在31个省份中排在第16名,得分和排名均比

2016年有所下降。

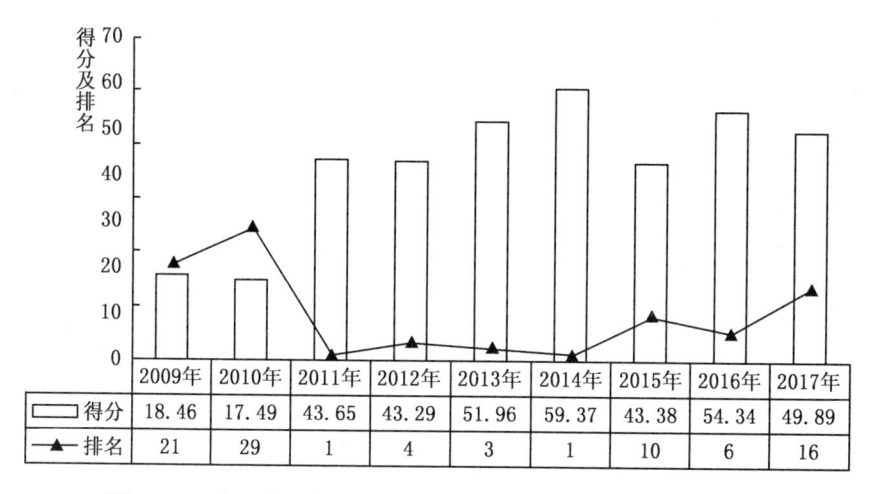

图16-1 新疆维吾尔自治区财政透明度得分及排名(2009—2017)

	2009年	2010年	2011年	2012年	2013年	2014年	2015年	2016年	2017年
得分	18.46	17.49	43.65	43.29	51.96	59.37	43.38	54.34	49.89
排名	21	29	1	4	3	1	10	6	16

就2017年新疆维吾尔自治区财政透明度得分的各项构成情况(见表16-1)来看,除社会保险基金透明度、国有企业基金透明度和被调查者态度得分低于31个省份的平均得分外,其余6项信息要素的得分均高于于31个省份的平均得分,其中部门预算及相关信息透明度得分是31个省份中最高的。

表16-1 新疆维吾尔自治区各调查信息要素的透明度得分(2017)

	一般公共预算基金	政府性基金	财政专户管理资金	国有资本经营预算基金	政府资产负债	部门预算及相关信息	社会保险基金	国有企业基金	被调查者态度
权重	25%	8%	4%	2%	9%	15%	19%	15%	3%
31个省份平均百分制得分	57.86	47.90	4.68	43.64	17.71	47.32	49.11	57.78	77.27
新疆维吾尔自治区百分制得分	69.74	61.11	5.56	61.11	48.98	73.80	25.50	25.00	68.20

16.2 新疆维吾尔自治区一般公共预算基金信息公开情况

一般公共预算基金透明度评分指标主要根据财政部要求编制的"公共财政收支决算总表"、"公共财政收入决算明细表"、"公共财政支出决算功能分类明细表"、"公共财政收支决算分级表"、"公共财政收支及平衡情况表"这5张决算表格设计而成。其中,前三张决算表格调查的内容是省总预算的收支情况,各项信息要素权重为2;后两张决算表格调查的内容是省本级和省以下各级地方政府的收支情况,各项信息要素权重为1。另外,项目组还提出了一般公共预算经济分类支出信息公开的申请。

新疆维吾尔自治区财政厅网站公布了8张自治区全区总决算表格"一般公共预算收支决算总表"、"一般公共预算收入预算变动情况表"、"一般公共预算支出预算变动及结余、结转情况表"、"一般公共预算收入决算明细表"、"一般公共预算支出决算功能分类明细表"、"一般公共预算收支决算分级表"、"民族自治地区一般公共预算收支决算表"、"一般公共预算收支及平衡情况表",以及4张自治区本级决算表格"2015年度新疆维吾尔自治区本级一般公共预算收支决算总表"、"2015年度新疆维吾尔自治区本级一般公共预算收支决算平衡表"、"2015年度新疆维吾尔自治区本级一般公共预算收入预算变动情况表"、"2015年度新疆维吾尔自治区本级一般公共预算支出预算变动及结余、结转情况表"。具体的信息公开方式及信息公开内容见表16-2。

表16-2 新疆维吾尔自治区一般公共预算基金信息公开情况(2015)

编号	信息要素	未公开	依申请公开	网站公开	出版物公开	已公开信息项	应公开信息项
1	省总预算公共预算收支总额			√	√	2	2
2	省总预算公共预算收入类级科目			√	√	2	2
3	省总预算公共预算收入款级科目			√	√	22	22
4	省总预算公共预算收入项级科目			√		22	22
5	省总预算公共预算收入目级科目			√		22	22
6	省总预算公共预算支出功能分类类级科目			√	√	24	24
7	省总预算公共预算支出功能分类款级科目			√		24	24
8	省总预算公共预算支出功能分类项级科目			√		24	24
9	省总预算公共预算支出经济分类类级科目			√		2.5	10

续表

编号	信息要素	未公开	依申请公开	网站公开	出版物公开	已公开信息项	应公开信息项
10	省总预算公共预算支出经济分类款级科目	√				0	10
11	省本级公共预算收入类级科目			√		2	2
12	省本级公共预算支出功能分类类级科目			√		24	24
13	省本级公共预算支出经济分类类级科目			√		10	10
14	地市本级公共预算收入类级科目			√		2	2
15	地市本级公共预算支出功能分类类级科目			√		24	24
16	地市本级公共预算支出经济分类类级科目	√				0	10
17	县本级公共预算收入类级科目			√		2	2
18	县本级公共预算支出功能分类类级科目			√		24	24
19	县本级公共预算支出经济分类类级科目	√				0	10
20	乡级公共预算收入类级科目			√		2	2
21	乡级公共预算支出功能分类类级科目			√		24	24
22	乡级公共预算支出经济分类类级科目	√				0	10
23	各地市本级公共预算收入类级科目			√		0.25	1
24	各地市本级公共预算支出功能分类类级科目			√		0.25	1
25	各地市本级公共预算支出经济分类类级科目	√				0	1
26	各县本级公共预算收入类级科目			√		0.25	1
27	各县本级公共预算支出功能分类类级科目			√		0.25	1
28	各县本级公共预算支出经济分类类级科目	√				0	1

一般公共预算基金透明度得分计算方法为：

$$\left(\sum_{i=1}^{28} \frac{已公开信息项_i}{应公开信息项_i} \times 二级权重_i\right) \times 100 / \sum_{i=1}^{28} 二级权重_i$$

根据该计算方法，可以得出新疆维吾尔自治区一般公共预算基金透明度得分为69.74分，比31个省份一般公共预算基金透明度的平均得分高11.88分，在该单项信息排名中与湖南省并列第10名。

16.3 新疆维吾尔自治区政府性基金信息公开情况

政府性基金透明度评分指标根据"政府性基金收支决算总表"、"政府性基金收支及结余情况表"、"政府性基金收支决算分级表"、"政府性基金收支及平

衡情况表"这4张决算表格设计而成。其中,前两张决算表格调查的内容是省总预算的收支情况,各项信息要素权重为2;后两张决算表格调查的内容是省本级和省以下各级地方政府的收支情况,各项信息要素权重为1。另外,项目组还提出了政府性基金经济分类支出信息公开的申请。

新疆维吾尔自治区财政厅网站公布了自治区全区总决算的6张表格"政府性基金收支决算总表"、"政府性基金收入预算变动情况表"、"政府性基金支出预算变动情况表"、"政府性基金收支及结余情况表"、"政府性基金收支决算分级表"、"政府性基金收支及平衡情况表",以及4张自治区本级决算表格"2015年度新疆维吾尔自治区本级政府性基金收支决算总表"、"2015年度新疆维吾尔自治区本级政府性基金收入预算变动情况表"、"2015年度新疆维吾尔自治区本级政府性基金支出预算变动情况表"、"2015年度新疆维吾尔自治区本级政府性基金收支及结余情况表"。具体的信息公开方式及信息公开内容见表16-3。

表16-3 **新疆维吾尔自治区政府性基金信息公开情况(2015)**

编号	信息要素	未公开	依申请公开	网站公开	出版物公开	已公开信息项	应公开信息项
1	省总预算政府性基金预算收支总额			✓		2	2
2	省总预算政府性基金预算收入款级科目			✓		1	1
3	省总预算政府性基金预算收入项级科目			✓		1	1
4	省总预算政府性基金预算收入目级科目			✓		1	1
5	省总预算政府性基金预算支出功能分类类级科目			✓		10	10
6	省总预算政府性基金预算支出功能分类款级科目			✓		10	10
7	省总预算政府性基金预算支出功能分类项级科目			✓		10	10
8	省总预算政府性基金预算支出经济分类类级科目	✓				0	10
9	省总预算政府性基金预算支出经济分类款级科目	✓				0	10
10	省本级政府性基金预算收入款级科目		✓	✓		1	1
11	省本级政府性基金预算支出功能分类类级科目		✓	✓		10	10
12	省本级政府性基金预算支出经济分类类级科目	✓				0	10
13	地市本级政府性基金预算收入款级科目			✓		1	1
14	地市本级政府性基金预算支出功能分类类级科目			✓		10	10

续表

编号	信息要素	未公开	依申请公开	网站公开	出版物公开	已公开信息项	应公开信息项
15	地市本级政府性基金预算支出经济分类类级科目	√				0	10
16	县本级政府性基金预算收入款级科目			√		1	1
17	县本级政府性基金预算支出功能分类类级科目			√		10	10
18	县本级政府性基金预算支出经济分类类级科目	√				0	10
19	乡级政府性基金预算收入款级科目			√		1	1
20	乡级政府性基金预算支出功能分类类级科目			√		10	10
21	乡级政府性基金预算支出经济分类类级科目	√				0	10
22	各地市本级政府性基金预算收入款级科目	√				0	1
23	各地市本级政府性基金预算支出功能分类类级科目	√				0	1
24	各地市本级政府性基金预算支出经济分类类级科目	√				0	1
25	各县本级政府性基金预算收入款级科目	√				0	1
26	各县本级政府性基金预算支出功能分类类级科目	√				0	1
27	各县本级政府性基金预算支出经济分类类级科目	√				0	1

政府性基金透明度得分计算方法为：

$$\left(\sum_{i=1}^{27} \frac{已公开信息项_i}{应公开信息项_i} \times 二级权重_i\right) \times 100 / \sum_{i=1}^{27} 二级权重_i$$

根据该计算方法，可以得出新疆维吾尔自治区政府性基金透明度得分为61.11分，比31个省份政府性基金透明度的平均得分高13.11分，在该单项信息排名中与其他3个省份并列第10名。

16.4 新疆维吾尔自治区财政专户管理资金信息公开情况

财政专户管理资金透明度评分指标根据"财政专户管理资金收支总表"、"财政专户管理资金收入明细表"、"财政专户管理资金支出功能分类明细表"、"财政专户管理资金收支分级表"和"财政专户管理资金收支及平衡情况表"这5张决算表格设计而成。其中，涉及省总预算财政专户的各项信息要素权重为2,其余省本级和省以下各级地方政府财政专户的各项信息要素权重为1。

财政部不再统一要求地方政府在2015年度政府决算中编制财政专户管理资金的相关表格。除依申请公开的"2015年度新疆维吾尔自治区本级财政专户管理资金收支总表"外,项目组未获取新疆维吾尔自治区2015年度的其他财政专户管理资金的收支信息。具体的信息公开方式及信息公开内容见表16-4。

表16-4　新疆维吾尔自治区财政专户管理资金信息公开情况(2015)

编号	信息要素	未公开	依申请公开	网站公开	出版物公开	已公开信息项	应公开信息项
1	省总预算财政专户收支总额	√				0	2
2	省总预算财政专户收入款级科目	√				0	2
3	省总预算财政专户收入项级科目	√				0	2
4	省总预算财政专户收入目级科目	√				0	2
5	省总预算财政专户支出功能分类类级科目	√				0	22
6	省总预算财政专户支出功能分类款级科目	√				0	22
7	省总预算财政专户支出功能分类项级科目	√				0	22
8	省总预算财政专户支出经济分类类级科目	√				0	10
9	省总预算财政专户支出经济分类款级科目	√				0	10
10	省本级财政专户收入款级科目				√	2	2
11	省本级财政专户支出功能分类类级科目				√	22	22
12	省本级财政专户支出经济分类类级科目	√				0	10
13	地市本级财政专户收入款级科目	√				0	2
14	地市本级财政专户支出功能分类类级科目	√				0	22
15	地市本级财政专户支出经济分类类级科目	√				0	10
16	县本级财政专户收入款级科目	√				0	2
17	县本级财政专户支出功能分类类级科目	√				0	22
18	县本级财政专户支出经济分类类级科目	√				0	10
19	乡级财政专户收入款级科目	√				0	2
20	乡级财政专户支出功能分类类级科目	√				0	22
21	乡级财政专户支出经济分类类级科目	√				0	10
22	各地市本级财政专户收入款级科目	√				0	1
23	各地市本级财政专户支出功能分类类级科目	√				0	1
24	各地市本级财政专户支出经济分类类级科目	√				0	1

续表

编号	信息要素	未公开	依申请公开	网站公开	出版物公开	已公开信息项	应公开信息项
25	各县本级财政专户收入款级科目	√				0	1
26	各县本级财政专户支出功能分类类级科目	√				0	1
27	各县本级财政专户支出经济分类类级科目	√				0	1

财政专户管理资金透明度得分计算方法为:

$$\left(\sum_{i=1}^{27}\frac{\text{已公开信息项}_i}{\text{应公开信息项}_i}\times\text{二级权重}_i\right)\times100/\sum_{i=1}^{27}\text{二级权重}_i$$

根据该计算方法,可以得出新疆维吾尔自治区财政专户管理资金透明度得分为 5.56 分,比 31 个省份财政专户管理资金透明度的平均得分高 0.88 分,在该单项信息排名中与与四川省并列第 8 名。

16.5 新疆维吾尔自治区国有资本经营预算基金信息公开情况

国有资本经营预算基金透明度评分指标根据"国有资本经营收支决算总表"、"国有资本经营收支决算明细表"、"国有资本经营收支决算分级表"和"国有资本经营收支及平衡情况表"这 4 张决算表格设计而成。其中,前两张决算表格调查的内容是省总预算的收支情况,各项信息要素权重为 2;后两张决算表格调查的内容是省本级和省以下各级地方政府的收支情况,各项信息要素权重为 1。

新疆维吾尔自治区财政厅网站公布了自治区全区总决算的 4 张表格"国有资本经营收支决算总表"、"国有资本经营收支决算明细表"、"国有资本经营收支决算分级表"、"国有资本经营收支及平衡情况表",以及两张自治区本级决算表格"2015 年度新疆维吾尔自治区本级国有资本经营收支决算总表"、"2015 年度新疆维吾尔自治区本级国有资本经营收支决算明细表"。具体的信息公开方式及信息公开内容见表 16—5。

表 16—5 新疆维吾尔自治区国有资本经营预算基金信息公开情况(2015)

编号	信息要素	未公开	依申请公开	网站公开	出版物公开	已公开信息项	应公开信息项
1	国有资本经营预算收支总额			√		2	2
2	国有资本经营预算收入款级科目			√		1	1

续表

编号	信息要素	未公开	依申请公开	网站公开	出版物公开	已公开信息项	应公开信息项
3	国有资本经营预算收入项级科目			✓		5	5
4	国有资本经营预算收入目级科目			✓		5	5
5	国有资本经营预算支出功能分类类级科目			✓		11	11
6	国有资本经营预算支出功能分类款级科目			✓		1	1
7	国有资本经营预算支出功能分类项级科目			✓		1	1
8	国有资本经营预算支出经济分类类级科目	✓				0	3
9	国有资本经营预算支出经济分类款级科目	✓				0	3
10	省本级国有资本经营预算收入款级科目			✓		5	5
11	省本级国有资本经营预算支出功能分类类级科目			✓		11	11
12	省本级国有资本经营预算支出经济分类类级科目	✓				0	3
13	地市本级国有资本经营预算收入款级科目			✓		5	5
14	地市本级国有资本经营预算支出功能分类类级科目			✓		11	11
15	地市本级国有资本经营预算支出经济分类类级科目	✓				0	3
16	县本级国有资本经营预算收入款级科目			✓		5	5
17	县本级国有资本经营预算支出功能分类类级科目			✓		11	11
18	县本级国有资本经营预算支出经济分类类级科目	✓				0	3
19	乡级国有资本经营预算收入款级科目			✓		5	5
20	乡级国有资本经营预算支出功能分类类级科目			✓		11	11
21	乡级国有资本经营预算支出经济分类类级科目	✓				0	3
22	各地市本级国有资本经营预算收入款级科目	✓				0	5
23	各地市本级国有资本经营预算支出功能分类类级科目	✓				0	11
24	各地市本级国有资本经营预算支出经济分类类级科目	✓				0	3
25	各县本级国有资本经营预算收入款级科目	✓				0	5
26	各县本级国有资本经营预算支出功能分类类级科目	✓				0	11
27	各县本级国有资本经营预算支出经济分类类级科目	✓				0	3

国有资本经营预算基金透明度得分计算方法为：

$$\left(\sum_{i=1}^{27}\frac{已公开信息项_i}{应公开信息项_i}\times 二级权重_i\right)\times 100/\sum_{i=1}^{27}二级权重_i$$

根据该计算方法，可以得出新疆维吾尔自治区国有资本经营预算基金透明度得分为 61.11 分，比 31 个省份国有资本经营预算基金透明度的平均得分高 17.47 分，在该单项信息排名中与上海、江苏、并列第 10 名。

16.6 新疆维吾尔自治区政府资产负债信息公开情况

政府资产负债涵盖除社会保险基金和国有企业基金之外的所有政府资产与负债，包括一般公共预算基金、政府性基金、国有资本经营预算基金、财政专户管理资金所形成的资产和负债。具体指标包括资产类指标金融资产（存款、有价证券、在途款、暂付款）和固定资产（地产、房产建筑、设备）、负债类指标短期负债（暂存款、应付款、短期借款）和长期负债（1~3 年、3~5 年、5 年以上）、净资产类指标金融净资产（预算结余、基金预算结余、国有资本经营预算结余、专用基金结余、财政专户管理资金结余、预算稳定调节基金、预算周转金）和非金融净资产。

新疆维吾尔自治区财政厅依申请公开了"2015 年度预算资金年终资产负债表"，但未公开"财政专户管理资金年终资产负债表"。具体的信息公开方式及信息公开内容见表 16-6。

表 16-6　新疆维吾尔自治区政府资产负债信息公开情况（2015）

编号	信息要素	未公开	依申请公开	网站公开	出版物公开	已公开信息项	应公开信息项
1	政府资产负债总额	√				0	2
2	政府资产一级分类信息		√			1	2
3	政府资产二级分类信息		√			4	7
4	政府负债一级分类信息		√			1	2
5	政府负债二级分类信息		√			3	6
6	政府净资产一级分类信息		√			1	2
7	政府净资产二级分类信息		√			6	7

政府资产负债透明度得分计算方法为：

$$\left(\sum_{i=1}^{7}\frac{已公开信息项_i}{应公开信息项_i}\times 二级权重_i\right)\times 100/\sum_{i=1}^{7}二级权重_i$$

根据该计算方法,可以得出新疆维吾尔自治区政府资产负债透明得分为48.98分,比31个省份政府资产负债透明度的平均得分高31.27分,在该单项信息得分排名中与其他5个省份并列第6名。

16.7 新疆维吾尔自治区部门预算及相关信息公开情况

项目组选取自治区人民政府办公厅、人大常委会办公厅、政协办公厅、教育厅、财政厅、国家税务局、地方税务局、工商行政管理局、卫生和计划生育委员会、交通运输厅、环境保护厅11个省级部门作为调查对象,部门预算及相关信息透明度最终得分是这11个部门预算及相关信息透明度的平均数。每个部门的透明度评估指标涉及三大类型:关于预算单位的财务信息、关于预算单位的人员信息、关于机构的信息。具体决算表格为"收入支出决算总表"、"支出决算表"、"支出决算明细表"、"基本支出决算明细表"、"项目支出决算明细表"、"资产负债表"、"基本数字表"、"机构人员情况表"。

除国家税务局外,新疆维吾尔自治区其余10个部门都在门户网站公开了2015年度部门决算。各部门主动公开的部门预算及相关信息基本是一致的,下面以新疆维吾尔自治区人民政府办公厅为例,给出部门预算及相关信息透明度得分的计算。

新疆维吾尔自治区人民政府办公厅2015年部门预算及相关信息公开内容包括四部分:第一部分是自治区人民政府办公厅概述,包括政府部门主要职能、机构设置情况、部门决算单位构成;第二部分是部门决算报表;第三部分是政府办公厅2015年度部门决算情况说明。具体公开的决算表格是:①3张收支总表,"收入支出决算总表"、"收入决算表"和"支出决算表";②8张收入支出决算表,"收入支出决算表"、"项目收入支出决算表"、"行政事业类项目收入支出决算表"、"基本建设类项目收入支出决算表"、"支出决算明细表"、"基本支出决算明细表"、"项目支出决算明细表"和"财政专户管理资金收入支出决算表";③9张财政拨款收支表,"财政拨款收入支出决算总表"、"一般公共预算财政拨款收入支出决算表"、"一般公共预算财政拨款支出决算明细表"、"一般公共预算财政拨款基本支出决算明细表"、"一般公共预算财政拨款项目支出决算明细表"、"政府性基金预算财政拨款收入支出决算表"、"政府性基金预算财政拨款支出决算明细表"、"政府性基金预算财政拨款基本支出决算明细表"和"政府性基金预算财政拨款项目支出决算明细表";④1张"资产负债表";⑤自治区本级部门单位要公开1张"财政拨款'三公'经费支出表"。共计公开21张报表,其中6张表"基本建设类项目收入支出决算表"、"财政专户管理资金收入支出决算表"、"政府性基金预算财政拨款收入支出决算表"、"政府性基金预算财政拨款支出决算明细表"、"政府性基金预算财政拨款基本支出决算明细表"和"政府性基金预算财政拨款项目支出决算明细表"为空表,无数据。具体的信息公开方式及信息公开内容见表16—7。

表16—7 新疆维吾尔自治区人民政府办公厅部门预算及相关信息公开情况(2015)

编号	信息要素	未公开	依申请公开	网站公开	出版物公开	得分
1	部门收入分类		√			1
2	部门支出功能分类类级科目		√			1
3	部门支出功能分类款级科目		√			1
4	部门支出功能分类项级科目		√			1
5	部门支出经济分类类级科目		√			1
6	部门支出经济分类款级科目		√			1
7	基本支出功能分类类级科目		√			1
8	基本支出功能分类款级科目		√			1
9	基本支出功能分类项级科目		√			1
10	基本支出经济分类类级科目		√			1
11	基本支出经济分类款级科目		√			1
12	项目支出功能分类类级科目		√			1
13	项目支出功能分类款级科目		√			1
14	项目支出功能分类项级科目		√			1
15	项目支出经济分类类级科目		√			1
16	项目支出经济分类款级科目		√			1
17	资产一级分类		√			1
18	资产二级分类		√			1
19	资产三级分类		√			1
20	其他补充资产信息		√			1
21	人员编制总数及各类人员编制数	√				0
22	年末实有人员总数及类型	√				0
23	按经费来源划分的各类人员数	√				0
24	部门机构一级信息	√				0
25	部门机构二级信息	√				0
26	部门机构三级信息	√				0

新疆维吾尔自治区人民政府办公厅部门预算及相关信息透明度得分为(20÷26)×100=76.92分。计算11个部门预算及相关信息透明度的平均得分,得到新疆维吾尔自治区部门预算及相关信息透明度最终得分为73.8分,比31个省份部门预算及相关信息透明度的平均得分高26.48分,在该单项信息排名中位列第1名。

16.8 新疆维吾尔自治区社会保险基金信息公开情况

社会保险基金透明度评分指标主要根据"社会保险基金资产负债表"、"企业职工基本养老保险基金收支表"、"失业保险基金收支表"、"城镇职工基本医疗保险基金收支表"、"工伤保险基金收支表"、"生育保险基金收支表"、"居民社会养老保险基金收支表"、"城乡居民基本医疗保险基金收支表"、"新型农村合作医疗基金收支表"、"城镇居民基本医疗保险基金收支表"、"社会保障基金财政专户资产负债表"、"社会保障基金财政专户收支表"、"财政对社会保险基金补助资金情况表"、"企业职工基本养老保险补充资料表"、"失业保险补充资料表"、"城镇职工医疗保险、工伤保险、生育保险补充资料表"、"居民社会养老保险补充资料表"、"居民基本医疗保险补充资料表"、"其他养老保险情况表"、"其他医疗保障情况表"这20张决算表格设计而成。

新疆维吾尔自治区财政厅网站公开了"2015年度新疆维吾尔自治区本级社会保险基金收入情况表"、"2015年度新疆维吾尔自治区本级社会保险基金支出情况表"、"2015年度新疆维吾尔自治区本级社会保险基金决算结余情况表",可以得分的信息要素是社会保险基金透明度调查的前6项信息,其中一些信息要素公开内容不全面。具体的信息公开方式及信息公开内容见表16—8。

表16—8 **新疆维吾尔自治区社会保险基金信息公开情况(2015)**

编号	信息要素	未公开	依申请公开	网站公开	出版物公开	得分
1	各项社会保险基金的收支总额			√		1
2	各项社会保险基金的收入款级科目			√		1
3	各项社会保险基金的收入项级科目			部分信息		0.16
4	各项社会保险基金的支出款级科目			√		1

续表

编号	信息要素	未公开	依申请公开	网站公开	出版物公开	得分
5	各项社会保险基金的支出项级科目			部分信息		0.16
6	各项社会保险基金收支分级信息（类级科目）			部分信息		0.25
7	各项社会保险基金的基本数字（类级科目）	√				0
8	各项社会保险基金资产的类级科目	√				0
9	各项社会保险基金资产的款级科目	√				0
10	各项社会保险基金资产的项级科目	√				0
11	各项社会保险基金负债的类级科目	√				0
12	各项社会保险基金负债的款级科目	√				0
13	各项社会保险基金负债的项级科目	√				0
14	养老基金的长期收支预测	√				0

新疆维吾尔自治区社会保险基金透明度得分为[(1+1+0.16+1+0.16+0.25)÷14]×100=25.5分,比31个省份社会保险基金透明度的平均得分低23.61分,在该单项信息排名中位列第20名。

16.9 新疆维吾尔自治区国有企业基金信息公开情况

国有企业基金透明度评分指标的构成内容包括:①国有企业的总量6项指标(国有企业的收入、费用、利润总额、资产、负债及所有者权益总额);②国有企业的总量4张表(资产负债表、利润表、现金流量表、所有者权益变动表);③政府直属企业按户公布的8项指标(资产总额、负债总额、所有者权益总额、国有资本及权益总额、营业总收入、利润总额、净利润总额、归属母公司所有者权益的净利润);④政府直属企业是否按照国内上市公司的信息披露要求公布企业运营状况。

除《中国国有资产监督管理年鉴》统一公布的数据之外,项目组未获取其他新疆维吾尔自治区2015年度国有企业的财务信息。具体的信息公开方式及信息公开内容见表16—9。

表 16-9　新疆维吾尔自治区国有企业基金信息公开情况（2015）

编号	信息要素	未公开	依申请公开	网站公开	出版物公开	得分
1	国有企业的收入、费用和利润总额				√	1
2	国有企业的资产、负债及所有者权益总额				√	1
3	国有企业资产负债表	√				0
4	国有企业利润表	√				0
5	国有企业现金流量表	√				0
6	国有企业所有者权益变动表	√				0
7	政府直属企业主要指标表	√				0
8	政府直属企业达到与国内上市公司同等信息披露要求	√				0

新疆维吾尔自治区国有企业基金透明度得分为[(1+1)÷8]×100＝25分，比 31 个省份国有企业基金透明度的平均得分低 32.78 分，在该单项信息排名中与其他 10 个省份并列第 21 名。

16.10　基本结论

新疆维吾尔自治区在 2017 年财政透明度调查过程中的答复情况一般，如在部门预算及相关信息透明度调查过程中，项目组收到了新疆维吾尔自治区人民政府办公厅、教育厅、财政厅、环境保护厅这 4 个部门的政府信息公开申请答复，答复率不到 50%，态度得分为 68.2 分，单项得分排名为第 27 名。

综合各项信息要素得分，新疆维吾尔自治区 2017 年财政透明度的最终得分为 69.74×25％＋61.11×8％＋5.56×4％＋61.11×2％＋48.98×9％＋73.80×15％＋25.50×19％＋25×15％＋68.20×3％＝49.89 分。

新疆维吾尔自治区在门户网站公开政府预决算方面的成绩是比较突出的，但受缺乏预算支出按经济性质分类科目的影响，自治区政府在"四本预算"公开方面仍有改进空间。另外，在政府资产负债信息和国有企业基金信息公开方面还可以进一步改进。

17 广西壮族自治区财政透明度报告

17.1 广西壮族自治区财政透明度概况

中共十八大以来,广西壮族自治区贯彻落实新《预算法》关于预决算公开的相关规定和中共中央办公厅、国务院办公厅《关于进一步推进预算公开工作的意见》的相关规定,积极推进财政信息公开工作。

2016年,广西壮族自治区财政厅进一步推进政府信息公开工作制度建设,下发了《财政厅2016年政务公开工作要点》《关于深入推进全区预决算公开工作的通知》(桂财预〔2015〕225号),自治区党委办公厅、自治区人民政府办公厅印发了《广西壮族自治区进一步推进预决算公开工作实施方案》(桂办发〔2016〕62号),对财政信息公开的内容、形式、时限等提出明确要求,规范预决算公开行为。广西壮族自治区财政厅通过在门户网站上增加"自治区本级资金信息公开"系统的链接,向社会发布专项资金信息,涉及财政预决算、"三公"经费、财政专项资金、财政政策公开等相关文件,进一步拓宽了社会公众了解财政资金信息和参与资金使用监督的渠道。

据统计,广西壮族自治区本级119个编制部门预算的一级预算单位中,除7个涉密部门和5个部门反映对应的中央部门没有公开部门预算外,107个自治区本级一级预算单位公开了2016年部门预算,114个编制部门决算的一级预算单位,除6个涉密部门外,108个自治区本级一级预算单位公开了2015年度部门决算。①

综合政府网站公开资料、《广西统计年鉴》、《广西财政年鉴》和被调查部门的信息反馈情况,项目组计算得出广西壮族自治区财政透明度得分。从图17－1可知,2009－2014年,广西壮族自治区财政透明度得分呈现了稳步提升的态势。2017年广西壮族自治区财政透明度的最终得分为49.38分,在31个省份中排在第17名。2017年广西壮族自治区透明度得分上升但排名下降的原因是山东等省份较大幅度地增加依申请公开力度。

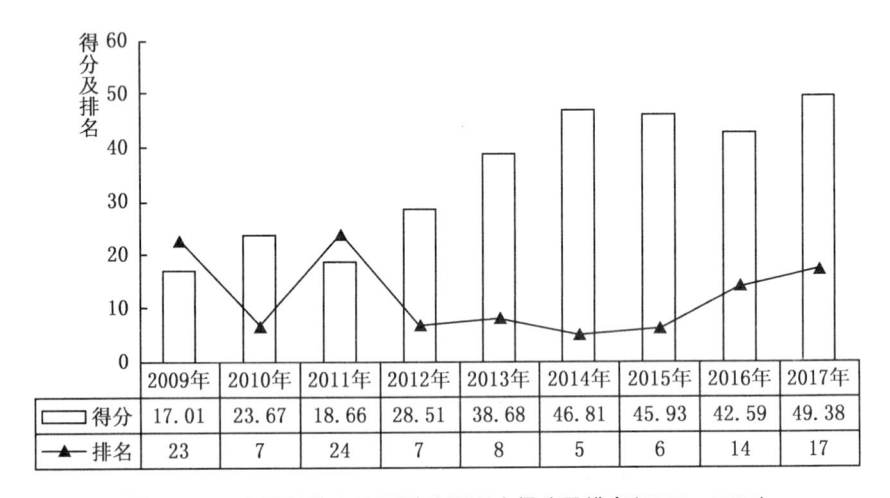

	2009年	2010年	2011年	2012年	2013年	2014年	2015年	2016年	2017年
得分	17.01	23.67	18.66	28.51	38.68	46.81	45.93	42.59	49.38
排名	23	7	24	7	8	5	6	14	17

图17－1 广西壮族自治区财政透明度得分及排名(2009－2017)

就2017年广西壮族自治区财政透明度得分的各项构成情况(见表17－1)来看,除国有资本经营预算基金、社会保险基金、部门预算及相关信息、政府资产负债透明度得分低于31个省份的平均得分外,其余5项信息要素的得分均高于31个省份平均得分。

表17－1　广西壮族自治区各调查信息要素的透明度得分(2017)

	一般公共预算基金	政府性基金	财政专户管理资金	国有资本经营预算基金	政府资产负债	部门预算及相关信息	社会保险基金	国有企业基金	被调查者态度
权重	25%	8%	4%	2%	9%	15%	19%	15%	3%

---

① 相关资料来自《广西壮族自治区财政厅2016年政府信息公开工作年度报告》。

续表

	一般公共预算基金	政府性基金	财政专户管理资金	国有资本经营预算基金	政府资产负债	部门预算及相关信息	社会保险基金	国有企业基金	被调查者态度
31个省份平均百分制得分	57.86	47.90	4.68	43.64	17.71	47.32	49.11	57.78	77.27
广西壮族自治区百分制得分	73.68	61.11	19.44	27.78	0.00	42.00	24.93	75.00	81.80

17.2 广西壮族自治区一般公共预算基金信息公开情况

一般公共预算基金透明度评分指标主要根据财政部要求编制的"公共财政收支决算总表"、"公共财政收入决算明细表"、"公共财政支出决算功能分类明细表"、"公共财政收支决算分级表"、"公共财政收支及平衡情况表"这5张决算表格设计而成。其中,前三张决算表格调查的内容是省总预算的收支情况,各项信息要素权重为2;后两张决算表格调查的内容是省本级和省以下各级地方政府的收支情况,各项信息要素权重为1。另外,项目组还提出了一般公共预算经济分类支出信息公开的申请。

广西壮族自治区财政厅在门户网站公布了"2015年广西壮族自治区本级一般公共预算收支决算总表"、"2015年广西壮族自治区本级一般公共预算转移性收入表"、"2015年广西壮族自治区本级一般公共预算转移性支出表"、"2015年广西壮族自治区本级一般公共预算支出预算变动表"、"2015年广西壮族自治区本级一般公共预算收支决算表",得分的两个信息要素为"省本级公共预算收入类级科目"、"省本级公共预算支出功能分类类级科目"。《2015广西财政年鉴》也包含一些一般公共预算收支决算信息,其中"2014广西壮族自治区公共财政收入决算明细表"将一般公共预算收入细化公开到目级科目;"2014广西壮族自治区公共财政支出决算功能分类明细表"将一般预算支出细化公开到项级科目;"2014广西壮族自治区公共财政支出决算分级表"中有"地市本级公共预算收入类级科目"、"地市本级公共预算支出功能分类类级科目"等8个信息要素;"2014年度公共财政收支及平衡情况表"得分的4个信息要素是"各地市本级公共预算收入类级科目"、"各地市本级公共预算支出功能分类类级科目"、"各县本级公共预算收入类级科目"、"各县本级公共预算支出功能分类类级科目"。具体的信息公开方式及信息公开内容见表17-2。

表17-2　广西壮族自治区一般公共预算基金信息公开情况(2015)

编号	信息要素	未公开	依申请公开	网站公开	出版物公开	已公开信息项	应公开信息项
1	省总预算公共预算收支总额				√	2	2
2	省总预算公共预算收入类级科目				√	2	2
3	省总预算公共预算收入款级科目				√	22	22
4	省总预算公共预算收入项级科目				√	22	22
5	省总预算公共预算收入目级科目				√	22	22
6	省总预算公共预算支出功能分类类级科目				√	24	24
7	省总预算公共预算支出功能分类款级科目				√	24	24
8	省总预算公共预算支出功能分类项级科目				√	24	24
9	省总预算公共预算支出经济分类类级科目	√				0	10
10	省总预算公共预算支出经济分类款级科目	√				0	10
11	省本级公共预算收入类级科目			√	√	2	2
12	省本级公共预算支出功能分类类级科目			√	√	24	24
13	省本级公共预算支出经济分类类级科目	√				0	10
14	地市本级公共预算收入类级科目				√	2	2
15	地市本级公共预算支出功能分类类级科目				√	24	24
16	地市本级公共预算支出经济分类类级科目	√				0	10
17	县本级公共预算收入类级科目				√	2	2
18	县本级公共预算支出功能分类类级科目				√	24	24
19	县本级公共预算支出经济分类类级科目	√				0	10
20	乡级公共预算收入类级科目				√	2	2
21	乡级公共预算支出功能分类类级科目				√	24	24
22	乡级公共预算支出经济分类类级科目	√				0	10
23	各地市本级公共预算收入类级科目				√	1	1
24	各地市本级公共预算支出功能分类类级科目				√	1	1
25	各地市本级公共预算支出经济分类类级科目	√				0	1
26	各县本级公共预算收入类级科目				√	1	1
27	各县本级公共预算支出功能分类类级科目				√	1	1
28	各县本级公共预算支出经济分类类级科目	√				0	1

一般公共预算基金透明度得分计算方法为：

$$\left(\sum_{i=1}^{28}\frac{已公开信息项_i}{应公开信息项_i}\times 二级权重_i\right)\times 100/\sum_{i=1}^{28}二级权重_i$$

根据该计算方法,可以得出广西壮族自治区一般公共预算基金透明度得分为73.68分,比31个省份一般公共预算基金透明度的平均得分高15.82分,在该单项信息排名中与宁夏回族自治区并列第8名。

17.3 广西壮族自治区政府性基金信息公开情况

政府性基金透明度评分指标根据"政府性基金收支决算总表"、"政府性基金收支及结余情况表"、"政府性基金收支决算分级表"、"政府性基金收支及平衡情况表"这4张决算表格设计而成。其中,前两张决算表格调查的内容是省总预算的收支情况,各项信息要素权重为2;后两张决算表格调查的内容是省本级和省以下各级地方政府的收支情况,各项信息要素权重为1。另外,项目组还提出了政府性基金经济分类支出信息公开的申请。

广西壮族自治区财政厅在门户网站公布了"2015年广西壮族自治区本级政府性基金预算收支决算总表"、"2015年广西壮族自治区本级政府性基金预算收支决算表",得分的两个信息要素为"省本级政府性基金预算收入款级科目"、"省本级政府性基金预算支出功能分类类级科目"。《2015广西财政年鉴》中的"2014广西壮族自治区政府性基金收支决算总表"、"2014广西壮族自治区政府性基金收支及结余情况表"包含第1－7项信息要素;"2015年广西壮族自治区政府性基金预算收支决算分级表"包含"省本级政府性基金预算收入款级科目"、"省本级政府性基金预算支出功能分类类级科目"、"地市本级政府性基金预算收入款级科目"、"地市本级政府性基金预算支出功能分类类级科目"、"县本级政府性基金预算收入款级科目"、"县本级政府性基金预算支出功能分类类级科目"、"乡级政府性基金预算收入款级科目"、"乡级政府性基金预算支出功能分类类级科目"这8项信息要素。具体的信息公开方式及信息公开内容见表17－3。

表17－3　广西壮族自治区政府性基金信息公开情况(2015)

编号	信息要素	未公开	依申请公开	网站公开	出版物公开	已公开信息项	应公开信息项
1	省总预算政府性基金预算收支总额			√	√	2	2
2	省总预算政府性基金预算收入款级科目				√	1	1

续表

编号	信息要素	未公开	依申请公开	网站公开	出版物公开	已公开信息项	应公开信息项
3	省总预算政府性基金预算收入项级科目				✓	1	1
4	省总预算政府性基金预算收入目级科目				✓	1	1
5	省总预算政府性基金预算支出功能分类类级科目				✓	10	10
6	省总预算政府性基金预算支出功能分类款级科目				✓	10	10
7	省总预算政府性基金预算支出功能分类项级科目				✓	10	10
8	省总预算政府性基金预算支出经济分类类级科目	✓				0	10
9	省总预算政府性基金预算支出经济分类款级科目	✓				0	10
10	省本级政府性基金预算收入款级科目			✓		1	1
11	省本级政府性基金预算支出功能分类类级科目			✓		10	10
12	省本级政府性基金预算支出经济分类类级科目	✓				0	10
13	地市本级政府性基金预算收入款级科目			✓		1	1
14	地市本级政府性基金预算支出功能分类类级科目			✓		10	10
15	地市本级政府性基金预算支出经济分类类级科目	✓				0	10
16	县本级政府性基金预算收入款级科目			✓		1	1
17	县本级政府性基金预算支出功能分类类级科目			✓		10	10
18	县本级政府性基金预算支出经济分类类级科目	✓				0	10
19	乡级政府性基金预算收入款级科目			✓		1	1
20	乡级政府性基金预算支出功能分类类级科目			✓		10	10
21	乡级政府性基金预算支出经济分类类级科目	✓				0	10
22	各地市本级政府性基金预算收入款级科目	✓				0	1
23	各地市本级政府性基金预算支出功能分类类级科目	✓				0	1
24	各地市本级政府性基金预算支出经济分类类级科目	✓				0	1
25	各县本级政府性基金预算收入款级科目	✓				0	1

续表

编号	信息要素	未公开	依申请公开	网站公开	出版物公开	已公开信息项	应公开信息项
26	各县本级政府性基金预算支出功能分类类级科目	√				0	1
27	各县本级政府性基金预算支出经济分类类级科目	√				0	1

政府性基金透明度得分计算方法为：

$$\left(\sum_{i=1}^{27}\frac{\text{已公开信息项}_i}{\text{应公开信息项}_i}\times\text{二级权重}_i\right)\times 100 / \sum_{i=1}^{27}\text{二级权重}_i$$

根据该计算方法，可以得出广西壮族自治区政府性基金透明度得分为61.11分，比31个省份政府性基金透明度的平均得分高13.11分，在该单项信息排名中与其他3个省份并列第10名。

17.4 广西壮族自治区财政专户管理资金信息公开情况

财政专户管理资金透明度评分指标根据"财政专户管理资金收支总表"、"财政专户管理资金收入明细表"、"财政专户管理资金支出功能分类明细表"、"财政专户管理资金收支分级表"和"财政专户管理资金收支及平衡情况表"这5张决算表格设计而成。其中，涉及省总预算财政专户的各项信息要素权重为2，其余省本级和省以下各级地方政府财政专户的各项信息要素权重为1。

财政部不再统一要求地方政府在2015年度政府决算中编制财政专户管理资金的相关表格。《2015广西财政年鉴》中"2014广西壮族自治区财政专户管理资金收支情况表"包含"省总预算财政专户收支总额"、"省总预算财政专户收入款级科目"、"省总预算财政专户收入项级科目"、"省总预算财政专户支出功能分类类级科目"4个信息要素。具体的信息公开方式及信息公开内容见表17-4。

表17-4　广西壮族自治区财政专户管理资金信息公开情况(2015)

编号	信息要素	未公开	依申请公开	网站公开	出版物公开	已公开信息项	应公开信息项
1	省总预算财政专户收支总额				√	2	2
2	省总预算财政专户收入款级科目				√	2	2
3	省总预算财政专户收入项级科目				√	1	2
4	省总预算财政专户收入目级科目	√				0	2

续表

编号	信息要素	未公开	依申请公开	网站公开	出版物公开	已公开信息项	应公开信息项
5	省总预算财政专户支出功能分类类级科目				✓	21	21
6	省总预算财政专户支出功能分类款级科目	✓				0	22
7	省总预算财政专户支出功能分类项级科目	✓				0	22
8	省总预算财政专户支出经济分类类级科目	✓				0	10
9	省总预算财政专户支出经济分类款级科目	✓				0	10
10	省本级财政专户收入款级科目	✓				0	2
11	省本级财政专户支出功能分类类级科目	✓				0	22
12	省本级财政专户支出经济分类类级科目	✓				0	10
13	地市本级财政专户收入款级科目	✓				0	2
14	地市本级财政专户支出功能分类类级科目	✓				0	22
15	地市本级财政专户支出经济分类类级科目	✓				0	10
16	县本级财政专户收入款级科目	✓				0	2
17	县本级财政专户支出功能分类类级科目	✓				0	22
18	县本级财政专户支出经济分类类级科目	✓				0	10
19	乡级财政专户收入款级科目	✓				0	2
20	乡级财政专户支出功能分类类级科目	✓				0	22
21	乡级财政专户支出经济分类类级科目	✓				0	10
22	各地市本级财政专户收入款级科目	✓				0	1
23	各地市本级财政专户支出功能分类类级科目	✓				0	1
24	各地市本级财政专户支出经济分类类级科目	✓				0	1
25	各县本级财政专户收入款级科目	✓				0	1
26	各县本级财政专户支出功能分类类级科目	✓				0	1
27	各县本级财政专户支出经济分类类级科目	✓				0	1

财政专户管理资金透明度得分计算方法为：

$$\left(\sum_{i=1}^{27} \frac{\text{已公开信息项}_i}{\text{应公开信息项}_i} \times \text{二级权重}_i\right) \times 100 / \sum_{i=1}^{27} \text{二级权重}_i$$

根据该计算方法，可以得出广西壮族自治区财政专户管理资金透明度得分为 19.44 分，比 31 个省份财政专户管理资金透明度的平均得分高 14.76 分，在该单项信息排名中与河北、新疆并列第 3 名。

17.5 广西壮族自治区国有资本经营预算基金信息公开情况

国有资本经营预算基金透明度评分指标根据"国有资本经营收支决算总表"、"国有资本经营收支决算明细表"、"国有资本经营收支决算分级表"和"国有资本经营收支及平衡情况表"这4张决算表格设计而成。其中,前两张决算表格调查的内容是省总预算的收支情况,各项信息要素权重为2;后两张决算表格调查的内容是省本级和省以下各级地方政府的收支情况,各项信息要素权重为1。

广西壮族自治区财政厅网站公布了"2015年广西壮族自治区本级国有资本经营预算收支决算总表",得分的两个信息要素为"省本级国有资本经营预算收入款级科目"和"省本级国有资本经营预算支出功能分类类级科目"。《2015广西财政年鉴》中"2014广西壮族自治区国有资本经营收支决算总表"的4个得分信息要素是"国有资本经营预算收支总额"、"国有资本经营预算收入款级科目"、"国有资本经营预算收入项级科目"、"国有资本经营预算支出功能分类类级科目"。具体的信息公开方式及信息公开内容见表17-5。

表17-5 广西壮族自治区国有资本经营预算基金信息公开情况(2015)

编号	信息要素	未公开	依申请公开	网站公开	出版物公开	已公开信息项	应公开信息项
1	国有资本经营预算收支总额			√	√	2	2
2	国有资本经营预算收入款级科目				√	1	1
3	国有资本经营预算收入项级科目				√	5	5
4	国有资本经营预算收入目级科目	√				0	5
5	国有资本经营预算支出功能分类类级科目				√	11	11
6	国有资本经营预算支出功能分类款级科目	√				0	1
7	国有资本经营预算支出功能分类项级科目	√				0	1
8	国有资本经营预算支出经济分类类级科目	√				0	3
9	国有资本经营预算支出经济分类款级科目	√				0	3
10	省本级国有资本经营预算收入款级科目			√		5	5
11	省本级国有资本经营预算支出功能分类类级科目			√		11	11
12	省本级国有资本经营预算支出经济分类类级科目	√				0	3

续表

编号	信息要素	未公开	依申请公开	网站公开	出版物公开	已公开信息项	应公开信息项
13	地市本级国有资本经营预算收入款级科目	√				0	5
14	地市本级国有资本经营预算支出功能分类类级科目	√				0	11
15	地市本级国有资本经营预算支出经济分类类级科目	√				0	3
16	县本级国有资本经营预算收入款级科目	√				0	5
17	县本级国有资本经营预算支出功能分类类级科目	√				0	11
18	县本级国有资本经营预算支出经济分类类级科目	√				0	3
19	乡级国有资本经营预算收入款级科目	√				0	5
20	乡级国有资本经营预算支出功能分类类级科目	√				0	11
21	乡级国有资本经营预算支出经济分类类级科目	√				0	3
22	各地市本级国有资本经营预算收入款级科目	√				0	5
23	各地市本级国有资本经营预算支出功能分类类级科目	√				0	11
24	各地市本级国有资本经营预算支出经济分类类级科目	√				0	3
25	各县本级国有资本经营预算收入款级科目	√				0	5
26	各县本级国有资本经营预算支出功能分类类级科目	√				0	11
27	各县本级国有资本经营预算支出经济分类类级科目	√				0	3

国有资本经营预算基金透明度得分计算方法为：

$$\left(\sum_{i=1}^{27} \frac{已公开信息项_i}{应公开信息项_i} \times 二级权重_i\right) \times 100 / \sum_{i=1}^{27} 二级权重_i$$

根据该计算方法，可以得出广西壮族自治区国有资本经营预算基金透明度得分为 27.78 分，比 31 个省份国有资本经营预算基金透明度的平均得分低 15.86 分，在该单项信息排名中与其他 4 个省份并列第 21 名。

17.6 广西壮族自治区政府资产负债信息公开情况

政府资产负债涵盖除社会保险基金和国有企业基金之外的所有政府资产与负债，包括一般公共预算基金、政府性基金、国有资本经营预算基金、财政专户管理资金所形成的资产和负债。具体指标包括资产类指标金融资产(存款、有价证券、在途款、暂付款)和固定资产(地产、房产建筑、设备)、负债类指标短期负债(暂存款、应付款、短期借款)和长期负债(1~3年、3~5年、5年以上)、净资产类指标金融净资产(预算结余、基金预算结余、国有资本经营预算结余、专用基金结余、财政专户管理资金结余、预算稳定调节基金、预算周转金)和非金融净资产。

项目组未获取广西壮族自治区"2015年度预算资金年终资产负债表"和"财政专户管理资金年终资产负债表",见表17-6。广西壮族自治区政府资产负债透明度得分为零分。

表17-6 广西壮族自治区政府资产负债信息公开情况(2015)

编号	信息要素	未公开	依申请公开	网站公开	出版物公开	已公开信息项	应公开信息项
1	政府资产负债总额	√				0	2
2	政府资产一级分类信息	√				0	2
3	政府资产二级分类信息	√				0	7
4	政府负债一级分类信息	√				0	2
5	政府负债二级分类信息	√				0	6
6	政府净资产一级分类信息	√				0	2
7	政府净资产二级分类信息	√				0	7

根据《关于〈广西壮族自治区人民政府关于提请审议批准全区2015年地方政府债务限额的议案〉的审查报告——2015年12月7日在广西壮族自治区第十二届人民代表大会常务委员会第二十次会议上》的相关数据,2015年广西壮族自治区地方政府债务限额为4 464.8亿元(一般债务为2 545.6亿元,专项债务为1 919.2亿元),其中2014年末存量债务余额为4 286.8亿元,2015年新增债务额度178亿元。

17.7 广西壮族自治区部门预算及相关信息公开情况

项目组选取自治区人民政府办公厅、人大常委会办公厅、政协办公厅、教育厅、财政厅、国家税务局、地方税务局、工商行政管理局、卫生和计划生育委员会、交通运输厅、环境保护厅11个省级部门作为调查对象,部门预算及相关信息透明度最终得分是这11个部门预算及相关信息透明度的平均数。每个部门的透明度评估指标涉及三大类型:关于预算单位的财务信息、关于预算单位的人员信息、关于机构的信息。具体决算表格为"收入支出决算总表"、"支出决算表"、"支出决算明细表"、"基本支出决算明细表"、"项目支出决算明细表"、"资产负债表"、"基本数字表"、"机构人员情况表"。

除国家税务局外,广西壮族自治区其余10个部门都在门户网站公开了2015年度部门决算。各部门主动公开的部门预算及相关信息基本是一致的,下面以广西壮族自治区教育厅为例,给出部门预算及相关信息透明度得分的计算。

广西壮族自治区教育厅2015年部门预算及相关信息公开内容包括三部分:第一部分是教育厅概况,包括主要职能和部门决算单位构成;第二部分是教育厅2015年部门决算报表;第三部分是教育厅2015年度部门决算情况说明,包括2015年度收入支出决算总体情况、2015年度一般公共预算支出决算情况、2015年度政府性基金支出决算情况、2015年度一般公共预算财政拨款基本支出决算情况、一般公共预算财政拨款安排的"三公"经费支出决算情况说明、其他重要事项情况说明。具体公开的决算表格是"收入支出决算总表"、"收入决算表"、"支出决算表"、"财政拨款收入支出决算总表"、"一般公共预算财政拨款支出决算表"、"一般公共预算财政拨款基本支出决算表"、"一般公共预算财政拨款'三公'经费支出决算表"、"政府性基金预算财政拨款收入支出决算表"8张决算表格。具体的信息公开方式及信息公开内容见表17-7。

表17-7　广西壮族自治区教育厅部门预算及相关信息公开情况(2015)

编号	信息要素	未公开	依申请公开	网站公开	出版物公开	得分
1	部门收入分类			√		1
2	部门支出功能分类类级科目			√		1
3	部门支出功能分类款级科目			√		1
4	部门支出功能分类项级科目			√		1
5	部门支出经济分类类级科目	√				0
6	部门支出经济分类款级科目	√				0
7	基本支出功能分类类级科目			√		1
8	基本支出功能分类款级科目			√		1
9	基本支出功能分类项级科目			√		1
10	基本支出经济分类类级科目			√		1
11	基本支出经济分类款级科目			√		1

续表

编号	信息要素	未公开	依申请公开	网站公开	出版物公开	得分
12	项目支出功能分类类级科目			√		1
13	项目支出功能分类款级科目			√		1
14	项目支出功能分类项级科目			√		1
15	项目支出经济分类类级科目	√				0
16	项目支出经济分类款级科目	√				0
17	资产一级分类	√				0
18	资产二级分类	√				0
19	资产三级分类	√				0
20	其他补充资产信息	√				0
21	人员编制总数及各类人员编制数	√				0
22	年末实有人员总数及类型	√				0
23	按经费来源划分的各类人员数	√				0
24	部门机构一级信息	√				0
25	部门机构二级信息	√				0
26	部门机构三级信息	√				0

广西壮族自治区教育厅部门预算及相关信息透明度得分为[(1+1+1+1+1+1+1+1+1+1+1+1)÷26]×100＝46.15分。计算11个部门预算及相关信息透明度的平均得分,得到广西壮族自治区部门预算及相关信息透明度最终得分为42分,比31个省份部门预算及相关信息透明度的平均得分低5.32分,在该单项信息排名中与其他4个省份并列第21名。

17.8 广西壮族自治区社会保险基金信息公开情况

社会保险基金透明度评分指标主要根据"社会保险基金资产负债表"、"企业职工基本养老保险基金收支表"、"失业保险基金收支表"、"城镇职工基本医疗保险基金收支表"、"工伤保险基金收支表"、"生育保险基金收支表"、"居民社会养老保险基金收支表"、"城乡居民基本医疗保险基金收支表"、"新型农村合作医疗基金收支表"、"城镇居民基本医疗保险基金收支表"、"社会保障基金

财政专户资产负债表"、"社会保障基金财政专户收支表"、"财政对社会保险基金补助资金情况表"、"企业职工基本养老保险补充资料表"、"失业保险补充资料表"、"城镇职工医疗保险、工伤保险、生育保险补充资料表"、"居民社会养老保险补充资料表"、"居民基本医疗保险补充资料表"、"其他养老保险情况表"、"其他医疗保障情况表"这20张决算表格设计而成。

广西壮族自治区财政厅网站公开了"2015年广西壮族自治区本级国有资本经营预算收支决算总表",可以得分的信息要素是社会保险基金透明度调查的前6项信息,其中一些信息要素公开内容不全面。具体的信息公开方式及信息公开内容见表17—8。

表17—8　广西壮族自治区社会保险基金信息公开情况(2015)

编号	信息要素	未公开	依申请公开	网站公开	出版物公开	得分
1	各项社会保险基金的收支总额			√		1
2	各项社会保险基金的收入款级科目			√		1
3	各项社会保险基金的收入项级科目			部分信息		0.12
4	各项社会保险基金的支出款级科目			√		1
5	各项社会保险基金的支出项级科目			部分信息		0.12
6	各项社会保险基金收支分级信息(类级科目)		部分信息			0.25
7	各项社会保险基金的基本数字(类级科目)	√				0
8	各项社会保险基金资产的类级科目	√				0
9	各项社会保险基金资产的款级科目	√				0
10	各项社会保险基金资产的项级科目	√				0
11	各项社会保险基金负债的类级科目	√				0
12	各项社会保险基金负债的款级科目	√				0
13	各项社会保险基金负债的项级科目	√				0
14	养老基金的长期收支预测	√				0

广西壮族自治区社会保险基金透明度得分为[(1+1+0.12+1+0.12+0.25)÷14]×100=24.93分,比31个省份社会保险基金透明度的平均得分低24.18分,在该单项信息排名中与其他3个省份并列第22名。

17.9　广西壮族自治区国有企业基金信息公开情况

国有企业基金透明度评分指标的构成内容包括：①国有企业的总量6项指标(国有企业的收入、费用、利润总额、资产、负债及所有者权益总额)；②国有企业的总量4张表(资产负债表、利润表、现金流量表、所有者权益变动表)；③政府直属企业按户公布的8项指标(资产总额、负债总额、所有者权益总额、国有资本及权益总额、营业总收入、利润总额、净利润总额、归属母公司所有者权益的净利润)；④政府直属企业是否按照国内上市公司的信息披露要求公布企业运营状况。

广西壮族自治区国有资产监督管理委员会依申请公开了"2015年度广西壮族自治区本级政府国有企业汇总资产负债表"、"2015年度广西壮族自治区本级政府国有企业汇总利润表"、"2015年度广西壮族自治区本级政府国有企业汇总现金流量表"、"2015年度广西壮族自治区本级政府国有企业汇总所有者权益变动表"。除《中国国有资产监督管理年鉴》统一公布的数据之外，项目组未获取其他广西壮族自治区2015年度国有企业的财务信息。具体的信息公开方式及信息公开内容见表17-9。

表17-9　广西壮族自治区国有企业基金信息公开情况(2015)

编号	信息要素	未公开	依申请公开	网站公开	出版物公开	得分
1	国有企业的收入、费用和利润总额				√	1
2	国有企业的资产、负债及所有者权益总额				√	1
3	国有企业资产负债表		√			1
4	国有企业利润表		√			1
5	国有企业现金流量表		√			1
6	国有企业所有者权益变动表		√			1
7	政府直属企业主要指标表	√				0
8	政府直属企业达到与国内上市公司同等信息披露要求	√				0

广西壮族自治区国有企业基金透明度得分为[(1+1+1+1+1+1)÷8]×100=75分，比31个省份国有企业基金透明度的平均得分高17.22分，在该单项信息排名中与其他10个省份并列第8名。

17.10 基本结论

广西壮族自治区在 2017 年财政透明度调查过程中的答复情况较好,如在部门预算及相关信息透明度调查过程中,除人大办公厅、政协办公厅、人民政府办公厅、国家税务局这 4 个部门未给予回复外,其余 7 个部门都给了政府信息公开申请答复,态度得分为 81.8 分,单项得分排名为第 14 名。

综合各项信息要素得分,广西壮族自治区 2017 年财政透明度的最终得分为 $73.68 \times 25\% + 61.11 \times 8\% + 19.44 \times 4\% + 27.78 \times 2\% + 0 \times 9\% + 42.00 \times 15\% + 24.93 \times 19\% + 75 \times 15\% + 81.80 \times 3\% = 49.38$ 分。

我们认为,广西壮族自治区政府和财政厅可以在门户网站进一步加大"四本预算"的全区总预算(决算)的公开力度,尤其是要注重细化预决算公开和预算支出按经济性质分类的公开。另外,政府资产负债信息的披露程度也可以进一步加强。

18 云南省财政透明度报告

18.1 云南省财政透明度概况

中共十八大以来,云南省贯彻落实新《预算法》关于预决算公开的相关规定和中共中央办公厅、国务院办公厅《关于进一步推进预算公开工作的意见》的相关规定,积极推进财政信息公开工作。

2016年,云南省人民政府办公厅下发了《关于印发2015年政府信息公开第三方评估发现问题整改方案的通知》(云政办函〔2016〕98号),云南省财政厅下发了《关于2015年政府信息公开第三方评估发现问题整改方案任务分解的通知》(云财办〔2016〕101号)等文件,进一步细化2016年财政政务公开工作任务。2016年8月15日,云南省财政厅在其官方网站的"云南省政府预决算"专栏公布了《关于云南省2015年地方财政决算的报告——2016年7月26日 在云南省第十二届人民代表大会常务委员会第二十八次会议上》及《2015年度云南省全省及省本级收支决算公开表》、《2015年云南省省本级财政收支决算变化事项情况说明》。2016年9月云南省财政厅网站"云南省部门预决算"专栏陆续公开了省级部门的2015年度决算信息。

综合政府网站公开资料、《云南统计年鉴》和被调查部门的信息反馈情况,项目组计算得出云南省财政透明度得分。从图18-1可知,2009—2014年,云南省财政透明度得分稳步提升,在2015年透明度得分突然下降后,2016年

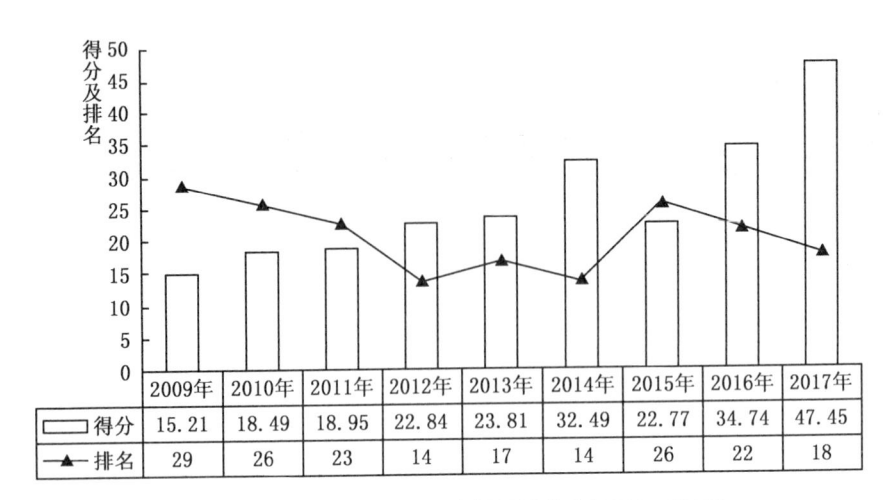

年份	2009年	2010年	2011年	2012年	2013年	2014年	2015年	2016年	2017年
得分	15.21	18.49	18.95	22.84	23.81	32.49	22.77	34.74	47.45
排名	29	26	23	14	17	14	26	22	18

图 18-1　云南省财政透明度得分及排名(2009—2017)

又回归了稳步提升的态势。2017年云南省财政透明度的最终得分为47.75分,在31个省份中排在第18名。

就2017年云南省财政透明度得分的各项构成情况(见表18-1)来看,除被国有资本经营预算基金、社会保险基金和国有企业基金透明度得分高于31个省份的平均得分外,其余5项信息要素的得分均低于31个省份平均得分,其中财政专户管理资金透明度和政府资产负债透明度得分均为零分。

表 18-1　云南省各调查信息要素的透明度得分(2017)

	一般公共预算基金	政府性基金	财政专户管理资金	国有资本经营预算基金	政府资产负债	部门预算及相关信息	社会保险基金	国有企业基金	被调查者态度
权重	25%	8%	4%	2%	9%	15%	19%	15%	3%
31个省份平均百分制得分	57.86	47.90	4.68	43.64	17.71	47.32	49.11	57.78	77.27
云南省百分制得分	36.62	27.78	0.00	44.44	0.00	44.80	77.14	77.50	72.73

18.2　云南省一般公共预算基金信息公开情况

一般公共预算基金透明度评分指标主要根据财政部要求编制的"公共财

政收支决算总表"、"公共财政收入决算明细表"、"公共财政支出决算功能分类明细表"、"公共财政收支决算分级表"、"公共财政收支及平衡情况表"这5张决算表格设计而成。其中,前三张决算表格调查的内容是省总预算的收支情况,各项信息要素权重为2;后两张决算表格调查的内容是省本级和省以下各级地方政府的收支情况,各项信息要素权重为1。另外,项目组还提出了一般公共预算经济分类支出信息公开的申请。

云南省财政厅网站公开的《2015年度云南省公共财政收入决算表》细化到预算收入款级科目,"2015年度云南省公共财政支出决算表"细化到支出功能分类项级科目(其中,国防支出细化到款级科目,外交支出和公共安全支出细化到款级科目),这两张决算表格的得分信息要素有"省总预算公共预算收支总额"、"省总预算公共预算收入类级科目"、"省总预算公共预算收入款级科目"、"省总预算公共预算支出功能分类类级科目"、"省总预算公共预算支出功能分类款级科目"、"省总预算公共预算支出功能分类项级科目"这6项。"2015年度云南省本级公共财政收入决算表"细化到预算收入款级科目,"2015年度云南省本级公共财政支出决算表"细化到支出功能分类项级科目(其中,国防支出细化到款级科目,公共安全支出细化到款级科目),这两张决算表格的得分信息要素有"省本级公共预算收入类级科目"和"省本级公共预算支出功能分类类级科目"这两项。此外,云南省财政厅还公开了"2015年度云南省税收返还和转移支付决算表"和"2015年度云南省本级税收返还和转移支付决算表"。《2016云南统计年鉴》公开的一般公共预算信息已经包含在政府网站公开的内容中。具体的信息公开方式及信息公开内容见表18-2。

表18-2　　　云南省一般公共预算基金信息公开情况(2015)

编号	信息要素	未公开	依申请公开	网站公开	出版物公开	已公开信息项	应公开信息项
1	省总预算公共预算收支总额			√	√	2	2
2	省总预算公共预算收入类级科目			√	√	2	2
3	省总预算公共预算收入款级科目			√	√	22	22
4	省总预算公共预算收入项级科目	√				0	22
5	省总预算公共预算收入目级科目	√				0	22
6	省总预算公共预算支出功能分类类级科目			√	√	23	24
7	省总预算公共预算支出功能分类款级科目			√		21	24
8	省总预算公共预算支出功能分类项级科目			√		20	24
9	省总预算公共预算支出经济分类类级科目	√				0	10

续表

编号	信息要素	未公开	依申请公开	网站公开	出版物公开	已公开信息项	应公开信息项
10	省总预算公共预算支出经济分类款级科目	√				0	10
11	省本级公共预算收入类级科目			√		2	2
12	省本级公共预算支出功能分类类级科目			√		22	24
13	省本级公共预算支出经济分类类级科目	√				0	10
14	地市本级公共预算收入类级科目	√				0	2
15	地市本级公共预算支出功能分类类级科目	√				0	24
16	地市本级公共预算支出经济分类类级科目	√				0	10
17	县本级公共预算收入类级科目	√				0	2
18	县本级公共预算支出功能分类类级科目	√				0	24
19	县本级公共预算支出经济分类类级科目	√				0	10
20	乡级公共预算收入类级科目	√				0	2
21	乡级公共预算支出功能分类类级科目	√				0	24
22	乡级公共预算支出经济分类类级科目	√				0	10
23	各地市本级公共预算收入类级科目	√				0	1
24	各地市本级公共预算支出功能分类类级科目	√				0	1
25	各地市本级公共预算支出经济分类类级科目	√				0	1
26	各县本级公共预算收入类级科目	√				0	1
27	各县本级公共预算支出功能分类类级科目	√				0	1
28	各县本级公共预算支出经济分类类级科目	√				0	1

一般公共预算基金透明度得分计算方法为：

$$\left(\sum_{i=1}^{28}\frac{已公开信息项_i}{应公开信息项_i}\times 二级权重_i\right)\times 100/\sum_{i=1}^{28}二级权重_i$$

根据该计算方法，可以得出云南省一般公共预算基金透明度得分为36.62分，比31个省份一般公共预算基金透明度的平均得分低21.24分，在该单项信息排名中与青海并列第27名。

18.3 云南省政府性基金信息公开情况

政府性基金透明度评分指标根据"政府性基金收支决算总表"、"政府性基金收支及结余情况表"、"政府性基金收支决算分级表"、"政府性基金收支及平

衡情况表"这4张决算表格设计而成。其中,前两张决算表格调查的内容是省总预算的收支情况,各项信息要素权重为2;后两张决算表格调查的内容是省本级和省以下各级地方政府的收支情况,各项信息要素权重为1。另外,项目组还提出了政府性基金经济分类支出信息公开的申请。

云南省财政厅网站公开的"2015年云南省政府性基金收支决算表"包含的信息要素为"省总预算政府性基金预算收支总额"、"省总预算政府性基金预算收入款级科目"、"省总预算政府性基金预算收入项级科目"、"省总预算政府性基金预算支出功能分类款级科目"4项;"2015年云南省本级政府性基金收支决算表"包含的信息要素为"省本级政府性基金预算收入款级科目"和"省本级政府性基金预算支出功能分类类级科目"两项。具体的信息公开方式及信息公开内容见表18-3。

表18-3　　云南省政府性基金信息公开情况(2015)

编号	信息要素	未公开	依申请公开	网站公开	出版物公开	已公开信息项	应公开信息项
1	省总预算政府性基金预算收支总额			√		2	2
2	省总预算政府性基金预算收入款级科目			√		1	1
3	省总预算政府性基金预算收入项级科目			√		1	1
4	省总预算政府性基金预算收入目级科目	√				0	1
5	省总预算政府性基金预算支出功能分类类级科目	√				0	10
6	省总预算政府性基金预算支出功能分类款级科目			√		10	10
7	省总预算政府性基金预算支出功能分类项级科目	√				0	10
8	省总预算政府性基金预算支出经济分类类级科目	√				0	10
9	省总预算政府性基金预算支出经济分类款级科目	√				0	10
10	省本级政府性基金预算收入款级科目			√		1	1
11	省本级政府性基金预算支出功能分类类级科目			√		10	10
12	省本级政府性基金预算支出经济分类类级科目	√				0	10
13	地市本级政府性基金预算收入款级科目	√				0	1
14	地市本级政府性基金预算支出功能分类类级科目	√				0	10
15	地市本级政府性基金预算支出经济分类类级科目	√				0	10

续表

编号	信息要素	未公开	依申请公开	网站公开	出版物公开	已公开信息项	应公开信息项
16	县本级政府性基金预算收入款级科目	√				0	1
17	县本级政府性基金预算支出功能分类类级科目	√				0	10
18	县本级政府性基金预算支出经济分类类级科目	√				0	10
19	乡级政府性基金预算收入款级科目	√				0	1
20	乡级政府性基金预算支出功能分类类级科目	√				0	10
21	乡级政府性基金预算支出经济分类类级科目	√				0	10
22	各地市本级政府性基金预算收入款级科目	√				0	1
23	各地市本级政府性基金预算支出功能分类类级科目	√				0	1
24	各地市本级政府性基金预算支出经济分类类级科目	√				0	1
25	各县本级政府性基金预算收入款级科目	√				0	1
26	各县本级政府性基金预算支出功能分类类级科目	√				0	1
27	各县本级政府性基金预算支出经济分类类级科目	√				0	1

政府性基金透明度得分计算方法为:

$$\left(\sum_{i=1}^{27}\frac{已公开信息项_i}{应公开信息项_i}\times 二级权重_i\right)\times 100 / \sum_{i=1}^{27}二级权重_i$$

根据该计算方法,可以得出云南省政府性基金透明度得分为27.78分,比31个省份政府性基金透明度的平均得分低20.12分,在该单项信息排名中与其他3个省份并列第26名。

18.4　云南省财政专户管理资金信息公开情况

财政专户管理资金透明度评分指标根据"财政专户管理资金收支总表"、"财政专户管理资金收入明细表"、"财政专户管理资金支出功能分类明细表"、"财政专户管理资金收支分级表"和"财政专户管理资金收支及平衡情况表"这5张决算表格设计而成。其中,涉及省总预算财政专户的各项信息要素权重为2,其余省本级和省以下各级地方政府财政专户的各项信息要素权重为1。

财政部不再统一要求地方政府在2015年度政府决算中编制财政专户管

理资金的相关表格。项目组未获取云南省2015年度任何财政专户管理资金的收支信息,见表18－4。云南省财政专户管理资金透明度得分为零分。

表18－4　　　　云南省财政专户管理资金信息公开情况(2015)

编号	信息要素	未公开	依申请公开	网站公开	出版物公开	已公开信息项	应公开信息项
1	省总预算财政专户收支总额	✓				0	2
2	省总预算财政专户收入款级科目	✓				0	2
3	省总预算财政专户收入项级科目	✓				0	2
4	省总预算财政专户收入目级科目	✓				0	2
5	省总预算财政专户支出功能分类类级科目	✓				0	22
6	省总预算财政专户支出功能分类款级科目	✓				0	22
7	省总预算财政专户支出功能分类项级科目	✓				0	22
8	省总预算财政专户支出经济分类类级科目	✓				0	10
9	省总预算财政专户支出经济分类款级科目	✓				0	10
10	省本级财政专户收入款级科目	✓				0	2
11	省本级财政专户支出功能分类类级科目	✓				0	22
12	省本级财政专户支出经济分类类级科目	✓				0	10
13	地市本级财政专户收入款级科目	✓				0	2
14	地市本级财政专户支出功能分类类级科目	✓				0	22
15	地市本级财政专户支出经济分类类级科目	✓				0	10
16	县本级财政专户收入款级科目	✓				0	2
17	县本级财政专户支出功能分类类级科目	✓				0	22
18	县本级财政专户支出经济分类类级科目	✓				0	10
19	乡级财政专户收入款级科目	✓				0	2
20	乡级财政专户支出功能分类类级科目	✓				0	22
21	乡级财政专户支出经济分类类级科目	✓				0	10
22	各地市本级财政专户收入款级科目	✓				0	1
23	各地市本级财政专户支出功能分类类级科目	✓				0	1
24	各地市本级财政专户支出经济分类类级科目	✓				0	1
25	各县本级财政专户收入款级科目	✓				0	1
26	各县本级财政专户支出功能分类类级科目	✓				0	1
27	各县本级财政专户支出经济分类类级科目	✓				0	1

18.5 云南省国有资本经营预算基金信息公开情况

国有资本经营预算基金透明度评分指标根据"国有资本经营收支决算总表"、"国有资本经营收支决算明细表"、"国有资本经营收支决算分级表"和"国有资本经营收支及平衡情况表"这4张决算表格设计而成。其中,前两张决算表格调查的内容是省总预算的收支情况,各项信息要素权重为2;后两张决算表格调查的内容是省本级和省以下各级地方政府的收支情况,各项信息要素权重为1。

云南省财政厅网站公开的"2015年度云南省国有资本经营收支决算明细表"包含了国有资本经营预算基金透明度调查的前7项信息要素;"2015年度云南省本级国有资本经营收支决算明细表"包含了"省本级国有资本经营预算收入款级科目"和"省本级国有资本经营预算支出功能分类类级科目"两项信息要素。具体的信息公开方式及信息公开内容见表18-5。

表 18-5 云南省国有资本经营预算基金信息公开情况(2015)

编号	信息要素	未公开	依申请公开	网站公开	出版物公开	已公开信息项	应公开信息项
1	国有资本经营预算收支总额			✓		2	2
2	国有资本经营预算收入款级科目			✓		1	1
3	国有资本经营预算收入项级科目			✓		5	5
4	国有资本经营预算收入目级科目			✓		5	5
5	国有资本经营预算支出功能分类类级科目			✓		11	11
6	国有资本经营预算支出功能分类款级科目			✓		1	1
7	国有资本经营预算支出功能分类项级科目			✓		1	1
8	国有资本经营预算支出经济分类类级科目	✓				0	3
9	国有资本经营预算支出经济分类款级科目	✓				0	3
10	省本级国有资本经营预算收入款级科目		✓	✓		5	5
11	省本级国有资本经营预算支出功能分类类级科目		✓	✓		11	11
12	省本级国有资本经营预算支出经济分类类级科目	✓				0	3
13	地市本级国有资本经营预算收入款级科目	✓				0	5
14	地市本级国有资本经营预算支出功能分类类级科目	✓				0	11

续表

编号	信息要素	未公开	依申请公开	网站公开	出版物公开	已公开信息项	应公开信息项
15	地市本级国有资本经营预算支出经济分类类级科目	√				0	3
16	县本级国有资本经营预算收入款级科目	√				0	5
17	县本级国有资本经营预算支出功能分类类级科目	√				0	11
18	县本级国有资本经营预算支出经济分类类级科目	√				0	3
19	乡级国有资本经营预算收入款级科目	√				0	5
20	乡级国有资本经营预算支出功能分类类级科目	√				0	11
21	乡级国有资本经营预算支出经济分类类级科目	√				0	3
22	各地市本级国有资本经营预算收入款级科目	√				0	5
23	各地市本级国有资本经营预算支出功能分类类级科目	√				0	11
24	各地市本级国有资本经营预算支出经济分类类级科目	√				0	3
25	各县本级国有资本经营预算收入款级科目	√				0	5
26	各县本级国有资本经营预算支出功能分类类级科目	√				0	11
27	各县本级国有资本经营预算支出经济分类类级科目	√				0	3

国有资本经营预算基金透明度得分计算方法为：

$$\left(\sum_{i=1}^{27}\frac{已公开信息项_i}{应公开信息项_i}\times 二级权重_i\right)\times 100/\sum_{i=1}^{27}二级权重_i$$

根据该计算方法，可以得出云南省国有资本经营预算基金透明度得分为44.44分，比31个省份国有资本经营预算基金透明度的平均得分高0.8分，在该单项信息排名中与广西、黑龙江并列第13名。

18.6 云南省政府资产负债信息公开情况

政府资产负债涵盖除社会保险基金和国有企业基金之外的所有政府资产与负债，包括一般公共预算基金、政府性基金、国有资本经营预算基金、财政专户管理资金所形成的资产和负债。具体指标包括资产类指标金融资产（存款、有价证券、在途款、暂付款）和固定资产（地产、房产建筑、设备）、负债类指标短期负债（暂存款、应付款、短期借款）和长期负债（1~3年、3~5年、5年以上）、净资产类指标金融净资产(预算结余、基金预算结余、国有资本经营预算结余、专用基金结余、财政专户管理资金结余、预算稳定调节基金、预算周转金)和非金融净资产。

项目组未获取云南省2015年度政府资产负债的收支信息,见表18-6。云南省政府资产负债透明度得分为零分。

表18-6 云南省政府资产负债信息公开情况(2015)

编号	信息要素	未公开	依申请公开	网站公开	出版物公开	已公开信息项	应公开信息项
1	政府资产负债总额	√				0	2
2	政府资产一级分类信息	√				0	2
3	政府资产二级分类信息	√				0	7
4	政府负债一级分类信息	√				0	2
5	政府负债二级分类信息	√				0	6
6	政府净资产一级分类信息	√				0	2
7	政府净资产二级分类信息	√				0	7

云南省财政厅网站公布的"关于云南省2015年省本级财政专项预算调整方案(草案)的报告——2015年5月27日在云南省第十二届人民代表大会常务委员会第十八次会议上"披露了当年债务预算收支情况(见表18-7和表18-8)。"2015年,经十二届全国人大三次会议审查批准,允许地方在国务院确定的限额内,通过发行地方政府债券筹措部分建设投资资金。经国务院批准,财政部在2015年第一批新增债券额度中,核定云南省新增债券额度124亿元,其中一般债券109亿元,专项债券15亿元","建议2015年新增一般债券省级安排39亿元,占全省新增债券额度的31.5%,主要用于省委、省政府确定的重点项目省级资金需要。其中,安排高速公路建设资金8亿元,安排铁路建设专项资金9亿元,安排农村公路建设资金6.33亿元,安排城镇供水、污水和生活垃圾处理设施建设资金3亿元,安排鲁甸、景谷地震灾后恢复重建省级补助资金4.6亿元,安排抚仙湖保护治理经费省级补助资金2亿元,安排城镇保障性安居工程省级配套缺口资金1.26亿元,安排农村危房改造省级补助缺口资金4.81亿元","扣除省级一般债券39亿元后,省对下转贷的新增债券额度为85亿元,其中:一般债券70亿元,专项债券15亿元"。

表 18—7　　　云南省政府一般债务余额决算表(2015)　　　单位:亿元

项　目	全省预算数	全省决算数	省本级预算	省本级执行
一、2014年末地方政府一般债务余额实际数		3 976.7		1 056.2
二、2015年末地方政府一般债务余额限额	4 559.8		1 194.3	
三、2015年地方政府一般债券发行额		1 001.4		267.1
四、2015年地方政府一般债券还本额		828.4		192.4
五、2015年末地方政府一般债务余额数		4 242.9		1 192.7
其中:地方政府一般债券余额实际数		1 476.4		672.1
其他地方政府一般债务余额数		2 766.5		520.6

表 18—8　　　云南省政府专项债务余额决算表(2015)　　　单位:亿元

项　目	全省预算数	全省决算数	省本级预算	省本级执行
一、2014年末地方政府专项债务余额实际数		2 032.3		11.3
二、2015年末地方政府专项债务余额限额	2 068.3		11.3	
三、2015年地方政府专项债券发行额		566.0		
四、2015年地方政府专项债券还本额		530.0		
五、2015年末地方政府专项债务余额数		1 985.7		10.7
其中:地方政府专项债券余额实际数		566.0		
其他地方政府专项债务余额数		1 419.7		10.7

18.7　云南省部门预算及相关信息公开情况

项目组选取省人民政府办公厅、人大常委会办公厅、政协办公厅、教育厅、财政厅、国家税务局、地方税务局、工商行政管理局、卫生和计划生育委员会、交通运输厅、环境保护厅11个省级部门作为调查对象,部门预算及相关信息透明度最终得分是这11个部门预算及相关信息透明度的平均数。每个部门的透明度评估指标涉及三大类型:关于预算单位的财务信息、关于预算单位的人员信息、关于机构的信息。具体决算表格为"收入支出决算总表"、"支出决算表"、"支出决算明细表"、"基本支出决算明细表"、"项目支出决算明细表"、"资产负债表"、"基本数字表"、"机构人员情况表"。

除国家税务局外,云南省其余10个部门都在门户网站上公开了2015年度部门决算。各部门主动公开的部门预算及相关信息基本是一致的,下面以云南省财政厅为例,给出部门预算及相关信息透明度得分的计算。

云南省财政厅2015年度部门预算及相关信息公开内容包括六部分:第一部分是部门职责及重点工作;第二部分是部门基本情况,含机构设置和人员概况;第三部分是部门决算总体情况;第四部分是一般公共预算财政拨款支出决算情况;第五部分是三公经费决算情况说明;第六部分是其他重要事项及相关口径情况说明,含机关运行经费和政府采购预算概况。公开的部门决算表格包括"收入支出决算总表"、"收入决算表"、"支出决算表"、"财政拨款收入支出决算总表"、"一般公共预算财政拨款支出决算表"、"一般公共预算财政拨款基本支出决算表"、"政府性基金预算财政拨款收入支出决算表"、"'三公'经费行政参公单位机关运行经费情况表"8张决算表格。具体的信息公开方式及信息公开内容见表18-9。

表18-9　云南省财政厅部门预算及相关信息公开情况(2015)

编号	信息要素	未公开	依申请公开	网站公开	出版物公开	得分
1	部门收入分类			√		1
2	部门支出功能分类类级科目			√		1
3	部门支出功能分类款级科目			√		1
4	部门支出功能分类项级科目			√		1
5	部门支出经济分类类级科目	√				0
6	部门支出经济分类款级科目	√				0
7	基本支出功能分类类级科目			√		1
8	基本支出功能分类款级科目			√		1
9	基本支出功能分类项级科目			√		1
10	基本支出经济分类类级科目			√		1
11	基本支出经济分类款级科目			√		1
12	项目支出功能分类类级科目			√		1
13	项目支出功能分类款级科目			√		1
14	项目支出功能分类项级科目			√		1
15	项目支出经济分类类级科目	√				0
16	项目支出经济分类款级科目	√				0
17	资产一级分类	√				0
18	资产二级分类	√				0

续表

编号	信息要素	未公开	依申请公开	网站公开	出版物公开	得分
19	资产三级分类	√				0
20	其他补充资产信息	√				0
21	人员编制总数及各类人员编制数	√				0
22	年末实有人员总数及类型	√				0
23	按经费来源划分的各类人员数	√				0
24	部门机构一级信息	√				0
25	部门机构二级信息	√				0
26	部门机构三级信息	√				0

云南省财政厅部门预算及相关信息透明度得分为[(1+1+1+1+1+1+1+1+1+1+1+1)÷26]×100=46.15分。计算11个部门预算及相关信息透明度的平均得分,得到云南省部门预算及相关信息透明度最终得分为44.8分,比31个省份部门预算及相关信息透明度的平均得分低2.52分,在该单项信息排名中位列第16名。

18.8 云南省社会保险基金信息公开情况

社会保险基金透明度评分指标主要根据"社会保险基金资产负债表"、"企业职工基本养老保险基金收支表"、"失业保险基金收支表"、"城镇职工基本医疗保险基金收支表"、"工伤保险基金收支表"、"生育保险基金收支表"、"居民社会养老保险基金收支表"、"城乡居民基本医疗保险基金收支表"、"新型农村合作医疗基金收支表"、"城镇居民基本医疗保险基金收支表"、"社会保障基金财政专户资产负债表"、"社会保障基金财政专户收支表"、"财政对社会保险基金补助资金情况表"、"企业职工基本养老保险补充资料表"、"失业保险补充资料表"、"城镇职工医疗保险、工伤保险、生育保险补充资料表"、"居民社会养老保险补充资料表"、"居民基本医疗保险补充资料表"、"其他养老保险情况表"、"其他医疗保障情况表"这20张决算表格设计而成。

云南省财政厅网站公开了"2015年云南省社会保险基金收入情况表"和"2015年云南省社会保险基金支出决算情况表",得分的信息要素为"各项社会保险基金的收支总额"、"各项社会保险基金的收入款级科目"、"各项社会保险基金的支出款级科目"3项；公开了"2015年云南省省本级社会保险基金收入情况表"和"2015年云南省省本级社会保险基金支出决算情况表"，信息要素"各项社会保险基金收支分级信息"部分得分。

云南省有关部门还依申请公开了云南省本级的"二〇一五年企业职工基本养老保险基金收支表"、"二〇一五年工伤保险基金收支表"、"二〇一五年失业保险基金收支表"、"二〇一五年生育保险基金收支表"，上述表格细化到基金收入项级科目和支出项级科目；"二〇一五年社会保险基金资产负债表"细化到基金资产和负债的类级科目和款级科目。云南省本级的"二〇一五年基本养老保险补充资料表"、"二〇一五年城镇职工基本医疗保险、工伤保险、生育保险补充资料表"、"二〇一五年居民基本医疗保险补充资料表"、"二〇一五年失业保险补充资料表"、"二〇一五年其他养老保险情况表"、"二〇一五年其他医疗保障情况表"是各项社会保险基金参保人数等基本数字情况。此外，云南省财政厅还依申请公开了省本级的"二〇一五年社会保障基金财政专户收支情况表"、"二〇一五年财政对社会保险基金补助资金情况表"。具体的信息公开方式及信息公开内容见表18-10。

表18-10　云南省社会保险基金信息公开情况(2015)

编号	信息要素	未公开	依申请公开	网站公开	出版物公开	得分
1	各项社会保险基金的收支总额			√		1
2	各项社会保险基金的收入款级科目			√		1
3	各项社会保险基金的收入项级科目		√			1
4	各项社会保险基金的支出款级科目			√		1
5	各项社会保险基金的支出项级科目		√			1
6	各项社会保险基金收支分级信息（类级科目）		部分信息	部分信息		0.8
7	各项社会保险基金的基本数字（类级科目）		√			1
8	各项社会保险基金资产的类级科目		√			1
9	各项社会保险基金资产的款级科目		√			1
10	各项社会保险基金资产的项级科目	√				0
11	各项社会保险基金负债的类级科目		√			1
12	各项社会保险基金负债的款级科目		√			1

续表

编号	信息要素	未公开	依申请公开	网站公开	出版物公开	得分
13	各项社会保险基金负债的项级科目		√			0
14	养老基金的长期收支预测		√			0

云南省社会保险基金透明度得分为[(1+1+1+1+1+0.8+1+1+1+1+1)÷14]×100=77.14分,比31个省份社会保险基金透明度的平均得分高28.03分,在该单项信息排名中与其他10个省份并列第1名。

18.9 云南省国有企业基金信息公开情况

国有企业基金透明度评分指标的构成内容包括:①国有企业的总量6项指标(国有企业的收入、费用、利润总额、资产、负债及所有者权益总额);②国有企业的总量4张表(资产负债表、利润表、现金流量表、所有者权益变动表);③政府直属企业按户公布的8项指标(资产总额、负债总额、所有者权益总额、国有资本及权益总额、营业总收入、利润总额、净利润总额、归属母公司所有者权益的净利润);④政府直属企业是否按照国内上市公司的信息披露要求公布企业运营状况。

云南省财政厅依申请公开了2015年度的"云南省国有企业资产负债表"、"云南省国有企业利润表"、"云南省国有企业现金流量表"、"云南省国有企业所有者权益变动表"和"云南省省政府直属企业主要指标表",为了解云南省国有企业的整体财务情况提供了数据支持。具体的信息公开方式及信息公开内容见表18-11。

表18-11　　　云南省国有企业基金信息公开情况(2015)

编号	信息要素	未公开	依申请公开	网站公开	出版物公开	得分
1	国有企业的收入、费用和利润总额				√	1
2	国有企业的资产、负债及所有者权益总额				√	1
3	国有企业资产负债表		√			1
4	国有企业利润表		√			1
5	国有企业现金流量表		√			1

编号	信息要素	未公开	依申请公开	网站公开	出版物公开	得分
6	国有企业所有者权益变动表		√			1
7	政府直属企业主要指标表		部分信息			0.2
8	政府直属企业达到与国内上市公司同等信息披露要求	√				0

云南省国有企业基金透明度得分为[(1+1+1+1+1+1+0.2)÷8]×100=77.5分,比31个省份国有企业基金透明度的平均得分高19.72分,在该单项信息排名中位列第7名。

18.10 基本结论

云南省在2017年财政透明度调查过程中的答复情况相对较差,如在部门预算及相关信息透明度调查过程中,项目组收到了云南省人民政府办公厅、教育厅、工商行政管理局、交通运输厅、环境保护厅这5个部门的政府信息公开申请答复,但未收到人大常委会办公厅、政协办公厅、财政厅、国家税务局、地方税务局、卫生和计划生育委员会这6个部门的政府信息公开申请答复,态度得分为72.73分,单项得分排名为第22名。

综合各项信息要素得分,云南省2017年财政透明度的最终得分为36.62×25%+27.78×8%+0×4%+44.44×2%+0×9%+44.8×15%+77.14×19%+77.5×15%+47.75×3%=46.70分。

云南省除社会保险基金和国有企业基金透明度得分相对较高外,其他各项信息要素的得分都比较靠后。为更好地推进全面规范、公开透明的现代预算制度建设,云南省在全口径预决算信息公开和部门预决算信息公开的细化程度方面都有待进一步加大工作力度。

19 北京市财政透明度报告

19.1 北京市财政透明度概况

中共十八大以来,北京市贯彻落实新《预算法》关于预决算公开的相关规定和中共中央办公厅、国务院办公厅《关于进一步推进预算公开工作的意见》的相关规定,积极推进财政信息公开工作。

综合政府网站公开资料、《北京统计年鉴》和被调查部门的信息反馈情况,项目组计算得出北京市财政透明度得分。从图19-1可知,北京市财政透明度得分有一定的波动,最低分为2010年的20.56分,最高分则为2017年的44.49分;北京市排名情况较为稳定,9年间全部处于前20名内,最好名次为2009年的第4位,最差的名次则是2017年的第19位。

就2017年北京市财政透明度得分的各项构成情况(见表19-1)来看,9个因素中,仅3项(一般公共预算基金、政府性基金、被调查者态度)透明度得分高于31个省份的平均得分,其余6项信息要素得分均低于31个省份平均水平,其中财政专户管理资金和政府资产负债没有提供任何信息,透明度得分为零分。

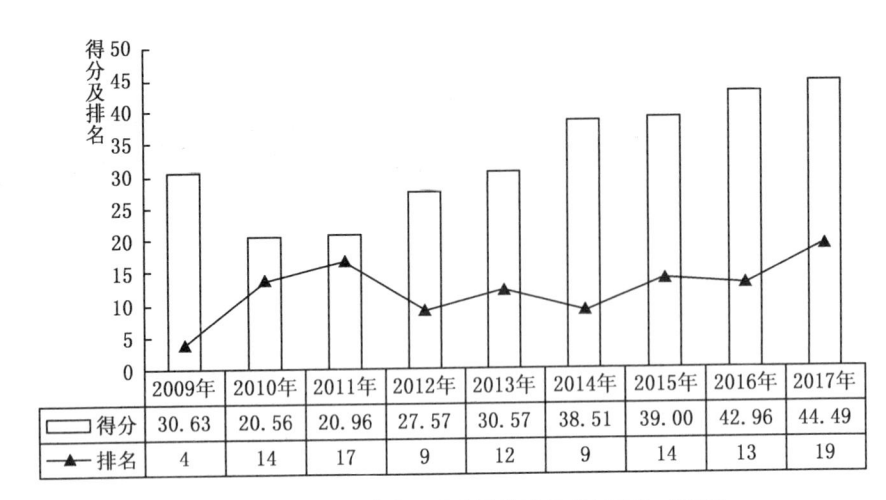

图 19-1 北京市财政透明度得分及排名(2009—2017)

年份	2009年	2010年	2011年	2012年	2013年	2014年	2015年	2016年	2017年
得分	30.63	20.56	20.96	27.57	30.57	38.51	39.00	42.96	44.49
排名	4	14	17	9	12	9	14	13	19

表 19-1　　　　　　　北京市各调查信息要素的透明度得分(2017)

	一般公共预算基金	政府性基金	财政专户管理资金	国有资本经营预算基金	政府资产负债	部门预算及相关信息	社会保险基金	国有企业基金	被调查者态度
权重	25%	8%	4%	2%	9%	15%	19%	15%	3%
31个省份平均百分制得分	57.50	47.90	4.68	43.64	17.71	47.32	49.11	57.78	77.27
北京市百分制得分	69.47	61.11	0.00	27.78	0.00	45.80	26.07	47.50	90.91

19.2　北京市一般公共预算基金信息公开情况

一般公共预算基金透明度评分指标主要根据财政部要求编制的"公共财政收支决算总表"、"公共财政收入决算明细表"、"公共财政支出决算功能分类明细表"、"公共财政收支决算分级表"、"公共财政收支及平衡情况表"这5张决算表格设计而成。其中，前三张决算表格调查的内容是省总预算的收支情况，各项信息要素权重为2；后两张决算表格调查的内容是省本级和省以下各级地方政府的收支情况，各项信息要素权重为1。另外，项目组还提出了一般公共预算经济分类支出信息公开的申请。

《2015北京财政统计年鉴》中公开的决算表格涉及以下透明度调查信息

要素:"2015年度北京市一般公共预算收支决算总表"、"2015年度北京市一般公共预算收入决算明细表"、"2015年度北京市一般公共预算支出决算功能分类明细表"包含了"省总预算公共预算收支总额"、"省总预算公共预算收入类级科目"、"省总预算公共预算收入款级科目"、"省总预算公共预算收入项级科目"、"省总预算公共预算收入目级科目"、"省总预算公共预算支出功能分类类级科目"、"省总预算公共预算支出功能分类款级科目"、"省总预算公共预算支出功能分类项级科目"8项权重为2的信息要素;"2015年度北京市一般公共预算收支决算分级表"包含了"省本级公共预算收入类级科目"、"省本级公共预算支出功能分类类级科目"、"地市本级公共预算收入类级科目"、"地市本级公共预算支出功能分类类级科目"、"县本级公共预算收入类级科目"、"县本级公共预算支出功能分类类级科目"、"乡级公共预算收入类级科目"、"乡级公共预算支出功能分类类级科目"8项权重为1的信息要素;"2015年度北京市各区合计一般公共预算收支决算总表"中包含了"各地市本级公共预算收入类级科目"和"各地市(本级)公共预算支出功能分类类级科目"两项信息要素。

北京市财政局网站公开的"北京市2015年市级一般公共预算基本支出决算表(试编)"中包含了"省本级公共预算支出经济分类类级科目"的部分信息。具体的信息公开方式及信息公开内容见表19-2。

表19-2　　　　　北京市一般公共预算基金信息公开情况(2015)

编号	信息要素	未公开	依申请公开	网站公开	出版物公开	已公开信息项	应公开信息项
1	省总预算公共预算收支总额				√	2	2
2	省总预算公共预算收入类级科目				√	2	2
3	省总预算公共预算收入款级科目				√	22	22
4	省总预算公共预算收入项级科目				√	22	22
5	省总预算公共预算收入目级科目				√	22	22
6	省总预算公共预算支出功能分类类级科目				√	24	24
7	省总预算公共预算支出功能分类款级科目				√	24	24
8	省总预算公共预算支出功能分类项级科目				√	24	24
9	省总预算公共预算支出经济分类类级科目	√				0	10
10	省总预算公共预算支出经济分类款级科目	√				0	10
11	省本级公共预算收入类级科目			√	√	2	2
12	省本级公共预算支出功能分类类级科目			√	√	23	24
13	省本级公共预算支出经济分类类级科目			√		4	10

续表

编号	信息要素	未公开	依申请公开	网站公开	出版物公开	已公开信息项	应公开信息项
14	地市本级公共预算收入类级科目				✓	2	2
15	地市本级公共预算支出功能分类类级科目				✓	23	24
16	地市本级公共预算支出经济分类类级科目	✓				0	10
17	县本级公共预算收入类级科目				✓	2	2
18	县本级公共预算支出功能分类类级科目				✓	23	24
19	县本级公共预算支出经济分类类级科目	✓				0	10
20	乡级公共预算收入类级科目				✓	2	2
21	乡级公共预算支出功能分类类级科目				✓	23	24
22	乡级公共预算支出经济分类类级科目	✓				0	10
23	各地市本级公共预算收入类级科目				✓	1	1
24	各地市本级公共预算支出功能分类类级科目				✓	1	1
25	各地市本级公共预算支出经济分类类级科目	✓				0	1
26	各县本级公共预算收入类级科目	✓				0	1
27	各县本级公共预算支出功能分类类级科目	✓				0	1
28	各县本级公共预算支出经济分类类级科目	✓				0	1

一般公共预算基金透明度得分计算方法为：

$$\left(\sum_{i=1}^{28} \frac{已公开信息项_i}{应公开信息项_i} \times 二级权重_i\right) \times 100 / \sum_{i=1}^{28} 二级权重_i$$

根据该计算方法,可以得出北京市一般公共预算基金透明度得分为69.47分,比31个省份一般公共预算基金透明度的平均得分高11.93分,在该单项信息排名中位列第12名。

19.3 北京市政府性基金信息公开情况

政府性基金透明度评分指标根据"政府性基金收支决算总表"、"政府性基金收支及结余情况表"、"政府性基金收支决算分级表"、"政府性基金收支及平衡情况表"这4张决算表格设计而成。其中,前两张决算表格调查的内容是省总预算的收支情况,各项信息要素权重为2;后两张决算表格调查的内容是省本级和省以下各级地方政府的收支情况,各项信息要素权重为1。另外,项目组还提出了政府性基金经济分类支出信息公开的申请。

《2015北京财政统计年鉴》公开的政府性基金决算表格"2015年度北京市政府性基金收支决算总表"、"2015年度北京市政府性基金收支及结余情况表"包括了"省总预算政府性基金预算收支总额"、"省总预算政府性基金预算收入款级科目"、"省总预算政府性基金预算收入项级科目"、"省总预算政府性基金预算收入目级科目"、"省总预算政府性基金预算支出功能分类项级科目"、"省总预算政府性基金预算支出功能分类类级科目"、"省总预算政府性基金预算支出功能分类款级科目"7项信息要素;"2015年度北京市政府性基金收支决算分级表"包括了"省本级政府性基金预算收入款级科目"、"省本级政府性基金预算支出功能分类类级科目"、"地市本级政府性基金预算收入款级科目"、"地市本级政府性基金预算支出功能分类类级科目"、"县本级政府性基金预算收入款级科目"、"县本级政府性基金预算支出功能分类类级科目"、"乡级政府性基金预算收入款级科目"、"乡级政府性基金预算支出功能分类类级科目"8个信息要素。具体的信息公开方式及信息公开内容见表19-3。

表19-3　　　　　北京市政府性基金信息公开情况(2015)

编号	信息要素	未公开	依申请公开	网站公开	出版物公开	已公开信息项	应公开信息项
1	省总预算政府性基金预算收支总额				√	2	2
2	省总预算政府性基金预算收入款级科目				√	1	1
3	省总预算政府性基金预算收入项级科目				√	1	1
4	省总预算政府性基金预算收入目级科目				√	1	1
5	省总预算政府性基金预算支出功能分类类级科目				√	10	10
6	省总预算政府性基金预算支出功能分类款级科目				√	10	10
7	省总预算政府性基金预算支出功能分类项级科目				√	10	10
8	省总预算政府性基金预算支出经济分类类级科目	√				0	10
9	省总预算政府性基金预算支出经济分类款级科目	√				0	10
10	省本级政府性基金预算收入款级科目			√	√	1	1
11	省本级政府性基金预算支出功能分类类级科目			√		10	10
12	省本级政府性基金预算支出经济分类类级科目	√				0	10
13	地市本级政府性基金预算收入款级科目				√	1	1

续表

编号	信息要素	未公开	依申请公开	网站公开	出版物公开	已公开信息项	应公开信息项
14	地市本级政府性基金预算支出功能分类类级科目				√	10	10
15	地市本级政府性基金预算支出经济分类类级科目	√				0	10
16	县本级政府性基金预算收入款级科目				√	1	1
17	县本级政府性基金预算支出功能分类类级科目				√	10	10
18	县本级政府性基金预算支出经济分类类级科目	√				0	10
19	乡级政府性基金预算收入款级科目				√	1	1
20	乡级政府性基金预算支出功能分类类级科目				√	10	10
21	乡级政府性基金预算支出经济分类类级科目	√				0	10
22	各地市本级政府性基金预算收入款级科目	√				0	1
23	各地市本级政府性基金预算支出功能分类类级科目	√				0	1
24	各地市本级政府性基金预算支出经济分类类级科目	√				0	1
25	各县本级政府性基金预算收入款级科目	√				0	1
26	各县本级政府性基金预算支出功能分类类级科目	√				0	1
27	各县本级政府性基金预算支出经济分类类级科目	√				0	1

政府性基金透明度得分计算方法为：

$$\left(\sum_{i=1}^{27} \frac{已公开信息项_i}{应公开信息项_i} \times 二级权重_i\right) \times 100 / \sum_{i=1}^{27} 二级权重_i$$

根据该计算方法，可以得出北京市政府性基金透明度得分为61.11分，比31个省份政府性基金透明度的平均得分高13.21分，在该单项信息排名中与其他3个省份并列第10名。

19.4 北京市财政专户管理资金信息公开情况

财政专户管理资金透明度评分指标根据"财政专户管理资金收支总表"、"财政专户管理资金收入明细表"、"财政专户管理资金支出功能分类明细表"、"财政专户管理资金收支分级表"和"财政专户管理资金收支及平衡情况表"这

5张决算表格设计而成。其中,涉及省总预算财政专户的各项信息要素权重为2,其余省本级和省以下各级地方政府财政专户的各项信息要素权重为1。

财政部不再统一要求地方政府在2015年度政府决算中编制财政专户管理资金的相关表格。项目组未获取北京市2015年度任何财政专户管理资金的收支信息,见表19-4。北京市财政专户管理资金透明度得分为零分。

表19-4　　　　北京市财政专户管理资金信息公开情况(2015)

编号	信息要素	未公开	依申请公开	网站公开	出版物公开	已公开信息项	应公开信息项
1	省总预算财政专户收支总额	√				0	2
2	省总预算财政专户收入款级科目	√				0	2
3	省总预算财政专户收入项级科目	√				0	2
4	省总预算财政专户收入目级科目	√				0	2
5	省总预算财政专户支出功能分类类级科目	√				0	22
6	省总预算财政专户支出功能分类款级科目	√				0	22
7	省总预算财政专户支出功能分类项级科目	√				0	22
8	省总预算财政专户支出经济分类类级科目	√				0	10
9	省总预算财政专户支出经济分类款级科目	√				0	10
10	省本级财政专户收入款级科目	√				0	2
11	省本级财政专户支出功能分类类级科目	√				0	22
12	省本级财政专户支出经济分类类级科目	√				0	10
13	地市本级财政专户收入款级科目	√				0	2
14	地市本级财政专户支出功能分类类级科目	√				0	22
15	地市本级财政专户支出经济分类类级科目	√				0	10
16	县本级财政专户收入款级科目	√				0	2
17	县本级财政专户支出功能分类类级科目	√				0	22
18	县本级财政专户支出经济分类类级科目	√				0	10
19	乡级财政专户收入款级科目	√				0	2
20	乡级财政专户支出功能分类类级科目	√				0	22
21	乡级财政专户支出经济分类类级科目	√				0	10
22	各地市本级财政专户收入款级科目	√				0	1
23	各地市本级财政专户支出功能分类类级科目	√				0	1
24	各地市本级财政专户支出经济分类类级科目	√				0	1

续表

编号	信息要素	未公开	依申请公开	网站公开	出版物公开	已公开信息项	应公开信息项
25	各县本级财政专户收入款级科目	√				0	1
26	各县本级财政专户支出功能分类类级科目	√				0	1
27	各县本级财政专户支出经济分类类级科目	√				0	1

19.5 北京市国有资本经营预算基金信息公开情况

国有资本经营预算基金透明度评分指标根据"国有资本经营收支决算总表"、"国有资本经营收支决算明细表"、"国有资本经营收支决算分级表"和"国有资本经营收支及平衡情况表"这4张决算表格设计而成。其中,前两张决算表格调查的内容是省总预算的收支情况,各项信息要素权重为2;后两张决算表格调查的内容是省本级和省以下各级地方政府的收支情况,各项信息要素权重为1。

《2015北京财政统计年鉴》公开的"2015年度北京市国有资本经营收支决算总表"中包含了"国有资本经营预算收支总额"、"国有资本经营预算收入款级科目"、"国有资本经营预算收入项级科目"、"国有资本经营预算支出功能分类类级科目"4项信息要素。

北京市财政局网站公开的"北京市2015年市级国有资本经营预算收入决算情况表"和"北京市2015年市级国有资本经营预算支出决算情况表"包含了"省本级国有资本经营预算收入款级科目"、"省本级国有资本经营预算支出功能分类类级科目"两项信息要素。具体的信息公开方式及信息公开内容见表19—5。

表19—5　　　　北京市国有资本经营预算基金信息公开情况(2015)

编号	信息要素	未公开	依申请公开	网站公开	出版物公开	已公开信息项	应公开信息项
1	国有资本经营预算收支总额				√	2	2
2	国有资本经营预算收入款级科目				√	1	1
3	国有资本经营预算收入项级科目				√	5	5
4	国有资本经营预算收入目级科目	√				0	5
5	国有资本经营预算支出功能分类类级科目				√	11	11
6	国有资本经营预算支出功能分类款级科目	√				0	1

续表

编号	信息要素	未公开	依申请公开	网站公开	出版物公开	已公开信息项	应公开信息项
7	国有资本经营预算支出功能分类项级科目	✓				0	1
8	国有资本经营预算支出经济分类类级科目	✓				0	3
9	国有资本经营预算支出经济分类款级科目	✓				0	3
10	省本级国有资本经营预算收入款级科目			✓		3	5
11	省本级国有资本经营预算支出功能分类类级科目			✓		6	11
12	省本级国有资本经营预算支出经济分类类级科目	✓				0	3
13	地市本级国有资本经营预算收入款级科目	✓				0	5
14	地市本级国有资本经营预算支出功能分类类级科目	✓				0	11
15	地市本级国有资本经营预算支出经济分类类级科目	✓				0	3
16	县级国有资本经营预算收入款级科目	✓				0	5
17	县本级国有资本经营预算支出功能分类类级科目	✓				0	11
18	县本级国有资本经营预算支出经济分类类级科目	✓				0	3
19	乡本级国有资本经营预算收入款级科目	✓				0	5
20	乡级国有资本经营预算支出功能分类类级科目	✓				0	11
21	乡级国有资本经营预算支出经济分类类级科目	✓				0	3
22	各地市本级国有资本经营预算收入款级科目	✓				0	5
23	各地市本级国有资本经营预算支出功能分类类级科目	✓				0	11
24	各地市本级国有资本经营预算支出经济分类类级科目	✓				0	3
25	各县本级国有资本经营预算收入款级科目	✓				0	5
26	各县本级国有资本经营预算支出功能分类类级科目	✓				0	11
27	各县本级国有资本经营预算支出经济分类类级科目	✓				0	3

国有资本经营预算基金透明度得分计算方法为：

$$\left(\sum_{i=1}^{27} \frac{已公开信息项_i}{应公开信息项_i} \times 二级权重_i\right) \times 100 / \sum_{i=1}^{27} 二级权重_i$$

根据该计算方法,可以得出北京市国有资本经营预算基金透明度得分为

27.78分,比31个省份国有资本经营预算基金透明度的平均得分低15.86分,在该单项信息排名中与其他4个省份并列第21名。

19.6 北京市政府资产负债信息公开情况

政府资产负债涵盖除社会保险基金和国有企业基金之外的所有政府资产与负债,包括一般公共预算基金、政府性基金、国有资本经营预算基金、财政专户管理资金所形成的资产和负债。具体指标包括资产类指标金融资产(存款、有价证券、在途款、暂付款)和固定资产(地产、房产建筑、设备)、负债类指标短期负债(暂存款、应付款、短期借款)和长期负债(1~3年、3~5年、5年以上)、净资产类指标金融净资产(预算结余、基金预算结余、国有资本经营预算结余、专用基金结余、财政专户管理资金结余、预算稳定调节基金、预算周转金)和非金融净资产。

项目组未获取北京市2015年度政府资产负债的收支信息,见表19-6。北京市政府资产负债透明度得分为零分。

表19-6 北京市政府资产负债信息公开情况(2015)

编号	信息要素	未公开	依申请公开	网站公开	出版物公开	已公开信息项	应公开信息项
1	政府资产负债总额	√				0	2
2	政府资产一级分类信息	√				0	2
3	政府资产二级分类信息	√				0	7
4	政府负债一级分类信息	√				0	2
5	政府负债二级分类信息	√				0	6
6	政府净资产一级分类信息	√				0	2
7	政府净资产二级分类信息	√				0	7

19.7 北京市部门预算及相关信息公开情况

项目组选取市人民政府办公厅、人大常委会办公厅、政协办公厅、教育委员会、财政局、国家税务局、地方税务局、工商行政管理局、卫生和计划生育委员会、交通委员会、环境保护局11个省级部门作为调查对象,部门预算及相关信息透明度最终得分是这11个部门预算及相关信息透明度的平均数。每个部门的透明度评估指标涉及三大类型:关于预算单位的财务信息、关于预算单位的人员信息、关于机构的信息。具体决算表格为"收入支出决算总表"、"支出决算表"、"支出决算明细表"、"基本支出决算明细表"、"项目支出决算明细表"、"资产负债表"、"基本数字表"、"机构人员情况表"。

除国家税务局外,北京市其余10个部门都主动公开了2015年度部门预算及相关信息。各部门主动公开的部门预算及相关信息基本是一致的,下面以北京市人民政府办公厅为例,给出部门预算及相关信息透明度得分的计算。

北京市人民政府办公厅2015年部门预算及相关信息公开内容包括三部分:第一部分是北京市人民政府办公厅基本情况,包括部门机构设置、职责和人员构成情况;第二部分是2015年收入及支出总体情况;第三部分主要支出情况。具体公开的决算表格是"收支预算总表"、"财政拨款支出预算表"、"财政拨款基本支出经济分类预算表"、"项目支出预算表"、"'三公'经费财政拨款预算情况表"及说明、"部门支出绩效目标表"。具体的信息公开方式及信息公开内容见表19-7。

表19-7　北京市人民政府办公厅部门预算及相关信息公开情况(2015)

编号	信息要素	未公开	依申请公开	网站公开	出版物公开	得分
1	部门收入分类			√		1
2	部门支出功能分类类级科目			√		1
3	部门支出功能分类款级科目			√		1
4	部门支出功能分类项级科目			√		1
5	部门支出经济分类类级科目	√				0
6	部门支出经济分类款级科目	√				0
7	基本支出功能分类类级科目			√		1
8	基本支出功能分类款级科目			√		1
9	基本支出功能分类项级科目			√		1
10	基本支出经济分类类级科目			√		1
11	基本支出经济分类款级科目			√		1
12	项目支出功能分类类级科目			√		1
13	项目支出功能分类款级科目			√		1
14	项目支出功能分类项级科目			√		1
15	项目支出经济分类类级科目	√				0

编号	信息要素	未公开	依申请公开	网站公开	出版物公开	得分
16	项目支出经济分类款级科目	√				0
17	资产一级分类	√				0
18	资产二级分类	√				0
19	资产三级分类	√				0
20	其他补充资产信息	√				0
21	人员编制总数及各类人员编制数	√				0
22	年末实有人员总数及类型	√				0
23	按经费来源划分的各类人员数	√				0
24	部门机构一级信息	√				0
25	部门机构二级信息	√				0
26	部门机构三级信息	√				0

北京市人民政府办公厅部门预算及相关信息透明度得分为[(1+1+1+1+1+1+1+1+1+1+1+1)÷26]×100＝46.15分。计算11个部门预算及相关信息透明度的平均得分,得到北京市部门预算及相关信息透明度最终得分为45.8分,比31个省份部门预算及相关信息透明度的平均得分低1.52分,在该单项信息排名中位列第15名。

19.8　北京市社会保险基金预算信息公开情况

社会保险基金透明度评分指标主要根据"社会保险基金资产负债表"、"企业职工基本养老保险基金收支表"、"失业保险基金收支表"、"城镇职工基本医疗保险基金收支表"、"工伤保险基金收支表"、"生育保险基金收支表"、"居民社会养老保险基金收支表"、"城乡居民基本医疗保险基金收支表"、"新型农村合作医疗基金收支表"、"城镇居民基本医疗保险基金收支表"、"社会保障基金财政专户资产负债表"、"社会保障基金财政专户收支表"、"财政对社会保险基金补助资金情况表"、"企业职工基本养老保险补充资料表"、"失业保险补充资料表"、"城镇职工医疗保险、工伤保险、生育保险补充资料表"、"居民社会养老保险补充资料表"、"居民基本医疗保险补充资料表"、"其他养老保险情况表"、"其他医疗保障情况表"这20份决算表格设计而成。

北京市财政局网站公开了"北京市 2015 年社会保险基金预算收入决算情况表"和"北京市 2015 年社会保险基金预算支出决算情况表",包括了"各项社会保险基金的收支总额"、"各项社会保险基金的收入款级科目"、"各项社会保险基金的支出款级科目",还有"各项社会保险基金的收入项级科目"、"各项社会保险基金的支出项级科目"、"各项社会保险基金收支分级信息(类级科目)"的部分信息。具体的信息公开方式及信息公开内容见表 19-8。

表 19-8　　　　北京市社会保险基金信息公开情况(2015)

编号	信息要素	未公开	依申请公开	网站公开	出版物公开	得分
1	各项社会保险基金的收支总额			√		1
2	各项社会保险基金的收入款级科目			√		1
3	各项社会保险基金的收入项级科目			部分信息		0.2
4	各项社会保险基金的支出款级科目			√		1
5	各项社会保险基金的支出项级科目			部分信息		0.2
6	各项社会保险基金收支分级信息(类级科目)			部分信息		0.25
7	各项社会保险基金的基本数字(类级科目)	√				0
8	各项社会保险基金资产的类级科目	√				0
9	各项社会保险基金资产的款级科目	√				0
10	各项社会保险基金资产的项级科目	√				0
11	各项社会保险基金负债的类级科目	√				0
12	各项社会保险基金负债的款级科目	√				0
13	各项社会保险基金负债的项级科目	√				0
14	养老基金的长期收支预测	√				0

北京市社会保险基金透明度得分为[(1+1+0.2+1+0.2+0.25)÷14]×100=26.07 分,比 31 个省份社会保险基金透明度的平均得分低 23.04 分,在该单项信息排名中与天津、福建并列第 17 名。

19.9　北京市国有企业基金信息公开情况

国有企业基金透明度评分指标的构成内容包括:①国有企业的总量 6 项

指标(国有企业的收入、费用、利润总额、资产、负债及所有者权益总额);②国有企业的总量4张表(资产负债表、利润表、现金流量表、所有者权益变动表);③政府直属企业按户公布的8项指标(资产总额、负债总额、所有者权益总额、国有资本及权益总额、营业总收入、利润总额、净利润总额、归属母公司所有者权益的净利润);④政府直属企业是否按照国内上市公司的信息披露要求公布企业运营状况。

《2015北京财政统计年鉴》公开了2015年度的"北京市国有企业基本情况"、"北京市国有企业资产负债情况"、"北京市国有企业现金流情况"和"北京市国有企业利润完成情况"等数据信息,为了解北京市国有企业的整体财务情况提供了数据支持。具体的信息公开方式及信息公开内容见表19-9。

表19-9 北京市国有企业基金信息公开情况(2015)

编号	信息要素	未公开	依申请公开	网站公开	出版物公开	得分
1	国有企业的收入、费用和利润总额				√	1
2	国有企业的资产、负债及所有者权益总额				√	1
3	国有企业资产负债表				部分信息	0.8
4	国有企业利润表				部分信息	0.8
5	国有企业现金流量表				部分信息	0.2
6	国有企业所有者权益变动表	√				0
7	政府直属企业主要指标表	√				0
8	政府直属企业达到与国内上市公司同等信息披露要求	√				0

北京市国有企业基金透明度得分为$[(1+1+0.8+0.8+0.2)\div 8]\times 100 = 47.5$分,比31个省份国有企业基金透明度的平均得分高10.28分,在该单项信息排名中位列第20名。

19.10 基本结论

北京市在2017年财政透明度调查过程中的答复情况较好,如在部门预算及相关信息透明度调查过程中,项目组收到了北京市人民政府办公厅、教育委员会、财政局、国家税务局、地方税务局、工商行政管理局、卫生和计划生育委员会、交通委员会、环境保护局9个部门的政府信息公开申请答复,态度得分为90.91分,单项得分排名为第1名。

综合各项信息要素得分,北京市2017年财政透明度的最终得分为69.47×25%+61.11×8%+0×4%+27.78×2%+0×9%+45.8×15%+26.07×19%+47.5×15%+90.91×3%＝44.49分。

我们认为,北京市可以在国有资本经营预算基金、社会保险基金、国有企业基金信息公开方面应继续加大工作力度。

20 重庆市财政透明度报告

20.1 重庆市财政透明度概况

中共十八大以来,重庆市贯彻落实新《预算法》关于预决算公开的相关规定和中共中央办公厅、国务院办公厅《关于进一步推进预算公开工作的意见》的相关规定,积极推进财政信息公开工作。

综合政府网站公开资料、《重庆统计年鉴》和被调查部门的信息反馈情况,项目组计算得出重庆市财政透明度得分。从图20-1可知,重庆市财政透明度得分虽略有波动,但大致呈现上升趋势;省际排名情况总体来说处于中等水平,取得的最好成绩是2014年的第12名,最差的名次则是2009年和2010年,均为当年的第25名。

就2017年重庆市财政透明度得分的各项构成情况(见表20-1)来看,9个因素中,仅有3项(部门预算及相关信息、国有企业基金、被调查者态度)透明度得分高于31个省份的平均得分,其余6项信息因素均低于31个省份平均水平。而财政专户管理资金和政府资产负债则没有提供任何信息,透明度得分为零分。

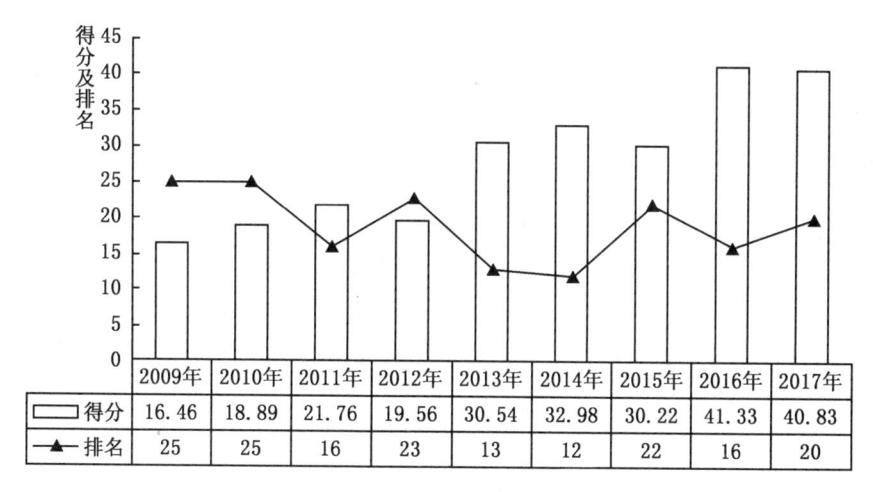

图 20—1 重庆市财政透明度得分及排名(2009—2017)

年份	2009年	2010年	2011年	2012年	2013年	2014年	2015年	2016年	2017年
得分	16.46	18.89	21.76	19.56	30.54	32.98	30.22	41.33	40.83
排名	25	25	16	23	13	12	22	16	20

表 20—1　　　　　重庆市各调查信息要素的透明度得分(2017)

	一般公共预算基金	政府性基金	财政专户管理资金	国有资本经营预算基金	政府资产负债	部门预算及相关信息	社会保险基金	国有企业基金	被调查者态度
权重	25%	8%	4%	2%	9%	15%	19%	15%	3%
31个省份平均百分制得分	57.50	47.90	4.68	43.64	17.71	47.32	49.11	57.78	77.27
重庆市百分制得分	47.37	31.11	0.00	36.11	0.00	51.00	23.21	75.00	81.82

20.2　重庆市一般公共预算基金信息公开情况

一般公共预算基金透明度评分指标主要根据财政部要求编制的"公共财政收支决算总表"、"公共财政收入决算明细表"、"公共财政支出决算功能分类明细表"、"公共财政收支决算分级表"、"公共财政收支及平衡情况表"这5张决算表格设计而成。其中,前三张决算表格调查的内容是省总预算的收支情况,各项信息要素权重为2;后两张决算表格调查的内容是省本级和省以下各级地方政府的收支情况,各项信息要素权重为1。另外,项目组还提出了一般公共预算经济分类支出信息公开的申请。

重庆市政府信息公开办公室依申请公开的决算报告和决算表格涉及以下

透明度调查信息要素:"2015年度重庆市一般公共预算收入决算录入表"、"2015年度重庆市一般公共预算支出决算功能分类录入表"、"2015年度重庆市本级一般公共预算收支决算分级表"包含"省总预算公共预算收支总额"、"省总预算公共预算收入类级科目"、"省总预算公共预算收入款级科目"、"省总预算公共预算支出功能分类类级科目"、"省总预算公共预算支出功能分类款级科目"、"省总预算公共预算支出功能分类项级科目"、"省本级公共预算收入类级科目"、"省本级公共预算支出功能分类类级科目"8项信息要素。

《2016重庆统计年鉴》公开的"各区县财政收支(2015)"包含了"各地市本级公共预算收入类级科目"、"各地市本级公共预算支出功能分类类级科目"、"各县本级公共预算收入类级科目"、"各县本级公共预算支出功能分类类级科目"4项信息要素。具体的信息公开方式及信息公开内容见表20-2。

表20-2　重庆市一般公共预算基金信息公开情况(2015)

编号	信息要素	未公开	依申请公开	网站公开	出版物公开	已公开信息项	应公开信息项
1	省总预算公共预算收支总额		✓	✓	✓	2	2
2	省总预算公共预算收入类级科目		✓		✓	2	2
3	省总预算公共预算收入款级科目		✓		✓	22	22
4	省总预算公共预算收入项级科目	✓				0	22
5	省总预算公共预算收入目级科目	✓				0	22
6	省总预算公共预算支出功能分类类级科目		✓		✓	23	24
7	省总预算公共预算支出功能分类款级科目		✓			23	24
8	省总预算公共预算支出功能分类项级科目		✓			23	24
9	省总预算公共预算支出经济分类类级科目	✓				0	10
10	省总预算公共预算支出经济分类款级科目	✓				0	10
11	省本级公共预算收入类级科目		✓	✓		2	2
12	省本级公共预算支出功能分类类级科目		✓	✓		23	24
13	省本级公共预算支出经济分类类级科目	✓				0	10
14	地市本级公共预算收入类级科目	✓				0	2
15	地市本级公共预算支出功能分类类级科目	✓				0	24
16	地市本级公共预算支出经济分类类级科目	✓				0	10
17	县本级公共预算收入类级科目	✓				0	2
18	县本级公共预算支出功能分类类级科目	✓				0	24

续表

编号	信息要素	未公开	依申请公开	网站公开	出版物公开	已公开信息项	应公开信息项
19	县本级公共预算支出经济分类类级科目	√				0	10
20	乡级公共预算收入类级科目	√				0	2
21	乡级公共预算支出功能分类类级科目	√				0	24
22	乡级公共预算支出经济分类类级科目	√				0	10
23	各地市本级公共预算收入类级科目				√	1	1
24	各地市本级公共预算支出功能分类类级科目				√	1	1
25	各地市本级公共预算支出经济分类类级科目	√				0	1
26	各县本级公共预算收入类级科目				√	1	1
27	各县本级公共预算支出功能分类类级科目				√	1	1
28	各县本级公共预算支出经济分类类级科目	√				0	1

一般公共预算基金透明度得分计算方法为：

$$\left(\sum_{i=1}^{28}\frac{\text{已公开信息项}_i}{\text{应公开信息项}_i}\times\text{二级权重}_i\right)\times 100/\sum_{i=1}^{28}\text{二级权重}_i$$

根据该计算方法,可以得出重庆市一般公共预算基金透明度得分为47.37分,比该单项信息排名第一的四川省低31.58分,比31个省份一般公共预算基金透明度的平均得分低10.13分,在该单项信息排名中位居第22名。

20.3 重庆市政府性基金信息公开情况

政府性基金透明度评分指标根据"政府性基金收支决算总表"、"政府性基金收支及结余情况表"、"政府性基金收支决算分级表"、"政府性基金收支及平衡情况表"这4张决算表格设计而成。其中,前两张决算表格调查的内容是省总预算的收支情况,各项信息要素权重为2;后两张决算表格调查的内容是省本级和省以下各级地方政府的收支情况,各项信息要素权重为1。另外,项目组还提出了政府性基金经济分类支出信息公开的申请。

重庆市政府信息公开办公室依申请公开的"2015年度重庆市政府性基金收支及结余情况录入表"包含了"省总预算政府性基金预算收支总额"、"省总预算政府性基金预算收入款级科目"、"省总预算政府性基金预算收入项级科目"、"省总预算政府性基金预算支出功能分类款级科目"这4项信息要素。

《2016重庆统计年鉴》公开的"财政支出(2014—2015)"包含了"省总预算政府性基金预算支出功能分类类级科目"1项信息要素。

重庆财政局网站上公开的"2015年市级政府性基金预算收支决算表"包含了"省本级政府性基金预算收入款级科目"、"省本级政府性基金预算支出功能分类类级科目"两项信息要素。具体的信息公开方式及信息公开内容见表20—3。

表20—3　　重庆市政府性基金信息公开情况(2015)

编号	信息要素	未公开	依申请公开	网站公开	出版物公开	已公开信息项	应公开信息项
1	省总预算政府性基金预算收支总额		√	√		2	2
2	省总预算政府性基金预算收入款级科目			√		1	1
3	省总预算政府性基金预算收入项级科目			√		1	1
4	省总预算政府性基金预算收入目级科目	√				0	1
5	省总预算政府性基金预算支出功能分类类级科目				√	6	10
6	省总预算政府性基金预算支出功能分类款级科目			√		10	10
7	省总预算政府性基金预算支出功能分类项级科目	√				0	10
8	省总预算政府性基金预算支出经济分类类级科目	√				0	10
9	省总预算政府性基金预算支出经济分类款级科目	√				0	10
10	省本级政府性基金预算收入款级科目		√	√		1	1
11	省本级政府性基金预算支出功能分类类级科目			√		9	10
12	省本级政府性基金预算支出经济分类类级科目	√				0	10
13	地市本级政府性基金预算收入款级科目	√				0	1
14	地市本级政府性基金预算支出功能分类类级科目	√				0	10
15	地市本级政府性基金预算支出经济分类类级科目	√				0	10
16	县本级政府性基金预算收入款级科目	√				0	1
17	县本级政府性基金预算支出功能分类类级科目	√				0	10
18	县本级政府性基金预算支出经济分类类级科目	√				0	10
19	乡级政府性基金预算收入款级科目	√				0	1

续表

编号	信息要素	未公开	依申请公开	网站公开	出版物公开	已公开信息项	应公开信息项
20	乡级政府性基金预算支出功能分类类级科目	✓				0	10
21	乡级政府性基金预算支出经济分类类级科目	✓				0	10
22	各地市本级政府性基金预算收入款级科目	✓				0	1
23	各地市本级政府性基金预算支出功能分类类级科目	✓				0	1
24	各地市本级政府性基金预算支出经济分类类级科目	✓				0	1
25	各县本级政府性基金预算收入款级科目	✓				0	1
26	各县本级政府性基金预算支出功能分类类级科目	✓				0	1
27	各县本级政府性基金预算支出经济分类类级科目	✓				0	1

政府性基金透明度得分计算方法为：

$$\left(\sum_{i=1}^{27}\frac{已公开信息项_i}{应公开信息项_i}\times 二级权重_i\right)\times 100/\sum_{i=1}^{27}二级权重_i$$

根据该计算方法，可以得出重庆市政府性基金透明度得分为 31.11 分，比该单项信息排名第一的山西省低 41.11 分，比 31 个省份政府性基金透明度的平均得分低 16.79 分，在该单项信息排名中与湖北省并列第 25 名。

20.4 重庆市财政专户管理资金信息公开情况

财政专户管理资金透明度评分指标根据"财政专户管理资金收支总表"、"财政专户管理资金收入明细表"、"财政专户管理资金支出功能分类明细表"、"财政专户管理资金收支分级表"和"财政专户管理资金收支及平衡情况表"这 5 张决算表格设计而成。其中，涉及省总预算财政专户的各项信息要素权重为 2，其余省本级和省以下各级地方政府财政专户的各项信息要素权重为 1。

财政部不再统一要求地方政府在 2015 年度政府决算中编制财政专户管理资金的相关表格。项目组未获取重庆市 2015 年度任何财政专户管理资金的收支信息，见表 20-4。重庆市财政专户管理资金透明度得分为零分。

表 20-4　重庆市财政专户管理资金信息公开情况(2015)

编号	信息要素	未公开	依申请公开	网站公开	出版物公开	已公开信息项	应公开信息项
1	省总预算财政专户收支总额	✓				0	2
2	省总预算财政专户收入款级科目	✓				0	2
3	省总预算财政专户收入项级科目	✓				0	2
4	省总预算财政专户收入目级科目	✓				0	2
5	省总预算财政专户支出功能分类类级科目	✓				0	22
6	省总预算财政专户支出功能分类款级科目	✓				0	22
7	省总预算财政专户支出功能分类项级科目	✓				0	22
8	省总预算财政专户支出经济分类类级科目	✓				0	10
9	省总预算财政专户支出经济分类款级科目	✓				0	10
10	省本级财政专户收入款级科目	✓				0	2
11	省本级财政专户支出功能分类类级科目	✓				0	22
12	省本级财政专户支出经济分类类级科目	✓				0	10
13	地市本级财政专户收入款级科目	✓				0	2
14	地市本级财政专户支出功能分类类级科目	✓				0	22
15	地市本级财政专户支出经济分类类级科目	✓				0	10
16	县本级财政专户收入款级科目	✓				0	2
17	县本级财政专户支出功能分类类级科目	✓				0	22
18	县本级财政专户支出经济分类类级科目	✓				0	10
19	乡级财政专户收入款级科目	✓				0	2
20	乡级财政专户支出功能分类类级科目	✓				0	22
21	乡级财政专户支出经济分类类级科目	✓				0	10
22	各地市本级财政专户收入款级科目	✓				0	1
23	各地市本级财政专户支出功能分类类级科目	✓				0	1
24	各地市本级财政专户支出经济分类类级科目	✓				0	1
25	各县本级财政专户收入款级科目	✓				0	1
26	各县本级财政专户支出功能分类类级科目	✓				0	1
27	各县本级财政专户支出经济分类类级科目	✓				0	1

20.5 重庆市国有资本经营预算基金信息公开情况

国有资本经营预算基金透明度评分指标根据"国有资本经营收支决算总表"、"国有资本经营收支决算明细表"、"国有资本经营收支决算分级表"和"国有资本经营收支及平衡情况表"这4张决算表格设计而成。其中,前两张决算表格调查的内容是省总预算的收支情况,各项信息要素权重为2;后两张决算表格调查的内容是省本级和省以下各级地方政府的收支情况,各项信息要素权重为1。

重庆市政府信息公开办公室依申请公开了"2015年度重庆市国有资本经营收支决算录入表",包含了"国有资本经营预算收支总额"、"国有资本经营预算收入款级科目"、"国有资本经营预算收入项级科目"、"国有资本经营预算支出功能分类类级科目"、"国有资本经营预算支出功能分类款级科目"5项信息要素;"2015年度重庆市本级国有资本经营收支决算分级表"包含了"省本级国有资本经营预算收入款级科目"、"省本级国有资本经营预算支出功能分类类级科目"两项信息要素。

重庆市财政局网站公开的"2015年市级国有资本经营预算收支决算表"中又包含了"省本级国有资本经营预算支出经济分类类级科目"这1项信息要素。具体的信息公开方式及信息公开内容见表20-5。

表20-5 **重庆市国有资本经营预算基金信息公开情况(2015)**

编号	信息要素	未公开	依申请公开	网站公开	出版物公开	已公开信息项	应公开信息项
1	国有资本经营预算收支总额		√	√		2	2
2	国有资本经营预算收入款级科目		√	√		1	1
3	国有资本经营预算收入项级科目		√			5	5
4	国有资本经营预算收入目级科目	√				0	5
5	国有资本经营预算支出功能分类类级科目		√			11	11
6	国有资本经营预算支出功能分类款级科目		√			1	1
7	国有资本经营预算支出功能分类项级科目	√				0	1
8	国有资本经营预算支出经济分类类级科目	√				0	3
9	国有资本经营预算支出经济分类款级科目	√				0	3
10	省本级国有资本经营预算收入款级科目		√	√		5	5
11	省本级国有资本经营预算支出功能分类类级科目		√	√		11	11

续表

编号	信息要素	未公开	依申请公开	网站公开	出版物公开	已公开信息项	应公开信息项
12	省本级国有资本经营预算支出经济分类类级科目			√		3	3
13	地市本级国有资本经营预算收入款级科目	√				0	5
14	地市本级国有资本经营预算支出功能分类类级科目	√				0	11
15	地市本级国有资本经营预算支出经济分类类级科目	√				0	3
16	县本级国有资本经营预算收入款级科目	√				0	5
17	县本级国有资本经营预算支出功能分类类级科目	√				0	11
18	县本级国有资本经营预算支出经济分类类级科目	√				0	3
19	乡级国有资本经营预算收入款级科目	√				0	5
20	乡级国有资本经营预算支出功能分类类级科目	√				0	11
21	乡级国有资本经营预算支出经济分类类级科目	√				0	3
22	各地市本级国有资本经营预算收入款级科目	√				0	5
23	各地市本级国有资本经营预算支出功能分类类级科目	√				0	11
24	各地市本级国有资本经营预算支出经济分类类级科目	√				0	3
25	各县本级国有资本经营预算收入款级科目	√				0	5
26	各县本级国有资本经营预算支出功能分类类级科目	√				0	11
27	各县本级国有资本经营预算支出经济分类类级科目	√				0	3

国有资本经营预算基金透明度得分计算方法为：

$$\left(\sum_{i=1}^{27}\frac{已公开信息项_i}{应公开信息项_i}\times 二级权重_i\right)\times 100/\sum_{i=1}^{27}二级权重_i$$

根据该计算方法,可以得出重庆市国有资本经营预算基金透明度得分为36.11分,比该单项信息排名第一的省份低36.11分,比31个省份国有资本经营预算基金透明度的平均得分低7.53份,在该单项信息排名中位列第18名。

20.6 重庆市政府资产负债信息公开情况

政府资产负债涵盖除社会保险基金和国有企业基金之外的所有政府资产与负债,包括一般公共预算基金、政府性基金、国有资本经营预算基金、财政专户管理资金所形成的资产和负债。具体指标包括资产类指标金融资产(存款、有价证券、在途款、暂付款)和固定资产(地产、房产建筑、设备)、负债类指标短期负债(暂存款、应付款、短期借款)和长期负债(1~3年、3~5年、5年以上)、净资产类指标金融净资产(预算结余、基金预算结余、国有资本经营预算结余、专用基金结余、财政专户管理资金结余、预算稳定调节基金、预算周转金)和非金融净资产。

项目组未获取重庆市2015年度政府资产负债的收支信息,见表20-6。重庆市政府资产负债透明度得分为零分。

表20-6　　　　　重庆市政府资产负债信息公开情况(2015)

编号	信息要素	未公开	依申请公开	网站公开	出版物公开	已公开信息项	应公开信息项
1	政府资产负债总额	√				0	2
2	政府资产一级分类信息	√				0	2
3	政府资产二级分类信息	√				0	7
4	政府负债一级分类信息	√				0	2
5	政府负债二级分类信息	√				0	6
6	政府净资产一级分类信息	√				0	2
7	政府净资产二级分类信息	√				0	7

20.7 重庆市部门预算及相关信息公开情况

项目组选取市人民政府办公厅、人大常委会办公厅、政协办公厅、教育委员会、财政局、国家税务局、地方税务局、工商行政管理局、卫生和计划生育委员会、交通委员会、环境保护局11个省级部门作为调查对象,部门预算及相关信息透明度最终得分是这11个部门预算及相关信息透明度的平均数。每个部门的透明度评估指标涉及三大类型:关于预算单位的财务信息、关于预算单位的人员信息、关于机构的信息。具体决算表格为"收入支出决算总表"、"支出决算表"、"支出决算明细表"、"基本支出决算明细表"、"项目支出决算明细表"、"资产负债表"、"基本数字表"、"机构人员情况表"。

除国家税务局外,重庆市其余10个部门都主动公开了2015年度部门预算及相关信息,其中财政局还依申请公开了相关部门决算表格。各部门主动公开的部门预算及相关信息基本是一致的,下面以重庆市人民政府办公厅为例,给出部门预算及相关信息透明度得分的计算。

重庆市人民政府办公厅2015年部门预算及相关信息公开内容包括三部分:第一部分是单位基本情况;第二部分是部门决算情况;第三部分是"三公"经费情况说明。具体公开的决算表格包括"收入支出决算总表"、"收入决算表"、"支出决算表"、"财政拨款收入支出决算总表"、"一般公共预算财政拨款支出决算表"、"一般公共预算财政拨款基本支出决算表"、"政府性基金财政拨款收入支出决算表"7张决算表格。具体的信息公开方式及信息公开内容见表20-7。

表20-7 重庆市人民政府办公厅部门预算及相关信息公开情况(2015)

编号	信息要素	未公开	依申请公开	网站公开	出版物公开	得分
1	部门收入分类		√			1
2	部门支出功能分类类级科目		√			1
3	部门支出功能分类款级科目		√			1
4	部门支出功能分类项级科目		√			1
5	部门支出经济分类类级科目	√				0
6	部门支出经济分类款级科目	√				0
7	基本支出功能分类类级科目		√			1
8	基本支出功能分类款级科目		√			1
9	基本支出功能分类项级科目		√			1
10	基本支出经济分类类级科目		√			1
11	基本支出经济分类款级科目		√			1
12	项目支出功能分类类级科目		√			1
13	项目支出功能分类款级科目		√			1
14	项目支出功能分类项级科目		√			1
15	项目支出经济分类类级科目	√				0
16	项目支出经济分类款级科目	√				0

续表

编号	信息要素	未公开	依申请公开	网站公开	出版物公开	得分
17	资产一级分类	√				0
18	资产二级分类	√				0
19	资产三级分类	√				0
20	其他补充资产信息	√				0
21	人员编制总数及各类人员编制数	√				0
22	年末实有人员总数及类型	√				0
23	按经费来源划分的各类人员数	√				0
24	部门机构一级信息	√				0
25	部门机构二级信息	√				0
26	部门机构三级信息	√				0

重庆市人民政府办公厅部门预算及相关信息透明度得分为[(1+1+1+1+1+1+1+1+1+1+1+1)÷26]×100=46.15分。计算11个部门预算及相关信息透明度的平均得分,得到重庆市部门预算及相关信息透明度最终得分为51分,比31个省份部门预算及相关信息透明度的平均得分高3.68分,在该单项信息排名中位列第7名。

20.8 重庆市社会保险基金信息公开情况

社会保险基金透明度评分指标主要根据"社会保险基金资产负债表"、"企业职工基本养老保险基金收支表"、"失业保险基金收支表"、"城镇职工基本医疗保险基金收支表"、"工伤保险基金收支表"、"生育保险基金收支表"、"居民社会养老保险基金收支表"、"城乡居民基本医疗保险基金收支表"、"新型农村合作医疗基金收支表"、"城镇居民基本医疗保险基金收支表"、"社会保障基金财政专户资产负债表"、"社会保障基金财政专户收支表"、"财政对社会保险基金补助资金情况表"、"企业职工基本养老保险补充资料表"、"失业保险补充资料表"、"城镇职工医疗保险、工伤保险、生育保险补充资料表"、"居民社会养老保险补充资料表"、"居民基本医疗保险补充资料表"、"其他养老保险情况表"、"其他医疗保障情况表"这20张决算表格设计而成。

重庆市财政局网站公开了"2015年全市社会保险基金预算收支决算表",

包括的信息要素有"各项社会保险基金的收支总额"、"各项社会保险基金的收入款级科目"、"各项社会保险基金的支出款级科目",以及"各项社会保险基金收支分级信息(类级科目)"的部分信息。具体的信息公开方式及信息公开内容见表20-8。

表20-8　重庆市社会保险基金信息公开情况(2015)

编号	信息要素	未公开	依申请公开	网站公开	出版物公开	得分
1	各项社会保险基金的收支总额		√			1
2	各项社会保险基金的收入款级科目		√			1
3	各项社会保险基金的收入项级科目	√				0
4	各项社会保险基金的支出款级科目		√			1
5	各项社会保险基金的支出项级科目	√				0
6	各项社会保险基金收支分级信息(类级科目)		部分信息			0.25
7	各项社会保险基金的基本数字(类级科目)	√				0
8	各项社会保险基金资产的类级科目	√				0
9	各项社会保险基金资产的款级科目	√				0
10	各项社会保险基金资产的项级科目	√				0
11	各项社会保险基金负债的类级科目	√				0
12	各项社会保险基金负债的款级科目	√				0
13	各项社会保险基金负债的项级科目	√				0
14	养老基金的长期收支预测	√				0

重庆市社会保险基金透明度得分为$[(1+1+1+0.25)\div14]\times100=23.21$分,比31个省份社会保险基金透明度的平均得分低25.9分,在该单项信息排名中与其他3个省份并列第27名。

20.9　重庆市国有企业基金信息公开情况

国有企业基金透明度评分指标的构成内容包括:①国有企业的总量6项指标(国有企业的收入、费用、利润总额、资产、负债及所有者权益总额);②国有企业的总量4张表(资产负债表、利润表、现金流量表、所有者权益变动表);

③政府直属企业按户公布的8项指标（资产总额、负债总额、所有者权益总额、国有资本及权益总额、营业总收入、利润总额、净利润总额、归属母公司所有者权益的净利润）；④政府直属企业是否按照国内上市公司的信息披露要求公布企业运营状况。

重庆市政府信息公开办公室依申请公开了"重庆市2015年度市级企业资产负债表"、"重庆市2015年度市级企业利润表"、"重庆市2015年度市级企业现金流量表"和"重庆市2015年度市级企业所有者权益变动表"，为了解重庆市国有企业的整体财务情况提供了数据支持。具体的信息公开方式及信息公开内容见表20-9。

表20-9　　重庆市国有企业基金信息公开情况（2015）

编号	信息要素	未公开	依申请公开	网站公开	出版物公开	得分
1	国有企业的收入、费用和利润总额		√			1
2	国有企业的资产、负债及所有者权益总额		√			1
3	国有企业资产负债表		√			1
4	国有企业利润表		√			1
5	国有企业现金流量表		√			1
6	国有企业所有者权益变动表		√			1
7	政府直属企业主要指标表	√				0
8	政府直属企业达到与国内上市公司同等信息披露要求	√				0

重庆市国有企业基金透明度得分为[(1+1+1+1+1+1)÷8]×100=75分，比31个省份国有企业基金透明度的平均得分高17.22分，在该单项信息排名中与其他10个省份并列第8名。

20.10　基本结论

重庆市在2017年财政透明度调查过程中的答复情况较好，如在部门预算及相关信息透明度调查过程中，项目组收到了重庆市人民政府办公厅、教育委员会、财政局、国家税务局、工商行政管理局、卫生和计划生育委员会、环境保护局7个部门的政府信息公开申请答复，态度得分为81.82分，单项得分排名为第14名。

综合各项信息要素得分,重庆市 2017 年财政透明度的最终得分为 47.37×25%+31.11×8%+0×4%+36.11×2%+0×9%+51.00×15%+23.21×19%+75×15%+81.82×3%=40.83 分。

ize # 21 天津市财政透明度报告

21.1 天津市财政透明度概况

中共十八大以来,天津市贯彻落实新《预算法》关于预决算公开的相关规定和中共中央办公厅、国务院办公厅《关于进一步推进预算公开工作的意见》的相关规定,积极推进财政信息公开工作。

综合政府网站公开资料、《天津统计年鉴》和被调查部门的信息反馈情况,项目组计算得出天津市财政透明度得分。从图 21-1 可知,天津市财政透明度得分虽略有波动,但大致呈现上升趋势;省际排名情况较为稳定,取得的最好成绩是 2009 年的第 7 名,2010—2017 年的 8 年间排名则一直在第 18 名至第 23 名之间。

就 2017 年天津市财政透明度得分的各项构成情况(见表 21-1)来看,9 个因素中,仅有两项(国有企业基金、被调查者态度)透明度得分高于 31 个省份的平均得分,其余 7 项信息因素均低于 31 个省份平均水平。

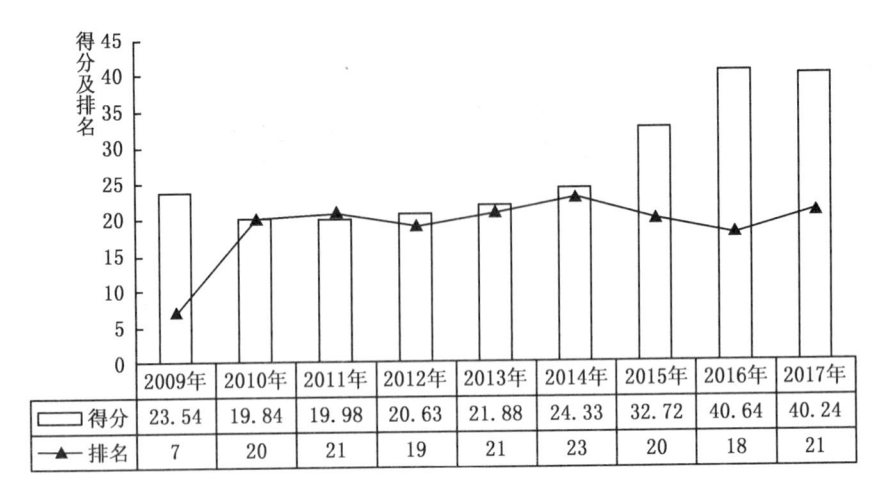

图 21-1 天津市财政透明度得分及排名（2009－2017）

年份	2009年	2010年	2011年	2012年	2013年	2014年	2015年	2016年	2017年
得分	23.54	19.84	19.98	20.63	21.88	24.33	32.72	40.64	40.24
排名	7	20	21	19	21	23	20	18	21

表 21-1　　　　　天津市各调查信息要素的透明度得分（2017）

	一般公共预算基金	政府性基金	财政专户管理资金	国有资本经营预算基金	政府资产负债	部门预算及相关信息	社会保险基金	国有企业基金	被调查者态度
权重	25%	8%	4%	2%	9%	15%	19%	15%	3%
31个省份平均百分制得分	57.86	47.29	4.68	43.64	17.71	47.32	49.11	57.78	77.27
天津市百分制得分	46.65	37.04	2.78	41.67	0.00	39.20	26.07	75.00	86.36

21.2 天津市一般公共预算基金信息公开情况

一般公共预算基金透明度评分指标主要根据财政部要求编制的"公共财政收支决算总表""公共财政收入决算明细表""公共财政支出决算功能分类明细表""公共财政收支决算分级表""公共财政收支及平衡情况表"这5张决算表格设计而成。其中，前三张决算表格调查的内容是省总预算的收支情况，各项信息要素权重为2；后两张决算表格调查的内容是省本级和省以下各级地方政府的收支情况，各项信息要素权重为1。另外，项目组还提出了一般公共预算经济分类支出信息公开的申请。

天津市财政局网站公开的决算报告和决算表格涉及以下透明度调查信息

要素;"天津市2015年一般公共收入决算表"和"天津市2015年一般公共支出决算表"包括了"省总预算公共预算收支总额"、"省总预算公共预算收入类级科目"、"省总预算公共预算收入款级科目"、"省总预算公共预算支出功能分类类级科目"4项信息要素;"天津市2015年市级一般公共收入决算表"、"天津市2015年市级一般公共支出决算表"、"天津市2015年市级一般公共支出决算经济分类明细表"包含了"省本级公共预算收入类级科目"、"省本级公共预算支出功能分类类级科目"、"省本级公共预算支出经济分类类级科目"3项信息要素。

《2016天津统计年鉴》中"区县级财政收入(2015年)"和"区县级财政支出(2015年)"包含了"地市本级公共预算收入类级科目"、"地市本级公共预算支出功能分类类级科目"、"县本级公共预算收入类级科目"、"县本级公共预算支出功能分类类级科目"、"各地市本级公共预算收入类级科目"、"各地市本级公共预算支出功能分类类级科目"、"各县本级公共预算收入类级科目"、"各县本级公共预算支出功能分类类级科目"8项信息要素。具体的信息公开方式及信息公开内容见表21－2。

表21－2　　　　天津市一般公共预算基金信息公开情况(2015)

编号	信息要素	未公开	依申请公开	网站公开	出版物公开	已公开信息项	应公开信息项
1	省总预算公共预算收支总额			√	√	2	2
2	省总预算公共预算收入类级科目			√	√	2	2
3	省总预算公共预算收入款级科目			√	√	19	22
4	省总预算公共预算收入项级科目	√				0	22
5	省总预算公共预算收入目级科目	√				0	22
6	省总预算公共预算支出功能分类类级科目			√	√	24	24
7	省总预算公共预算支出功能分类款级科目	√				0	24
8	省总预算公共预算支出功能分类项级科目	√				0	24
9	省总预算公共预算支出经济分类类级科目	√				0	10
10	省总预算公共预算支出经济分类款级科目	√				0	10
11	省本级公共预算收入类级科目			√		2	2
12	省本级公共预算支出功能分类类级科目			√		20	24
13	省本级公共预算支出经济分类类级科目			√		10	10
14	地市本级公共预算收入类级科目				√	2	2
15	地市本级公共预算支出功能分类类级科目				√	12	24

续表

编号	信息要素	未公开	依申请公开	网站公开	出版物公开	已公开信息项	应公开信息项
16	地市本级公共预算支出经济分类类级科目	√				0	10
17	县本级公共预算收入类级科目				√	2	2
18	县本级公共预算支出功能分类类级科目				√	12	24
19	县本级公共预算支出经济分类类级科目	√				0	10
20	乡级公共预算收入类级科目	√				0	2
21	乡级公共预算支出功能分类类级科目	√				0	24
22	乡级公共预算支出经济分类类级科目	√				0	10
23	各地市本级公共预算收入类级科目				√	1	1
24	各地市本级公共预算支出功能分类类级科目				√	1	1
25	各地市本级公共预算支出经济分类类级科目	√				0	1
26	各县本级公共预算收入类级科目				√	1	1
27	各县本级公共预算支出功能分类类级科目				√	1	1
28	各县本级公共预算支出经济分类类级科目	√				0	1

一般公共预算基金透明度得分计算方法为：

$$\left(\sum_{i=1}^{28}\frac{\text{已公开信息项}_i}{\text{应公开信息项}_i}\times\text{二级权重}_i\right)\times 100/\sum_{i=1}^{28}\text{二级权重}_i$$

根据该计算方法，可以得出天津市一般公共预算基金透明度得分为46.65分，比该单项信息排名第一的四川省低32.3分，比31个省份一般公共预算基金透明度的平均得分低10.87分，在该单项信息排名中位列第23名。

21.3 天津市政府性基金信息公开情况

政府性基金透明度评分指标根据"政府性基金收支决算总表"、"政府性基金收支及结余情况表"、"政府性基金收支决算分级表"、"政府性基金收支及平衡情况表"这4张决算表格设计而成。其中，前两张决算表格调查的内容是省总预算的收支情况，各项信息要素权重为2；后两张决算表格调查的内容是省本级和省以下各级地方政府的收支情况，各项信息要素权重为1。另外，项目组还提出了政府性基金经济分类支出信息公开的申请。

天津市财政局网站公开了"天津市2015年政府性基金收入决算表"、"天津市2015年政府性基金支出决算表"、"天津市2015年市级政府性基金收入决算表"、"天津市 2015 年市级政府性基金支出决算表"。《2016 天津统计年鉴》中"财政收入表"也公开了相关信息。具体的信息公开方式及信息公开内容见表 21－3。

表 21－3　　　　　　天津市政府性基金信息公开情况（2015）

编号	信息要素	未公开	依申请公开	网站公开	出版物公开	已公开信息项	应公开信息项
1	省总预算政府性基金预算收支总额			✓		2	2
2	省总预算政府性基金预算收入款级科目			✓		1	1
3	省总预算政府性基金预算收入项级科目			✓		1	1
4	省总预算政府性基金预算收入目级科目	✓				0	1
5	省总预算政府性基金预算支出功能分类类级科目			✓		6	10
6	省总预算政府性基金预算支出功能分类款级科目			✓		4	10
7	省总预算政府性基金预算支出功能分类项级科目	✓				0	10
8	省总预算政府性基金预算支出经济分类类级科目	✓				0	10
9	省总预算政府性基金预算支出经济分类款级科目	✓				0	10
10	省本级政府性基金预算收入款级科目			✓		1	1
11	省本级政府性基金预算支出功能分类类级科目			✓		6	10
12	省本级政府性基金预算支出经济分类类级科目	✓				0	10
13	地市本级政府性基金预算收入款级科目				✓	1	1
14	地市本级政府性基金预算支出功能分类类级科目	✓				0	10
15	地市本级政府性基金预算支出经济分类类级科目	✓				0	10
16	县本级政府性基金预算收入款级科目				✓	1	1
17	县本级政府性基金预算支出功能分类类级科目	✓				0	10
18	县本级政府性基金预算支出经济分类类级科目	✓				0	10
19	乡级政府性基金预算收入款级科目	✓				0	1
20	乡级政府性基金预算支出功能分类类级科目	✓				0	10

续表

编号	信息要素	未公开	依申请公开	网站公开	出版物公开	已公开信息项	应公开信息项
21	乡级政府性基金预算支出经济分类类级科目	√				0	10
22	各地市本级政府性基金预算收入款级科目	√				0	1
23	各地市本级政府性基金预算支出功能分类类级科目	√				0	1
24	各地市本级政府性基金预算支出经济分类类级科目	√				0	1
25	各县本级政府性基金预算收入款级科目	√				0	1
26	各县本级政府性基金预算支出功能分类类级科目	√				0	1
27	各县本级政府性基金预算支出经济分类类级科目	√				0	1

政府性基金透明度得分计算方法为:

$$\left(\sum_{i=1}^{27} \frac{已公开信息项_i}{应公开信息项_i} \times 二级权重_i\right) \times 100 / \sum_{i=1}^{27} 二级权重_i$$

根据该计算方法,可以得出天津市政府性基金透明度得分为37.04分,比该单项信息排名第一的山西省低35.18分,比31个省份政府性基金透明度的平均得分低10.86分,在该单项信息排名中与湖北省并列第17名。

21.4 天津市财政专户管理资金信息公开情况

财政专户管理资金透明度评分指标根据"财政专户管理资金收支总表"、"财政专户管理资金收入明细表"、"财政专户管理资金支出功能分类明细表"、"财政专户管理资金收支分级表"和"财政专户管理资金收支及平衡情况表"这5张决算表格设计而成。其中,涉及省总预算财政专户的各项信息要素权重为2,其余省本级和省以下各级地方政府财政专户的各项信息要素权重为1。

财政部不再统一要求地方政府在2015年度政府决算中编制财政专户管理资金的相关表格。在《关于天津市2015年市级决算草案的报告》中,项目组获取了"省本级财政专户收入款级科目"信息。具体的信息公开方式及信息公开内容见表21-4。

表 21-4　　天津市财政专户管理资金信息公开情况（2015）

编号	信息要素	未公开	依申请公开	网站公开	出版物公开	已公开信息项	应公开信息项
1	省总预算财政专户收支总额	✓				0	2
2	省总预算财政专户收入款级科目	✓				0	2
3	省总预算财政专户收入项级科目	✓				0	2
4	省总预算财政专户收入目级科目	✓				0	2
5	省总预算财政专户支出功能分类类级科目	✓				0	22
6	省总预算财政专户支出功能分类款级科目	✓				0	22
7	省总预算财政专户支出功能分类项级科目	✓				0	22
8	省总预算财政专户支出经济分类类级科目	✓				0	10
9	省总预算财政专户支出经济分类款级科目	✓				0	10
10	省本级财政专户收入款级科目			✓		2	2
11	省本级财政专户支出功能分类类级科目	✓				0	22
12	省本级财政专户支出经济分类类级科目	✓				0	10
13	地市本级财政专户收入款级科目	✓				0	2
14	地市本级财政专户支出功能分类类级科目	✓				0	22
15	地市本级财政专户支出经济分类类级科目	✓				0	10
16	县本级财政专户收入款级科目	✓				0	2
17	县本级财政专户支出功能分类类级科目	✓				0	22
18	县本级财政专户支出经济分类类级科目	✓				0	10
19	乡级财政专户收入款级科目	✓				0	2
20	乡级财政专户支出功能分类类级科目	✓				0	22
21	乡级财政专户支出经济分类类级科目	✓				0	10
22	各地市本级财政专户收入款级科目	✓				0	1
23	各地市本级财政专户支出功能分类类级科目	✓				0	1
24	各地市本级财政专户支出经济分类类级科目	✓				0	1
25	各县本级财政专户收入款级科目	✓				0	1
26	各县本级财政专户支出功能分类类级科目	✓				0	1
27	各县本级财政专户支出经济分类类级科目	✓				0	1

财政专户管理资金透明度得分计算方法为：

$$\left(\sum_{i=1}^{27}\frac{已公开信息项_i}{应公开信息项_i}\times 二级权重_i\right)\times 100/\sum_{i=1}^{27}二级权重_i$$

根据该计算方法，可以得出天津市财政专户管理资金透明度得分为2.78分，比31个省份财政专户管理资金透明度的平均得分低1.9分，在该单项信息排名中位列第10名。

21.5 天津市国有资本经营预算基金信息公开情况

国有资本经营预算基金透明度评分指标根据"国有资本经营收支决算总表"、"国有资本经营收支决算明细表"、"国有资本经营收支决算分级表"和"国有资本经营收支及平衡情况表"这4张决算表格设计而成。其中，前两张决算表格调查的内容是省总预算的收支情况，各项信息要素权重为2；后两张决算表格调查的内容是省本级和省以下各级地方政府的收支情况，各项信息要素权重为1。

天津市财政局网站公开的"天津市2015年国有资本经营收入决算表"、"天津市2015年国有资本经营支出决算表"包含了"国有资本经营预算收支总额"、"国有资本经营预算收入款级科目"、"国有资本经营预算收入项级科目"、"国有资本经营预算收入目级科目"、"国有资本经营预算支出功能分类类级科目"、"国有资本经营预算支出功能分类款级科目"、"国有资本经营预算支出功能分类项级科目"这7项信息要素；"天津市2015年市级国有资本经营收入决算表"、"天津市2015年市级国有资本经营支出决算表"包括了"省本级国有资本经营预算收入款级科目"、"省本级国有资本经营预算支出功能分类类级科目"两项信息要素。具体的信息公开方式及信息公开内容见表21－5。

表21－5 **天津市国有资本经营预算基金信息公开情况（2015）**

编号	信息要素	未公开	依申请公开	网站公开	出版物公开	已公开信息项	应公开信息项
1	国有资本经营预算收支总额			√		2	2
2	国有资本经营预算收入款级科目			√		1	1
3	国有资本经营预算收入项级科目			√		2	5
4	国有资本经营预算收入目级科目			√		1	5
5	国有资本经营预算支出功能分类类级科目			√		8	11
6	国有资本经营预算支出功能分类款级科目			√		1	1

续表

编号	信息要素	未公开	依申请公开	网站公开	出版物公开	已公开信息项	应公开信息项
7	国有资本经营预算支出功能分类项级科目			√		8	1
8	国有资本经营预算支出经济分类类级科目	√				0	3
9	国有资本经营预算支出经济分类款级科目	√				0	3
10	省本级国有资本经营预算收入款级科目			√		2	5
11	省本级国有资本经营预算支出功能分类类级科目			√		7	11
12	省本级国有资本经营预算支出经济分类类级科目	√				0	3
13	地市本级国有资本经营预算收入款级科目	√				0	5
14	地市本级国有资本经营预算支出功能分类类级科目	√				0	11
15	地市本级国有资本经营预算支出经济分类类级科目	√				0	3
16	县本级国有资本经营预算收入款级科目	√				0	5
17	县本级国有资本经营预算支出功能分类类级科目	√				0	11
18	县本级国有资本经营预算支出经济分类类级科目	√				0	3
19	乡级国有资本经营预算收入款级科目	√				0	5
20	乡级国有资本经营预算支出功能分类类级科目	√				0	11
21	乡级国有资本经营预算支出经济分类类级科目	√				0	3
22	各地市本级国有资本经营预算收入款级科目	√				0	5
23	各地市本级国有资本经营预算支出功能分类类级科目	√				0	11
24	各地市本级国有资本经营预算支出经济分类类级科目	√				0	3
25	各县本级国有资本经营预算收入款级科目	√				0	5
26	各县本级国有资本经营预算支出功能分类类级科目	√				0	11
27	各县本级国有资本经营预算支出经济分类类级科目	√				0	3

国有资本经营预算基金透明度得分计算方法为：

$$\left(\sum_{i=1}^{27}\frac{\text{已公开信息项}_i}{\text{应公开信息项}_i}\times\text{二级权重}_i\right)\times 100/\sum_{i=1}^{27}\text{二级权重}_i$$

根据该计算方法,可以得出天津市国有资本经营预算基金透明度得分为

41.67分,比31个省份国有资本经营预算基金透明度的平均得分低1.97分,在该单项信息排名中位列第17名。

21.6 天津市政府资产负债信息公开情况

政府资产负债涵盖除社会保险基金和国有企业基金之外的所有政府资产与负债,包括一般公共预算基金、政府性基金、国有资本经营预算基金、财政专户管理资金所形成的资产和负债。具体指标包括资产类指标金融资产(存款、有价证券、在途款、暂付款)和固定资产(地产、房产建筑、设备)、负债类指标短期负债(暂存款、应付款、短期借款)和长期负债(1~3年、3~5年、5年以上)、净资产类指标金融净资产(预算结余、基金预算结余、国有资本经营预算结余、专用基金结余、财政专户管理资金结余、预算稳定调节基金、预算周转金)和非金融净资产。

项目组未获取天津市2015年度政府资产负债的收支信息,见表21-6。天津市政府资产负债透明度得分为零分。

表21-6 天津市政府资产负债信息公开情况(2015)

编号	信息要素	未公开	依申请公开	网站公开	出版物公开	已公开信息项	应公开信息项
1	政府资产负债总额	√				0	2
2	政府资产一级分类信息	√				0	2
3	政府资产二级分类信息	√				0	7
4	政府负债一级分类信息	√				0	2
5	政府负债二级分类信息	√				0	6
6	政府净资产一级分类信息	√				0	2
7	政府净资产二级分类信息	√				0	7

21.7 天津市部门预算及相关信息公开情况

项目组选取市人民政府办公厅、人大常委会办公厅、政协办公厅、教育委员会、财政局、国家税务局、地方税务局、工商行政管理局、卫生和计划生育委员会、交通委员会、环境保护局11个省级部门作为调查对象,部门预算及相关信息透明度最终得分是这11个部门预算及相关信息透明度的平均数。每个部门的透明度评估指标涉及三大类型:关于预算单位的财务信息、关于预算单位的人员信息、关于机构的信息。具体决算表格为"收入支出决算总表"、"支出决算表"、"支出决算明细表"、"基本支出决算明细表"、"项目支出决算明细表"、"资产负债表"、"基本数字表"、"机构人员情况表"。

除财政局和国家税务局外,天津市其余9个部门都在网站上主动公开了2015年度部门决算。各部门主动公开的部门决算信息基本是一致的,下面以天津市人民政府办公厅为例,给出部门预算及相关信息透明度得分的计算。

天津市人民政府办公厅2015年部门预算及相关信息公开内容包括两部分:第一部分是天津市人民政府办公厅部门概况,包括部门主要职责和机构人员情况;第二部分是天津市人民政府办公厅2015年度部门决算情况说明。具体公开的决算表格是"收入支出决算总表"、"收入决算表"、"支出决算表"、"财政拨款收入支出决算总表"、"一般公共预算财政拨款支出决算表"、"一般公共预算财政拨款基本支出决算表"、"政府性基金财政拨款收入支出决算表"7张决算表格。具体的信息公开方式及信息公开内容见表21-7。

表21-7　天津市人民政府办公厅部门预算及相关信息公开情况(2015)

编号	信息要素	未公开	依申请公开	网站公开	出版物公开	得分
1	部门收入分类			√		1
2	部门支出功能分类类级科目			√		1
3	部门支出功能分类款级科目			√		1
4	部门支出功能分类项级科目			√		1
5	部门支出经济分类类级科目	√				0
6	部门支出经济分类款级科目	√				0
7	基本支出功能分类类级科目			√		1
8	基本支出功能分类款级科目			√		1
9	基本支出功能分类项级科目			√		1
10	基本支出经济分类类级科目			√		1
11	基本支出经济分类款级科目			√		1
12	项目支出功能分类类级科目			√		1
13	项目支出功能分类款级科目			√		1
14	项目支出功能分类项级科目			√		1
15	项目支出经济分类类级科目	√				1

续表

编号	信息要素	未公开	依申请公开	网站公开	出版物公开	得分
16	项目支出经济分类款级科目	√				0
17	资产一级分类	√				0
18	资产二级分类	√				0
19	资产三级分类	√				0
20	其他补充资产信息	√				0
21	人员编制总数及各类人员编制数	√				0
22	年末实有人员总数及类型	√				0
23	按经费来源划分的各类人员数					1
24	部门机构一级信息					1
25	部门机构二级信息					1
26	部门机构三级信息					1

天津市人民政府办公厅部门预算及相关信息透明度得分为[(1+1+1+1+1+1+1+1+1+1+1+1)÷26]×100＝46.15 分。计算 11 个部门预算及相关信息透明度的平均得分,得到天津市部门预算及相关信息透明度最终得分为 39.2 分,比 31 个省份部门预算及相关信息透明度的平均得分低 8.12 分,在该单项信息排名中位列第 29 名。

21.8 天津市社会保险基金信息公开情况

社会保险基金透明度评分指标主要根据"社会保险基金资产负债表"、"企业职工基本养老保险基金收支表"、"失业保险基金收支表"、"城镇职工基本医疗保险基金收支表"、"工伤保险基金收支表"、"生育保险基金收支表"、"居民社会养老保险基金收支表"、"城乡居民基本医疗保险基金收支表"、"新型农村合作医疗基金收支表"、"城镇居民基本医疗保险基金收支表"、"社会保障基金财政专户资产负债表"、"社会保障基金财政专户收支表"、"财政对社会保险基金补助资金情况表"、"企业职工基本养老保险补充资料表"、"失业保险补充资料表"、"城镇职工医疗保险、工伤保险、生育保险补充资料表"、"居民社会养老保险补充资料表"、"居民基本医疗保险补充资料表"、"其他养老保险情况表"、

"其他医疗保障情况表"这20张决算表格设计而成。

天津市财政局网站公开了"天津市2015年社会保险基金收入决算表"、"天津市2015年社会保险基金支出决算表"、"天津市2015年社会保险基金结余决算表",包括了"各项社会保险基金的收支总额"、"各项社会保险基金的收入款级科目"、"各项社会保险基金的支出款级科目",还有"各项社会保险基金的收入项级科目"、"各项社会保险基金的支出项级科目"、"各项社会保险基金收支分级信息(类级科目)"的部分信息。具体的信息公开方式及信息公开内容见表21-8。

表21-8 天津市社会保险基金信息公开情况(2015)

编号	信息要素	未公开	依申请公开	网站公开	出版物公开	得分
1	各项社会保险基金的收支总额			✓		1
2	各项社会保险基金的收入款级科目			✓		1
3	各项社会保险基金的收入项级科目			部分信息		0.2
4	各项社会保险基金的支出款级科目			✓		1
5	各项社会保险基金的支出项级科目			部分信息		0.2
6	各项社会保险基金收支分级信息(类级科目)			部分信息		0.25
7	各项社会保险基金的基本数字(类级科目)	✓				0
8	各项社会保险基金资产的类级科目	✓				0
9	各项社会保险基金资产的款级科目	✓				0
10	各项社会保险基金资产的项级科目	✓				0
11	各项社会保险基金负债的类级科目	✓				0
12	各项社会保险基金负债的款级科目	✓				0
13	各项社会保险基金负债的项级科目	✓				0
14	养老基金的长期收支预测	✓				0

天津市社会保险基金透明度得分为[(1+1+0.2+1+0.2+0.25)÷14]×100=26.07分,比31个省份社会保险基金透明度的平均得分低23.04分,在该单项信息排名中与北京、福建并列第17名。

21.9 天津市国有企业基金信息公开情况

国有企业基金透明度评分指标的构成内容包括：①国有企业的总量6项指标(国有企业的收入、费用、利润总额、资产、负债及所有者权益总额)；②国有企业的总量4张表(资产负债表、利润表、现金流量表、所有者权益变动表)；③政府直属企业按户公布的8项指标(资产总额、负债总额、所有者权益总额、国有资本及权益总额、营业总收入、利润总额、净利润总额、归属母公司所有者权益的净利润)；④政府直属企业是否按照国内上市公司的信息披露要求公布企业运营状况。

天津市国有资产监督管理委员会依申请公开了2015年度的"市属企业资产负债表"、"市属企业利润表"、"市属企业现金流量表"和"市属企业所有者权益变动表"，为了解天津市国有企业的整体财务情况提供了数据支持。具体的信息公开方式及信息公开内容见表21－9。

表21－9　　　　天津市国有企业基金信息公开情况(2015)

编号	信息要素	未公开	依申请公开	网站公开	出版物公开	得分
1	国有企业的收入、费用和利润总额		√			1
2	国有企业的资产、负债及所有者权益总额		√			1
3	国有企业资产负债表		√			1
4	国有企业利润表		√			1
5	国有企业现金流量表		√			1
6	国有企业所有者权益变动表		√			1
7	政府直属企业主要指标表	√				0
8	政府直属企业达到与国内上市公司同等信息披露要求	√				0

天津市国有企业基金透明度得分为[(1+1+1+1+1+1)÷8]×100＝75分，比31个省份国有企业基金透明度的平均得分高17.22分，在该单项信息排名中与其他10个省份并列第8名。

21.10 基本结论

天津市在2017年财政透明度调查过程中的答复情况较好,如在部门预算及相关信息透明度调查过程中,项目组收到了天津市人民政府办公厅、教育委员会、财政局、国家税务局、地方税务局、工商行政管理局、卫生和计划生育委员会、环境保护局8个部门的政府信息公开申请答复,态度得分为86.36分,单项得分排名为第5名。

综合各项信息要素得分,天津市2017年财政透明度的最终得分为 $46.65 \times 25\% + 37.04 \times 8\% + 2.78 \times 4\% + 41.67 \times 2\% + 0 \times 9\% + 39.2 \times 15\% + 26.07 \times 19\% + 75 \times 15\% + 86.36 \times 3\% = 40.24$ 分。

22 吉林省财政透明度报告

22.1 吉林省财政透明度概况

中共十八大以来,天津市贯彻落实新《预算法》关于预决算公开的相关规定和中共中央办公厅、国务院办公厅《关于进一步推进预算公开工作的意见》的相关规定,积极推进财政信息公开工作。

在 2017 年财政透明度评估中,吉林省按百分制计算的透明度得分为 37.80 分(见表 22－1),这意味着该省在 2017 年项目组进行的一般公共预算基金、政府性基金、财政专户管理资金、国有资本经营预算基金、政府资产负债、部门预算及相关信息、社会保险基金、国有企业基金等 8 个项目约 424 个信息要素调查中公开了其中约 38% 的信息。

与其他 30 个省份相比,吉林省在 31 个省份的财政透明度排名中较为靠后,位列第 22 名,其透明度得分低于 31 个省份平均得分 48.28 分。若对 31 个省份透明度得分分组,分为 30 分以下组、30～60 分组、60 分以上组的话,吉林省的财政信息公开状况属于中间组垫底的情况。

吉林省财政透明度排名在 31 个省份中比较靠后,是什么项目拖了其后腿呢？观察财政透明度各调查项目可以发现,吉林省在不少调查项目上的信息公开状况差异较大。

表22-1　　　　　　　　31个省份财政透明度排行榜

省　份	百分制得分	排　名	省　份	百分制得分	排　名
山东	70.01	1	广西	49.38	17
甘肃	68.24	2	云南	47.45	18
四川	66.57	3	北京	44.49	19
安徽	65.69	4	重庆	40.83	20
湖南	64.88	5	天津	40.24	21
辽宁	61.73	6	吉林	37.80	22
福建	58.20	7	江西	37.41	23
宁夏	56.29	8	浙江	37.23	24
山西	56.22	9	海南	36.64	25
上海	55.94	10	河北	36.41	26
江苏	55.08	11	贵州	33.00	27
河南	55.01	12	西藏	32.67	28
内蒙古	52.83	13	青海	28.77	29
广东	52.78	14	陕西	27.24	30
黑龙江	52.16	15	湖北	25.50	31
新疆	49.89	16			
31个省份平均得分：48.28					

　　从一般公共预算基金透明度项目来看,吉林省在该项目上的得分为37.83分(见表22-2),31个省份的平均得分为57.50分,即在该项目上,吉林省公开了调查项目中约38%的信息,远低于31个省份58%的信息公开水平,在31个省份该项目排名中仅仅位列第26名,信息公开状况远逊于绝大多数省份,相比该项目排名第一的省份,少公开了调查项目中高达41%信息。

　　从政府性基金透明度项目来看,吉林省在该项目上的得分仅为27.78分(见表22-2),即在该项目上,吉林省仅公开了调查项目中约28%的信息,远低于31个省份的平均得分47.90分,在31个省份该项目排名中与其他3个省份并列第26名,信息公开状况同样远逊于绝大多数省份,相比该项目排名第一的省份,更是少公开了调查项目中约44%的信息。

　　从财政专户管理资金透明度项目来看,吉林省在该项目上的得分为零分

(见表22-2),即在该项目上,吉林省未公开调查项目中的任何信息,这与其他21个省份在该项目上未公开任何信息情况相同。

从国有资本经营预算基金透明度项目来看,吉林省在该项目上的得分为11.11分(见表22-2),即在该项目上,吉林省仅公开了调查项目中约11%的信息,远低于31个省份的平均得分43.64分,在31个省份该项目排名中与另一个省份并列第27名,信息公开状况处在31个省份垫底位置,相比该项目排名第一的省份,少公开了调查项目中高达61%的信息。

表22-2　　31个省份财政透明度各调查项目得分及排名(一)

省份	一般公共预算基金		政府性基金		财政专户管理资金		国有资本经营预算基金	
	得分	排名	得分	排名	得分	排名	得分	排名
北京	69.47	12	61.11	10	0.00	11	27.78	21
天津	46.65	23	37.04	17	2.78	10	41.67	17
河北	38.16	25	33.33	18	19.44	3	27.78	21
山西	74.47	7	72.22	1	0.00	11	72.22	1
内蒙古	44.74	24	50.00	15	19.44	3	44.44	13
辽宁	76.32	2	72.22	1	0.00	11	72.22	1
吉林	37.83	26	27.78	26	0.00	11	11.11	27
黑龙江	51.32	20	33.33	18	30.56	1	44.44	13
上海	53.68	18	55.56	14	0.00	11	61.11	10
江苏	74.74	6	72.22	1	0.00	11	61.11	10
浙江	64.21	15	33.33	18	0.00	11	25.00	26
安徽	75.00	5	61.11	10	0.00	11	72.22	1
福建	76.32	2	72.22	1	0.00	11	72.22	1
江西	32.24	29	16.67	30	0.00	11	11.11	27
山东	66.51	13	66.67	9	25.00	2	69.44	9
河南	51.97	19	33.33	18	0.00	11	27.78	21
湖北	27.63	30	16.67	30	0.00	11	5.56	29
湖南	69.74	10	72.22	1	0.00	11	72.22	1
广东	50.24	21	33.33	18	0.00	11	27.78	21
广西	73.68	8	61.11	10	19.44	3	27.78	21

续表

省份	一般公共预算基金		政府性基金		财政专户管理资金		国有资本经营预算基金	
	得分	排名	得分	排名	得分	排名	得分	排名
海南	64.47	14	33.33	18	0.00	11	30.56	20
重庆	47.37	22	31.11	25	0.00	11	36.11	18
四川	78.95	1	72.22	1	5.56	8	72.22	1
贵州	54.48	17	27.78	26	0.00	11	5.56	29
云南	36.62	27	27.78	26	0.00	11	44.44	13
西藏	63.16	16	44.44	16	0.00	11	33.33	19
陕西	26.32	31	27.78	26	0.00	11	5.56	29
甘肃	76.32	2	72.22	1	8.59	6	72.22	1
青海	36.62	27	33.33	18	0.00	11	44.44	13
宁夏	73.68	8	72.22	1	8.59	6	72.22	1
新疆	69.74	10	61.11	10	5.56	8	61.11	10
平均分	57.50		47.90		4.68		43.64	

从政府资产负债透明度项目来看,吉林省在该项目上的得分为零分(见表22-3),即在该项目上,吉林省未公开调查项目中的任何信息,因此,在31个省份该项目排名中与其他在该项目上未公开任何信息的20个省份并列第12名,即并列倒数第1名。

从部门预算及相关信息透明度项目来看,吉林省在该项目上的得分为42.7分(见表22-3),即在该项目上,吉林省公开了调查项目中约42%的信息,稍低于31个省份的平均得分47.32分,在31个省份该项目排名中与另一个省份并列第18名,信息公开状况居中靠后,相比该项目排名第一的省份,少公开了调查项目中约31%的信息。

从社会保险基金透明度项目来看,吉林省在该项目上的得分为69.2分(见表22-3),即在该项目上,吉林省公开了调查项目中约69%的信息,远高于31个省份的平均得分49.11分,在31个省份该项目排名中位列第14名,信息公开状况位居中游,相比该项目排名第一的省份,少公开了调查项目中约8%的信息。

从国有企业基金透明度项目来看,吉林省在该项目上的得分为25分(见表22-3),即在该项目上,吉林省公开了调查项目中约25%的信息,远低于

31个省份的平均得分57.78分,在31个省份该项目排名中与其他10个省份并列第21名,也即并列倒数第1名,相比该项目排名第一的省份,少公开了调查项目中高达63%的信息。

表22—3　　31个省份财政透明度各调查项目得分及排名(二)

省份	政府资产负债 得分	政府资产负债 排名	部门预算及相关信息 得分	部门预算及相关信息 排名	社会保险基金 得分	社会保险基金 排名	国有企业基金 得分	国有企业基金 排名
北京	0.00	12	45.80	15	26.07	17	47.50	20
天津	0.00	12	39.20	29	26.07	17	75.00	8
河北	0.00	12	42.00	21	24.93	22	62.50	19
山西	48.98	6	40.90	26	77.14	1	25.00	21
内蒙古	0.00	12	47.60	13	77.14	1	80.00	6
辽宁	0.00	12	42.70	18	77.14	1	81.25	5
吉林	0.00	12	42.70	18	69.20	14	25.00	21
黑龙江	51.02	1	50.00	10	48.25	15	75.00	8
上海	0.00	12	50.70	8	73.17	13	85.00	2
江苏	0.00	12	42.00	21	40.79	16	85.00	2
浙江	0.00	12	46.20	14	24.93	22	25.00	21
安徽	48.98	6	50.30	9	77.14	1	75.00	8
福建	48.98	6	58.00	4	26.07	17	75.00	8
江西	0.00	12	44.40	17	77.14	1	25.00	21
山东	51.02	1	71.30	2	77.14	1	87.50	1
河南	48.98	6	40.20	27	77.14	1	75.00	8
湖北	0.00	12	42.30	20	24.93	22	25.00	21
湖南	48.98	6	49.70	11	77.14	1	75.00	8
广东	0.00	12	58.70	3	74.76	12	75.00	8
广西	0.00	12	42.00	21	24.93	22	75.00	8
海南	0.00	12	42.00	21	24.93	22	25.00	21
重庆	0.00	12	51.00	7	23.21	27	75.00	8
四川	51.02	1	42.00	21	77.14	1	75.00	8
贵州	0.00	12	49.70	11	23.21	27	25.00	21

续表

省份	政府资产负债 得分	排名	部门预算及相关信息 得分	排名	社会保险基金 得分	排名	国有企业基金 得分	排名
云南	0.00	12	44.80	16	77.14	1	77.50	7
西藏	0.00	12	30.40	31	21.43	31	25.00	21
陕西	0.00	12	51.40	6	23.21	27	25.00	21
甘肃	51.02	1	56.70	5	77.14	1	75.00	8
青海	0.00	12	38.10	30	23.21	27	25.00	21
宁夏	51.02	1	40.20	27	25.00	21	85.00	2
新疆	48.98	6	73.80	1	25.50	20	25.00	21
平均分	17.71		47.32		49.11		57.78	

综上所述，除个别项目外，吉林省在大多数财政透明度项目上的信息公开状况很差。其中，信息公开最好的项目是社会保险基金项目，吉林省在这个项目上的信息公开程度达到 69%，因此，这个项目的信息公开在提升吉林省的整体排名上起到了一定的作用；信息公开最差的项目是财政专户管理资金和政府资产负债两个项目，吉林省在这两个项目上未公开任何信息；此外，吉林省在国有资本经营预算基金、国有企业基金、政府性基金等项目上的透明度得分在 31 个省份排名中均为倒数。因此，总体而言，吉林省的财政透明度较低。

上述概况介绍对吉林省相对其他 30 个省份在各透明度调查项目上的信息公开状况作了一个排名。结果显示，除个别项目外，吉林省在大多数项目上的排名较为靠后，有些甚至倒数。为了更好地了解各项目对吉林省在 31 个省份排名中的影响，我们首先对吉林省在各透明度调查项目上的得分进行了排序，然后进一步对各透明度项目的信息调查要素得分进行了分类统计。

对吉林省在各透明度项目上的得分进行排序，可以看到，吉林省在社会保险基金透明度项目上的信息公开程度是最高的，透明度得分为 69.2 分（见表 22-4），公开了相当于该调查项目约 69% 的信息。而财政专户管理资金和政府资产负债项目的信息公开程度则是最低的，未公开调查项目的任何信息。其余 5 个项目，包括国有资本经营预算基金、政府性基金、部门预算及相关信息、国有企业基金、一般公共预算基金的信息公开程度均在 10%～45%。

表 22－4　　吉林省财政透明度各调查项目得分及排序

排序	财政透明度各调查项目	得　分
1	社会保险基金	69.20
2	部门预算及相关信息	42.70
3	一般公共预算基金	37.83
4	政府性基金	27.78
5	国有企业基金	25.00
6	国有资本经营预算基金	11.11
7	财政专户管理资金	0.00
8	政府资产负债	0.00

综合吉林省在31个省份各透明度调查项目中的得分排名,以及在各透明度调查项目上的得分排序,可以看到,吉林省在社会保险基金透明度项目上的信息公开状况是相对比较好的,这不仅是因为该项目一定程度上提升了吉林省在31个省份排名中的名次,更因为吉林省在该项目上的信息公开程度超过了调查项目的60%,假如我们将60%的信息公开程度作为一个最基本的要求的话。反之,财政专户管理资金、政府资产负债两个项目的信息公开状况则是最差的,这是因为这两个项目的透明度得分为零,这意味着这两个项目实质性地拉低了吉林省在31个省份财政透明度排名中的名次。

吉林省财政透明度项目公开的信息约为调查项目的38%。那么,吉林省主要采用了什么样的信息公开方式呢?为此,项目组对吉林省财政信息公开方式进行了统计。

统计方法如下:首先,项目组将财政透明度调查项目的信息公开方式分为由政府信息公开办公室或财政厅(局)直接提供的信息要素(或称依申请公开的信息要素)、由相关政府网站公开的信息要素、由相关政府出版物公开的信息要素三种;其次,统计每种公开方式下财政透明度116个信息要素公开与否;然后,加总每种方式下已公开的信息要素数量;最后,计算每种方式下的已公开信息要素占应公开信息要素的比例。需要说明的是,这里的信息公开方式统计主要是针对一般公共预算基金、政府性基金、财政专户管理资金、国有资本经营预算基金、政府资产负债5个项目的116项信息要素展开的,并不包括部门预算及相关信息、社会保险基金、国有企业基金3个透明度调查项目。

通过对吉林省政府信息公开办公室或财政厅直接提供的信息要素(即依申请公开的信息要素)进行加总,得出已公开的信息要素为零项(见表22－5);

通过对相关政府网站公开的信息要素进行加总,得出已公开的信息要素为15项;通过对相关政府出版物公开的信息要素进行加总,得出已公开的信息要素为12项。也就是说,按照财政透明度5个调查项目应公开116个信息要素计算,吉林省没有通过依申请方式公开116项应公开信息要素中的任何信息,通过相关政府网站方式公开的信息要素占到应公开信息要素的约13%,通过相关政府出版物方式公开的信息要素占到应公开信息要素的约10%。

比较三种信息公开方式,吉林省在2017年度的财政透明度调查中,通过相关网站公开的信息要素相对多一些,通过相关出版物方式公开的信息要素相对较少,没有通过依申请方式公开任何信息。

表 22-5　　　　　　　　吉林省财政信息公开方式统计

信息要素	信息公开方式		
	依申请公开	网站公开	出版物公开
已公开的信息调查要素(项)	0	15	12
应公开的信息调查要素(项)	116	116	116
已公开信息要素占应公开信息要素比例	0%	13%	10%

22.2　吉林省一般公共预算基金信息公开情况

一般公共预算基金透明度调查项目共包含28项信息要素。若按照预算收支进行分类,可以分为一般公共预算收入和一般公共预算支出两大项目,其中,除"省总预算公共预算收支总额"信息要素外,一般公共预算收入项目共有10项信息要素,一般公共预算支出项目共有17项信息要素;一般公共预算支出又可进一步分为功能分类支出和经济分类支出两大类,一般公共预算经济分类支出项目共有8项信息要素。对吉林省公共预算按收支分类进行统计,结果显示:

吉林省一般公共预算收入项目的10项信息要素平均得分为40分(见表22-6),一般公共预算支出项目的17项信息要素平均得分为19.85分,显然收入项目的信息公开状况好于支出项目。进一步观察公共预算支出项目各信息要素得分情况,可以看到,17项信息要素中有11项信息要素得了零分(见表22-6),这意味着吉林省在这11项信息要素上均未公开任何信息。对这些零分信息要素进行归类后可以发现,在11项零分信息要素中,有7项是一般公共预算基金支出中的经济类支出,这意味着吉林省在一般公共预算基金所有的 8 项经济类支出信息要素上未公开其中 7 项信息要素的任何信息。

表 22—6　吉林省一般公共预算基金按政府收支分类的信息要素得分

公共预算收入信息要素	得分	公共预算收入信息要素	得分
省总预算公共预算收入类级科目	100	省总预算公共预算支出功能分类类级科目	100
省总预算公共预算收入款级科目	100	省本级公共预算支出功能分类类级科目	100
省本级公共预算收入类级科目	50	省本级公共预算支出经济分类类级科目	50
地市本级公共预算收入类级科目	50	地市本级公共预算支出功能分类类级科目	29
县本级公共预算收入类级科目	50	县本级公共预算支出功能分类类级科目	29
乡级公共预算收入类级科目	50	乡级公共预算支出功能分类类级科目	29
省总预算公共预算收入项级科目	0	省总预算公共预算支出功能分类款级科目	0
省总预算公共预算收入目级科目	0	省总预算公共预算支出功能分类项级科目	0
各地市本级公共预算收入类级科目	0	省总预算公共预算支出经济分类类级科目	0
各县本级公共预算收入类级科目	0	省总预算公共预算支出经济分类款级科目	0
		地市本级公共预算支出经济分类类级科目	0
		县本级公共预算支出经济分类类级科目	0
		乡级公共预算支出经济分类类级科目	0
		各地市本级公共预算支出功能分类类级科目	0
		各地市本级公共预算支出经济分类类级科目	0
		各县本级公共预算支出功能分类类级科目	0
		各县本级公共预算支出经济分类类级科目	0
本项目平均得分	40	本项目平均得分	20

综上所述，吉林省一般公共预算基金信息公开程度约为调查项目的38%，在31个省份该项目透明度排名中位列第26名。其中，一般公共预算经济类支出项目信息公开状况最差，所有的8个相关信息要素中有7项未公开任何信息，故吉林省在一般公共预算经济类支出项目的透明度评估中失分较多。

22.3 吉林省政府性基金信息公开情况

政府性基金透明度调查项目共包含27项信息要素。若按照预算层级进行分类，可以分为政府性基金省总预算和政府性基金分级预算两大项目，其中，政府性基金省总预算项目共有9项信息要素，政府性基金分级预算项目共有18项信息要素。对吉林省政府性基金透明度项目按预算层级进行分类统计，结果显示：

吉林省政府性基金省总预算项目的9项信息要素平均得分为44.44分（见表22－7），政府性基金分级预算项目的18项信息要素平均得分为11.11分，显然，省总预算透明度调查项目的信息公开状况好于分级预算调查项目。进一步观察分级预算透明度项目各信息要素得分情况，可以看到，18项信息要素中除了两项省本级政府性基金预算信息要素得了满分外，其余16项信息要素均为零分（见表22－7），这意味着吉林省在这16项信息要素上均未公开任何信息。对这些零分信息要素进行归类后可以发现，16项零分信息要素中，除1项"省本级政府性基金预算支出经济分类类级科目"信息要素外，其余15项信息要素分别为分级预算中的地市级、县级、乡级、各地市级、各县级政府性基金透明度信息要素，这说明在分级预算透明度调查项目中，除省级政府性基金透明度调查项目外，吉林省在地市级、县级、乡级政府性基金透明度调查项目上均未公开任何信息，由此，吉林省在省级以下政府性基金透明度调查项目上全军覆没。

表22－7　吉林省政府性基金按预算层级分类的信息要素得分

政府性基金省总预算信息要素	得分	政府性基金分级预算信息要素	得分
省总预算政府性基金预算收支总额	100	省本级政府性基金预算收入款级科目	100
省总预算政府性基金预算收入款级科目	100	省本级政府性基金预算支出功能分类类级科目	100
省总预算政府性基金预算收入项级科目	100	省本级政府性基金预算支出经济分类类级科目	0

续表

政府性基金省总预算信息要素	得分	政府性基金分级预算信息要素	得分
省总预算政府性基金预算支出功能分类类级科目	100	地市本级政府性基金预算收入款级科目	0
省总预算政府性基金预算收入目级科目	0	地市本级政府性基金预算支出功能分类类级科目	0
省总预算政府性基金预算支出功能分类款级科目	0	地市本级政府性基金预算支出经济分类类级科目	0
省总预算政府性基金预算支出功能分类项级科目	0	县本级政府性基金预算收入款级科目	0
省总预算政府性基金预算支出经济分类类级科目	0	县本级政府性基金预算支出功能分类类级科目	0
省总预算政府性基金预算支出经济分类款级科目	0	县本级政府性基金预算支出经济分类类级科目	0
		乡级政府性基金预算收入款级科目	0
		乡级政府性基金预算支出功能分类类级科目	0
		乡级政府性基金预算支出经济分类类级科目	0
		各地市本级政府性基金预算收入款级科目	0
		各地市本级政府性基金预算支出功能分类类级科目	0
		各地市本级政府性基金预算支出经济分类类级科目	0
		各县本级政府性基金预算收入款级科目	0
		各县本级政府性基金预算支出功能分类类级科目	0
		各县本级政府性基金预算支出经济分类类级科目	0
本项目平均得分	44	本项目平均得分	11

综上所述,吉林省政府性基金信息公开程度约为调查项目的28%,在31个省份该项目透明度排名中与其他3个省份并列第26名。其中,省级政府下辖的基层(地市级、县级、乡级)政府性基金项目的信息公开状况最差,所有的15个相关信息要素均未公开任何信息,故吉林省在政府性基金分级预算的透明度评估中失分较多。

22.4　吉林省财政专户管理资金信息公开情况

财政专户管理资金透明度调查项目共包含 27 项信息要素。若按照预算层级进行分类,可以分为财政专户省总预算和财政专户分级预算两大项目,其中,财政专户省总预算项目共有 9 项信息要素,财政专户分级预算项目共有 18 项信息要素。吉林省未公开关于财政专户管理资金的任何信息,故吉林省在该调查项目上的得分为零分(见表 22-8)。

表 22-8　吉林省财政专户管理资金按预算层级分类的信息要素得分

财政专户省总预算信息要素	得分	财政专户分级预算信息要素	得分
省总预算财政专户收支总额	0	省本级财政专户收入款级科目	0
省总预算财政专户收入款级科目	0	省本级财政专户支出功能分类类级科目	0
省总预算财政专户收入项级科目	0	省本级财政专户支出经济分类类级科目	0
省总预算财政专户收入目级科目	0	地市本级财政专户收入款级科目	0
省总预算财政专户支出功能分类类级科目	0	地市本级财政专户支出功能分类类级科目	0
省总预算财政专户支出功能分类款级科目	0	地市本级财政专户支出经济类级科目	0
省总预算财政专户支出功能分类项级科目	0	县本级财政专户收入款级科目	0
省总预算财政专户支出经济分类类级科目	0	县本级财政专户支出功能分类类级科目	0
省总预算财政专户支出经济分类款级科目	0	县本级财政专户支出经济分类类级科目	0
		乡级财政专户收入款级科目	0
		乡级财政专户支出功能分类类级科目	0
		乡级财政专户支出经济分类类级科目	0
		各地市本级财政专户收入款级科目	0
		各地市本级财政专户支出功能分类类级科目	0
		各地市本级财政专户支出经济分类类级科目	0
		各县本级财政专户收入款级科目	0

财政专户省总预算信息要素	得分	财政专户分级预算信息要素	得分
		各县本级财政专户支出功能分类类级科目	0
		各县本级财政专户支出经济分类类级科目	0
本项目平均得分	0	本项目平均得分	0

22.5　吉林省国有资本经营预算基金信息公开情况

国有资本经营预算基金透明度调查项目共包含27项信息要素。若按照预算层级进行分类,可以分为国有资本经营省总预算和国有资本经营分级预算两大项目,其中,国有资本经营省总预算项目共有9项信息要素,国有资本经营分级预算项目共有18项信息要素。对吉林省国有资本经营透明度调查项目按预算层级进行分类统计,结果显示:

吉林省国有资本经营省总预算项目的9项信息要素平均得分为11.11分(见表22—9),国有资本经营分级预算项目的18项信息要素平均得分也为11.11分,显然,省总预算与分级预算透明度调查项目公开的信息都很少。进一步观察省总预算透明度项目各信息要素得分情况,可以看到,除"国有资本经营预算收支总额"信息要素公开了全部信息,得100分外,其余8项信息要素均未公开任何信息,得零分;再观察分级预算透明度项目各信息要素得分情况,可以看到,18项信息要素中除了两项省本级国有资本经营预算信息要素得了满分外,其余16项信息要素均为零分(见表22—9),这意味着吉林省在这16项信息要素上均未公开任何信息。对这些零分信息要素进行归类后可以发现,省总预算中的8项零分信息要素均为国有资本经营预算收支项目;分级预算中的16项零分信息要素中,除1项"省本级政府性基金预算支出经济分类类级科目"信息要素外,其余15项信息要素分别为地市级、县级、乡级、各地市级、各县级国有资本经营预算项目。这说明在省总预算透明度调查项目中,吉林省在国有资本经营预算收支项目上未公开任何信息;在分级预算透明度调查项目中,吉林省在省级所辖的地市级、县级、乡级国有资本经营预算项目上均未公开任何信息。

表22-9　吉林省国有资本经营预算基金按预算层级分类的信息要素得分

国有资本经营省总预算信息要素	得分	国有资本经营分级预算信息要素	得分
国有资本经营预算收支总额	100	省本级国有资本经营预算收入款级科目	100
国有资本经营预算收入款级科目	0	省本级国有资本经营预算支出功能分类类级科目	100
国有资本经营预算收入项级科目	0	省本级国有资本经营预算支出经济分类类级科目	0
国有资本经营预算收入目级科目	0	地市本级国有资本经营预算收入款级科目	0
国有资本经营预算支出功能分类类级科目	0	地市本级国有资本经营预算支出功能分类类级科目	0
国有资本经营预算支出功能分类款级科目	0	地市本级国有资本经营预算支出经济分类类级科目	0
国有资本经营预算支出功能分类项级科目	0	县本级国有资本经营预算收入款级科目	0
国有资本经营预算支出经济分类类级科目	0	县本级国有资本经营预算支出功能分类类级科目	0
国有资本经营预算支出经济分类款级科目	0	县本级国有资本经营预算支出经济分类类级科目	0
		乡级国有资本经营预算收入款级科目	0
		乡级国有资本经营预算支出功能分类类级科目	0
		乡级国有资本经营预算支出经济分类类级科目	0
		各地市本级国有资本经营预算收入款级科目	0
		各地市本级国有资本经营预算支出功能分类类级科目	0
		各地市本级国有资本经营预算支出经济分类类级科目	0
		各县本级国有资本经营预算收入款级科目	0
		各县本级国有资本经营预算支出功能分类类级科目	0
		各县本级国有资本经营预算支出经济分类类级科目	0
本项目平均得分	11	本项目平均得分	11

综上所述，吉林省国有资本经营预算基金信息公开程度约为调查项目的11%，在31个省份该项目透明度排名中与另外一个省份并列第27名。其中，省级政府下辖的基层(地市级、县级、乡级)国有资本经营预算基金的信息公开状况最差，所有的15个相关信息要素均未公开任何信息；同样，省总预算中国有资本经营预算收支项目的信息公开状况也很差，相关的8项信息要素也均未公开任何信息，故吉林省在国有资本经营省总预算收支项目、分级预算基层项目的透明度评估中失分很多。

22.6 吉林省政府资产负债信息公开情况

政府资产负债透明度调查项目共包含7项信息要素。吉林省未公开关于政府资产负债的任何信息，故吉林省在该调查项目上的得分为零分(见表22—10)。

表22—10　　　　　吉林省政府资产负债信息要素得分

信息要素	得　分
政府净资产二级分类信息	0
政府资产二级分类信息	0
政府资产一级分类信息	0
政府负债一级分类信息	0
政府负债二级分类信息	0
政府净资产一级分类信息	0
政府资产负债总额	0
本项目平均得分	0

22.7 吉林省部门预算及相关信息公开情况

部门预算及相关信息透明度调查项目共包含26项信息要素。本项目主要针对各省份人民政府办公厅、人大、政协、教育、财政、国税、地税、工商、卫生、交通、环保11个预算部门进行调查和评估，因此，若按照所调查的部门进行分类，可以分为11个部门，每个部门的信息要素均为26项。对吉林省部门预算及相关信息透明度调查项目按部门进行分类统计，结果显示：

吉林省财政部门预算及相关信息的26项信息要素平均得分为100分(见

表22-11),国税和政协部门预算及相关信息透明度项目的26项信息及相关信息要素均得零分,其他8个部门预算及相关信息透明度项目的信息要素得分均为46.15分。换言之,吉林省财政部门在部门预算及相关信息透明度项目的26项信息要素上公开了所有的信息,信息公开程度达到信息要素的100%;相反,国税和政协部门在部门预算及相关信息透明度项目的同样26项信息调查上未公开任何信息;另外8个部门则在同样的调查项目、同样的及相关信息要素上公开了约46%的信息。

进一步观察公开了部分信息的8个部门各信息要素得分情况,可以看到,这8个部门在"部门支出经济分类类级科目"、"部门支出经济分类款级科目"、"项目支出经济分类类级科目"、"项目支出经济分类款级科目"、"资产一级分类"、"资产二级分类"、"资产三级分类"、"其他补充资产信息"、"人员编制总数及各类人员编制数"、"年末实有人员总数及类型"、"按经费来源划分的各类人员数"、"部门机构一级信息"、"部门机构二级信息"、"部门机构三级信息"14项信息要素上均得了零分(见表22-11),即吉林省这8个部门在这些信息要素上均未公开任何信息。对这些零分信息要素进行归类后可以发现,14项零分信息要素中,4项属于支出经济分类科目,4项属于资产分类科目,3项属于基本数字分类科目,3项属于部门机构信息分类科目。

表22-11 吉林省部门预算及相关信息按部门分类的透明度得分及排名

部门	得分	排名
财政	100.00	1
政府办公厅	46.15	2
人大	46.15	2
教育	46.15	2
地税	46.15	2
工商	46.15	2
卫生	46.15	2
交通	46.15	2
环保	46.15	2
政协	0.00	10
国税	0.00	10
各部门平均得分	42.70	

综上所述,吉林省部门预算及相关信息公开程度约为调查项目的43%,在31个省份该项目透明度排名中与辽宁省并列第18名。在11个被调查的部门中,财政部门的信息公开状况最好,公开程度相当于调查项目的100%,政府办公厅、环保、教育、地税、工商、交通、人大、卫生8个部门信息公开状况其次,公开程度在38%~46%,国税和政协部门的信息公开状况最差,未公开调查项目的任何信息。进一步从部门预算信息要素分类来看,支出经济分类科目、资产分类科目、基本数字分类科目、部门机构信息分类科目信息公开状况最差,这4类信息要素未公开任何信息,故吉林省在上述4类信息要素以及国税和政协部门的透明度评估中失分较多。

22.8 吉林省社会保险基金信息公开情况

社会保险基金透明度项目共包含14项信息要素。若按照流量和存量进行分类,可以分为社会保险基金收入支出和社会保险基金资产负债两大项目,其中,社会保险基金收入支出项目共有6项信息要素,社会保险基金资产负债项目也有6项信息要素;除收入支出项目和资产负债项目外,另设其他项目,包括"各项社会保险基金的基本数字(类级科目)"、"养老基金的长期收支预测"两项信息要素。对吉林省社会保险基金透明度调查项目进行分类统计,结果显示:

吉林省社会保险基金收支项目的6项信息要素平均得分为80分(见表22-12),社会保险基金资产负债项目的6项信息要素平均得分为66.67分,其他项目的两项信息要素平均得分为44.44分。进一步观察社会保险基金透明度项目各信息要素得分情况,可以看到,14项信息要素中有3项信息要素得了零分(见表22-9),这3项信息要素为"各项社会保险基金资产的项级科目"、"各项社会保险基金负债的项级科目"、"养老基金的长期收支预测",这意味着吉林省在这3项信息要素上未公开任何信息。对这些零分信息要素进行归类后可以发现,3项零分信息要素中有两项信息要素为社会保险基金资产负债项目中比较明细的科目,有1项为未来收支的预测预期项目。

表22-9　　　　吉林省社会保险基金信息要素得分及排序

社会保险基金收支信息要素	得分	社会保险基金资产负债信息要素	得分	社会保险基金其他信息要素	得分
各项社会保险基金的收支总额	100	各项社会保险基金资产的类级科目	100	各项社会保险基金的基本数字(类级科目)	89

续表

社会保险基金收支信息要素	得分	社会保险基金资产负债信息要素	得分	社会保险基金其他信息要素	得分
各项保险基金的收入款级科目	100	各项社会保险基金资产的款级科目	100	养老基金的长期收支预测	0
各项保险基金的支出款级科目	100	各项社会保险基金负债的类级科目	100		
各项保险基金收支分级信息(类级科目)	80	各项社会保险基金负债的款级科目	100		
各项社会保险基金的收入项级科目	50	各项社会保险基金资产的项级科目	0		
各项社会保险基金的支出项级科目	50	各项社会保险基金负债的项级科目	0		
本项目平均得分	80	本项目平均得分	67	本项目平均得分	44

综上所述,吉林省社会保险基金预算信息公开程度约为调查项目的69%,在31个省份该项目透明度排名中位列第13名。其中,社会保险基金收支项目的信息公开状况好于资产负债项目,资产负债项目信息公开状况又好于其他项目;未公开信息的一些信息要素主要为社会保险基金资产负债项目中较为明细的科目以及未来收支预测项目中较为敏感的科目。

22.9 吉林省国有企业基金信息公开情况

国有企业基金透明度项目包含8项信息要素。吉林省在该项目8项信息要素上的平均得分为25分(见表22-13),其中,"国有企业的收入、费用和利润总额"、"国有企业的资产、负债及所有者权益总额"这两项信息要素均得满分,这意味着吉林省在这两项信息要素上公开了透明度调查所要求的所有信息。相反,"国有企业资产负债表"、"国有企业利润表"、"国有企业现金流量表"、"国有企业所有者权益变动表"、"政府直属企业主要指标表"、"政府直属企业达到与国内上市公司同等信息披露要求"这6项信息要素均得零分,这意味着吉林省在这6项信息要素上未公开透明度调查所要求的信息。

表22-13　　　　吉林省国有企业基金信息要素得分

信息调查要素	得 分
国有企业的收入、费用和利润总额	100
国有企业的资产、负债及所有者权益总额	100

信息调查要素	得 分
国有企业资产负债表	0
国有企业利润表	0
国有企业现金流量表	0
国有企业所有者权益变动表	0
政府直属企业主要指标表	0
政府直属企业达到与国内上市公司同等信息披露要求	0
本项目平均得分	25

总体而言,吉林省在国有企业基金透明度项目上信息公开程度约为调查项目的25%,在31个省份该项目透明度排名中与另外10个省份并列倒数第一,信息公开情况很差。

22.10 基本结论

综上所述,吉林省2017年财政透明度评估结论如下:

第一,从2017年度财政透明度排名来看,吉林省位列第22名,处于31个省份排名的下游位置。

第二,从财政透明度各调查项目31个省份排名来看,吉林省在这些调查项目的31个省份排名中除个别项目外,大多名次较低。其中,在社会保险基金透明度项目的31个省份排名中名次最高,位列第13名;在一般公共预算基金、政府性基金、国有资本经营预算基金、国有企业基金等透明度项目的31个省份排名中,则名次大多为倒数;在财政专户管理资金、政府资产负债两个透明度项目上因为未公开任何信息而排名倒数第一。

第三,从吉林省在财政透明度各调查项目上的得分排序来看,吉林省在财政专户管理资金、政府资产负债项目上的透明度得分最低,为零分;在国有资本经营预算基金项目上的透明度得分很低,仅11分;在社会保险基金项目上的透明度得分最高,这是吉林省唯一一个信息公开程度超过调查项目60%的项目。

所以,综合财政透明度各调查项目31个省份得分排名与吉林省在财政透明度各调查项目上的得分排序,吉林省在社会保险基金项目上的信息公开状况最好,在财政专户管理资金、政府资产负债两个透明度调查项目上的信息公开状况最差。前者在提升吉林省在31个省份财政透明度排行榜上的名次起到了一定的作用,后者则使吉林省在财政透明度评估中失分很多。建议加强财政专户管理资金及政府资产负债项目的信息公开。

第四,从财政透明度各信息要素得分情况来看,吉林省在经济分类支出的各信息要素、基层(地市级、县级及乡级)财政的各信息要素上公开的信息近乎为零。所以,经济分类支出的信息不公开以及基层财政的信息不公开是影响吉林省在财政透明度排行榜上名次的重要因素。

较为明细的经济类支出信息主要反映在"支出决算经济分类明细表"中,建议加强该决算表的信息披露。

省以下的基层分级预算信息主要反映在"收支决算分级表"、"收支及平衡情况表"中,建议加强这两张决算表的信息披露。

第五,从部门预算透明度项目来看,吉林省财政部门的信息公开状况最好,所公开的信息占到调查项目的100%;反之,政协和国税部门的信息公开状况最差,未公开调查项目的任何信息。所以,从部门角度来看,政协和国税部门的信息不公开会影响到吉林省财政透明度的整体提升。建议推动政协和国税部门的信息公开。

第六,从信息公开方式来看,吉林省没有通过依申请方式公开任何信息。所以,增加该方式的信息公开对提升吉林省财政透明度会起到重要的作用。建议加强依申请方式的信息公开。

23 江西省财政透明度报告

23.1 江西省财政透明度概况

中共十八大以来,江西省贯彻落实新《预算法》关于预决算公开的相关规定和中共中央办公厅、国务院办公厅《关于进一步推进预算公开工作的意见》的相关规定,积极推进财政信息公开工作。

综合江西省政府及省内部门等网站公开资料、《江西统计年鉴》和被调查部门的信息反馈情况,项目组计算得出江西省财政透明度得分。从图23-1可知,江西省财政透明度得分年度间波动比较大,最低分为2014年的15.36分,最高分为2016年的41.65分,其中2017年的得分为37.41分,低于2016年的得分,主要原因在于2017年该省在一般公共预算基金、国有企业基金信息公开方面的得分低于2016年,由此导致今年的分数下滑;而在31个省份份中的排名只有2011年的排名比较靠前,为第4名,其他年份都是在平均排名(第15名)之后。

江西省2017年财政透明度的总得分为37.41分,比31个省份财政透明度的平均得分低10.87分,比排名第一的山东省低32.6分,在31个省份财政透明度得分排名中位列第23名。就2017年江西省财政透明度得分的各项构成情况(见表23-1)来看,除被调查者态度、社会保险基金透明度两项得分高于31个省份的平均得分外,其余7项信息要素的得分均低于31个省份平均

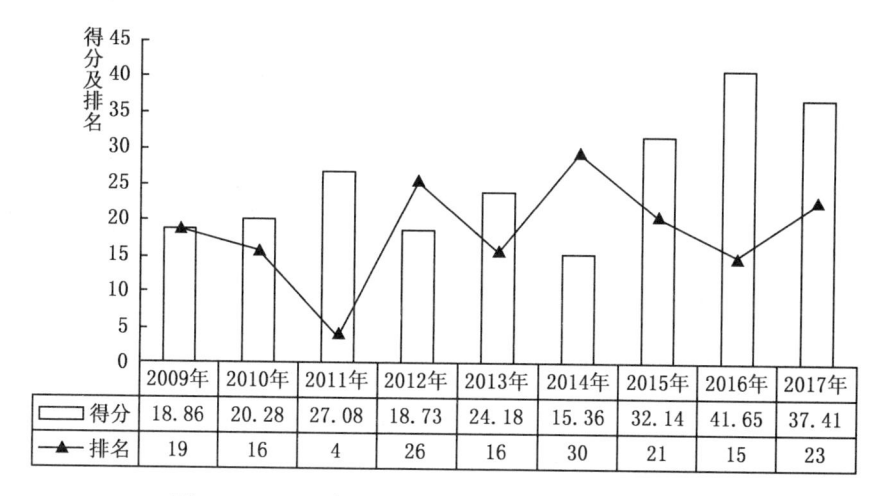

图 23—1 江西省财政透明度得分及排名(2009—2017)

	2009年	2010年	2011年	2012年	2013年	2014年	2015年	2016年	2017年
得分	18.86	20.28	27.08	18.73	24.18	15.36	32.14	41.65	37.41
排名	19	16	4	26	16	30	21	15	23

得分,其中财政专户管理资金透明度和政府资产负债透明度得分均为零分。

表 23—1 江西省各调查信息要素的透明度得分(2017)

	一般公共预算基金	政府性基金	财政专户管理资金	国有资本经营预算基金	政府资产负债	部门预算及相关信息	社会保险基金	国有企业基金	被调查者态度
权重	25%	8%	4%	2%	9%	15%	19%	15%	3%
31个省份平均百分制得分	57.52	47.90	4.68	43.64	17.71	47.32	49.11	57.78	77.30
江西省百分制得分	32.24	16.67	0.00	11.11	0.00	44.40	77.14	25.00	90.91

23.2 江西省一般公共预算基金信息公开情况

一般公共预算基金透明度评分指标主要根据财政部要求编制的"公共财政收支决算总表"、"公共财政收入决算明细表"、"公共财政支出决算功能分类明细表"、"公共财政收支决算分级表"、"公共财政收支及平衡情况表"这5张决算表格设计而成。其中,前三张决算表格调查的内容是省总预算的收支情况,各项信息要素权重为2;后两张决算表格调查的内容是省本级和省以下各级地方政府的收支情况,各项信息要素权重为1。另外,项目组还提出了一般

公共预算经济分类支出信息公开的申请。

江西省相关部门并没有直接提供信息给项目组,项目组通过网站查询和《江西财政年鉴》获得了部分信息。具体的信息公开方式及信息公开内容见表23-2。

表23-2　　江西省一般公共预算基金信息公开情况(2015)

编号	信息要素	未公开	依申请公开	网站公开	出版物公开	已公开信息项	应公开信息项
1	省总预算公共预算收支总额				√	2	2
2	省总预算公共预算收入类级科目				√	2	2
3	省总预算公共预算收入款级科目				√	22	22
4	省总预算公共预算收入项级科目	√					22
5	省总预算公共预算收入目级科目	√					22
6	省总预算公共预算支出功能分类类级科目				√	24	24
7	省总预算公共预算支出功能分类款级科目	√					24
8	省总预算公共预算支出功能分类项级科目	√					24
9	省总预算公共预算支出经济分类类级科目	√					10
10	省总预算公共预算支出经济分类款级科目	√					10
11	省本级公共预算收入类级科目			√		2	2
12	省本级公共预算支出功能分类类级科目			√		24	24
13	省本级公共预算支出经济分类类级科目			√		5	10
14	地市本级公共预算收入类级科目	√					2
15	地市本级公共预算支出功能分类类级科目	√					24
16	地市本级公共预算支出经济分类类级科目	√					10
17	县本级公共预算收入类级科目	√					2
18	县本级公共预算支出功能分类类级科目	√					24
19	县本级公共预算支出经济分类类级科目	√					10
20	乡级公共预算收入类级科目	√					2
21	乡级公共预算支出功能分类类级科目	√					24
22	乡级公共预算支出经济分类类级科目	√					10
23	各地市本级公共预算收入类级科目				√	0.25	1
24	各地市本级公共预算支出功能分类类级科目				√	0.5	1
25	各地市本级公共预算支出经济分类类级科目	√					1

续表

编号	信息要素	未公开	依申请公开	网站公开	出版物公开	已公开信息项	应公开信息项
26	各县本级公共预算收入类级科目				√	1	1
27	各县本级公共预算支出功能分类类级科目	√					1
28	各县本级公共预算支出经济分类类级科目	√					1

一般公共预算基金透明度得分计算方法为：

$$\left(\sum_{i=1}^{28}\frac{已公开信息项_i}{应公开信息项_i}\times 二级权重_i\right)\times 100/\sum_{i=1}^{28}二级权重_i$$

根据该计算方法，可以得出江西省一般公共预算基金透明度得分为32.24分，比该单项信息排名第一的四川省低46.71分，比31个省份一般公共预算基金透明度的平均得分低25.28分，在该单项信息排名中位列第29名。

23.3 江西省政府性基金信息公开情况

政府性基金透明度评分指标根据"政府性基金收支决算总表"、"政府性基金收支及结余情况表"、"政府性基金收支决算分级表"、"政府性基金收支及平衡情况表"这4张决算表格设计而成。其中，前两张决算表格调查的内容是省总预算的收支情况，各项信息要素权重为2；后两张决算表格调查的内容是省本级和省以下各级地方政府的收支情况，各项信息要素权重为1。另外，项目组还提出了政府性基金经济分类支出信息公开的申请。

江西省相关部门并没有直接提供信息给项目组，项目组通过网站查询获得了部分信息。具体的信息公开方式及信息公开内容见表23-3。

政府性基金透明度得分计算方法为：

$$\left(\sum_{i=1}^{27}\frac{已公开信息项_i}{应公开信息项_i}\times 二级权重_i\right)\times 100/\sum_{i=1}^{27}二级权重_i$$

根据该计算方法，可以得出江西省政府性基金透明度得分为16.67分，比该单项信息排名第一的省份低55.55分，比31个省份政府性基金透明度的平均得分低31.23分，在该单项信息排名中与湖北省并列第30名。

表 23-3　　　　　江西省政府性基金信息公开情况(2015)

编号	信息要素	未公开	依申请公开	网站公开	出版物公开	已公开信息项	应公开信息项
1	省总预算政府性基金预算收支总额			✓		2	2
2	省总预算政府性基金预算收入款级科目			✓		1	1
3	省总预算政府性基金预算收入项级科目	✓					1
4	省总预算政府性基金预算收入目级科目	✓					1
5	省总预算政府性基金预算支出功能分类类级科目	✓					10
6	省总预算政府性基金预算支出功能分类款级科目	✓					10
7	省总预算政府性基金预算支出功能分类项级科目	✓					10
8	省总预算政府性基金预算支出经济分类类级科目	✓					10
9	省总预算政府性基金预算支出经济分类款级科目	✓					10
10	省本级政府性基金预算收入款级科目			✓		1	1
11	省本级政府性基金预算支出功能分类类级科目			✓		9	10
12	省本级政府性基金预算支出经济分类类级科目	✓					10
13	地市本级政府性基金预算收入款级科目	✓					1
14	地市本级政府性基金预算支出功能分类类级科目	✓					10
15	地市本级政府性基金预算支出经济分类类级科目	✓					10
16	县本级政府性基金预算收入款级科目	✓					1
17	县本级政府性基金预算支出功能分类类级科目	✓					10
18	县本级政府性基金预算支出经济分类类级科目	✓					10
19	乡级政府性基金预算收入款级科目	✓					1
20	乡级政府性基金预算支出功能分类类级科目	✓					10
21	乡级政府性基金预算支出经济分类类级科目	✓					10
22	各地市本级政府性基金预算收入款级科目	✓					1
23	各地市本级政府性基金预算支出功能分类类级科目	✓					1

续表

编号	信息要素	未公开	依申请公开	网站公开	出版物公开	已公开信息项	应公开信息项
24	各地市本级政府性基金预算支出经济分类类级科目	√					1
25	各县本级政府性基金预算收入款级科目	√					1
26	各县本级政府性基金预算支出功能分类类级科目	√					1
27	各县本级政府性基金预算支出经济分类类级科目	√					1

23.4 江西省财政专户管理资金信息公开情况

财政专户管理资金透明度评分指标根据"财政专户管理资金收支总表"、"财政专户管理资金收入明细表"、"财政专户管理资金支出功能分类明细表"、"财政专户管理资金收支分级表"和"财政专户管理资金收支及平衡情况表"这5张决算表格设计而成。其中,涉及省总预算财政专户的各项信息要素权重为2,其余省本级和省以下各级地方政府财政专户的各项信息要素权重为1。

财政部不再统一要求地方政府在2015年度政府决算中编制财政专户管理资金的相关表格。项目组未获取江西省2015年度任何财政专户管理资金的收支信息,见表23-4。江西省财政专户管理资金透明度得分为零分。

表23-4 江西省财政专户管理资金信息公开情况(2015)

编号	信息要素	未公开	依申请公开	网站公开	出版物公开	已公开信息项	应公开信息项
1	省总预算财政专户收支总额	√				0	2
2	省总预算财政专户收入款级科目	√				0	2
3	省总预算财政专户收入项级科目	√				0	2
4	省总预算财政专户收入目级科目	√				0	2
5	省总预算财政专户支出功能分类类级科目	√				0	22
6	省总预算财政专户支出功能分类款级科目	√				0	22
7	省总预算财政专户支出功能分类项级科目	√				0	22
8	省总预算财政专户支出经济分类类级科目	√				0	10
9	省总预算财政专户支出经济分类级科目	√				0	10
10	省本级财政专户收入款级科目	√				0	2

续表

编号	信息要素	未公开	依申请公开	网站公开	出版物公开	已公开信息项	应公开信息项
11	省本级财政专户支出功能分类类级科目	√				0	22
12	省本级财政专户支出经济分类类级科目	√				0	10
13	地市本级财政专户收入款级科目	√				0	2
14	地市本级财政专户支出功能分类类级科目	√				0	22
15	地市本级财政专户支出经济分类类级科目	√				0	10
16	县本级财政专户收入款级科目	√				0	2
17	县本级财政专户支出功能分类类级科目	√				0	22
18	县本级财政专户支出经济分类类级科目	√				0	10
19	乡级财政专户收入款级科目	√				0	2
20	乡级财政专户支出功能分类类级科目	√				0	22
21	乡级财政专户支出经济分类类级科目	√				0	10
22	各地市本级财政专户收入款级科目	√				0	1
23	各地市本级财政专户支出功能分类类级科目	√				0	1
24	各地市本级财政专户支出经济分类类级科目	√				0	1
25	各县本级财政专户收入款级科目	√				0	1
26	各县本级财政专户支出功能分类类级科目	√				0	1
27	各县本级财政专户支出经济分类类级科目	√				0	1

23.5 江西省国有资本经营预算基金信息公开情况

国有资本经营预算基金透明度评分指标根据"国有资本经营收支决算总表"、"国有资本经营收支决算明细表"、"国有资本经营收支决算分级表"和"国有资本经营收支及平衡情况表"这4张决算表格设计而成。其中，前两张决算表格调查的内容是省总预算的收支情况，各项信息要素权重为2；后两张决算表格调查的内容是省本级和省以下各级地方政府的收支情况，各项信息要素权重为1。

江西省相关部门并没有向项目组直接提供关于国有资本经营预算基金的信息，项目组通过网站查询获得了部分信息。具体的信息公开方式及信息公开内容见表23-5。

表 23-5　　江西省国有资本经营预算基金信息公开情况(2015)

编号	信息要素	未公开	依申请公开	网站公开	出版物公开	已公开信息项	应公开信息项
1	国有资本经营预算收支总额			✓		2	2
2	国有资本经营预算收入款级科目	✓					1
3	国有资本经营预算收入项级科目	✓					5
4	国有资本经营预算收入目级科目	✓					5
5	国有资本经营预算支出功能分类类级科目	✓					11
6	国有资本经营预算支出功能分类款级科目	✓					1
7	国有资本经营预算支出功能分类项级科目	✓					1
8	国有资本经营预算支出经济分类类级科目	✓					3
9	国有资本经营预算支出经济分类款级科目	✓					3
10	省本级国有资本经营预算收入款级科目			✓		5	5
11	省本级国有资本经营预算支出功能分类类级科目			✓		11	11
12	省本级国有资本经营预算支出经济分类类级科目	✓					3
13	地市本级国有资本经营预算收入款级科目	✓					5
14	地市本级国有资本经营预算支出功能分类类级科目	✓					11
15	地市本级国有资本经营预算支出经济分类类级科目	✓					3
16	县本级国有资本经营预算收入款级科目	✓					5
17	县本级国有资本经营预算支出功能分类类级科目	✓					11
18	县本级国有资本经营预算支出经济分类类级科目	✓					3
19	乡级国有资本经营预算收入款级科目	✓					5
20	乡级国有资本经营预算支出功能分类类级科目	✓					11
21	乡级国有资本经营预算支出经济分类类级科目	✓					3
22	各地市本级国有资本经营预算收入款级科目	✓					5
23	各地市本级国有资本经营预算支出功能分类类级科目	✓					11
24	各地市本级国有资本经营预算支出经济分类类级科目	✓					3
25	各县本级国有资本经营预算收入款级科目	✓					5

续表

编号	信息要素	未公开	依申请公开	网站公开	出版物公开	已公开信息项	应公开信息项
26	各县本级国有资本经营预算支出功能分类类级科目	√					11
27	各县本级国有资本经营预算支出经济分类类级科目	√					3

国有资本经营预算基金透明度得分计算方法为:

$$\left(\sum_{i=1}^{27}\frac{已公开信息项_i}{应公开信息项_i}\times 二级权重_i\right)\times 100/\sum_{i=1}^{27}二级权重_i$$

根据该计算方法,可以得出江西省国有资本经营预算基金透明度得分为 11.11 分,比该单项信息排名第一的省份低 61.11 分,得分只有排名第一省份的 1/7 左右,比 31 个省份国有资本经营预算基金透明度的平均得分低 32.53 分,在该单项信息排名中与吉林省并列第 27 名。

23.6 江西省政府资产负债信息公开情况

政府资产负债涵盖除社会保险基金和国有企业基金之外的所有政府资产与负债,包括一般公共预算基金、政府性基金、国有资本经营预算基金、财政专户管理资金所形成的资产和负债。具体指标包括资产类指标金融资产(存款、有价证券、在途款、暂付款)和固定资产(地产、房产建筑、设备)、负债类指标短期负债(暂存款、应付款、短期借款)和长期负债(1~3 年、3~5 年、5 年以上)、净资产类指标金融净资产(预算结余、基金预算结余、国有资本经营预算结余、专用基金结余、财政专户管理资金结余、预算稳定调节基金、预算周转金)和非金融净资产。

项目组未获取江西省 2015 年度政府资产负债的收支信息,见表 23-6。江西省政府资产负债透明度得分为零分。

表 23-6　　江西省政府资产负债信息公开情况(2015)

编号	信息要素	未公开	依申请公开	网站公开	出版物公开	已公开信息项	应公开信息项
1	政府资产负债总额	√				0	2
2	政府资产一级分类信息	√				0	2
3	政府资产二级分类信息	√				0	7
4	政府负债一级分类信息	√				0	2

续表

编号	信息要素	未公开	依申请公开	网站公开	出版物公开	已公开信息项	应公开信息项
5	政府负债二级分类信息		√			0	6
6	政府净资产一级分类信息		√			0	2
7	政府净资产二级分类信息		√			0	7

23.7 江西省部门预算及相关信息公开情况

项目组选取省人民政府办公厅、人大常委会办公厅、政协办公厅、教育厅、财政厅、国家税务局、地方税务局、工商行政管理局、卫生和计划生育委员会、交通运输厅、环境保护厅11个省级部门作为调查对象,部门预算及相关信息透明度最终得分是这11个部门预算及相关信息透明度的平均数。每个部门的透明度评估指标涉及三大类型:关于预算单位的财务信息、关于预算单位的人员信息、关于机构的信息。具体决算表格为"收入支出决算总表"、"支出决算表"、"支出决算明细表"、"基本支出决算明细表"、"项目支出决算明细表"、"资产负债表"、"基本数字表"、"机构人员情况表"。

除国家税务局外,江西省其余10个部门都公布了部分信息。下面以江西省政协办公厅为例,给出部门预算及相关信息透明度得分的计算。

江西省政协办公厅公布了表23－7中第1－16项信息要素,而第17－26项信息要素却并未公布。具体的信息公开方式及信息公开内容见表23－7。

表23－7　江西省政协办公厅部门预算及相关信息公开情况(2015)

编号	信息要素	未公开	依申请公开	网站公开	出版物公开	得分
1	部门收入分类			√		1
2	部门支出功能分类类级科目			√		1
3	部门支出功能分类款级科目			√		1
4	部门支出功能分类项级科目			√		1
5	部门支出经济分类类级科目			√		1
6	部门支出经济分类款级科目			√		1
7	基本支出功能分类类级科目			√		1
8	基本支出功能分类款级科目			√		1

续表

编号	信息要素	未公开	依申请公开	网站公开	出版物公开	得分
9	基本支出功能分类项级科目			√		1
10	基本支出经济分类类级科目			√		1
11	基本支出经济分类款级科目			√		1
12	项目支出功能分类类级科目			√		1
13	项目支出功能分类款级科目			√		1
14	项目支出功能分类项级科目			√		1
15	项目支出经济分类类级科目			√		1
16	项目支出经济分类款级科目			√		1
17	资产一级分类	√				0
18	资产二级分类	√				0
19	资产三级分类	√				0
20	其他补充资产信息	√				0
21	人员编制总数及各类人员编制数	√				0
22	年末实有人员总数及类型	√				0
23	按经费来源划分的各类人员数	√				0
24	部门机构一级信息	√				0
25	部门机构二级信息	√				0
26	部门机构三级信息	√				0

江西省政协办公厅部门预算及相关信息透明度得分为$(16 \div 26) \times 100 = 61.5$分。计算11个部门预算及相关信息透明度的平均得分,得到江西省部门预算及相关信息透明度最终得分为44.4分,比31个省份部门预算及相关信息透明度的平均得分低2.92分,在该单项信息排名中位列第17名。

23.8 江西省社会保险基金信息公开情况

社会保险基金透明度评分指标主要根据"社会保险基金资产负债表"、"企业职工基本养老保险基金收支表"、"失业保险基金收支表"、"城镇职工基本医疗保险基金收支表"、"工伤保险基金收支表"、"生育保险基金收支表"、"居民

社会养老保险基金收支表"、"城乡居民基本医疗保险基金收支表"、"新型农村合作医疗基金收支表"、"城镇居民基本医疗保险基金收支表"、"社会保障基金财政专户资产负债表"、"社会保障基金财政专户收支表"、"财政对社会保险基金补助资金情况表"、"企业职工基本养老保险补充资料表"、"失业保险补充资料表"、"城镇职工医疗保险、工伤保险、生育保险补充资料表"、"居民社会养老保险补充资料表"、"居民基本医疗保险补充资料表"、"其他养老保险情况表"、"其他医疗保障情况表"这20张决算表格设计而成。

江西省相关部门依申请公开了部分信息。具体的信息公开方式及信息公开内容见表23－8。

表23－8　　　江西省社会保险基金信息公开情况（2015）

编号	信息要素	未公开	依申请公开	网站公开	出版物公开	得分
1	各项社会保险基金的收支总额		√			1
2	各项社会保险基金的收入款级科目		√			1
3	各项社会保险基金的收入项级科目		√			1
4	各项社会保险基金的支出款级科目		√			1
5	各项社会保险基金的支出项级科目		√			1
6	各项社会保险基金收支分级信息（类级科目）		部分信息			0.8
7	各项社会保险基金的基本数字（类级科目）		√			1
8	各项社会保险基金资产的类级科目		√			1
9	各项社会保险基金资产的款级科目		√			1
10	各项社会保险基金资产的项级科目	√				0
11	各项社会保险基金负债的类级科目		√			1
12	各项社会保险基金负债的款级科目		√			1
13	各项社会保险基金负债的项级科目	√				0
14	养老基金的长期收支预测	√				0

江西省社会保险基金透明度得分为[（1＋1＋1＋1＋1＋0.8＋1＋1＋1＋1＋1＋1）÷14]×100＝77.14分，比31个省份社会保险基金透明度的平均得分高28.03分，在该单项信息排名中与其他10个省份并列第1名。

23.9 江西省国有企业基金信息公开情况

国有企业基金透明度评分指标的构成内容包括:①国有企业的总量6项指标(国有企业的收入、费用、利润总额、资产、负债及所有者权益总额);②国有企业的总量4张表(资产负债表、利润表、现金流量表、所有者权益变动表);③政府直属企业按户公布的8项指标(资产总额、负债总额、所有者权益总额、国有资本及权益总额、营业总收入、利润总额、净利润总额、归属母公司所有者权益的净利润);④政府直属企业是否按照国内上市公司的信息披露要求公布企业运营状况。

项目组只查询到了江西省本级国有企业的总量指标,未获取其他江西省2015年度国有企业的财务信息。具体的信息公开方式及信息公开内容见表23-9。

表23-9　　江西省国有企业基金信息公开情况(2015)

编号	信息要素	未公开	依申请公开	网站公开	出版物公开	得分
1	国有企业的收入、费用和利润总额				√	1
2	国有企业的资产、负债及所有者权益总额				√	1
3	国有企业资产负债表	√				0
4	国有企业利润表	√				0
5	国有企业现金流量表	√				0
6	国有企业所有者权益变动表	√				0
7	政府直属企业主要指标表	√				0
8	政府直属企业达到与国内上市公司同等信息披露要求	√				0

江西省国有企业基金透明度得分为$[(1+1)\div 8]\times 100=25$分,比该单项信息排名第一的山东省低62.5分,比31个省份国有企业基金透明度的平均得分低32.78分,在该单项信息排名中与其他10个省份并列第21名。

23.10 基本结论

江西省针对项目组申请政府预算信息公开的回复态度都非常好,因而其态度得分以 90.91 分位居该单项得分排名第 1 名。

综合各项信息要素得分,江西省 2017 年财政透明度的最终得分为 32.24×25％+16.67×8％+0×4％+11.11×2％+0×9％+44.4×15％+77.14×19％+25×15％+90.91×3％=37.41 分。

由于江西省公布的信息相对较少,所以其财政透明度总得分较低,只有 37.41 分,其得分低于 31 个省份平均得分,排名也比较靠后,排在第 23 名,该排名与其经济发展水平在全国的位置基本一致。从各个具体项目的透明度来看,江西省在社会保险基金方面的信息透明度最高,位居全国第一,在财政专户管理资金、政府资产负债方面的透明度最差,未给出任何信息。

24 浙江省财政透明度报告

24.1 浙江省财政透明度概况

中共十八大以来,浙江省贯彻落实新"预算法"关于预决算公开的相关规定和中共中央办公厅、国务院办公厅"关于进一步推进预算公开工作的意见"的相关规定,积极推进财政信息公开工作。

综合浙江省政府及省内部门等网站公开资料、《浙江统计年鉴》和被调查部门的信息反馈情况,项目组计算得出浙江省财政透明度得分。从图24—1可知,浙江省财政透明度得分年度间波动幅度不大,最低分为2009年的19.03分,最高分为2017年的37.23分;但在31个省份之间的排名波动比较大,排名最靠前的是2010年,排在第5名,而其他年份都在十名之后,最差的是2013年,排在了第29名,也就是倒数第三位,而2017年的排名与2016年的排名基本持平,排在第24名。

浙江省2017年财政透明度的总得分为37.23分,比31个省份财政透明度的平均得分低11.05分,比排名第一的山东省低32.78分,在31个省份财政透明度得分排名中位居第24名。就2017年浙江省财政透明度得分的各项构成情况(见表24—1)来看,只有一般公共预算基金、被调查者态度这两项的得分略微高于31个省份的平均得分,其余8项信息要素的得分均低于31个省份平均得分,其中财政专户管理资金透明度和政府资产负债透明度得分均为零分。

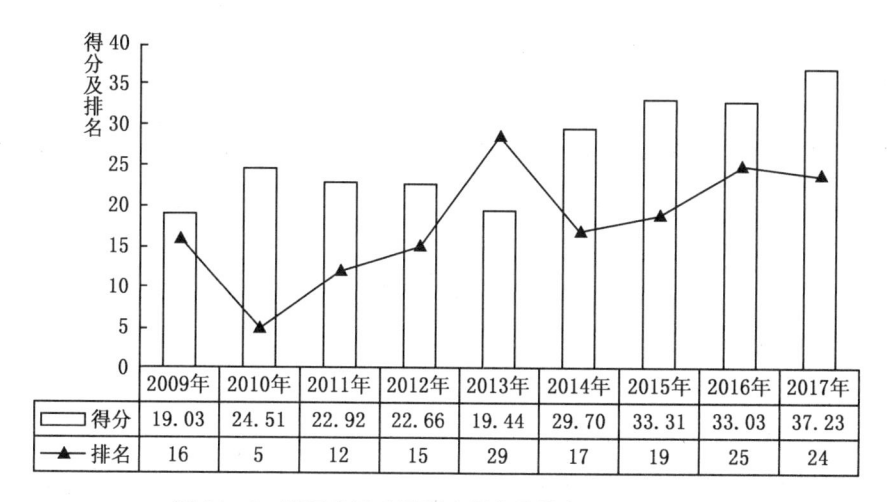

图 24-1 浙江省财政透明度得分及排名(2009—2017)

	2009年	2010年	2011年	2012年	2013年	2014年	2015年	2016年	2017年
得分	19.03	24.51	22.92	22.66	19.44	29.70	33.31	33.03	37.23
排名	16	5	12	15	29	17	19	25	24

表 24-1　　　　浙江省各调查信息要素的透明度得分(2017)

	一般公共预算基金	政府性基金	财政专户管理资金	国有资本经营预算基金	政府资产负债	部门预算及相关信息	社会保险基金	国有企业基金	被调查者态度
权重	25%	8%	4%	2%	9%	15%	19%	15%	3%
31个省份平均百分制得分	57.52	47.90	4.68	43.64	17.71	47.32	49.11	57.78	74.19
浙江省百分制得分	64.21	33.33	0.00	25.00	0.00	46.20	24.93	25.00	86.36

24.2　浙江省一般公共预算基金信息公开情况

一般公共预算基金透明度评分指标主要根据财政部要求编制的"公共财政收支决算总表"、"公共财政收入决算明细表"、"公共财政支出决算功能分类明细表"、"公共财政收支决算分级表"、"公共财政收支及平衡情况表"这5张决算表格设计而成。其中,前三张决算表格调查的内容是省总预算的收支情况,各项信息要素权重为2;后两张决算表格调查的内容是省本级和省以下各级地方政府的收支情况,各项信息要素权重为1。另外,项目组还提出了一般

公共预算经济分类支出信息公开的申请。

浙江省相关部门并没有直接提供信息给项目组,项目组通过网站查询和《浙江财政年鉴》获得了部分信息。具体的信息公开方式及信息公开内容见表24-2。

表24-2　　浙江省一般公共预算基金信息公开情况(2015)

编号	信息要素	未公开	依申请公开	网站公开	出版物公开	已公开信息项	应公开信息项
1	省总预算公共预算收支总额			✓	✓	2	2
2	省总预算公共预算收入类级科目			✓	✓	2	2
3	省总预算公共预算收入款级科目				✓	22	22
4	省总预算公共预算收入项级科目	✓					22
5	省总预算公共预算收入目级科目	✓					22
6	省总预算公共预算支出功能分类类级科目				✓	24	24
7	省总预算公共预算支出功能分类款级科目				✓	24	24
8	省总预算公共预算支出功能分类项级科目				✓	24	24
9	省总预算公共预算支出经济分类类级科目	✓					10
10	省总预算公共预算支出经济分类款级科目	✓					10
11	省本级公共预算收入类级科目			✓		2	2
12	省本级公共预算支出功能分类类级科目				✓	24	24
13	省本级公共预算支出经济分类类级科目				✓	4	10
14	地市本级公共预算收入类级科目				✓	2	2
15	地市本级公共预算支出功能分类类级科目				✓	24	24
16	地市本级公共预算支出经济分类类级科目	✓					10
17	县本级公共预算收入类级科目				✓	2	2
18	县本级公共预算支出功能分类类级科目				✓	24	24
19	县本级公共预算支出经济分类类级科目	✓					10
20	乡级公共预算收入类级科目				✓	2	2
21	乡级公共预算支出功能分类类级科目				✓	24	24
22	乡级公共预算支出经济分类类级科目	✓					10
23	各地市本级公共预算收入类级科目				✓	1	1
24	各地市本级公共预算支出功能分类类级科目				✓	1	1
25	各地市本级公共预算支出经济分类类级科目	✓					1

续表

编号	信息要素	未公开	依申请公开	网站公开	出版物公开	已公开信息项	应公开信息项
26	各县本级公共预算收入类级科目				√	1	1
27	各县本级公共预算支出功能分类类级科目				√	1	1
28	各县本级公共预算支出经济分类类级科目	√					1

一般公共预算基金透明度得分计算方法为：

$$\left(\sum_{i=1}^{28}\frac{已公开信息项_i}{应公开信息项_i}\times 二级权重_i\right)\times 100 \Big/ \sum_{i=1}^{28}二级权重_i$$

根据该计算方法，可以得出浙江省一般公共预算基金透明度得分为64.21分，比该单项信息排名第一的四川省低14.74分，比31个省份一般公共预算基金透明度的平均得分高6.69分，在该单项信息排名中位列第11名。

24.3 浙江省政府性基金信息公开情况

政府性基金透明度评分指标根据"政府性基金收支决算总表"、"政府性基金收支及结余情况表"、"政府性基金收支决算分级表"、"政府性基金收支及平衡情况表"这4张决算表格设计而成。其中，前两张决算表格调查的内容是省总预算的收支情况，各项信息要素权重为2；后两张决算表格调查的内容是省本级和省以下各级地方政府的收支情况，各项信息要素权重为1。另外，项目组还提出了政府性基金经济分类支出信息公开的申请。

浙江省相关部门提供了部分信息，项目组也通过网站查询获得了部分信息。具体的信息公开方式及信息公开内容见表24-3。

表24-3 浙江省政府性基金信息公开情况（2015）

编号	信息要素	未公开	依申请公开	网站公开	出版物公开	已公开信息项	应公开信息项
1	省总预算政府性基金预算收支总额			√		2	2
2	省总预算政府性基金预算收入款级科目			√		1	1
3	省总预算政府性基金预算收入项级科目	√					1
4	省总预算政府性基金预算收入目级科目	√					1
5	省总预算政府性基金预算支出功能分类类级科目			√			10

续表

编号	信息要素	未公开	依申请公开	网站公开	出版物公开	已公开信息项	应公开信息项
6	省总预算政府性基金预算支出功能分类款级科目	√					10
7	省总预算政府性基金预算支出功能分类项级科目	√					10
8	省总预算政府性基金预算支出经济分类类级科目	√					10
9	省总预算政府性基金预算支出经济分类款级科目	√					10
10	省本级政府性基金预算收入款级科目			√	√	1	1
11	省本级政府性基金预算支出功能分类类级科目			√	√	10	10
12	省本级政府性基金预算支出经济分类类级科目	√					10
13	地市本级政府性基金预算收入款级科目				√	1	1
14	地市本级政府性基金预算支出功能分类类级科目				√	10	10
15	地市本级政府性基金预算支出经济分类类级科目	√					10
16	县本级政府性基金预算收入款级科目				√	1	1
17	县本级政府性基金预算支出功能分类类级科目				√	10	10
18	县本级政府性基金预算支出经济分类类级科目	√					10
19	乡级政府性基金预算收入款级科目				√	1	1
20	乡级政府性基金预算支出功能分类类级科目				√	10	10
21	乡级政府性基金预算支出经济分类类级科目	√					10
22	各地市本级政府性基金预算收入款级科目		√				1
23	各地市本级政府性基金预算支出功能分类类级科目		√				1
24	各地市本级政府性基金预算支出经济分类类级科目	√					1
25	各县本级政府性基金预算收入款级科目		√				1
26	各县本级政府性基金预算支出功能分类类级科目		√				1
27	各县本级政府性基金预算支出经济分类类级科目	√					1

政府性基金透明度得分计算方法为：

$$\left(\sum_{i=1}^{27}\frac{已公开信息项_i}{应公开信息项_i}\times 二级权重_i\right)\times 100/\sum_{i=1}^{27}二级权重_i$$

根据该计算方法,可以得出浙江省政府性基金透明度得分为33.33分,比该单项信息排名第一的省份低38.89分,比31个省份政府性基金透明度的平均得分低14.57分,在该单项信息排名中与其他6个省份并列第18名。

24.4 浙江省财政专户管理资金信息公开情况

财政专户管理资金透明度评分指标根据"财政专户管理资金收支总表"、"财政专户管理资金收入明细表"、"财政专户管理资金支出功能分类明细表"、"财政专户管理资金收支分级表"和"财政专户管理资金收支及平衡情况表"这5张决算表格设计而成。其中,涉及省总预算财政专户的各项信息要素权重为2,其余省本级和省以下各级地方政府财政专户的各项信息要素权重为1。

财政部不再统一要求地方政府在2015年度政府决算中编制财政专户管理资金的相关表格。项目组未获取浙江省2015年度任何财政专户管理资金的收支信息,见表24-4。浙江省财政专户管理资金透明度得分为零分。

表24-4　　浙江省财政专户管理资金信息公开情况(2015)

编号	信息要素	未公开	依申请公开	网站公开	出版物公开	已公开信息项	应公开信息项
1	省总预算财政专户收支总额	√				0	2
2	省总预算财政专户收入款级科目	√				0	2
3	省总预算财政专户收入项级科目	√				0	2
4	省总预算财政专户收入目级科目	√				0	2
5	省总预算财政专户支出功能分类类级科目	√				0	22
6	省总预算财政专户支出功能分类款级科目	√				0	22
7	省总预算财政专户支出功能分类项级科目	√				0	22
8	省总预算财政专户支出经济分类类级科目	√				0	10
9	省总预算财政专户支出经济分类款级科目	√				0	10
10	省本级财政专户收入款级科目	√				0	2
11	省本级财政专户支出功能分类类级科目	√				0	22
12	省本级财政专户支出经济分类类级科目	√				0	10
13	地市本级财政专户收入款级科目	√				0	2

续表

编号	信息要素	未公开	依申请公开	网站公开	出版物公开	已公开信息项	应公开信息项
14	地市本级财政专户支出功能分类类级科目	✓				0	22
15	地市本级财政专户支出经济分类类级科目	✓				0	10
16	县本级财政专户收入款级科目	✓				0	2
17	县本级财政专户支出功能分类类级科目	✓				0	22
18	县本级财政专户支出经济分类类级科目	✓				0	10
19	乡级财政专户收入款级科目	✓				0	2
20	乡级财政专户支出功能分类类级科目	✓				0	22
21	乡级财政专户支出经济分类类级科目	✓				0	10
22	各地市本级财政专户收入款级科目	✓				0	1
23	各地市本级财政专户支出功能分类类级科目	✓				0	1
24	各地市本级财政专户支出经济分类类级科目	✓				0	1
25	各县本级财政专户收入款级科目	✓				0	1
26	各县本级财政专户支出功能分类类级科目	✓				0	1
27	各县本级财政专户支出经济分类类级科目	✓				0	1

24.5 浙江省国有资本经营预算基金信息公开情况

国有资本经营预算基金透明度评分指标根据"国有资本经营收支决算总表"、"国有资本经营收支决算明细表"、"国有资本经营收支决算分级表"和"国有资本经营收支及平衡情况表"这4张决算表格设计而成。其中，前两张决算表格调查的内容是省总预算的收支情况，各项信息要素权重为2；后两张决算表格调查的内容是省本级和省以下各级地方政府的收支情况，各项信息要素权重为1。

浙江省相关部门并没有向项目组直接提供关于国有资本经营预算基金的信息，项目组通过网站查询获得了部分信息。具体的信息公开方式及信息公开内容见表24-5。

表 24-5　　浙江省国有资本经营预算基金信息公开情况(2015)

编号	信息要素	未公开	依申请公开	网站公开	出版物公开	已公开信息项	应公开信息项
1	国有资本经营预算收支总额				√	2	2
2	国有资本经营预算收入款级科目				√	1	1
3	国有资本经营预算收入项级科目				√	5	5
4	国有资本经营预算收入目级科目	√					5
5	国有资本经营预算支出功能分类类级科目				√	10	11
6	国有资本经营预算支出功能分类款级科目	√					1
7	国有资本经营预算支出功能分类项级科目	√					1
8	国有资本经营预算支出经济分类类级科目	√					3
9	国有资本经营预算支出经济分类款级科目	√					3
10	省本级国有资本经营预算收入款级科目			√		4	5
11	省本级国有资本经营预算支出功能分类类级科目	√				0	11
12	省本级国有资本经营预算支出经济分类类级科目	√					3
13	地市本级国有资本经营预算收入款级科目	√					5
14	地市本级国有资本经营预算支出功能分类类级科目	√					11
15	地市本级国有资本经营预算支出经济分类类级科目	√					3
16	县本级国有资本经营预算收入款级科目	√					5
17	县本级国有资本经营预算支出功能分类类级科目	√					11
18	县本级国有资本经营预算支出经济分类类级科目	√					3
19	乡级国有资本经营预算收入款级科目	√					5
20	乡级国有资本经营预算支出功能分类类级科目	√					11
21	乡级国有资本经营预算支出经济分类类级科目	√					3
22	各地市本级国有资本经营预算收入款级科目	√					5
23	各地市本级国有资本经营预算支出功能分类类级科目	√					11
24	各地市本级国有资本经营预算支出经济分类类级科目	√					3
25	各县本级国有资本经营预算收入款级科目	√					5

续表

编号	信息要素	未公开	依申请公开	网站公开	出版物公开	已公开信息项	应公开信息项
26	各县本级国有资本经营预算支出功能分类类级科目	√					11
27	各县本级国有资本经营预算支出经济分类类级科目	√					3

国有资本经营预算基金透明度得分计算方法为：

$$\left(\sum_{i=1}^{27}\frac{\text{已公开信息项}_i}{\text{应公开信息项}_i}\times\text{二级权重}_i\right)\times 100 / \sum_{i=1}^{27}\text{二级权重}_i$$

根据该计算方法，可以得出浙江省国有资本经营预算基金透明度得分为25分，比该单项信息得分排名第一的省份低47.22分，比31个省份国有资本经营预算基金透明度的平均得分低18.64分，在该单项信息排名中位列第26名。

24.6 浙江省政府资产负债信息公开情况

政府资产负债涵盖除社会保险基金和国有企业基金之外的所有政府资产与负债，包括一般公共预算基金、政府性基金、国有资本经营预算基金、财政专户管理资金所形成的资产和负债。具体指标包括资产类指标金融资产(存款、有价证券、在途款、暂付款)和固定资产(地产、房产建筑、设备)、负债类指标短期负债(暂存款、应付款、短期借款)和长期负债(1～3年、3～5年、5年以上)、净资产类指标金融净资产(预算结余、基金预算结余、国有资本经营预算结余、专用基金结余、财政专户管理资金结余、预算稳定调节基金、预算周转金)和非金融净资产。

项目组未获取浙江省2015年度政府资产负债的收支信息，见表24-6。浙江省政府资产负债透明度得分为零分。

表24-6 **浙江省政府资产负债信息公开情况(2015)**

编号	信息要素	未公开	依申请公开	网站公开	出版物公开	已公开信息项	应公开信息项
1	政府资产负债总额	√				0	2
2	政府资产一级分类信息	√				0	2
3	政府资产二级分类信息	√				0	7
4	政府负债一级分类信息	√				0	2

续表

编号	信息要素	未公开	依申请公开	网站公开	出版物公开	已公开信息项	应公开信息项
5	政府负债二级分类信息	√				0	6
6	政府净资产一级分类信息	√				0	2
7	政府净资产二级分类信息	√				0	7

24.7 浙江省部门预算及相关信息公开情况

项目组选取省人民政府办公厅、人大常委会办公厅、政协办公厅、教育厅、财政厅、国家税务局、地方税务局、工商行政管理局、卫生和计划生育委员会、交通运输厅、环境保护厅11个省级部门作为调查对象,部门预算及相关信息透明度最终得分是这11个部门预算及相关信息透明度的平均数。每个部门的透明度评估指标涉及三大类型:关于预算单位的财务信息、关于预算单位的人员信息、关于机构的信息。具体决算表格为"收入支出决算总表"、"支出决算表"、"支出决算明细表"、"基本支出决算明细表"、"项目支出决算明细表"、"资产负债表"、"基本数字表"、"机构人员情况表"。

除国家税务局外,浙江省其余10个部门都公布了部分信息。下面以浙江省财政厅为例,给出部门预算及相关信息透明度得分的计算。

浙江省财政厅公布了项目组申请的全部要素。具体的信息公开方式及信息公开内容见表24—7。

表24—7　　　　浙江省财政厅部门预算及相关信息公开情况

编号	信息要素	未公开	依申请公开	网站公开	出版物公开	得分
1	部门收入分类			√		1
2	部门支出功能分类类级科目			√		1
3	部门支出功能分类款级科目			√		1
4	部门支出功能分类项级科目			√		1
5	部门支出经济分类类级科目			√		1
6	部门支出经济分类款级科目			√		1
7	基本支出功能分类类级科目			√		1
8	基本支出功能分类款级科目			√		1

续表

编号	信息要素	未公开	依申请公开	网站公开	出版物公开	得分
9	基本支出功能分类项级科目			√		1
10	基本支出经济分类类级科目			√		1
11	基本支出经济分类款级科目			√		1
12	项目支出功能分类类级科目			√		1
13	项目支出功能分类款级科目			√		1
14	项目支出功能分类项级科目			√		1
15	项目支出经济分类类级科目			√		1
16	项目支出经济分类款级科目			√		1
17	资产一级分类			√		1
18	资产二级分类			√		1
19	资产三级分类			√		1
20	其他补充资产信息			√		1
21	人员编制总数及各类人员编制数			√		1
22	年末实有人员总数及类型			√		1
23	按经费来源划分的各类人员数			√		1
24	部门机构一级信息			√		1
25	部门机构二级信息			√		1
26	部门机构三级信息			√		1

浙江省财政厅部门预算及相关信息透明度得分为 $(26 \div 26) \times 100 = 100$ 分。计算 11 个部门预算及相关信息透明度的平均得分，得到浙江省部门预算及相关信息透明度最终得分为 46.2 分，比 31 个省份部门预算及相关信息透明度的平均得分低 1.12 分，在该单项信息排名中位列第 14 名。

24.8 浙江省社会保险基金信息公开情况

社会保险基金透明度评分指标主要根据"社会保险基金资产负债表"、"企业职工基本养老保险基金收支表"、"失业保险基金收支表"、"城镇职工基本医疗保险基金收支表"、"工伤保险基金收支表"、"生育保险基金收支表"、"居民

社会养老保险基金收支表"、"城乡居民基本医疗保险基金收支表"、"新型农村合作医疗基金收支表"、"城镇居民基本医疗保险基金收支表"、"社会保障基金财政专户资产负债表"、"社会保障基金财政专户收支表"、"财政对社会保险基金补助资金情况表"、"企业职工基本养老保险补充资料表"、"失业保险补充资料表"、"城镇职工医疗保险、工伤保险、生育保险补充资料表"、"居民社会养老保险补充资料表"、"居民基本医疗保险补充资料表"、"其他养老保险情况表"、"其他医疗保障情况表"这20张决算表格设计而成。

浙江省在相关出版物上公开了社会保险基金的部分信息。具体的信息公开方式及信息公开内容见表24-8。

表24-8 浙江省社会保险基金信息公开情况(2015)

编号	信息要素	未公开	依申请公开	网站公开	出版物公开	得分
1	各项社会保险基金的收支总额				√	1
2	各项社会保险基金的收入款级科目				√	1
3	各项社会保险基金的收入项级科目				部分信息	0.12
4	各项社会保险基金的支出款级科目				√	1
5	各项社会保险基金的支出项级科目				部分信息	0.12
6	各项社会保险基金收支分级信息（类级科目）				部分信息	0.25
7	各项社会保险基金的基本数字（类级科目）	√				0
8	各项社会保险基金资产的类级科目	√				0
9	各项社会保险基金资产的款级科目	√				0
10	各项社会保险基金资产的项级科目	√				0
11	各项社会保险基金负债的类级科目	√				0
12	各项社会保险基金负债的款级科目	√				0
13	各项社会保险基金负债的项级科目	√				0
14	养老基金的长期收支预测	√				0

浙江省社会保险基金透明度得分为[(1+1+0.12+1+0.12+0.25)÷14]×100=24.93分,比该单项信息得分排名第一的省份低52.21分,比31个省份社会保险基金信息透明度的平均得分低24.18分,在该单项信息排名

中与其他 4 个省份并列第 22 名。

24.9 浙江省国有企业基金信息公开情况

国有企业基金透明度评分指标的构成内容包括：①国有企业的总量 6 项指标(国有企业的收入、费用、利润总额、资产、负债及所有者权益总额)；②国有企业的总量 4 张表(资产负债表、利润表、现金流量表、所有者权益变动表)；③政府直属企业按户公布的 8 项指标(资产总额、负债总额、所有者权益总额、国有资本及权益总额、营业总收入、利润总额、净利润总额、归属母公司所有者权益的净利润)；④政府直属企业是否按照国内上市公司的信息披露要求公布企业运营状况。

项目组只查询到了浙江省本级国有企业的总量指标,未获取其他浙江省 2015 年度国有企业的财务信息。具体的信息公开方式及信息公开内容见表24-9。

表 24-9　　浙江省国有企业基金信息公开情况(2015)

编号	信息要素	未公开	依申请公开	网站公开	出版物公开	得分
1	国有企业的收入、费用和利润总额				√	1
2	国有企业的资产、负债及所有者权益总额				√	1
3	国有企业资产负债表	√				0
4	国有企业利润表	√				0
5	国有企业现金流量表	√				0
6	国有企业所有者权益变动表	√				0
7	政府直属企业主要指标表	√				0
8	政府直属企业达到与国内上市公司同等信息披露要求	√				0

浙江省国有企业基金透明度得分为$[(1+1)\div 8]\times 100=25$ 分,比该单项信息排名第一的山东省低 62.5 分,比 31 个省份国有企业基金透明度的平均得分低 32.78 分,在该单项信息排名中与其他 10 个省份并列第 21 名。

24.10 基本结论

浙江省在 2017 年财政透明度调查过程中的答复情况较好,态度得分为 86.36 分,单项得分排名为第 5 名。

综合各项信息要素得分,浙江省 2017 年财政透明度的最终得分为 $64.21 \times 25\% + 33.33 \times 8\% + 0 \times 4\% + 25 \times 2\% + 0 \times 9\% + 46.2 \times 15\% + 24.93 \times 19\% + 25 \times 15\% + 86.36 \times 3\% = 37.23$ 分。

该得分低于 31 个省份平均得分,排名也比较靠后,排在第 24 名,该排名明显落后于浙江省经济发展水平在全国的排名,这也从一个侧面反映出我国财政信息公开透明有很多制度性阻碍。从各个具体项目的透明度来看,浙江省在部门预算及相关信息、一般公共预算基金、政府性基金方面的信息透明度要好于其他几项,而其在财政专户管理资金、政府资产负债方面的透明度最差,未给出任何信息。

25 海南省财政透明度报告

25.1 海南省财政透明度概况

中共十八大以来,海南省贯彻落实新《预算法》关于预决算公开的相关规定和中共中央办公厅、国务院办公厅《关于进一步推进预算公开工作的意见》的相关规定,积极推进财政信息公开工作。

综合海南省政府及省内部门等网站公开资料、《海南统计年鉴》和被调查部门的信息反馈情况,项目组计算得出海南省财政透明度得分。从图 25-1 可知,海南省财政透明度得分年度间波动比较大,最低分为 2009 年的 15.78 分,最高分为 2013 年的 77.7 分;而其在 31 个省份中的排名位次的波动幅度更大,海南省曾在 2013 年以 77.7 分的好成绩位列第 1 名,但其他年份的排名就不甚理想了,2009 年的排名为第 28 名,相当于倒数第 4 名。

海南省 2017 年财政透明度的总得分为 36.64 分,比 31 个省份财政透明度的平均得分低 11.64 分,比排名第一的山东省低 33.37 分,在 31 个省份财政透明度得分排名中位居第 25 名。海南省 2017 年的得分略低于 2016 年的得分,主要是部门预算及相关信息透明度和国有企业基金透明度部分得分明显低于 2016 年得分导致的。就 2017 年海南省财政透明度得分的各项构成情况(见表 25-1)来看,除被调查者态度、一般公共预算基金透明度这两项得分略高于 31 个省份的平均得分外,其余 7 项信息要素的得分均低于 31 个省份平均得分,其中财政专户管理资金透明度和政府资产负债透明度得分均为零分。

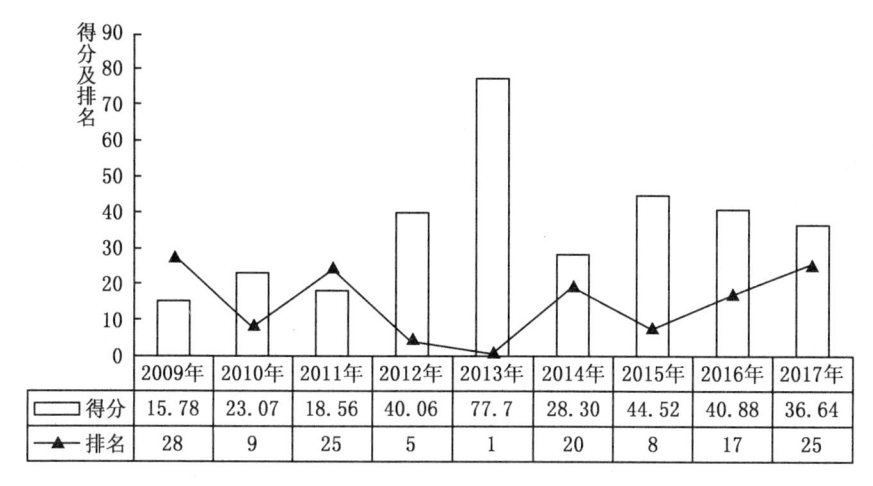

图 25—1 海南省财政透明度得分及排名(2009—2017)

	2009年	2010年	2011年	2012年	2013年	2014年	2015年	2016年	2017年
得分	15.78	23.07	18.56	40.06	77.7	28.30	44.52	40.88	36.64
排名	28	9	25	5	1	20	8	17	25

表 25—1　　　　　海南省各调查信息要素的透明度得分(2017)

	一般公共预算基金	政府性基金	财政专户管理资金	国有资本经营预算基金	政府资产负债	部门预算及相关信息	社会保险基金	国有企业基金	被调查者态度
权重	25%	8%	4%	2%	9%	15%	19%	15%	3%
31个省份平均百分制得分	57.52	47.90	4.68	43.64	17.71	47.32	49.11	57.78	77.3
海南省百分制得分	64.47	33.33	0.00	30.56	0.00	42.00	24.93	25.00	81.82

25.2 海南省一般公共预算基金信息公开情况

一般公共预算基金透明度评分指标主要根据财政部要求编制的"公共财政收支决算总表"、"公共财政收入决算明细表"、"公共财政支出决算功能分类明细表"、"公共财政收支决算分级表"、"公共财政收支及平衡情况表"这5张决算表格设计而成。其中,前三张决算表格调查的内容是省总预算的收支情况,各项信息要素权重为2;后两张决算表格调查的内容是省本级和省以下各级地方政府的收支情况,各项信息要素权重为1。另外,项目组还提出了一般公共预算经济分类支出信息公开的申请。

海南省相关部门并没有直接提供信息给项目组,项目组通过网站查询和《海南财政年鉴》获得了部分信息。具体的信息公开方式及信息公开内容见表25—2。

表25—2　　　　海南省一般公共预算基金信息公开情况(2015)

编号	信息要素	未公开	依申请公开	网站公开	出版物公开	已公开信息项	应公开信息项
1	省总预算公共预算收支总额			√	√	2	2
2	省总预算公共预算收入类级科目			√	√	2	2
3	省总预算公共预算收入款级科目			√	√	22	22
4	省总预算公共预算收入项级科目			√		22	22
5	省总预算公共预算收入目级科目			√		22	22
6	省总预算公共预算支出功能分类类级科目			√	√	24	24
7	省总预算公共预算支出功能分类款级科目			√	√	24	24
8	省总预算公共预算支出功能分类项级科目			√		24	24
9	省总预算公共预算支出经济分类类级科目	√					10
10	省总预算公共预算支出经济分类款级科目	√					10
11	省本级公共预算收入类级科目			√		2	2
12	省本级公共预算支出功能分类类级科目			√		24	24
13	省本级公共预算支出经济分类类级科目			√		5	10
14	地市本级公共预算收入类级科目				√	2	2
15	地市本级公共预算支出功能分类类级科目				√	24	24
16	地市本级公共预算支出经济分类类级科目	√					10
17	县本级公共预算收入类级科目	√					2
18	县本级公共预算支出功能分类类级科目						24
19	县本级公共预算支出经济分类类级科目	√					10
20	乡级公共预算收入类级科目	√					2
21	乡级公共预算支出功能分类类级科目	√					24
22	乡级公共预算支出经济分类类级科目	√					10
23	各地市本级公共预算收入类级科目				√	1	1
24	各地市本级公共预算支出功能分类类级科目				√	1	1

续表

编号	信息要素	未公开	依申请公开	网站公开	出版物公开	已公开信息项	应公开信息项
25	各地市本级公共预算支出经济分类类级科目	√					1
26	各县本级公共预算收入类级科目				√	1	1
27	各县本级公共预算支出功能分类类级科目				√	1	1
28	各县本级公共预算支出经济分类类级科目	√					1

一般公共预算基金透明度得分计算方法为：

$$\left(\sum_{i=1}^{28}\frac{\text{已公开信息项}_i}{\text{应公开信息项}_i}\times \text{二级权重}_i\right)\times 100/\sum_{i=1}^{28}\text{二级权重}_i$$

根据该计算方法，可以得出海南省一般公共预算基金透明度得分为64.47分，比该单项信息排名第一的四川省低14.48分，比31个省份一般公共预算基金透明度的平均得分高6.95分，在该单项信息排名中位列第14名。

25.3 海南省政府性基金信息公开情况

政府性基金透明度评分指标根据"政府性基金收支决算总表"、"政府性基金收支及结余情况表"、"政府性基金收支决算分级表"、"政府性基金收支及平衡情况表"这4张决算表格设计而成。其中，前两张决算表格调查的内容是省总预算的收支情况，各项信息要素权重为2；后两张决算表格调查的内容是省本级和省以下各级地方政府的收支情况，各项信息要素权重为1。另外，项目组还提出了政府性基金经济分类支出信息公开的申请。

海南省相关部门并没有直接提供信息给项目组，项目组通过网站查询获得了部分信息。具体的信息公开方式及信息公开内容见表25－3。

表25－3　　　　　　海南省政府性基金信息公开情况（2015）

编号	信息要素	未公开	依申请公开	网站公开	出版物公开	已公开信息项	应公开信息项
1	省总预算政府性基金预算收支总额			√	√	2	2
2	省总预算政府性基金预算收入款级科目			√	√	1	1
3	省总预算政府性基金预算收入项级科目			√		1	1
4	省总预算政府性基金预算收入目级科目	√					1
5	省总预算政府性基金预算支出功能分类类级科目			√	√	12	12

续表

编号	信息要素	未公开	依申请公开	网站公开	出版物公开	已公开信息项	应公开信息项
6	省总预算政府性基金预算支出功能分类款级科目			✓		12	12
7	省总预算政府性基金预算支出功能分类项级科目	✓					12
8	省总预算政府性基金预算支出经济分类类级科目	✓					10
9	省总预算政府性基金预算支出经济分类款级科目	✓					10
10	省本级政府性基金预算收入款级科目			✓		1	1
11	省本级政府性基金预算支出功能分类类级科目			✓		9	10
12	省本级政府性基金预算支出经济分类类级科目	✓					10
13	地市本级政府性基金预算收入款级科目	✓					1
14	地市本级政府性基金预算支出功能分类类级科目	✓					10
15	地市本级政府性基金预算支出经济分类类级科目	✓					10
16	县本级政府性基金预算收入款级科目	✓					1
17	县本级政府性基金预算支出功能分类类级科目	✓					10
18	县本级政府性基金预算支出经济分类类级科目	✓					10
19	乡级政府性基金预算收入款级科目	✓					1
20	乡级政府性基金预算支出功能分类类级科目	✓					10
21	乡级政府性基金预算支出经济分类类级科目	✓					10
22	各地市本级政府性基金预算收入款级科目	✓					1
23	各地市本级政府性基金预算支出功能分类类级科目	✓					1
24	各地市本级政府性基金预算支出经济分类类级科目	✓					1
25	各县本级政府性基金预算收入款级科目	✓					1
26	各县本级政府性基金预算支出功能分类类级科目	✓					1
27	各县本级政府性基金预算支出经济分类类级科目	✓					1

政府性基金透明度得分计算方法为：

$$\left(\sum_{i=1}^{27}\frac{已公开信息项_i}{应公开信息项_i}\times 二级权重_i\right)\times 100/\sum_{i=1}^{27}二级权重_i$$

根据该计算方法，可以得出海南省政府性基金透明度得分为33.33分，比该单项信息排名第一的省份低38.89分，比31个省份政府性基金透明度的平均得分低14.57分，在该单项信息排名中与其他6个省份并列第18名。

25.4 海南省财政专户管理资金信息公开情况

财政专户管理资金透明度评分指标根据"财政专户管理资金收支总表"、"财政专户管理资金收入明细表"、"财政专户管理资金支出功能分类明细表"、"财政专户管理资金收支分级表"和"财政专户管理资金收支及平衡情况表"这5张决算表格设计而成。其中，涉及省总预算财政专户的各项信息要素权重为2，其余省本级和省以下各级地方政府财政专户的各项信息要素权重为1。

财政部不再统一要求地方政府在2015年度政府决算中编制财政专户管理资金的相关表格。项目组未获取海南省2015年度任何财政专户管理资金的收支信息，见表25-4。海南省财政专户管理资金透明度得分为零分。

表 25-4　　海南省财政专户管理资金信息公开情况（2015）

编号	信息要素	未公开	依申请公开	网站公开	出版物公开	已公开信息项	应公开信息项
1	省总预算财政专户收支总额	√				0	2
2	省总预算财政专户收入款级科目	√				0	2
3	省总预算财政专户收入项级科目	√				0	2
4	省总预算财政专户收入目级科目	√				0	2
5	省总预算财政专户支出功能分类类级科目	√				0	22
6	省总预算财政专户支出功能分类款级科目	√				0	22
7	省总预算财政专户支出功能分类项级科目	√				0	22
8	省总预算财政专户支出经济分类类级科目	√				0	10
9	省总预算财政专户支出经济分类级科目	√				0	10
10	省本级财政专户收入款级科目	√				0	2
11	省本级财政专户支出功能分类类级科目	√				0	22
12	省本级财政专户支出经济分类类级科目	√				0	10
13	地市本级财政专户收入款级科目	√				0	2

续表

编号	信息要素	未公开	依申请公开	网站公开	出版物公开	已公开信息项	应公开信息项
14	地市本级财政专户支出功能分类类级科目	✓				0	22
15	地市本级财政专户支出经济分类类级科目	✓				0	10
16	县本级财政专户收入款级科目	✓				0	2
17	县本级财政专户支出功能分类类级科目	✓				0	22
18	县本级财政专户支出经济分类类级科目	✓				0	10
19	乡级财政专户收入款级科目	✓				0	2
20	乡级财政专户支出功能分类类级科目	✓				0	22
21	乡级财政专户支出经济分类类级科目	✓				0	10
22	各地市本级财政专户收入款级科目	✓				0	1
23	各地市本级财政专户支出功能分类类级科目	✓				0	1
24	各地市本级财政专户支出经济分类类级科目	✓				0	1
25	各县本级财政专户收入款级科目	✓				0	1
26	各县本级财政专户支出功能分类类级科目	✓				0	1
27	各县本级财政专户支出经济分类类级科目	✓				0	1

25.5 海南省国有资本经营预算基金信息公开情况

国有资本经营预算基金透明度评分指标根据"国有资本经营收支决算总表"、"国有资本经营收支决算明细表"、"国有资本经营收支决算分级表"和"国有资本经营收支及平衡情况表"这4张决算表格设计而成。其中,前两张决算表格调查的内容是省总预算的收支情况,各项信息要素权重为2;后两张决算表格调查的内容是省本级和省以下各级地方政府的收支情况,各项信息要素权重为1。

海南省相关部门提供了部分项目组申请的数据,项目组也通过网站查询获得了部分信息。具体的信息公开方式及信息公开内容见表25-5。

表25-5　　海南省国有资本经营预算基金信息公开情况(2015)

编号	信息要素	未公开	依申请公开	网站公开	出版物公开	已公开信息项	应公开信息项
1	国有资本经营预算收支总额			✓		2	2
2	国有资本经营预算收入款级科目			✓		1	1

续表

编号	信息要素	未公开	依申请公开	网站公开	出版物公开	已公开信息项	应公开信息项
3	国有资本经营预算收入项级科目			✓		5	5
4	国有资本经营预算收入目级科目	✓					5
5	国有资本经营预算支出功能分类类级科目			✓		10	11
6	国有资本经营预算支出功能分类款级科目	✓					1
7	国有资本经营预算支出功能分类项级科目	✓					11
8	国有资本经营预算支出经济分类类级科目	✓					3
9	国有资本经营预算支出经济分类款级科目	✓					3
10	省本级国有资本经营预算收入款级科目		✓	✓		5	5
11	省本级国有资本经营预算支出功能分类类级科目		✓	✓		11	11
12	省本级国有资本经营预算支出经济分类类级科目			✓		3	3
13	地市本级国有资本经营预算收入款级科目	✓					5
14	地市本级国有资本经营预算支出功能分类类级科目	✓					11
15	地市本级国有资本经营预算支出经济分类类级科目	✓					3
16	县本级国有资本经营预算收入款级科目	✓					5
17	县本级国有资本经营预算支出功能分类类级科目	✓					11
18	县本级国有资本经营预算支出经济分类类级科目	✓					3
19	乡级国有资本经营预算收入款级科目	✓					5
20	乡级国有资本经营预算支出功能分类类级科目	✓					11
21	乡级国有资本经营预算支出经济分类类级科目	✓					3
22	各地市本级国有资本经营预算收入款级科目	✓					5
23	各地市本级国有资本经营预算支出功能分类类级科目	✓					11
24	各地市本级国有资本经营预算支出经济分类类级科目	✓					3
25	各县本级国有资本经营预算收入款级科目	✓					5
26	各县本级国有资本经营预算支出功能分类类级科目	✓					11
27	各县本级国有资本经营预算支出经济分类类级科目	✓					3

国有资本经营预算基金透明度得分计算方法为：

$$\left(\sum_{i=1}^{27}\frac{已公开信息项_i}{应公开信息项_i}\times 二级权重_i\right)\times 100/\sum_{i=1}^{27}二级权重_i$$

根据该计算方法,可以得出海南省国有资本经营预算基金透明度得分为30.56分,比该单项信息排名第一的省份低41.66分,比31个省份国有资本经营预算基金透明度的平均得分低13.08分,在该单项信息排名中位列第20名。

25.6 海南省政府资产负债信息公开情况

政府资产负债涵盖除社会保险基金和国有企业基金之外的所有政府资产与负债,包括一般公共预算基金、政府性基金、国有资本经营预算基金、财政专户管理资金所形成的资产和负债。具体指标包括资产类指标金融资产(存款、有价证券、在途款、暂付款)和固定资产(地产、房产建筑、设备)、负债类指标短期负债(暂存款、应付款、短期借款)和长期负债(1～3年、3～5年、5年以上)、净资产类指标金融净资产(预算结余、基金预算结余、国有资本经营预算结余、专用基金结余、财政专户管理资金结余、预算稳定调节基金、预算周转金)和非金融净资产。

项目组未获取海南省2015年度政府资产负债的收支信息,见表25-6。海南省政府资产负债透明度得分为零分。

表25-6　　　海南省政府资产负债信息公开情况(2015)

编号	信息要素	未公开	依申请公开	网站公开	出版物公开	已公开信息项	应公开信息项
1	政府资产负债总额	√				0	2
2	政府资产一级分类信息	√				0	2
3	政府资产二级分类信息	√				0	7
4	政府负债一级分类信息	√				0	2
5	政府负债二级分类信息	√				0	6
6	政府净资产一级分类信息	√				0	2
7	政府净资产二级分类信息	√				0	7

25.7 海南省部门预算及相关信息公开情况

项目组选取省人民政府办公厅、人大常委会办公厅、政协办公厅、教育厅、财政厅、国家税务局、地方税务局、工商行政管理局、卫生和计划生育委员会、交通运输厅、环境保护厅11个省级部门作为调查对象,部门预算及相关信息透明度最终得分是这11个部门预算及相关信息透明度的平均数。每个部门的透明度评估指标涉及三大类型:关于预算单位的财务信息、关于预算单位的人员信息、关于机构的信息。具体决算表格为"收入支出决算总表"、"支出决算表"、"支出决算明细表"、"基本支出决算明细表"、"项目支出决算明细表"、"资产负债表"、"基本数字表"、"机构人员情况表"。

除国家税务局外,海南省其余10个部门都公布了部分信息。下面以海南省财政厅为例,给出部门预算及相关信息透明度得分的计算。

海南省财政厅公布了表25—7中第1—4项和第7—14项信息要素,而其他信息要素却并未公布。具体的信息公开方式及信息公开内容见表25—7。

表25—7　海南省财政厅部门预算及相关信息公开情况(2015)

编号	信息要素	未公开	依申请公开	网站公开	出版物公开	得分
1	部门收入分类			√		1
2	部门支出功能分类类级科目			√		1
3	部门支出功能分类款级科目			√		1
4	部门支出功能分类项级科目			√		1
5	部门支出经济分类类级科目	√				0
6	部门支出经济分类款级科目	√				0
7	基本支出功能分类类级科目			√		1
8	基本支出功能分类款级科目			√		1
9	基本支出功能分类项级科目			√		1
10	基本支出经济分类类级科目			√		1
11	基本支出经济分类款级科目			√		1
12	项目支出功能分类类级科目			√		1
13	项目支出功能分类款级科目			√		1

续表

编号	信息要素	未公开	依申请公开	网站公开	出版物公开	得分
14	项目支出功能分类项级科目			√		1
15	项目支出经济分类类级科目	√				0
16	项目支出经济分类款级科目	√				0
17	资产一级分类	√				0
18	资产二级分类	√				0
19	资产三级分类	√				0
20	其他补充资产信息	√				0
21	人员编制总数及各类人员编制数	√				0
22	年末实有人员总数及类型	√				0
23	按经费来源划分的各类人员数	√				0
24	部门机构一级信息	√				0
25	部门机构二级信息	√				0
26	部门机构三级信息	√				0

海南省部门预算及相关信息透明度得分为[(1+1+1+1+1+1+1+1+1+1+1+1)÷26]×100=46.2分。计算11个部门预算及相关信息透明度的平均得分,得到海南省部门预算及相关信息透明度最终得分为42分,比31个省份部门预算及相关信息透明度的平均得分低5.32分,在该单项信息排名中与其他4个省份并列第21名。

25.8　海南省社会保险基金信息公开情况

社会保险基金透明度评分指标主要根据"社会保险基金资产负债表"、"企业职工基本养老保险基金收支表"、"失业保险基金收支表"、"城镇职工基本医疗保险基金收支表"、"工伤保险基金收支表"、"生育保险基金收支表"、"居民社会养老保险基金收支表"、"城乡居民基本医疗保险基金收支表"、"新型农村合作医疗基金收支表"、"城镇居民基本医疗保险基金收支表"、"社会保障基金财政专户资产负债表"、"社会保障基金财政专户收支表"、"财政对社会保险基金补助资金情况表"、"企业职工基本养老保险补充资料表"、"失业保险补充资

料表"、"城镇职工医疗保险、工伤保险、生育保险补充资料表"、"居民社会养老保险补充资料表"、"居民基本医疗保险补充资料表"、"其他养老保险情况表"、"其他医疗保障情况表"这20张决算表格设计而成。

海南省在相关政府网站上公开了社会保险基金的部分信息。具体的信息公开方式及信息公开内容见表25-8。

表25-8 海南省社会保险基金信息公开情况(2015)

编号	信息要素	未公开	依申请公开	网站公开	出版物公开	得分
1	各项社会保险基金的收支总额			√		1
2	各项社会保险基金的收入款级科目			√		1
3	各项社会保险基金的收入项级科目			部分信息		0.12
4	各项社会保险基金的支出款级科目			√		1
5	各项社会保险基金的支出项级科目			部分信息		0.12
6	各项社会保险基金收支分级信息（类级科目）			部分信息		0.25
7	各项社会保险基金的基本数字（类级科目）	√				0
8	各项社会保险基金资产的类级科目	√				0
9	各项社会保险基金资产的款级科目	√				0
10	各项社会保险基金资产的项级科目	√				0
11	各项社会保险基金负债的类级科目	√				0
12	各项社会保险基金负债的款级科目	√				0
13	各项社会保险基金负债的项级科目	√				0
14	养老基金的长期收支预测	√				0

海南省社会保险基金透明度得分为[(1+1+0.12+1+0.12+0.25)÷14]×100＝24.93分,比该单项信息排名第一的省份低52.21分,比31个省份社会保险基金透明度的平均得分低24.18分,在该单项排名中与其他4个省份并列第22名。

25.9　海南省国有企业基金信息公开情况

国有企业基金透明度评分指标的构成内容包括：①国有企业的总量6项指标（国有企业的收入、费用、利润总额、资产、负债及所有者权益总额）；②国有企业的总量4张表（资产负债表、利润表、现金流量表、所有者权益变动表）；③政府直属企业按户公布的8项指标（资产总额、负债总额、所有者权益总额、国有资本及权益总额、营业总收入、利润总额、净利润总额、归属母公司所有者权益的净利润）；④政府直属企业是否按照国内上市公司的信息披露要求公布企业运营状况。

项目组只查询到了海南省本级国有企业的总量指标，未获取其他海南省2015年度国有企业的财务信息。具体的信息公开方式及信息公开内容见表25—9。

表25—9　　　　海南省国有企业基金信息公开情况（2015）

编号	信息要素	未公开	依申请公开	网站公开	出版物公开	得分
1	国有企业的收入、费用和利润总额				√	1
2	国有企业的资产、负债及所有者权益总额				√	1
3	国有企业资产负债表	√				0
4	国有企业利润表	√				0
5	国有企业现金流量表	√				0
6	国有企业所有者权益变动表	√				0
7	政府直属企业主要指标表	√				0
8	政府直属企业达到与国内上市公司同等信息披露要求	√				0

海南省国有企业基金透明度得分为[(1+1)÷8]×100＝25分，比该单项信息排名第一的山东省低62.5分，比31个省份国有企业基金透明度的平均得分低32.78分，在该单项信息排名中与其他10个省份并列第21名。

25.10　基本结论

海南省在2017年财政透明度调查过程中的态度得分为81.82分，单项得分排名为第 14 名。

综合各项信息要素得分,海南省 2017 年财政透明度的最终得分为 64.47×25‰+33.33×8‰+0×4‰+30.56×2‰+0×9‰+42×15‰+24.93×19‰+25×15‰+81.82×3‰=36.64 分。

该得分低于 31 个省份平均得分,排名也比较靠后,排在第 25 名,该排名仍然落后于海南省经济发展水平在全国的排名,这也从一个侧面反映出我国财政信息公开透明存在很多制度性阻碍。从各个具体项目的透明度来看,海南省在政府性基金、一般公共预算基金等方面的信息透明度要好于其他几项,而其在财政专户管理资金、政府资产负债方面的透明度最差,未给出任何信息。

26 河北省财政透明度报告

26.1 河北省财政透明度概况

中共十八大以来,河北省贯彻落实新《预算法》关于预决算公开的相关规定和中共中央办公厅、国务院办公厅《关于进一步推进预算公开工作的意见》的相关规定,积极推进财政信息公开工作。

综合河北省政府及省内部门等网站公开资料、《河北统计年鉴》和被调查部门的信息反馈情况,项目组计算得出河北省财政透明度得分。从图26-1可知,河北省财政透明度得分年度间波动比较大,最低分为2009年的16.92分,最高分为2011年的42.93分,其中2017年的得分为36.41分;而其排名波动幅度更大,在31个省份中的排名只有2011年的排名比较靠前,为第2名,最差的时候为2016年和2017年,排名都是第26名。

河北省2017年财政透明度的总得分为36.41分,比31个省份财政透明度的平均得分低11.87分,比排名第一的山东省低33.60分,在31个省份财政透明度得分排名中位居第26名。就2017年河北省财政透明度得分的各项构成情况(见表26-1)来看,除财政专户管理资金透明度、国有企业基金透明度、被调查者态度3项得分高于31个省份的平均得分外,其余6项信息要素的得分均低于31个省份平均得分,其中政府资产负债更是没有公开任何相关资料,透明度得分为零分。

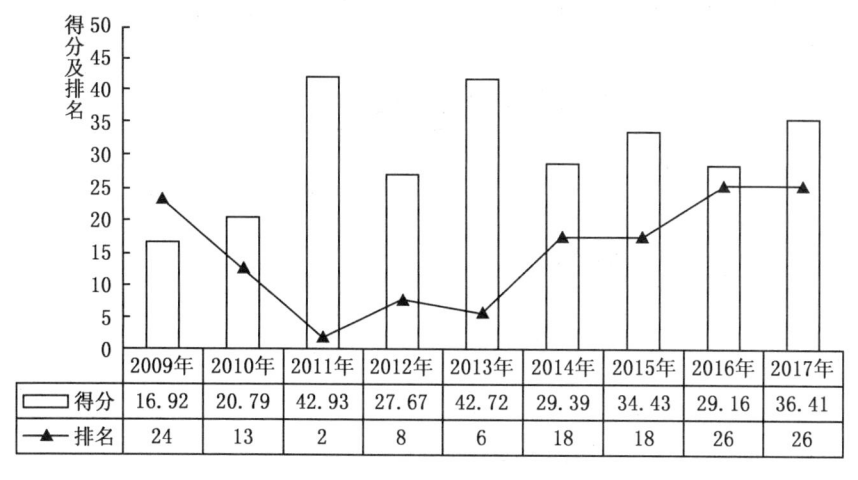

图 26-1　河北省财政透明度得分及排名(2009－2017)

	2009年	2010年	2011年	2012年	2013年	2014年	2015年	2016年	2017年
得分	16.92	20.79	42.93	27.67	42.72	29.39	34.43	29.16	36.41
排名	24	13	2	8	6	18	18	26	26

表 26-1　河北省各调查信息要素的透明度得分(2017)

	一般公共预算基金	政府性基金	财政专户管理资金	国有资本经营预算基金	政府资产负债	部门预算及相关信息	社会保险基金	国有企业基金	被调查者态度
权重	25%	8%	4%	2%	9%	15%	19%	15%	3%
31个省份平均百分制得分	57.52	47.90	4.68	43.64	17.71	47.32	49.11	57.78	77.3
河北省百分制得分	38.16	33.33	19.44	27.78	0.00	42.00	24.93	62.50	81.82

26.2　河北省一般公共预算基金信息公开情况

一般公共预算基金透明度评分指标主要根据财政部要求编制的"公共财政收支决算总表"、"公共财政收入决算明细表"、"公共财政支出决算功能分类明细表"、"公共财政收支决算分级表"、"公共财政收支及平衡情况表"这5张决算表格设计而成。其中,前三张决算表格调查的内容是省总预算的收支情况,各项信息要素权重为2;后两张决算表格调查的内容是省本级和省以下各级地方政府的收支情况,各项信息要素权重为1。另外,项目组还提出了一般公共预算经济分类支出信息公开的申请。

河北省相关部门并没有直接提供给信息项目组,项目组通过网站查询和

《河北财政年鉴》获得了部分信息。具体的信息公开方式及信息公开内容见表26-2。

表26-2　　　　河北省一般公共预算基金信息公开情况(2015)

编号	信息要素	未公开	依申请公开	网站公开	出版物公开	已公开信息项	应公开信息项
1	省总预算公共预算收支总额			√	√	2	2
2	省总预算公共预算收入类级科目			√	√	2	2
3	省总预算公共预算收入款级科目			√	√	22	22
4	省总预算公共预算收入项级科目	√				0	22
5	省总预算公共预算收入目级科目	√					22
6	省总预算公共预算支出功能分类类级科目			√	√	24	24
7	省总预算公共预算支出功能分类款级科目			√		24	24
8	省总预算公共预算支出功能分类项级科目			√		24	24
9	省总预算公共预算支出经济分类类级科目	√					10
10	省总预算公共预算支出经济分类款级科目	√					10
11	省本级公共预算收入类级科目			√		2	2
12	省本级公共预算支出功能分类类级科目			√		24	24
13	省本级公共预算支出经济分类类级科目			√		5	10
14	地市本级公共预算收入类级科目	√					2
15	地市本级公共预算支出功能分类类级科目	√					24
16	地市本级公共预算支出经济分类类级科目	√					10
17	县本级公共预算收入类级科目	√					2
18	县本级公共预算支出功能分类类级科目	√					24
19	县本级公共预算支出经济分类类级科目	√					10
20	乡级公共预算收入类级科目	√					2
21	乡级公共预算支出功能分类类级科目	√					24
22	乡级公共预算支出经济分类类级科目	√					10
23	各地市本级公共预算收入类级科目	√				0	1
24	各地市本级公共预算支出功能分类类级科目	√					1
25	各地市本级公共预算支出经济分类类级科目	√					1
26	各县本级公共预算收入类级科目	√				0	1
27	各县本级公共预算支出功能分类类级科目	√					1
28	各县本级公共预算支出经济分类类级科目	√					1

一般公共预算基金透明度得分计算方法为：

$$\left(\sum_{i=1}^{28}\frac{已公开信息项_i}{应公开信息项_i}\times 二级权重_i\right)\times 100/\sum_{i=1}^{28}二级权重_i$$

根据该计算方法,可以得出河北省一般公共预算基金透明度得分为 38.16 分,比该单项信息排名第一的四川省低 40.79 分,比 31 个省份一般公共预算基金透明度的平均得分低 19.36 分,在该单项信息排名中位列第 25 名。

26.3 河北省政府性基金信息公开情况

政府性基金透明度评分指标根据"政府性基金收支决算总表"、"政府性基金收支及结余情况表"、"政府性基金收支决算分级表"、"政府性基金收支及平衡情况表"这 4 张决算表格设计而成。其中,前两张决算表格调查的内容是省总预算的收支情况,各项信息要素权重为 2;后两张决算表格调查的内容是省本级和省以下各级地方政府的收支情况,各项信息要素权重为 1。另外,项目组还提出了政府性基金经济分类支出信息公开的申请。

河北省相关部门并没有直接提供信息给项目组,项目组通过网站查询获得了部分信息。具体的信息公开方式及信息公开内容见表 26-3。

表 26-3　　　　河北省政府性基金信息公开情况(2015)

编号	信息要素	未公开	依申请公开	网站公开	出版物公开	已公开信息项	应公开信息项
1	省总预算政府性基金预算收支总额			√		2	2
2	省总预算政府性基金预算收入款级科目			√		1	1
3	省总预算政府性基金预算收入项级科目			√		1	1
4	省总预算政府性基金预算收入目级科目	√					1
5	省总预算政府性基金预算支出功能分类类级科目			√		11	11
6	省总预算政府性基金预算支出功能分类款级科目			√		11	11
7	省总预算政府性基金预算支出功能分类项级科目	√					10
8	省总预算政府性基金预算支出经济分类类级科目	√					10
9	省总预算政府性基金预算支出经济分类款级科目	√					10
10	省本级政府性基金预算收入款级科目			√		1	1

续表

编号	信息要素	未公开	依申请公开	网站公开	出版物公开	已公开信息项	应公开信息项
11	省本级政府性基金预算支出功能分类类级科目			✓		10	10
12	省本级政府性基金预算支出经济分类类级科目	✓					10
13	地市本级政府性基金预算收入款级科目	✓					1
14	地市本级政府性基金预算支出功能分类类级科目	✓					10
15	地市本级政府性基金预算支出经济分类类级科目	✓					10
16	县本级政府性基金预算收入款级科目	✓					1
17	县本级政府性基金预算支出功能分类类级科目	✓					10
18	县本级政府性基金预算支出经济分类类级科目	✓					10
19	乡级政府性基金预算收入款级科目	✓					1
20	乡级政府性基金预算支出功能分类类级科目	✓					10
21	乡级政府性基金预算支出经济分类类级科目	✓					10
22	各地市本级政府性基金预算收入款级科目	✓					1
23	各地市本级政府性基金预算支出功能分类类级科目	✓					1
24	各地市本级政府性基金预算支出经济分类类级科目	✓					1
25	各县本级政府性基金预算收入款级科目	✓					1
26	各县本级政府性基金预算支出功能分类类级科目	✓					1
27	各县本级政府性基金预算支出经济分类类级科目	✓					1

政府性基金透明度得分计算方法为：

$$\left(\sum_{i=1}^{27} \frac{已公开信息项_i}{应公开信息项_i} \times 二级权重_i\right) \times 100 / \sum_{i=1}^{27} 二级权重_i$$

根据该计算方法,可以得出河北省政府性基金透明度得分为 33.33 分,比该单项信息排名第一的省份低 38.89 分,比 31 个省份政府性基金透明度的平均得分低 14.57 分,在该单项信息排名中与其他 6 个省份并列第 18 名。

26.4 河北省财政专户管理资金信息公开情况

财政专户管理资金透明度评分指标根据"财政专户管理资金收支总表"、"财政专户管理资金收入明细表"、"财政专户管理资金支出功能分类明细表"、"财政专户管理资金收支分级表"和"财政专户管理资金收支及平衡情况表"这5张决算表格设计而成。其中,涉及省总预算财政专户的各项信息要素权重为2,其余省本级和省以下各级地方政府财政专户的各项信息要素权重为1。

财政部不再统一要求地方政府在2015年度政府决算中编制财政专户管理资金的相关表格。项目组只在相关出版物中查询到了部分河北省财政专户管理资金的收支信息,而其各个部门并未提供相关信息。具体的信息公开方式及信息公开内容见表26-4。

表26-4　河北省财政专户管理资金信息公开情况(2015)

编号	信息要素	未公开	依申请公开	网站公开	出版物公开	已公开信息项	应公开信息项
1	省总预算财政专户收支总额				√	2	2
2	省总预算财政专户收入款级科目				√	2	2
3	省总预算财政专户收入项级科目	√			√	1	2
4	省总预算财政专户收入目级科目	√					2
5	省总预算财政专户支出功能分类类级科目				√	22	22
6	省总预算财政专户支出功能分类款级科目	√					22
7	省总预算财政专户支出功能分类项级科目	√					22
8	省总预算财政专户支出经济分类类级科目	√					10
9	省总预算财政专户支出经济分类款级科目	√					10
10	省本级财政专户收入款级科目	√					2
11	省本级财政专户支出功能分类类级科目	√					22
12	省本级财政专户支出经济分类类级科目	√					10
13	地市本级财政专户收入款级科目	√					2
14	地市本级财政专户支出功能分类类级科目	√					22
15	地市本级财政专户支出经济分类类级科目	√					10
16	县本级财政专户收入款级科目	√					2
17	县本级财政专户支出功能分类类级科目	√					22

续表

编号	信息要素	未公开	依申请公开	网站公开	出版物公开	已公开信息项	应公开信息项
18	县本级财政专户支出经济分类类级科目	√					10
19	乡级财政专户收入款级科目	√					2
20	乡级财政专户支出功能分类类级科目	√					22
21	乡级财政专户支出经济分类类级科目	√					10
22	各地市本级财政专户收入款级科目	√					1
23	各地市本级财政专户支出功能分类类级科目	√					1
24	各地市本级财政专户支出经济分类类级科目	√					1
25	各县本级财政专户收入款级科目	√					1
26	各县本级财政专户支出功能分类类级科目	√					1
27	各县本级财政专户支出经济分类类级科目	√					1

财政专户管理资金透明度得分计算方法为：

$$\left(\sum_{i=1}^{27}\frac{已公开信息项_i}{应公开信息项_i}\times 二级权重_i\right)\times 100/\sum_{i=1}^{27}二级权重_i$$

根据该计算方法，可以得出河北省财政专户管理资金透明度得分为 19.44 分，比该单项信息排名第一的黑龙江低 11.12 分，比 31 个省份财政专户管理资金透明度的平均得分高 14.76 分，在该单项信息排名中与内蒙古、广西并列第 3 名。

26.5　河北省国有资本经营预算基金信息公开情况

国有资本经营预算基金透明度评分指标根据"国有资本经营收支决算总表"、"国有资本经营收支决算明细表"、"国有资本经营收支决算分级表"和"国有资本经营收支及平衡情况表"这 4 张决算表格设计而成。其中，前两张决算表格调查的内容是省总预算的收支情况，各项信息要素权重为 2；后两张决算表格调查的内容是省本级和省以下各级地方政府的收支情况，各项信息要素权重为 1。

河北省相关部门并没有直接提供给项目组关于国有资本经营预算的信息，项目组通过网站查询获得了部分信息。具体的信息公开方式及信息公开内容见表 26-5。

表 26－5　　　　河北省国有资本经营预算基金信息公开情况(2015)

编号	信息要素	未公开	依申请公开	网站公开	出版物公开	已公开信息项	应公开信息项
1	国有资本经营预算收支总额			√		2	2
2	国有资本经营预算收入款级科目			√		1	1
3	国有资本经营预算收入项级科目			√		5	5
4	国有资本经营预算收入目级科目	√					5
5	国有资本经营预算支出功能分类类级科目			√		8	11
6	国有资本经营预算支出功能分类款级科目	√					1
7	国有资本经营预算支出功能分类项级科目	√					1
8	国有资本经营预算支出经济分类类级科目	√					3
9	国有资本经营预算支出经济分类款级科目	√					3
10	省本级国有资本经营预算收入款级科目			√		2	5
11	省本级国有资本经营预算支出功能分类类级科目			√		6	11
12	省本级国有资本经营预算支出经济分类类级科目	√					3
13	地市本级国有资本经营预算收入款级科目	√					5
14	地市本级国有资本经营预算支出功能分类类级科目	√					11
15	地市本级国有资本经营预算支出经济分类类级科目	√					3
16	县本级国有资本经营预算收入款级科目	√					5
17	县本级国有资本经营预算支出功能分类类级科目	√					11
18	县本级国有资本经营预算支出经济分类类级科目	√					3
19	乡级国有资本经营预算收入款级科目	√					5
20	乡级国有资本经营预算支出功能分类类级科目	√					11
21	乡级国有资本经营预算支出经济分类类级科目	√					3
22	各地市本级国有资本经营预算收入款级科目	√					5
23	各地市本级国有资本经营预算支出功能分类类级科目	√					11
24	各地市本级国有资本经营预算支出经济分类类级科目	√					3
25	各县本级国有资本经营预算收入款级科目	√					5

续表

编号	信息要素	未公开	依申请公开	网站公开	出版物公开	已公开信息项	应公开信息项
26	各县本级国有资本经营预算支出功能分类类级科目	√					11
27	各县本级国有资本经营预算支出经济分类类级科目	√					3

国有资本经营预算基金透明度得分计算方法为：

$$\left(\sum_{i=1}^{27} \frac{\text{已公开信息项}_i}{\text{应公开信息项}_i} \times \text{二级权重}_i\right) \times 100 / \sum_{i=1}^{27} \text{二级权重}_i$$

根据该计算方法，可以得出河北省国有资本经营预算基金透明度得分为27.78分，比该单项信息排名第一的省份低44.44分，比31个省份国有资本经营预算基金透明度的平均得分低15.86分，在该单项信息排名中与其他4个省份并列第21名。

26.6 河北省政府资产负债信息公开情况

政府资产负债涵盖除社会保险基金和国有企业基金之外的所有政府资产与负债，包括一般公共预算基金、政府性基金、国有资本经营预算基金、财政专户管理资金所形成的资产和负债。具体指标包括资产类指标金融资产（存款、有价证券、在途款、暂付款）和固定资产（地产、房产建筑、设备）、负债类指标短期负债（暂存款、应付款、短期借款）和长期负债（1~3年、3~5年、5年以上）、净资产类指标金融净资产（预算结余、基金预算结余、国有资本经营预算结余、专用基金结余、财政专户管理资金结余、预算稳定调节基金、预算周转金）和非金融净资产。

项目组未获取河北省2015年度政府资产负债的收支信息，见表26-6。河北省政府资产负债透明度得分为零分。

表26-6 河北省政府资产负债信息公开情况（2015）

编号	信息要素	未公开	依申请公开	网站公开	出版物公开	已公开信息项	应公开信息项
1	政府资产负债总额	√				0	2
2	政府资产一级分类信息	√				0	2
3	政府资产二级分类信息	√				0	7
4	政府负债一级分类信息	√				0	2

续表

编号	信息要素	未公开	依申请公开	网站公开	出版物公开	已公开信息项	应公开信息项
5	政府负债二级分类信息	√				0	6
6	政府净资产一级分类信息	√				0	2
7	政府净资产二级分类信息	√				0	7

26.7 河北省部门预算及相关信息公开情况

项目组选取省人民政府办公厅、人大常委会办公厅、政协办公厅、教育厅、财政厅、国家税务局、地方税务局、工商行政管理局、卫生和计划生育委员会、交通运输厅、环境保护厅11个省级部门作为调查对象,部门预算及相关信息透明度最终得分是这11个部门预算及相关信息透明度的平均数。每个部门的透明度评估指标涉及三大类型:关于预算单位的财务信息、关于预算单位的人员信息、关于机构的信息。具体决算表格为"收入支出决算总表"、"支出决算表"、"支出决算明细表"、"基本支出决算明细表"、"项目支出决算明细表"、"资产负债表"、"基本数字表"、"机构人员情况表"。

除国家税务局外,河北省其余10个部门都公布了部分信息。下面以河北省财政厅为例,给出部门预算及相关信息透明度得分的计算。

河北省财政厅公布了表26-7中第1-4项和第7-14项信息要素,而其他信息要素却并未公布。具体的信息公开方式及信息公开内容见表26-7。

表26-7 河北省财政厅部门预算及相关信息公开情况(2015)

编号	信息要素	未公开	依申请公开	网站公开	出版物公开	得分
1	部门收入分类			√		1
2	部门支出功能分类类级科目			√		1
3	部门支出功能分类款级科目			√		1
4	部门支出功能分类项级科目			√		1
5	部门支出经济分类类级科目	√				0
6	部门支出经济分类款级科目	√				0
7	基本支出功能分类类级科目			√		1
8	基本支出功能分类款级科目			√		1

续表

编号	信息要素	未公开	依申请公开	网站公开	出版物公开	得分
9	基本支出功能分类项级科目			√		1
10	基本支出经济分类类级科目			√		1
11	基本支出经济分类款级科目			√		1
12	项目支出功能分类类级科目			√		1
13	项目支出功能分类款级科目			√		1
14	项目支出功能分类项级科目			√		1
15	项目支出经济分类类级科目	√				0
16	项目支出经济分类款级科目	√				0
17	资产一级分类	√				0
18	资产二级分类	√				0
19	资产三级分类	√				0
20	其他补充资产信息	√				0
21	人员编制总数及各类人员编制数	√				0
22	年末实有人员总数及类型	√				0
23	按经费来源划分的各类人员数	√				0
24	部门机构一级信息	√				0
25	部门机构二级信息	√				0
26	部门机构三级信息	√				0

河北省部门预算及相关信息透明度得分为[(1+1+1+1+1+1+1+1+1+1+1+1)÷26]×100＝46.2分。计算11个部门预算及相关信息透明度的平均得分,得到河北省部门预算及相关信息透明度最终得分为42分,比31个省份部门预算及相关信息透明度的平均得分低5.32分,在该单项信息排名中与其他4个省份并列第21名。

26.8 河北省社会保险基金信息公开情况

社会保险基金透明度评分指标主要根据"社会保险基金资产负债表"、"企业职工基本养老保险基金收支表"、"失业保险基金收支表"、"城镇职工基本医疗保险基金收支表"、"工伤保险基金收支表"、"生育保险基金收支表"、"居民社会养老保险基金收支表"、"城乡居民基本医疗保险基金收支表"、"新型农村合作医疗基金收支表"、"城镇居民基本医疗保险基金收支表"、"社会保障基金财政专户资产负债表"、"社会保障基金财政专户收支表"、"财政对社会保险基金补助资金情况表"、"企业职工基本养老保险补充资料表"、"失业保险补充资料表"、"城镇职工医疗保险、工伤保险、生育保险补充资料表"、"居民社会养老保险补充资料表"、"居民基本医疗保险补充资料表"、"其他养老保险情况表"、"其他医疗保障情况表"这 20 张决算表格设计而成。

河北省在相关政府网站上公开了社会保险基金的部分信息。具体的信息公开方式及信息公开内容见表 26－8。

表 26－8　　　　河北省社会保险基金信息公开情况（2015）

编号	信息要素	未公开	依申请公开	网站公开	出版物公开	得分
1	各项社会保险基金的收支总额			✓		1
2	各项社会保险基金的收入款级科目			✓		1
3	各项社会保险基金的收入项级科目			部分信息		0.12
4	各项社会保险基金的支出款级科目			✓		1
5	各项社会保险基金的支出项级科目			部分信息		0.12
6	各项社会保险基金收支分级信息（类级科目）			部分信息		0.25
7	各项社会保险基金的基本数字（类级科目）	✓				0
8	各项社会保险基金资产的类级科目	✓				0
9	各项社会保险基金资产的款级科目	✓				0
10	各项社会保险基金资产的项级科目	✓				0
11	各项社会保险基金负债的类级科目	✓				0
12	各项社会保险基金负债的款级科目	✓				0
13	各项社会保险基金负债的项级科目	✓				0
14	养老基金的长期收支预测	✓				0

河北省社会保险基金透明度得分为[（1＋1＋0.12＋1＋0.12＋0.25）÷14]×100＝24.93 分,比该单项信息排名第一的省份低 52.21 分,比 31 个省

份社会保险基金透明度的平均得分低24.18分,在该单项信息排名中与其他4个省份并列第22名。

26.9 河北省国有企业基金信息公开情况

国有企业基金透明度评分指标的构成内容包括:①国有企业的总量6项指标(国有企业的收入、费用、利润总额、资产、负债及所有者权益总额);②国有企业的总量4张表(资产负债表、利润表、现金流量表、所有者权益变动表);③政府直属企业按户公布的8项指标(资产总额、负债总额、所有者权益总额、国有资本及权益总额、营业总收入、利润总额、净利润总额、归属母公司所有者权益的净利润);④政府直属企业是否按照国内上市公司的信息披露要求公布企业运营状况。

河北省相关部门向项目组直接提供了部分信息,项目组也通过相关出版物查询到了部分信息。具体的信息公开方式及信息公开内容见表26-9。

表26-9　　　　河北省国有企业基金信息公开情况(2015)

编号	信息要素	未公开	依申请公开	网站公开	出版物公开	得分
1	国有企业的收入、费用和利润总额				√	1
2	国有企业的资产、负债及所有者权益总额				√	1
3	国有企业资产负债表		√			1
4	国有企业利润表		√			1
5	国有企业现金流量表		√			1
6	国有企业所有者权益变动表	√				0
7	政府直属企业主要指标表	√				0
8	政府直属企业达到与国内上市公司同等信息披露要求	√				0

河北省国有企业基金透明度得分为[(1+1+1+1+1)÷8]×100=62.5分,比该单项信息排名第一的山东省低22.5分,比31个省份国有企业基金透明度的平均得分高4.72分,在该单项信息排名中位列第19名。

26.10　基本结论

河北省在 2017 年财政透明度调查过程中的态度得分为 81.82 分,单项得分排名为第 14 名。

综合各项信息要素得分,河北省 2017 年财政透明度的最终得分为 38.16×25%＋33.33×8%＋19.44×4%＋27.78×2%＋0×9%＋42×15%＋24.93×19%＋62.5×15%＋81.82×3%＝36.41 分。

该得分低于 31 个省份平均得分,排名比较靠后,排在第 26 名,虽然河北省经济发展水平比较落后,但是该排名仍然落后于河北省经济发展水平在全国的排名,这也从一个侧面反映出我国财政信息公开透明存在很多制度性阻碍。从各个具体项目的透明度来看,河北省在财政专户管理资金、国有企业基金方面的信息公开透明度相对较好,在其他具体项目中都比较落后,而在政府资产负债方面的透明度最差,未公开任何信息,得分为零分。

27 贵州省财政透明度报告

27.1 贵州省财政透明度概况

中共十八大以来,贵州省贯彻落实新《预算法》关于预决算公开的相关规定和中共中央办公厅、国务院办公厅《关于进一步推进预算公开工作的意见》的相关规定,积极推进财政信息公开工作。

2016年,中共贵州省委办公厅、贵州省人民政府办公厅印发了《关于进一步推进预算公开工作的实施意见》(黔党办发〔2016〕22号),明确预算公开的基本原则、公开主体和主要任务,对推进预算公开工作提出具体要求。贵州省财政厅印发了《关于深入推进预决算公开工作的通知》(黔财预〔2016〕97号)和《转发财政部〈地方预决算公开操作规程〉的通知》(黔财预〔2016〕163号),制作政府预决算和部门预决算公开报表参考格式随文下发,供各部门各单位开展预算公开工作时参考使用。

2016年2月5日,贵州省财政厅公开《贵州省省本级2016年"三公"经费公共财政预算安排情况说明》。2月14日,公开《贵州省2015年全省和省本级预算执行情况与2016年全省和省本级预算草案的报告》及省本级一般公共预算支出预算等19张附表,其中省本级一般公共预算公开到支出功能分类项级科目,基本支出预算公开到经济分类款级科目。此外还公开了一般公共预算和政府性基金预算对市县转移支付补助情况。2月23日,公开了《2016年贵州省财政厅部门预算和"三公"经费预算公开》。8月15日,公开了《贵州省省本级2015年部门决算中"三公"经费汇总情况》。8月17日,公开了《关于2016年省本级财政预算调整方案(草案)议案的说明》和《贵州省人民政府关于2015年全省和省本级财政决算(草案)及2016年上半年预算执行情况的报告》和27张附表,分一般公共预算、政府性基金预算、国有资本经营预算和社会保险基金预算进行公开,一般公共预算和政府性基金预算转移支付补助情况公开到市州和主要项目,并公开了地方政府债务情况。同时,对省本级一般公共预算收支和上下级补助、政府性基金预算收支和上下级补助、国有资本经营预算收支、社会保险基金决算进行了说明。9月2日,公开了《贵州省财政厅2015年度部门决算》及8张附表。12月2日,公开了《贵州省人民政府关于贵州省2016年1—10月预算执行情况的报告》及附表。12月9日,公开了《省人民政府关于提请审议2016年省本级财政预算调整方案(草案)的议案》及省本级一般公共预算支出调整预算等3张附表。①

综合政府网站公开资料、《贵州统计年鉴》和被调查部门的信息反馈情况,项目组计算得出了贵州省财政透明度得分。从图27—1可知,2009—2017年,贵州省财政透明度排名在31个省份中一直靠后,其中2011年和2015年评估结果中排在第31名。2017年贵州省财政透明度的最终得分为33分,在31个省份中排在第27名。贵州省财政信息排名靠后的结论与财政部预决算

	2009年	2010年	2011年	2012年	2013年	2014年	2015年	2016年	2017年
得分	19.45	17.79	15.74	18.57	20.61	39.15	19.44	33.96	33
排名	13	28	31	27	26	19	31	23	27

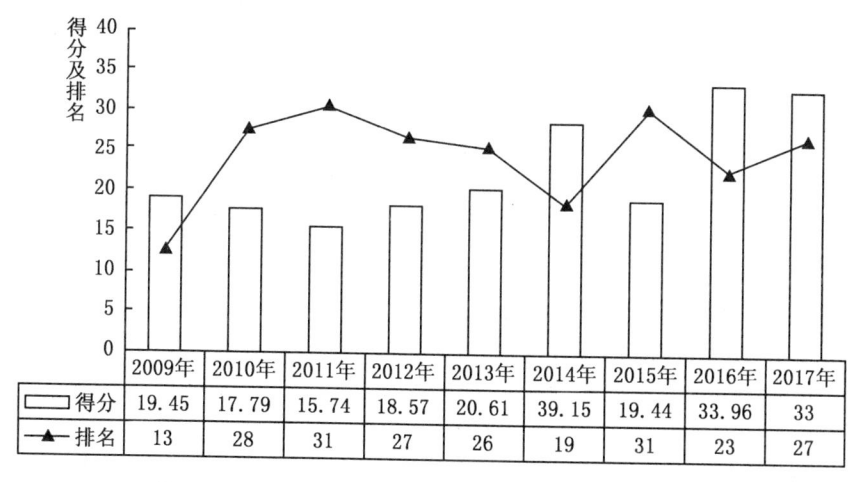

图27—1 贵州省财政透明度得分及排名(2009—2017)

① 相关资料来自《贵州省财政厅2016年政府信息公开年度报告》。

公开专项检查结果是一致的。在财政部的评估中,贵州省2015年预决算公开度评分为47.96分,与其他省份存在较大差距。

就2017年贵州省财政透明度得分的各项构成情况(见表27-1)来看,除部门预算及相关信息透明度得分高于31个省份的平均得分外,其余8项信息要素的得分均低于31个省份平均得分,其中财政专户管理资金透明度和政府资产负债透明度得分均为零分。

表27-1　　　贵州省各调查信息要素的透明度得分(2017)

	一般公共预算基金	政府性基金	财政专户管理资金	国有资本经营预算基金	政府资产负债	部门预算及相关信息	社会保险基金	国有企业基金	被调查者态度
权重	25%	8%	4%	2%	9%	15%	19%	15%	3%
31个省份平均百分制得分	57.86	47.90	4.68	43.64	17.71	47.32	49.11	57.78	77.27
贵州省百分制得分	54.48	27.78	0.00	5.56	0.00	49.70	23.21	25.00	47.73

27.2　贵州省一般公共预算基金信息公开情况

一般公共预算基金透明度评分指标主要根据财政部要求编制的"公共财政收支决算总表"、"公共财政收入决算明细表"、"公共财政支出决算功能分类明细表"、"公共财政收支决算分级表"、"公共财政收支及平衡情况表"这5张决算表格设计而成。其中,前三张决算表格调查的内容是省总预算的收支情况,各项信息要素权重为2;后两张决算表格调查的内容是省本级和省以下各级地方政府的收支情况,各项信息要素权重为1。另外,项目组还提出了一般公共预算经济分类支出信息公开的申请。

贵州省财政厅网站公开了"贵州省2015年全省一般公共预算收入决算表"、"贵州省2015年全省一般公共预算支出决算表"、"贵州省2015年省本级一般公共预算收入决算表"、"贵州省2015年省本级一般公共预算支出决算表"、"2015年中央对贵州省一般公共预算转移支付情况表"、"贵州省2015年一般公共预算省对市县转移支付补助分地区分项目情况表"、"贵州省2015年一般公共预算省对市县专项转移支付补助项目情况表",以及"关于2015年贵州省省本级一般公共预算收入决算的说明"、"关于2015年贵州省省本级一般公共预算支出决算的说明"、"关于2015年中央对贵州省一般公共预算转移支付决算的说明"、"关于2015年贵州省省本级对市县一般公共预算转移支付决算的说明"、"关于2015年贵州省省本级一般公共预算基本支出经济分类的说明",得分的信息要素有表27－2中第1—4项、第6—8项、第11—12项。

《2016贵州统计年鉴》中"分级一般公共预算收入（2015）"和"分级一般公共预算支出（2015）"的部分得分信息要素包含"省本级公共预算收入类级科目"、"省本级公共预算支出功能分类类级科目"、"地市本级公共预算收入类级科目"、"地市本级公共预算支出功能分类类级科目"、"县本级公共预算收入类级科目"、"乡级公共预算收入类级科目"、"乡级公共预算支出功能分类类级科目"这8项信息要素。《2016贵州统计年鉴》中"各县（市、区、特区）一般公共预算收入（2015）"、"各县（市、区、特区）一般公共预算支出（2015）"、"各市（州）一般公共预算收入（2015）"、"各市（州）一般公共预算支出（2015）"包含表27－2中第23—24项、第26—27项信息要素的得分点。具体的信息公开方式及信息公开内容见表27－2。

表27－2　　贵州省一般公共预算基金信息公开情况（2015）

编号	信息要素	未公开	依申请公开	网站公开	出版物公开	已公开信息项	应公开信息项
1	省总预算公共预算收支总额			✓	✓	2	2
2	省总预算公共预算收入类级科目			✓	✓	2	2
3	省总预算公共预算收入款级科目			✓	✓	20	22
4	省总预算公共预算收入项级科目			✓		1	22
5	省总预算公共预算收入目级科目	✓				0	22
6	省总预算公共预算支出功能分类类级科目			✓	✓	24	24
7	省总预算公共预算支出功能分类款级科目					24	24
8	省总预算公共预算支出功能分类项级科目			✓	✓	24	24
9	省总预算公共预算支出经济分类类级科目	✓				0	10
10	省总预算公共预算支出经济分类款级科目	✓				0	10
11	省本级公共预算收入类级科目			✓	✓	2	2
12	省本级公共预算支出功能分类类级科目			✓	✓	19	24
13	省本级公共预算支出经济分类类级科目	✓				0	10
14	地市本级公共预算收入类级科目				✓	2	2
15	地市本级公共预算支出功能分类类级科目				✓	12	24
16	地市本级公共预算支出经济分类类级科目	✓				0	10
17	县本级公共预算收入类级科目				✓	2	2

续表

编号	信息要素	未公开	依申请公开	网站公开	出版物公开	已公开信息项	应公开信息项
18	县本级公共预算支出功能分类类级科目				√	12	24
19	县本级公共预算支出经济分类类级科目	√				0	10
20	乡级公共预算收入类级科目				√	2	2
21	乡级公共预算支出功能分类类级科目				√	12	24
22	乡级公共预算支出经济分类类级科目	√				0	10
23	各地市本级公共预算收入类级科目				√	1	1
24	各地市本级公共预算支出功能分类类级科目				√	1	1
25	各地市本级公共预算支出经济分类类级科目	√				0	1
26	各县本级公共预算收入类级科目				√	0.25	1
27	各县本级公共预算支出功能分类类级科目				√	0.25	1
28	各县本级公共预算支出经济分类类级科目	√				0	1

一般公共预算基金透明度得分计算方法为：

$$\left(\sum_{i=1}^{28}\frac{已公开信息项_i}{应公开信息项_i}\times 二级权重_i\right)\times 100 / \sum_{i=1}^{28}二级权重_i$$

根据该计算方法，可以得出贵州省一般公共预算基金透明度得分为54.48分，比该单项信息排名第一的四川省低24.47分，比31个省份一般公共预算基金透明度的平均得分低3.04分，在该单项信息排名中位列第17名。

27.3 贵州省政府性基金信息公开情况

政府性基金透明度评分指标根据"政府性基金收支决算总表"、"政府性基金收支及结余情况表"、"政府性基金收支决算分级表"、"政府性基金收支及平衡情况表"这4张决算表格设计而成。其中，前两张决算表格调查的内容是省总预算的收支情况，各项信息要素权重为2；后两张决算表格调查的内容是省本级和省以下各级地方政府的收支情况，各项信息要素权重为1。另外，项目组还提出了政府性基金经济分类支出信息公开的申请。

贵州省财政厅网站公开了"贵州省2015年全省政府性基金预算收入决算表"、"贵州省2015年全省政府性基金预算支出完成情况表"、"贵州省2015年省本级政府性基金预算收入决算表"、"贵州省2015年省本级政府性基金预算支出决算表"、"2015年中央对贵州省政府性基金预算转移支付情况表"、"贵州省2015年政府性基金预算省对市县转移支付补助分地区分项目情况表"、"贵州省2015年政府性基金预算省对市县专项转移支付补助项目情况表",以及"关于2015年贵州省省本级政府性基金预算收入决算的说明"、"关于2015年贵州省省本级政府性基金预算支出决算的说明"、"关于2015年中央对贵州省政府性基金预算转移支付决算的说明"、"关于2015年贵州省本级对市县政府性基金预算转移支付决算的说明",得分的信息要素为表27－3中第1—3项、第6项、第10—11项。具体的信息公开方式和信息公开内容见表27－3。

表27－3 贵州省政府性基金信息公开情况(2015)

编号	信息要素	未公开	依申请公开	网站公开	出版物公开	已公开信息项	应公开信息项
1	省总预算政府性基金预算收支总额			✓		2	2
2	省总预算政府性基金预算收入款级科目			✓		1	1
3	省总预算政府性基金预算收入项级科目			✓		1	1
4	省总预算政府性基金预算收入目级科目	✓				0	1
5	省总预算政府性基金预算支出功能分类类级科目	✓				0	10
6	省总预算政府性基金预算支出功能分类款级科目			✓		10	10
7	省总预算政府性基金预算支出功能分类项级科目	✓				0	10
8	省总预算政府性基金预算支出经济分类类级科目	✓				0	10
9	省总预算政府性基金预算支出经济分类款级科目	✓				0	10
10	省本级政府性基金预算收入款级科目			✓		1	1
11	省本级政府性基金预算支出功能分类类级科目			✓		10	10
12	省本级政府性基金预算支出经济分类类级科目	✓				0	10
13	地市本级政府性基金预算收入款级科目	✓				0	1
14	地市本级政府性基金预算支出功能分类类级科目	✓				0	10
15	地市本级政府性基金预算支出经济分类类级科目	✓				0	10
16	县本级政府性基金预算收入款级科目	✓				0	1
17	县本级政府性基金预算支出功能分类类级科目	✓				0	10
18	县本级政府性基金预算支出经济分类类级科目	✓				0	10

续表

编号	信息要素	未公开	依申请公开	网站公开	出版物公开	已公开信息项	应公开信息项
19	乡级政府性基金预算收入款级科目	√				0	1
20	乡级政府性基金预算支出功能分类类级科目	√				0	10
21	乡级政府性基金预算支出经济分类类级科目	√				0	10
22	各地市本级政府性基金预算收入款级科目	√				0	1
23	各地市本级政府性基金预算支出功能分类类级科目	√				0	1
24	各地市本级政府性基金预算支出经济分类类级科目	√				0	1
25	各县本级政府性基金预算收入款级科目	√				0	1
26	各县本级政府性基金预算支出功能分类类级科目	√				0	1
27	各县本级政府性基金预算支出经济分类类级科目	√				0	1

政府性基金透明度得分计算方法为：

$$\left(\sum_{i=1}^{27}\frac{已公开信息项_i}{应公开信息项_i}\times 二级权重_i\right)\times 100/\sum_{i=1}^{27}二级权重_i$$

根据该计算方法，可以得出贵州省政府性基金透明度得分为 27.78 分，比该单项信息排名第一的省份低 44.44 分，比 31 个省份政府性基金透明度的平均得分低 20.12 分，在该单项信息排名中与其他 3 个省份并列第 26 名。

27.4 贵州省财政专户管理资金信息公开情况

财政专户管理资金透明度评分指标根据"财政专户管理资金收支总表"、"财政专户管理资金收入明细表"、"财政专户管理资金支出功能分类明细表"、"财政专户管理资金收支分级表"和"财政专户管理资金收支及平衡情况表"这 5 张决算表格设计而成。其中，涉及省总预算财政专户的各项信息要素权重为 2，其余省本级和省以下各级地方政府财政专户的各项信息要素权重为 1。

财政部不再统一要求地方政府在 2015 年度政府决算中编制财政专户管理资金的相关表格。项目组未获取贵州省 2015 年度任何财政专户管理资金的收支信息，见表 27—4。贵州省财政专户管理资金透明度得分为零分。

表 27-4　　　　　　贵州省财政专户管理资金信息公开情况（2015）

编号	信息要素	未公开	依申请公开	网站公开	出版物公开	已公开信息项	应公开信息项
1	省总预算财政专户收支总额	✓				0	2
2	省总预算财政专户收入款级科目	✓				0	2
3	省总预算财政专户收入项级科目	✓				0	2
4	省总预算财政专户收入目级科目	✓				0	2
5	省总预算财政专户支出功能分类类级科目	✓				0	22
6	省总预算财政专户支出功能分类款级科目	✓				0	22
7	省总预算财政专户支出功能分类项级科目	✓				0	22
8	省总预算财政专户支出经济分类类级科目	✓				0	10
9	省总预算财政专户支出经济分类款级科目	✓				0	10
10	省本级财政专户收入款级科目	✓				0	2
11	省本级财政专户支出功能分类类级科目	✓				0	22
12	省本级财政专户支出经济分类类级科目	✓				0	10
13	地市本级财政专户收入款级科目	✓				0	2
14	地市本级财政专户支出功能分类类级科目	✓				0	22
15	地市本级财政专户支出经济分类类级科目	✓				0	10
16	县本级财政专户收入款级科目	✓				0	2
17	县本级财政专户支出功能分类类级科目	✓				0	22
18	县本级财政专户支出经济分类类级科目	✓				0	10
19	乡级财政专户收入款级科目	✓				0	2
20	乡级财政专户支出功能分类类级科目	✓				0	22
21	乡级财政专户支出经济分类类级科目	✓				0	10
22	各地市本级财政专户收入款级科目	✓				0	1
23	各地市本级财政专户支出功能分类类级科目	✓				0	1
24	各地市本级财政专户支出经济分类类级科目	✓				0	1
25	各县本级财政专户收入款级科目	✓				0	1
26	各县本级财政专户支出功能分类类级科目	✓				0	1
27	各县本级财政专户支出经济分类类级科目	✓				0	1

27.5 贵州省国有资本经营预算基金信息公开情况

国有资本经营预算基金透明度评分指标根据"国有资本经营收支决算总表"、"国有资本经营收支决算明细表"、"国有资本经营收支决算分级表"和"国有资本经营收支及平衡情况表"这4份决算表格设计而成。其中,前两份决算表格调查的内容是省总预算的收支情况,各项信息要素权重为2;后两份决算表格调查的内容是省本级和省以下各级地方政府的收支情况,各项信息要素权重为1。

贵州省财政厅网站公开了"贵州省2015年省本级国有资本经营预算收支完成情况表"、《关于2015年贵州省省本级国有资本经营预算收支决算的说明》。具体的信息公开方式及信息公开内容见表27-5。

表27-5　贵州省国有资本经营预算基金信息公开情况(2015)

编号	信息要素	未公开	依申请公开	网站公开	出版物公开	已公开信息项	应公开信息项
1	国有资本经营预算收支总额	✓				0	2
2	国有资本经营预算收入款级科目	✓				0	1
3	国有资本经营预算收入项级科目	✓				0	5
4	国有资本经营预算收入目级科目	✓				0	5
5	国有资本经营预算支出功能分类类级科目	✓				0	11
6	国有资本经营预算支出功能分类款级科目	✓				0	1
7	国有资本经营预算支出功能分类项级科目	✓				0	1
8	国有资本经营预算支出经济分类类级科目	✓				0	3
9	国有资本经营预算支出经济分类款级科目	✓				0	3
10	省本级国有资本经营预算收入款级科目			✓		5	5
11	省本级国有资本经营预算支出功能分类类级科目			✓		5	11
12	省本级国有资本经营预算支出经济分类类级科目	✓				0	3
13	地市本级国有资本经营预算收入款级科目	✓				0	5
14	地市本级国有资本经营预算支出功能分类类级科目	✓				0	11
15	地市本级国有资本经营预算支出经济分类类级科目	✓				0	3
16	县本级国有资本经营预算收入款级科目	✓				0	5

续表

编号	信息要素	未公开	依申请公开	网站公开	出版物公开	已公开信息项	应公开信息项
17	县本级国有资本经营预算支出功能分类类级科目	√				0	11
18	县本级国有资本经营预算支出经济分类类级科目	√				0	3
19	乡本级国有资本经营预算收入款级科目	√				0	5
20	乡级国有资本经营预算支出功能分类类级科目	√				0	11
21	乡级国有资本经营预算支出经济分类类级科目	√				0	3
22	各地市本级国有资本经营预算收入款级科目	√				0	5
23	各地市本级国有资本经营预算支出功能分类类级科目	√				0	11
24	各地市本级国有资本经营预算支出经济分类类级科目	√				0	3
25	各县本级国有资本经营预算收入款级科目	√				0	5
26	各县本级国有资本经营预算支出功能分类类级科目	√				0	11
27	各县本级国有资本经营预算支出经济分类类级科目	√				0	3

国有资本经营预算基金透明度得分计算方法为：

$$\left(\sum_{i=1}^{27}\frac{已公开信息项_i}{应公开信息项_i}\times 二级权重_i\right)\times 100\Big/\sum_{i=1}^{27}二级权重_i$$

根据该计算方法，可以得出贵州省国有资本经营预算基金透明度得分为 5.56 分，比该单项信息排名第一的省份低 66.66 分，比 31 个省份国有资本经营预算基金透明度的平均得分低 38.08 分，在该单项信息排名中与湖北、陕西并列第 29 名。

27.6 贵州省政府资产负债信息公开情况

政府资产负债涵盖除社会保险基金和国有企业基金之外的所有政府资产与负债，包括一般公共预算基金、政府性基金、国有资本经营预算基金、财政专户管理资金所形成的资产和负债。具体指标包括资产类指标金融资产（存款、有价证券、在途款、暂付款）和固定资产（地产、房产建筑、设备）、负债类指标短期负债（暂存款、应付款、短期借款）和长期负债（1～3 年、3～5 年、5 年以上）、净资产类指标金融净资产（预算结余、基金预算结余、国有资本经营预算结余、专用基金结余、财政专户管理资金结余、预算稳定调节基金、预算周转金)和非金融净资产。

项目组未获取贵州省"2015年度预算资金年终资产负债表"和"财政专户管理资金年终资产负债表"中政府资产负债的收支信息,见表27-6。贵州省政府资产负债透明度得分为零分。

表27-6　　　　贵州省政府资产负债信息公开情况(2015)

编号	信息要素	未公开	依申请公开	网站公开	出版物公开	已公开信息项	应公开信息项
1	政府资产负债总额	√				0	2
2	政府资产一级分类信息	√				0	2
3	政府资产二级分类信息	√				0	7
4	政府负债一级分类信息	√				0	2
5	政府负债二级分类信息	√				0	6
6	政府净资产一级分类信息	√				0	2
7	政府净资产二级分类信息	√				0	7

根据贵州省财政厅网站公布的"贵州省2015年地方政府债务余额情况表",贵州省政府债务情况如表27-7所示。

表27-7　　　　贵州省地方政府债务余额情况(2015)　　　　单位:亿元

项　目	决算数	项　目	决算数
一、2014年末地方政府债务余额	8 774.28	四、2015年地方政府债务偿还额	279.2
一般债务余额	5 030.45	一般债务	140.82
专项债务余额	3 743.83	专项债务	138.38
二、2015年末地方政府债务余额限额	9 135.5	五、2015年末地方政府债务余额	8 754.81
三、2015年地方政府债务举借额	259.73	一般债务余额	5 142.36
一般债务	252.73	专项债务余额	3 612.45
专项债务	7		

27.7　贵州省部门预算及相关信息公开情况

项目组选取省人民政府办公厅、人大常委会办公厅、政协办公厅、教育厅、财政厅、国家税务局、地方税务局、工商行政管理局、卫生和计划生育委员会、交通运输厅、环境保护厅11个省级部门作为调查对象,部门预算及相关信息透明度最终得分是这11个部门预算及相关信息透明度的平均数。每个部门的透明度评估指标涉及三大类型:关于预算单位的财务信息、关于预算单位的人员信息、关于机构的信息。具体决算表格为"收入支出决算总表"、"支出决算表"、"支出决算明细表"、"基本支出决算明细表"、"项目支出决算明细表"、"资产负债表"、"基本数字表"、"机构人员情况表"。

除国家税务局外,贵州省其余10个部门都在政府门户网站公开了2015年度部门决算,其中,人民政府办公厅和交通运输厅还依申请公开了相关部门决算表。各部门主动公开的部门决算信息基本是一致的。下面以贵州省工商行政管理局为例,给出部门预算及相关信息透明度得分的计算。

贵州省工商行政管理局2015年部门预算及相关信息公开内容包括四部分:第一部分是贵州省工商行政管理局概况,包括主要职能、机构设置及部门决算单位构成;第二部分是贵州省工商局2015年度部门决算公开报表;第三部分是贵州省工商局2015年度部门决算情况说明;第四部分是名词解释。具体公开的决算表格是"收入支出决算总表"、"收入决算表"、"支出决算表"、"财政拨款收入支出决算总表"、"一般公共预算财政拨款支出决算表"、"一般公共预算财政拨款基本支出决算表"、"一般公共预算财政拨款'三公'经费支出决算表"、"政府性基金预算财政拨款收入支出决算表"7张决算表格。具体的信息公开方式及信息公开内容见表27-8。

表27-8 贵州省工商行政管理局部门预算及相关信息公开情况(2015)

编号	信息要素	未公开	依申请公开	网站公开	出版物公开	得分
1	部门收入分类			√		1
2	部门支出功能分类类级科目			√		1
3	部门支出功能分类款级科目			√		1
4	部门支出功能分类项级科目			√		1
5	部门支出经济分类类级科目	√				0
6	部门支出经济分类款级科目	√				0
7	基本支出功能分类类级科目			√		1
8	基本支出功能分类款级科目			√		1
9	基本支出功能分类项级科目			√		1

续表

编号	信息要素	未公开	依申请公开	网站公开	出版物公开	得分
10	基本支出经济分类类级科目			√		1
11	基本支出经济分类款级科目			√		1
12	项目支出功能分类类级科目			√		1
13	项目支出功能分类款级科目			√		1
14	项目支出功能分类项级科目			√		1
15	项目支出经济分类类级科目	√				0
16	项目支出经济分类款级科目	√				0
17	资产一级分类	√				0
18	资产二级分类	√				0
19	资产三级分类	√				0
20	其他补充资产信息	√				0
21	人员编制总数及各类人员编制数	√				0
22	年末实有人员总数及类型	√				0
23	按经费来源划分的各类人员数	√				0
24	部门机构一级信息	√				0
25	部门机构二级信息	√				0
26	部门机构三级信息	√				0

贵州省工商行政管理局部门预算及相关信息透明度得分为[(1+1+1+1+1+1+1+1+1+1+1)÷26]×100＝46.15分。计算11个部门预算及相关信息透明度的平均得分,得到贵州省部门预算及相关信息透明度最终得分为49.7分,比31个省份部门预算及相关信息透明度的平均得分高2.38分,在该单项信息排名中与湖南省并列第11名。

27.8 贵州省社会保险基金信息公开情况

社会保险基金透明度评分指标主要根据"社会保险基金资产负债表"、"企业职工基本养老保险基金收支表"、"失业保险基金收支表"、"城镇职工基本医疗保险基金收支表"、"工伤保险基金收支表"、"生育保险基金收支表"、"居民

社会养老保险基金收支表"、"城乡居民基本医疗保险基金收支表"、"新型农村合作医疗基金收支表"、"城镇居民基本医疗保险基金收支表"、"社会保障基金财政专户资产负债表"、"社会保障基金财政专户收支表"、"财政对社会保险基金补助资金情况表"、"企业职工基本养老保险补充资料表"、"失业保险补充资料表"、"城镇职工医疗保险、工伤保险、生育保险补充资料表"、"居民社会养老保险补充资料表"、"居民基本医疗保险补充资料表"、"其他养老保险情况表"、"其他医疗保障情况表"这20张决算表格设计而成。

贵州省财政厅网站公开了"贵州省2015年省本级社会保险基金预算收支完成情况表"、"关于2015年贵州省省本级社会保险基金决算的说明",但一些信息要素公开内容不全面。具体的信息公开方式及信息公开内容见表27-9。

表27-9 **贵州省社会保险基金信息公开情况(2015)**

编号	信息要素	未公开	依申请公开	网站公开	出版物公开	得分
1	各项社会保险基金的收支总额			√		1
2	各项社会保险基金的收入款级科目			√		1
3	各项社会保险基金的收入项级科目	√				0
4	各项社会保险基金的支出款级科目			√		1
5	各项社会保险基金的支出项级科目	√				0
6	各项社会保险基金收支分级信息(类级科目)		部分信息			0.25
7	各项社会保险基金的基本数字(类级科目)	√				0
8	各项社会保险基金资产的类级科目	√				0
9	各项社会保险基金资产的款级科目	√				0
10	各项社会保险基金资产的项级科目	√				0
11	各项社会保险基金负债的类级科目	√				0
12	各项社会保险基金负债的款级科目	√				0
13	各项社会保险基金负债的项级科目	√				0
14	养老基金的长期收支预测	√				0

贵州社会保险基金透明度得分为[(1+1+1+0.25)÷14]×100＝23.21分,比31个省份社会保险基金透明度的平均得分低25.9分,在该单项信息排名中与其他3个省份并列第27名。

27.9　贵州省国有企业基本信息公开情况

国有企业基金透明度评分指标的构成内容包括：①国有企业的总量6项指标（国有企业的收入、费用、利润总额、资产、负债及所有者权益总额）；②国有企业的总量4张表（资产负债表、利润表、现金流量表、所有者权益变动表）；③政府直属企业按户公布的8项指标（资产总额、负债总额、所有者权益总额、国有资本及权益总额、营业总收入、利润总额、净利润总额、归属母公司所有者权益的净利润）；④政府直属企业是否按照国内上市公司的信息披露要求公布企业运营状况。

除《中国国有资产监督管理年鉴》统一公布的数据之外，项目组未获取其他贵州省2015年度国有企业基金信息。具体的信息公开方式及信息公开内容见表27—10。

表 27—10　贵州省国有企业基金信息公开情况（2015）

编号	信息要素	未公开	依申请公开	网站公开	出版物公开	得分
1	国有企业的收入、费用和利润总额				√	1
2	国有企业的资产、负债及所有者权益总额				√	1
3	国有企业资产负债表	√				0
4	国有企业利润表	√				0
5	国有企业现金流量表	√				0
6	国有企业所有者权益变动表	√				0
7	政府直属企业主要指标表	√				0
8	政府直属企业达到与国内上市公司同等信息披露要求	√				0

贵州省国有企业基金透明度得分为$[(1+1)\div 8]\times 100=25$分，比31个省份国有企业基金透明度的平均得分低32.78分，在该单项信息排名中与其他10个省份并列第21名。

27.10　基本结论

贵州省在2017年财政透明度调查过程中的答复情况相对较差，如在部门预算及相关信息透明度调查过程中,项目组只收到了贵州省人民政府办公厅、教育厅、工商行政管理局、交通运输厅、环境保护厅这5个部门的政府信息公开申请答复,答复率不到50%,态度得分为47.73分,单项得分排名为第29名。

综合各项信息要素得分,贵州省2017年财政透明度的最终得分为54.48×25%+27.78×8%+0×4%+5.56×2%+0×9%+49.70×15%+23.21×19%+25×15%+47.73×3%=33分。

贵州省财政透明度较低的一个重要原因是政府预决算公开细化程度与既有财政信息公开规定有一定差距,对四本预算省总预算(决算)收支的相关信息披露不够,在预算支出按经济性质分类公开方面也有改进空间。

28 西藏自治区财政透明度报告

28.1 西藏自治区财政透明度概况

中共十八大以来,西藏自治区积极贯彻落实新《预算法》关于预决算公开的相关规定和中共中央办公厅、国务院办公厅《关于进一步推进预算公开工作的意见》的相关规定,积极推进财政信息公开工作。

综合政府网站公开资料、《西藏统计年鉴》和被调查部门的信息反馈情况,项目组计算得出西藏自治区财政透明度得分。从图28-1可知,9年间西藏自治区财政透明度得分波动幅度较大,最高分为2013年的50.89分,而最低分为2014年的11.52分;省际排名情况变动幅度也比较大,取得的最好成绩是2013年的第4名,而最差的名次则是2014年的第31名。

就2017年西藏自治区财政透明度得分的各项构成情况(见表28-1)来看,9项信息要素中,仅有一般公共预算基金透明度得分高于31个省份的平均得分,而另外8项信息要素得分均低于31个省份的平均水平,其中,被调查者态度得分仅为9.09分,低于31个省份的平均得分68.18分,而财政专户管理资金和政府资产负债则没有提供任何信息,透明度得分为零分。

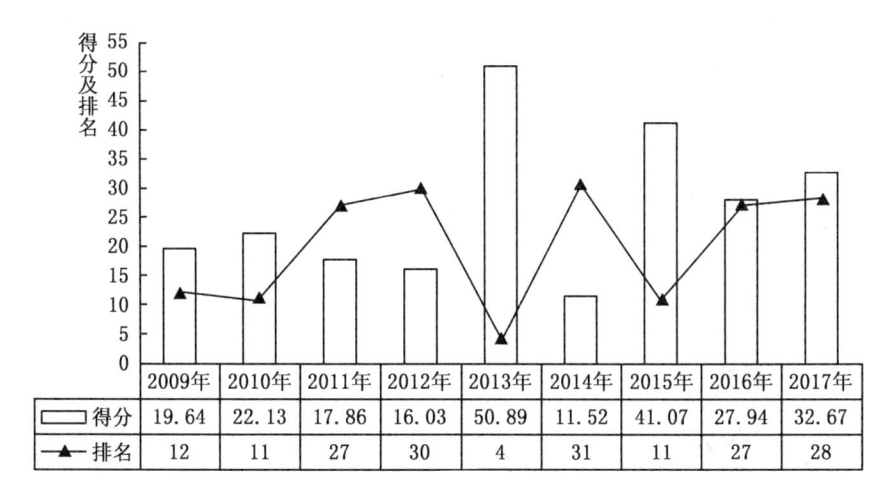

图 28-1 西藏自治区财政透明度得分及排名(2009—2017)

年份	2009年	2010年	2011年	2012年	2013年	2014年	2015年	2016年	2017年
得分	19.64	22.13	17.86	16.03	50.89	11.52	41.07	27.94	32.67
排名	12	11	27	30	4	31	11	27	28

表 28-1　　　　西藏自治区各调查信息要素的透明度得分(2017)

	一般公共预算基金	政府性基金	财政专户管理资金	国有资本经营预算基金	政府资产负债	部门预算及相关信息	社会保险基金	国有企业基金	被调查者态度
权重	25%	8%	4%	2%	9%	15%	19%	15%	3%
31个省份平均百分制得分	57.50	47.90	4.68	43.64	17.71	47.32	49.11	57.78	77.27
西藏自治区百分制得分	63.16	44.44	0.00	33.33	0.00	30.40	21.43	25.00	9.09

28.2　西藏自治区一般公共预算基金信息公开情况

一般公共预算基金透明度评分指标主要根据财政部要求编制的"公共财政收支决算总表"、"公共财政收入决算明细表"、"公共财政支出决算功能分类明细表"、"公共财政收支决算分级表"、"公共财政收支及平衡情况表"这5张决算表格设计而成。其中,前三张决算表格调查的内容是省总预算的收支情况,各项信息要素权重为2;后两张决算表格调查的内容是省本级和省以下各级地方政府的收支情况,各项信息要素权重为1。另外,项目组还提出了一般公共预算经济分类支出信息公开的申请。

西藏自治区财政厅网站公开的决算报告和决算表格有"2015年度西藏自治区一般公共预算收支决算总表"、"2015年度西藏自治区一般公共预算收入决算明细表"、"2015年度西藏自治区一般公共预算支出决算功能分类明细表"、"2015年度西藏自治区一般公共预算收支决算分级表",包含了表28-2的第1-22项中除经济分类外的全部信息要素。具体的信息公开方式及信息公开内容见表28-2。

表28-2　西藏自治区一般公共预算基金信息公开情况(2015)

编号	信息要素	未公开	依申请公开	网站公开	出版物公开	已公开信息项	应公开信息项
1	省总预算公共预算收支总额			√	√	2	2
2	省总预算公共预算收入类级科目			√	√	2	2
3	省总预算公共预算收入款级科目			√	√	21	22
4	省总预算公共预算收入项级科目			√		22	22
5	省总预算公共预算收入目级科目			√		22	22
6	省总预算公共预算支出功能分类类级科目			√	√	21	24
7	省总预算公共预算支出功能分类款级科目			√		24	24
8	省总预算公共预算支出功能分类项级科目			√		20	24
9	省总预算公共预算支出经济分类类级科目	√				0	10
10	省总预算公共预算支出经济分类款级科目	√				0	10
11	省本级公共预算收入类级科目			√		2	2
12	省本级公共预算支出功能分类类级科目			√		23	24
13	省本级公共预算支出经济分类类级科目	√				0	10
14	地市本级公共预算收入类级科目			√		2	2
15	地市本级公共预算支出功能分类类级科目			√		23	24
16	地市本级公共预算支出经济分类类级科目	√				0	10
17	县本级公共预算收入类级科目			√		2	2
18	县本级公共预算支出功能分类类级科目			√		23	24
19	县本级公共预算支出经济分类类级科目	√				0	10
20	乡级公共预算收入类级科目			√		2	2
21	乡级公共预算支出功能分类类级科目			√		23	24
22	乡级公共预算支出经济分类类级科目	√				0	10
23	各地市本级公共预算收入类级科目	√				0	1

续表

编号	信息要素	未公开	依申请公开	网站公开	出版物公开	已公开信息项	应公开信息项
24	各地市本级公共预算支出功能分类类级科目	√				0	1
25	各地市本级公共预算支出经济分类类级科目	√				0	1
26	各县本级公共预算收入类级科目	√				0	1
27	各县本级公共预算支出功能分类类级科目	√				0	1
28	各县本级公共预算支出经济分类类级科目	√				0	1

一般公共预算基金透明度得分计算方法为：

$$\left(\sum_{i=1}^{28}\frac{已公开信息项_i}{应公开信息项_i}\times 二级权重_i\right)\times 100 / \sum_{i=1}^{28}二级权重_i$$

根据该计算方法，可以得出西藏自治区一般公共预算基金透明度得分为63.16分，比该单项信息排名第一的四川省低15.79分，比31个省份一般公共预算基金透明度的平均得分高5.66分，在该单项信息排名中位列第16名。

28.3 西藏自治区政府性基金信息公开情况

政府性基金透明度评分指标根据"政府性基金收支决算总表"、"政府性基金收支及结余情况表"、"政府性基金收支决算分级表"、"政府性基金收支及平衡情况表"这4张决算表格设计而成。其中，前两张决算表格调查的内容是省总预算的收支情况，各项信息要素权重为2；后两张决算表格调查的内容是省本级和省以下各级地方政府的收支情况，各项信息要素权重为1。另外，项目组还提出了政府性基金经济分类支出信息公开的申请。

西藏自治区财政厅网站公开的"2015年度西藏自治区政府性基金收支决算总表"包含"省总预算政府性基金预算收支总额"、"省总预算政府性基金预算收入款级科目"、"省总预算政府性基金预算收入项级科目"、"省总预算政府性基金预算支出功能分类类级科目"、"省总预算政府性基金预算支出功能分类款级科目"5项信息要素。"2015年度西藏自治区政府性基金收支决算分级表"包含"省本级政府性基金预算收入款级科目"、"省本级政府性基金预算支出功能分类类级科目"、"地市本级政府性基金预算收入款级科目"、"地市本级政府性基金预算支出功能分类类级科目"、"县本级政府性基金预算收入款级科目"、"县本级政府性基金预算支出功能分类类级科目"6项信息要素。具体的信息公开方式及信息公开内容见表28-3。

表 28-3 西藏自治区政府性基金信息公开情况(2015)

编号	信息要素	未公开	依申请公开	网站公开	出版物公开	已公开信息项	应公开信息项
1	省总预算政府性基金预算收支总额			✓		2	2
2	省总预算政府性基金预算收入款级科目			✓		1	1
3	省总预算政府性基金预算收入项级科目			✓		1	1
4	省总预算政府性基金预算收入目级科目	✓				0	1
5	省总预算政府性基金预算支出功能分类类级科目			✓		10	10
6	省总预算政府性基金预算支出功能分类款级科目			✓		10	10
7	省总预算政府性基金预算支出功能分类项级科目	✓				0	10
8	省总预算政府性基金预算支出经济分类类级科目	✓				0	10
9	省总预算政府性基金预算支出经济分类款级科目	✓				0	10
10	省本级政府性基金预算收入款级科目			✓		1	1
11	省本级政府性基金预算支出功能分类类级科目			✓		11	10
12	省本级政府性基金预算支出经济分类类级科目	✓				0	10
13	地市本级政府性基金预算收入款级科目			✓		1	1
14	地市本级政府性基金预算支出功能分类类级科目			✓		10	10
15	地市本级政府性基金预算支出经济分类类级科目	✓				0	10
16	县本级政府性基金预算收入款级科目			✓		1	1
17	县本级政府性基金预算支出功能分类类级科目			✓		10	10
18	县本级政府性基金预算支出经济分类类级科目	✓				0	10
19	乡级政府性基金预算收入款级科目	✓				0	1
20	乡级政府性基金预算支出功能分类类级科目	✓				0	10
21	乡级政府性基金预算支出经济分类类级科目	✓				0	10
22	各地市本级政府性基金预算收入款级科目	✓				0	1
23	各地市本级政府性基金预算支出功能分类类级科目	✓				0	1

续表

编号	信息要素	未公开	依申请公开	网站公开	出版物公开	已公开信息项	应公开信息项
24	各地市本级政府性基金预算支出经济分类类级科目	√				0	1
25	各县本级政府性基金预算收入款级科目	√				0	1
26	各县本级政府性基金预算支出功能分类类级科目	√				0	1
27	各县本级政府性基金预算支出经济分类类级科目	√				0	1

政府性基金透明度得分计算方法为：

$$\left(\sum_{i=1}^{27}\frac{已公开信息项_i}{应公开信息项_i}\times 二级权重_i\right)\times 100 / \sum_{i=1}^{27}二级权重_i$$

根据该计算方法,可以得出西藏自治区政府性基金透明度得分为44.44分,比该单项信息排名第一的山西等省份低27.78分,比31个省份政府性基金透明度的平均得分低3.46分,在该单项信息排名中位列第16名。

28.4 西藏自治区财政专户管理资金信息公开情况

财政专户管理资金透明度评分指标根据"财政专户管理资金收支总表"、"财政专户管理资金收入明细表"、"财政专户管理资金支出功能分类明细表"、"财政专户管理资金收支分级表"和"财政专户管理资金收支及平衡情况表"这5张决算表格设计而成。其中,涉及省总预算财政专户的各项信息要素权重为2,其余省本级和省以下各级地方政府财政专户的各项信息要素权重为1。

财政部不再统一要求地方政府在2015年度政府决算中编制财政专户管理资金的相关表格。项目组未获取西藏自治区2015年度任何财政专户管理资金的收支信息,见表28-4。西藏自治区财政专户管理资金透明度得分为零分。

表28-4　西藏自治区财政专户管理资金信息公开情况(2015)

编号	信息要素	未公开	依申请公开	网站公开	出版物公开	已公开信息项	应公开信息项
1	省总预算财政专户收支总额	√				0	2
2	省总预算财政专户收入款级科目	√				0	2
3	省总预算财政专户收入项级科目	√				0	2
4	省总预算财政专户收入目级科目	√				0	2

续表

编号	信息要素	未公开	依申请公开	网站公开	出版物公开	已公开信息项	应公开信息项
5	省总预算财政专户支出功能分类类级科目	√				0	22
6	省总预算财政专户支出功能分类款级科目	√				0	22
7	省总预算财政专户支出功能分类项级科目	√				0	22
8	省总预算财政专户支出经济分类类级科目	√				0	10
9	省总预算财政专户支出经济分类款级科目	√				0	10
10	省本级财政专户收入款级科目	√				0	2
11	省本级财政专户支出功能分类类级科目	√				0	22
12	省本级财政专户支出经济分类类级科目	√				0	10
13	地市本级财政专户收入款级科目	√				0	2
14	地市本级财政专户支出功能分类类级科目	√				0	22
15	地市本级财政专户支出经济分类类级科目	√				0	10
16	县本级财政专户收入款级科目	√				0	2
17	县本级财政专户支出功能分类类级科目	√				0	22
18	县本级财政专户支出经济分类类级科目	√				0	10
19	乡级财政专户收入款级科目	√				0	2
20	乡级财政专户支出功能分类类级科目	√				0	22
21	乡级财政专户支出经济分类类级科目	√				0	10
22	各地市本级财政专户收入款级科目	√				0	1
23	各地市本级财政专户支出功能分类类级科目	√				0	1
24	各地市本级财政专户支出经济分类类级科目	√				0	1
25	各县本级财政专户收入款级科目	√				0	1
26	各县本级财政专户支出功能分类类级科目	√				0	1
27	各县本级财政专户支出经济分类类级科目	√				0	1

28.5 西藏自治区国有资本经营预算基金信息公开情况

国有资本经营预算基金透明度评分指标根据"国有资本经营收支决算总表"、"国有资本经营收支决算明细表"、"国有资本经营收支决算分级表"和"国有资本经营收支及平衡情况表"这4张决算表格设计而成。其中,前两张决算表格调查的内容是省总预算的收支情况,各项信息要素权重为2;后两张决算表格调查的内容是省本级和省以下各级地方政府的收支情况,各项信息要素权重为1。

西藏自治区财政厅网站公开的"2015年度西藏自治区国有资本经营预算决算总表"和"2015年度西藏自治区国有资本经营收支决算分级表"包含了"国有资本经营预算收支总额"、"国有资本经营预算收入款级科目"、"国有资本经营预算收入项级科目"、"国有资本经营预算支出功能分类类级科目"、"省本级国有资本经营预算收入款级科目"、"省本级国有资本经营预算支出功能分类类级科目"、"地市本级国有资产经营预算收入款级科目"、"地市本级国有资产经营预算支出功能分类类级科目"这8项信息要素。具体的信息公开方式及信息公开内容见表28-5。

表28-5　　西藏自治区国有资本经营预算基金信息公开情况(2015)

编号	信息要素	未公开	依申请公开	网站公开	出版物公开	已公开信息项	应公开信息项
1	国有资本经营预算收支总额			√		2	2
2	国有资本经营预算收入款级科目			√		1	1
3	国有资本经营预算收入项级科目			√		5	5
4	国有资本经营预算收入目级科目	√				0	5
5	国有资本经营预算支出功能分类类级科目			√		11	11
6	国有资本经营预算支出功能分类款级科目	√				0	1
7	国有资本经营预算支出功能分类项级科目	√				0	1
8	国有资本经营预算支出经济分类类级科目	√				0	3
9	国有资本经营预算支出经济分类款级科目	√				0	3
10	省本级国有资本经营预算收入款级科目			√		5	5
11	省本级国有资本经营预算支出功能分类类级科目			√		11	11
12	省本级国有资本经营预算支出经济分类类级科目	√				0	3
13	地市本级国有资本经营预算收入款级科目			√		5	5
14	地市本级国有资产经营预算支出功能分类类级科目			√		11	11
15	地市本级国有资产经营预算支出经济分类类级科目	√				0	3
16	县本级国有资本经营预算收入款级科目	√				0	5
17	县本级国有资本经营预算支出功能分类类级科目	√				0	11

编号	信息要素	未公开	依申请公开	网站公开	出版物公开	已公开信息项	应公开信息项
18	县本级国有资本经营预算支出经济分类类级科目	√				0	3
19	乡级国有资本经营预算收入款级科目	√				0	5
20	乡级国有资本经营预算支出功能分类类级科目	√				0	11
21	乡级国有资本经营预算支出经济分类类级科目	√				0	3
22	各地市本级国有资本经营预算收入款级科目	√				0	5
23	各地市本级国有资本经营预算支出功能分类类级科目	√				0	11
24	各地市本级国有资本经营预算支出经济分类类级科目	√				0	3
25	各县本级国有资本经营预算收入款级科目	√				0	5
26	各县本级国有资本经营预算支出功能分类类级科目	√				0	11
27	各县本级国有资本经营预算支出经济分类类级科目	√				0	3

国有资本经营预算基金透明度得分计算方法为：

$$\left(\sum_{i=1}^{27} \frac{已公开信息项_i}{应公开信息项_i} \times 二级权重_i\right) \times 100 / \sum_{i=1}^{27} 二级权重_i$$

根据该计算方法，可以得出西藏自治区国有资本经营预算基金透明度得分为33.33分，比31个省份国有资本经营预算基金透明度的平均得分低10.31分，在该单项信息排名中位列第19名。

28.6 西藏自治区政府资产负债信息公开情况

政府资产负债涵盖除社会保险基金和国有企业基金之外的所有政府资产与负债，包括一般公共预算基金、政府性基金、国有资本经营预算基金、财政专户管理资金所形成的资产和负债。具体指标包括资产类指标金融资产（存款、有价证券、在途款、暂付款）和固定资产（地产、房产建筑、设备）、负债类指标短期负债（暂存款、应付款、短期借款）和长期负债（1~3年、3~5年、5年以上）、净资产类指标金融净资产（预算结余、基金预算结余、国有资本经营预算结余、专用基金结余、财政专户管理资金结余、预算稳定调节基金、预算周转金）和非金融净资产。

项目组未获取西藏自治区2015年度政府资产负债的收支信息，见表

28-6。西藏自治区政府资产负债透明度得分为零分。

表28-6　　　西藏自治区政府资产负债信息公开情况(2015)

编号	信息要素	未公开	依申请公开	网站公开	出版物公开	已公开信息项	应公开信息项
1	政府资产负债总额	√				0	2
2	政府资产一级分类信息	√				0	2
3	政府资产二级分类信息	√				0	7
4	政府负债一级分类信息	√				0	2
5	政府负债二级分类信息	√				0	6
6	政府净资产一级分类信息	√				0	2
7	政府净资产二级分类信息	√				0	7

28.7　西藏自治区部门预算及相关信息公开情况

项目组选取省人民政府办公厅、人大常委会办公厅、政协办公厅、教育厅、财政厅、国家税务局、地方税务局、工商行政管理局、卫生和计划生育委员会、交通运输厅、环境保护厅11个省级部门作为调查对象,部门预算及相关信息透明度最终得分是这11个部门预算及相关信息透明度的平均数。每个部门的透明度评估指标涉及三大类型:关于预算单位的财务信息、关于预算单位的人员信息、关于机构的信息。具体决算表格为"收入支出决算总表"、"支出决算表"、"支出决算明细表"、"基本支出决算明细表"、"项目支出决算明细表"、"资产负债表"、"基本数字表"、"机构人员情况表"。

除国家税务局和地方税务局外,西藏自治区其余9个部门都主动公开了2015年度部门决算。各部门主动公开的部门决算信息基本是一致的。下面以西藏自治区财政厅为例,给出部门预算及相关信息透明度得分的计算。

西藏自治区财政厅2015年部门决算信息公开内容包括四部分:第一部分是西藏自治区财政厅概况,包括部门职责和决算单位构成;第二部分是西藏自治区财政厅2015年度部门决算明细表;第三部分是西藏自治区财政厅2015年度部门决算情况说明;第四部分为名词解释。具体公开的决算表格是"收入决算表"、"支出决算表"、"财政拨款收支决算总表"、"一般公共预算财政拨款支出决算表"、"一般公共预算财政拨款基本支出决算表"、"部门决算相关信息统计表"、"政府性基金财政拨款支出决算表"7张决算表格。具体的信息公开方式及信息公开内容见表28-7。

表 28—7　西藏自治区财政厅部门预算及相关信息公开情况(2015)

编号	信息要素	未公开	依申请公开	网站公开	出版物公开	得分
1	部门收入分类			✓		1
2	部门支出功能分类类级科目			✓		1
3	部门支出功能分类款级科目			✓		1
4	部门支出功能分类项级科目			✓		1
5	部门支出经济分类类级科目					0
6	部门支出经济分类款级科目					0
7	基本支出功能分类类级科目			✓		1
8	基本支出功能分类款级科目			✓		1
9	基本支出功能分类项级科目			✓		1
10	基本支出经济分类类级科目	✓				0
11	基本支出经济分类款级科目	✓				0
12	项目支出功能分类类级科目			✓		1
13	项目支出功能分类款级科目			✓		1
14	项目支出功能分类项级科目			✓		1
15	项目支出经济分类类级科目	✓				0
16	项目支出经济分类款级科目	✓				0
17	资产一级分类	✓				0
18	资产二级分类	✓				0
19	资产三级分类	✓				0
20	其他补充资产信息	✓				0
21	人员编制总数及各类人员编制数	✓				0
22	年末实有人员总数及类型	✓				0
23	按经费来源划分的各类人员数	✓				0
24	部门机构一级信息	✓				0
25	部门机构二级信息	✓				0
26	部门机构三级信息	✓				0

西藏自治区财政厅部门预算及相关信息透明度得分为[(1+1+1+1+1+1+1+1+1+1)÷26]×100＝38.46分。计算11个部门预算及相关信息透明度的平均得分,得到西藏自治区部门预算及相关信息透明度最终得分为30.4分,比31个省份部门预算及相关信息透明度的平均得分低16.92分,在该单项信息排名中位列第31名。

28.8 西藏自治区社会保险基金信息公开情况

社会保险基金透明度评分指标主要根据"社会保险基金资产负债表"、"企业职工基本养老保险基金收支表"、"失业保险基金收支表"、"城镇职工基本医疗保险基金收支表"、"工伤保险基金收支表"、"生育保险基金收支表"、"居民社会养老保险基金收支表"、"城乡居民基本医疗保险基金收支表"、"新型农村合作医疗基金收支表"、"城镇居民基本医疗保险基金收支表"、"社会保障基金财政专户资产负债表"、"社会保障基金财政专户收支表"、"财政对社会保险基金补助资金情况表"、"企业职工基本养老保险补充资料表"、"失业保险补充资料表"、"城镇职工医疗保险、工伤保险、生育保险补充资料表"、"居民社会养老保险补充资料表"、"居民基本医疗保险补充资料表"、"其他养老保险情况表"、"其他医疗保障情况表"这20张决算表格设计而成。

西藏自治区相关部门并没有直接提供给项目组关于社会保险基金预算的信息,项目组通过网站查询,主要从2015年预算执行情况中获取了部分相关信息。具体的信息公开方式及信息公开内容见表28－8。

表28－8　　　西藏自治区社会保险基金信息公开情况(2015)

编号	信息要素	未公开	依申请公开	网站公开	出版物公开	得分
1	各项社会保险基金的收支总额			√		1
2	各项社会保险基金的收入款级科目			√		1
3	各项社会保险基金的收入项级科目	√				0
4	各项社会保险基金的支出款级科目			√		1
5	各项社会保险基金的支出项级科目	√				0
6	各项社会保险基金收支分级信息(类级科目)	√				0
7	各项社会保险基金的基本数字(类级科目)	√				0

续表

编号	信息要素	未公开	依申请公开	网站公开	出版物公开	得分
8	各项社会保险基金资产的类级科目	√				0
9	各项社会保险基金资产的款级科目	√				0
10	各项社会保险基金资产的项级科目	√				0
11	各项社会保险基金负债的类级科目	√				0
12	各项社会保险基金负债的款级科目	√				0
13	各项社会保险基金负债的项级科目	√				0
14	养老基金的长期收支预测	√				0

西藏自治区社会保险基金透明度得分为$[(1+1+1)\div 14]\times 100=21.43$分，比该单项信息排名第一的山西等省份低55.71分，比31个省份政府性基金透明度的平均得分低27.68分，在该单项信息排名中位列第31名。

28.9 西藏自治区国有企业基金信息公开情况

国有企业基金透明度评分指标的构成内容包括：①国有企业的总量6项指标（国有企业的收入、费用、利润总额、资产、负债及所有者权益总额）；②国有企业的总量4张表（资产负债表、利润表、现金流量表、所有者权益变动表）；③政府直属企业按户公布的8项指标（资产总额、负债总额、所有者权益总额、国有资本及权益总额、营业总收入、利润总额、净利润总额、归属母公司所有者权益的净利润）；④政府直属企业是否按照国内上市公司的信息披露要求公布企业运营状况。

项目组只查询到了西藏自治区本级国有企业的总量指标，未获取其他2015年度国有企业的财务信息。具体的信息公开方式及信息公开内容见表28－9。

表28－9　　西藏自治区国有企业基金信息公开情况（2015）

编号	信息要素	未公开	依申请公开	网站公开	出版物公开	得分
1	国有企业的收入、费用和利润总额			√		1
2	国有企业的资产、负债及所有者权益总额			√		1

续表

编号	信息要素	未公开	依申请公开	网站公开	出版物公开	得分
3	国有企业资产负债表	√				0
4	国有企业利润表	√				0
5	国有企业现金流量表	√				0
6	国有企业所有者权益变动表	√				0
7	政府直属企业主要指标表	√				0
8	政府直属企业达到与国内上市公司同等信息披露要求	√				0

西藏自治区国有企业基金透明度得分为[(1+1)÷8]×100＝25分,比该单项信息排名第一的山东省低62.5分,比31个省份国有企业基金透明度的平均得分低32.78分,在该单项信息排名中与其他10个省份并列第21名。

28.10 基本结论

西藏自治区在2017年财政透明度调查过程中的答复情况较差,如在部门预算及相关信息透明度调查过程中,项目组仅收到了人民政府办公厅和财政厅两个部门的政府信息公开申请答复,态度得分为9.09分,单项得分排名为第31名。

综合各项信息要素得分,西藏自治区2017年财政透明度的最终得分为63.16×25％＋44.44×8％＋0×4％＋33.33×2％＋0×9％＋30.40×15％＋21.43×19％＋25×15％＋9.09×3％＝55.94分。

我们认为,西藏自治区政府和财政厅可以在门户网站应进一步加大"四本预算"的全自治区总预算(决算)的公开力度,尤其是要注重细化预决算公开和预算支出按经济性质分类的公开。另外,对于依申请的回复方面,也建议进一步加强。

29 青海省财政透明度报告

29.1 青海省财政透明度概况

中共十八大以来,青海省贯彻落实新《预算法》关于预决算公开的相关规定和中共中央办公厅、国务院办公厅《关于进一步推进预算公开工作的意见》的相关规定,积极推进财政信息公开工作。

综合青海省政府及省内部门等网站公开资料、《青海统计年鉴》和被调查部门的信息反馈情况,项目组计算得出青海省财政透明度得分。从图29-1可知,青海省财政透明度得分年度间波动比较小,分数在14~30分之间徘徊,最低分为2012年的14.19分,最高分为2017年的28.77分;其在31个省份份中的排名位次也比较稳定,除了2009年排在第10名外,其他年份基本上都是排在20名以后,最差的是2012年,排在倒数第1名,2017年的排名与2016年持平,都排在第29名。

青海省2017年财政透明度总得分为28.77分,比31个省份财政透明度的平均得分低19.51分,比排名第一的山东省低41.24分,在31个省份财政透明度得分排名中位居第29名。青海省2017年的得分略高于2016年的得分,主要是部门预算和相关信息透明度以及社会保险基金透明度两部分的得分高于2016年得分导致的。就2017年青海省财政透明度得分的各项构成情况(见表29-1)来看,只有国有资本经营预算基金透明度的得分略高于31个省份平均得分,其他各项的得分都低于 31 个省份平均得分,其中财政专户管理资金透明度和政府资产负债透明度得分均为零分。

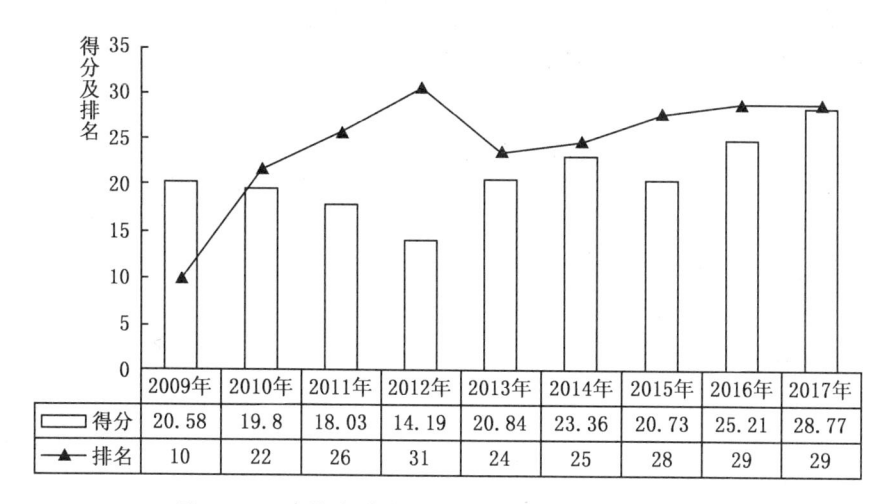

图 29—1 青海省财政透明度得分及排名(2009—2017)

	2009年	2010年	2011年	2012年	2013年	2014年	2015年	2016年	2017年
得分	20.58	19.8	18.03	14.19	20.84	23.36	20.73	25.21	28.77
排名	10	22	26	31	24	25	28	29	29

表 29—1　青海省各调查信息要素的透明度得分(2017)

	一般公共预算基金	政府性基金	财政专户管理资金	国有资本经营预算基金	政府资产负债	部门预算及相关信息	社会保险基金	国有企业基金	被调查者态度
权重	25%	8%	4%	2%	9%	15%	19%	15%	3%
31 个省份平均百分制得分	57.52	47.90	4.68	43.64	17.71	47.32	49.11	57.78	77.30
青海省百分制得分	36.62	33.33	0.00	44.44	0.00	38.10	23.21	25.00	72.73

29.2　青海省一般公共预算基金信息公开情况

一般公共预算基金透明度评分指标主要根据财政部要求编制的"公共财政收支决算总表"、"公共财政收入决算明细表"、"公共财政支出决算功能分类明细表"、"公共财政收支决算分级表"、"公共财政收支及平衡情况表"这 5 张决算表格设计而成。其中,前三张决算表格调查的内容是省总预算的收支情况,各项信息要素权重为 2;后两张决算表格调查的内容是省本级和省以下各级地方政府的收支情况,各项信息要素权重为1。另外,项目组还提出了一般公共预算经济分类支出信息公开的申请。

青海省相关部门并没有直接提供信息给项目组,项目组通过网站查询和《青海财政年鉴》获得了部分信息。具体的信息公开方式及信息公开内容见表29—2。

表29—2　　青海省一般公共预算基金信息公开情况(2015)

编号	信息要素	未公开	依申请公开	网站公开	出版物公开	已公开信息项	应公开信息项
1	省总预算公共预算收支总额			√	√	2	2
2	省总预算公共预算收入类级科目			√	√	2	2
3	省总预算公共预算收入款级科目			√	√	22	22
4	省总预算公共预算收入项级科目	√					22
5	省总预算公共预算收入目级科目	√					22
6	省总预算公共预算支出功能分类类级科目			√		24	24
7	省总预算公共预算支出功能分类款级科目			√		24	24
8	省总预算公共预算支出功能分类项级科目			√		23	24
9	省总预算公共预算支出经济分类类级科目	√					10
10	省总预算公共预算支出经济分类款级科目	√					10
11	省本级公共预算收入类级科目			√		2	2
12	省本级公共预算支出功能分类类级科目			√		24	24
13	省本级公共预算支出经济分类类级科目	√					10
14	地市本级公共预算收入类级科目	√					2
15	地市本级公共预算支出功能分类类级科目	√					24
16	地市本级公共预算支出经济分类类级科目	√					10
17	县本级公共预算收入类级科目	√					2
18	县本级公共预算支出功能分类类级科目	√					24
19	县本级公共预算支出经济分类类级科目	√					10
20	乡级公共预算收入类级科目	√					2
21	乡级公共预算支出功能分类类级科目	√					24
22	乡级公共预算支出经济分类类级科目	√					10
23	各地市本级公共预算收入类级科目	√					1
24	各地市本级公共预算支出功能分类类级科目	√					1

续表

编号	信息要素	未公开	依申请公开	网站公开	出版物公开	已公开信息项	应公开信息项
25	各地市本级公共预算支出经济分类类级科目	√					1
26	各县本级公共预算收入类级科目	√					1
27	各县本级公共预算支出功能分类类级科目	√					1
28	各县本级公共预算支出经济分类类级科目	√					1

一般公共预算基金透明度得分计算方法为：

$$\left(\sum_{i=1}^{28}\frac{\text{已公开信息项}_i}{\text{应公开信息项}_i}\times\text{二级权重}_i\right)\times 100 / \sum_{i=1}^{28}\text{二级权重}_i$$

根据该计算方法,可以得出青海省一般公共预算基金透明度得分为36.62分,比该单项信息排名第一的四川省低42.33分,比31个省份一般公共预算基金透明度的平均得分低20.9分,在该单项信息排名中与云南省并列第27名。

29.3 青海省政府性基金信息公开情况

政府性基金透明度评分指标根据"政府性基金收支决算总表"、"政府性基金收支及结余情况表"、"政府性基金收支决算分级表"、"政府性基金收支及平衡情况表"这4张决算表格设计而成。其中,前两张决算表格调查的内容是省总预算的收支情况,各项信息要素权重为2;后两张决算表格调查的内容是省本级和省以下各级地方政府的收支情况,各项信息要素权重为1。另外,项目组还提出了政府性基金经济分类支出信息公开的申请。

青海省相关部门并没有直接提供信息给项目组,项目组通过网站查询获得了部分信息。具体的信息公开方式及信息公开内容见表29-3。

表29-3　　青海省政府性基金信息公开情况(2015)

编号	信息要素	未公开	依申请公开	网站公开	出版物公开	已公开信息项	应公开信息项
1	省总预算政府性基金预算收支总额			√		2	2
2	省总预算政府性基金预算收入款级科目			√		1	1
3	省总预算政府性基金预算收入项级科目			√		1	1
4	省总预算政府性基金预算收入目级科目	√					1

续表

编号	信息要素	未公开	依申请公开	网站公开	出版物公开	已公开信息项	应公开信息项
5	省总预算政府性基金预算支出功能分类类级科目			√		10	10
6	省总预算政府性基金预算支出功能分类款级科目			√		10	10
7	省总预算政府性基金预算支出功能分类项级科目	√					10
8	省总预算政府性基金预算支出经济分类类级科目	√					10
9	省总预算政府性基金预算支出经济分类款级科目	√					10
10	省本级政府性基金预算收入款级科目			√		1	1
11	省本级政府性基金预算支出功能分类类级科目			√		10	10
12	省本级政府性基金预算支出经济分类类级科目	√					10
13	地市本级政府性基金预算收入款级科目	√					1
14	地市本级政府性基金预算支出功能分类类级科目	√					10
15	地市本级政府性基金预算支出经济分类类级科目	√					10
16	县本级政府性基金预算收入款级科目	√					1
17	县本级政府性基金预算支出功能分类类级科目	√					10
18	县本级政府性基金预算支出经济分类类级科目	√					10
19	乡级政府性基金预算收入款级科目	√					1
20	乡级政府性基金预算支出功能分类类级科目	√					10
21	乡级政府性基金预算支出经济分类类级科目	√					10
22	各地市本级政府性基金预算收入款级科目	√					1
23	各地市本级政府性基金预算支出功能分类类级科目	√					1
24	各地市本级政府性基金预算支出经济分类类级科目	√					1
25	各县本级政府性基金预算收入款级科目	√					1
26	各县本级政府性基金预算支出功能分类类级科目	√					1
27	各县本级政府性基金预算支出经济分类类级科目	√					1

政府性基金透明度得分计算方法为：

$$\left(\sum_{i=1}^{27}\frac{已公开信息项_i}{应公开信息项_i}\times 二级权重_i\right)\times 100/\sum_{i=1}^{27}二级权重_i$$

根据该计算方法,可以得出青海省政府性基金透明度得分为33.33分,比该单项信息排名第一的省份低38.89分,比31个省份政府性基金透明度的平均得分低14.57分,在该单项信息排名中与其他6个省份并列第18名。

29.4 青海省财政专户管理资金信息公开情况

财政专户管理资金透明度评分指标根据"财政专户管理资金收支总表"、"财政专户管理资金收入明细表"、"财政专户管理资金支出功能分类明细表"、"财政专户管理资金收支分级表"和"财政专户管理资金收支及平衡情况表"这5张决算表格设计而成。其中,涉及省总预算财政专户的各项信息要素权重为2,其余省本级和省以下各级地方政府财政专户的各项信息要素权重为1。

财政部不再统一要求地方政府在2015年度政府决算中编制财政专户管理资金的相关表格。项目组未获取青海省2015年度任何财政专户管理资金的收支信息,见表29－4。青海省财政专户管理资金透明度得分为零分。

表29－4　　青海省财政专户管理资金信息公开情况(2015)

编号	信息要素	未公开	依申请公开	网站公开	出版物公开	已公开信息项	应公开信息项
1	省总预算财政专户收支总额	√				0	2
2	省总预算财政专户收入款级科目	√				0	2
3	省总预算财政专户收入项级科目	√				0	2
4	省总预算财政专户收入目级科目	√				0	2
5	省总预算财政专户支出功能分类类级科目	√				0	22
6	省总预算财政专户支出功能分类款级科目	√				0	22
7	省总预算财政专户支出功能分类项级科目	√				0	22
8	省总预算财政专户支出经济分类类级科目	√				0	10
9	省总预算财政专户支出经济分类款级科目	√				0	10
10	省本级财政专户收入款级科目	√				0	2
11	省本级财政专户支出功能分类类级科目	√				0	22
12	省本级财政专户支出经济分类类级科目	√				0	10

续表

编号	信息要素	未公开	依申请公开	网站公开	出版物公开	已公开信息项	应公开信息项
13	地市本级财政专户收入款级科目	√				0	2
14	地市本级财政专户支出功能分类类级科目	√				0	22
15	地市本级财政专户支出经济分类类级科目	√				0	10
16	县本级财政专户收入款级科目	√				0	2
17	县本级财政专户支出功能分类类级科目	√				0	22
18	县本级财政专户支出经济分类类级科目	√				0	10
19	乡级财政专户收入款级科目	√				0	2
20	乡级财政专户支出功能分类类级科目	√				0	22
21	乡级财政专户支出经济分类类级科目	√				0	10
22	各地市本级财政专户收入款级科目	√				0	1
23	各地市本级财政专户支出功能分类类级科目	√				0	1
24	各地市本级财政专户支出经济分类类级科目	√				0	1
25	各县本级财政专户收入款级科目	√				0	1
26	各县本级财政专户支出功能分类类级科目	√				0	1
27	各县本级财政专户支出经济分类类级科目	√				0	1

29.5 青海省国有资本经营预算基金信息公开情况

国有资本经营预算基金透明度评分指标根据"国有资本经营收支决算总表"、"国有资本经营收支决算明细表"、"国有资本经营收支决算分级表"和"国有资本经营收支及平衡情况表"这4张决算表格设计而成。其中,前两张决算表格调查的内容是省总预算的收支情况,各项信息要素权重为2;后两张决算表格调查的内容是省本级和省以下各级地方政府的收支情况,各项信息要素权重为1。

青海省相关部门并没有直接提供给项目组关于国有资本经营预算的信息,项目组通过网站查询获得了部分信息。具体的信息公开方式及信息公开内容见表29—5。

表 29-5　　青海省国有资本经营预算基金信息公开情况(2015)

编号	信息要素	未公开	依申请公开	网站公开	出版物公开	已公开信息项	应公开信息项
1	国有资本经营预算收支总额			✓		2	2
2	国有资本经营预算收入款级科目			✓		1	1
3	国有资本经营预算收入项级科目			✓		5	5
4	国有资本经营预算收入目级科目			✓		5	5
5	国有资本经营预算支出功能分类类级科目			✓		11	11
6	国有资本经营预算支出功能分类款级科目			✓		1	1
7	国有资本经营预算支出功能分类项级科目			✓		1	1
8	国有资本经营预算支出经济分类类级科目	✓					3
9	国有资本经营预算支出经济分类款级科目	✓					3
10	省本级国有资本经营预算收入款级科目			✓		5	5
11	省本级国有资本经营预算支出功能分类类级科目			✓		11	11
12	省本级国有资本经营预算支出经济分类科目	✓					3
13	地市本级国有资本经营预算收入款级科目	✓					5
14	地市本级国有资本经营预算支出功能分类类级科目	✓					11
15	地市本级国有资本经营预算支出经济分类类级科目	✓					3
16	县本级国有资本经营预算收入款级科目	✓					5
17	县本级国有资本经营预算支出功能分类类级科目	✓					11
18	县本级国有资本经营预算支出经济分类类级科目	✓					3
19	乡级国有资本经营预算收入款级科目	✓					5
20	乡级国有资本经营预算支出功能分类类级科目	✓					11
21	乡级国有资本经营预算支出经济分类类级科目	✓					3
22	各地市本级国有资本经营预算收入款级科目	✓					5
23	各地市本级国有资本经营预算支出功能分类类级科目	✓					11
24	各地市本级国有资本经营预算支出经济分类类级科目	✓					3
25	各县本级国有资本经营预算收入款级科目	✓					5

续表

编号	信息要素	未公开	依申请公开	网站公开	出版物公开	已公开信息项	应公开信息项
26	各县本级国有资本经营预算支出功能分类类级科目	√					11
27	各县本级国有资本经营预算支出经济分类类级科目	√					3

国有资本经营预算基金透明度得分计算方法为：

$$\left(\sum_{i=1}^{27}\frac{已公开信息项_i}{应公开信息项_i}\times 二级权重_i\right)\times 100/\sum_{i=1}^{27}二级权重_i$$

根据该计算方法,可以得出青海省国有资本经营预算基金透明度得分为44.44分,比该单项信息排名第一的省份低27.78分,比31个省份国有资本经营预算基金透明度的平均得分高0.8分,在该单项信息排名中与其他3个省份并列第13名。

29.6 青海省政府资产负债信息公开情况

政府资产负债涵盖除社会保险基金和国有企业基金之外的所有政府资产与负债,包括一般公共预算基金、政府性基金、国有资本经营预算基金、财政专户管理资金所形成的资产和负债。具体指标包括资产类指标金融资产(存款、有价证券、在途款、暂付款)和固定资产(地产、房产建筑、设备)、负债类指标短期负债(暂存款、应付款、短期借款)和长期负债(1~3年、3~5年、5年以上)、净资产类指标金融净资产(预算结余、基金预算结余、国有资本经营预算结余、专用基金结余、财政专户管理资金结余、预算稳定调节基金、预算周转金)和非金融净资产。

项目组未获取青海省2015年度政府资产负债的收支信息,见表29-6。青海省政府资产负债透明度得分为零分。

表29-6　　　青海省政府资产负债信息公开情况(2015)

编号	信息要素	未公开	依申请公开	网站公开	出版物公开	已公开信息项	应公开信息项
1	政府资产负债总额	√				0	2
2	政府资产一级分类信息	√				0	2
3	政府资产二级分类信息	√				0	7
4	政府负债一级分类信息	√				0	2

续表

编号	信息要素	未公开	依申请公开	网站公开	出版物公开	已公开信息项	应公开信息项
5	政府负债二级分类信息	√				0	6
6	政府净资产一级分类信息	√				0	2
7	政府净资产二级分类信息	√				0	7

29.7 青海省部门预算及相关信息公开情况

项目组选取省人民政府办公厅、人大常委会办公厅、政协办公厅、教育厅、财政厅、国家税务局、地方税务局、工商行政管理局、卫生和计划生育委员会、交通运输厅、环境保护厅11个省级部门作为调查对象,部门预算及相关信息透明度最终得分是这11个部门预算及相关信息透明度的平均数。每个部门的透明度评估指标涉及三大类型:关于预算单位的财务信息、关于预算单位的人员信息、关于机构的信息。具体决算表格为"收入支出决算总表"、"支出决算表"、"支出决算明细表"、"基本支出决算明细表"、"项目支出决算明细表"、"资产负债表"、"基本数字表"、"机构人员情况表"。

除国家税务局外,青海省其余10个部门都公布了部分信息。下面以青海省财政厅为例,给出部门预算及相关信息透明度得分的计算。

青海省财政厅公布了表29-7中第1—4项、7—14项信息要素,而其他信息要素却并未公布。具体的信息公开方式及信息公开内容见表29-7。

表29-7　青海省财政厅部门预算及相关信息公开情况(2015)

编号	信息要素	未公开	依申请公开	网站公开	出版物公开	得分
1	部门收入分类			√		1
2	部门支出功能分类类级科目			√		1
3	部门支出功能分类款级科目			√		1
4	部门支出功能分类项级科目			√		1
5	部门支出经济分类类级科目	√				0
6	部门支出经济分类款级科目	√				0
7	基本支出功能分类类级科目			√		1
8	基本支出功能分类款级科目			√		1

续表

编号	信息要素	未公开	依申请公开	网站公开	出版物公开	得分
9	基本支出功能分类项级科目			✓		1
10	基本支出经济分类类级科目			✓		1
11	基本支出经济分类款级科目			✓		1
12	项目支出功能分类类级科目			✓		1
13	项目支出功能分类款级科目			✓		1
14	项目支出功能分类项级科目			✓		1
15	项目支出经济分类类级科目	✓				0
16	项目支出经济分类款级科目	✓				0
17	资产一级分类	✓				0
18	资产二级分类	✓				0
19	资产三级分类	✓				0
20	其他补充资产信息	✓				0
21	人员编制总数及各类人员编制数	✓				0
22	年末实有人员总数及类型	✓				0
23	按经费来源划分的各类人员数	✓				0
24	部门机构一级信息	✓				0
25	部门机构二级信息	✓				0
26	部门机构三级信息	✓				0

青海省部门预算及相关信息透明度得分为[(1+1+1+1+1+1+1+1+1+1+1+1)÷26]×100＝46.2 分。计算 11 个部门预算及相关信息透明度的平均得分,得到青海省部门预算及相关信息透明度最终得分为 38.1 分,比 31 个省份部门预算及相关信息透明度的平均得分低 9.22 分,在该单项信息排名中位列第 30 名。

29.8 青海省社会保险基金信息公开情况

社会保险基金透明度评分指标主要根据"社会保险基金资产负债表"、"企业职工基本养老保险基金收支表"、"失业保险基金收支表"、"城镇职工基本医疗保险基金收支表"、"工伤保险基金收支表"、"生育保险基金收支表"、"居民社会养老保险基金收支表"、"城乡居民基本医疗保险基金收支表"、"新型农村合作医疗基金收支表"、"城镇居民基本医疗保险基金收支表"、"社会保障基金财政专户资产负债表"、"社会保障基金财政专户收支表"、"财政对社会保险基金补助资金情况表"、"企业职工基本养老保险补充资料表"、"失业保险补充资料表"、"城镇职工医疗保险、工伤保险、生育保险补充资料表"、"居民社会养老保险补充资料表"、"居民基本医疗保险补充资料表"、"其他养老保险情况表"、"其他医疗保障情况表"这20张决算表格设计而成。

青海省相关政府网站公布了关于社会保险基金的部分信息。具体的信息公开方式及信息公开内容见表29-8。

表29-8　　青海省社会保险基金信息公开情况(2015)

编号	信息要素	未公开	依申请公开	网站公开	出版物公开	得分
1	各项社会保险基金的收支总额			✓		1
2	各项社会保险基金的收入款级科目			✓		1
3	各项社会保险基金的收入项级科目	✓				0
4	各项社会保险基金的支出款级科目			✓		1
5	各项社会保险基金的支出项级科目	✓				0
6	各项社会保险基金收支分级信息（类级科目）			部分信息		0.25
7	各项社会保险基金的基本数字（类级科目）	✓				0
8	各项社会保险基金资产的类级科目	✓				0
9	各项社会保险基金资产的款级科目	✓				0
10	各项社会保险基金资产的项级科目	✓				0
11	各项社会保险基金负债的类级科目	✓				0
12	各项社会保险基金负债的款级科目	✓				0
13	各项社会保险基金负债的项级科目	✓				0
14	养老基金的长期收支预测	✓				0

青海省社会保险基金透明度得分为[(1+1+1+0.25)÷14]×100＝23.21分,比该单项信息排名第一的省份低53.93分,比31个省份社会保险基金透明度的平均得分低25.9分,在该单项信息排名中与其他3个省份并列

第 27 名。

29.9 青海省国有企业基金信息公开情况

国有企业基金透明度评分指标的构成内容包括：①国有企业的总量 6 项指标（国有企业的收入、费用、利润总额、资产、负债及所有者权益总额）；②国有企业的总量 4 张表（资产负债表、利润表、现金流量表、所有者权益变动表）；③政府直属企业按户公布的 8 项指标（资产总额、负债总额、所有者权益总额、国有资本及权益总额、营业总收入、利润总额、净利润总额、归属母公司所有者权益的净利润）；④政府直属企业是否按照国内上市公司的信息披露要求公布企业运营状况。

项目组只查询到了青海省本级国有企业的总量指标，未获取其他 2015 年度国有企业的财务信息。具体的信息公开方式及信息公开内容见表 29-9。

表 29-9　　　青海省国有企业基金信息公开情况（2015）

编号	信息要素	未公开	依申请公开	网站公开	出版物公开	得分
1	国有企业的收入、费用和利润总额				√	1
2	国有企业的资产、负债及所有者权益总额				√	1
3	国有企业资产负债表	√				0
4	国有企业利润表	√				0
5	国有企业现金流量表	√				0
6	国有企业所有者权益变动表	√				0
7	政府直属企业主要指标表	√				0
8	政府直属企业达到与国内上市公司同等信息披露要求	√				0

青海省国有企业基金透明度得分为$[(1+1) \div 8] \times 100 = 25$ 分，比该单项信息排名第一的山东省低 62.5 分，比 31 个省份国有企业基金透明度的平均得分低 32.78 分，在该单项信息排名中与其他 10 个省份并列第 21 名。

29.10 基本结论

青海省在 2017 年财政透明度调查过程中的答复情况一般，态度得分为

72.73分,单项得分排名为第22名。

综合各项信息要素得分,青海省2017年财政透明度的最终得分为$36.62\times25\%+33.33\times8\%+0\times4\%+44.44\times2\%+0\times9\%+38.1\times15\%+23.21\times19\%+25\times15\%+72.73\times3\%=28.77$分。

该得分低于31个省份平均得分,排名也比较靠后,排在第29名,也就是说排在倒数第3名,该排名与青海省经济发展水平在全国的排名相差无几,这表明按照青海省的个案来看,似乎财政透明度得分与经济发展水平相适应。从各个具体项目的透明度来看,青海省一般公共预算基金、国有资本经营预算基金、部门预算及相关信息等方面的信息透明度要好于其他几项,而其在财政专户管理资金、政府资产负债方面的透明度最差,未给出任何信息。

30 陕西省财政透明度报告

30.1 陕西省财政透明度概况

中共十八大以来,陕西省贯彻落实新《预算法》关于预决算公开的相关规定和中共中央办公厅、国务院办公厅《关于进一步推进预算公开工作的意见》的相关规定,积极推进财政信息公开工作。

在严格执行国家预决算公开要求的基础上,陕西省财政厅2016年先后印发了《关于进一步推进预算公开的通知》(陕财办预〔2016〕74号)、《关于切实做好预决算公开工作的通知》(陕财办预〔2016〕122号)、《关于进一步加强决算公开工作的通知》(陕财办库〔2016〕63号)、《关于转发〈地方预决算公开操作规程〉的通知》(陕财办预〔2016〕141号)等一系列制度性文件,对预决算公开的内容、格式、时间等进行了规范,使预算公开工作有了制度依据和规范参考。①

陕西省省、市、县三级政府都按照政府预决算公开的要求和程序,公开了2016年政府预算和2015年政府决算。除涉密单位和涉密信息外,省市县三级都按程序公开了部门预算和部门决算,部门预决算支出公开到一般公共预算支出功能分类科目的项级和一般公共预算基本支出经济分类科目的款级。随同预决算公开"三公"经费,部门"三公"经费按要求细化编制,对"三公"经费

---

① 相关资料来自《2016年陕西省财政厅政府信息公开工作报告》。

增减变化原因等信息予以说明。

综合政府网站公开资料、《陕西统计年鉴》和被调查部门的信息反馈情况，项目组计算得出陕西省财政透明度得分。从图30-1可知，2009-2017年，陕西省财政透明度得分在31个省份中排名一直靠后。受部门预算及相关信息透明度得分和被调查者态度得分下降影响，2017年陕西省财政透明度最终得分为27.24分，得分和排名比2016年略有下降，在31个省份中排在第30名。

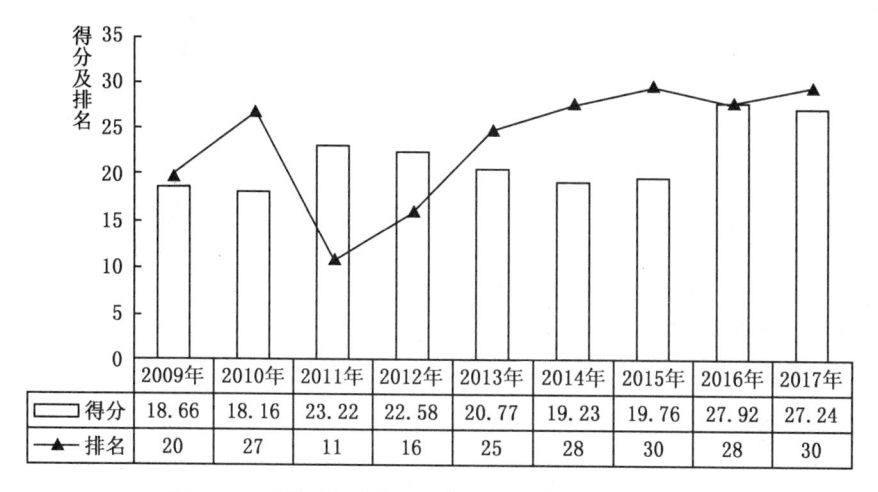

	2009年	2010年	2011年	2012年	2013年	2014年	2015年	2016年	2017年
得分	18.66	18.16	23.22	22.58	20.77	19.23	19.76	27.92	27.24
排名	20	27	11	16	25	28	30	28	30

图30-1　陕西省财政透明度得分及排名（2009-2017）

就2017年陕西省财政透明度得分的各项构成情况（见表30-1）来看，除部门预算及相关信息透明度得分和态度得分高于31个省份的平均得分外，其余7项信息要素的得分均低于31个省份平均水平，其中一般公共预算基金透明度得分是31个省份中最低的，财政专户管理资金透明度和政府资产负债透明度得分均为零分。

表30-1　陕西省各调查信息要素的透明度得分（2017）

	一般公共预算基金	政府性基金	财政专户管理资金	国有资本经营预算基金	政府资产负债	部门预算及相关信息	社会保险基金	国有企业基金	被调查者态度
权重	25%	8%	4%	2%	9%	15%	19%	15%	3%
31个省份平均百分制得分	57.86	47.90	4.68	43.64	17.71	47.32	49.11	57.78	77.27
陕西省百分制得分	26.32	27.78	0.00	5.56	0.00	51.40	23.21	25.00	81.8

30.2 陕西省一般公共预算基金信息公开情况

一般公共预算基金透明度评分指标主要根据财政部要求编制的"公共财政收支决算总表"、"公共财政收入决算明细表"、"公共财政支出决算功能分类明细表"、"公共财政收支决算分级表"、"公共财政收支及平衡情况表"这5张决算表格设计而成。其中,前三张决算表格调查的内容是省总预算的收支情况,各项信息要素权重为2;后两张决算表格调查的内容是省本级和省以下各级地方政府的收支情况,各项信息要素权重为1。另外,项目组还提出了一般公共预算经济分类支出信息公开的申请。

陕西省财政厅网站公布了"2015年陕西省一般公共预算收入执行情况比较表"、"2015年陕西省一般公共预算支出执行情况比较表"(细化公开到类级科目)、"2015年省级一般公共预算收入执行情况比较表"、"2015年省级一般公共预算支出执行情况比较表"(细化公开到项级科目)、"2015年陕西省一般公共预算收支平衡情况表"、"2015年省级一般公共预算收支平衡情况表",得分的信息要素为表30-2中第1-3项、第6项、第11-12项。具体的信息公开方式及信息公开内容见表30-2。

表30-2 陕西省一般公共预算基金信息公开情况(2015)

编号	信息要素	未公开	依申请公开	网站公开	出版物公开	已公开信息项	应公开信息项
1	省总预算公共预算收支总额			√	√	2	2
2	省总预算公共预算收入类级科目			√	√	2	2
3	省总预算公共预算收入款级科目			√	√	22	22
4	省总预算公共预算收入项级科目	√				0	22
5	省总预算公共预算收入目级科目	√				0	22
6	省总预算公共预算支出功能分类类级科目			√	√	24	24
7	省总预算公共预算支出功能分类款级科目					0	24
8	省总预算公共预算支出功能分类项级科目					0	24
9	省总预算公共预算支出经济分类类级科目	√				0	10
10	省总预算公共预算支出经济分类款级科目	√				0	10
11	省本级公共预算收入类级科目			√		2	2
12	省本级公共预算支出功能分类类级科目			√		24	24

续表

编号	信息要素	未公开	依申请公开	网站公开	出版物公开	已公开信息项	应公开信息项
13	省本级公共预算支出经济分类类级科目	√				0	10
14	地市本级公共预算收入类级科目	√				0	2
15	地市本级公共预算支出功能分类类级科目	√				0	24
16	地市本级公共预算支出经济分类类级科目	√				0	10
17	县本级公共预算收入类级科目	√				0	2
18	县本级公共预算支出功能分类类级科目	√				0	24
19	县本级公共预算支出经济分类类级科目	√				0	10
20	乡级公共预算收入类级科目	√				0	2
21	乡级公共预算支出功能分类类级科目	√				0	24
22	乡级公共预算支出经济分类类级科目	√				0	10
23	各地市本级公共预算收入类级科目	√				0	1
24	各地市本级公共预算支出功能分类类级科目	√				0	1
25	各地市本级公共预算支出经济分类类级科目	√				0	1
26	各县本级公共预算收入类级科目	√				0	1
27	各县本级公共预算支出功能分类类级科目	√				0	1
28	各县本级公共预算支出经济分类类级科目	√				0	1

一般公共预算基金透明度得分计算方法为：

$$\left(\sum_{i=1}^{28} \frac{\text{已公开信息项}_i}{\text{应公开信息项}_i} \times \text{二级权重}_i\right) \times 100 / \sum_{i=1}^{28} \text{二级权重}_i$$

根据该计算方法，可以得出陕西省一般公共预算基金透明度得分为26.32分，比该单项信息排名第一的四川省低52.63分，比31个省份一般公共预算基金透明度的平均得分低31.2分，在该单项信息排名中位列第31名。

30.3 陕西省政府性基金信息公开情况

政府性基金透明度评分指标根据"政府性基金收支决算总表"、"政府性基金收支及结余情况表"、"政府性基金收支决算分级表"、"政府性基金收支及平衡情况表"这4张决算表格设计而成。其中，前两张决算表格调查的内容是省总预算的收支情况，各项信息要素权重为2；后两张决算表格调查的内容是省本级和省以下各级地方政府的收支情况，各项信息要素权重为1。另外，项目组还提出了政府性基金经济分类支出信息公开的申请。

陕西省财政厅网站公开了"2015年陕西省政府性基金预算收入决算总表"、"2015年陕西省政府性基金预算支出决算总表"、"2015年省级政府性基金预算收入决算总表"、"2015年省级政府性基金预算支出决算总表",得分的信息要素是表30-3中第1-3项、第5项、第10-11项。具体的信息公开方式及信息公开内容见表30-3。

表30-3　　陕西省政府性基金信息公开情况(2015)

编号	信息要素	未公开	依申请公开	网站公开	出版物公开	已公开信息项	应公开信息项
1	省总预算政府性基金预算收支总额			√		2	2
2	省总预算政府性基金预算收入款级科目			√		1	1
3	省总预算政府性基金预算收入项级科目			√		1	1
4	省总预算政府性基金预算收入目级科目	√				0	1
5	省总预算政府性基金预算支出功能分类类级科目			√		10	10
6	省总预算政府性基金预算支出功能分类款级科目	√				0	10
7	省总预算政府性基金预算支出功能分类项级科目	√				0	10
8	省总预算政府性基金预算支出经济分类类级科目	√				0	10
9	省总预算政府性基金预算支出经济分类款级科目	√				0	10
10	省本级政府性基金预算收入类级科目			√		1	1
11	省本级政府性基金预算支出功能分类类级科目			√		10	10
12	省本级政府性基金预算支出经济分类类级科目	√				0	10
13	地市本级政府性基金预算收入类级科目	√				0	1
14	地市本级政府性基金预算支出功能分类类级科目	√				0	10
15	地市本级政府性基金预算支出经济分类类级科目	√				0	10
16	县本级政府性基金预算收入类级科目	√				0	1
17	县本级政府性基金预算支出功能分类类级科目	√				0	10
18	县本级政府性基金预算支出经济分类类级科目	√				0	10
19	乡级政府性基金预算收入类级科目	√				0	1

续表

编号	信息要素	未公开	依申请公开	网站公开	出版物公开	已公开信息项	应公开信息项
20	乡级政府性基金预算支出功能分类类级科目	√				0	10
21	乡级政府性基金预算支出经济分类类级科目	√				0	10
22	各地市本级政府性基金预算收入类级科目	√				0	1
23	各地市本级政府性基金预算支出功能分类类级科目	√				0	1
24	各地市本级政府性基金预算支出经济分类类级科目	√				0	1
25	各县本级政府性基金预算收入类级科目	√				0	1
26	各县本级政府性基金预算支出功能分类类级科目	√				0	1
27	各县本级政府性基金预算支出经济分类类级科目	√				0	1

政府性基金透明度得分计算方法为：

$$\left(\sum_{i=1}^{27}\frac{已公开信息项_i}{应公开信息项_i}\times 二级权重_i\right)\times 100/\sum_{i=1}^{27}二级权重_i$$

根据该计算方法，可以得出陕西省政府性基金透明度得分为 27.78 分，比该单项信息排名第一的省份低 44.44 分，比 31 个省份政府性基金透明度的平均得分低 20.12 分，在该单项信息排名中与其他 3 个省份并列第 26 名。

30.4 陕西省财政专户管理资金信息公开情况

财政专户管理资金透明度评分指标根据"财政专户管理资金收支总表"、"财政专户管理资金收入明细表"、"财政专户管理资金支出功能分类明细表"、"财政专户管理资金收支分级表"和"财政专户管理资金收支及平衡情况表"这 5 张决算表格设计而成。其中，涉及省总预算财政专户的各项信息要素权重为 2，其余省本级和省以下各级地方政府财政专户的各项信息要素权重为 1。

财政部不再统一要求地方政府在 2015 年度政府决算中编制财政专户管理资金的相关表格。项目组未获取陕西省 2015 年度任何财政专户管理资金的收支信息，见表 30-4。陕西省财政专户管理资金透明度得分为零分。

表30—4　　　　　陕西省财政专户管理资金信息公开情况（2015）

编号	信息要素	未公开	依申请公开	网站公开	出版物公开	已公开信息项	应公开信息项
1	省总预算财政专户收支总额	√				0	2
2	省总预算财政专户收入款级科目	√				0	2
3	省总预算财政专户收入项级科目	√				0	2
4	省总预算财政专户收入目级科目	√				0	2
5	省总预算财政专户支出功能分类类级科目	√				0	22
6	省总预算财政专户支出功能分类款级科目	√				0	22
7	省总预算财政专户支出功能分类项级科目	√				0	22
8	省总预算财政专户支出经济分类类级科目	√				0	10
9	省总预算财政专户支出经济分类款级科目	√				0	10
10	省本级财政专户收入类级科目	√				0	2
11	省本级财政专户支出功能分类类级科目	√				0	22
12	省本级财政专户支出经济分类类级科目	√				0	10
13	地市本级财政专户收入类级科目	√				0	2
14	地市本级财政专户支出功能分类类级科目	√				0	22
15	地市本级财政专户支出经济分类类级科目	√				0	10
16	县本级财政专户收入类级科目	√				0	2
17	县本级财政专户支出功能分类类级科目	√				0	22
18	县本级财政专户支出经济分类类级科目	√				0	10
19	乡级财政专户收入类级科目	√				0	2
20	乡级财政专户支出功能分类类级科目	√				0	22
21	乡级财政专户支出经济分类类级科目	√				0	10
22	各地市本级财政专户收入类级科目	√				0	1
23	各地市本级财政专户支出功能分类类级科目	√				0	1
24	各地市本级财政专户支出经济分类类级科目	√				0	1
25	各县本级财政专户收入类级科目	√				0	1
26	各县本级财政专户支出功能分类类级科目	√				0	1
27	各县本级财政专户支出经济分类类级科目	√				0	1

30.5 陕西省国有资本经营预算基金信息公开情况

国有资本经营预算基金透明度评分指标根据"国有资本经营收支决算总表"、"国有资本经营收支决算明细表"、"国有资本经营收支决算分级表"和"国有资本经营收支及平衡情况表"这4张决算表格设计而成。其中,前两张决算表格调查的内容是省总预算的收支情况,各项信息要素权重为2;后两张决算表格调查的内容是省本级和省以下各级地方政府的收支情况,各项信息要素权重为1。

陕西省财政厅网站公开了"2015年省级国有资本经营预算收入决算总表"、"2015年省级国有资本经营预算支出决算总表",得分的信息要素是表30-5中第10-11项。具体的信息公开方式及信息公开内容见表30-5。

表30-5　陕西省国有资本经营预算基金信息公开情况(2015)

编号	信息要素	未公开	依申请公开	网站公开	出版物公开	已公开信息项	应公开信息项
1	国有资本经营预算收支总额	√				0	2
2	国有资本经营预算收入款级科目	√				0	1
3	国有资本经营预算收入项级科目	√				0	5
4	国有资本经营预算收入目级科目	√				0	5
5	国有资本经营预算支出功能分类类级科目	√				0	11
6	国有资本经营预算支出功能分类款级科目	√				0	1
7	国有资本经营预算支出功能分类项级科目	√				0	1
8	国有资本经营预算支出经济分类类级科目	√				0	3
9	国有资本经营预算支出经济分类款级科目	√				0	3
10	省本级国有资本经营预算收入款级科目			√		2	5
11	省本级国有资本经营预算支出功能分类类级科目			√		6	11
12	省本级国有资本经营预算支出经济分类类级科目	√				0	3
13	地市本级国有资本经营预算收入款级科目	√				0	5
14	地市本级国有资本经营预算支出功能分类类级科目	√				0	11
15	地市本级国有资本经营预算支出经济分类类级科目	√				0	3
16	县本级国有资本经营预算收入款级科目	√				0	5

续表

编号	信息要素	未公开	依申请公开	网站公开	出版物公开	已公开信息项	应公开信息项
17	县本级国有资本经营预算支出功能分类类级科目	√				0	11
18	县本级国有资本经营预算支出经济分类类级科目	√				0	3
19	乡级国有资本经营预算收入款级科目	√				0	5
20	乡级国有资本经营预算支出功能分类类级科目	√				0	11
21	乡级国有资本经营预算支出经济分类类级科目	√				0	3
22	各地市本级国有资本经营预算收入款级科目	√				0	5
23	各地市本级国有资本经营预算支出功能分类类级科目	√				0	11
24	各地市本级国有资本经营预算支出经济分类类级科目	√				0	3
25	各县本级国有资本经营预算收入款级科目	√				0	5
26	各县本级国有资本经营预算支出功能分类类级科目	√				0	11
27	各县本级国有资本经营预算支出经济分类类级科目	√				0	3

国有资本经营预算基金透明度得分计算方法为：

$$\left(\sum_{i=1}^{27}\frac{已公开信息项_i}{应公开信息项_i}\times 二级权重_i\right)\times 100 / \sum_{i=1}^{27} 二级权重_i$$

根据该计算方法，可以得出陕西省国有资本经营预算基金透明度得分为 5.56 分，比该单项信息排名第一的省份低 66.66 分，比 31 个省份国有资本经营预算基金透明度的平均得分低 38.08 分，在该单项信息排名中与湖北、贵州并列第 29 名。

30.6 陕西省政府资产负债信息公开情况

政府资产负债涵盖除社会保险基金和国有企业基金之外的所有政府资产与负债，包括一般公共预算基金、政府性基金、国有资本经营预算基金、财政专户管理资金所形成的资产和负债。具体指标包括资产类指标金融资产(存款、有价证券、在途款、暂付款)和固定资产(地产、房产建筑、设备)、负债类指标短期负债(暂存款、应付款、短期借款)和长期负债(1～3 年、3～5 年、5 年以上)、净资产类指标金融净资产(预算结余、基金预算结余、国有资本经营预算结余、专用基金结余、财政专户管理资金结余、预算稳定调节基金、预算周转金)和非金融净资产。

项目组未获取陕西省2015年度"预算资金年终资产负债表"和"财政专户管理资金年终资产负债表"中政府资产负债的收支信息,见表30-6。陕西省政府资产负债透明度得分为零分。

表30-6　　　　陕西省政府资产负债信息公开情况(2015)

编号	信息要素	未公开	依申请公开	网站公开	出版物公开	已公开信息项	应公开信息项
1	政府资产负债总额	√				0	2
2	政府资产一级分类信息	√				0	2
3	政府资产二级分类信息	√				0	7
4	政府负债一级分类信息	√				0	2
5	政府负债二级分类信息	√				0	6
6	政府净资产一级分类信息	√				0	2
7	政府净资产二级分类信息	√				0	7

根据陕西省财政厅网站数据,2014年陕西省行政事业单位国有资产总量3 979.78亿元(含企业化管理事业单位和民间非营利组织),省本级资产占有使用1 455.68亿元,占总资产的36.58%。经陕西省第十二届人民代表大会常务委员会第二十三次会议审议通过,陕西省2015年地方政府债务限额5 064.8亿元。

30.7　陕西省部门预算及相关信息公开情况

项目组选取省人民政府办公厅、人大常委会办公厅、政协办公厅、教育厅、财政厅、国家税务局、地方税务局、工商行政管理局、卫生和计划生育委员会、交通运输厅、环境保护厅11个省级部门作为调查对象,部门预算及相关信息透明度最终得分是这11个部门预算及相关信息透明度的平均数。每个部门的透明度评估指标涉及三大类型:关于预算单位的财务信息、关于预算单位的人员信息、关于机构的信息。具体决算表格为"收入支出决算总表"、"支出决算表"、"支出决算明细表"、"基本支出决算明细表"、"项目支出决算明细表"、"资产负债表"、"基本数字表"、"机构人员情况表"。

除国家税务局外,陕西省其余10个部门都在门户网站公开了2015年度部门决算。各部门主动公开的部门决算信息基本是一致的,下面以陕西省财政厅为例,给出部门预算及相关信息透明度得分的计算。

陕西省财政厅2015年部门决算信息公开内容包括五部分:第一部分是陕西省财政厅基本情况,包括部门决算单位构成、省财政厅的基本职能、2015年度主要工作;第二部分是陕西省财政厅2015年度部门决算情况说明;第三部分是"三公经费"及会议费、培训费支出情况;第四部分是机关运行经费支出情况;第五部分是2015年度部门决算公开附表。具体公开的决算表格是"收入支出决算总表"、"收入决算表"、"支出决算表"、"一般公共预算支出明细表(按支出功能分类)"、"一般公共预算支出明细表(按支出经济分类)"、"政府性基金收支表"、"项目支出表"、"政府采购情况表"、"一般公共预算拨款'三公'经费及会议费"、"培训费支出表"9张决算表格。具体的信息公开方式及信息公开内容见表30-7。

表30-7　　陕西省财政厅部门预算及相关信息公开情况(2015)

编号	信息要素	未公开	依申请公开	网站公开	出版物公开	得分
1	部门收入分类			√		1
2	部门支出功能分类类级科目			√		1
3	部门支出功能分类款级科目			√		1
4	部门支出功能分类项级科目			√		1
5	部门支出经济分类类级科目			√		1
6	部门支出经济分类款级科目			√		1
7	基本支出功能分类类级科目			√		1
8	基本支出功能分类款级科目			√		1
9	基本支出功能分类项级科目			√		1
10	基本支出经济分类类级科目			√		1
11	基本支出经济分类款级科目			√		1
12	项目支出功能分类类级科目			√		1
13	项目支出功能分类款级科目			√		1
14	项目支出功能分类项级科目			√		1
15	项目支出经济分类类级科目			√		1
16	项目支出经济分类款级科目			√		1
17	资产一级分类	√				0

续表

编号	信息要素	未公开	依申请公开	网站公开	出版物公开	得分
18	资产二级分类	√				0
19	资产三级分类	√				0
20	其他补充资产信息	√				0
21	人员编制总数及各类人员编制数	√				0
22	年末实有人员总数及类型	√				0
23	按经费来源划分的各类人员数	√				0
24	部门机构一级信息	√				0
25	部门机构二级信息	√				0
26	部门机构三级信息	√				0

陕西省财政厅部门预算及相关信息透明度得分为[(1+1+1+1+1+1+1+1+1+1+1+1+1+1+1+1)÷26]×100＝61.54分。计算11个部门预算及相关信息透明度的平均得分,得到陕西省部门预算及相关信息透明度最终得分为51.4分,比31个省份部门预算及相关信息透明度的平均得分高4.08分,在该单项信息排名中位列第6名。

30.8 陕西省社会保险基金信息公开情况

社会保险基金透明度评分指标主要根据"社会保险基金资产负债表"、"企业职工基本养老保险基金收支表"、"失业保险基金收支表"、"城镇职工基本医疗保险基金收支表"、"工伤保险基金收支表"、"生育保险基金收支表"、"居民社会养老保险基金收支表"、"城乡居民基本医疗保险基金收支表"、"新型农村合作医疗基金收支表"、"城镇居民基本医疗保险基金收支表"、"社会保障基金财政专户资产负债表"、"社会保障基金财政专户收支表"、"财政对社会保险基金补助资金情况表"、"企业职工基本养老保险补充资料表"、"失业保险补充资料表"、"城镇职工医疗保险、工伤保险、生育保险补充资料表"、"居民社会养老保险补充资料表"、"居民基本医疗保险补充资料表"、"其他养老保险情况表"、"其他医疗保障情况表"这20张决算表格设计而成。

陕西省财政厅公开了"2015年陕西省社会保险基金预算收入决算总表"、"2015年陕西省社会保险基金预算支出决算总表"。具体的信息公开方式及信息公开内容见表30-8。

表30-8　　　　陕西省社会保险基金信息公开情况(2015)

编号	信息要素	未公开	依申请公开	网站公开	出版物公开	得分
1	各项社会保险基金的收支总额			√		1
2	各项社会保险基金的收入款级科目			√		1
3	各项社会保险基金的收入项级科目	√				0
4	各项社会保险基金的支出款级科目			√		1
5	各项社会保险基金的支出项级科目	√				0
6	各项社会保险基金收支分级信息（类级科目）		部分信息			0.25
7	各项社会保险基金的基本数字（类级科目）	√				0
8	各项社会保险基金资产的类级科目	√				0
9	各项社会保险基金资产的款级科目	√				0
10	各项社会保险基金资产的项级科目	√				0
11	各项社会保险基金负债的类级科目	√				0
12	各项社会保险基金负债的款级科目	√				0
13	各项社会保险基金负债的项级科目	√				0
14	养老基金的长期收支预测	√				0

陕西省社会保险基金透明度得分为[(1+1+1+0.25)÷14]×100=23.21分,比31个省份社会保险基金透明度的平均得分低25.9分,在该单项信息排名中与其他3个省份并列第27名。

30.9　陕西省国有企业基金信息公开情况

国有企业基金透明度评分指标的构成内容包括:①国有企业的总量6项指标(国有企业的收入、费用、利润总额、资产、负债及所有者权益总额);②国有企业的总量4张表(资产负债表、利润表、现金流量表、所有者权益变动表);③政府直属企业按户公布的8项指标(资产总额、负债总额、所有者权益总额、国有资本及权益总额、营业总收入、利润总额、净利润总额、归属母公司所有者权益的净利润);④政府直属企业是否按照国内上市公司的信息披露要求公布企业运营状况。

除《中国国有资产监督管理年鉴》统一公布的数据之外,项目组未获取其他陕西省2015年度国有企业的财务信息。具体的信息公开方式及信息公开内容见表30-9。

表30-9 陕西省国有企业基金信息公开情况(2015)

编号	信息要素	未公开	依申请公开	网站公开	出版物公开	得分
1	国有企业的收入、费用和利润总额				√	1
2	国有企业的资产、负债及所有者权益总额				√	1
3	国有企业资产负债表	√				0
4	国有企业利润表	√				0
5	国有企业现金流量表	√				0
6	国有企业所有者权益变动表	√				0
7	政府直属企业主要指标表	√				0
8	政府直属企业达到与国内上市公司同等信息披露要求	√				0

陕西省国有企业基金透明度得分为[(1+1)÷8]×100=25分,比31个省份国有企业基金透明度的平均得分低32.78分,在该单项信息排名中与其他10个省份并列第21名。

30.10 基本结论

陕西省在2017年财政透明度调查过程中的答复情况较好。如在部门预算及相关信息透明度调查过程中,项目组收到了陕西省人民政府办公厅、教育厅、财政厅、地方税务局、卫生和计划生育委员会等7个部门的政府信息公开申请答复,但未收到人大常委会办公厅、政协办公厅、国家税务局、环境保护厅这4个部门的政府信息公开申请答复,态度得分为81.8分,单项得分排名为第14名。

综合各项信息要素得分,陕西省2017年财政透明度的最终得分为26.32×25%+27.78×8%+0×4%+5.56×2%+0×9%+51.40×15%+23.21×19%+25×15%+81.80×3%=27.24分。

我们认为,陕西省政府和财政厅可以在门户网站进一步加大四本预算的全省总预算(决算)的公开力度,尤其是要注重细化预决算公开和预算支出按经济性质分类信息的公开。另外,政府资产负债信息的披露程度也可以进一步加强。

31 湖北省财政透明度报告

31.1 湖北省财政透明度概况

中共十八大以来,湖北省贯彻落实新《预算法》关于预决算公开的相关规定和中共中央办公厅、国务院办公厅《关于进一步推进预算公开工作的意见》的相关规定,积极推进财政信息公开工作。

2016年2月4日,湖北省财政厅通过公众网公开了2016年省级预算草案报告及附表;2月25日,公开了省级"三公"经费预算汇总数;3月,督促省直部门公开了本单位部门预算、"三公"经费信息等情况;6月6日,公开了省级预算调整方案的报告及相关表格;8月2日,公开了2015年省级财政决算报告和收支决算情况表,并督促省直部门于9月6日前公开了部门决算。湖北省财政厅2016年8月2日在其官方网站公布了《关于2015年省级财政决算的报告——2016年7月26日在湖北省第十二届人民代表大会常务委员会第二十三次会议上》和"2015年全省财政预算收支决算情况表"[1],包括"全省一般公共预算收支2015年决算情况表"、"省级一般公共预算收支2015年决算情况表"、"省级政府性基金预算收支2015年决算情况表"、"2015年当年中央专款决算情况表"、"省级国有资本经营预算收支2015年决算情况表"、"省级

---

[1] 湖北省2015年度政府决算报告公开网站地址为 http://www.ecz.gov.cn/gk/qsczyjs/76336.htm,政府决算相关表格的公开网站地址为 http://www.ecz.gov.cn/gk/qsczyjs/76335.htm。

社会保险基金预算收支2015年决算情况表"7张决算表格。湖北省人民政府"省级财政预决算"专栏和《湖北日报》还公开了《湖北省人民代表大会财政经济委员会关于2015年省级财政决算的审查报告——2016年7月26日在湖北省第十二届人民代表大会常务委员会第二十三次会议上》和《湖北省人民代表大会常务委员会关于批准2015年省级财政决算的决议》。

综合政府网站公开资料、《湖北统计年鉴》和被调查部门的信息反馈情况,项目组计算得出湖北省财政透明度得分。从图31—1可知,湖北省财政透明度得分和排名的年度波动性较大,2012年曾以45.70分排在全国省级财政透明度排行榜第1名,而2017年却以25.50分排在第31名。湖北省2017年透明度得分比2016年下降的一个重要原因是项目组无法继续获取《湖北财政年鉴》,在其他省份较大幅度增加依申请公开力度和网站公开力度的情况下,湖北省透明度排名进一步后移。

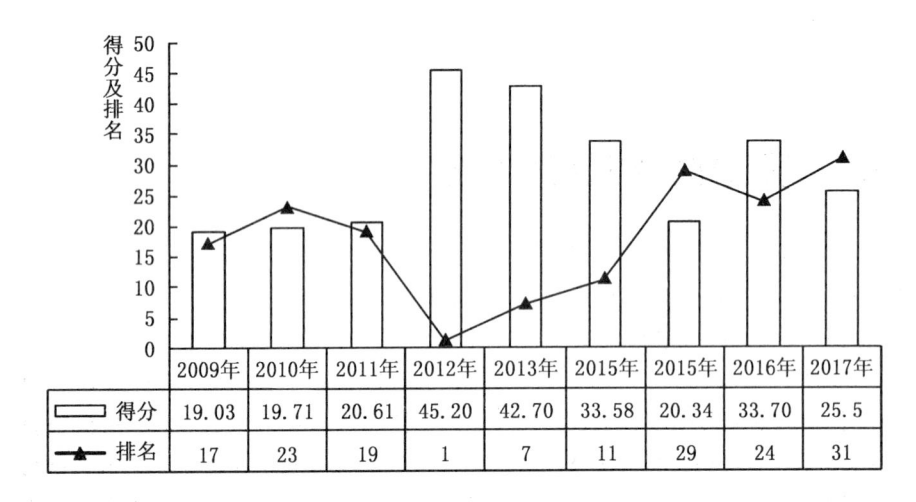

	2009年	2010年	2011年	2012年	2013年	2015年	2015年	2016年	2017年
得分	19.03	19.71	20.61	45.20	42.70	33.58	20.34	33.70	25.5
排名	17	23	19	1	7	11	29	24	31

图31—1 湖北省财政透明度得分及排名(2009—2017)

2016年湖北省预决算公开内容更加完整细化,向社会公开省级预算报告附表,其中省本级支出细化到了功能分类的项级科目,基本支出细化到经济分类的款级科目,对下专项转移支付细化到项目和地区。[①] 就2017年湖北省财政透明度得分的各项构成情况(见表31—1)来看,除被调查者态度得分高于31个省份的平均得分外,其余8项信息要素的得分均低于31个省份平均得分,其中财政专户管理资金透明度和政府资产负债透明度得分均为零分。

---

① 相关资料来自《湖北省财政厅2016年政府信息公开年度报告》。

表 31-1　　　　湖北省各调查信息要素的透明度得分(2017)

	一般公共预算基金	政府性基金	财政专户管理资金	国有资本经营预算基金	政府资产负债	部门预算及相关信息	社会保险基金	国有企业基金	被调查者态度
权重	25%	8%	4%	2%	9%	15%	19%	15%	3%
31个省份平均百分制得分	57.86	47.90	4.68	43.64	17.71	47.32	49.11	57.78	77.27
湖北省百分制得分	27.63	16.67	0.00	5.56	0.00	42.30	24.93	25.00	77.25

31.2　湖北省一般公共预算基金信息公开情况

一般公共预算基金透明度评分指标主要根据财政部要求编制的"公共财政收支决算总表"、"公共财政收入决算明细表"、"公共财政支出决算功能分类明细表"、"公共财政收支决算分级表"、"公共财政收支及平衡情况表"这5张决算表格设计而成。其中,前三张决算表格调查的内容是省总预算的收支情况,各项信息要素权重为2;后两张决算表格调查的内容是省本级和省以下各级地方政府的收支情况,各项信息要素权重为1。另外,项目组还提出了一般公共预算经济分类支出信息公开的申请。

湖北省财政厅主动公开的决算报告和决算表格涉及以下透明度调查信息要素:"全省一般公共预算收支2015年决算情况表"包含"省总预算公共预算收支总额"、"省总预算公共预算收入类级科目"、"省总预算公共预算收入款级科目"、"省总预算公共预算支出功能分类类级科目"4项信息要素;"省级一般公共预算收支2015年决算情况表"包含"省本级公共预算收入类级科目"、"省本级公共预算支出功能分类类级科目"两项信息要素;"省级一般公共预算省对下专项转移支付2015年决算情况表"的相关内容暂时不在透明度调查范围之内。另外,《2016湖北统计年鉴》公开了各区县税收收入,"各县本级公共预算收入类级科目"这一信息要素部分得分。具体的信息公开方式及信息公开内容见表31-2。

表 31-2　湖北省一般公共预算基金信息公开情况 (2015)

编号	信息要素	未公开	依申请公开	网站公开	出版物公开	已公开信息项	应公开信息项
1	省总预算公共预算收支总额			√	√	2	2
2	省总预算公共预算收入类级科目			√	√	2	2
3	省总预算公共预算收入款级科目			√	√	21	22
4	省总预算公共预算收入项级科目	√				0	22
5	省总预算公共预算收入目级科目	√				0	22
6	省总预算公共预算支出功能分类类级科目			√	√	24	24
7	省总预算公共预算支出功能分类款级科目	√				0	24
8	省总预算公共预算支出功能分类项级科目	√				0	24
9	省总预算公共预算支出经济分类类级科目	√				0	10
10	省总预算公共预算支出经济分类款级科目	√				0	10
11	省本级公共预算收入类级科目			√		2	2
12	省本级公共预算支出功能分类类级科目			√		21	24
13	省本级公共预算支出经济分类类级科目	√				0	10
14	地市本级公共预算收入类级科目	√				0	2
15	地市本级公共预算支出功能分类类级科目	√				0	24
16	地市本级公共预算支出经济分类类级科目	√				0	10
17	县本级公共预算收入类级科目	√				0	2
18	县本级公共预算支出功能分类类级科目	√				0	24
19	县本级公共预算支出经济分类类级科目	√				0	10
20	乡级公共预算收入类级科目	√				0	2
21	乡级公共预算支出功能分类类级科目	√				0	24
22	乡级公共预算支出经济分类类级科目	√				0	10
23	各地市本级公共预算收入类级科目	√				0	1
24	各地市本级公共预算支出功能分类类级科目	√				0	1
25	各地市本级公共预算支出经济分类类级科目	√				0	1
26	各县本级公共预算收入类级科目				√	0.5	1
27	各县本级公共预算支出功能分类类级科目	√				0	1
28	各县本级公共预算支出经济分类类级科目	√				0	1

一般公共预算基金透明度得分计算方法为：

$$\left(\sum_{i=1}^{28}\frac{已公开信息项_i}{应公开信息项_i}\times 二级权重\right)\times 100/\sum_{i=1}^{28}二级权重$$

根据该计算方法，可以得出湖北省一般公共预算基金透明度得分为27.63分，比该单项信息排名第一的四川省低51.32分，比31个省份一般公共预算基金透明度的平均得分低28.89分，在该单项信息排名中位列第30名。

31.3 湖北省政府性基金信息公开情况

政府性基金透明度评分指标根据"政府性基金收支决算总表"、"政府性基金收支及结余情况表"、"政府性基金收支决算分级表"、"政府性基金收支及平衡情况表"这4张决算表格设计而成。其中，前两张决算表格调查的内容是省总预算的收支情况，各项信息要素权重为2；后两张决算表格调查的内容是省本级和省以下各级地方政府的收支情况，各项信息要素权重为1。另外，项目组还提出了政府性基金经济分类支出信息公开的申请。

湖北省政府决算报告未涉及省总预算的政府性基金收支信息，《湖北省2015年预算执行情况和2016年预算草案的报告》提及"2015年，省级政府性基金总收入423.8亿元，其中：省本级当年基金收入146.6亿元，为预算的100.4%。2015年，省级政府性基金总支出370.9亿元，其中：省本级当年基金支出91.2亿元，为预算的119.2%"，据此认定湖北省公开了"省总预算政府性基金预算收支总额"和"省总预算政府性基金预算收入款级科目"这两项信息要素。湖北省财政厅网站公开的"省级政府性基金预算收支2015年决算情况表"包含"省本级政府性基金预算收入款级科目"和"省本级政府性基金预算支出功能分类类级科目"这两项信息要素。具体的信息公开方式及信息公开内容见表31-3。

表31-3　　　　湖北省政府性基金信息公开情况（2015）

编号	信息要素	未公开	依申请公开	网站公开	出版物公开	已公开信息项	应公开信息项
1	省总预算政府性基金预算收支总额			√		2	2
2	省总预算政府性基金预算收入款级科目			√		1	1
3	省总预算政府性基金预算收入项级科目	√				0	1
4	省总预算政府性基金预算收入目级科目	√				0	1

续表

编号	信息要素	未公开	依申请公开	网站公开	出版物公开	已公开信息项	应公开信息项
5	省总预算政府性基金预算支出功能分类类级科目	✓				0	10
6	省总预算政府性基金预算支出功能分类款级科目	✓				0	10
7	省总预算政府性基金预算支出功能分类项级科目	✓				0	10
8	省总预算政府性基金预算支出经济分类类级科目	✓				0	10
9	省总预算政府性基金预算支出经济分类款级科目	✓				0	10
10	省本级政府性基金预算收入类级科目			✓		1	1
11	省本级政府性基金预算支出功能分类类级科目			✓		9	10
12	省本级政府性基金预算支出经济分类类级科目	✓				0	10
13	地市本级政府性基金预算收入类级科目	✓				0	1
14	地市本级政府性基金预算支出功能分类类级科目	✓				0	10
15	地市本级政府性基金预算支出经济分类类级科目	✓				0	10
16	县本级政府性基金预算收入类级科目	✓				0	1
17	县本级政府性基金预算支出功能分类类级科目	✓				0	10
18	县本级政府性基金预算支出经济分类类级科目	✓				0	10
19	乡级政府性基金预算收入类级科目	✓				0	1
20	乡级政府性基金预算支出功能分类类级科目	✓				0	10
21	乡级政府性基金预算支出经济分类类级科目	✓				0	10
22	各地市本级政府性基金预算收入类级科目	✓				0	1
23	各地市本级政府性基金预算支出功能分类类级科目	✓				0	1
24	各地市本级政府性基金预算支出经济分类类级科目	✓				0	1
25	各县本级政府性基金预算收入类级科目	✓				0	1
26	各县本级政府性基金预算支出功能分类类级科目	✓				0	1
27	各县本级政府性基金预算支出经济分类类级科目	✓				0	1

政府性基金透明度得分计算方法为：

$$\left(\sum_{i=1}^{27}\frac{已公开信息项_i}{应公开信息项_i}\times 二级权重_i\right)\times 100/\sum_{i=1}^{27}二级权重_i$$

根据该计算方法,可以得出湖北省政府性基金透明度得分为16.67分,比该单项信息排名第一的省份低55.56分,比31个省份政府性基金透明度的平均得分低31.24分,在该单项信息排名中与江西省并列第30名。

31.4 湖北省财政专户管理资金信息公开情况

财政专户管理资金透明度评分指标根据"财政专户管理资金收支总表"、"财政专户管理资金收入明细表"、"财政专户管理资金支出功能分类明细表"、"财政专户管理资金收支分级表"和"财政专户管理资金收支及平衡情况表"这5张决算表格设计而成。其中,涉及省总预算财政专户的各项信息要素权重为2,其余省本级和省以下各级地方政府财政专户的各项信息要素权重为1。

财政部不再统一要求地方政府在2015年度政府决算中编制财政专户管理资金的相关表格。项目组未获取湖北省2015年度任何财政专户管理资金的收支信息,见表31-4。湖北省财政专户管理资金透明度得分为零分。

表31-4　湖北省财政专户管理资金信息公开情况(2015)

编号	信息要素	未公开	依申请公开	网站公开	出版物公开	已公开信息项	应公开信息项
1	省总预算财政专户收支总额	√				0	2
2	省总预算财政专户收入款级科目	√				0	2
3	省总预算财政专户收入项级科目	√				0	2
4	省总预算财政专户收入目级科目	√				0	2
5	省总预算财政专户支出功能分类类级科目	√				0	22
6	省总预算财政专户支出功能分类款级科目	√				0	22
7	省总预算财政专户支出功能分类项级科目	√				0	22
8	省总预算财政专户支出经济分类类级科目	√				0	10
9	省总预算财政专户支出经济分类款级科目	√				0	10
10	省本级财政专户收入类级科目	√				0	2
11	省本级财政专户支出功能分类类级科目	√				0	22
12	省本级财政专户支出经济分类类级科目	√				0	10
13	地市本级财政专户收入类级科目	√				0	2

续表

编号	信息要素	未公开	依申请公开	网站公开	出版物公开	已公开信息项	应公开信息项
14	地市本级财政专户支出功能分类类级科目	✓				0	22
15	地市本级财政专户支出经济分类类级科目	✓				0	10
16	县本级财政专户收入类级科目	✓				0	2
17	县本级财政专户支出功能分类类级科目	✓				0	22
18	县本级财政专户支出经济分类类级科目	✓				0	10
19	乡级财政专户收入类级科目	✓				0	2
20	乡级财政专户支出功能分类类级科目	✓				0	22
21	乡级财政专户支出经济分类类级科目	✓				0	10
22	各地市本级财政专户收入类级科目	✓				0	1
23	各地市本级财政专户支出功能分类类级科目	✓				0	1
24	各地市本级财政专户支出经济分类类级科目	✓				0	1
25	各县本级财政专户收入类级科目	✓				0	1
26	各县本级财政专户支出功能分类类级科目	✓				0	1
27	各县本级财政专户支出经济分类类级科目	✓				0	1

31.5 湖北省国有资本经营预算基金信息公开情况

国有资本经营预算基金透明度评分指标根据"国有资本经营收支决算总表"、"国有资本经营收支决算明细表"、"国有资本经营收支决算分级表"和"国有资本经营收支及平衡情况表"这4张决算表格设计而成。其中，前两张决算表格调查的内容是省总预算的收支情况，各项信息要素权重为2；后两张决算表格调查的内容是省本级和省以下各级地方政府的收支情况，各项信息要素权重为1。

湖北省财政厅网站公开的"省级国有资本经营预算收支2015年决算情况表"包含"省本级国有资本经营预算收入款级科目"、"省本级国有资本经营预算支出功能分类类级科目"两项信息要素。具体的信息公开方式及信息公开内容见表31—5。

表 31－5　　　　湖北省国有资本经营预算基金信息公开情况(2015)

编号	信息要素	未公开	依申请公开	网站公开	出版物公开	已公开信息项	应公开信息项
1	国有资本经营预算收支总额	✓				0	2
2	国有资本经营预算收入款级科目	✓				0	1
3	国有资本经营预算收入项级科目	✓				0	5
4	国有资本经营预算收入目级科目	✓				0	5
5	国有资本经营预算支出功能分类类级科目	✓				0	11
6	国有资本经营预算支出功能分类款级科目	✓				0	1
7	国有资本经营预算支出功能分类项级科目	✓				0	1
8	国有资本经营预算支出经济分类类级科目	✓				0	3
9	国有资本经营预算支出经济分类款级科目	✓				0	3
10	省本级国有资本经营预算收入款级科目			✓		5	5
11	省本级国有资本经营预算支出功能分类类级科目			✓		4	11
12	省本级国有资本经营预算支出经济分类类级科目	✓				0	3
13	地市本级国有资本经营预算收入款级科目	✓				0	5
14	地市本级国有资本经营预算支出功能分类类级科目	✓				0	11
15	地市本级国有资本经营预算支出经济分类类级科目	✓				0	3
16	县本级国有资本经营预算收入款级科目	✓				0	5
17	县本级国有资本经营预算支出功能分类类级科目	✓				0	11
18	县本级国有资本经营预算支出经济分类类级科目	✓				0	3
19	乡级国有资本经营预算收入款级科目	✓				0	5
20	乡级国有资本经营预算支出功能分类类级科目	✓				0	11
21	乡级国有资本经营预算支出经济分类类级科目	✓				0	3
22	各地市本级国有资本经营预算收入款级科目	✓				0	5
23	各地市本级国有资本经营预算支出功能分类类级科目	✓				0	11
24	各地市本级国有资本经营预算支出经济分类类级科目	✓				0	3
25	各县本级国有资本经营预算收入款级科目	✓				0	5

续表

编号	信息要素	未公开	依申请公开	网站公开	出版物公开	已公开信息项	应公开信息项
26	各县本级国有资本经营预算支出功能分类类级科目	√				0	11
27	各县本级国有资本经营预算支出经济分类类级科目	√				0	3

国有资本经营预算基金透明度得分计算方法为：

$$\left(\sum_{i=1}^{27}\frac{已公开信息项_i}{应公开信息项_i}\times 二级权重_i\right)\times 100/\sum_{i=1}^{27}二级权重_i$$

根据该计算方法，可以得出湖北省国有资本经营预算基金透明度得分为 5.56 分，比该单项信息排名第一的省份低 66.66 分，比 31 个省份国有资本经营预算基金透明度的平均得分低 38.08 分，在该单项信息排名中与贵州、陕西并列第 29 名。

31.6 湖北省政府资产负债信息公开情况

政府资产负债涵盖除社会保险基金和国有企业基金之外的所有政府资产与负债，包括一般公共预算基金、政府性基金、国有资本经营预算基金、财政专户管理资金所形成的资产和负债。具体指标包括资产类指标金融资产（存款、有价证券、在途款、暂付款）和固定资产（地产、房产建筑、设备）、负债类指标短期负债（暂存款、应付款、短期借款）和长期负债（1～3 年、3～5 年、5 年以上）、净资产类指标金融净资产（预算结余、基金预算结余、国有资本经营预算结余、专用基金结余、财政专户管理资金结余、预算稳定调节基金、预算周转金）和非金融净资产。

项目组未获取湖北省 2015 年度政府资产负债的收支信息，见表 31-6。湖北省政府资产负债透明度得分为零分。

表 31-6　　**湖北省政府资产负债信息公开情况（2015）**

编号	信息要素	未公开	依申请公开	网站公开	出版物公开	已公开信息项	应公开信息项
1	政府资产负债总额	√				0	2
2	政府资产一级分类信息	√				0	2
3	政府资产二级分类信息	√				0	7
4	政府负债一级分类信息	√				0	2

续表

编号	信息要素	未公开	依申请公开	网站公开	出版物公开	已公开信息项	应公开信息项
5	政府负债二级分类信息	√				0	6
6	政府净资产一级分类信息	√				0	2
7	政府净资产二级分类信息	√				0	7

值得注意的是,《关于 2015 年省级预算调整方案的报告——2015 年 5 月 25 日在湖北省第十二届人民代表大会常务委员会第十五次会议上》披露了年度政府债务变化情况,"经国务院批准,《财政部关于做好发行 2015 年第一批新增地方政府债券有关工作的通知》核定我省 2015 年新增政府债券规模 187 亿元,比上年增加 31 亿元,其中:一般债券 164 亿元,专项债券 23 亿元",并对债务资金安排作出了说明,"省本级使用一般债券资金 5 亿元,安排用于省政府新增长江产业投资有限公司资本金,支持公司增强融资功能","安排转贷市县一般债券资金 159 亿元,其中:重大公益性项目转贷部分市县债券资金 54.5 亿元。根据省委、省政府相关决策部署,考虑到部分市县重点项目建设的实际需要,安排用于铁路项目建设资本金 20 亿元、高速公路建设 6.5 亿元、鄂北水资源配置工程 6 亿元、城镇供水工程 3 亿元、河流治理工程 3 亿元、其他基础设施建设项目 16 亿元。转贷市县统筹安排使用债券资金 104.5 亿元","安排转贷市县专项债券资金 23 亿元,主要用于'一主两副'城市基础设施建设项目"。《关于 2015 年省级预算调整方案的报告——2015 年 9 月 21 日在湖北省第十二届人民代表大会常务委员会第十七次会议上》披露的债务预算信息有"一般债券收入由 164 亿元调整为 219 亿元,主要是财政部增加了我省一般债券资金额度 55 亿元"。

31.7 湖北省部门预算及相关信息公开情况

项目组选取省人民政府办公厅、人大常委会办公厅、政协办公厅、教育厅、财政厅、国家税务局、地方税务局、工商行政管理局、卫生和计划生育委员会、交通运输厅、环境保护厅 11 个省级部门作为调查对象,部门预算及相关信息透明度最终得分是这 11 个部门预算及相关信息透明度的平均数。每个部门的透明度评估指标涉及三大类型:关于预算单位的财务信息、关于预算单位的人员信息、关于机构的信息。具体决算表格为"收入支出决算总表"、"支出决算表"、"支出决算明细表"、"基本支出决算明细表"、"项目支出决算明细表"、

"资产负债表"、"基本数字表"、"机构人员情况表"。

除国家税务局外,湖北省其余10个部门都在湖北省人民政府网站"2015年湖北省省级部门决算公开"专栏上公开了2015年度部门决算,其中环境保护厅还依申请公开了相关部门决算表格,湖北省政协网站公布的部门决算附件"湖北省政协办公厅2015年收入支出决算总表及收入、支出决算表01－03"、"湖北省政协办公厅2015年财政拨款收入支出决算总表及收入、支出决算表04－06"和"湖北省政协办公厅2015年一般公共预算财政拨款'三公'经费支出决算表07"因无法下载获取而得分为零。各部门主动公开的部门决算信息基本是一致的,下面以湖北省人大常委会办公厅为例,给出部门预算及相关信息透明度得分的计算。

湖北省人大常委会机关2015年部门决算信息公开内容包括四部分:第一部分是省人大常委会机关各工作机构及主要职责;第二部分是省人大常委会机关2015年部门决算编制情况;第三部分是省人大常委会机关2015年部门决算表;第四部分是名词解释。具体公开的决算表格是"收入支出决算总表"、"收入决算表"、"支出决算表"、"财政拨款收入支出决算总表"、"一般公共预算财政拨款支出决算表"、"一般公共预算财政拨款基本支出决算表"、"一般公共预算财政拨款'三公'经费支出决算表"7张决算表格。具体的信息公开方式及信息公开内容见表31－7。

表31－7 湖北省人大常委会机关部门预算及相关信息公开情况(2015)

编号	信息要素	未公开	依申请公开	网站公开	出版物公开	得分
1	部门收入分类			√		1
2	部门支出功能分类类级科目			√		1
3	部门支出功能分类款级科目			√		1
4	部门支出功能分类项级科目			√		1
5	部门支出经济分类类级科目	√				0
6	部门支出经济分类款级科目	√				0
7	基本支出功能分类类级科目			√		1
8	基本支出功能分类款级科目			√		1
9	基本支出功能分类项级科目			√		1
10	基本支出经济分类类级科目			√		1
11	基本支出经济分类款级科目			√		1

续表

编号	信息要素	未公开	依申请公开	网站公开	出版物公开	得分
12	项目支出功能分类类级科目			✓		1
13	项目支出功能分类款级科目			✓		1
14	项目支出功能分类项级科目			✓		1
15	项目支出经济分类类级科目	✓				0
16	项目支出经济分类款级科目	✓				0
17	资产一级分类	✓				0
18	资产二级分类	✓				0
19	资产三级分类	✓				0
20	其他补充资产信息	✓				0
21	人员编制总数及各类人员编制数	✓				0
22	年末实有人员总数及类型	✓				0
23	按经费来源划分的各类人员数	✓				0
24	部门机构一级信息	✓				0
25	部门机构二级信息	✓				0
26	部门机构三级信息	✓				0

湖北省人大常委会办公厅部门预算及相关信息透明度得分为[(1+1+1+1+1+1+1+1+1+1+1+1)÷26]×100＝46.15分。计算11个部门预算及相关信息透明度的平均得分,得到湖北省部门预算及相关信息透明度最终得分为42.3分,比31个省份部门预算及相关信息透明度的平均得分低5.02分,在该单项信息排名中位列第20名。

31.8 湖北省社会保险基金信息公开情况

社会保险基金透明度评分指标主要根据"社会保险基金资产负债表"、"企业职工基本养老保险基金收支表"、"失业保险基金收支表"、"城镇职工基本医疗保险基金收支表"、"工伤保险基金收支表"、"生育保险基金收支表"、"居民社会养老保险基金收支表"、"城乡居民基本医疗保险基金收支表"、"新型农村合作医疗基金收支表"、"城镇居民基本医疗保险基金收支表"、"社会保障基金

财政专户资产负债表"、"社会保障基金财政专户收支表"、"财政对社会保险基金补助资金情况表"、"企业职工基本养老保险补充资料表"、"失业保险补充资料表"、"城镇职工医疗保险、工伤保险、生育保险补充资料表"、"居民社会养老保险补充资料表"、"居民基本医疗保险补充资料表"、"其他养老保险情况表"、"其他医疗保障情况表"这20张决算表格设计而成。

湖北省财政厅网站公开了"省级社会保险基金预算收支2015年决算情况表"，依申请公开的资料有"2015年湖北省社会保险基金决算情况"，可以得分的信息要素是社会保险基金透明度调查的前6项信息，其中一些信息要素公开内容不全面。具体的信息公开方式及信息公开内容见表31—8。

表31—8　　　　湖北省社会保险基金信息公开情况(2015)

编号	信息要素	未公开	依申请公开	网站公开	出版物公开	得分
1	各项社会保险基金的收支总额			√		1
2	各项社会保险基金的收入款级科目			√		1
3	各项社会保险基金的收入项级科目			部分信息		0.12
4	各项社会保险基金的支出款级科目			√		1
5	各项社会保险基金的支出项级科目			部分信息		0.12
6	各项社会保险基金收支分级信息（类级科目）		部分信息			0.25
7	各项社会保险基金的基本数字（类级科目）	√				0
8	各项社会保险基金资产的类级科目	√				0
9	各项社会保险基金资产的款级科目	√				0
10	各项社会保险基金资产的项级科目	√				0
11	各项社会保险基金负债的类级科目	√				0
12	各项社会保险基金负债的款级科目	√				0
13	各项社会保险基金负债的项级科目	√				0
14	养老基金的长期收支预测	√				0

湖北省社会保险基金透明度得分为[(1+1+0.12+1+0.12+0.25)÷14]×100=24.93分，比31个省份社会保险基金的平均得分低24.18分，在该单项信息排名中与其他4个省份并列第22名。

31.9 湖北省国有企业基金信息公开情况

国有企业基金透明度评分指标的构成内容包括：①国有企业的总量6项指标(国有企业的收入、费用、利润总额、资产、负债及所有者权益总额)；②国有企业的总量4张表(资产负债表、利润表、现金流量表、所有者权益变动表)；③政府直属企业按户公布的8项指标(资产总额、负债总额、所有者权益总额、国有资本及权益总额、营业总收入、利润总额、净利润总额、归属母公司所有者权益的净利润)；④政府直属企业是否按照国内上市公司的信息披露要求公布企业运营状况。

除《中国国有资产监督管理年鉴》统一公布的国有企业信息外，项目组未获取其他湖北省2015年度国有企业的财务信息。具体的信息公开方式及信息公开内容见表31—9。

表31—9　　　　湖北省国有企业基金信息公开情况(2015)

编号	信息要素	未公开	依申请公开	网站公开	出版物公开	得分
1	国有企业的收入、费用和利润总额				√	1
2	国有企业的资产、负债及所有者权益总额				√	1
3	国有企业资产负债表	√				0
4	国有企业利润表	√				0
5	国有企业现金流量表	√				0
6	国有企业所有者权益变动表	√				0
7	政府直属企业主要指标表	√				0
8	政府直属企业达到与国内上市公司同等信息披露要求	√				0

湖北省国有企业基金透明度得分为[(1+1)÷8]×100=25分。比31个省份国有企业基金透明度的平均得分低32.78分，在该单项信息排名中与其他几个省份并列第21名。

31.10 基本结论

湖北省在2017年财政透明度调查过程中的答复情况较好，如在部门预算及相关信息透明度调查过程中,项目组收到了湖北省人民政府办公厅、教育厅、财政厅、国家税务局、卫生和计划生育委员会、环境保护厅这6个部门的政府信息公开申请答复,但未收到人大常委会办公厅、政协办公厅、地方税务局、工商行政管理局、交通运输厅这5个部门的政府信息公开申请答复,态度得分为77.25分,单项得分排名为第21名。

综合各项信息要素得分,湖北省2017年财政透明度的最终得分为$27.63 \times 25\% + 16.67 \times 8\% + 0 \times 4\% + 5.56 \times 2\% + 0 \times 9\% + 42.3 \times 15\% + 24.93 \times 19\% + 25 \times 15\% + 77.25 \times 3\% = 25.5$分。

湖北省财政透明度较低的一个重要原因是政府预决算公开细化程度与既有财政信息公开规定有一定差距,对省总预算相关信息的披露不够。以权重较高的一般公共预算基金为例,《地方预决算公开操作规程》(财预〔2016〕143号)规定,地方一般公共预算原则上至少公开6张报表,包括:"一般公共预算收入表"、"一般公共预算支出表"、"一般公共预算本级支出表"、"一般公共预算本级基本支出表"、"一般公共预算税收返还和转移支付表"、"政府一般债务限额和余额情况表",但湖北省2015年度一般公共预算的决算表格只公开了"全省一般公共预算收支2015年决算情况表"、"省级一般公共预算收支2015年决算情况表"、"省级一般公共预算省对下专项转移支付2015年决算情况表"这3张决算表格;《地方预决算公开操作规程》还规定,涉及本级支出的,应当公开到功能分类项级科目,一般公共预算基本支出应当公开到经济分类款级科目,专项转移支付应当分地区、分项目公开,但湖北省公开的省本级一般预算支出只公开到功能分类类级科目。

2017
中国财政透明度报告
——省级财政信息公开状况评估

（上）

上海财经大学公共政策研究中心

上海财经大学出版社

图书在版编目(CIP)数据

2017中国财政透明度报告:省级财政信息公开状况评估/上海财经大学公共政策研究中心编.—上海:上海财经大学出版社,2017.11
ISBN 978-7-5642-2854-5/F·2854

Ⅰ.①2… Ⅱ.①上… Ⅲ.①财政-研究报告-中国-2017 Ⅳ.①F812
中国版本图书馆CIP数据核字(2017)第268167号

□ 责任编辑　江　玉
□ 封面设计　张克瑶

2017 ZHONGGUO CAIZHENG TOUMINGDU BAOGAO
2017中国财政透明度报告
——省级财政信息公开状况评估
上海财经大学公共政策研究中心

上海财经大学出版社出版发行
(上海市中山北一路369号　邮编200083)
网　　址:http://www.sufep.com
电子邮箱:webmaster@sufep.com
全国新华书店经销
上海华教印务有限公司印刷装订
2017年11月第1版　2017年11月第1次印刷

710mm×960mm　1/16　44.5印张　800千字
定价:128.00元(上下册)

中国省级财政透明度状况（2017）

中国省级财政透明度指数（2017）概览

我国政府财政信息公开程度究竟如何？

中国省级财政透明度指数（2017）描述了我国各省(自治区、直辖市)2015年度决算的财政信息公开程度。项目组在财政部以及有关管理部门要求各地方财政或部门编制的决算报表中选择了50张代表性报表，加上本项目组设计的8张报表，共同作为本项目调查的问卷；通过网络搜索、公开出版物检索和向政府信息公开办公室、财政厅(局)、人力资源和社会保障厅(局)以及国有资产监督管理委员会申请等三种途径了解这些财政信息的公开情况。结合政府部门对信息申请回复的态度评价，项目组对各省(直辖市、自治区)的信息公开状况进行了综合评分。评分结果进行指数化处理后被绘制成右图，以便直观了解我国地方政府财政信息的公开程度和差距。项目组将满分情况指数化为100，各省(自治区、直辖市)的指数值为其实际得分与满分的比值乘以100。

分组说明

- 70（含）以上
- 60（含）~70
- 50（含）~60
- 40（含）~50
- 30（含）~40
- 20（含）~30

根据各省(自治区、直辖市)财政透明度最终得分情况，被调查对象被分为六组。第一组信息公开指数在70及以上，有山东1个省份；第二组信息公开指数在60（含）~70之间，有甘肃等5个省份；第三组信息公开指数在50（含）~60之间，有福建等9个省份；第四组信息公开指数在40（含）~50之间，有新疆等6个省份；第五组信息公开指数在30（含）~40之间，有吉林等7个省份；第六组信息公开指数在20（含）~30之间，有青海等3个省份。

山东	70.0
甘肃	68.2
四川	66.6
安徽	65.7
湖南	64.9
辽宁	61.7
福建	58.2
宁夏	56.3
山西	56.2
上海	55.9
江苏	55.1
河南	55.0
内蒙古	52.8
广东	52.8
黑龙江	52.2
新疆	49.9
广西	49.4
平均	48.3
云南	47.5
北京	44.5
重庆	40.8
天津	40.2
吉林	37.8
江西	37.4
浙江	37.2
海南	36.6
河北	36.4
贵州	33.0
西藏	32.7
青海	28.8
陕西	27.2
湖北	25.5

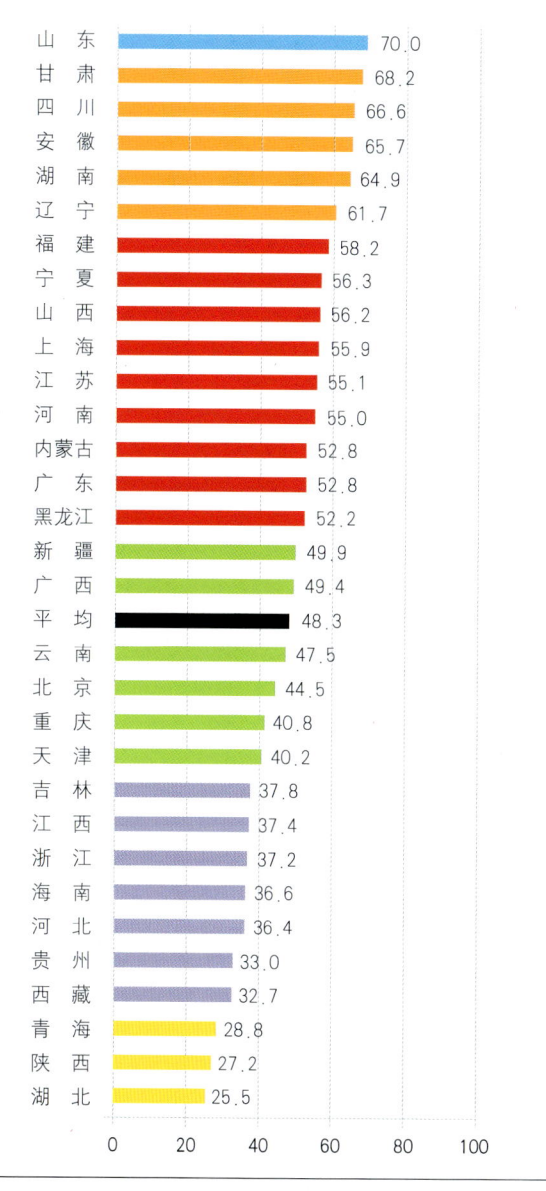

2015-2017年省级财政透明度各信息要素的得分情况

序号	信息要素	权重	2015年	2016年	2017年
			31个省（自治区、直辖市）平均得分		
1	一般公共预算基金	25	48.77	55.15	57.50
2	政府性基金	8	39.30	43.91	47.90
3	财政专户管理资金	4	20.49	12.54	4.68
4	国有资本经营预算基金	2	34.80	43.05	43.64
5	政府资产负债	9	9.68	11.96	17.71
6	部门预算及相关信息	15	27.32	35.50	47.32
7	社会保险基金	19	30.70	38.76	49.11
8	国有企业基金	15	41.94	49.27	57.78
9	被调查者态度	3	70.01	80.87	77.27
	合计	100	36.04	42.25	48.26

历年省级财政透明度的最高分、最低分和平均分

	2009年	2010年	2011年	2012年	2013年	2014年	2015年	2016年	2017年
最高分	62.66	50.41	43.65	45.20	77.70	59.37	57.01	65.53	70.01
最低分	14.79	15.37	15.74	14.19	14.00	11.52	19.44	23.71	25.50
平均分	21.71	21.87	23.14	25.33	31.40	32.68	36.04	42.25	48.28

2017 中国财政透明度报告

项目组组长：

邓淑莲　教　授　　上海财经大学公共经济与管理学院

项目组副组长：

曾军平　副教授　　上海财经大学公共经济与管理学院
郑春荣　教　授　　上海财经大学公共经济与管理学院

项目组成员(按姓氏笔画为序)：

王　聪　讲　师　　上海理工大学管理学院
邓淑莲　教　授　　上海财经大学公共经济与管理学院
吕凯波　讲　师　　浙江工商大学金融学院
刘小兵　教　授　　上海财经大学公共经济与管理学院
杨丹芳　副教授　　上海财经大学公共经济与管理学院
庞保庆　讲　师　　上海大学社会学院
郑春荣　教　授　　上海财经大学公共经济与管理学院
彭　军　教　授　　美国亚利桑那大学(University of Arizona)
蒋　洪　教　授　　上海财经大学公共政策研究中心
曾军平　副教授　　上海财经大学公共经济与管理学院
温娇秀　副教授　　上海财经大学公共政策研究中心

序　言

2017年是新修订的《中华人民共和国预算法》(以下简称新《预算法》)实施后的第三年,《中国财政透明度报告》的发布也进入了第九个年头。新《预算法》首次将我国政府的财政信息公开写进法律,为财政信息公开提供了法律保障。在新《预算法》的保驾护航下,我国省级政府财政透明度进步明显,信息公开的程度已由2009年占被调查信息的20%左右提高到2017年的50%左右,九年里增长了一倍多。各级政府对财政信息公开的态度也逐渐从被动转为主动,按照法律要求,越来越规范地公开各类财政信息,中国的财政信息公开正以前所未有的大好形势向前推进。

政府信息公开透明是良好治理的基本要求,也是现代社会的重要特征。而财政信息则是核心的政府信息。以财政信息公开透明推动法治政府和责任政府的建设,可以收到事半功倍的效果。中共十八届四中全会明确提出依法治国的理念。依法治国,建立法治国家,已纳入我国建设现代国家的议事日程。2016年2月17日,中共中央办公厅、国务院办公厅印发《关于全面推进政务公开工作的意见》,指出,"公开透明是法治政府的基本特征,全面推进政务公开,让权力在阳光下运行,对于发展社会主义民主政治,提升国家治理能力,增强政府公信力、执行力,保障人民群众的知情权、参与权、表达权、监督权具有重要意义"。财政信息公开一方面可以推动政府按照现有法律制度行事,即依法行政,另一方面又可以发现现有制度规定的不足,从而有利于完善现有法律制度。

相对于财政信息公开的显著作用以及公众对财政信息公开的期待,现实的财政信息公开工作仍显不足,"仍存在公开理念不到位、制度规范不完善、工作力度不够强、公开实效不理想等问题"。正因为如此,我们对省级政府财政透明度的调查评估和报告才愈发彰显其积极意义,项目组成员才能在克服重重困难的情况下,认真仔细地做好每一份年度报告。

我们尽可能认真细致地做好调查提纲的设计、信息搜集和统计评分工作,以便客观公正地反映出各省份财政透明度状况。尽管如此,缺点和失误仍在所难免。我们热切地期待各方对我们的工作提出宝贵意见和建议。评分只是用我们所选择的方式反映各省份财政透明度的大体状况,在任何意义上都谈不上精确。我们希望各省份信息公开部门、财政部门能看到差距,积极地改进信息公开工作,使得我国的财政透明度水平不断向前推进。分数不是最重要的。构建阳光财政,保障人民的知情权,规范公权力的运行,建设法治国家,实现人民当家作主和民富国强,才是我们共同关注并为之努力的目标。

《中国财政透明度报告》项目组

2017 年 9 月

目 录

序 言 ……………………………………………………………… (1)

1　总报告 …………………………………………………… (1)

1.1　省级财政透明度的评估方法 ………………………………… (1)
1.2　省级财政透明度评估的总体情况 ……………………………… (2)
1.3　省级财政透明度评估的分省份分析 …………………………… (3)
1.4　省级财政透明度评估的分项目分析 …………………………… (5)
1.5　基本结论 ……………………………………………………… (11)

2　2016年政府信息公开进程 ……………………………… (13)

2.1　人大通过环保税法，推动环境信息公开 ……………………… (13)
2.2　政府部门的行动 ……………………………………………… (14)
2.3　学术界的努力 ………………………………………………… (18)
2.4　民间组织与社会公众对政府信息公开的关注 ………………… (24)

3　省级财政透明度调查的评分标准 ………………………… (29)

3.1　财政过程 ……………………………………………………… (30)
3.2　政府层级 ……………………………………………………… (32)

3.3	各类基金	(33)
3.4	收支与权益	(34)
3.5	政府组织	(36)
3.6	信息细化度	(37)
3.7	本项目的调查设计	(39)
3.8	本项目的评分标准	(40)

4　省级一般公共预算基金透明度评估 (52)

4.1	关于一般公共预算基金透明度调查提纲与评估方法的说明	(52)
4.2	一般公共预算基金透明度概况	(54)
4.3	基于公开主体角度考察的一般公共预算基金透明度状况	(57)
4.4	基于公开客体角度考察的一般公共预算基金透明度状况	(63)
4.5	几点结论	(72)

5　省级政府性基金透明度评估 (73)

5.1	政府性基金透明度调查提纲说明	(73)
5.2	政府性基金透明度概况	(74)
5.3	政府性基金预算分省份透明度状况	(76)
5.4	政府性基金预算分项目透明度状况	(80)

6　省级财政专户管理资金透明度评估 (86)

6.1	财政专户管理资金透明度评分标准说明	(86)
6.2	财政专户管理资金透明度概况	(88)
6.3	财政专户管理资金透明度的省际差异	(91)
6.4	财政专户管理资金透明度的分项目比较	(93)

7 省级国有资本经营预算基金透明度评估 …… (95)

- 7.1 国有资本经营预算的内容 …… (96)
- 7.2 国有资本经营预算基金透明度调查评估说明 …… (97)
- 7.3 国有资本经营预算基金透明度评估结果分析 …… (101)
- 7.4 基本结论 …… (108)

8 省级政府资产负债透明度评估 …… (109)

- 8.1 政府资产负债透明度评估标准与评估方法 …… (109)
- 8.2 政府资产负债透明度评估结果分析 …… (111)
- 8.3 小结 …… (118)

9 省级部门预算及相关信息透明度评估 …… (119)

- 9.1 部门预算及相关信息公开的整体水平 …… (119)
- 9.2 部门预算及相关信息公开的主体差异 …… (126)
- 9.3 部门预算及相关信息公开的客体差异 …… (131)
- 9.4 部门预算及相关信息公开的特别考察 …… (134)
- 9.5 研究结论及其规范意蕴 …… (138)

10 省级社会保险基金透明度评估 …… (141)

- 10.1 社会保险基金透明度调查方法 …… (142)
- 10.2 社会保险基金透明度调查结果 …… (144)

11 省级国有企业基金透明度评估 …… (149)

- 11.1 国有企业基金透明度调查方法 …… (151)

11.2　国有企业基金透明度调查结果 ……………………………………(152)

12　省级财政透明度调查的态度评估 ……………………………(157)

12.1　财政透明度调查态度得分的总体情况 ………………………(157)
12.2　一般信息公开申请回复情况及态度评估 ……………………(159)
12.3　部门预算信息公开申请回复情况及评估 ……………………(165)

附录 …………………………………………………………………………(168)

附录1　财政信息调查提纲 …………………………………………(168)
附录2　部门行政收支及相关信息调查提纲 ………………………(174)

参考文献 ……………………………………………………………………(178)

后记 …………………………………………………………………………(179)

Contents

Preface .... (1)

1 **General Report** .... (1)

1.1 Methodology of the Survey and Evaluation .... (1)
1.2 The Overall Outcome of Fiscal Transparency at Provincial Level
 .... (2)
1.3 The Inter Provincial Analysis of Fiscal Transparency at Provincial Level .... (3)
1.4 The Itemized Analysis of Fiscal Transparencyat Provincial Level
 .... (5)
1.5 Conclusions .... (11)

2 **The Review of the Process of China's Governmental Information Disclosure in 2016** .... (13)

2.1 The Role of the Legislature in Promoting Governmental Information Disclosure: Passing the Environmental Protection Law .... (13)
2.2 The Role of the Government in Promoting Governmental Information Disclosure .... (14)
2.3 The Role of Academia in Promoting Governmental Information Disclosure .... (18)

2.4	The Role of Civil Society Organizations and Public in Promoting Governmental Information Disclosure ……………………… (24)

3	**The Grading Criteria of Provincial Fiscal Transparency** ……………………………………………………………… (29)
3.1	The Fiscal Process ……………………………………… (30)
3.2	The Levels of China's Government ……………………… (32)
3.3	The Special Funds ……………………………………… (33)
3.4	Revenues, Expenditures and Equities ………………… (34)
3.5	The Governmental Organizations ……………………… (36)
3.6	The Detailed Government Fiscal Information ………… (37)
3.7	The Framework of the Survey and Evaluation ……… (39)
3.8	The Grading Criteria of the Survey and Evaluation …… (40)

4	**The Assessment of the General Fund's Transparency at Provincial Level** ……………………………………… (52)
4.1	The Explanation of the Survey Items and the Methodology …………………………………………………………… (52)
4.2	Overview ……………………………………………… (54)
4.3	The Survey and the Evaluation in the Perspective of the Provincial Governments ……………………………………………… (57)
4.4	The Survey and the Evaluation in the Perspective of the Published Information …………………………………………… (63)
4.5	Conclusions …………………………………………… (72)

5	**The Assessment of the Special Fund's Transparency at Provincial Level** ……………………………………… (73)
5.1	The Explanation of the Survey Items ………………… (73)

5.2	Overview	(74)
5.3	The Survey and the Evaluation in the Perspective of the Provincial Governments	(76)
5.4	The Survey and the Evaluation in the Perspective of the Published Information	(80)

6 The Assessment on the Transparency of the Provincial Off-treasure Fiscal Fund .... (86)

6.1	The Explanation of the Grading Criteria	(86)
6.2	Overview	(88)
6.3	The Transparency Comparison among Different Provinces	(91)
6.4	The Transparency Comparison among Different Items	(93)

7 The Assessment on the Transparency of the State-owned Operating Asset Fund at Provincial Level .... (95)

7.1	The State-owned Operating Asset Budget	(96)
7.2	The Explanation of the Survey and the Evaluation	(97)
7.3	The Analysis on the Evaluating Results	(101)
7.4	Conclusions	(108)

8 The Assessment on the Transparency of the Governmental Assets and Liabilities at Provincial Level .... (109)

8.1	The Grading Criteria and the Evaluating Method	(109)
8.2	The Analysis on the Evaluating Results	(111)
8.3	Conclusions	(118)

9	The Assessment on the Transparency of the Governmental Agencies' Budget and the Related Information at Provincial Level	(119)
9.1	Overview	(119)
9.2	Differences among Government Agencies and Provinces	(126)
9.3	Differences among Published Information	(131)
9.4	The Special Analysis on the Agencies' Budgetary Information Disclosure	(134)
9.5	Conclusions and Implications	(138)

10	The Assessment on the Transparency of the Social Insurance Fund at Provincial Level	(141)
10.1	The Methodology of the Survey	(142)
10.2	The Results of the Survey	(144)

11	The Assessment on the Transparency of State-owned Enterprises	(149)
11.1	The Methodology of the Survey	(151)
11.2	The Results of the Survey	(152)

12	The Assessment on the Provincial Governments' Attitude towards Fiscal Transparency	(157)
12.1	Overview	(157)
12.2	Replies to General Information Disclosure Applications and Corresponding Assessments	(159)
12.3	Replies to Agencies' Budgetary Information Disclosure Applications and Corresponding Assessments	(165)

Appendix ·· (168)

Appendix 1 The Outline of Fiscal Transparency Survey ··············· (168)
Appendix 2 The Outline of Fiscal Transparency Survey of Administrative
            Revenues, Expenditures and the Related Information
            ·· (174)

References ·· (178)

Postscript ··· (179)

1 总报告

《2017中国财政透明度报告》是上海财经大学"中国财政透明度评估"项目组自2009年进行省级财政透明度调查评估以来发布的第九份年度评估报告。

本报告向大家展示的内容包括在2016年一年的时间里,我国各方力量对政府财政信息公开的推动和努力,以及省级政府及其部门对2015年决算信息公开情况的报告和31个省份[①]的分省份报告。

1.1 省级财政透明度的评估方法

项目组依然采取以往八年的调查方式,即通过向有关部门提出政府信息公开申请、网络搜索和文献检索等多种方式全方位调查省级财政信息的公开程度。

1.1.1 调查问卷的设计

与2014—2016年三年的调查提纲保持完全一致,2017年省级财政透明度调查问卷根据财政部统一颁布、要求编制的"2015年度财政总决算报表"和"2015年度部门决算报表"设计而成。为尽可能全面系统地考察我国财政透

---

① 此处"省份"表示省级行政区划单位,具体包括省、自治区、直辖市。列入本项目调查范围的仅指中国内地31个省份,下同。

明度状况,项目组还根据国际财政信息公开规范设计了一些目前我国财政部门尚未统一填报的表格(公共财政支出决算经济分类明细表、公共财政支出决算部门分类明细表、本级政府直属企业主要指标表和部门各项目支出按经济分类的决算明细表),作为财政部以及有关管理部门要求各地方财政或部门编制的决算报表的补充。财政部要求编制的决算表格和项目组设计的决算表格两者共同构成了2017年省级财政透明度的调查项目。

1.1.2 数据获取与评分指标体系设计

在得到各地财政厅(局)、人力资源和社会保障厅(局)、国有资产监督管理委员会以及政府信息公开办公室反馈信息的同时,项目组还搜集整理了各省份政府官方网站、报纸杂志、财政年鉴、统计年鉴公开的财政信息,最终得到各省份所有已公开在一级信息要素下的二级财政信息要素;然后,将所有财政信息要素按不同性质归集到9项一级信息要素,每个部分权重被列为一级权重,一级权重设计与前五年评估项目各部分的权重保持一致:一般公共预算基金调查28项信息,占省级财政透明度得分比重为25%;政府性基金调查27项信息,占省级财政透明度得分比重为8%;财政专户管理资金调查27项信息,占省级财政透明度得分比重为4%;国有资本经营预算基金调查27项信息,占省级财政透明度得分比重为2%;政府资产负债调查7项信息,占省级财政透明度得分比重为9%;部门预算调查26项信息,占省级财政透明度得分比重为15%;社会保险基金调查14项信息,占省级财政透明度得分比重为19%;国有企业基金调查8项信息,占省级财政透明度得分比重为15%;被调查者态度得分占省级财政透明度得分比重为3%。

1.2 省级财政透明度评估的总体情况

图1—1展示了2009年以来省级财政透明度得分的最高分、最低分和平均分情况。从中可以看出,我国省级财政透明度九年来呈现不断上升的趋势,2017年31个省份财政透明度的平均得分为48.26分,比2009年的平均分21.71分增长了一倍多,进步显著。尽管如此,但从总体上看,我国省级政府决算信息公开的情况仍不理想,仍有超过50%的调查信息没有公开,而财政透明度最低的省份仅公开了不到30%的调查信息。

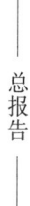

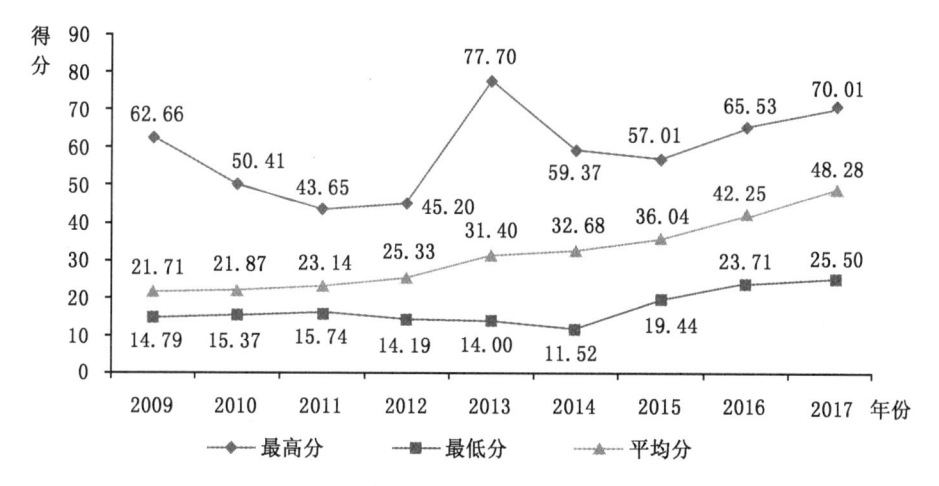

图1—1　省级财政透明度得分的最高分、最低分和平均分(2009—2017)

1.3　省级财政透明度评估的分省份分析

从公开的主体来看,31个省份之间的财政透明度存在明显差异,见表1—1。2017年财政透明度平均得分最高的山东省公开了70%的调查信息,甘肃、四川、安徽、湖南、辽宁4个省份的财政透明度平均得分也都在60分以上；而与此同时,湖北、陕西、青海3个省份的财政透明度平均得分却不到30分,与领先省份的差距高达一倍以上,另有西藏、贵州、河北、海南、浙江、江西、吉林7个省份的财政透明度平均得分没有超过40分,将两部分财政透明度较低的省份合并起来,其占全部被调查省份的比例达到32%。而没有达到及格线60分的省份有24个,占全部被调查省份的77%。

表1—1　　　　　　　中国省级财政透明度排行榜(2017)

排名	省份	财政透明度得分 2017年	财政透明度得分 2016年	得分变化	排名	省份	财政透明度得分 2017年	财政透明度得分 2016年	得分变化
1	山东	70.01	56.82	+13.19	17	广西	49.38	42.59	+6.79
2	甘肃	68.24	38.21	+30.03	18	云南	47.45	34.74	+12.71
3	四川	66.57	24.83	+41.74	19	北京	44.49	42.96	+1.53
4	安徽	65.69	57.34	+8.35	20	重庆	40.83	41.33	−0.50
5	湖南	64.88	65.18	−0.30	21	天津	40.24	40.64	−0.40

续表

排名	省份	财政透明度得分 2017年	财政透明度得分 2016年	得分变化	排名	省份	财政透明度得分 2017年	财政透明度得分 2016年	得分变化
6	辽宁	61.73	51.53	+10.20	22	吉林	37.80	35.41	+2.39
7	福建	58.20	53.82	+4.38	23	江西	37.41	41.65	−4.24
8	宁夏	56.29	65.53	−9.24	24	浙江	37.23	33.03	+4.20
9	山西	56.22	55.39	+0.83	25	海南	36.64	40.88	−4.24
10	上海	55.94	48.4	+7.54	26	河北	36.41	29.16	+7.25
11	江苏	55.08	23.71	+31.37	27	贵州	33.00	33.96	−0.96
12	河南	55.01	44.62	+10.39	28	西藏	32.67	27.94	+4.73
13	内蒙古	52.83	38.07	+14.76	29	青海	28.77	25.21	+3.56
14	广东	52.78	50.47	+2.31	30	陕西	27.24	27.92	−0.68
15	黑龙江	52.16	50.26	+1.90	31	湖北	25.50	33.7	−8.20
16	新疆	49.89	54.34	−4.45		平均	48.28	42.25	+6.03

不仅省际之间财政透明度存在明显差异,单个省份自身的财政透明度在不同年份之间也存在较大差异,这是省级财政透明度自评估以来就呈现出的突出特点。2017年财政透明度变化较大的省份包括四川和甘肃。四川省在2016年的财政透明度评估中仅得24.83分,在31个省份中排名第30名;2017年得分则为66.57分,排名跃升为第3名。同样地,甘肃省2016年得分为38.21分,排名为第19名;2017年得分为68.24分,排名跃升为第2名。

根据各省份财政透明度最终得分情况,我们将被调查对象分为六组。得分在70分及以上的第一组省份从2016年的零个增加为2017年的1个;得分在60(含)~70分之间的第二组省份从2016年的2个增加到2017年的5个;得分在50(含)~60分之间的第三组省份从2016年的8个增加到2017年的9个;得分在40(含)~50分之间的第四组省份从2016年的8个减少到2017年的6个;得分在30(含)~40分之间的第五组省份2016年与2017年持平,均为7个;得分在20(含)~30分之间的第六组省份从2016年的6个减少到2017年的3个;而得分在20分以下的省份2016年与2017年均为零个。图1-2表明,与2016年财政透明度各组平均分相比,2017年各组平均分除第二组与2016年持平外,其余各组都有改善。

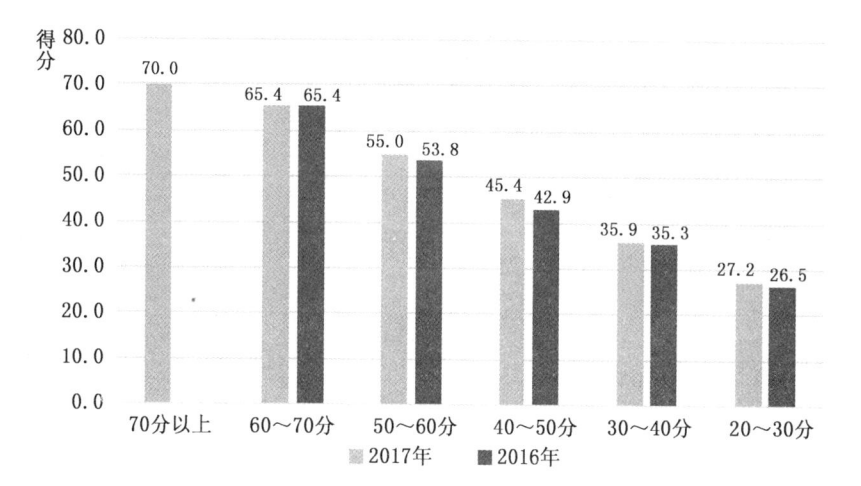

图1-2 各组财政透明度平均分比较(2016—2017)

1.4 省级财政透明度评估的分项目分析

省级财政透明度评估分为9项信息要素进行评分,各项得分情况如表1-2所示。按得分从高到低排序,依次是被调查者态度(77.27分)、国有企业基金(57.78分)、一般公共预算基金(57.50分)、社会保险基金(49.11分)、政府性基金(47.90分)、部门预算及相关信息(47.32分)、国有资本经营预算基金(43.64分)、政府资产负债(17.71分)和财政专户管理资金(4.68分)。在9项信息要素中,被调查者态度得分最高,得分率约为80%,说明大部分政府部门能够积极回复项目组的政府信息公开申请;财政专户管理资金和政府资产负债的信息公开情况最差,平均得分不到20分,其中财政专户管理资金是9项信息要素中得分最低的,仅有4.68分,这反映了相关部门仍然忽视对财政专户管理资金和政府资产负债的信息统计和信息公开。

表1-2 中国省级财政各信息要素透明度评估结果(2017)

地区	一般公共预算基金	政府性基金	财政专户管理资金	国有资本经营预算基金	政府资产负债	部门预算及相关信息	社会保险基金	国有企业基金	被调查者态度
北京	69.47	61.11	0.00	27.77	0.00	45.80	26.07	47.50	90.91
天津	46.65	37.04	2.78	41.67	0.00	39.20	26.07	75.00	86.36
河北	38.16	33.33	19.44	27.78	0.00	42.00	24.93	62.50	81.82

续表

地区	一般公共预算基金	政府性基金	财政专户管理资金	国有资本经营预算基金	政府资产负债	部门预算及相关信息	社会保险基金	国有企业基金	被调查者态度
山西	74.47	72.22	0.00	72.22	48.98	40.90	77.14	25.00	47.73
内蒙古	44.74	50.00	19.44	44.44	0.00	47.60	77.14	80.00	72.73
辽宁	76.32	72.22	0.00	72.22	0.00	42.70	77.14	81.25	72.73
吉林	37.83	27.78	0.00	11.11	0.00	42.70	69.20	25.00	86.36
黑龙江	51.32	33.33	30.56	44.44	51.02	50.00	48.25	75.00	68.18
上海	53.68	55.56	0.00	61.11	0.00	50.70	73.17	85.00	86.36
江苏	74.74	72.22	0.00	61.11	0.00	42.00	40.79	85.00	86.36
浙江	64.21	33.33	0.00	25.00	0.00	46.20	24.93	25.00	86.36
安徽	75.00	61.11	0.00	72.22	48.98	50.30	77.14	75.00	90.91
福建	76.32	72.22	0.00	72.22	48.98	58.00	26.07	75.00	86.36
江西	32.24	16.67	0.00	11.11	0.00	44.40	77.14	25.00	90.91
山东	66.51	66.67	25.00	69.44	51.02	71.30	77.14	87.50	86.36
河南	51.97	33.33	0.00	27.77	48.98	40.20	77.14	75.00	81.82
湖北	27.63	16.67	0.00	5.56	0.00	42.30	24.93	25.00	77.27
湖南	69.74	72.22	0.00	72.22	48.98	49.70	77.14	75.00	81.82
广东	50.24	33.33	0.00	27.78	0.00	58.70	74.76	75.00	90.91
广西	73.68	61.11	19.44	27.78	0.00	42.00	24.93	75.00	81.82
海南	64.47	33.33	0.00	30.56	0.00	42.00	24.93	25.00	81.82
重庆	47.37	31.11	0.00	36.11	0.00	51.00	23.21	75.00	81.82
四川	78.95	72.22	5.56	72.22	51.02	42.00	77.14	75.00	86.36
贵州	54.48	27.78	0.00	5.56	0.00	49.70	23.21	25.00	47.73
云南	36.62	27.78	0.00	44.44	0.00	44.80	77.14	77.50	72.73
西藏	63.16	44.44	0.00	33.33	0.00	30.40	21.43	25.00	9.09
陕西	26.32	27.78	0.00	5.56	0.00	51.40	23.21	25.00	81.82
甘肃	76.32	72.22	8.59	72.22	51.02	56.70	77.14	75.00	86.36
青海	36.62	33.33	0.00	44.44	0.00	38.10	23.21	25.00	72.73
宁夏	73.68	72.22	8.59	72.22	51.02	40.20	25.00	85.00	72.73
新疆	69.74	61.11	5.56	61.11	48.98	73.80	25.50	25.00	68.18
平均	57.50	47.90	4.68	43.64	17.71	47.32	49.11	57.78	77.27

1.4.1 一般公共预算基金透明度评估

31个省份2017年一般公共预算基金透明度平均百分制得分为57.50分,这意味着31个省级政府作为一个整体,公开了所调查项目中接近60%的信息,是项目组调查的9项信息要素中公开程度位列第3名的项目。在该项调查中,四川省得分最高,为78.95分,即公开了大约80%的被调查信息。而陕西、湖北两省得分不到30分,与第一名相差一倍多,即两省大约有70%的被调查信息没有公开。省际之间的信息公开差异明显。就项目的信息公开而言,在28个一般公共预算基金信息要素中,那些大类的、笼统的项目,如省总预算公共预算收支总额、省总预算公共预算收入类级科目、省总预算公共预算支出功能分类类级科目、省本级公共预算收入类级科目公开程度高,而详细具体的项目,如地市本级公共预算支出经济分类类级科目、县本级公共预算支出经济分类类级科目、各地市本级公共预算支出经济分类类级科目、各县本级公共预算支出经济分类类级科目则公开程度差。

1.4.2 政府性基金透明度评估

31个省份2017年省级政府性基金透明度平均百分制得分为47.90分,而2016年和2015年的这一评估结果分别为43.91分与39.30分。这说明近几年我国政府性基金透明度不断提高,从2015年至2017年,政府性基金透明度提高了21.89%;但同时我们也可以看到,我国政府性基金透明度水平仍然不及格,31个省份作为一个整体来看的话,目前只公开了省级政府性基金调查项目中不到48%的信息。

从公开主体看,政府性基金透明度并列最高的是山西、辽宁、江苏、福建、湖南、四川、甘肃与宁夏8个省份,比2016年多了2个,其百分制得分为72.22分。政府性基金透明度并列最低的省份是江西和湖北,比2016年的省份少了1个,其百分制得分仅为16.67分。

比较政府性基金透明度排名表中信息公开最好的省份与信息公开最差的省份,我们发现两者相差55.56分,省际之间在信息公开程度上存在着较大的差异。

从项目信息公开的角度看,不同项目之间在信息公开上存在较大差别。在27个调查项目中,有4个信息项的得分为满分,有8个信息项得了零分,另外14个项目的信息公开程度则在0~90%之间,还有1个信息项的信息公开程度在90%以上(未得满分)。

1.4.3 财政专户管理资金透明度评估

31个省份2017年财政专户管理资金透明度平均百分制得分为4.68分，比2016年的平均分12.54分低7.86分，比2015年的平均分20.49分低15.81分。31个省份2017年财政专户管理资金透明度最高分为30.56分，比2016年的最高分52.78分低20.22分，比2015年的最高分63.89分低30.33分。由此可见，财政专户管理资金透明度总体水平很低并呈现逐年下降的态势。财政部对财政专户决算编制要求的变化是透明度下降的最大原因：2014年度财政决算不再要求编制"财政专户管理资金收入明细表"、"财政专户管理资金支出功能分类明细表"、"财政专户管理资金收支分级表"、"财政专户管理资金收支平衡表"，上述各项信息要素应得分占财政专户管理资金透明度应得分的55.56%；财政部2015年度政府决算编制要求则进一步取消了所有与财政专户管理资金相关的决算表格。

1.4.4 国有资本经营预算基金透明度评估

31个省份2017年国有资本经营预算基金透明度平均百分制得分为43.64分，相较于2016年的43.05分，略有提升。

从省际的角度看，各省份之间得分依然存在较大差异。2017年，8个省份（山西、辽宁、安徽、福建、湖南、四川、甘肃、宁夏）并列第一，得分为72.22分，仅有部分预算支出的经济分类信息未提供。但与此同时，湖北、贵州、山西3个省份仅公开了少许的信息，得分为5.56分。

从信息公开的角度看，各类信息的公开程度是不同的。对国有资本经营预算基金的调查项目可以分为四大类：预算收支总额、预算收支明细、预算分级信息、预算分级与平衡明细信息。国有资本经营预算收支总额信息公开的情况最好。2017年，31个省份中有28个省份公开了该类信息。而国有资本经营预算支出的经济分类信息、预算分级信息与平衡明细信息的公开情况较差。

1.4.5 政府资产负债透明度评估

31个省份2017年政府资产负债透明度平均百分制得分为17.71分，分别比2016年的11.96分和2015年的9.68分增加了5.75分和8.03分，表明政府资产负债透明度在逐年提高。不仅如此，提供信息的省份数量也在逐年增加，从2015年的7个增加到2016年的8个，再到2017年的11个。政府的资产负债信息是重要的财政信息，但却是政府财政信息公开的薄弱之处。从

2017年的调查情况看,没有任何省份公开了项目组申请的全部信息。从平均水平看,有将近80%的信息没有公开。即使公开信息的省份也有将近50%的信息没有公开。这表明我国省级政府资产负债信息极不透明。

1.4.6 部门预算及相关信息透明度评估

31个省份2017年部门预算及相关信息透明度平均百分制得分为47.32分,比2016年增加了11.82分,继续保持2013年以来部门预算透明度得分的增长态势。公开信息的政府部门占全部被调查部门的90%,且有22个政府部门公开了项目组申请的全部信息,获得满分。

在2017年的评估结果中,各部门在信息公开上仍然存在较大差异。透明度得分为正的单位有310个,占全部被调查单位的90.9%,平均百分制得分为52分,其中,有26个部门获得100分的好成绩。但同时也有31个部门的得分为零,占全部被调查单位的9.1%。

部门预算及相关信息透明度得分在省际之间差异较大。2017年,部门预算及相关信息透明度得分最高的省份是新疆,得分为73.8分,而得分最低的西藏则仅为30.4分,前者得分是后者的2.4倍。

从部门角度看,各部门之间透明度也存在明显差异。国税局的财政信息透明度最差,其次是人大和政协,但后二者近年有缩小与其他部门透明度差距的趋势。其余8大部门,它们的得分有一定的差异,但差异并不是很大,基本上都在45~65分的区间范围内。工商、地税两部门得分主要在45~50分这个区间,而卫生、交通、政府、环保和教育的得分却分布在50~60分,财政的得分则超过了60分,达到了及格的水平。

从部门信息公开的类型看,收支信息的透明度水平整体上要高于资产信息、人员信息与机构信息的透明度水平,而在收支信息内部,支出按经济性质分类的信息,其透明度水平远远要低于按功能分类的信息的透明度水平。

1.4.7 社会保险基金透明度评估

31个省份2017年社会保险基金透明度平均百分制得分为49.11分,较2016年的38.76分有明显提升。

从公开主体看,省际之间的差异明显。山西、内蒙古等13个省份社会保险基金透明度平均得分均超过70分,透明度较高,但同时得分低于30分的省份也不在少数,包括北京、天津等15个省份。

不同的项目,信息公开的程度也不同。有关社会保险基金的收入、支出和结余三项指标以及各社会保险基金的预算收支表明细(类级科目)信息,31个省份全部公开;各社会保险基金的预算收支表明细(款级科目)信息、各个社会保险基金收支分级信息(类级科目)、社会保险基金的其他信息(类级科目)、各项基金资产负债信息(类级科目、款级科目),只有部分省份公开了部分信息;而各项社会保险基金的资产负债信息(项级科目)以及养老基金的未来50年或70年收支精算报告信息,没有一个省份公开。

1.4.8 国有企业基金透明度评估

31个省份2017年国有企业基金透明度平均百分制得分为57.78分,较2016年的49.27分有进一步提高。但透明度在省际之间存在明显差异。一方面,山东、上海等18个省份的国有企业基金透明度达到或超过75分,最高达到87.5分,而同时山西、吉林等11个省份的国有企业基金透明度得分仅为25分,二者之间的差距高达3倍多。

同样,国有企业基金在不同的调查项目上公开程度也不同。本级政府国有企业的总量指标,包括国有企业的收入、费用、利润总额、资产、负债及所有者权益总额六项指标公开程度最高,各省份均得满分;国有企业资产负债表、利润表和现金流量表公开情况相对较好,平均百分制得分均为63.23分;国有企业所有者权益变动表平均百分制得分为58.06分;政府直属企业按户公布的8项指标信息公开情况较差,平均百分制得分只有14.52分。而未有任何省份按照上市公司信息披露要求公开政府直属企业的信息。

1.4.9 被调查者态度评估

31个省份2017年在态度评估中的百分制平均得分为77.3分,比2016年的80.6分有所下降。在31个省份中,除贵州、山西和西藏之外,其他28个省份的态度得分都在及格线以上。其中,安徽、广东与四川等4个省份的态度得分在90分以上;福建、甘肃等16个省份的态度得分在80分以上;湖北、辽宁等6个省份的态度得分在70分以上;黑龙江与新疆这两个省份的态度得分在60分以上。

从一般信息公开申请的回复情况及态度评估情况来看,除了山西、贵州得50分,西藏得0分以外,其他28个省份都得了满分。各省份在该项上的态度得分平均高达93.5分。调查也显示,在对项目组申请的回复中,财政厅(局)与政府信息公开办公室的法制意识相对较强,能按照《政府信息公开条例》及时处理政府信息公开申请;人力资源和社会保障厅(局)次之;而国有资产监督管理委员会的法制意识则较为淡薄,未能对政府信息公开作出及时处理。

从部门预算信息公开申请的回复情况及评估的情况看,省际之间存在明显差异。安徽、北京、广东与江西4个省份的回复情况最好,它们各有9个部门对信息公开申请给予了回复。而黑龙江与新疆各只有4个部门处理了项目组的财政信息公开申请。回复情况最差的是西藏,只有两个部门处理了项目组的财政信息公开申请。

就行政部门政府信息公开申请回复情况的部门结构而言,财政、政府办公厅、环保、工商、教育与卫生等部门的回复情况较好,将近2/3以上的省份以电话或电子邮件或信件传真的方式回复了财政信息公开申请;交通、地税和国税的回复情况其次;人大办公厅和政协办公厅的回复情况最差。

1.5 基本结论

对于2017年的省级财政透明度调查评估,我们有以下基本结论:

第一,我国省级政府财政透明度继续保持逐年提高的趋势。31个省份的平均百分制得分从最初评估的2009年的21.71分上升到2017年的48.28分,这意味着我国省级财政透明度在短短9年的时间里提高了一倍多,成绩显著。这种明显的进步是人大、政府、学界以及社会民众各方努力推动的结果,是中国建设现代财政制度、走向现代国家治理的必经之路。尽管如此,至今我国省级财政透明度的整体水平依然很低,31个省份的平均得分还不到50分,距离及格线60分更是有一段差距。

第二,财政透明度在省际之间仍然存在较大差距。2017年财政透明度平均百分制得分最高的山东省公开了70%的调查信息,而湖北、陕西、青海三省的财政透明度平均得分却不到30分,与领先省份的差距高达一倍以上。

第三,单个省份的财政透明度在不同年份呈现明显的不稳定态势。2017年财政透明度变化较大的省份包括四川和甘肃等。四川省在2016年的财政透明度评估中仅得24.83分,在31个省份中排名第30名;2017年得分则为66.57分,排名跃升为第3名。同样地,甘肃省2016年得分为38.21分,排名为第19名;2017年得分为68.24分,排名跃升为第2名。

第四,不同调查信息的透明度有很大不同。省级财政透明度评估将被调查的信息分为九大类,并对其进行打分。按得分从高到低排序,依次是被调查者态度(77.27分)、国有企业基金(57.78分)、一般公共预算基金(57.50分)、社会保险基金(49.11分)、政府性基金(47.90分)、部门预算及相关信息(47.32分)、国有资本经营预算基金(43.64分)、政府资产负债(17.71分)和财政专户管理资金(4.68分)。在9项信息要素中,被调查者态度得分最高,得分率约为80%;财政专户管理资金和政府资产负债的信息公开情况最差,平均得分不到20分,其中财政专户管理资金是9项信息要素中得分最低的,仅有4.68分,这反映了相关部门忽视对财政专户管理资金和政府资产负债的信息统计和信息公开。

2 2016年政府信息公开进程

近年来,随着《中华人民共和国政府信息公开条例》(以下简称《政府信息公开条例》)的实施和完善,政府信息公开已成为全社会普遍关注的话题。不仅是政府部门本身对信息公开在不断推进,司法部门、高校、一些民间组织和社会团体对政府信息公开的要求无论从量还是从质的角度都越来越高。在过去的一年中,政府信息公开在各方的共同努力下有了很大的进展:国务院印发的《关于全面推进政务公开工作的意见实施细则》对信息公开作了非常全面的部署和规定;以上海财经大学为代表的高校组织连续多年对政府信息的公开进行了系统性评估并提出了建设性意见;社会各界从环境问题、政府资金使用、司法诉讼等多方面积极主动地参与到政府信息公开的建设中来。

2.1 人大通过环保税法,推动环境信息公开

目前,环境污染问题日益严重,公众对环境的关注持续上升,这对政府信息公开又提出了新的要求。人大在这方面也作了积极应对,将环境信息等上升到立法层面。2016年12月25日,第十二届全国人民代表大会常务委员会第二十五次会议通过了《中华人民共和国环境保护税法》,并将于2018年1月1日起正式实行。这也是我国税收领域为数不多的几个属于法律层级中的一

本章由温娇秀、丁云惠和冯笑共同完成。

部。环保税法主要从计税依据、应纳税额、税收减免和征收管理等方面作了具体规定。

其中,总则第一条明确了制定此法的宗旨和意义即为了保护和改善环境,减少污染物排放,推进生态文明建设。第十四条规定:"环境保护税由税务机关依照《中华人民共和国税收征收管理法》和本法的有关规定征收管理。环境保护主管部门依照本法和有关环境保护法律法规的规定负责对污染物的监测管理。县级以上地方人民政府应当建立税务机关、环境保护主管部门和其他相关单位分工协作工作机制,加强环境保护税征收管理,保障税款及时足额入库。"第十五条规定:"环境保护主管部门和税务机关应当建立涉税信息共享平台和工作配合机制。环境保护主管部门应当将排污单位的排污许可、污染物排放数据、环境违法和受行政处罚情况等环境保护相关信息,定期交送税务机关。"这些具体规定有利于加快推进环境信息公开的进程。

2.2 政府部门的行动

2.2.1 中共中央办公厅、国务院办公厅印发《关于全面推进政务公开工作的意见》,促进政务公开

2016年2月17日,中共中央办公厅、国务院办公厅印发《关于全面推进政务公开工作的意见》(以下简称《意见》)。与2011年《关于深化政务公开加强政务服务的意见》相比,新发布的《意见》开宗明义,指出:"公开透明是法治政府的基本特征,全面推进政务公开,让权力在阳光下运行,对于发展社会主义民主政治、提升国家治理能力、增强政府公信力、执行力,保障人民群众知情权、参与权、表达权、监督权具有重要意义。"另外,《意见》也指出:"党中央、国务院高度重视政务公开,作出了一系列重大部署,各级政府认真贯彻落实,政务公开工作取得积极成效,但与人民群众的期待相比,与建设法治政府的要求相比,仍存在公开理念不到位、制度规范不完善、工作力度不够强、公开实效不理想等问题。"总体而言,《意见》对从2016年至2020年的政务公开作出了5个方面21项重要部署。具体如下:

第一,《意见》完整阐述了在即将开始的"十三五"期间全面推进政务公开工作的指导思想、基本原则和工作目标。《意见》要求推行"互联网+政务",扩大公众参与,促进政府有效施政,并指出工作目标为"到2020年,政务公开总体迈上新台阶,依法积极稳妥实行负面清单制度,公开内容覆盖权力运行全流程、政务服务全过程,公开制度化、标准化、信息化水平显著提升,公众参与度

高,用政府更加公开透明赢得人民群众更多理解、信任和支持"。

第二,《意见》扩大了我国在新时期推进政务公开的范围,提出在政务决策、执行、管理、服务、结果和重点领域等范围内,全面推进政务公开和信息公开。《意见》要求:"实行重大决策预公开制度,涉及群众切身利益、需要社会广泛知晓的重要改革方案、重大政策措施、重点工程项目,除依法应当保密的外,在决策前应向社会公布决策草案、决策依据,通过听证座谈、调查研究、咨询协商、媒体沟通等方式广泛听取公众意见,以适当方式公布意见收集和采纳情况。探索利益相关方、公众、专家、媒体等列席政府有关会议制度,增强决策透明度。决策作出后,按照规定及时公开议定事项和相关文件。"此外,《意见》还强调:"加强突发事件、公共安全、重大疫情等信息发布,负责处置的地方和部门是信息发布第一责任人,要快速反应、及时发声,根据处置进展动态发布信息。"

第三,《意见》针对以往"工作力度不够强"、"公开实效不理想"的问题,提出"推进政府数据开放"、"加强政策解读"、"扩大公众参与"、"回应社会关切"以及"发挥媒体作用"五方面工作,并强调从制度规范、政务公开负面清单、信息化水平、政府门户网站、公务员培训几个方面加强政务公开能力。《意见》指出,"按照促进大数据发展行动纲要的要求,实施政府数据资源清单管理,加快建设国家政府数据统一开放平台,制定开放目录和数据采集标准,稳步推进政府数据共享开放,强化政府门户网站信息公开第一平台作用,整合政府网站信息资源,加强各级政府网站之间协调联动,强化与中央和地方主要新闻媒体、主要新闻网站、重点商业网站的联动,充分运用新媒体手段拓宽信息传播渠道,完善功能,健全制度,加强内容和技术保障,将政府网站打造成更加全面的信息公开平台、更加权威的政策发布解读和舆论引导平台、更加及时的回应关切和便民服务平台"。另外,《意见》还要求"把政务公开工作纳入绩效考核体系,加大分值权重,鼓励支持第三方机构对政务公开质量和效果进行独立公正的评估"。

2.2.2 国务院印发《关于全面推进政务公开工作的意见实施细则》,加快政务公开实施进程

习近平总书记指出,政务公开是法治政府建设的一项重要制度,要以制度安排将政务公开贯穿政务运行全过程,权力运行到哪里,公开和监督就延伸到哪里。

2016年8月,国务院印发了《关于在政务公开工作中进一步做好政务舆情回应的通知》(以下简称《通知》),对各地区各部门政务舆情回应工作作出部

署。《通知》指出,随着互联网的迅猛发展,新型传播方式不断涌现,政府的施政环境发生深刻变化,舆情事件频发多发,加强政务公开、做好政务舆情回应日益成为政府提升治理能力的内在要求。具体要求:第一,涉及各部门的舆论消息一个保持信息的准确一致;第二,做到重点事件重点回应,积极及时地向社会公众反馈消息;第三,给予回应人员一定自主空间、宽容空间;第四,拓宽公开渠道,进一步提高政务微博、微信和客户端的开通率,利用新型网络媒介,加强政府信息的传播,提高信息公开程度和反馈率。此外,《通知》还强调要加强相关人员的督促检查和业务培训工作,建立政务舆情回应激励约束机制,并将其作为重要内容纳入各部门的考核机制中,对消极怠工的人员进行相应的惩罚。

此后,2016年11月15日,国务院印发的《关于全面推进政务公开工作的意见实施细则》(以下简称《实施细则》)要求着力推进决策、执行、管理、服务、结果公开,将"五公开"要求落实到公文办理程序和会议办理程序,对公开内容进行动态扩展和定期审查。国务院各部门要就本部门本系统主动公开的内容、主体、时限、方式等编制目录并动态更新。在全国选取100个县(市、区),围绕土地利用规划、拆迁安置、环境治理、扶贫救灾、就业社会保障等开展政务公开标准化、规范化试点。同时,《实施细则》还从以下几个方面为进一步推进政务公开作了说明。

第一,强化政策的解读,部门主要负责人要扮演好"第一解读人和责任人"的角色,对涉及民众切身利益的政策法规及时做好解读工作,善于运用新兴媒体资源及时发布。具体应做好国务院重大政策解读工作,加强各地区各部门政策解读工作。对涉及群众切身利益、影响市场预期等的重要政策,各地区各部门要善于运用媒体,实事求是、有的放矢地开展政策解读,做好政府与市场、与社会的沟通工作,及时准确地传递政策意图。要重视收集反馈的信息,针对市场和社会关切事项,更详细、更及时地做好政策解读,减少误解猜疑,稳定预期。

第二,要求积极回应关切。按照属地管理、分级负责的原则对民众反映的重大问题相关负责人要积极回复,并及时举行新闻发布会。

第三,加强平台建设,扩大公众参与度。强化政府网站建设和管理,打通各地区各部门政府网站,充分运用新闻媒体平台做好政务公开,同时积极拓展民众参与的渠道和方法。

第四,加强组织领导。调整全国政务公开领导小组,完善政务公开工作机制,各级政府及其部门要与宣传部门、网信部门加强合作,并运用全媒体手段做好政务公开工作。建立效果评估机制,加强人员的教育培训和官员考核问责机制建设。

总体来说,《实施细则》是对上述《意见》顺利开展的具体指导,《通知》是对各部门具体操作层面的部署,这些都是政府促进信息公开的积极举措。

2.2.3 财政部发布《关于切实做好地方预决算公开工作的通知》,加强对地方预决算的监督管理

2016年,为推进政府预决算公开进程,财政部发布了《关于切实做好地方预决算公开工作的通知》(以下简称《通知》),要求县级以上地方财政部门建立预决算公开统一平台,并且从2017年起将本级政府预决算、部门预决算在平台上集中公开。《通知》具体要求:第一,加快落实预决算公开主体责任。加强预决算公开的指导和组织协调,进一步完善预决算公开制度,明确责任,健全机制,完善措施,省级财政部门在过程中要加强对地方政府的指导工作。第二,进一步改进预决算编制,提高预决算的完整性、规范性、准确性。具体而言,县级以上地方财政部门需要建立预决算公开统一平台,在现有公开渠道的基础上,进一步拓宽公开渠道,改进公开方式,从2017年起将本级政府预决算、部门预决算在平台上集中公开,方便社会公众查阅和监督。第三,各省份各地区可以将预决算的公开情况作为官员绩效考核的一个方面,激励信息的公开,方便社会公众的监督。

2.2.4 司法部门加强法制建设,掀开我国司法透明度崭新篇章

2016年9月27日,最高人民法院开通了中国庭审公开网,并就庭审公开工作进行推进部署。目前已经有520家地方各级法院实现了与这个平台的联通并通过这个平台将庭审现场推送到各大主流可视媒体。中国庭审公开网是最高人民法院继中国审判流程公开网、中国裁判文书公开网、中国执行信息公开网之后开发建设的司法公开第四大平台,这也标志着开放、动态、透明、便民的阳光司法机制建设取得了突破性进展,我国司法公开的程度掀开了崭新的篇章。

根据相关规定,自2016年7月1日起,最高人民法院所有公开开庭案件的庭审原则上均通过互联网直播,率先实现庭审直播常态化。截至当年8月31日,最高人民法院通过网络直播案件庭审78件,庭审直播观看量33 435 000多次,点播观看量超过3亿次,社会各界普遍给予了高度评价。另外,河北法院、江苏法院、安徽法院、河南法院直播庭审数量可观,庭审公开成效明显。

2.2.5 其他政府部门的积极行动

2016年8月28日,民政部向社会公布十八届中央第九轮巡视整改情况。其中,18个省份的彩票公益金被套取、挪用的整改情况尤其引人关注。事情起因于2015年6月25日国家审计署发布的中华人民共和国成立以来首次对彩票行业资金状况的大规模审计报告。此次审计涉及18个省、228个省市级彩票销售机构,以及4 965个彩票公益金资助项目;抽查了658.15亿元的彩票资金,占同期全国彩票资金的18.02%;审计查出虚报套取、挤占挪用、违规采购、违规购建等问题金额达到169.32亿元,占抽查资金总额的25.73%。由此可见,我国彩票资金的管理与使用存在很大的问题。在挪用套用背后反映的是资金来源使用不公开、监管不力的问题,这一问题与现行《彩票公益金管理办法》对信息公开要求不足有关。我国《彩票公益金管理办法》只对如下方面作了规定:第一,省级财政部门每年4月底前向省级人民政府和财政部提交上一年度本行政区域内彩票公益金的筹集、分配和使用情况的报告;每年6月底前向社会公告上一年度本行政区域内彩票公益金的筹集、分配和使用情况。第二,财政部应当于每年6月底前向国务院提交上年度全国彩票公益金的筹集、分配和使用情况报告;每年8月底前向社会公告上一年度全国彩票公益金的筹集、分配和使用情况。第三,省级以上民政、体育行政等彩票公益金使用部门、单位应当于每年6月底前向社会公告上一年度本部门、单位彩票公益金的使用规模、资助项目、执行情况和实际效果等。这些规定只是空泛地规定了公示的截止日期,既没有列明公示的具体内容,也没有要求省级以下有关部门进行公示,更没有相应的惩罚机制进行约束。

此后,2016年8月30日,财政部发布了《中华人民共和国财政部公告2016年第105号》,其中公布了2015年彩票公益金筹集分配情况以及中央集中彩票公益金安排使用情况。这有助于推动彩票资金使用情况进一步公开。

2.3 学术界的努力

学术界仍然是推动政府信息公开的一支重要的力量。在过去的一年里,上海财经大学公共政策研究中心、清华大学公共管理学院、中国社会科学院等多所高校及研究机构分别为推动省级财政透明度、市级财政透明度、政府行政透明度及高校透明度进行了深入的研究,中国政法大学等6所高校着重关注了新修订的《中华人民共和国环境保护法》的实施情况。学术界作为我国智囊库聚集的高地,在推进政府信息公开和透明度方面具有极为重要的作用。

2.3.1 上海财经大学继续积极推动财政信息公开

2016年,上海财经大学公共政策研究中心对我国财政透明度状况继续进行跟踪调查研究,通过向有关部门提出信息公开申请与网络和文献检索方式调查纳入项目研究范围的财政信息的公开状况,在收集了大量信息的基础上基于对信息的评估和分析,发现我国政府信息公开以及透明度建设方面仍旧面临着问题。11月26日,该中心编撰的《2016中国财政透明度报告》(以下简称《报告》)在上海发布,该年度报告主要以我国31个省份的本级预决算信息为调查对象,重点考察了各省份的信息公开程度,对各省份的信息透明程度进行评估和比较分析。报告显示:2016年,31个省份财政透明度的平均得分为42.25分,分别比2015年的36.04分和2104年的32.68分高6.21分和9.57分。31个省份中,财政透明度最高分为65.53分,最低分为23.71分。

《报告》指出,省级财政透明度虽然呈现出小幅稳步上升的趋势,但政府预决算信息公开整体情况仍不理想,进步速度缓慢。得分前十的宁夏、湖南、黑龙江等10个省份财政透明度得分超过50分,公开了省级财政透明度调查项目中超过一半的信息。而排名倒数两名的省份为四川和江苏,这两个省份的财政透明度低于25分,公开的信息不及省级财政透明度调查项目的1/4。总体而言,中国政府预算公开处于低水平状态而缺乏突破性进展。根据国际预算合作伙伴协会(IBP)的调查,2015年中国政府预算公开指数为14,在102个调查国家中排在第92位,比排名第一的新西兰低74分。

《报告》还显示了相关部门对政府资产负债统计的忽视。报告主要根据一般公共预算基金、政府性基金、财政专户管理资金、国有资本经营预算基金、政府资产负债、部门预算及相关信息、社会保险基金、国有企业基金和被调查者态度这9项信息要素对省级财政透明度进行打分评估。调查结果是:被调查者态度得分最高,31个省份的平均百分制得分为80.87分。其次是一般公共预算基金、国有企业基金、政府性基金、国有资本经营预算基金、社会保险基金、部门预算及相关信息,得分均在30分以上。信息公开情况最差的为财政专户管理资金和政府资产负债,分别为12.54分和11.96分,平均得分不到13分,其中财政专户管理资金的得分比2015年还要低。因此,相关部门对于政府资产负债信息的监督管理还要进一步加强。

《报告》最后认为,财政透明度进度缓慢有以下几个原因:一是政府部门公开意识缺乏,对政府信息的公开有所顾虑;二是部门相关领导的影响大于制度影响;三是法律保障欠缺,级次要求不高。"财政信息公开是防止腐败的制度保障,是现行体制下关住权力最好的一个制度笼子。"因此,应该完善法律法规，为信息公开提供法律保障，修订现行政府收支分类科目，并将信息公开工作纳入政府部门的问责体系。

2.3.2 清华大学关注市级政府财政透明度

清华大学公共管理学院近年来一直关注市级政府的财政透明度状况。自2012年起，清华大学公共管理学院公共经济、金融与治理研究中心每年定期推出《中国市级政府财政透明度研究报告》。2016年8月，该中心发布《2016年中国市级政府财政透明度研究报告》（以下简称《报告》）。《报告》的评估对象为全国295个地级及地级以上的市政府（包括新建市的西藏自治区山南市）以及全国358个县级市。《报告》评估的主要结论包括：

第一，按百分制核算，得分在80分以上的城市有4个，得分在70分及以上的城市有20个，得分在60分以上的城市有63个，相较于上年有较大的进步。其中排名前6名为北京、广州、上海、珠海、武汉、杭州。北京、广州、上海三个市政府的财政公开情况连续四年都名列前三位，其他排名前10位的城市，如珠海、武汉、杭州、天津、清远、成都、温州，财政透明度也较好，而这些城市主要集中在东部沿海地区。而2016年县级政府财政透明度评价指标体系与地级政府完全相同，与上年情况相似，县级市得分普遍要低于地级市，其中得分在70分以上的县级市仅有3个：云南省大理市（第一）、广东省乐昌市（第二）、江苏省江阴市（第三）。

第二，衡量政府财政透明度的核心指标，即公共财政、政府性基金、国有资本经营以及社会保险基金"四本账"的公开情况有一定提升，但仍有进步的空间。对295个地级及以上市政府预算与预算执行公开得分占该部分满分百分比的情况进行分析，295个城市中有86个市政府得分达到总分的60%以上，比上年增加31个。所有城市的平均得分虽仅占该部分满分的43.23%，但比上年提升了9.3个百分点，进步较大。

第三，市级人大预算审核亟须强化。通过地方政府的反馈，一些地方政府表示他们在提升财政透明度的道路上存在实际的困难，比如一些省级政府对市级政府的信息公开状况有规定和约束，这与中央要求公开财政透明的原则不符。此外，部分市级人大审查本级政府财政报告的时间严重滞后，影响了市政府在年初"两会"之后及时向全社会公布公共预算。对此，《报告》给出两点建议：一方面，市级人大对预算审核亟须强化，应该尽早把审议预算放在人大工作最为重要的位置；另一方面，人大代表要从业余人员逐步向专职人员改变，在现阶段则要为人大代表配专业人员协助开展预算审议。

第四，地方债务数据公开情况不佳。通过对全国地级及地级以上市政府、县级市政府的债务公开数据进行收集、统计和处理,课题组发现仅有37.2%的地级及以上市政府、22.9%的县级市政府公布了债务情况,而且公开的口径和统计方法不一。《报告》认为,进一步控制地方政府的借债规模、完善对地方政府债务的监管、增强地方政府债务的公开度和透明度,是改善政府治理、防范系统性风险的重要内容。

2.3.3 中国社会科学院发布《法治蓝皮书:中国法治发展报告(2016)》,关注政府、司法、检务等多个事项的透明度

2016年3月18日,中国社会科学院法学研究所发布了《法治蓝皮书:中国法治发展报告(2016)》,其中包括多项透明度报告:《中国政府透明指数报告(2015)》、《中国司法透明度指数报告(2015)》、《中国检务透明度指数报告(2015)》与《高等教育透明度指数报告(2015)》等。

《中国政府透明指数报告(2015)》围绕政府信息公开专栏、规范性文件、财政信息、行政审批信息、环境保护信息、政府信息公开年度报告等要素对54个国务院部门、31个省级政府和49个较大的市级政府的信息公开情况进行评估。调查结果显示:国务院部门中评估结果排在前列的有海关总署、交通运输部、中国证券监督管理委员会、国家食品药品监督管理总局、国家信访局、水利部、教育部、国家发展和改革委员会、国家安全生产监督管理局、国家体育总局。海关总署得分最高,为88.14分(100分满分,下同);得分最低的是国家烟草专卖局,仅为35.97分。省级政府中排在前列的有上海、北京、河南、福建、江苏、四川、浙江、安徽、湖北、山东。上海得分最高,为85.91分;西藏得分最低,仅为39.03分。较大的市中排在前列的有厦门、成都、宁波、淄博、汕头、杭州、福州、南昌、长沙、苏州。厦门得分最高,为81.11分;银川得分最低,仅为30.91分。报告同时发现,政府信息公开存在着一些普遍性问题,主要是公开的不是本部门、本级政府的政府信息公开依据,更多的是条例或上一级政府机构的规定。报告指出,未来政府信息公开应在法治化、标准化、换位思考、人人有责、整体推进方面努力。

《中国司法透明度指数报告(2016)》以全国81家法院为研究对象,覆盖了最高人民法院、31家省(自治区、直辖市)高级人民法院以及《中华人民共和国立法法》修改前有地方立法权的49家较大市的中级人民法院,从审务公开、立案庭审公开、裁判文书公开、执行信息公开、数据公开和司法改革信息公开六个方面进行了司法信息透明度的评估。评估显示:"81家法院司法透明度指标的平均分为56.52分,30家法院得分在60分以上,占比37.04%。排名前20位的法院依次是广州中院、宁波中院、成都中院、北京高院、浙江高院、石家

庄中院、深圳中院、海口中院、吉林高院、杭州中院、上海高院、广西高院、吉林中院、四川高院、南京中院、最高人民法院、湖南高院、福建高院、江苏高院、安徽高院。"总体来看,2015年中国司法公开指数地图呈"东高西低"态势,中部地区法院居中下游,东北地区整体处于司法公开洼地。最高人民法院摆脱了"灯下黑"的状态,排名首次进入前二十。同时,报告发现司法信息公开中仍存在一些问题:一是司法官方信息有偿公开的现象依然存在;二是法院普遍不重视年报的撰写和公开。课题评估组发现,79家法院未公开年报,占97.53%;专题报告和白皮书的公开率较低,超过七成法院未公开;案件统计数据公开度不够,仅有17家公开了案件统计数据,占20.99%。除此之外,信息公开平台分散重复建设愈演愈烈、信息准确性不佳等老问题依然存在。

《中国检务透明度指数报告(2015)》指出,2015年中国检务公开制度化程度不断提升。根据对最高人民检察院、31个省、自治区、直辖市的人民检察院和49个较大的市人民检察院的检务公开工作的测评结果,最高人民检察院在本项目测评中连续多年位居第一。不少检察院较为重视新闻发布工作,注重通过新闻发布会对外发出权威的声音。省级人民检察院网站中,显示有27家自2014年1月1日以来召开过新闻发布会或情况通报会,占已开通网站的省级人民检察院的90%;较大的市人民检察院网站中,有27家自2014年1月1日以来召开过新闻发布会或情况通报会,占已开通网站的较大的市人民检察院的61.36%。但是,相比于项目组测评同类地区法院司法公开的情况,检务信息的公开明显滞后于人民法院的信息公开和政府信息公开,不仅总分不高,而且平均分也较低。具体表现有:仍有6个被测评的检察机关尚未建立门户网站;部分网站运行不稳定,或存在阶段性无法打开,或部分链接无法打开的现象;栏目设置不够规范,栏目之间重复、栏目内容交叉、栏目无效或虚设等问题均广泛存在;内容与公众需求差距较大,新闻报告、文体活动、书法摄影充斥其间;检务公开发展严重失衡,不同检察院之间差距巨大,一些发达地区的检察机关表现较差,同一检察院不同板块之间表现也迥异。

此外,中国社会科学院法学研究所发布的《中国高等教育透明度指数报告(2015)》结果显示:通过对全国115所高校的高校基本情况、招考信息、财务信息管理与教学信息、人事师资信息和信息公开专栏设置情况信息6项指标进行评估,排名前十的高校为中国矿业大学、中国海洋大学、湖南大学、武汉大学、中南大学、北京交通大学、西南交通大学、华北电力大学、北京语言大学、北京科技大学。而老牌名校如北京大学、清华大学、中国人民大学和复旦大学等,不但未能进入前十,而且成绩排名一律在50名以外了。具体来看,在上述6项透明度考察指标中,115所高校中至少一项得零分的学校有4所(2016年是3所),分别是郑州大学、第二军医大学、第四军医大学和四川农业大学。其中第二军医大学得零分的指标有三项,分别为财务信息、人事师资信息和管理与教学信息。总体而言,2015年度高等学校信息公开工作和相关平台建设得到一定程度的深化,尤其是在特殊类型招考生和硕士研究生复试等重点信息公开领域的情况表现。与此同时,很多高等学校的《2014－2015学年度信息公开年度报告》在说明主要经验、存在问题和改进措施等情况时,套话太多、内容空洞,形式主义突出。

2.3.4 青岛理工大学关注地方政府债务信息透明度

长期以来,对于我国地方政府债务问题的深入研究在很大程度上受制于各级地方政府债务数据的缺失,新《预算法》于2015年实施之后,这种状况也基本没有得到改观。为了得到相关数据,同时对地方债务信息公开状况有一个客观准确的认识和评估,在2016年的下半年,青岛理工大学经贸学院地方政府债务课题组以我国31个省份(不含香港、澳门和台湾)和334个地级行政单位(地级市、地区、自治州、盟)为样本,进行了一次全面的地方政府债务信息数据查找和申请公开工作:从2016年9月到10月,主要通过财政部门网站、政府网站和中国债券信息网等对地方政府主动公开的地方债务信息进行了查找;2016年11月,在基于债务信息主动公开的基础上,通过邮寄挂号信的方式统一向各个省份的财政厅(局)和各个地级政府的财政局或政务公开办公室申请公开应公开但未公开的地方债务信息;然后从2016年12月到2017年2月,经过电话沟通、纠错重寄、整理回复、录入数据、核对检查和查漏补缺等,整理得到了我国省市两级地方政府债务信息公开的最终状况,并发布《中国地方政府债务透明度评估:2014－2015》(以下简称《评估报告》)。

《评估报告》主要通过查找已公开的信息和申请公开未公开的信息这两种方式,主要基于省级和地级政府债务余额和债务限额(含一般和专项)等关键指标,对我国2014年和2015年地方政府债务信息透明度进行了评估,并且具体分为主动透明度和最终(主动和依申请)透明度。结果显示:"各个省份的主动透明度普遍不乐观,虽然最终透明度有很大提升,但是部分省份仍然很不理想;同时综合而言,东部省份的平均透明度最高,西部省份次之,中部省份最低,但是区域内省份之间的差异性很大,呈现出一定的随机性。从全国层面上31个省份地方债务信息透明度的排序对比上来看,无论是主动公开透明度还是最终透明度,4个直辖市都位居最前列。"

基于上述评估结果,《评估报告》相应地提出了推动地方政府债务信息公开的政策建议:

第一，应明确地方政府对于辖区内各级政府地方债务总和数据的公开义务。目前，财政部不仅公布了中央政府债务的余额，还公布了全国各级地方政府债务余额的总和，基于同样的逻辑，各个省（自治区、直辖市）的财政厅（局）不仅要公开省（自治区、直辖市）本级的债务余额数据，还要公开全省（自治区、直辖市）内各级地方政府的债务余额总和。对于省直管县的债务信息，省级政府也应承担公布总和数据的义务。

第二，应明确地方政府对于或有债务信息公开的义务。或有债务具体包括政府负有担保责任的债务和负有救助责任的债务，虽然不一定会动用财政资金进行偿还，但是这种可能性无疑是有的，同时考虑或有债务对于全面认识和评估政府承担的责任和义务也具有不可或缺的作用。

第三，要将地方政府债务的分类余额和限额等数据主动公布在相应的统计年鉴中。在《中国统计年鉴》中的"财政"部分，有中央财政债务余额的年度数据，建议增列地方政府债务余额的年度数据，并且区分为一般债务和专项债务。

2.4　民间组织与社会公众对政府信息公开的关注

近几年，民间组织和社会公众在推动政府信息公开方面扮演了尤为重要的角色。2016年，他们在环境安全信息公开、教育信息公开以及政府采购信息公开等事件中表现出了强烈的关注。

2.4.1　民间组织大力推动环境信息公开

天津港"8·12"爆炸事故发生后，民间组织对于环境安全信息愈发关注。

2016年1月21日，环保非政府组织（NGO）上海闵行区青悦环保信息技术服务中心（以下简称上海青悦）发布《全国危险化学品企业信息公开状况调研报告》。报告显示，在调研的31个省（自治区、直辖市）中，只有6个省级安全生产监督管理部门同时主动公开了危险化学品生产和经营许可证信息，9个省级安全生产监督管理部门同时公布了许可的生产危险化学品种类和年产量，11个省级安全生产监督管理部门提供了危险化学品企业的精确地址，12个省级安全生产监督管理部门按季度及时公布危险化学品企业信息。而根据《危险化学品安全管理条例》，安全生产监督管理部门负责核发危险化学品安全生产许可证、安全使用许可证和经营许可证，并负责危险化学品登记工作。《安全生产许可证条例》和相关实施办法规定，发证机关应定期向社会公布企业取得许可证的情况，接受社会监督。对于既未公开危险化学品生产许可证信息,也未公开经营许可证信息的9个省级安全生产监督管理部门,上海青悦通过电话、邮件等方式联系,却均未收到回复。

在企业废气排放信息公开方面,民间环境保护组织绿石环境行动网络于2016年3月初开始向江苏省168家国家重点监控废气排放企业申请环境信息的公开,最终仅收到16家企业回复,超过九成企业没有回复。究其原因,绿石环境行动网络表示:一方面,企业对"环境信息公开"概念不清,对环境信息公开的法律法规不了解;另一方面,大多数企业环境信息公开制度并不完善,信息公开的流程复杂,也没有指定的部门负责企业环境信息公开的工作。针对这些问题,绿石环境行动网络给出了两点建议:第一,通过完善法律法规和规章制度,明确企业环境信息公开的法律主体责任;企业应充分利用平台"备注"一栏,及时澄清数据异常的原因,方便公众了解企业污染治理情况。第二,环境保护部门能提供明确的信息公开指导,以便依法进行公开,并建立奖优罚差机制。

基于对空气质量状况的研究,环境保护组织公众环境研究中心(IPE)于2016年6月20日发布了2015－2016年度120个城市AQTI指数。其评价结果显示:120个城市年度空气质量信息公开指数平均得分为53.58分,如果以60分为及格线,那么,120个城市仍处于不及格状态。其实早在2010年,为了评估各地空气质量信息公开水平,该组织和中国人民大学法学院共同开发完成AQTI指数,在随后的几年中,也一直对全国重点环保城市AQTI指数进行评价,一方面对城市本身有一定的监督,另一方面也反映了民众对环境信息公开的利益诉求。

同时,环境保护公益组织公众环境研究中心(IPE)与自然资源保护协会(NRDC)于2016年9月12日发布了"2015－2016年度120城市污染源监管信息公开指数(PITI)评价结果"报告。该报告较为全面地将"环境监管信息"、"污染源自行公开"、"互动回应"、"企业排放数据"、"环评信息"纳入考核范围。该组织每年都会发布这样的报告,各个城市的排名在不同年份也会有所出入,不同的指标在各地区间差异也较大。报告同时指出,企业环境信用等级评价的公开程度很低。在120个参评城市中,仅45个城市公布了有效的2014年企业环境信用等级评价结果,不足一半,并且也没有公布评价的依据。此外,报告显示,七大地理分区中,得分最高的是华东地区,之后依次是华南、华北、西南、华中、东北、西北地区。120个城市中,得分在60分以上的21个城市全部分布在东部经济较发达地区,没有一个是中西部城市。中国政法大学教授王灿发建议,环境保护部和有关部门应密切合作加强对中西部地区环境信息公开制度的建设与审核。同时,环境保护部在修订信息公开办法的过程中,应加大对信息不公开情况的惩处力度。

针对环境信息公开申请中存在的问题,北京市义派律师事务所发布了《环境信息公开申请实务指南》(以下简称《指南》)。为了提高公众申请信息公开的成功率,《指南》总结了环境信息公开申请过程中公众需要面对和回答的主要问题,包括商业秘密的界定、过程信息公开依据、污染源信息公开平台的使用、信息公开申请的程序、规范性用语等。

除此之外,北京市义派律师事务所公益法律中心从2015年8月起发出了政府信息公开申请书81份,提出了申请事项821项,法定期限内获得了16个"无烟城市"的答复。兰州市、银川市没有作出回答。经过3个月的研究评分,《全国18个"无烟城市"控烟执法政府信息公开申请公益行动报告(2016年)》发布。报告反映,北京市在全国18个"无烟城市"当中的表现最佳,北京、西宁、广州和深圳在透明度排名上并列第一,银川、兰州垫底。《报告》针对控烟情况不理想得出了如下结论:首先是控烟方面的预决算欠缺,导致执法缺乏足够的资金来源;其次是立法不完善,惩处力度不严。《报告》随后指出,"无烟城市"控烟执法工作首先要立法,其次是执法和宣传。另外,各个相关部门的监督和管理也很重要。这三个环节缺哪一个都不行,缺哪一个都做不好。

2.4.2 社会公众的关注

(1)全国首例市民状告政府信息不公开案一审宣判

2016年10月8日,湖南省郴州市中级人民法院对邓柏松等3人状告汝城县政府信息不公开一案作出一审判决:"责令被告汝城县人民政府于本判决生效之日起15个工作日内,对原告邓柏松、朱宾谋申请公开的政府信息给予答复。被告汝城县政府承担50元案件受理费。"法院同时驳回了范善志对汝城县政府的起诉。在收到一审判决后,原告邓柏松、朱宾谋表示不服,已向湖南省高级人民法院提起上诉。该事件起源于8年前,邓柏松等5位市民向汝城县政府提出申请,要求通过政府网站等平台,公开县政府经济研究室有关县自来水公司改制问题的《调研报告》,遭到了汝城县政府的拒绝。于是,邓柏松等5位市民将汝城县人民政府起诉至郴州市中级人民法院。这也是2008年5月1日《中华人民共和国政府信息公开条例》正式实施后,全国首例市民状告"政府信息不公开"的行政诉讼案,但此案当时未被法院立案受理。8年后,邓柏松等人再次向汝城县政府申请公开相关政府信息,在没有得到任何答复后,邓柏松等人继续向法院起诉。2016年4月19日,郴州市中级人民法院正式受理了此案。

(2)对教育信息的关注

因多次对小学教材挑错并诉诸法律而备受关注的郑州"纠错教师"彭帮怀于2016年1月21日提起诉讼，希望教育部门能公开苏教版小学语文教材2015年修订本的相关信息。对于此次提起诉讼的缘由，彭帮怀提到，自己在使用经教育部全国中小学教材审定委员会初审通过的苏教版小学《语文》教材2015年修订本时发现，该版本教材上有368处"瑕疵"和一项产品缺陷，可能会造成使用者按照教材学习作文而学不会作文的结果，遂于2015年9月底去函教育部，依法申请公开审定苏教版小学《语文》教材2015年修订本的相关信息。对此，教育部于2015年10月27日回复称："鉴于我部正组织对义务教育课程标准《语文》教材进行修订审查，目前教材正在审查中，各版本教材尚未审定，因此尚无教材修订本审定的有关文件。"而彭帮怀认为，"正在审查中"的教材是不可能在郑州市金水区的小学使用和公开销售的，除非这套苏教版小学《语文》教材2015年修订本是未经审定的非法出版物。

除教材问题外，公众对于教育考试信息也尤为关注。湖北省高考成绩公布后，一些考生因高考估分与实际分数相差太大，并对答题卡设置存疑，申请公开高考评卷相关信息，却遭到省教育考试院拒绝，理由是：这些内容属于按国家秘密事项管理的"考试信息"，不能公开。为此，湖北9名考生一纸诉状，将湖北省教育考试院告上法庭。无独有偶，2016年3月29日，贺某因国家司法考试信息公开状告司法部一案，在北京市第三中级人民法院一审开庭。事件起源于2015年11月21日，当年司法考试成绩公布后，贺某认为最终得分比预期低了约80分，为此，贺某于2015年11月27日向司法部申请信息公开，要求公开其本人当年司法考试的答题卡。近一个月后，司法部向贺某发出"政府信息公开告知书"，称贺某申请公开的事项"不属于政府信息公开范围"。最终，贺某以司法部为被告向北京市第三中级人民法院提起行政诉讼，要求确认被告不予公开卷一至卷三答题卡及卷四答卷的行为违法，并判令被告予以公开。

（3）对财政信息的关注

2016年3月3日，明冠新材料股份有限公司（以下简称明冠公司）向北京市第一中级人民法院提起行政诉讼，要求财政部依法公开晶科能源有限公司（以下简称晶科公司）在金太阳工程和太阳能光电建筑建设工程中获取财政补贴的情况，晶科公司被列为行政诉讼第三人。明冠公司提交给法院的起诉状上写道，其因业务原因了解到晶科公司涉嫌骗取国家财政补贴并于2015年12月21日向财政部进行了实名举报，财政部于2015年12月29日以"属地管理，分级负责"为由，对原告的举报未予受理。2016年1月6日，明冠公司向财政部分别邮寄了"金太阳示范工程财政补助资金管理资料"、"太阳能光电建筑应用示范工程财政补助资金管理资料"两份政府信息公开申请,涉及项目业主均为第三人晶科公司。2016年1月28日,财政部以《政府信息公开条例》第二十四条的规定为由,向明冠公司作出《延期答复告知书》;2016年2月22日,明冠公司收到财政部作出的《政府信息公开告知书》。答复中称依据《政府信息公开条例》第十四条第四款规定,该政府信息具有一定的商业秘密,属于不予公开范围,因此不予公开。明冠公司显然不能接受此类答复,于是将北京市第一中级人民法院告上法庭。

(4)对政府采购信息的关注

2016年4月17日,上海律师韩某向上海市交通委员会提出政府信息公开申请,要求其公开向上海国际商品拍卖有限公司购买车牌拍卖服务的决策程序等信息。对于韩某提出的申请,上海市交通委员会在6月2日答复韩某的《告知书》中表示,韩某申请的"决策程序"相关信息属于"咨询",不属于政府信息;另外,在6月13日答复韩某的《告知书》中表示,韩某申请的"服务合同"相关信息属于商业秘密,不予告知。韩某对上海市交通委员会的答复不服,遂于7月15日向上海浦东新区人民法院提起行政诉讼。

(5)对环境安全信息的关注

在天津蓟县,以张子臣为代表的几位村民因反对垃圾焚烧厂项目而要求公开该项目环境影响评估中公众参与调查的相关信息,而天津市环境保护局则以调查内容涉及公民隐私权和姓名权为由表示不得公开。随后,这几位村民表示不服,向环境保护部申请行政复议。10月5日,张子臣收到环境保护部的行政复议决定书,责令天津市环境保护局在对信息进行区分处理后,在法定期限内重新作出答复。据报道,在许多引发争议的污染事件中,有不少项目的环境影响评估报告的公众参与信息都存在虚假不实的情况,如几年前的秦皇岛垃圾焚烧厂的案例中,环境影响评估报告的公共参与问卷存在许多问题,不少"被填写"了表格的村民明确表示,自己从没参与过意见征集,甚至一些已死亡村民、在逃犯的信息也出现在表格中。

3 省级财政透明度调查的评分标准

2017年中国省级财政透明度调查的评分标准与2014年、2015年和2016年保持完全一致。不过,与2009－2013年财政透明度调查的评分标准相比,最近四年在评分标准上的设计更加全面、细致,也更具操作性。

本章阐述两个相关的主题。一是构建一个财政信息框架,用以表明要全面、系统地了解政府财政应该从哪些方面去观察,需要获得哪些基本信息,并为我国财政的公开透明勾画一幅蓝图。二是阐明本研究项目的调查评估范围、方式和评分标准。本项目的调查并没有包含财政信息框架的所有方面。更准确地说,它只涉及这个信息框架中的某些部分。阐明本研究项目的调查范围,说明它的局限性、调研方法和评分标准,有助于读者更客观地看待本项目的研究结论。

一个国家的政府财政通常是一个庞大而复杂的体系,因而需要一个系统化的信息框架来反映政府财政的情况。本章3.1节至3.6节分别从财政过程、政府层级、各类基金、收支与权益、政府组织以及信息细化度几个方面来勾画财政信息框架,并说明本项目调查和评估的范围。3.7节对本项目的调研方式和评分标准作必要的说明。

3.1 财政过程

财政活动是个过程。在现代国家治理机制中,不论是公共收支、资产还是举债,都会经过提出方案,立法部门审议、批准,然后实施和事后进行评估的过程。这个过程中的每一个阶段都会有大量的财政信息,每一个阶段的信息对于保证公共资金和资产的合理使用都具有独立的特殊的意义,因此,完整的财政信息体系应该覆盖财政活动的全过程。政府预算是财政活动的一个重要组成部分。它通常分为预算编制、预算审批、预算执行和决算四个阶段。

从行政部门下达编制预算的指令到预算草案提交立法部门,这个阶段就是预算的编制阶段。在预算的编制阶段中,显然有很多信息是值得社会公众和公众的代表机构关注的:政府在年度财政的基本方针是什么?政策取向是什么?哪些方面被强调?采取的具体措施是什么?打算筹集多少收入?支出具体如何安排?打算选择怎样的项目?提交立法部门的预算草案是怎样的?等等。公众及其代表机构了解这些信息,就可以及时地对政府拟采取的财政活动表达自己的诉求和建议,从而使预算编制过程的活动较为符合社会公众的愿望和要求。

立法部门审议预算草案一直到批准通过预算就是预算的审批过程。在这个过程中,立法部门对预算草案有什么意见,有哪些不同意见,各种不同意见来源于哪些社会群体,各方面有哪些共识,分歧有哪些,以及最后由立法部门通过的预算是怎样的,等等,这些都是预算审批阶段的重要信息,这些信息的交流和沟通有助于社会在如何筹集和使用公共资金和资产方面促进相互的了解和理解,兼顾各方利益和要求,取得共识,使预算决策最大程度地符合社会需要。

整个预算年度都属于预算执行阶段。在这个阶段中,社会公众及其代表机构会密切注意公共资金和资产是否按照立法部门通过的预算规定在使用和运作,以及预算执行的进度情况如何。由于实际发生的情况与事先预计的情况或多或少会有一些不同,因而预算的调整总是难免的。如何调整,减少哪些支出,增加哪些支出,哪些项目要压缩,哪些项目要增加支出,以及围绕这些问题的决策过程等,都是预算执行中的财政信息。

决算是对预算执行结果的认定和评估过程。在一个预算年度中,政府究竟获得了多少收入,花了多少钱,用于哪些具体的用途,是否与立法部门审批过的预算和调整预算的方案相符,实施的效果如何等,都是决算阶段的重要信息,它有助于社会公众及其代表机构了解预算实际执行的结果,并对其合法性和有效性作出判断。

从财政预算过程来看,一个完整的财政信息系统应包括预算编制阶段的信息、预算审批阶段的信息、预算执行阶段的信息、决算阶段的信息(如图3—1所示)。其中每一个阶段都有大量的信息,这些信息会集中地在一些文件中体现出来。例如,反映预算编制阶段的信息主要通过行政部门的预算编制方针以及提交立法部门的预算草案来反映,预算审批阶段的信息主要通过立法部门批准通过的正式预算来反映,预算执行阶段的信息主要通过月度、季度、半年度财政报告来反映,决算阶段的信息主要通过政府提交并经立法部门审批的决算报告来反映。国际预算合作组织自2002年开始对世界各国进行财政透明度评估,调查的政府财政文件包括预算前报告、预算报告摘要、政府预算草案、支持性预算文件、公民预算、立法通过的预算、预算执行的年内报告、预算半年报告、预算年终报告以及预算审计报告,这些文件覆盖了财政预算四阶段的全过程。

由此可见,从财政过程来考察,一个完整的财政信息系统应包括预算编制阶段的信息、预算审批阶段的信息、预算执行阶段的信息、决算阶段的信息。本项目对财政信息的调查和透明度评估的范围仅涉及这四个阶段的最后阶段,即决算阶段信息,它只涉及财政信息系统的一小部分,而不是全部。本项目之所以将调查评估局限在决算阶段,主要是考虑到我国现阶段的财政信息公开的现状。在财政全过程的四个阶段中,相对而言,决算阶段信息的可获得性较高,将这一阶段财政信息的公开透明作为评估目标比较具有可操作性,同时也与我国改革的进程有较好的衔接。

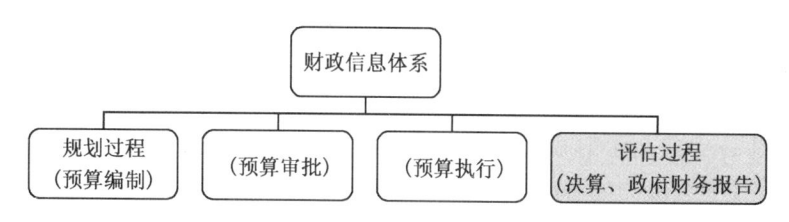

注:背景白色的文字框为本项目未涉及部分,背景灰色的文字框为本项目覆盖部分。

图3—1 过程视角的财政信息框架

本项目强调决算阶段的财政信息公开并不意味着我们认为其他阶段的财政信息公开不重要,或者重要性相对来说弱一些。从管理和监督的角度来说,决算是事后结果,而对它的评判则取决于编制和审批过程产生的预算,因此,预算编制和审批过程的信息公开是财政透明度的核心。我们想提请读者注意到财政信息系统的总体框架,意识到本项目的局限性,不是单纯从评分来看待我国财政透明度状况,而是以更为全面的视野来认识和思考这一问题。

3.2 政府层级

一个国家的政府通常会分成若干个层级,例如中央政府和中央以下各级政府,财政也相应分成若干层级。从一国财政来说,任何一级政府或某个政府的财政信息只是财政信息系统的一个部分、一个局部,而不是全部。完整的财政信息需要从完整的政府层级视角来考察。

我国的政府分为中央、省(自治区、直辖市)、市(自治州)、县(自治县、不设区的市、市辖区)、乡(民族乡、镇)五级政府,每一级政府要履行自身的职能,都要有一定的收入和支出,都要占用一定的资产。该级政府直接责任范围的收支和资产负债状况就是这一级政府的财政状况,通常通过本级政府的财政报告来反映。

在联邦制情况下,各级政府具有很大的独立性,上下级政府之间没有隶属关系,本级政府财政报告表明各个政府的责任范围和财政状况,能完整地体现一个政府的财政信息。上下级政府财政信息的汇总只具有统计上的意义,而不具有职责上的意义。然而,在统一领导的体制下,即上下级政府有隶属关系的体制下,上级政府在很大程度上对下级政府负有责任,下级政府在很大程度上对上级政府负责,在这种情况下,政府的本级财政报告就不足以反映该政府的责任范围和财政状况,因为下级政府在某种程度上是上级政府的组成部分或派出机构,某个政府的财政责任和状况就需要将本级财政与所属的下级财政汇总才能全面得到反映,这就需要有一级政府的总财政报告。

我国属于统一管理的分级财政体制,因此,从政府级次的视角来考察,完整的财政信息由中央、省、市、县、乡五级政府的总财政报告和本级财政报告组成。图3—2表现了财政信息系统的政府级次框架体系。

出于研究能力的考虑,本项目没有覆盖所有的政府级次,只是以省级政府总财政报告为主要调查内容,中央政府的财政透明度状况不在考察的范围内,省以下级政府的财政透明度状况只是简单涉及。评价中央政府的财政透明度状况需要与世界各国中央政府的相应资料进行比较,需要很大的工作量,项目组的研究能力恐有所不及。省以下各级政府数量众多,调研强度也超出了项目组的能力。将财政透明度的评估集中在省级政府层面,工作量比较适中,而且可以在各省份之间进行比较,有助于对我国各级政府的财政透明产生全面影响。这里我们提醒读者注意本项目的局限性。

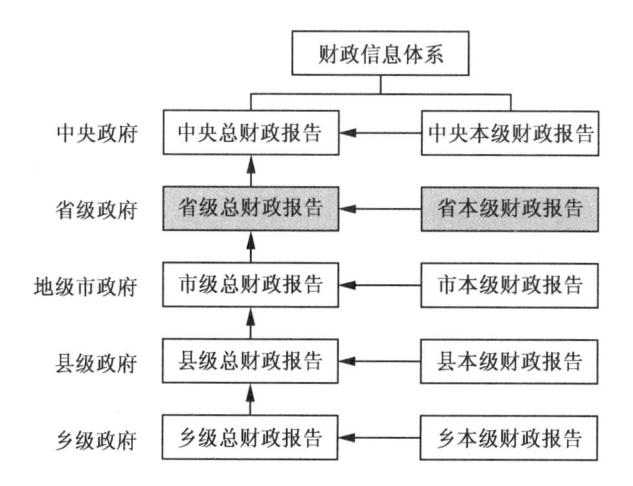

```
                         ┌─────────────┐
                         │ 财政信息体系 │
                         └──────┬──────┘
                    ┌───────────┴───────────┐
   中央政府    ┌──────────────┐       ┌──────────────┐
              │ 中央总财政报告│◄──────│中央本级财政报告│
              └──────────────┘       └──────────────┘

   省级政府    ┌──────────────┐       ┌──────────────┐
              │ 省级总财政报告│◄──────│省本级财政报告 │
              └──────▲───────┘       └──────────────┘
                     │
   地级市政府  ┌──────┴───────┐       ┌──────────────┐
              │ 市级总财政报告│◄──────│市本级财政报告 │
              └──────▲───────┘       └──────────────┘
                     │
   县级政府    ┌──────┴───────┐       ┌──────────────┐
              │ 县级总财政报告│◄──────│县本级财政报告 │
              └──────▲───────┘       └──────────────┘
                     │
   乡级政府    ┌──────┴───────┐       ┌──────────────┐
              │ 乡级总财政报告│◄──────│乡本级财政报告 │
              └──────────────┘       └──────────────┘
```

注：背景白色的文字框为本项目未涉及或只是略有涉及的部分，背景灰色的文字框为本项目重点关注的部分。

图 3-2 政府级次视角的财政信息框架

3.3 各类基金

不论是哪一级政府，也不论是总财政报告还是本级财政报告，从内容上来说都要覆盖该政府所负责的各类基金。

政府拥有和管理的财政资源用于各种不同的用途，通常通过不同的基金来进行核算。从总体上来看，政府财政可以分为三类不同性质的基金：政府基金、国有资本经营基金和社会保险基金（如图3-3所示）。政府基金是满足政府行政事业单位自身运转和履行其公共服务职能的资金和资产。国有资本经营基金是政府用于经营性运作的资金和资产。社会保险基金是社会公众委托政府管理的用于各项保险事业的资金和资产。政府基金可以再细分为一般政府基金和专项政府基金，前者用于一般公共用途，后者则是用于某些规定的用途。

我国现行财政管理办法对基金的分类与上述概念基本相似，与之相应设四个预算：一般公共预算、政府性基金预算、国有资本经营预算和社会保险基金预算。本项目的调研评估涵盖上述所有基金。虽然这四个预算与前述四项基金在概念上相似，但在覆盖范围上有差别，一些应当纳入相关基金管理的资金和资产并没有全部纳入这四个预算。财政透明度情况不仅取决于这四项基金的报告是否能够获得，而且还取决于所获得的信息是否包含了应纳入这些基金范畴的全部资金和资产。如果有某些部分未包含的话,这部分资金或资产就在社会的视野之外,财政透明度就会受到影响。

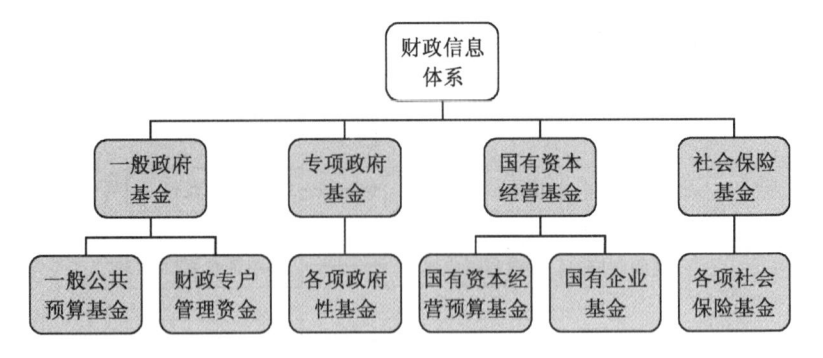

```
                        财政信息
                          体系
        ┌─────────────┬─────────────┼─────────────┬─────────────┐
      一般政府      专项政府      国有资本      社会保险
        基金          基金        经营基金        基金
     ┌────┴────┐        │        ┌────┴────┐        │
  一般公共   财政专户   各项政府   国有资本经  国有企业   各项社会
  预算基金   管理资金   性基金    营预算基金   基金      保险基金
```

注:背景灰色的文字框为本项目调查覆盖的部分。

图3—3 基金视角的财政信息框架

我国的一般公共预算基金目前只涵盖国库集中的收入以及用这一收入进行的支出,还有一部分被称为"财政专户管理资金"未包含在内,因此,本项目不仅调查一般公共预算基金,同时也将财政专户管理资金的信息纳入了调查范围。

我国的国有资本经营预算基金目前反映国有企业上缴政府行政部门的利润,这部分利润目前只占国有资本经营利润总额的不到10%,还有90%以上的利润在各个国有企业的账户上,这部分资金的数量、分配以及使用都没有反映在现有的国有资本经营预算基金中。因此,本项目对于国有资本经营基金的调查不仅涉及政府的国有资本经营预算基金,而且还涉及未纳入这一预算基金的其余部分。

3.4 收支与权益

政府的财政活动,不论是在政府层面还是在基金层面,都可以从两个方面来进行考察。一个是从收入和支出、从资金的流入和流出的角度来考察;另一个是从资产和负债、从政府所拥有的权益的角度来进行考察。

政府或基金的收支报告反映一定时期内资金流入或流出量及其分类信息。狭义的预算或决算就是指财政收支报告及其相关资料和表格。从收支流量来考察,可以了解政府或者某项基金资金的来龙去脉以及它的使用情况。政府或基金的财务报告反映一定时点上所占用的资产、承担的负债以及净资产状况。它从所有者权益和责任的角度反映了政府或者基金的财政状况。这两个方面是考察政府财政状况的必要视角,而且相互之间不可替代,缺少一个视角就不能全面地了解政府的财政状况。我国以往的财政报告只是收支报告,而不包含政府财务报告,这在很大程度上影响了人们对我国财政状况的认识。

从收支和权益这两个视角来看,政府层面的财政报告应有两个部分:一个部分是政府的综合收支报告,即反映政府所有基金收入和支出状况的报告;另一个部分是政府的综合财务报告,即反映政府所有基金资产负债状况的报告,如图3-4所示。我国目前系统地反映政府层面的综合收支报告和财务报告尚未建立相关制度,信息不可获得,因而不在本项目的考察范围内。

从基金层面上来说也是这样。每一个基金的报告也应由两个部分组成,一个是反映该基金收入和支出状况的收支报告,另一个是反映该基金资产和负债状况的财务报告。我国一般政府基金、专项政府基金、社会保险基金以及国有资本经营基金的收支报告都在本项目的调查范围之内,尽管各项基金报告的详尽程度有所不同,但仍具备基本的调查条件。

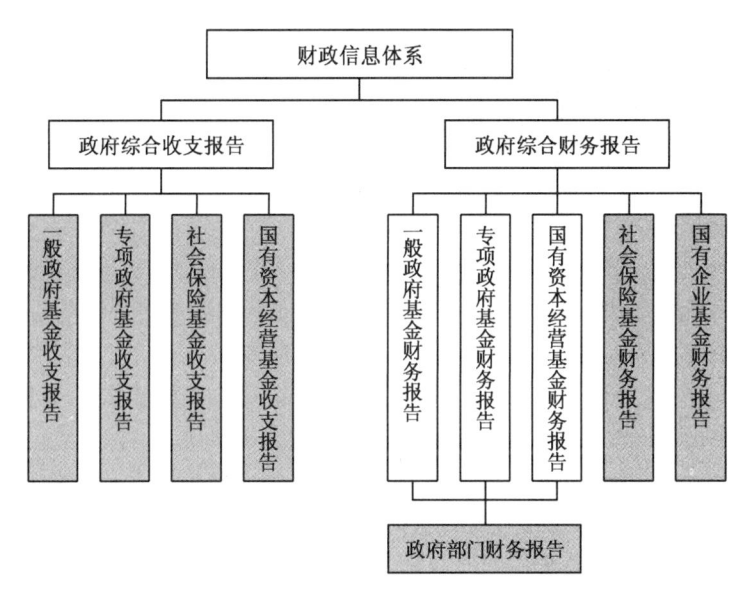

注:背景白色的文字框为本项目未涉及的部分,背景灰色的文字框为本项目涉及的部分。

图3-4 收支和权益视角的财政信息框架

我国各基金的财务报告制度建立情况很不相同,从现有的资料来看,一般政府基金、专项政府基金、国有资本经营预算基金都没有单独的财务报告,一些信息可能"不存在"。但这几项基金汇总在一起的,本项目将之称为政府部门财务报告的某些信息仍在一定程度上可以获得。对这一部分,本项目只是在"政府部门财务报告"这个层面上对它的信息公开情况进行评估,而不是在每一个基金层面上对它的情况进行评估。从社会保险基金和国有企业基金的财务报告来看,目前没有"相关信息不存在"的问题,而只存在这些信息是否可为社会公众知晓的问题,因此我们对这两个基金的财务报告调查评估。

3.5 政府组织

政府是一个有组织的系统,因此,财政信息可以从政府组织的视角来考察。政府作为一个组织,我们可以将其视为一个整体,从政府整体的层面来了解财政情况,因而需要有反映一个政府整体状况的财政信息。前面所说的政府财政报告,以及按基金来反映的财政报告,不论是收支报告还是财务报告,都是从政府整体层面反映了政府的财政状况。

政府作为一个整体是由政府所属的各个机构组成的,它们各自履行不同的公共职能,发挥不同的社会作用。当人们需要知道政府财政的具体情况,明了这些收入是从哪个政府机构获得,谁对资金和资产的使用负有责任时,势必要从政府的组织构架来考察政府财政。政府作为一个整体可以划分为各个部门,财政活动由各个部门去进行。各个部门又由所属的各个单位组成,后者的财政活动是部门财政活动的具体化和明细化。

政府组织可以分为多种类型。一类是非经营性的,主要通过税收方式来维持自身运作的机构,典型的是政府行政机关;另一类是经营性的,通过自身的销售取得收入的机构,典型的是国有企业;还有一类是介于二者之间的机构,例如一些事业机构或者信托基金。从政府组织的视角来考察,我们可以将财政信息分为三个层面:政府、部门和单位(如图3—5所示)。

在这三个层面中,本项目的调查评估主要涉及政府和部门层面。前面四节所说的各类报告都是针对政府层面。在部门层面上,各部门纳入了调查的范围,但组成部门的各单位的财政信息基本上未涉及。社会保险基金中的各基金,例如养老、医疗、失业等,作为对社会保险基金的组成部分,也都纳入了调查范围。对于国有企业,本项目将调查延伸到省级直属的企业集团层面,而对组成企业集团的各个企业的收支和财务信息则只是简略涉及。

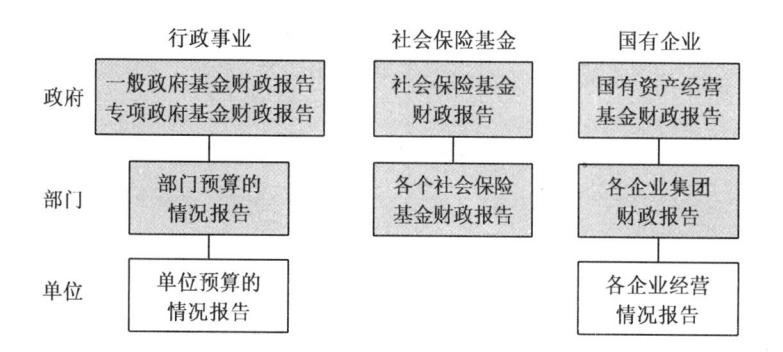

注:背景白色的文字框为本项目未涉及的部分,背景灰色的文字框为本项目涉及的部分。

图3—5 政府组织视角的财政信息框架

3.6 信息细化度

本章3.1节至3.4节所阐述的视角都与财政信息的完整性有关,所展现的信息框架是为了保证财政信息系统能够涵盖所有的属于政府所有或由政府负责管理的公共资金和资产。3.5节和本节所阐述的视角则关系到信息的明细程度。透明就是要能够看到细节,从政府组织的视角为获得较为具体的信息提供了一个框架,但更具体的信息获得有赖于收入、支出、资产、负债以及相关统计信息的分类和细化程度。财政信息的细化度为财政信息框架提供了一个视角。

财政收入的分类表明收入的各种不同性质和不同来源。在我国,财政收入分为类、款、项、目四级,反映的信息依次从粗到细。财政支出有两种分类方式:一种是功能分类,根据我国现行的规定,分为类、款、项三级;另一种是经济分类,我国分为类、款两级。比这些分类更具体的财政信息是具体的会计事项,它表明每一笔收支的具体内容。从收支视角来看,财政信息包含以上所有从粗到细的信息(见表3—1)。

本项目并未覆盖这个框架的全部。在省总预算(包括一般公共预算、政府性基金预算、社会保险基金预算、国有资本经营预算)以及省级部门预算层面,除了具体的会计事项不在本项目的调研范围内,收入的四级分类、支出按功能的三级分类以及按经济性质的二级分类信息都是本项目调研评估的对象。但对省、市、县、乡的本级预算,本项目只考察了收入和支出的类级科目信息。国

表 3—1　　　　　　　　收支分类视角的财政信息框架

	省总预算（含四项预算）	省部门预算	省级政府	地级政府	县级政府	乡级政府
收入						
类	✓	✓	✓	✓	✓	✓
款	✓	✓				
项	✓	✓				
目	✓	✓				
支出（功能分类）						
类	✓	✓	✓	✓	✓	✓
款	✓	✓				
项	✓	✓				
支出（经济分类）						
类	✓	✓	✓	✓	✓	✓
款	✓	✓				

有企业的收支信息则按规范的企业会计报表进行考察。

政府的资产负债信息同样需要细化。由于在这方面我国尚没有明确的关于政府资产和负债分类的系统化规定，各国的具体情况也有所不同，本项目结合会计基本原理，根据我国有关部门制定的报表设定了分类体系，以作为评价透明度的一个框架（见表3—2）。各级分类信息的定义将在后文说明。

表 3—2　　　　　　　　资产负债视角的财政信息框架

	政府部门	社会保险基金	国有企业
资产			
一级分类	✓	✓	✓
二级分类	✓	✓	✓
负债			
一级分类	✓	✓	✓
二级分类	✓	✓	✓

财政信息不仅涉及收入、支出、资产、负债这些会计信息,而且还与一些统计信息相关。该花多少钱的问题往往与有多少人、需要干多少事有关,后者就需要通过统计信息来反映。本项目还涉及机构、人员以及其他一些基本数字的调查,这里就不赘述了。

3.7 本项目的调查设计

3.7.1 调研范围

前面几节描绘了一个完整、系统、详尽的财政信息系统的框架,并且以此为背景描述了本项目调查评估的信息范围。这个范围的确定考虑到以下几个方面:

第一,尽可能全面系统地来考察我国财政透明度状况,并且要具有一定的超前性,使得本项目对我国财政透明度的提高起到鞭策和促进作用。

第二,与项目组的研究能力相适应。全面系统的评估需要投入大量的精力,而我们的团队能力有限,因而调研的范围需要有所选择。本项目将调研集中在省总财政信息层面,调查样本的数量比较适中,而且能够通过相互比较,得出一些有意义的分析结论,对上下左右都有带动性影响。

第三,与我国财政信息披露程度相适应。在财政全过程中,本项目选择了决算阶段进行考察就是出于这样的考虑,对政府财务报告的考察考虑到我国目前在这方面还刚起步,因而本项目有关部分的调研评估还是相当初步的。在有些领域,由于技术方面的原因,信息可能还不存在,这些都已排除在本项目调查的范围之外。

第四,与以往八年特别是与 2016 年财政透明度评估范围相匹配。本项目自 2009 年起已经连续八年发表了研究成果,并取得了一定的社会影响。2017年新一轮的省级财政透明度评估是以往的继续,在调研范围上与以往保持相对一致有助于各年度之间具有可比性,能够从各年度的项目研究成果中看到发展的趋势和变化。

3.7.2 调研方式

本项目依然采取之前八年的调研方式,即通过向有关部门提出信息公开申请以及网络和文献检索这两种方式调查纳入项目评估范围的财政信息。但是在调查问卷的形式上作了一些改变。2009—2013 年的调查问卷由 113 个问题组成,而 2014—2017 年的调查问卷根据财政部统一颁布、要求编制的表格制作而成。在财政部以及有关管理部门要求各地方财政或部门编制的决算报表中选择了一些表格,作为2017年财政透明度调查项目的问卷,在内容的覆盖面上与2014年、2015年和2016年的调查提纲保持一致。2014年改变调查问卷内容是基于以下几点原因考虑:

第一,由报表式问卷代替问题式问卷可以使得调查更具系统性。一个问题往往只触及信息的某一个点,所获得的信息未必具有典型性。而一个表格则可以全面涉及某一方面的比较完整系统的信息。一个问题往往带有抽样的性质,而一个报表则可以使调查更加全面系统,从而使调查结果更具客观性。

第二,问题式问卷往往需要对某些指标的口径进行描述和规定,不同的人可能会有不同的理解,从而造成指标口径的不一致。由政府行政部门制定和要求编制的报表所涉及的各种指标的口径会有明确的、详尽的技术规定,有关人员在这方面也会受到有针对性的培训,从而大大减少调查过程中的沟通成本和差错,保证调查结果的质量。

第三,问题式问卷所涉及的信息有可能由于会计、统计或管理方面的原因而不存在,在以往五年的调查中,有些信息不可获得的理由就是信息不存在。政府管理部门制定和要求编报的报表必定以相关信息的存在为基本条件,因而不会存在这一问题。

第四,采用报表式问卷的另一个明显好处是使得信息公开的申请简便化。有关部门规定,政府信息公开的申请需要"一事一申请"。在问题式问卷的情况下,每一个问题都成为"一事",每个问题都要进行一次申请,2013年前省级财政透明度调查的113个调查问题被告知需要做113个信息公开申请。由于一个报表包含着大量的信息,而一个报表可作为"一事"来看待,这样就简化了申请,不论对信息公开的申请方还是对提供相关信息的政府部门而言,都会因此而减少不必要的麻烦。

本项调查所涉及的报表见本书附录1、附录2。

3.8 本项目的评分标准

财政透明度的评估本身也应该是客观公正与公开透明的,本项目对评分标准作出了明确的规定,并公布于众。财政透明度很难有一个公认的评分标准,为什么某种透明度状态是30分而不是50分或者是80分呢? 显然会有某些主观因素在起作用。但不论是公尺还是英尺,都能很好地测量长度,尽管尺的概念有所不同。因为它们都符合一些评分的基本观念。

评分标准应能有一定的分辨率,不同的状态应该有不同的评分。前者比较容易做到,只要评分标准客观明确即可。后者则不太容易处理,评分该不同到什么程度呢?什么情况能够得满分呢?怎样的情况能够定为及格呢?这应取决于评估的目的。为什么要透明?透明是为了让社会公众及其代表机构能够有效地监督公共资金和资产的使用,能够大致上达到这个目标的情况可以视为及格,能够很好地达到这一目标的情况就是优秀。就我国目前的情况来说,财政信息的公开是否已经在某种程度上实现了这个目标,我们的基本判断是还有很大距离。从这个意义上来说,评分标准具有一定的主观性。评分标准总是免不了有主观性的,只是哪一种主观性更能够反映客观情况。是现状已经很透明了还是现状还很不透明。本项目采取前一种观点,这样才有改革的必要,才有本项目存在的必要。

评分标准应具有可比性,相同的情况应该有相同的评分。这是考虑评分标准的一个关键技术问题。特别是本项目已经进行了八年的评估,由于调查形式发生了一些调整,为了使今年以及以后年度的评分与往年的评分具有可比性,我们在设计评分标准时采取了以下方法:

第一,将所有的调查目标信息列为信息要素,收支信息要素全部由财政部统一编制的收支科目来定义。列入信息要素的资产、负债以及企业财务相关信息定义将在下文中阐明。

第二,将所有信息要素按不同的性质分为 9 个部分,每个部分权重被列为一级权重,权重的设计以前八年评估项目各部分的权重为依据。换言之,这 9 个部分的评分与前八年对应部分的评分权重大体保持一致。

第三,每个信息要素的权重,即二级权重,基本上采取了等值的原则。考虑到本项目调研的重点是省级总财政报告,与此相关的信息要素的权重高于重点领域(部门预算、省、市、县、乡本级预算)的信息要素权重。

3.8.1 一级信息要素及一级权重

如上所述,所有信息要素按不同的性质分为 9 个部分,每个部分权重被列为一级权重,权重的设计与 2014 年省级财政透明度评估标准保持完全一致,具体的一级信息要素及权重如表 3—3 所示。

表 3—3　　　　　　　一级信息要素及一级权重

信息要素	权重
1. 一般公共预算基金	25
2. 政府性基金	8

续表

信息要素	权重
3.财政专户管理资金	4
4.国有资本经营预算基金	2
5.政府资产负债	9
6.部门预算及相关信息	15
7.社会保险基金	19
8.国有企业基金	15
9.被调查者态度	3
合　计	100

3.8.2　二级信息要素及二级权重

(1)一般公共预算基金的信息要素及权重

一般公共预算基金分为省总预算和省、市、县、乡四级政府的本级预算。一般公共预算基金相应的二级信息要素及权重设置如表3-4所示。

表3-4　　　　　　一般公共预算基金的信息要素及权重

序号	信息要素	权重
1	省总预算公共预算收支总额	2
2	省总预算公共预算收入类级科目	2
3	省总预算公共预算收入款级科目	2
4	省总预算公共预算收入项级科目	2
5	省总预算公共预算收入目级科目	2
6	省总预算公共预算支出功能分类类级科目	2
7	省总预算公共预算支出功能分类款级科目	2
8	省总预算公共预算支出功能分类项级科目	2
9	省总预算公共预算支出经济分类类级科目	2
10	省总预算公共预算支出经济分类款级科目	2
11	省本级公共预算收入类级科目	1
12	省本级公共预算支出功能分类类级科目	1

续表

序号	信息要素	权重
13	省本级公共预算支出经济分类类级科目	1
14	地市本级公共预算收入类级科目	1
15	地市本级公共预算支出功能分类类级科目	1
16	地市本级公共预算支出经济分类类级科目	1
17	县本级公共预算收入类级科目	1
18	县本级公共预算支出功能分类类级科目	1
19	县本级公共预算支出经济分类类级科目	1
20	乡级公共预算收入类级科目	1
21	乡级公共预算支出功能分类类级科目	1
22	乡级公共预算支出经济分类类级科目	1
23	各地市本级公共预算收入类级科目	1
24	各地市本级公共预算支出功能分类类级科目	1
25	各地市本级公共预算支出经济分类类级科目	1
26	各县本级公共预算收入类级科目	1
27	各县本级公共预算支出功能分类类级科目	1
28	各县本级公共预算支出经济分类类级科目	1

(2) 政府性基金的信息要素及权重

政府性基金预算分为省总预算和省、市、县、乡四级政府的本级预算。政府性基金相应的二级信息要素及权重设置如表3－5所示。

表3－5　　　　　　政府性基金的信息要素及权重

序号	信息要素	权重
1	省总预算政府性基金预算收支总额	2
2	省总预算政府性基金预算收入款级科目	2
3	省总预算政府性基金预算收入项级科目	2
4	省总预算政府性基金预算收入目级科目	2
5	省总预算政府性基金预算支出功能分类类级科目	2
6	省总预算政府性基金预算支出功能分类款级科目	2

续表

序号	信息要素	权重
7	省总预算政府性基金预算支出功能分类项级科目	2
8	省总预算政府性基金预算支出经济分类类级科目	2
9	省总预算政府性基金预算支出经济分类款级科目	2
10	省本级政府性基金预算收入款级科目	1
11	省本级政府性基金预算支出功能分类类级科目	1
12	省本级政府性基金预算支出经济分类类级科目	1
13	地市本级政府性基金预算收入款级科目	1
14	地市本级政府性基金预算支出功能分类类级科目	1
15	地市本级政府性基金预算支出经济分类类级科目	1
16	县本级政府性基金预算收入款级科目	1
17	县本级政府性基金预算支出功能分类类级科目	1
18	县本级政府性基金预算支出经济分类类级科目	1
19	乡级政府性基金预算收入款级科目	1
20	乡级政府性基金预算支出功能分类类级科目	1
21	乡级政府性基金预算支出经济分类类级科目	1
22	各地市本级政府性基金预算收入款级科目	1
23	各地市本级政府性基金预算支出功能分类类级科目	1
24	各地市本级政府性基金预算支出经济分类类级科目	1
25	各县本级政府性基金预算收入款级科目	1
26	各县本级政府性基金预算支出功能分类类级科目	1
27	各县本级政府性基金预算支出经济分类类级科目	1

(3)财政专户管理资金的信息要素及权重

财政专户管理资金预算分为省总预算和省、市、县、乡四级政府的本级预算。财政专户管理资金相应的二级信息要素及权重设置如表3-6所示。

表3-6　　　　　　财政专户管理资金的信息要素及权重

序号	信息要素	权重
1	省总预算财政专户收支总额	2

续表

序号	信息要素	权重
2	省总预算财政专户收入款级科目	2
3	省总预算财政专户收入项级科目	2
4	省总预算财政专户收入目级科目	2
5	省总预算财政专户支出功能分类类级科目	2
6	省总预算财政专户支出功能分类款级科目	2
7	省总预算财政专户支出功能分类项级科目	2
8	省总预算财政专户支出经济分类类级科目	2
9	省总预算财政专户支出经济分类款级科目	2
10	省本级财政专户收入款级科目	1
11	省本级财政专户支出功能分类类级科目	1
12	省本级财政专户支出经济分类类级科目	1
13	地市本级财政专户收入款级科目	1
14	地市本级财政专户支出功能分类类级科目	1
15	地市本级财政专户支出经济分类类级科目	1
16	县本级财政专户收入款级科目	1
17	县本级财政专户支出功能分类类级科目	1
18	县本级财政专户支出经济分类类级科目	1
19	乡级财政专户收入款级科目	1
20	乡级财政专户支出功能分类类级科目	1
21	乡级财政专户支出经济分类类级科目	1
22	各地市本级财政专户收入款级科目	1
23	各地市本级财政专户支出功能分类类级科目	1
24	各地市本级财政专户支出经济分类类级科目	1
25	各县本级财政专户收入款级科目	1
26	各县本级财政专户支出功能分类类级科目	1
27	各县本级财政专户支出经济分类类级科目	1

(4)国有资本经营预算基金的信息要素及权重

国有资本经营预算分为省总预算和省、市、县、乡四级政府的本级预算。国有资本经营预算基金相应的二级信息要素及权重设置如表3－7所示。

表3－7　　　　　国有资本经营预算基金的信息要素及权重

序号	信息要素	权重
1	国有资本经营预算收支总额	2
2	国有资本经营预算收入款级科目	2
3	国有资本经营预算收入项级科目	2
4	国有资本经营预算收入目级科目	2
5	国有资本经营预算支出功能分类类级科目	2
6	国有资本经营预算支出功能分类款级科目	2
7	国有资本经营预算支出功能分类项级科目	2
8	国有资本经营预算支出经济分类类级科目	2
9	国有资本经营预算支出经济分类款级科目	2
10	省本级国有资本经营预算收入款级科目	1
11	省本级国有资本经营预算支出功能分类类级科目	1
12	省本级国有资本经营预算支出经济分类类级科目	1
13	地市本级国有资本经营预算收入款级科目	1
14	地市本级国有资本经营预算支出功能分类类级科目	1
15	地市本级国有资本经营预算支出经济分类类级科目	1
16	县本级国有资本经营预算收入款级科目	1
17	县本级国有资本经营预算支出功能分类类级科目	1
18	县本级国有资本经营预算支出经济分类类级科目	1
19	乡级国有资本经营预算收入款级科目	1
20	乡级国有资本经营预算支出功能分类类级科目	1
21	乡级国有资本经营预算支出经济分类类级科目	1
22	各地市本级国有资本经营预算收入款级科目	1
23	各地市本级国有资本经营预算支出功能分类类级科目	1
24	各地市本级国有资本经营预算支出经济分类类级科目	1

续表

序号	信息要素	权重
25	各县本级国有资本经营预算收入款级科目	1
26	各县本级国有资本经营预算支出功能分类类级科目	1
27	各县本级国有资本经营预算支出经济分类类级科目	1

(5)政府资产负债的信息要素及权重

政府资产负债涵盖除社会保险基金和国有企业基金之外的所有政府资产与负债,包括一般公共预算基金、政府性基金、国有资本经营预算基金、财政专户管理资金所形成的资产和负债(见表3-8和表3-9)。

表3-8　　　　　　　　　资产负债表框架

资产	负债
金融资产	短期负债
存款	暂存款
有价证券	应付款
在途款	短期借款
暂付款	长期负债
固定资产	1~3年
地产	3~5年
房产建筑	5年以上
设备	净资产
	金融净资产
	预算结余
	基金预算结余
	国有资本经营预算结余
	专用基金结余
	财政专户管理资金结余
	预算稳定调节基金
	预算周转金
	非金融净资产

表 3－9　　　　　　　政府资产负债的信息要素及权重

序号	信息要素	权重
1	政府资产负债总额	1
2	政府资产一级分类信息	1
3	政府资产二级分类信息	1
4	政府负债一级分类信息	1
5	政府负债二级分类信息	1
6	政府净资产一级分类信息	1
7	政府净资产二级分类信息	1

(6)部门预算及相关信息的信息要素及权重

关于2017年部门预算及相关信息的透明度评估,从表3－10所给出的评估标准来看,此次所评估的信息共涉及三大类型:一是关于预算单位的财务信息,二是关于预算单位的人员信息,三是关于机构的信息。对于各类信息评估的内容及其具体方式,大致如下:

首先,关于财务信息,包括流量方面的部门收支信息以及部门资产信息。此方面所涉及的问题共有20个。其一,关于收入方面的信息涉及1个问题,主要是考察部门收入的分类信息(财政拨款、上级补助收入、事业收入、经营收入、附属单位缴款与其他收入6类)。其二,关于支出方面的信息涉及15个问题,分为部门支出按功能和按经济性质两大类,各自所涉及的问题分别为9个和6个。其中,关于支出按功能分类的信息,首先是整体支出按功能分类的类、款、项三个科目,涉及3个问题,其次是基本支出和项目支出各自的类、款、项科目,涉及6个问题,共计9个问题。对于支出按经济性质分类的信息,首先是整体支出按经济性质分类的类、款两个科目,其次是基本支出和项目支出各自的类、款项目,涉及4个问题,共计6个问题。其三,关于部门资产信息涉及4个问题,包括单位的流动资产、固定资产信息及其相关的补充信息。各问题具体涉及的内容见表3－10。

其次,关于人员信息,主要是部门人员编制和实有人员的信息,涉及3个问题,分别是人员综述及各类人员数(行政编制与事业编制等)、实有人员总数及各类人员数(在职人员、离休人员与退休人员等),以及按经费来源的各类人员数(公共财政拨款开支人数、公共预算财政补助开支人数、经费自理人数等)。

最后,关于机构的信息涉及三个层次的3个问题:一是机构总数,二是行政与事业机构数,三是共产党机关等方面的机构数。

表 3-10　　　　　　　　　　　部门预算及相关信息评估框架

信息要素	信息要素明细	权重	说明
部门收入分类	部门收入分类	1	财政拨款等 6 个信息项
部门支出功能分类	部门支出功能分类类级科目	1	一般公共服务等 23 个信息项
	部门支出功能分类款级科目	1	如教育的教育管理
	部门支出功能分类项级科目	1	如高等教育
部门支出经济分类	部门支出经济分类类级科目	1	工资福利支出等 13 个信息项
	部门支出经济分类款级科目	1	基本工资等 98 个信息项
基本支出功能分类	基本支出功能分类类级科目	1	一般公共服务等
	基本支出功能分类款级科目	1	如教育的教育管理
	基本支出功能分类项级科目	1	如高等教育
基本支出经济分类	基本支出经济分类类级科目	1	工资福利支出等 13 个信息项
	基本支出经济分类款级科目	1	基本工资等 98 个信息项
项目支出功能分类	项目支出功能分类类级科目	1	一般公共服务等
	项目支出功能分类款级科目	1	如教育的教育管理
	项目支出功能分类项级科目	1	如高等教育
项目支出经济分类	项目支出经济分类类级科目	1	工资福利支出等 13 个信息项
	项目支出经济分类款级科目	1	基本工资等 98 个信息项
部门资产信息	一级分类信息	1	流动资产、固定资产等 5 类
	二级分类信息	1	房屋、汽车等 4 类
	三级分类信息	1	办公用房等 11 类
	补充资产信息	1	占地面积等
部门人员情况	人员编制总数及各类人员数	1	行政编制与事业编制
	实有人员总数及各类人员数	1	在职人员、离休人员、退休人员
	按经费来源划分的各类人员数	1	公共财政预算拨款开支、公共预算财政补助开支、经费自理
部门机构设置	一级分类信息	1	机构总数
	二级分类信息	1	行政、事业与其他
	三级分类信息	1	共产党机关等 10 类

(7)社会保险基金的信息要素及权重

社会保险基金的信息要素主要涉及各项社会保险基金的收支信息、资产负债信息以及分级信息(社会保险基金在各个层级政府之间的分布情况),详见表3-11。此外,由于养老基金涉及未来政府的养老负担,因此,政府有必要提供长期精算报告①。

表3-11　　　　　　社会保险基金的信息要素及权重

序号	信息要素	权重
1	各项社会保险基金的收支总额	1
2	各项社会保险基金的收入类级科目	1
3	各项社会保险基金的收入款级科目	1
4	各项社会保险基金的支出类级科目	1
5	各项社会保险基金的支出款级科目	1
6	各项社会保险基金收支分级信息(类级科目)	1
7	各项社会保险基金的基本数字(类级科目)	1
8	各项社会保险基金资产的类级科目	1
9	各项社会保险基金资产的款级科目	1
10	各项社会保险基金资产的项级科目	1
11	各项社会保险基金负债的类级科目	1
12	各项社会保险基金负债的款级科目	1
13	各项社会保险基金负债的项级科目	1
14	养老基金的长期收支预测	1

(8)国有企业基金的信息要素及权重

国有企业基金的信息要素主要包括国有企业的四张表(资产负债表、利润表、现金流量表、所有者权益变动表)、各家政府直属企业的基本经营数字(资产总额、负债总额、所有者权益总额、国有资本及权益总额、营业总收入、利润总额、净利润总额、归属母公司所有者权益的净利润)、各家政府直属企业的详细经营情况(按照国内上市公司同等信息披露要求),详见表3-12。

---

① 详阅本书第10章。

表 3－12　　　　　　　国有企业基金的信息要素及权重

序号	信息要素	权重
1	国有企业的收入、费用和利润总额	1
2	国有企业的资产、负债及所有者权益总额	1
3	国有企业资产负债表	1
4	国有企业利润表	1
5	国有企业现金流量表	1
6	国有企业所有者权益变动表	1
7	政府直属企业主要指标表	1
8	政府直属企业达到与国内上市公司同等信息披露要求	1

(9)被调查者态度的信息要素及权重

被调查者态度的信息要素包括政府和部门两个层次(见表3－13)。政府主要是指负责总体财政资金信息公开的管理部门,包括财政厅(局)、人力资源和社会保障厅(局)、国有资产监督管理委员会和政府信息公开办公室;部门是指本项目组重点调查的11个省级部门,包括省级人民政府办公厅、人大常委会办公厅、政协办公厅、教育、财政、国税、地税、工商、卫生、交通、环保共11个单位。

表 3－13　　　　　　　被调查者态度的信息要素及权重

序号	信息要素	权重
1	政府态度与责任心	1
2	部门态度与责任心	1

4 省级一般公共预算基金透明度评估

省级一般公共预算基金透明度评估是关于我国内地 31 个省级政府一般公共预算基金信息公开状况的年度调查及评估。主要调查对象为 31 个省级政府相关年度一般公共预算决算数,主要调查内容(提纲)为政府一般公共预算中比较重要的 6 张决算表,主要调查方法为相关政府出版物检索、相关政府网站搜寻、向政府相关部门[31 个省份的政府信息公开办公室和财政厅(局)]提出信息公开申请。依据政府收支分类科目和财务管理规范以及事先设定的评分标准,项目组对 31 个省级政府相关年度公共预算调查资料进行评估,以期反映目前我国省级一般公共预算基金信息公开状况。

4.1 关于一般公共预算基金透明度调查提纲与评估方法的说明

在一般公共预算基金部分,调查提纲要求 31 个省份提供 6 张公共预算表格。它们分别是:公共预算收支决算总表(决算 01 表)、公共预算收入决算明细表(决算 04 表)、公共预算支出决算功能分类明细表(决算 05 表)、公共预算支出决算经济分类明细表(补充 01 表)、公共预算收支决算分级表(决算 06 表)、公共预算收支及平衡情况表(决算 08 表)。

通过6张表格,项目组在一般公共预算基金信息公开方面着重考察两大部分:一是31个省份的政府总预算信息公开状况,包括按照政府收支分类科目逐级展开的公共预算收入、公共预算支出信息公开状况。二是31个省份的政府分级预算信息公开状况,包括省级政府本级及其下辖的地市级、县级、乡级政府本级汇总公共预算信息公开状况,以及地市级和县级政府本级分地区的明细公共预算信息公开状况。

为此,项目组根据6张表格所应包含的基本信息量,为一般公共预算基金透明度调查提纲设置了28个信息要素,涵盖总预算和分级预算两部分。

其中,在总预算部分,共有10个信息要素,它们分别是:省总预算公共预算收支总额;省总预算公共预算收入类级科目、省总预算公共预算收入款级科目、省总预算公共预算收入项级科目、省总预算公共预算收入目级科目;省总预算公共预算支出功能分类类级科目、省总预算公共预算支出功能分类款级科目、省总预算公共预算支出功能分类项级科目;省总预算公共预算支出经济分类类级科目、省总预算公共预算支出经济分类款级科目。每个信息要素的权重(或分值)为2,若某省份在总预算的10个信息要素中均得满分的话,则总预算部分的得分为20分。

在分级预算部分,共有18个信息要素,它们分别是:省本级公共预算收入类级科目、省本级公共预算支出功能分类类级科目、省本级公共预算支出经济分类类级科目;地市本级公共预算收入类级科目、地市本级公共预算支出功能分类类级科目、地市本级公共预算支出经济分类类级科目;县本级公共预算收入类级科目、县本级公共预算支出功能分类类级科目、县本级公共预算支出经济分类类级科目;乡级公共预算收入类级科目、乡级公共预算支出功能分类类级科目、乡级公共预算支出经济分类类级科目;各地市本级公共预算收入类级科目、各地市本级公共预算支出功能分类类级科目、各地市本级公共预算支出经济分类类级科目;各县本级公共预算收入类级科目、各县本级公共预算支出功能分类类级科目、各县本级公共预算支出经济分类类级科目。每个信息要素的权重(或分值)为1,若某省份在分级预算的18个信息要素中均得满分的话,则分级预算部分的得分为18分。

因此,若某省份在总预算和分级预算两部分均提供了所有的调查要素信息,那么,该省份一般公共预算基金透明度将获得满分38分,按百分制计算的满分为100分。

4.2 一般公共预算基金透明度概况

沿袭往年的做法,项目组今年以2015年省级政府公共预算决算数为调查对象,采用网上搜索、出版物检索、信息申请等方法,对31个省级政府一般公共预算基金的透明度状况进行了调查。结果显示(见表4-1):

表4-1 31个省份一般公共预算基金透明度得分及排名(2017)

排名	省份	百分制得分	排名	省份	百分制得分
1	四川	78.95	17	贵州	54.48
2	辽宁	76.32	18	上海	53.68
2	福建	76.32	19	河南	51.97
2	甘肃	76.32	20	黑龙江	51.32
5	安徽	75.00	21	广东	50.24
6	江苏	74.74	22	重庆	47.37
7	山西	74.47	23	天津	46.65
8	广西	73.68	24	内蒙古	44.74
8	宁夏	73.68	25	河北	38.16
10	湖南	69.74	26	吉林	37.83
10	新疆	69.74	27	云南	36.62
12	北京	69.47	27	青海	36.62
13	山东	66.51	29	江西	32.24
14	海南	64.47	30	湖北	27.63
15	浙江	64.21	31	陕西	26.32
16	西藏	63.16			
31个省份平均得分:57.50					

第一,一般公共预算基金信息公开整体水平较低。

31个省份在满分为38分的一般公共预算基金透明度调查项目中,平均得分为21.99分,换算为按百分制计算的得分为57.50分(见表4-1)。这意味着31个省级政府作为一个整体来看的话,公开了一般公共预算基金调查项目中约58%的信息。这一水平相较2014年约40%、2015年约49%的我国省级政府一般公共预算基金透明度状况,应该说有一定的改进,但相较2016年约55%的信息公开状况,则改进有限,若相较西方发达国家、我国香港等地区比较透明的信息公开状况,则还存在较大的差距。

第二,省际之间的一般公共预算基金信息公开水平存在较大差异。

在整体水平较低的情况下,进一步分省份考察一般公共预算基金透明度状况,可以发现,省际之间在信息公开方面存在较大的差异。

在今年省级一般公共预算基金透明度评估中,有11个省份的透明度得分在70分以上,信息公开程度远超31个省份58分的平均水平。在这11个省份中,信息公开状况最好的省份是四川,其28个信息要素百分制得分高达78.95分(见表4-1),即四川省政府在一般公共预算基金调查项目上公开了其中约79%的信息,由此,四川在今年的一般公共预算基金透明度排行榜上高踞榜首。紧随其后、并列第二名的分别是辽宁、福建及甘肃,它们的一般公共预算基金透明度百分制得分均为76.32分(见表4-1),其信息公开状况同样远高于31个省份平均水平。在今年省级一般公共预算基金透明度评估中,有两个省份的透明度得分在30分以下。这两个省份是陕西和湖北,两省28个信息要素百分制得分分别仅为26.32分和27.63分(见表4-1),即在一般公共预算基金透明度项目上,该两省仅公开了调查项目中约26%和28%的信息,信息公开程度远低于31个省份58分的平均水平。显然,这是影响今年一般公共预算基金信息公开水平提升的因素之一。比较今年一般公共预算基金透明度调查项目排名表上信息公开最好省份的百分制得分与信息公开最差省份的百分制得分,首尾相差达52.63分,这意味着最差的省份在一般公共预算基金透明度调查项目上比最好省份少公开了约53%的信息。

因此,在省级政府一般公共预算基金透明度调查项目上,省际之间在信息公开程度上存在着较大的差异。相比2016年45.5分的首尾分差(2016年一般公共预算基金透明度最高得分为73.68分,最低得分为28.18分),差距有所扩大。回顾这些年来的一般公共预算基金信息公开状况,我们可以看到一个比较突出的现象,那就是一方面,位居一般公共预算基金透明度排行榜前列的一些省份信息公开程度在不断提高,但是另一方面,一些一般公共预算基金透明度排行榜垫底省份的信息公开状况改进却非常有限。这可能是这些年来一般公共预算基金信息公开状况有所改进但不明显的原因之一,其背后更深层次的原因有待进一步的研究。

第三,项目之间的一般公共预算基金信息公开水平存在较大差异。

在整体水平较差的情况下,进一步分项目考察一般公共预算基金透明度状况,可以发现,项目之间在信息公开方面也存在较大的差异。

在28个一般公共预算基金信息要素中,有4个信息要素获得了满分,这意味着31个省份在这4个信息要素上均完整公开了信息。这4个信息要素是:省总预算公共预算收支总额、省总预算公共预算收入类级科目、省总预算公共预算支出功能分类类级科目、省本级公共预算收入类级科目。这4个信息要素在28个公共预算信息要素中占比14.29%(见图4—1)。与此相反,有4个信息要素得了零分,这意味着31个省份在这些信息要素上均未公开任何信息。这4个信息要素分别是:地市本级公共预算支出经济分类类级科目、县本级公共预算支出经济分类类级科目、各地市本级公共预算支出经济分类类级科目、各县本级公共预算支出经济分类类级科目。这4个信息要素在28个一般公共预算基金信息要素中占比14.29%(见图4—1)。另有22个信息要素公开了部分信息,这22个信息要素在28个一般公共预算基金信息要素中占比71.43%(见图4—1)。

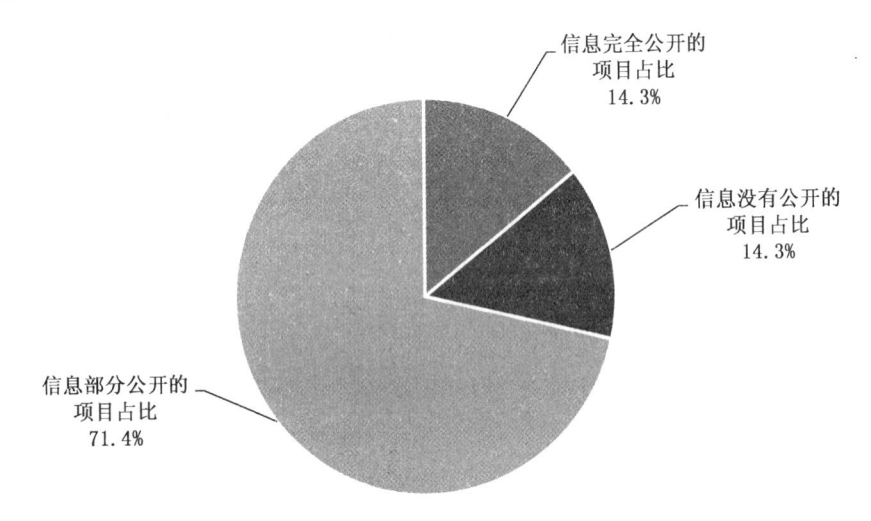

图4—1 一般公共预算基金透明度调查中不同公开程度的项目占比(2017)

因此,在省级政府一般公共预算基金透明度调查项目中,项目之间在信息公开程度上同样存在着较大的差异。相比2015年、2016年,完整公开信息的项目在这三年中基本保持在4项,未公开信息的项目由2015年的5项增加为2016年的7项,又减少为2017年的4项。因此,从项目的角度来看,信息公开状况有所改进,但改进有限。

4.3 基于公开主体角度考察的一般公共预算基金透明度状况

如上所述,在省级一般公共预算基金透明度整体水平较低的情况下,31个省份信息公开状况是有差异的。为了更好地呈现这种差异,并了解差异中共性的东西,项目组着重从31个省份信息公开分组情况、信息公开稳定情况、信息公开方式情况几方面进行了考察。结果显示,基于公开主体角度考察的一般公共预算基金信息公开状况有如下特点:

第一,大多数省份信息公开程度在30%~80%。

项目组首先根据透明度得分对31个省份一般公共预算基金信息公开程度进行了分组,具体分为30分以下、30~60分、60分以上三组。分组显示(见图4—2),60分以上组有16个省份,分别是(按高分到低分排序)四川、辽宁、福建、甘肃、安徽、江苏、山西、广西、宁夏、湖南、新疆、北京、山东、海南、浙江、西藏,在全部31个省份中的占比为51.61%;30~60分组有13个省份,在全部31个省份中的占比为41.94%;30分以下组有两个省份,分别是(按低分到高分排序)陕西和湖北,在全部31个省份中的占比为6.45%。

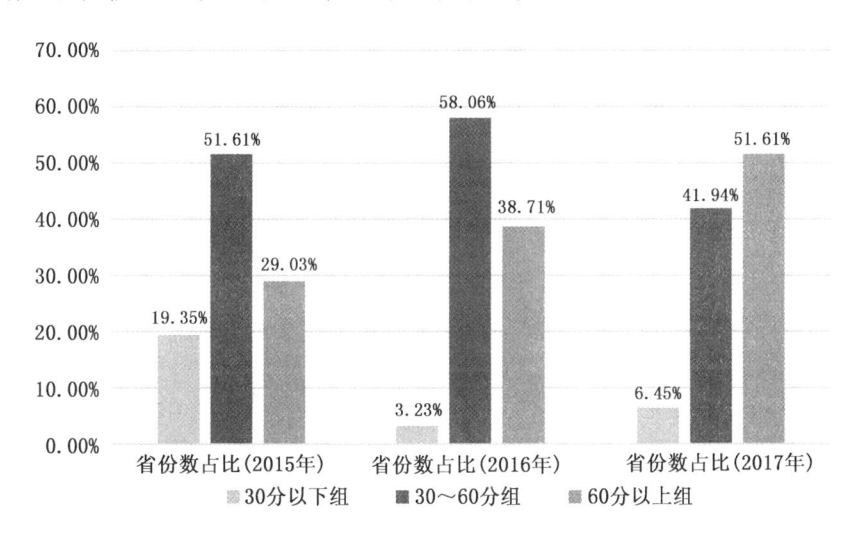

图4—2 31个省份一般公共预算基金透明度得分分组情况(2015—2017)

由分组情况可以看到,信息公开程度(公开信息占调查信息比例)在30%以下的省份比例最小,信息公开程度在30%~60%的省份比例其次,而信息公开程度在60%以上的省份比例最大。相比往年,信息公开程度在30%以下的省份比例由2014年的42%大幅度下降到2015年的19.35%,再进一步下降到2016年的3.23%,今年,该比例有所反弹,为6.45%;信息公开程度在60%以上的省份比例则由2014年的19%提高到2015年的29.03%,再提高到2016年的38.71%,今年,该比例超越其他两组进一步扩大至51.61%,从图4—2可以看到该比例是逐年明显提高的,并自2009年本项目开展以来首次成为三组中比例最高的一组。

观察今年的一般公共预算基金透明度得分排名表,可以发现,2015年开始的省际之间信息公开差异特征得到了延续:2015年之前,省际之间信息公开差异主要表现为信息公开最好一组省份与其他组省份之间的差异,即除个别省份信息公开状况较好外,其他大多数省份信息公开状况都较差,几乎呈现出两边倒的现象。但是,自2015年开始,省际之间信息公开差异则是比较均匀的,即31个省份的透明度得分分布于30分以下、30~40分、40~50分、50~60分、60~70分、70分以上的各个分数段上(见表4—1)。这一变化是否反映了以往许多省份甘居落后的从众心理正在悄然发生改变?不管怎么说,这一变化至少说明一些省份正在公开调查项目中更多的信息。尤其值得欣慰的是,在今年的省级政府一般公共预算基金透明度调查中,有逾一半的省份公开了一般公共预算基金调查项目中至少60%以上的信息,其中,有9个省份公开了高达70%或以上的调查信息(见表4—1)。

上述情况说明,今年绝大部分省份在一般公共预算基金调查项目上的信息公开程度从30%至80%不等,得分分布是较为均匀的;其中信息公开程度在60%以上的省份比例自2009年本项目开展以来首次达到最大。这意味着在一般公共预算基金透明度调查项目上,31个省份信息公开程度正在呈现出逐级拉大的特征,并有越来越多的省份正在公开越来越多的信息。

第二,有些省份的信息公开状况不太稳定。

省际之间信息公开状况有差异,这种差异的特征之二是有些省份的信息公开状况是不稳定的,这种不稳定主要表现为有些省份在一般公共预算基金透明度调查项目上的历年得分变化较大。项目组根据2016年和2017年一般公共预算基金透明度调查资料,对31个省份两年的一般公共预算基金透明度得分变化进行了排序,结果显示(见图4—3):

从2016年到2017年,共有6个省份的一般公共预算基金透明度得分变化绝对值在10分以上(见图4—3),它们分别是四川、江苏、西藏、天津、内蒙古、陕西。6个省份在31个省份中的占比为19.35%,即31个省份中约有19%的省份在公共预算调查项目上信息公开状况变化较大。其中特别突出的是,从 2016 年到 2017 年,一般公共预算基金透明度调查项目得分增加最多的是四川和江苏两个省份(见图 4—3)。2017 年相比 2016 年,四川省的一般公共预算基金透明度百分制得分增加了 47.37 分,江苏省的得分增加了 44.37 分,这意味着这两个省份在今年公共预算透明度调查项目上公开的信息相较上年分别增加了约 47%、44%,与此得分跳跃式增长相对应,四川和江苏两省的一般公共预算基金透明度调查项目排名分别从 2016 年的倒数第 3 名和倒数第 2 名一跃而为 2017 年的第 1 名和第 5 名。与四川、江苏两省一般公共预算基金透明度得分大幅增加不同,有些省份的得分则有较为明显的下降(见图 4—3),如陕西、内蒙古、天津。2017 年相比 2016 年,这 3 个省份的得分分别减少了 12.39 分、11.84 分、11.24 分,这意味着这 3 个省份在今年一般公共预算基金透明度调查项目上公开的信息相比上年减少了约 11%~12%,与此得分下跌相对应,这 3 个省份今年的一般公共预算基金透明度调查项目排名均较靠后,其中,陕西省在今年的排名中列倒数第一。

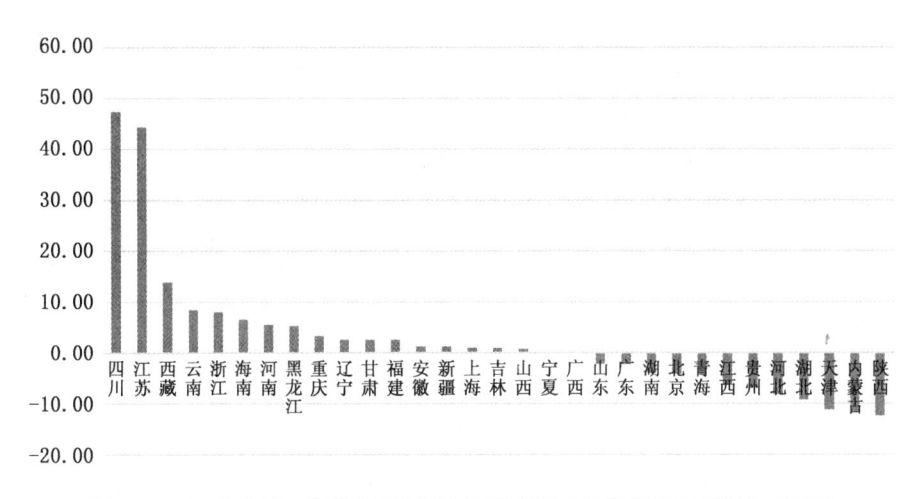

图 4—3　31 个省份一般公共预算基金透明度得分变化及排序(2016—2017)

比较 2016 年和 2017 年的一般公共预算基金透明度排名还可以发现,2017 年一般公共预算基金透明度得分增加最多的两个省份均进入了前 5 名(见表 4—1),这意味着在 2017 年一般公共预算基金透明度排名前五的省份中,有 40%的省份来自于今年得分增加最多的省份。由此可以认为,在今年排名靠前的省份中,仍然有不少的新面孔,这与往年一般公共预算基金透明度排行榜上名列前茅省份老是走马灯似的换来换去的现象基本是一致的。

上述情况说明,一般公共预算基金信息公开状况不太稳定,有些省份信息公开不稳定的程度较高,排行榜上名列前茅省份信息公开状况不稳定的现象更为突出。

第三,省际之间信息公开方式差异较大。

上述调查项目统计结果显示,31个省份一般公共预算基金调查项目信息公开的平均水平约58%(见表4—1)。那么,31个省份主要采用了什么样的信息公开方式呢?为此,项目组对31个省级政府一般公共预算基金信息公开方式进行了统计。

统计方法如下:首先,将一般公共预算基金透明度调查项目的信息公开方式分为由政府信息公开办公室或财政厅(局)直接提供信息要素(或称按照信息申请公开信息要素)、由相关政府网站公开信息要素、由相关政府出版物公开信息要素三种;其次,统计每个省份每种公开方式下的一般公共预算基金透明度28个信息要素公开与否;然后,加总31个省份每种方式下已公开的信息要素数量,并得出31个省份平均数;最后,计算每种方式下已公开信息要素占应公开信息要素的比例。结果显示:

● 整体而言,通过政府出版物方式公开的信息较多,通过政府网站和信息申请方式公开的信息相对较少。

如表4—2所示,通过对31个省份政府信息公开办公室或财政厅(局)直接提供的信息要素(即按照信息申请公开的信息要素)加总平均,得出已公开的信息要素平均为7.42个;通过对相关政府网站公开的信息要素加总平均,得出已公开的信息要素平均为7.52个;通过对相关政府出版物公开的信息要素加总平均,得出已公开的信息要素平均为9.29个。也就是说,按照一般公共预算基金透明度调查项目平均应得28个信息要素计算,平均每个省份通过信息申请方式公开了一般公共预算基金透明度调查项目中约7.42个信息要素,通过相关政府网站方式公开了一般公共预算基金透明度调查项目中约7.52个信息要素,通过相关政府出版物方式公开了一般公共预算基金透明度调查项目中约9.29个信息要素。比较三种信息公开方式,由相关政府出版物方式公开的信息要素相对较多,占到28个应公开信息要素的33.18%;其次为相关政府网站和信息申请方式公开的信息要素,分别占到28个应公开信息要素的26.84%和26.50%。

表4—2　　31个省份一般公共预算基金信息要素公开方式统计(2017)

信息要素	通过信息申请方式公开信息要素	通过政府网站方式公开信息要素	通过政府出版物方式公开信息要素
31个省份已公开的信息要素平均数	7.42	7.52	9.29
31个省份应公开的信息要素数	28	28	28
已公开信息要素占应公开信息要素比例	26.50%	26.84%	33.18%

● 排名前五的省份在信息申请方式下公开的信息远超31个省份平均水平,排名后五的省份在信息申请方式下未公开任何信息。

进一步对排名前五省份的一般公共预算基金信息要素公开方式进行统计分析,我们可以看到(见表4—3),排名前五的省份通过信息申请方式公开的信息要素平均数为19.2个,占到28个应公开信息要素的68.57%;通过相关政府网站方式公开的信息要素平均数为7.6个,占到28个应公开信息要素的27.14%;通过相关政府出版物方式公开的信息要素平均数为8.8个,占到28个应公开信息要素的比例为31.43%。因此,排名前五省份的信息公开方式主要为信息申请,其次为政府出版物,再次为政府网站。比较排名前五省份的一般公共预算基金信息公开方式,可以发现,通过信息申请方式公开的信息不仅远超31个省份26.73%的平均水平,而且还远超这5个省份政府网站27.14%的信息公开水平以及政府出版物31.43%的信息公开水平,这是这5个省份一般公共预算基金透明度得分远超31个省份平均水平的一个重要因素。

同时,对排名最后五名的省份的一般公共预算基金信息公开方式进行统计分析,我们可以看到(见表4—4),排名后五省份通过信息申请方式公开的信息要素平均数为0个;通过相关政府网站方式公开的信息要素平均数为6.6个,占到28个应公开信息要素的23.57%;通过相关政府出版物方式公开的信息要素平均数为4.6个,占到28个应公开信息要素的比例为16.43%。比较排名后五省份的一般公共预算基金信息要素公开方式,可以发现,这5个省份通过政府出版物方式公开的信息远低于31个省份33.18%的平均水平,通过政府网站方式公开的信息也稍低于31个省份26.84%的平均水平,通过信息申请方式公开的信息则交了白卷。也就是说,当项目组向这5个省份提出一般公共预算基金信息公开申请后,这5个省份没有通过该方式向项目组公开任何相关信息,这是这5个省份一般公共预算基金透明度得分远低于31个省份平均水平的一个重要因素。

表4—3　排名前五省份的一般公共预算基金信息要素公开方式统计(2017)

信息要素	通过信息申请方式公开信息要素	通过政府网站方式公开信息要素	通过政府出版物方式公开信息要素
四川省已公开的信息要素	21	10	13
辽宁省已公开的信息要素	20	6	6
福建省已公开的信息要素	16	7	14
甘肃省已公开的信息要素	19	8	7
安徽省已公开的信息要素	20	7	4
31个省份已公开的信息要素平均数	19.20	7.6	8.8
31个省份应公开的信息要素数	28	28	28
已公开信息要素占应公开信息要素比例	68.57%	27.14%	31.43%

表4—4　排名后五省份的一般公共预算基金信息要素公开方式统计(2017)

信息要素	通过信息申请方式公开信息要素	通过政府网站方式公开信息要素	通过政府出版物方式公开信息要素
陕西省已公开的信息要素	0	8	4
湖北省已公开的信息要素	0	6	5
江西省已公开的信息要素	0	3	7
青海省已公开的信息要素	0	8	3
云南省已公开的信息要素	0	8	4
31个省份已公开的信息要素平均数	0	6.6	4.6
31个省份应公开的信息要素数	28	28	28
已公开信息要素占应公开信息要素比例	0.00%	23.57%	16.43%

第三,所有省份均通过政府出版物和政府网站两种方式公开了部分信息,透明度名列前茅省份的信息公开方式相对多样化。

31个省份信息公开方式统计结果还显示,在信息申请公开方式下,四川、山西、辽宁、江苏、安徽、宁夏6个省份公开的信息要素最多,其中,四川省公开了21个信息要素,占到28个应公开信息要素的75%,其他5个省份均公开了 20 个信息要素,占到 28 个应公开信息要素的 71.43%,有 15 个省份在该方式下没有公开任何一般公共预算基金信息要素;在相关政府网站公开方式下,新疆和西藏公开的信息要素最多,分别为 22 个和 16 个,分别占到 28 个应公开信息要素的 78.57%和 57.14%,所有省份在该公开方式下均多多少少公开了一部分信息要素;在相关政府出版物公开方式下,北京、浙江、贵州、河南、广东、福建 6 个省份公开的信息最多,其中,北京、浙江公开了 18 个信息要素,占到 28 个应公开信息要素的 64.29%,贵州公开了 17 个信息要素,占到 28 个应公开信息要素的 60.71%,河南公开了 16 个信息要素,占到 28 个应公开信息要素的 57.14%,广东公开了 15 个信息要素,占到 28 个应公开信息要素的 53.57%,福建公开了 14 个信息要素,占到 28 个应公开信息要素的 50%,所有省份在该公开方式下均多多少少公开了一些信息要素。

在三种信息公开方式中均公开了较多信息要素的省份主要有四川省。如表 4-3 所示,该省份通过三种方式公开的信息要素分别为:通过信息申请方式公开的信息要素为 21 个,通过政府网站公开的信息要素为 10 个,通过政府出版物公开的信息要素为 13 个,按每种方式下均应公开 28 个信息要素来计算,平均来看,四川省通过三种方式公开的信息要素分别占到应公开信息要素的 75%、35.71%、46.43%。

综上所述,大多数省级政府一般公共预算基金信息公开的主要方式为相关政府出版物,其次为政府网站;而位居透明度排行榜前列的一些省份信息公开的主要方式则为信息申请,同时,这些省份信息公开的方式是相对比较多样化的。

4.4 基于公开客体角度考察的一般公共预算基金透明度状况

如上所述,在一般公共预算基金透明度整体水平较低的情况下,28 个信息要素的公开状况是有差异的。为了更好地呈现这种差异,并了解这种差异中共性的东西,项目组依据调查资料,制作了如下表格:一般公共预算基金透明度调查项目按政府收支分类的得分情况(2017)(见表 4-5)、一般公共预算基金透明度调查项目按科目层级分类的得分情况(2017)(见表 4-6)、一般公共预算基金透明度调查项目按预算层级分类的得分情况(2017)(见表 4-7)。从这些统计结果及相关资料来看,基于公开客体角度考察的一般公共预算基金信息公开状况有如下特点:

第一,预算科目越不规范,其透明度状况越差。

项目之间在信息公开状况上是有差异的,这种差异在公共预算按收支及其属性分类的不同调查项目之间表现得特别明显。

公共预算按收支进行分类,可以分为公共预算收入和公共预算支出两大部分。其中,在省总预算部分,公共预算收入项目包含了4个信息要素(见表4—5),分别为:省总预算公共预算收入类级科目、省总预算公共预算收入款级科目、省总预算公共预算收入项级科目、省总预算公共预算收入目级科目。2017年,4个信息要素按百分制计算的透明度得分分别为100分、99.27分、48.97分、48.39分。综合这4个信息要素得分情况,省级政府公共预算收入调查项目按百分制计算的透明度平均得分为74.16分(见表4—5),即就省总预算部分的公共预算收入调查项目而言,其信息公开程度约为调查项目的74%。

表4—5 一般公共预算基金透明度调查项目按收支分类统计的得分情况(2017)

信息要素		各项目平均得分			
		实际得分	百分制得分	百分制得分	百分制得分
收入项目	省总预算公共预算收入类级科目	2.00	100.00	74.16	74.16
	省总预算公共预算收入款级科目	1.99	99.27		
	省总预算公共预算收入项级科目	0.98	48.97		
	省总预算公共预算收入目级科目	0.97	48.39		
支出项目	功能类支出项目				49.95
	省总预算公共预算支出功能分类类级科目	2.00	100.00	80.82	
	省总预算公共预算支出功能分类款级科目	1.43	71.64		
	省总预算公共预算支出功能分类项级科目	1.42	70.83		
	经济类支出项目			3.63	
	省总预算公共预算支出经济分类类级科目	0.08	4.03		
	省总预算公共预算支出经济分类款级科目	0.06	3.23		
本项目平均百分制得分				60.71	

说明:该表中省级政府公共预算收支项目仅限于透明度调查提纲中的总预算部分。

公共预算支出项目包含了5个信息要素(见表4—5),分别为:省总预算公共预算支出功能分类类级科目、省总预算公共预算支出功能分类款级科目、省总预算公共预算支出功能分类项级科目;省总预算公共预算支出经济分类类级科目、省总预算公共预算支出经济分类款级科目。2017年,这5个信息要素按百分制计算的透明度得分分别为100.00分、71.64分、70.83分、4.03分、3.23分。综合这5个信息要素得分情况,省级政府公共预算支出调查项目按百分制计算的透明度得分为49.95分(见表4—5),即就省总预算部分的公共预算支出调查项目而言,其信息公开程度约为调查项目的50%。

显然,省总预算部分的公共预算收入调查项目的信息公开状况远好于支出调查项目。

省总预算部分的公共预算支出进一步按属性进行分类,又可以分为公共预算功能类支出和公共预算经济类支出两类。其中,功能类支出项目中包含了3个信息要素(见表4—5)。综合3个信息要素的得分情况,省级政府公共预算功能类支出调查项目按百分制计算的透明度得分为80.82分(见表4—5),即就省总预算部分的公共预算功能类支出调查项目而言,其信息公开程度约为调查项目的81%。公共预算经济类支出中包含了两个信息调查要素(见表4—5)。综合这两个信息要素的得分情况,省级政府公共预算经济类支出调查项目按百分制计算的透明度得分为3.63分(见表4—5),即就省总预算部分的公共预算经济类支出调查项目而言,其信息公开程度仅为调查项目的4%。

显然,省级政府公共预算经济类支出项目公开的调查信息微乎其微,因此,省级政府公共预算功能类支出调查项目的信息公开状况远好于经济类支出调查项目。

上述调查项目之间为什么在信息公开方面存在这些差异?究其原因,与预算管理规范与否不无关系。在我国预算管理中,公共预算收入的管理相比支出比较规范,其表现形式之一是,公共预算收入的科目从类到款、从款到项、从项到目分为四级,而公共预算功能支出的科目从类到款、从款到项分为三级,经济支出的科目从类到款分为两级。其表现形式之二是,作为公共预算收入主体部分的税收,其制度是以颁布法律、法规的形式建立起来的,有较好的法律基础。相比之下,公共预算支出的法律基础则较为欠缺。就公共预算支出而言,在按属性分类的两类支出中,经济类支出的预算管理规范相比功能类支出又要差得多。2007年我国实行了政府收支分类改革,政府预算支出开始由原先主要采用按功能分类转为采用按功能分类和按经济性质分类两套体系,以便更好地反映财政支出具体情况,加强预算管理。目前,按经济性质分类的预算支出科目虽然框架搭起来了,但是,科目设置尚不完善,预算编制不够规范。因此,尽管从理论上来说预算编制应同时采用两套体系,但是从实践中来看,按经济性质分类的预算编制才刚刚起步。中央政府从2015年才开始按经济性质分类编制预算,有些省级政府尚未按经济性质分类编制预算,即使按经济性质分类编制预算,也较多停留在基本支出的层面,并未涉及项目支出,因此,按经济性质分类的预算编制还远没有达到预算管理的规范要求。正因为如此,目前从省级层面来看,按功能分类的项目,其信息公开较多,而按经济性质分类的项目,其信息公开则少之又少。

上述政府收支分类项目比较结果表明,不同项目之间信息公开状况存在差异与政府预算管理规范与否有关。

第二,预算科目越是明细,其透明度状况越差。

项目之间在信息公开状况上是有差异的,这种差异在公共预算按科目层级分类的不同调查项目之间同样表现得比较明显。

公共预算收入和支出按科目层级逐级展开,理论上可以分为类、款、项、目等不同层级。实践中,我国公共预算收入科目分为类、款、项、目四级,公共预算功能类支出科目分为类、款、项三级,公共预算经济类支出科目仅分为类、款两级。在省级政府一般公共预算基金透明度调查中,预算科目的信息要素是按我国目前公共预算所设的科目层级设计的,即公共预算收入项目的信息要素设置为四级科目,公共预算功能类支出项目的信息要素设置为三级科目,公共预算经济类支出项目的信息要素设置为两级科目。

仍然以 31 个省份总预算为例。在省级政府一般公共预算基金透明度调查中,首先调查的一个信息要素是省级政府公共预算收支总额。综合 31 个省份总预算部分的该项目信息公开状况,其按百分制计算的平均得分为 100 分(见表 4—6)。然后,在公共预算类级科目透明度调查中,信息要素包含 3 个,分别为省总预算公共预算收入类级科目、省总预算公共预算支出功能分类类级科目、省总预算公共预算支出经济分类类级科目。这 3 个信息要素按百分制计算的透明度得分分别为 100 分、100 分、4.03 分。综合 31 个省份总预算部分的三项公共预算类级科目的信息公开状况,其按百分制计算的平均得分为 68.01 分(见表 4—6)。在省级政府公共预算款级科目透明度调查中,信息要素也包括 3 个,分别为省总预算公共预算收入款级科目、省总预算公共预算支出功能分类款级科目、省总预算公共预算支出经济分类款级科目。这 3 个信息要素按百分制计算的透明度得分分别为 99.27 分、71.64 分、3.23 分。综合 31 个省份总预算部分的三项公共预算款级科目的信息公开状况,其按百分制计算的平均得分为 58.04 分(见表 4—6)。在省级政府公共预算项级科目透明度调查中,信息要素减少为两个,分别为省总预算公共预算收入项级科目、省总预算公共预算支出功能分类项级科目。这两个信息要素按百分制计算的透明度得分分别为 48.97 分和 70.83 分。综合 31 个省份总预算部分的两项公共预算项级科目的信息公开状况,其按百分制计算的平均得分为 59.90 分(见表 4—6)。在省级政府公共预算目级科目透明度调查中,信息要素仅为 1 个,即省总预算公共预算收入目级科目。综合 31 个省份总预算部分的该项公共预算目级科目的信息公开状况,其按百分制计算的平均得分为 48.39 分(见表 4—6)。

表4—6　　一般公共预算基金透明度调查项目按科目分级统计的得分情况(2017)

信息要素		各项目平均得分		
		实际得分	百分制得分	百分制得分
省总预算公共预算收支总额		2.00	100.00	100.00
类级科目	省总预算公共预算收入类级科目	2.00	100.00	68.01
	省总预算公共预算支出功能分类类级科目	2.00	100.00	
	省总预算公共预算支出经济分类类级科目	0.08	4.03	
款级科目	省总预算公共预算收入款级科目	1.99	99.27	58.04
	省总预算公共预算支出功能分类款级科目	1.43	71.64	
	省总预算公共预算支出经济分类款级科目	0.06	3.23	
项级科目	省总预算公共预算收入项级科目	0.98	48.97	59.50
	省总预算公共预算支出功能分类项级科目	1.42	70.83	
目级科目	省总预算公共预算收入目级科目	0.97	48.39	48.39
本项目平均百分制得分			64.64	

说明:①该表公共预算收支科目仅限于透明度调查提纲中的总预算部分。②该表假设,在31个省份总预算部分,所有的公共预算收支调查项目只需按实际所设层级的科目公开信息。

上述统计结果显示,在31个省份总预算部分,公共预算收支总额的信息公开程度达到了调查项目的100%,公共预算类级科目的信息公开程度达到了调查项目的68%,公共预算款级科目和项级科目的信息公开程度有所下降,分别约为调查项目的58%和60%,公共预算目级科目的信息公开程度进一步下降为48%。因此,就预算调查项目而言,公共预算收支总额的信息公开状况好于公共预算类级科目的信息公开状况,公共预算类级科目的信息公开状况好于公共预算款级和项级科目的信息公开状况,公共预算款级和项级科目的信息公开状况好于公共预算目级科目的信息公开状况。

上述调查项目之间为什么在信息公开方面存在这些差异?究其原因,与财务管理规范与否不无关系。目前,我国一些政府财务管理制度不够完善,在执行方面也缺乏严肃性与一致性。一方面,财务管理制度不健全,表现为一些政府财务管理制度既不系统,也不完整,而且政府单位的内部控制体系也不够完善,如单位内部牵制制度、稽核制度、监督制度没有真正建立起来。另一方面,制度执行不到位,即使制定了相关财务管理制度,一些现有的条文也主要是为了应付检查,即便不是为了检查,财务部门对资金的管理也经常是事后核算,忽视了对资金收支使用中的控制,对资金收支的考核也只是停留在表面平衡上,很少对资金使用的规范性进行严格考核。在财务管理制度执行过程中,经费相互挤占、开支随意、有章不循、不严格遵守财务管理制度、财务人员听之任之的现象时有发生,使得制度流于形式。在这样的财务环境之中,政府财政资金管理的规范性是很难得到保障的。由于财政资金项目分类越明细,越能反映资金的流向和去处,因此,在财务管理不规范的背景之下,预算科目越明细,透明度得分越低,信息公开状况越差的现象也就不难理解了。

上述科目层级分类项目比较结果表明,不同项目之间信息公开状况存在差异与政府财务管理规范与否有关。

第三,较为基层的政府预算,其透明度状况较差。

项目之间在信息公开状况上是有差异的,这种差异还比较明显地表现在公共预算按政府预算层级分类的不同调查项目之间。

一般公共预算基金分项目透明度的前两个特点都是从政府"总预算"的角度进行考察的,其中既包含了31个省份省本级政府公共预算调查项目信息公开状况,也包含了其下辖的各级政府公共预算调查项目信息公开状况。为了更清楚地反映各本级政府在公共预算调查项目上的信息公开状况,项目组在一般公共预算基金透明度调查提纲中专门设置了政府"分级预算"一块内容。在政府分级预算中,又包含了"分级汇总预算"和"分级明细预算"两部分。

在"分级汇总预算"部分,对政府按照预算层级进行纵向分类,分为省本级政府、地市本级政府、县本级政府、乡级政府。以此为依据,"分级汇总预算"部分设置了四大类信息调查项目(其中包含12个信息要素)(见表4—7),分别是省本级政府公共预算收支类级科目(其中包含3个信息要素)、汇总的地市本级政府公共预算收支类级科目(其中包含3个信息要素)、汇总的县本级政府公共预算收支类级科目(其中包含3个信息要素)、汇总的乡级政府公共预算收支类级科目(其中包含3个信息要素)。

调查结果显示,31个省份省本级政府公共预算收支类级科目按百分制计算的透明度得分为80.47分(见表4—7),即就省本级政府公共预算收支类级科目而言,其信息公开程度约为调查项目的80%。其中,省本级公共预算收入类级科目按百分制计算的透明度得分为100分,省本级公共预算支出类级科目按百分制计算的透明度得分为70.71分,其中,省本级公共预算支出功能分类类级科目按百分制计算的透明度得分为98.52分,经济分类类级科目按百分制计算的透明度得分为42.90分(见表4—7)。

表 4-7　　一般公共预算基金透明度调查项目按政府分级统计的得分情况(2017)

信息要素			各项目平均得分				
			实际得分	百分制得分	百分制得分	百分制得分	百分制得分
本级汇总	省本级	收入类	省本级公共预算收入类级科目	1.00	100.00	100.00	80.47	55.47
		支出类	省本级公出预算支出功能分类类级科目	0.99	98.52	70.71		
			省本级公共预算支出经济分类类级科目	0.43	42.90			
	地市本级	收入类	地市本级公共预算收入类级科目	0.77	77.42	77.42	49.46	
		支出类	地市本级公共预算支出功能分类类级科目	0.71	70.97	35.48		
			地市本级公共预算支出经济分类类级科目	0.00	0.00			
	县本级	收入类	县本级公共预算收入类级科目	0.74	74.19	74.19	47.31	
		支出类	县本级公共预算支出功能分类类级科目	0.68	67.74	33.87		
			县本级公共预算支出经济分类类级科目	0.00	0.00			
	乡级	收入类	乡级公共预算收入类级科目	0.68	67.74	67.74	44.62	
		支出类	乡级公共预算支出功能分类类级科目	0.63	62.90	33.06		
			乡级公共预算支出经济分类类级科目	0.03	3.23			
	各地市本级	收入类	各地市本级公共预算收入类级科目	0.65	65.32	65.32	43.55	
		支出类	各地市本级公共预算支出功能分类类级科目	0.65	65.32	32.66		
			各地市本级公共预算支出经济分类类级科目	0.00	0.00			
	各县本级	收入类	各县本级公共预算收入类级科目	0.52	51.61	51.61	32.26	
		支出类	各县本级公共预算支出功能分类类级科目	0.45	45.16	22.58		
			各县本级公共预算支出经济分类类级科目	0.00	0.00			
本项目平均百分制得分						49.61		

汇总的地市本级、县本级、乡级政府公共预算收支类级科目按百分制计算的透明度得分分别为 49.46 分、47.31 分、44.62 分(见表 4-7),即就地市本级、县本级、乡级政府公共预算收支类级科目而言,其信息公开程度分别约为调查项目的 49%、47%、45%。其中,汇总的地市本级政府公共预算收入类级科目按百分制计算的透明度得分为 77.42 分,县本级政府公共预算收入类级科目按百分制计算的透明度得分为 74.19 分,乡级政府公共预算收入类级科目按百分制计算的透明度得分为 67.74 分;汇总的地市本级公共预算支出类级科目按百分制计算的透明度得分为 35.48 分,县本级政府公共预算支出类级科目按百分制计算的透明度得分为 33.87 分,乡级政府公共预算支出类级科目按百分制计算的透明度得分为 33.06 分。在汇总的政府公共预算支出中,地市本级、县本级、乡级政府公共预算支出功能分类类级科目按百分制计算的透

明度得分分别为70.97分、67.74分、62.90分;地市本级、县本级政府公共预算支出经济分类类级科目按百分制计算的透明度得分均为零分,乡级政府的得分为3.23分(见表4—7)。

显然,省本级政府公共预算调查项目的信息公开状况远好于地市本级、县本级、乡级政府;同时,延续政府总预算透明度特征,在政府分级汇总预算调查项目部分,公共预算收入调查项目的信息公开状况仍然明显好于支出调查项目,而在支出调查项目中,功能类支出调查项目的信息公开状况又远好于经济类支出调查项目。

在"本级明细预算"部分,对政府按照地区进行横向分类,分为不同地区的政府。以此为依据,"本级明细预算"部分设置了两大类信息调查项目(其中包含6个信息要素)(见表4—7),分别是各地市本级按地区分类的明细公共预算收支类级科目(其中包含3个信息要素)、各县本级按地区分类的明细公共预算收支类级科目(其中包含3个信息要素),目的是要求地市本级政府和县本级政府在汇总的公共预算调查项目中公开按地区分类的明细信息。

调查结果显示,各地市本级与各县本级政府按地区分类的明细公共预算收支类级科目按百分制计算的透明度得分分别为43.55分、32.26分(见表4—7),即就各地市本级和各县本级政府按地区分类的公共预算收支类级科目而言,其信息公开程度分别约为调查项目的44%、32%。其中,各地市本级与各县本级政府按地区分类的明细公共预算收入类级科目,按百分制计算的透明度得分分别为65.32分、51.61分,各地市本级与各县本级政府按地区分类的明细公共预算支出类级科目按百分制计算的透明度得分分别为32.66分、22.58分。在各地市本级与各县本级政府按地区分类的明细公共预算支出中,功能分类类级科目按百分制计算的透明度得分分别为65.32分、45.16分,经济分类类级科目按百分制计算的透明度得分均为零分(见表4—7)。

综上所述,在"分级明细预算"调查项目中,各地市本级相比各县本级,公共预算调查项目按地区分类的明细信息公开状况要好一些。同时,延续"总预算"调查项目与"分级汇总预算"调查项目的透明度特点,在"分级明细预算"调查项目中,各地市本级与各县本级政府按地区分类的明细公共预算收入调查项目信息公开状况仍然明显好于支出调查项目,而在支出调查项目中,功能类支出调查项目又远好于经济类支出调查项目。

综合上述"分级汇总预算"调查项目和"分级明细预算"调查项目两部分,可以看到,首先,若按行政管理层级对政府预算进行纵向分类,则省本级政府在公共预算调查项目中的信息公开状况好于其下辖的地市本级、县本级、乡级;其次,若按行政管理区域汇总与行政管理区域明细对政府分级预算进行横向分类,则"分级汇总预算"调查项目相比"分级明细预算"调查项目的信息公开状况要好一些;再则,若将今年的情况与上年相比(2016年"分级汇总预算"调查项目与"分级明细预算"调查项目的透明度得分分别为46.17分、47.05分),今年的信息公开状况有所变化,其中,"分级汇总预算"调查项目的透明度得分为54.33分,相比上年信息公开状况有一定的改进,而"分级明细预算"调查项目的透明度得分则为36.38分,相比上年,信息公开状况退步更多一些。显然,政府分级预算,主要是分级明细预算这部分的信息公开状况还不太稳定。

上述调查项目之间为什么在信息公开方面存在这些差异?究其原因,与行政管理制度建设及其规范与否不无关系。众所周知,以前我国政府信息是不对公众公开的。一方面,行政管理方面的法律、法规缺少相应规定;另一方面,公众也缺乏参与公共事务、监督公共事务的意识。正因为如此,这为政府行政管理机构内的不正之风打开了方便之门。在这种背景下,要求政府公开财政资金的来龙去脉,其阻力是可以想见的。

2008年,我国《政府信息公开条例》正式颁布并实施。伴随着该条例的实施和公众对政府信息公开呼声的日趋高涨,中央政府近年来陆续出台了一些重要的相关规定,颁布了新的《预算法》,这对建设阳光政府、透明财政、加快我国政府信息公开进程具有重要意义。然而,冰冻三尺非一日之寒,制度的建设和落实需要有个过程,长期以来的积弊很难在短期内完全改变。在中央政府作出了有关信息公开的规定后,中央政府正在身体力行,其直接下辖的省级政府也紧随其后。但是,一些较为基层的地方政府、尤其是那些行政管理制度不够健全及行政管理不够规范的基层地方政府,可能会采取等一等、看一看的比较策略的做法和比较消极的态度来应对信息公开的进程,于是,在信息公开行为上可能会有所选择,这使得一些基层地方政府提供的公共预算信息相对较少。因此,目前就平均水平而言,地市级、县级、乡级基层地方政府公共预算调查项目的信息公开与省级政府相比,还有较大的差距。看来,"以公开为原则,不公开为例外"的立法精神要深入到所有的基层地方政府,财政信息公开制度要落实到所有的基层地方政府,还需要时间。

上述政府预算层级分类项目比较结果表明,不同项目之间信息公开状况存在差异也与政府行政管理规范与否有关。

4.5 几点结论

第一,省际之间在一般公共预算基金透明度调查项目上的信息公开程度差异较大;公开程度在60%以上的省份越来越多,已超过一半。

第二,一般公共预算基金透明度排行榜上名列前茅省份的信息公开程度在逐年提高,但排行榜上名列前茅的省份却不太稳定。

第三,总体而言,通过相关政府出版物方式公开的公共预算信息多于相关政府网站、信息申请方式。但省际之间差异较大,其中,名列前茅省份通过信息申请方式公开的信息显著多于政府出版物和政府网站方式;而排名垫底省份通过政府网站方式公开的信息多于政府出版物方式,通过信息申请方式公开的信息为零。

第四,政府预算不同层级之间信息公开状况有一定的差异,省级政府公共预算信息公开状况显著好于地市级、县级、乡级。

第五,公共预算收入透明度调查项目的信息公开状况好于支出项目;在公共预算支出透明度调查项目中,功能类支出项目的信息公开状况显著好于经济类支出项目。

第六,一般公共预算基金透明度调查项目的预算科目越明细,信息公开状况越差。

第七,就一般公共预算基金透明度调查项目总体而言,31个省份的省总预算信息公开状况好于分级预算。

5 省级政府性基金透明度评估

省级政府性基金透明度评估主要是对我国内地 31 个省份的政府性基金的信息公开状况进行考察,信息来源于政府网站、公开出版物和依申请公开,其中依申请公开的部门为各省级政府信息公开办公室和财政厅(局)。

5.1 政府性基金透明度调查提纲说明

与过去三年政府性基金透明度评估的做法一样,2017 年的调查提纲仍然是向各省份相关部门申请公开政府性基金收支决算总表(决算 09 表)、政府性基金收支及结余情况表(决算 12 表)、政府性基金收支决算分级表(决算 13 表)与政府性基金收支及平衡情况表(决算 14 表)4 张表格的信息。

项目组着重考察了各省份政府性基金总预算和分级预算的透明度状况,其中总预算包括按照收支分类科目逐级展开的政府性基金预算收入和支出信息公开状况,分级预算则包括省本级及其下辖的地市级、县级、乡级政府本级政府性基金预算以及地市级和县级政府本级分地区的明细政府性基金预算的信息公开状况。

根据表格所包含的信息量,项目组为政府性基金透明度调查提纲设置了 27 个信息要素。其中,政府性基金总预算部分共包含 9 个信息要素,每个信息要素的权重(或分值)为2,总分为18分;政府性基金预算分级预算部分[①]共包含18个信息要素,每个信息要素的权重(或分值)为1,总分也是18分。因此,若某省份公开了以上所有的调查要素信息,那么,该省份在政府性基金部分的透明度将获得满分36分,按百分制计算的满分为100分。

5.2 政府性基金透明度概况

项目组以2015年省级政府性基金预算决算数为调查对象,采用依申请公开、网上搜索和出版物检索等方式,对我国内地31个省份政府性基金的透明度状况进行了调查。调查结果显示(见表5—1):

表5—1　31个省份政府性基金透明度得分及排名(2017)

排名	省份	百分制得分	排名	省份	百分制得分
1	山西	72.22	17	天津	37.04
1	辽宁	72.22	18	河北	33.33
1	江苏	72.22	18	黑龙江	33.33
1	福建	72.22	18	浙江	33.33
1	湖南	72.22	18	河南	33.33
1	四川	72.22	18	广东	33.33
1	甘肃	72.22	18	海南	33.33
1	宁夏	72.22	18	青海	33.33
9	山东	66.67	25	重庆	31.11
10	北京	61.11	26	吉林	27.78
10	安徽	61.11	26	贵州	27.78
10	广西	61.11	26	云南	27.78
10	新疆	61.11	26	陕西	27.78
14	上海	55.56	30	江西	16.67
15	内蒙古	50.00	30	湖北	16.67
16	西藏	44.44			
31个省份平均得分:47.90					

① 在政府性基金分级预算部分,各级收入类级科目实际上展示的是项级科目,支出功能分类类级科目展示的是款级科目,但为使政府性基金评估体系与其他基金保持一致,故此表述,下同。

第一,省级政府性基金透明度逐年不断提高,但仍未达到及格水平。

省级政府性基金透明度评估结果显示,2017年31个省份该项平均得分为17.24分,换算为按百分制计算的透明度平均得分为47.90分(见表5-1),而2016年和2015年的这一评估结果分别为43.91分与39.30分。这说明近几年我国政府性基金透明度不断提高,从2015年至2017年,政府性基金透明度提高了21.89%;但同时我们也可以看到,我国政府性基金透明度水平仍然不及格,31个省份作为一个整体来看的话,目前只公开了省级政府性基金调查项目中不到48%的信息。

第二,各省份政府性基金透明度存在着较为明显的差异。

在省级政府性基金透明度整体水平不高的情况下,通过进一步分省份考察政府性基金透明度状况发现,它在省际之间存在着明显的差异。

政府性基金透明度并列最高的省份是山西、辽宁、江苏、福建、湖南、四川、甘肃和宁夏,比2016年多了两个,其27个信息要素获得了26分,换算为按百分制计算的得分高达72.22分(见表5-1),换言之,这8个省份除了没有公开8项按经济性质分类的信息外,其余19项信息都公开了,它们的政府性基金透明度不仅大大超过全国平均水平,也明显高于其他省份。

调查结果显示:政府性基金透明度并列最低的省份是江西和湖北,比2016年的省份少了1个,其百分制得分仅为16.67分(见表5-1),实际得分仅为6分,即在政府性基金调查项目上,我们通过现有渠道仅获取了调查项目中的4项信息。

比较政府性基金透明度排名表中信息公开最好的省份与信息公开最差的省份发现,两者相差55.56分,省际之间在信息公开程度上存在着较大的差异。

第三,省级政府性基金透明度在不同项目之间也存在较为明显的差异。

省级政府性基金透明度不仅存在明显的省际差异,而且它在不同项目之间差异也很大。

在27个调查项目中,有4个信息项的得分为满分,比2016年多了2项,它们分别是省总预算政府性基金预算收支总额、省总预算政府性基金预算收入款级科目、省本级政府性基金预算收入类级科目与省本级政府性基金预算支出功能分类类级科目,这4个信息项在27个政府性基金调查项目中占比为14.82%(见图5-1);另有1项信息的得分超过了90%(未得满分),它是省总预算政府性基金预算收入项级科目,占比为3.70%(见图5-1),这比2016年少了两项,少的两项是省本级政府性基金预算收入款级科目与省本级政府性基金预算支出功能分类类级科目,它们在今年的评估中获得了满分。与此相反,有 8 个信息项得了零分,这意味着 31 个省份在这些信息项目上均未公开任何信息,这 8 个调查项目所考察的是政府性基金总预算和分级预算中支出按经济性质分类的信息,它们在 27 个政府性基金预算调查项目中占比为 29.63%(见图 5—1),这一状况与上年一致;另外 14 个项目的信息公开程度则在 0~90% 之间,它们在 27 个政府性基金调查项目中占比为 51.85%(见图 5—1)。

由此可见,在省级政府性基金预算透明度调查项目中,项目之间在信息公开程度上也存在着较大的差异。

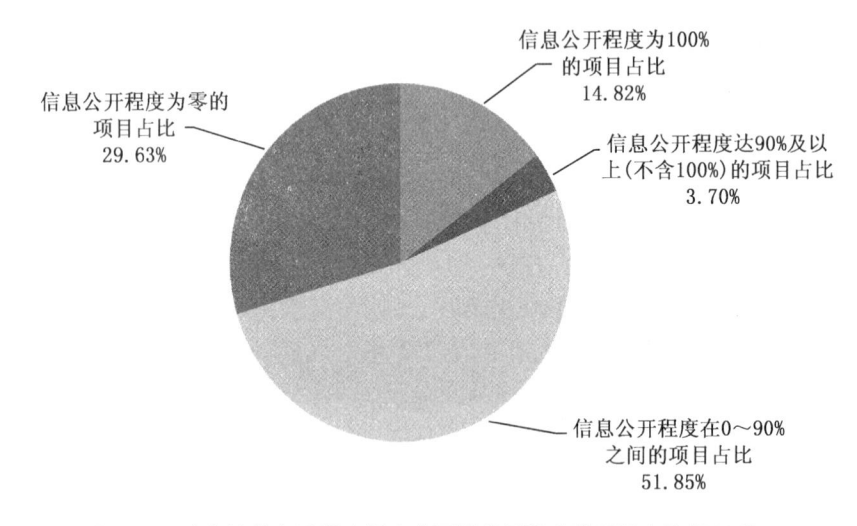

图 5—1　政府性基金透明度调查中不同公开程度的项目占比(2017)

5.3　政府性基金分省份透明度状况

如上所述,尽管省级政府性基金透明度的整体水平仍然不高,但不同省份的信息公开状况存在着较大的差异。为了更好地呈现这种差异,项目组着重从 31 个省份信息公开的分组情况与变动情况两方面进行了考察,结果发现,政府性基金分省份观察的透明度状况具有如下特点:

第一,政府性基金透明度的省际差异仍然主要表现在组际之间,组内的差距相对较小,比较而言,平均得分次高组与最低组的组内差距更大些。

项目组依据政府性基金透明度得分进一步对 31 个省份进行了分组,具体分为 30 分以下、30~60 分及 60 分以上三组。分组结果显示,政府性基金透明度得分在 60 分以上的省份有 13 个,比上年多了 4 个,它们分别是(按高分到低分排序)山西、辽宁、江苏、福建、湖南、四川、甘肃、宁夏、山东、北京、安徽、广西和新疆,13个省份在全部31个省份中的占比为41.94%,该组的平均得分为68.38分(见图5-2),与上年68.52分的平均分基本相当。透明度得分在30~60分的省份有12个,比上年少了两个,它们分别是(按高分到低分排序)上海、内蒙古、西藏、天津、河北、黑龙江、浙江、河南、广东、海南、青海和重庆,12个省份在全部31个省份中的占比为38.71%,其平均得分为37.62分(见图5-2),稍低于上年的39.68分。透明度得分在30分以下的省份有6个,也比上年少了两个,它们分别是(按高分到低分排序)吉林、贵州、云南、陕西、江西和湖北,6个省份在全部31个省份中的占比为19.35%,该组平均得分仅获得了24.07分,略高于2016年的23.61分(见图5-2)。

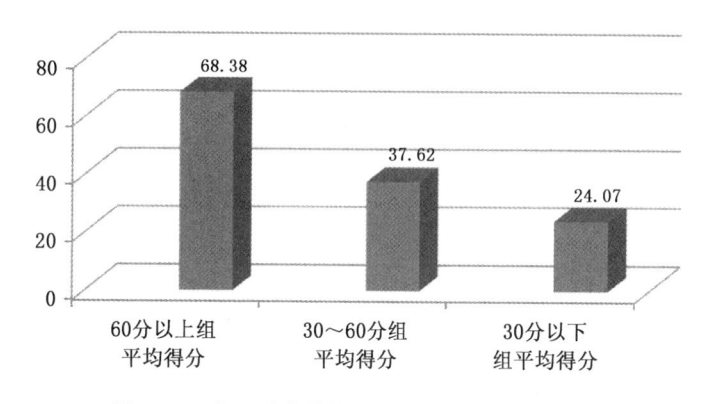

图5-2 各组政府性基金透明度平均得分(2017)

由分组情况可知,在省级政府性基金透明度评估中,有18个省份公开的信息不足调查项目的60%,其中,6个省份公开的信息更是不足调查项目的30%。当然,也有13个省份公开了政府性基金调查项目中60%以上的信息,其中,山西、辽宁、江苏、福建、湖南、四川、甘肃与宁夏政府性基金的透明度得分更是高达72.2分。由此可见,省际间在政府性基金调查项目上的信息公开差异主要是信息公开最好组省份和其他组省份之间的差异:信息公开最好组省份的平均得分是次好组省份的1.82倍,平均得分高出30.76分;是信息公开最差组省份的2.84倍,平均得分更是高出了44.31分。

此外,为反映出组内不同省份间的透明度差异,我们分别计算了组内各省份得分的标准差。平均得分最高组、次高组与最低组的标准差分别为5.26、7.94与5.74,变异系数分别为7.70%、21.90%和23.83%,从中可以看出,无论是哪个组,其得分的标准差和变异系数都远远小于31个省份的标准差19.42与变异系数40.54%,这表明政府性基金透明度的省际差异主要由组际之间的差异所引起,组内之间的差异相对较小,相对来说,平均得分次高组与最低组的组内差距更大些。

第二,各省份的年度排名有比较明显的波动,其中一些省份年度排名的波动幅度非常大,但与往年相比,2017年的波动幅度有所减少。

由于本项目自2014年才对政府性基金进行独立评估,因而我们的年度比较从2014年开始。从两两对比的情况来看(见表5—2),31个省份政府性基金透明度的年度排名有非常明显的变化。2017年与2016年相比,31个省份中,有福建、山西、湖南、天津、河北、广东、宁夏和河南8个省份的排名与2016年一致,其余23个省份的排名都发生了改变,变化率为74.19%。在年度排名发生变化的省份中,有甘肃、山东、江苏、四川和贵州5个省份的排名变化超过了10位以上,其中,甘肃、山东、江苏和四川的排名分别上升了17名、15名、23名和28名,江苏和四川分别从2016年的第24名和第29名一跃成为今年的并列第1名,而贵州的排名则下降了15名。2016年与2015年相比,仅有安徽、福建和山西省3个省份的排名与2015年保持一致,其余28个省份的排名都发生了改变,变化率高达90.32%。在年度排名发生变化的省份中,有甘肃、西藏、山东、湖南、宁夏、黑龙江、辽宁、河南和贵州9个省份的排名变化超过了10位以上,其中,甘肃、山东和西藏分别下降了17名、15名和10名,而其余6个省份的排名都是上升了10位以上,特别是宁夏和贵州,它们的排名分别上了21位和20位,宁夏从2016年的第22名上升为第1名,贵州则从最后一名上升为并列第11名。此外,从2015年与2014年的排名比较中也可以看出,各省份政府性基金透明度的年度排名变化明显,2015年,只有福建、甘肃、湖南与湖北4个省份的年度排名与2014年保持一致,其余27个省份的年度排名都发生了变化,变化率也高达87.1%。综上所述,各省份的年度排名都有比较明显的波动,其中一些省份年度排名的波动幅度非常大,但与前几年相比,2017年的波动幅度有所缓和。

如前所述,各省份年度排名波动明显的直接原因是各省份对信息公开申请的回复比较随意,从而导致在不同年份提供信息的数量不同。例如,在2014年,我们通过各种渠道也无法找到西藏自治区有关政府性基金的任何信息,但在2015年,它向我们提供了非常详细的相关信息,从而使其在2015年的排名中一跃成为信息公开程度最高的省份。但在2016年,它又没有提供相关信息,从而使其排名又下降为并列第11名,而在2017年,其排名则下降到第16名。那么,究竟是何深层次原因使得各省对财政信息公开申请的回复比较随意呢?我们认为,其主要原因是缺乏法律法规制度的保证,从而使行政部门和行政人员的自由裁量权过大、随意性大,进而导致省级财政透明度时好时坏。因此,要稳步提升财政透明度,必须加强相关法规制度建设,规范信息依申请公开,同时大力推进财政信息的主动公开。

表5-2　　　　　　31个省份政府性基金透明度年度排名情况

省份	2017年排名	2016年排名	2015年排名	2014年排名	排名变化 2017年比2016年	排名变化 2016年比2015年	排名变化 2015年比2014年
安徽	10	1	1	24	↓9	—	↑23
福建	1	1	1	1	—	—	—
甘肃	1	18	1	1	↑17	↓17	—
山西	1	1	1	24	—	—	↑23
西藏	16	11	1	31	↓5	—10	↑30
北京	10	7	6	4	↓3	↓1	—2
广西	10	7	6	4	↓3	↓1	↓2
新疆	10	1	8	6	↓9	↑7	↓2
海南	18	11	9	15	↓7	↓2	↑6
内蒙古	15	10	9	7	↓5	↓1	↓2
山东	9	24	9	7	↑15	↓15	↓2
浙江	18	11	9	7	↓7	↓2	↓2
湖南	1	1	13	13	—	↑11	—
上海	14	11	13	19	↓3	↑2	↑6
天津	17	17	15	19	—	↓2	↑4
河北	18	18	16	19	—	↓2	↑3
广东	18	18	17	19	—	↓1	↑2
青海	18	24	17	15	↑6	↓7	↓2
云南	26	18	17	13	↓8	↓1	↓4
江苏	1	24	20	15	↑23	↓4	↓5
江西	30	29	20	24	↓1	↓9	↑4
宁夏	1	1	22	29	—	↑21	↑7
陕西	26	24	22	24	↓2	↓2	↑2
重庆	25	18	24	1	↓7	↑6	↓23

续表

省份	2017年排名	2016年排名	2015年排名	2014年排名	排名变化 2017年比2016年	排名变化 2016年比2015年	排名变化 2015年比2014年
黑龙江	18	11	25	10	↓7	↑14	↓15
吉林	26	29	25	10	↑3	↓4	↓15
辽宁	1	7	25	10	↑6	↑18	↓15
四川	1	29	25	19	↑28	↓4	↓6
湖北	30	24	29	29	↓6	↑5	—
河南	18	18	30	15	—	↑12	↓15
贵州	26	11	31	24	↓15	↑20	↓7

注:"↑"表示排名上升,"↓"表示排名下降,"—"表示排名不变。

5.4 政府性基金分项目透明度状况

我们不仅分省份考察了政府性基金透明度,同时还分具体项目考察了政府性基金透明度。通过对27个信息要素公开状况的考察,我们发现:

第一,收入类科目的透明度明显高于支出类科目,且支出按功能分类的透明度又明显高于按经济性质分类的透明度[①],这一状况自评估以来一直没有发生变化。

政府性基金按收支进行分类,可以分为政府性基金收入和政府性基金支出两大部分。在政府性基金总预算部分,政府性基金预算收入项目包含了3个信息要素(见表5—3),分别为省总预算政府性基金预算收入款级科目、省总预算政府性基金预算收入项级科目与省总预算政府性基金预算收入目级科目。综合这3个信息要素得分情况可以看出,省级政府性基金预算收入调查项目的平均得分为78.49分(百分制得分,下同),这不仅高于2016年的76.34分,同时也高于2015年和2014年的得分。

政府性基金预算支出项目包含了5个信息要素(见表5—3),分别是省总预算政府性基金预算支出功能分类类级科目、省总预算政府性基金预算支出功能分类款级科目、省总预算政府性基金预算支出功能分类项级科目、省总预算政府性基金预算支出经济分类类级科目与省总预算政府性基金预算支出经

---

① 此结论是基于对政府性基金总预算的分析。

济分类款级科目。综合这5个信息要素得分情况可以看出,省级政府性基金预算支出调查项目的平均得分为41.46分,这高于上年的38.06分,并且也高于2015年的33.03分和2014年的39.15分。

表5—3 政府性基金调查项目按收支与科目分类的情况统计(2017)

信息要素			各项目平均得分			
			实际得分	百分制得分	百分制得分	百分制得分
省总预算政府性基金预算收支总额			2.00	100.00	100.00	100.00
收入调查项目	款级科目	省总预算政府性基金预算收入款级科目	2.00	100.00	78.49	78.49
	项级科目	省总预算政府性基金预算收入项级科目	1.81	90.32		
	目级科目	省总预算政府性基金预算收入目级科目	0.90	45.16		
支出调查项目	功能类支出调查项目	类级科目	省总预算政府性基金预算支出功能分类类级科目	1.59	79.35	69.10	41.46
		款级科目	省总预算政府性基金预算支出功能分类款级科目	1.66	82.80		
		项级科目	省总预算政府性基金预算支出功能分类项级科目	0.90	45.16		
	经济类支出调查项目	类级科目	省总预算政府性基金预算支出经济分类类级科目	0.00	0.00	0	
		款级科目	省总预算政府性基金预算支出经济分类款级科目	0.00	0.00		
本项目平均得分			0.60		60.31	

说明:该表省级政府性基金预算收支项目仅限于调查提纲的总预算部分。

对比政府性基金预算收入项目与支出项目的得分可以看出,政府性基金预算收入项目与支出项目的得分都在不断提高,但省总预算政府性基金预算收入项目的透明度明显高于省总预算政府性基金预算支出项目的透明度。

省总预算政府性基金预算支出项目可进一步按功能分类和按经济性质分类。其中,功能类支出项目包含了3个信息要素(见表5—3)。综合这3个信息要素的得分情况,省级政府性基金预算功能类支出调查项目的平均得分为69.10分,不仅高于2016年的63.44分,同时也高于2015年的55.05分和2014年的65.59分。

省总预算政府性基金预算经济类支出项目中包含了两个信息要素(见表5—3)。综合这两个信息要素的得分情况,省级政府性基金预算经济分类支出调查项目的平均得分为零分,即省总预算政府性基金预算没有公开任何经济类支出项目的信息,这与过去三年相比没有任何改变。

对比省总预算政府性基金预算支出功能类项目与经济类项目可以看出,省级政府性基金预算功能类支出调查项目的透明度远超经济类支出调查项目的透明度。

第二,预算科目分类越明细,其透明度状况递减,这一状况也一直未改变。

不同项目在信息公开状况上有差异,这种差异在政府性基金预算按科目分级的不同调查项目之间同样表现比较明显。

按照我国现有政府收支分类,政府性基金预算收入科目分为款、项、目三级,政府性基金预算支出按功能分类分为类、款、项三级,按经济性质分类分为类、款两级。在省级政府性基金透明度评估中,预算科目的信息要素是按我国现有政府性基金预算的科目逐级设计的,各级科目的评估结果见表5—3。

由表5—3可知,在政府性基金预算收入调查项目中,款级科目的实际得分为2.00分,百分制得分为100.00分;项级科目的实际得分下降为1.81分,百分制得分下降为90.32分;目级科目的实际得分则进一步下降为0.90分,百分制得分仅为45.16分,远远低于款级科目和项级科目的得分,从中可以看出,收入科目的透明度由款至目分类,呈现出越来越低的趋势。

上述变化趋势在政府性基金预算支出功能类调查项目上也基本得到了体现。从表5—3中可以看出,政府性基金预算支出功能分类类级科目的实际得分为1.59分,百分制得分为79.35分;功能分类款级科目的实际得分反而有所小幅上升,为1.66分,百分制得分为82.80分[①];而功能分类项级科目的实际得分则下降为0.90分,百分制得分仅为45.16分;类级和款级科目的透明度远远好于项级科目的透明度。

总之,政府性基金预算款级科目的信息公开状况好于项级科目,项级科目的信息公开状况好于目级科目。换言之,越是粗略的预算科目,其透明度越好;越是明细的预算科目,其透明度越差。

第三,政府性基金分级预算的透明度逐年提高,并且政府性基金预算本级汇总调查项目的透明度高于本级明细调查项目的透明度,在省、市、县、乡四级政府中,省本级调查项目的透明度最高。

不同项目之间在信息公开状况上是有差异的,这种差异还体现在政府性基金按政府分级的不同调查项目之间。

上述分析重点考察了政府性基金总预算的信息公开状况,政府性基金总

---

① 之所以会出现款级科目的得分略高于类级科目,是因为有个别省份政府性基金总预算支出按功能分类直接公开了款级科目的信息,而没有公开类级科目的信息。

预算既包含了省本级政府性基金预算信息,也包含了其下辖各级政府的政府性基金预算信息。为更好地反映各本级政府在政府性基金调查项目上的信息公开状况,项目组在政府性基金透明度调查提纲中专门设置了"分级预算"内容。政府性基金分级预算部分的百分制得分为35.48分,高于2016年和2015年的30.11分与27.96分,同时也大大高于2014年的18.64分。

政府性基金分级预算内容包含了"本级分级汇总预算"和"本级分级明细预算"两部分。在"本级分级汇总预算"中,按照政府层级进行纵向分类,项目组考察了省本级、地市本级、县本级以及乡级政府性基金预算收支分类科目,每级政府性基金预算收支分类科目具体包括3个信息要素,共计12个信息要素。

调查结果显示(见表5-4),"本级分级汇总预算"部分的百分制平均得分为44.09分,高于上年的37.10分和2015年的34.68分。在省、市、县、乡四级政府中,省本级政府性基金预算收支科目透明度的平均得分为66.67分,略高于2016年的64.52分和2015年的62.37分,其中,省本级政府性基金预算收入科目的透明度得分为100分,比2016年和2015年的96.77分都高,这说明全国31个省份都公布了该项信息;省本级政府性基金预算支出科目透明度的平均得分为50分,略高于2016年的48.39分,也高于2015年的45.16分,与前几年一样,省本级政府性基金预算支出中的经济分类支出科目的透明度得分仍然为零。2017年,汇总的地市本级、县本级政府性基金预算收支科目的透明度平均得分均为37.63分,乡级政府性基金预算收支科目的透明度平均得分为34.41分,都高于2016年的27.96分;其中,汇总的地市本级、县本级政府性基金预算收入科目的透明度平均得分都为58.06分,乡级政府性基金预算收入科目的透明度平均得分为51.61分,都高于2016年的41.94分;汇总的地市本级、县本级政府性基金预算支出科目的透明度平均得分都是27.42分,乡级政府性基金预算支出科目的透明度平均得分为25.81分,都高于2016年的20.97分;与2016年一样,汇总的地市本级、县本级、乡级政府性基金预算支出中的经济分类支出科目的透明度均得零分。

显然,在政府性基金本级分级汇总预算中,省本级政府性基金调查项目的信息公开状况明显好于地市本级、县本级及乡级,而地市本级、县本级的透明度得分一样,它们的得分略高于乡级政府性基金调查项目的得分;此外,与政府性基金总预算一样,在政府性基金分级预算中,仍然是收入调查项目的信息公开状况好于支出调查项目,而在支出调查项目中,功能类支出调查项目的信息公开状况又明显好于经济类支出调查项目。

表 5－4　　政府性基金调查项目按政府级次统计的情况（2017）

信息要素			各项目平均得分				
			实际得分	百分制得分	百分制得分	百分制得分	百分制得分
本级汇总调查项目	省本级调查项目	收入类	省本级政府性基金预算收入款级科目	1.00	100.00	100.00	66.67	44.09
		支出类	省本级政府性基金预算支出功能分类类级科目	1.00	100.00	50.00		
			省本级政府性基金预算支出经济分类类级科目	0.00	0.00			
	市本级调查项目	收入类	地市本级政府性基金预算收入款级科目	0.58	58.06	58.06	37.63	
		支出类	地市本级政府性基金预算支出功能分类类级科目	0.55	54.84	27.42		
			地市本级政府性基金预算支出经济分类类级科目	0.00	0.00			
	县本级调查项目	收入类	县本级政府性基金预算收入款级科目	0.58	58.06	58.06	37.63	
		支出类	县本级政府性基金预算支出功能分类类级科目	0.55	54.84	27.42		
			县本级政府性基金预算支出经济分类类级科目	0.00	0.00			
	乡级调查项目	收入类	乡级政府性基金预算收入款级科目	0.52	51.61	51.61	34.41	
		支出类	乡级政府性基金预算支出功能分类类级科目	0.52	51.61	25.81		
			乡级政府性基金预算支出经济分类类级科目	0.00	0.00			
本级明细调查项目	各市本级调查项目	收入类	各地市本级政府性基金预算收入款级科目	0.29	29.03	29.03	19.35	18.28
		支出类	各地市本级政府性基金预算支出功能分类类级科目	0.29	29.03	14.52		
			各地市本级政府性基金预算支出经济分类类级科目	0.00	0.00			
	各县本级调查项目	收入类	各县本级政府性基金预算收入款级科目	0.26	25.81	25.81	17.20	
		支出类	各县本级政府性基金预算支出功能分类类级科目	0.26	25.81	12.90		
			各县本级政府性基金预算支出经济分类类级科目	0.00	0.00			
本项目平均得分				0.35	35.48			

"本级分级明细预算"部分包括两类信息要素，它们是各地市本级政府性基金预算收支类级科目与各县本级政府性基金预算收支类级科目，每类信息

要素中各包含3个调查项目,共计6个调查项目。

由调查结果可知(见表5—4),"本级分级明细预算"部分的百分制平均得分为18.28分,高于2016年的16.13分,也高于2015年的14.52分。各地市本级与各县本级政府性基金预算收支科目透明度的百分制平均得分分别为19.35分和17.20分,分别高于2016年的17.20分和15.05分;其中,各地市本级与各县本级政府性基金预算收入科目的透明度得分分别为29.03分与25.81分,也分别高于2016年的25.81分与22.58分;各地市本级与各县本级政府性基金预算支出科目透明度的平均得分分别为14.52分与12.90分,分别高于2016年的12.90分与11.29分;与"本级分级汇总预算"部分的情况一样,各地市本级与各县本级政府性基金预算支出中的经济分类支出科目的透明度得分均为零分。

与上述分析一样,在"本级分级明细预算"调查项目中,各地市本级与各县本级政府性基金预算收入调查项目信息公开状况仍然好于支出调查项目,而在支出调查项目中,功能类支出调查项目又明显好于经济类支出调查项目。

综合上述"本级分级汇总预算"调查项目和"本级分级明细预算"调查项目可知,"本级分级汇总预算"调查项目的信息公开状况明显好于"本级分级明细预算"调查项目,前者的得分是后者的2.41倍。此外,在省、市、县、乡四级政府中,省本级政府性基金的透明度也明显高于其他三级政府。

6 省级财政专户管理资金透明度评估

财政专户数量在各级财政部门展开清理活动后大幅精减。财政部统计数据显示,2011—2014 年累计撤并财政专户 8.5 万个。2015 年印发的《财政部关于加强和规范地方财政专户管理的指导意见》要求各地财政部门在 2016 年 4 月前撤销不符合《预算法》和国务院有关文件规定的财政专户。财政部只对有关社会保险基金专户、非税收入专户[①]、国际金融组织贷款专户进行核准,地方政府制发的各类文件和会议纪要不得作为设立财政专户的依据。根据财政部《2015 年政府收支分类科目》和《关于将彩票发行机构业务费纳入政府性基金预算管理有关问题的通知》(财综〔2015〕10 号)规定,从 2015 年 1 月 1 日起,原专户管理的彩票发行机构和销售机构的业务费纳入政府性基金预算管理。

6.1 财政专户管理资金透明度评分标准说明

财政部不再统一要求地方政府在 2015 年度政府决算中编制财政专户管

---

① 财政部《政府非税收入管理办法》(财税〔2016〕33 号)规定非税收入收缴实行国库集中收缴制度,非税收入应当全部上缴国库,任何部门、单位和个人不得截留、占用、挪用、坐支或者拖欠。教育费收入纳入财政专户管理。

理资金的相关表格。为保证调查结果与2013—2016年调查结果的可比性,项目组参照往年决算表格样式设计了财政专户管理资金收支总表、财政专户管理资金收入明细表、财政专户管理资金支出功能分类明细表、财政专户管理资金收支分级表、财政专户管理资金收支及平衡情况表这5张决算表,并向各省级财政部门申请公开上述5张表格。财政专户管理资金透明度调查信息要素可分为两类:

表6—1　　　　　　　财政专户管理资金透明度评分标准

序号	信息要素	权重	序号	信息要素	权重
1	省总预算财政专户收支总额	2	15	地市本级财政专户支出经济分类类级科目	1
2	省总预算财政专户收入款级科目	2	16	县本级财政专户收入款级科目	1
3	省总预算财政专户收入项级科目	2	17	县本级财政专户支出功能分类类级科目	1
4	省总预算财政专户收入目级科目	2	18	县本级财政专户支出经济分类类级科目	1
5	省总预算财政专户支出功能分类类级科目	2	19	乡级财政专户收入款级科目	1
6	省总预算财政专户支出功能分类款级科目	2	20	乡级财政专户支出功能分类类级科目	1
7	省总预算财政专户支出功能分类项级科目	2	21	乡级财政专户支出经济分类类级科目	1
8	省总预算财政专户支出经济分类类级科目	2	22	各地市本级财政专户收入款级科目	1
9	省总预算财政专户支出经济分类款级科目	2	23	各地市本级财政专户支出功能分类类级科目	1
10	省本级财政专户收入款级科目	1	24	各地市本级财政专户支出经济分类类级科目	1
11	省本级财政专户支出功能分类类级科目	1	25	各县本级财政专户收入款级科目	1
12	省本级财政专户支出经济分类类级科目	1	26	各县本级财政专户支出功能分类类级科目	1
13	地市本级财政专户收入款级科目	1	27	各县本级财政专户支出经济分类类级科目	1
14	地市本级财政专户支出功能分类类级科目	1		财政专户管理资金透明度得分小计	36

第一类为省总预算财政专户资金信息(9项):1项专户资金规模信息(省总预算财政专户收支总额),3项专户资金收入信息(省总预算财政专户收入款级科目、省总预算财政专户收入项级科目、省总预算财政专户收入目级科

目),5项专户资金支出信息(省总预算财政专户支出功能分类类级科目、省总预算财政专户支出功能分类款级科目、省总预算财政专户支出功能分类项级科目、省总预算财政专户支出经济分类类级科目、省总预算财政专户支出经济分类款级科目),详见表6-1。

第二类为分级预算财政专户资金信息(18项):3项省本级财政专户资金信息(省本级财政专户收入款级科目、省本级财政专户支出功能分类类级科目、省本级财政专户支出经济分类类级科目),3项地市本级财政专户资金信息(地市本级财政专户收入款级科目、地市本级财政专户支出功能分类类级科目、地市本级财政专户支出经济分类类级科目),3项县本级财政专户资金信息(县本级财政专户收入款级科目、县本级财政专户支出功能分类类级科目、县本级财政专户支出经济分类类级科目),3项乡级财政专户资金信息(乡级财政专户收入款级科目、乡级财政专户支出功能分类类级科目、乡级财政专户支出经济分类类级科目),3项分地区的地市本级财政专户资金信息(各地市本级财政专户收入款级科目、各地市本级财政专户支出功能分类类级科目、各地市本级财政专户支出经济分类类级科目),3项分地区的县本级财政专户资金信息(各县本级财政专户收入款级科目、各县本级财政专户支出功能分类类级科目、各县本级财政专户支出经济分类类级科目),详见表6-1。

6.2 财政专户管理资金透明度概况

31个省份2017年财政专户管理资金透明度评估平均得分为4.68分,比2016年平均得分12.54分低7.86分,比2015年平均得分20.49分低15.81分。31个省份2017年财政专户管理资金透明度评估最高分为30.56分,比2016年最高分52.78分低20.22分,比2015年最高分63.89分低30.33分(如图6-1所示)。由此可见,财政专户管理资金透明度总体水平很低并呈现逐年下降的态势。财政部对财政专户决算编制要求的变化是透明度下降的最大原因。2014年度财政决算不再要求编制的"财政专户管理资金收入明细表"、"财政专户管理资金支出功能分类明细表"、"财政专户管理资金收支分级表"、"财政专户管理资金收支平衡表",上述各项信息要素应得分占财政专户透明度应得分的55.56%;财政部2015年度政府决算编制要求则进一步取消了所有与财政专户管理资金相关的决算表格。

至于财政部为什么降低2014年度财政专户决算编制要求并在2015年政府决算中不再设置财政专户管理资金相关决算表格?一种可能的解释是按照新《预算法》的要求,"政府的全部收入和支出都应当纳入预算。预算包括一般

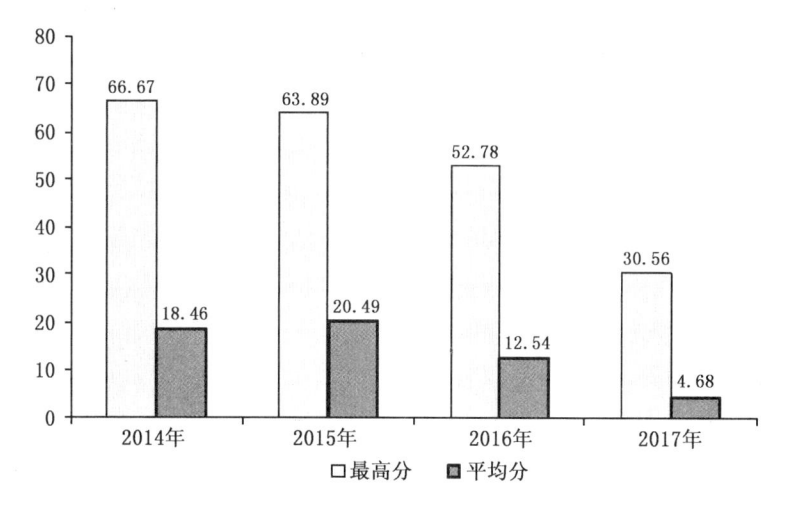

图 6－1　财政专户管理资金透明度得分变化情况（2014－2017）

公共预算、政府性基金预算、国有资本经营预算、社会保险基金预算"，财政专户作为一种游离于全口径政府预算体系外的政府性收支行为缺乏法律地位，在各级财政部门展开专项整治后，专户管理资金规模逐渐缩小，细化核算财政专户资金的必要性有所降低，因此财政部不再要求编制"财政专户管理资金收入明细表"、"财政专户管理资金支出功能分类明细表"等决算表格。

从财政专户管理资金决算表格编制要求降低到取消相关决算表格编制，未公开财政专户管理资金信息的省份也从 2015 年度调查的 13 个增加到了 2017 年度调查的 21 个，67.74% 的省份未公开 2015 年度财政专户资金决算的任何信息（如图 6－2 所示）。① 一些省份的财政部门在 2017 年度财政透明度调查中对不公开专户资金信息进行了解释说明：北京、辽宁、重庆、云南、甘肃 5 个省份在透明度调查反馈表中表述相关信息不存在；山西、内蒙古、湖北、湖南 4 个省份的财政部门则在政府信息公开申请告知书中回复相关信息未保存记录或无相关记录②；吉林、安徽等 5 个省份则进一步解释说明了为什么不存在财政专户管理资金决算信息，吉林省财政厅告知"你单位申请公开的财政专户管理资金情况，由于财政部在 2015 年度总决算报表中已经取消了相应报表，今后也不再进行专门统计，因此本机关不存在该政府信息"，安徽省财政厅

---

① 考虑到财政年鉴出版的时滞性问题，个别省份使用的是 2015 年财政年鉴及 2014 年度决算数据。

② 《内蒙古财政年鉴 2015》公开了 2014 年度专户决算的收支信息，为保持与其他省份相同的评分标准，我们依然认同内蒙古公开了财政专户信息。

告知"按照财政部工作部署不属于2015年度政府决算编制范围,因此本机关不存在该政府信息",河南省财政厅告知"因2015年度财政中决算报表中已无上述报表,故无相关数据可公开",广西壮族自治区财政厅告知"因2015年度政府公共财政支出决算报表中没有相关信息,我厅无法提供相关数据",贵州省政府办公厅回复"根据财政部2015年度财政总决算报表的要求,未对财政专户管理资金和财政支出经济分类进行单独统计,相关信息不存在"。

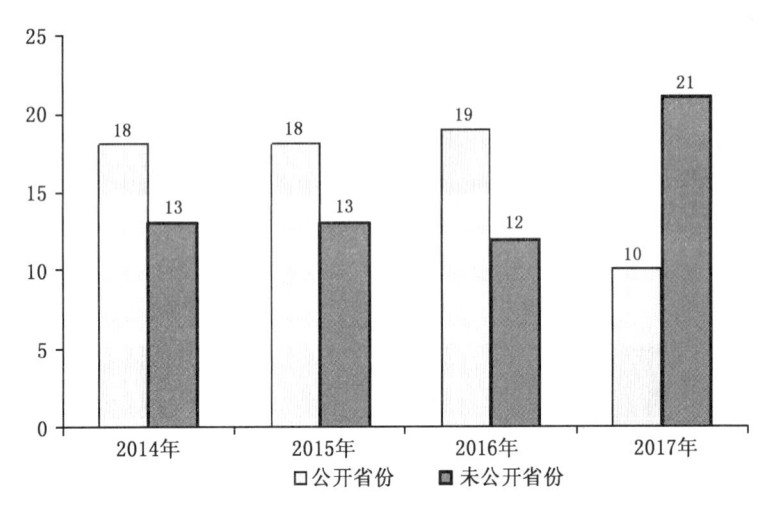

年份	公开省份	未公开省份
2014年	18	13
2015年	18	13
2016年	19	12
2017年	10	21

图6-2 财政专户管理资金公开省份个数变化情况(2014—2017)

当然,也有个别省份的财政部门告知财政专户管理资金决算表格信息不存在但还是向本项目组依申请公开了部门决算信息。黑龙江省财政厅回复:"决算报表体系中没有,但我厅依照样表制作的报表11张,包括财政专户管理资金部分和国有企业财务信息部分。"山东省财政厅告知:"财政专户管理资金分级表、财政专户管理资金及平衡情况表2项信息,2015年度财政决算已经不再反映财政专户管理资金收支情况。"山东省财政厅依申请公开了"2015年度山东省本级财政专户管理资金收入明细表"、"2015年度山东省本级财政专户管理资金支出功能分类明细表"、"2015年度山东省本级财政专户管理资金年终资产负债表"3张决算表格。四川省财政厅回复:"财政部2015年起布置全国财政总决算中已取消财政专户管理资金的相关报表,上述6项报表不属于2015年度财政总决算报表内容,我省也未收集统计全省相关信息,因此相关数据信息不是我厅记录、保存的现有信息。为便于你们进行科研,我们整理填报了2015年省本级的相关报表,现提供于后。"宁夏财政厅回复:"按照财政部统一的报表设计要求,2015年度财政总决算未单独反映财政专户管理资金收入决算明细、支出功能分类明细、收支分级及平衡情况报表,而是在录入表20中反映了收支及资产负债表。"

6.3 财政专户管理资金透明度的省际差异

表6-2是2017年31个省份财政专户管理资金透明度得分及排名表(按百分制计算)。在31个省份中,没有一个省份公布了全部财政专户管理资金信息,但存在大量未公布任何财政专户资金信息的省份,黑龙江、山东等10个省份虽公布了部分财政专户资金信息,但无一省份财政专户透明度达到及格分。根据各省份财政专户管理资金透明度得分的分布情况,大致可将31个省份分成两组。

表6-2　31个省份财政专户管理资金透明度得分及排名(2017)

排名	省份	百分制得分	排名	省份	百分制得分
1	黑龙江	30.56	11	浙江	0.00
2	山东	25.00	11	安徽	0.00
3	内蒙古	19.44	11	福建	0.00
3	广西	19.44	11	江西	0.00
3	河北	19.44	11	河南	0.00
6	甘肃	8.59	11	湖北	0.00
6	宁夏	8.59	11	湖南	0.00
8	四川	5.56	11	广东	0.00
8	新疆	5.56	11	海南	0.00
10	天津	2.78	11	重庆	0.00
11	北京	0.00	11	贵州	0.00
11	山西	0.00	11	云南	0.00
11	辽宁	0.00	11	西藏	0.00
11	吉林	0.00	11	陕西	0.00
11	上海	0.00	11	青海	0.00
11	江苏	0.00			
31个省份平均得分:4.68						

第一组包括黑龙江、山东、内蒙古、广西、河北、甘肃、宁夏、四川、新疆、天津10个省份。黑龙江省财政厅向项目组提供了2015年度的"财政专户管理资金收支总表"、"财政专户管理资金收入明细表"、"财政专户管理资金支出功能分类明细表"、"财政专户管理资金收支分级表"、"财政专户管理资金收支及平衡情况表",但"财政专户管理资金收支分级表"无地市本级、县本级、乡级专户收支信息,"财政专户管理资金收支及平衡情况表"无各地市、各县专户资金收支信息。山东省在《2015山东财政年鉴》中公开了"山东省财政专户管理资金收支情况表"、财政厅官方网站公开了"2015年省级财政专户管理资金收支表"。河北省在《2015河北财政年鉴》中公开了"河北省财政专户管理资金收支情况表",内蒙古自治区在《2015内蒙古财政年鉴》中公布了"2014全区财政专户管理资金收支表",广西壮族自治区在《2015广西财政年鉴》中公布了"2014年度广西壮族自治区财政专户管理资金收支情况表",三个地区的专户得分信息要素为"省总预算财政专户收支总额"、"省总预算财政专户收入款级科目"、"省总预算财政专户收入项级科目"、"省总预算财政专户支出功能分类类级科目",这3个省份财政专户管理资金透明度得分均为19.44分。宁夏回族自治区在《2015宁夏财政年鉴》中公开了"2015宁夏回族自治区财政专户管理资金收支总表",提供了"省总预算财政专户收支总额"和部分"省总预算财政专户收入款级科目"、部分"省总预算财政专户支出功能分类类级科目"的信息。甘肃省财政厅依申请公开了"省总预算财政专户收支总额"和部分"省总预算财政专户收入款级科目"、部分"省总预算财政专户支出功能分类类级科目"的信息,得分与宁夏回族自治区相同。四川省财政厅依申请公开了"2015年度四川省本级财政专户管理资金收支总表"、"2015年度四川省本级财政专户管理资金收入明细表"、"2015年度四川省本级财政专户管理资金支出功能分类明细表"、"2015年度四川省本级财政专户管理资金收支分级表"、"2015年度四川省本级财政专户管理资金收支及平衡情况表"。新疆维吾尔自治区财政厅依申请公开了"2015年度新疆维吾尔自治区本级财政专户管理资金收支总表"。天津市财政局在《关于天津市2015年市级决算草案的报告》中披露了部分专户资金信息,"市级财政专户收入35亿元,比上年增长3.5%,全部为教育收费。加上上年结余3亿元,减去调出资金1亿元,市级财政专户总收入37亿元。市级财政专户支出34亿元,增长6.2%。总收入与支出相抵,市级财政专户结余3亿元"。

第二组是未公开任何财政专户管理资金信息的省份。北京、山西等21个省份未公布任何关于财政专户管理资金的信息,透明度得分为零,其中有北京、浙江、广东等经济发达省份,也有安徽、湖北等中部省份和陕西、青海等西部欠发达省份。

6.4 财政专户管理资金透明度的分项目比较

在调查的 27 项财政专户管理资金信息中,没有一项是所有省份都公开的,但有 13 项信息是没有任何一个省份是公开的,没有任何省份公开的信息项主要集中在财政专户管理资金支出经济分类科目。下面就各项公开的财政专户管理资金信息作一个简单说明。

表 6—3　　省级财政专户管理资金各调查项目透明度情况(2017)

编号	信息要素	权重	全部公开省份	部分公开省份	未公开省份	各省份平均得分
1	省总预算财政专户收支总额	2	7	0	24	0.45
2	省总预算财政专户收入款级科目	2	7	0	24	0.39
3	省总预算财政专户收入项级科目	2	0	5	26	0.16
4	省总预算财政专户收入目级科目	2	0	0	31	0.00
5	省总预算财政专户支出功能分类类级科目	2	5	2	24	0.33
6	省总预算财政专户支出功能分类款级科目	2	1	0	30	0.06
7	省总预算财政专户支出功能分类项级科目	2	0	0	31	0.00
8	省总预算财政专户支出经济分类类级科目	2	0	0	31	0.00
9	省总预算财政专户支出经济分类款级科目	2	0	0	31	0.00
10	省本级财政专户收入款级科目	1	5	0	26	0.16
11	省本级财政专户支出功能分类类级科目	1	4	0	27	0.13
12	省本级财政专户支出经济分类类级科目	1	0	0	31	0.00
13	地市本级财政专户收入款级科目	1	0	0	31	0.00
14	地市本级财政专户支出功能分类类级科目	1	0	0	31	0.00
15	地市本级财政专户支出经济分类类级科目	1	0	0	31	0.00
16	县本级财政专户收入款级科目	1	0	0	31	0.00
17	县本级财政专户支出功能分类类级科目	1	0	0	31	0.00
18	县本级财政专户支出经济分类类级科目	1	0	0	31	0.00
19	乡级财政专户收入款级科目	1	0	0	31	0.00
20	乡级财政专户支出功能分类类级科目	1	0	0	31	0.00
21	乡级财政专户支出经济分类类级科目	1	0	0	31	0.00

续表

编号	信息要素	权重	全部公开省份	部分公开省份	未公开省份	各省份平均得分
22	各地市本级财政专户收入款级科目	1	0	0	31	0.00
23	各地市本级财政专户支出功能分类类级科目	1	0	0	31	0.00
24	各地市本级财政专户支出经济分类类级科目	1	0	0	31	0.00
25	各县本级财政专户收入款级科目	1	0	0	31	0.00
26	各县本级财政专户支出功能分类类级科目	1	0	0	31	0.00
27	各县本级财政专户支出经济分类类级科目	1	0	0	31	0.00

第一，省总预算财政专户资金信息公开情况。在2017年财政透明度评估中，只有7个省份公开了省总预算财政专户管理资金收支总额的信息，其中，7个省份公开了省总预算财政专户收入款级科目和财政专户支出功能分类类级科目，5个省份部分公开了省总预算财政专户收入项级科目，公开省总预算财政专户支出功能分类款级科目的省份只有黑龙江省1个。没有一个省份公开财政专户收入目级科目和财政专户支出功能分类项级科目和专户支出经济分类科目。

第二，分级预算财政专户资金信息公开情况。按照财政部统一要求，从2015年度开始，在财政总决算中不再编报"财政专户管理资金收支分级表"和"财政专户管理资金收支平衡表"，因而没有一个省份提供地市本级、县本级、乡级财政专户收支信息和各地市、各县财政专户收支信息。在2017年财政透明度评估中，只有黑龙江、山东、四川、新疆这4个省份公开了"本级财政专户管理资金收支决算总表"，天津市在本级决算报告中提及了财政专户收入的信息。

7 省级国有资本经营预算基金透明度评估

以2007年9月8日国务院发布《关于试行国有资本经营预算的意见》(国发〔2007〕26号)为标志,我国国有资本经营预算制度从诞生至今已有整十年。国有资本经营预算实践从概念厘清到制度体系设立,从中央试编到地方推广,经历了从探索到逐步完善的过程。尤其是2015年《预算法》的修订实施,明确了国有资本经营预算的法律地位。

国有资本经营预算,根据2007年《关于试行国有资本经营预算的意见》的规定,是指国家以所有者身份依法取得国有资本收益,并对其进行分配而发生的各项收支预算。2015年新《预算法》基本沿用了这一定义,在第十条中明确指出,"国有资本经营预算是对国有资本收益做出支出安排的收支预算"。

本部分关注的是省级政府国有资本经营预算基金的信息公开情况。2016年1月,财政部印发《中央国有资本经营预算管理暂行办法》,其中第七条规定,"经法定程序批准的中央国有资本经营预算、决算应当根据有关规定及时向社会公开,涉及国家秘密的除外"。10月,财政部印发《地方预决算公开操作规程》,其中第十三条规定,"地方国有资本经营预算原则上至少公开两张报表,包括:①国有资本经营预算收入表。②国有资本经营预算支出表。对下安排转移支付的应当公开国有资本经营预算转移支付表"。这些规定进一步明确了地方政府国有资本经营预算公开。

7.1 国有资本经营预算的内容

2015年1月1日起实施的新《预算法》第十条规定,"国有资本经营预算是对国有资本收益作出支出安排的收支预算","国有资本经营预算应当按照收支平衡的原则编制,不列赤字,并安排资金调入一般公共预算"。因此,国有资本经营预算的基本内容包括收入预算和支出预算两个部分。

为了更好地理解国有资本经营预算的内容,现以中央政府2017年国有资本经营预算为例,说明现行国有资本经营预算所反映的信息内容。

7.1.1 收入预算

收入预算是指国家按年度和规定比例向企业收取国有资本收益的收缴计划。依法取得国有资本收益,是国家作为国有资本投资者应当享有的权利,也是建立国有资本经营预算的基础。在对《中央企业国有资本收益收取管理暂行办法》(财企〔2007〕309号)进行修订后,2016年7月,财政部印发《中央企业国有资本收益收取管理办法》(财资〔2016〕32号),规定国有资本收益是指国家以所有者身份依法取得的国有资本投资收益,具体包括:①应交利润,即国有独资企业按规定应当上交国家的利润;②国有股股利、股息,即国有控股、参股企业国有股权(股份)获得的股利、股息收入;③国有产权转让收入,即转让国有产权、股权(股份)获得的收入;④企业清算收入,即国有独资企业清算收入(扣除清算费用),国有控股、参股企业国有股权(股份)分享的公司清算收入(扣除清算费用);⑤其他国有资本收益。

按照《财政部关于进一步提高中央企业国有资本收益收取比例的通知》(财企〔2014〕59号)和《财政部关于印发〈中央企业国有资本收益收取管理办法〉的通知》(财资〔2016〕32号)等规定,纳入2017年中央国有资本经营预算实施范围的中央企业税后利润(净利润扣除以前年度未弥补亏损和提取的法定公积金)的收取比例分为五类执行,目前的最高收取比例为25%(见表7—1)。2017年中央国有资本经营收入预算数为1 290亿元,比上年执行数(下同)减少140.17亿元,下降9.8%。主要原因是卷烟消费税调整以及石油石化、电力等行业企业经济效益下滑。

7.1.2 支出预算

支出预算是指国家根据国有资本经营预算收入规模和国民经济发展需要制定的支出计划。2017年,中央国有资本经营预算支出集中用于保障党中央国务院已确定项目,着力推进供给侧结构性改革和解决国有企业历史遗留问题,加快深化国企国资改革等方面,进一步引导优化国有资本布局结构,增强国有经济的竞争力、控制力和影响力(见表7—1)。

表7—1　　　　　　　　2017年中央政府国有资本经营预算信息内容

国有资本经营预算编制范围	国有资产监督管理委员会监管企业102户、所属企业33户,最高人民检察院所属企业2户,教育部所属企业368户,工业和信息化部所属企业83户,民政部所属企业5户,司法部所属企业1户,财政部所属企业1户,环境保护部所属企业3户,水利部所属企业8户,农业部所属企业5户,商务部所属企业1户,文化部所属企业10户,卫生和计划生育委员会所属企业6户,新闻出版广电总局所属企业1户,体育总局所属企业49户,国家林业局所属企业1户,国家旅游局所属企业2户,国家机关事务管理局所属企业1户,国家海洋局所属企业2户,民航局所属企业9户,国家文物局所属企业1户,中直管理局所属企业2户,共青团中央所属企业3户,中国文联所属企业5户,中国国际贸易促进委员会所属企业24户,财政部代表国务院履行出资人职责的中央文化企业110户,以及中国烟草总公司、中国邮政集团公司和中国铁路总公司等
纳入国有资本经营预算实施范围的中央企业税后利润的收取比例	第一类为烟草企业,收取比例25%;第二类为石油石化、电力、电信、煤炭等资源型企业,收取比例20%;第三类为钢铁、运输、电子、贸易、施工等一般竞争型企业,收取比例15%;第四类为军工企业、转制科研院所、中国邮政集团公司、中国铁路总公司、中央文化企业、中央部门所属企业,收取比例10%;第五类为政策性企业,包括中国储备粮总公司、中国储备棉总公司,免缴当年应交利润
收入预算	预算数1290亿元,包括利润收入1170亿元(其中第一类企业350亿元,第二类企业459.88亿元,第三类企业275.91亿元,第四类企业84.21亿元)、股利、股息收入100亿元、产权转让收入20亿元。上年结转收入128.03亿元
支出预算	包括中央本级国有资本经营预算支出1047.03亿元和中央对地方国有资本经营预算转移支付支出114亿元。中央本级国有资本经营预算支出进一步包括:①国有股减持补充社会保险基金支出预算数为29.34亿元;②解决历史遗留问题及改革成本支出预算数为510.4亿元;③国有企业资本金注入支出预算数为322.65亿元;④国有企业政策性补贴支出预算数为70亿元;⑤其他国有资本经营支出预算数为114.64亿元

资料来源:财政部:《关于2017年中央国有资本经营预算的说明》,http://yss.mof.gov.cn/2017zyys/201703/t20170324_2565522.html。

7.2　国有资本经营预算基金透明度调查评估说明

项目组通过向政府有关部门申请和在网络及政府公开出版物上搜索获得

31个省级政府的国有资本经营预算基金信息,并对其进行统计评分。

7.2.1 评估对象和评估内容

评估对象包括省级总预算中的国有资本经营预算信息和省、市、县、乡四级政府本级预算中的国有资本经营预算信息。

评估内容包括国有资本经营预算收入和支出。调查项目可以分为四大类:国有资本经营预算收支总额、国有资本经营预算收支明细、国有资本经营预算分级信息和国有资本经营预算分级与平衡明细。不过,省级总预算评估的内容和各级政府本级预算评估内容的详细程度有所不同。对省级总预算而言,收入信息考察的内容包括类、款、项和目级信息。支出信息包括功能分类信息和经济分类信息。功能分类信息包括类、款、项级信息,经济分类信息包括类、款级信息。对各级政府本级预算而言,收支信息只考察到类级科目。

(1)国有资本经营预算收入内容

在《2015年政府收支分类科目》中,国有资本经营预算收入是"非税收入"大类下第6款内容。在"国有资本经营预算收入"款下,又包括以下5个项级科目:

01项　利润收入

02项　股利、股息收入

03项　产权转让收入

04项　清算收入

98项　其他国有资本经营预算收入

除了最后一项外,每一项下都有更详细的目级信息,详见表7-2。

(2)国有资本经营预算支出内容

根据《2015年政府收支分类科目》,在26类功能分类科目中,有11大类包括国有资本经营预算支出,它们是:教育、科学技术、文化体育与传媒、社会保障和就业、节能环保、城乡社区事务、农林水事务、交通运输、资源勘探电力信息等事务、商业服务业等事务、其他支出。在除"社会保障和就业"外的10大类中,国有资本经营预算支出都以第51款编号出现,在该款下,有9个项目,分别是:

01项　国有经济结构调整支出

02项　公益性设施投资补助支出

03项　战略性产业发展支出

04项　生态环境保护支出

05项　支持科技进步支出

表7—2　　　　　　国有资本经营预算收入项级科目及目级信息

项级科目	目级信息	数量
利润收入	金融企业利润收入；烟草企业利润收入；石油石化企业利润收入；电力企业利润收入；电信企业利润收入；煤炭企业利润收入；有色冶金采掘企业利润收入；钢铁企业利润收入；化工企业利润收入；运输企业利润收入；电子企业利润收入；机械企业利润收入；投资服务企业利润收入；纺织轻工企业利润收入；贸易企业利润收入；建筑施工企业利润收入；房地产企业利润收入；建材企业利润收入；境外企业利润收入；对外合作企业利润收入；医药企业利润收入；农林牧渔企业利润收入；邮政企业利润收入；军工企业利润收入；转制科研院所利润收入；地质勘查企业利润收入；卫生体育福利企业利润收入；教育文化广播企业利润收入；科学研究企业利润收入；机关社团所属企业利润收入；其他国有资本经营预算企业利润收入	31
股利、股息收入	国有控股公司股利、股息收入；国有参股公司股利、股息收入；其他国有资本经营预算企业股利、股息收入	3
产权转让收入	其他国有股减持收入；国有股权、股份转让收入；国有独资企业产权转让收入；金融类企业国有股减持收入；其他国有资本经营预算企业产权转让收入	5
清算收入	国有股权、股份清算收入；国有独资企业清算收入；其他国有资本经营预算企业清算收入	3
其他国有资本经营预算收入		

06项　保障国家经济安全支出
07项　对外投资合作支出
08项　改革成本支出
99项　其他国有资本经营预算支出

而"社会保障和就业"类级科目的国有资本经营预算支出款级科目下，只有1项级科目，即51项国有资本经营预算补充基金支出。

上述收入与支出项目是一般性的规定。在实践过程中，各地的收支并不完全按照上述内容进行，而是根据本地的实际情况确定。因此，有些省份只有某些项目，而没有另外一些项目。只要公布了各省份自己所有的项目信息，就可以获得满分。

除功能分类外，国有资本经营预算支出内容还可以按照资金使用性质进行分类（经济分类）。根据《国务院关于试行国有资本经营预算的意见》（国发〔2007〕26号）和《中央国有资本经营预算编报试行办法》（财企〔2007〕304号）的规定，国有资本经营预算支出的经济分类包括：①资本性支出，主要是根据国家产业发展规划,国有经济布局和结构调整规划,用于支持国有企业改制、重组,自主创新,提高企业核心竞争力;②费用性支出,主要用于弥补国有企业改革成本,解决历史遗留问题,当前,要重点解决困难企业职工养老保险、离退休职工医疗保险、特困企业职工生活补助、分离企业办社会职能、企业后勤服务社会化等涉及职工切身利益的问题,以及支持重点行业企业的节能减排;③其他支出,即用于社会保障等方面的支出。

7.2.2 评分标准

表7-3　　　　　国有资本经营预算基金透明度评分标准

序号	信息要素	权重	序号	信息要素	权重
1	国有资本经营预算收支总额	2	15	地市本级国有资本经营预算支出经济分类类级科目	1
2	国有资本经营预算收入款级科目	2	16	县本级国有资本经营预算收入款级科目	1
3	国有资本经营预算收入项级科目	2	17	县本级国有资本经营预算支出功能分类类级科目	1
4	国有资本经营预算收入目级科目	2	18	县本级国有资本经营预算支出经济分类类级科目	1
5	国有资本经营预算支出功能分类类级科目	2	19	乡级国有资本经营预算收入款级科目	1
6	国有资本经营预算支出功能分类款级科目	2	20	乡级国有资本经营预算支出功能分类类级科目	1
7	国有资本经营预算支出功能分类项级科目	2	21	乡级国有资本经营预算支出经济分类类级科目	1
8	国有资本经营预算支出经济分类类级科目	2	22	各地市本级国有资本经营预算收入款级科目	1
9	国有资本经营预算支出经济分类款级科目	2	23	各地市本级国有资本经营预算支出功能分类类级科目	1
10	省本级国有资本经营预算收入款级科目	1	24	各地市本级国有资本经营预算支出经济分类类级科目	1
11	省本级国有资本经营预算支出功能分类类级科目	1	25	各县本级国有资本经营预算收入款级科目	1
12	省本级国有资本经营预算支出经济分类类级科目	1	26	各县本级国有资本经营预算支出功能分类类级科目	1
13	地市本级国有资本经营预算收入款级科目	1	27	各县本级国有资本经营预算支出经济分类类级科目	1
14	地市本级国有资本经营预算支出功能分类类级科目	1		国有资本经营预算基金透明度得分小计	36

我们使用与往年同样的评分标准(见表7-3)对省级政府国有资本经营预算基金透明度进行评估。

7.2.3 评估方法

根据评分规则,我们向31个省份的信息公开办公室、财政厅(局)、国有资产监督管理委员会寄送了信息公开的申请函,并根据反馈情况、项目组自行搜集的网站公开资料、年鉴等信息,对各省份国有资本经营预算基金透明度进行统计和评估。

7.3 国有资本经营预算基金透明度评估结果分析

7.3.1 省级政府国有资本经营预算基金透明度调查的回复情况

根据提纲,项目组分别对31个省份的国有资本经营预算基金透明度进行了调查。从回复的情况看,省际之间存在差异。

首先,对信息调查的反应不同。在调查中,大多数省份给予了积极回应,但也有个别省份对本部分调查没有任何回复,这些省份包括河北、江西、贵州、西藏、新疆。

其次,提供信息的主体不同。国有资本经营预算基金信息主要掌控在各省份的财政部门或国资部门。在回复中,有的省份由国资部门单独进行提供,如上海,大多数省份则是由财政部门统一汇总信息后提供。

最后,提供信息的详细程度不同。在对信息有回复的省份中,有些省份提供了详细的信息,并按照调查提纲的顺序对表格进行了排序,而有些省份给出的信息较少,甚至有些省份虽然对调查进行了回应,但并没有提供实质性的信息。

根据回复信息的情况,我们将提供回复的省份分成三类,见表7-4。第一类是直接提供了部分调查信息的省份,包括山西、辽宁等16个省份。第二类是没有直接提供信息,但告知了获取国有资本经营预算相关信息的网站的省份,包括北京、内蒙古等6个省份。第三类是没有提供该部分信息,并在回复中对国有资本经营预算基金信息调查未作出单独回应的省份,包括天津、广东等4个省份。

表 7—4 国有资本经营预算基金透明度调查回复情况

是否回复		省份
未回复(5 个省份)		河北、江西、贵州、西藏、新疆
回复	直接给出部分调查信息(16 个省份)	山西、辽宁、黑龙江、上海、江苏、安徽、福建、山东、河南、湖南、海南、重庆、四川、云南、甘肃、宁夏
	提供网站查询(6 个省份)	北京、内蒙古、吉林、浙江、湖北、青海
	未单独就该部分信息回复(4 个省份)	天津、广东、广西、陕西

从各省份的回复情况看,我国省级政府对国有资本经营预算基金信息公开的重视程度较 2016 年有了明显提升,所有省份都编制了国有资本经营预算,且直接给出部分调查信息的省份数量超过了总数的一半,明确告知获取该部分信息渠道(直接给出或提供明确网站查询)的省份更是达到了 22 个。但仍然有 4 个省份未明确告知该项信息的内容或有效获得渠道,且有 5 个省份未对该部分调查作出回应。

7.3.2 省级政府国有资本经营预算基金透明度得分及排名

根据前文的评分标准,我们对 31 个省份的国有资本经营预算基金信息公开情况进行了评分,并由高到低排序(见表 7—5)。从评估情况看,2017 年 31 个省份国有资本经营预算基金百分制平均得分为 43.64 分,公开信息占全部调查信息的比重超过了 40%。相较于 2016 年的 43.05 分,略有提升。

表 7—5 31 个省份国有资本经营预算基金透明度得分及排名(2017)

排名	省份	百分制得分	排名	省份	百分制得分
1	山西	72.22	17	天津	41.67
1	辽宁	72.22	18	重庆	36.11
1	安徽	72.22	19	西藏	33.33
1	福建	72.22	20	海南	30.56
1	湖南	72.22	21	北京	27.78
1	四川	72.22	21	河北	27.78
1	甘肃	72.22	21	河南	27.78
1	宁夏	72.22	21	广东	27.78

续表

排名	省份	百分制得分	排名	省份	百分制得分
9	山东	69.44	21	广西	27.78
10	上海	61.11	26	浙江	25.00
10	江苏	61.11	27	吉林	11.11
10	新疆	61.11	27	江西	11.11
13	内蒙古	44.44	29	湖北	5.56
13	黑龙江	44.44	29	贵州	5.56
13	云南	44.44	29	陕西	5.56
13	青海	44.44			
31个省份平均得分：43.64					

从省际的角度看，各省份得分之间依然存在较大差异。2017年，8个省份（山西、辽宁、安徽、福建、湖南、四川、甘肃、宁夏）并列第一，得分为72.22分，仅有部分预算支出的经济分类信息未提供。但与此同时，湖北、贵州、山西3个省份仅公开了少许的信息，得分为5.56分。值得一提的是，至本年度调查（调查对象主要为各省份2015年度决算数据），31个省份均公开了部分国有资本经营预算信息，即最低分不再为零。

为了更好地对省际差异进行分析，我们从分组情况和变动情况两方面进行了考察。

第一，依据各省级政府国有资本经营预算基金透明度得分情况，我们将31个省份进行了分组，具体分为30分以下组、30~60分组和60分以上三组（见图7-1），并将结果与2016年进行比较。分组结果显示，2017年，国有资本经营预算基金透明度得分在60分以上的省份有12个，占比38.71%，该组百分制平均得分为69.21分；得分在30~60分的省份有8个，占比25.81%，该组百分制平均得分为39.93分；得分在30分以下的省份有11个，占比35.48%，该组百分制平均得分为18.43分。

与2016年相比，虽然2017年平均分与前一年相差不多，但省份之间的差距有所减小。2017年31个省份得分标准差为23.47分，小于2016年的24.61，而得分在20分以下的省份数量更是从2016年的6个减少为5个。

尽管如此，省际间在国有资本经营预算基金调查项目上的信息公开差异还是巨大的：信息公开最好一组省份的平均得分是次好一组省份的1.73倍，平均得分高出29.28分；是信息公开最差组省份的3.76倍，平均得分高出

50.78分。

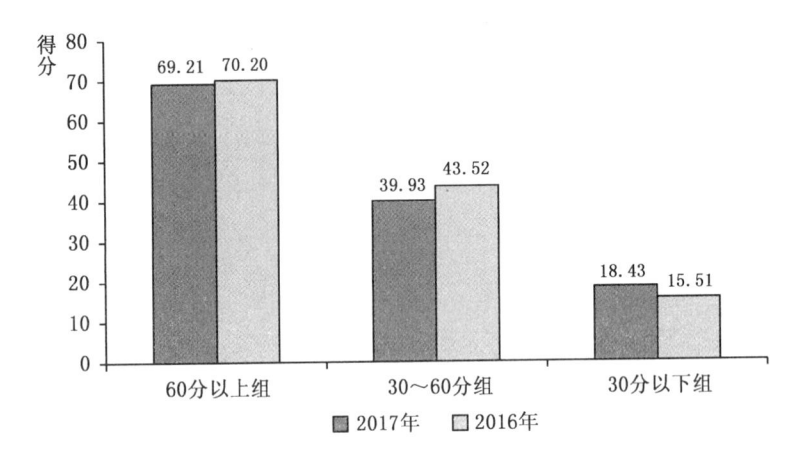

图7-1 国有资本经营预算基金透明度的组间差异(2016—2017)

第二,各省份的年度得分与排名有比较明显的波动,其中有些省份的波动幅度非常大。我们将各省份2017年和2016年两年国有资本经营预算基金透明度的得分和排名情况进行比较,绘制成图7-2和图7-3。图中,阴影部分位于横轴上方说明该省在2017年得分高于2016年或排名有所提升,位于横轴下方说明该省份2017年得分低于2016年或排名有所后退,没有阴影则说明该省份2017年得分或排名相对2016年未发生变化。

从图7-2可以看出,有9个省份在2017年得分相对于2016年有所提高,12个省份得分不变,10个省份得分有所下降。得分增加幅度最大的是四川省,该省份在2017年提供了除支出的经济分类外的全部信息,得分较2016年提升了61.11分。此外,2017年得分提升幅度超过40分的还有江苏和天津两个省份,这两个省份2016年得分分别为5.56分和零分。与此同时,得分变化在±10分内的省份数量为18个,其中2/3(12个省份)2016年得分超过30分,这说明一旦某省份当年得分情况位于中等或中等偏上,其继续提升的动机可能会有所减弱。

与此同时,湖北省得分下降幅度比较大,为41.67分,河南和贵州两个省份的得分下降幅度也超过了30分。

各省份国有资本经营预算基金透明度排名变动情况可大致分为两类(见图7-3)。大部分省份2017年排名较2016年变动不大,排名波动幅度小于5名的省份数量高达22个,其中15个省份在2016年排在前20名以内。

此外,还有少数省份排名波动较为剧烈。排名提升幅度最大的是四川省,

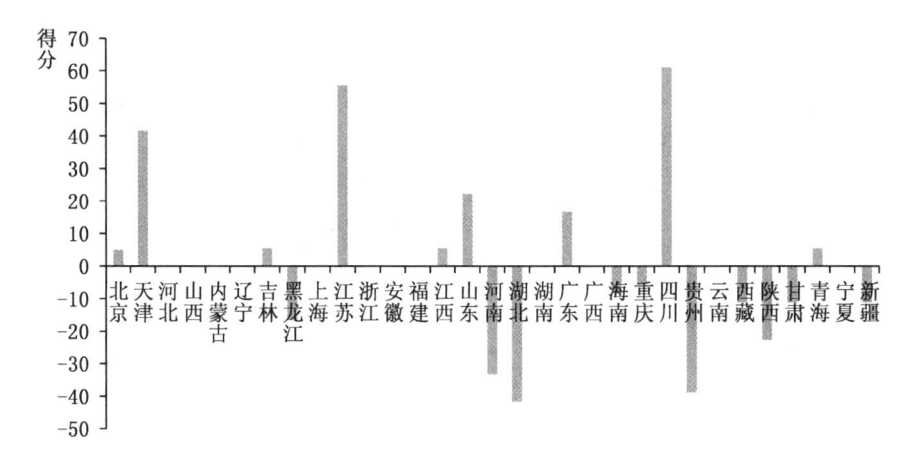

图7-2 31个省份国有资本经营预算基金透明度得分情况变化(2016-2017)

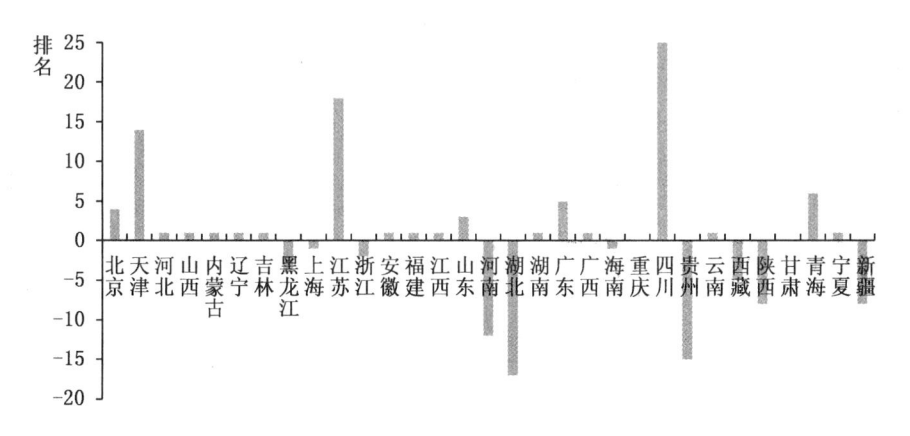

图7-3 31个省份国有资本经营预算基金透明度排名情况变化(2016-2017)

由2016年的26名提升至2017年并列第1名,江苏与天津两个省份排名情况也有大幅提升,分别提升了18名和14名。而湖北和贵州两个省份的排名却有着较大幅度的下降,分别退后了17名和15名。

省级政府国有资本经营预算基金透明度得分和排名的变动情况,一方面反映了省级政府在提供预算信息上的随意性,说明了国有资本经营预算基金信息的公开在技术上基本没有障碍,透明度的提升与否取决于政府的意愿;另一方面表明了我国政府在提升透明度方面可能会进入一个"瓶颈期",得分和排名情况位于中等或中等偏上的省份往往会抱有"宁求无功,但求无过"的心态,继续提升透明度的动机可能会有所减弱。

7.3.3 省级国有资本经营预算基金透明度各项信息公开情况

根据调查提纲,对国有资本经营预算基金信息的调查项目可以分为四大类:预算收支总额、预算收支明细、预算分级信息和预算分级与平衡明细。2017年国有资本经营预算中各信息项的公开及与2016年的对比情况如表7-6所示。

表7-6　省级国有资本经营预算基金各调查项目透明度情况

<table>
<tr><th colspan="2" rowspan="2">调查项目</th><th colspan="2">完全公开信息的省份数</th><th colspan="2">部分公开信息的省份数</th><th colspan="2">没有公开信息的省份数</th><th colspan="2">百分制平均得分</th></tr>
<tr><th>2017年</th><th>2016年</th><th>2017年</th><th>2016年</th><th>2017年</th><th>2016年</th><th>2017年</th><th>2016年</th></tr>
<tr><td colspan="2">国有资本经营预算收支总额</td><td>28</td><td>28</td><td>0</td><td>0</td><td>3</td><td>3</td><td>90</td><td>90</td></tr>
<tr><td rowspan="7">国有资本经营预算收支明细</td><td>收入款级科目</td><td>26</td><td>25</td><td>0</td><td>0</td><td>5</td><td>6</td><td>84</td><td>81</td></tr>
<tr><td>收入项级科目</td><td>26</td><td>25</td><td>0</td><td>0</td><td>5</td><td>6</td><td>84</td><td>81</td></tr>
<tr><td>收入目级科目</td><td>15</td><td>18</td><td>1</td><td>0</td><td>15</td><td>13</td><td>50</td><td>58</td></tr>
<tr><td>支出功能分类类级科目</td><td>26</td><td>25</td><td>0</td><td>0</td><td>5</td><td>6</td><td>84</td><td>81</td></tr>
<tr><td>支出功能分类款级科目</td><td>17</td><td>15</td><td>0</td><td>0</td><td>14</td><td>16</td><td>55</td><td>48</td></tr>
<tr><td>支出功能分类项级科目</td><td>16</td><td>15</td><td>0</td><td>2</td><td>15</td><td>14</td><td>52</td><td>49</td></tr>
<tr><td>支出经济分类类级科目</td><td>0</td><td>4</td><td>0</td><td>0</td><td>31</td><td>27</td><td>0</td><td>13</td></tr>
<tr><td colspan="2">支出经济分类款级科目</td><td>0</td><td>3</td><td>0</td><td>0</td><td>31</td><td>28</td><td>0</td><td>10</td></tr>
<tr><td rowspan="12">国有资本经营预算分级信息</td><td>省本级收入款级科目</td><td>31</td><td>25</td><td>0</td><td>0</td><td>0</td><td>6</td><td>100</td><td>81</td></tr>
<tr><td>省本级支出功能分类类级科目</td><td>30</td><td>24</td><td>0</td><td>0</td><td>1</td><td>7</td><td>97</td><td>77</td></tr>
<tr><td>省本级支出经济分类类级科目</td><td>3</td><td>4</td><td>0</td><td>0</td><td>28</td><td>27</td><td>10</td><td>13</td></tr>
<tr><td>地市本级收入款级科目</td><td>14</td><td>13</td><td>0</td><td>0</td><td>17</td><td>18</td><td>45</td><td>42</td></tr>
<tr><td>地市本级支出功能分类类级科目</td><td>14</td><td>13</td><td>0</td><td>0</td><td>17</td><td>18</td><td>45</td><td>42</td></tr>
<tr><td>地市本级支出经济分类类级科目</td><td>0</td><td>1</td><td>0</td><td>0</td><td>31</td><td>30</td><td>0</td><td>3</td></tr>
<tr><td>县本级收入款级科目</td><td>13</td><td>13</td><td>0</td><td>0</td><td>18</td><td>18</td><td>42</td><td>42</td></tr>
<tr><td>县本级支出功能分类类级科目</td><td>13</td><td>13</td><td>0</td><td>0</td><td>18</td><td>18</td><td>42</td><td>42</td></tr>
<tr><td>县本级支出经济分类类级科目</td><td>0</td><td>0</td><td>0</td><td>0</td><td>31</td><td>31</td><td>0</td><td>0</td></tr>
<tr><td>乡级收入款级科目</td><td>13</td><td>13</td><td>0</td><td>0</td><td>18</td><td>18</td><td>42</td><td>42</td></tr>
<tr><td>乡级支出功能分类类级科目</td><td>13</td><td>13</td><td>0</td><td>0</td><td>18</td><td>18</td><td>42</td><td>42</td></tr>
<tr><td>乡级支出经济分类类级科目</td><td>0</td><td>0</td><td>0</td><td>0</td><td>31</td><td>31</td><td>0</td><td>0</td></tr>
</table>

续表

调查项目		完全公开信息的省份数		部分公开信息的省份数		没有公开信息的省份数		百分制平均得分	
		2017年	2016年	2017年	2016年	2017年	2016年	2017年	2016年
国有资本经营预算分级及平衡明细	各地市本级收入款级科目	9	8	0	0	22	23	29	26
	各地市本级支出功能分类类级科目	9	8	0	0	22	23	29	26
	各地市本级支出经济分类类级科目	0	0	0	0	31	31	0	0
	各县本级收入款级科目	8	8	0	0	23	23	26	26
	各县本级支出功能分类类级科目	8	8	0	0	23	23	26	26
	各县本级支出经济分类类级科目	0	0	0	0	31	31	0	0

从表7-6中可以看出，各类信息的公开程度不同。

一是国有资本经营预算收支总额信息。这类信息包括预算收入总额和支出总额两项。2017年，31个省份中，有28个省份公开了该类信息，3个省份（湖北、贵州、陕西）没有公开该类信息。这与2016年公开该类信息的省份数持平，但未公开的省份与2016年却未有重合（2016年吉林、江苏、天津未公开该类信息）。在公开信息的省份中，吉林、江西两个省份并未依调查提纲的要求提供国有资本经营预算收支的专项表格，其该类信息是通过项目组查找其预算执行报告或决算报告获得的。

二是国有资本经营预算收支明细信息。这类信息包括三部分内容：收入的明细信息、支出按功能分类的明细信息和支出按经济性质分类的明细信息。从调查评估的情况看，收入的明细信息和支出按功能分类的明细信息公开程度相对较好，与2016年相比整体略有提高。有26个省份完全公布了收入的款级、项级信息和支出按功能分类的类级信息，15个省份完全公布了收入的目级信息，17个省份完全公布了支出按功能分类的款级信息，16个省份完全公布了支出按功能分类的项级信息。支出按经济性质分类的明细信息却不如以往，相比于2015年两个省份（山东、重庆）、2016年4个省份（山东、重庆、湖北、甘肃）提供信息，2017年提供经济分类明细信息的省份数量为零。

三是国有资本经营预算分级信息。这类信息主要揭示国有资本经营预算在省、市、县、乡四级政府的分布情况。从调查情况看，2017年，31个省份全部公开了省本级收入类级信息，30个省份公开了支出功能分类类级信息（仅浙江省本级支出未严格按功能性分类列出），公开程度较好。该部分其他信息得分较2016年有了显著的提升，表明国有资本经营预算管理在进一步改善。同时，今年有海南、山东和重庆3个省份公开了省本级国有资本经营预算按经济性质分类的支出信息，但县、乡国有资本经营预算支出经济类级信息仍然没有任何省份公开。

四是国有资本经营预算分级及平衡明细信息。这类信息调查的是各地市、县两级政府的国有资本经营预算分级及平衡明细信息,要求的信息量较大。从调查的情况看,该类信息得分最低。2017年,有9个省份公开了较为完整的信息,分别是山西、辽宁、安徽、福建、山东、湖南、四川、甘肃、宁夏。该部分信息公开程度与2016年基本持平。同样,在该类信息中,有关各地市、县两级政府国有资本经营预算支出的经济分类信息,得分依然为零,所有省份均未公开。

7.4 基本结论

从对省级政府国有资本经营预算基金信息的调查评估中可以得出以下结论:

第一,本年度国有资本经营预算基金透明度水平较2016年略有提升,但上升幅度较小。2016年部分排名较差的省份有了明显的进步(如江苏、天津),但排名前20的省份却更倾向于"保持"分数和名次。这说明我国的国有资本经营预算基金信息公开可能将进入一个"瓶颈期"。当某省份的得分和排名情况位于中等或中等偏上水平时,该省份可能会有"较为安全"的心态,继续提升透明度的动机可能会有所减弱。而要打破这一状态,则需要国家政策支持、民众监督以及社会各界的共同努力。

第二,省级政府之间信息公开存在较大的差异,得分并列最高的8个省份,得分为72.22分,但与此同时,仍有11个省份公开信息比例未超过30%(得分小于30分)。部分省份得分与排名波动幅度比较大,说明了国有资本经营预算基金信息公开在技术上没有障碍,政府在信息公开方面有着随意性。

第三,我国国有资本经营预算基金信息公开水平仍有待提升。经过几年的努力,尽管国有资本经营预算基金透明度水平连年提升,但2017年信息公开度仍未超过50%,百分制平均得分为43.64分。得分较低的原因有二:一是收支明细信息公开情况仍然不够,今年约一半的省份公开了该类信息,而分级收支明细信息公开情况则更加不容乐观,公开省份数仅有不到1/3;二是支出按经济性质分类的公开省份依然寥寥无几,究其原因,可能与我国经济收支分类科目的局限性有关。2016年11月,财政部印发《支出经济科目改革试行方案》,将于2018年1月1日起正式实施,届时经济分类收支信息公开情况是否会有大幅提升与改善,我们拭目以待。

8 省级政府资产负债透明度评估

8.1 政府资产负债透明度评估标准与评估方法

2017年对省级政府资产负债的评估标准与之前年份的评估标准保持了一致,要调查的一级科目为资产、负债和净资产三个科目,三个科目又有各自的二级科目、三级科目,如表8-1所示。

根据调查的信息对省级政府资产负债透明度进行评分,评分标准见表8-2。

在确定了评估标准和评估赋值的内容后,我们开始通过网络搜索、年鉴查询和向有关部门提出信息公开申请等方式获得信息,之后对获得的信息进行统计评估,并对评估结果进行分析。

本章由上海财经大学公共经济与管理学院邓淑莲、李英萍和上海大学庞保庆共同完成。

表 8－1　　　　　　　　　　政府部门资产负债科目定义表

1 资产	1 负债
2 金融资产	2 短期负债
3 存款	3 暂存款
3 有价证券	3 应付款
3 在途款	3 短期借款
3 暂付款	2 长期负债
2 固定资产	3 1～3 年
3 地产	3 3～5 年
3 房产建筑	3 5 年以上
3 设备	
	1 净资产
	2 金融净资产
	3 预算结余
	3 基金预算结余
	3 国有资本经营预算结余
	3 专用基金结余
	3 财政专户管理资金结余
	3 预算稳定调节基金
	3 预算周转金
	2 非金融净资产

注：表中 1 级科目代表类级科目，2 级科目代表款级科目，3 级科目代表项级科目。

表 8－2　　　　　　　　　　政府资产负债透明度评分表

序号	信息要素	分值
1	政府资产负债总额	1
2	政府资产一级分类信息	1
3	政府资产二级分类信息	1
4	政府负债一级分类信息	1
5	政府负债二级分类信息	1
6	政府净资产一级分类信息	1
7	政府净资产二级分类信息	1

8.2 政府资产负债透明度评估结果分析

8.2.1 省级政府对资产负债透明度调查的回复情况

根据拟定好的调查提纲,我们对 31 个省份的资产负债情况进行了调查。根据回复情况,我们将 31 个省份分成提供信息的省份和未提供信息的省份两类,具体如下:

第一类是直接提供了部分调查信息的省份,该类省份有 11 个,分别是安徽、福建、甘肃、四川、山东、黑龙江、湖南、宁夏、山西、新疆。与 2016 年相比,今年提供信息的省份多了 3 个,分别是甘肃、四川、山东。

第二类是未提供信息的省份,总共有 20 个,具体还可以细分成如下四种情况:

一是虽然直接提供了信息,但提供的是一般债务和专项债务的信息,并非我们申请的数据,这样的省份有两个,是天津和青海。

二是给出回复:该项信息不属于公开范围,所以不予公开。这样回复的省份有 4 个,分别是浙江、云南、湖北、北京。

三是回复说地方政府债务信息属于国家机密,因而无法提供。该类省份只有辽宁 1 个。

四是没有提供信息的省份,包括内蒙古、重庆、广东、河北、西藏、陕西、吉林、贵州、江苏、海南、上海、江西、广西 13 个省份。

为了清晰地描述各省份对我们调查提纲的回复情况,我们制作了表 8—3。

表 8—3　　　　　　各省回复情况统计表

	回复情况	省　份
提供信息	直接提供部分调查信息(11 个省份)	甘肃、湖南、黑龙江、福建、新疆、四川、宁夏、山东、安徽、山西、河南
未提供信息	提供信息但并非调查所需信息(2 个省份)	青海、天津
	回复称该项信息不属于公开范围(4 个省份)	浙江、云南、湖北、北京
	回复称该信息属于国家机密,因而不能公开(1 个省份)	辽宁
	未提供信息(13 个省份)	内蒙古、重庆、广东、河北、西藏、陕西、吉林、贵州、江苏、海南、上海、江西、广西

通过总结 2017 年地方政府针对我们申请的省级政府资产负债信息的回

复情况,并与过去两年(2015年和2016年)的地方政府回复情况作比较,我们总结出如下三点:

第一,从时间比较的角度来看,省级政府对于我们申请信息的态度在往好的方面转化。首先,与前两年相比,今年所有省份都对我们的信息申请进行了回复。其次,提供信息的省份数量在增加,提供信息的省份数从2015年的7个增加到2016年的8个,今年更是增加到了11个。

第二,公布信息的省份比较少。虽然提供信息的省份数量一直在增加,但也只有11个省份提供了信息,只占我们提交申请信息省份数的1/3左右。而从提供信息省份的区位来看,基本上都是中西部省份,东部省份只有福建提供了相关信息。即使按照今年增长3个省份的态势来看,31个省份全部公开该类信息还需要7年的时间,这说明我国地方政府关于资产负债信息的公布尚有较长的路要走。

第三,针对同一信息的申请,地方政府的回复情况显示出差异化的态势。从回复情况可以看出:31个地方政府针对同一申请的处置方式是完全不同的,并没有统一的规定,由此也反映出我国的地方政府并不是铁板一块,而是呈现出"碎裂化"的特征。比如针对我们申请公开的资产负债表信息,有些省份就直接提供了相关信息的表格,而未提供信息的省份给出的理由也是千差万别:有些省份回复说该类信息属于国家机密,不能公开;有些省份则称该类信息不属于政府信息公开范围,所以不公开;有些省份直接给出了一些不太相关的信息,如给出的债务数据是一般债务和专项债务,并非我们提交申请所需的信息;也有部分省份直接将国有企业的资产负债信息当作整个政府的资产负债信息发给了我们,对此我们尚不清楚是地方政府理解有偏误还是有意为之。

8.2.2 省级政府资产负债透明度得分及排名

根据各省份的回复以及我们通过出版物、网络搜索获取的信息,按照上述评估标准对各省级政府的资产负债透明度进行评估,得分及排序情况见表8—4。

从表8—4中可以看出,2017年省级政府资产负债透明度呈现以下特点:

第一,没有任何省份完全提供了我们申请所需要的信息,地方政府提供的资产负债信息都只是部分信息,基本上是提供了一半的信息。

第二,公开部分信息的11个省级政府基本上通过"预算资金年终资产负债表"提供了本项调查的部分信息,这11个省份中有些省份还通过"财政专户管理资金年终资产负债表"提供了本项调查的部分信息,但是有些省份却并

表8-4　　　31个省份政府资产负债透明度得分及排名(2017)

排　名	省　份	百分制得分
1	黑龙江	51.02
1	山东	51.02
1	四川	51.02
1	甘肃	51.02
1	宁夏	51.02
6	山西	48.98
6	安徽	48.98
6	福建	48.98
6	河南	48.98
6	湖南	48.98
6	新疆	48.98
12	其他省份	0.00
31个省份平均得分:17.71		

未提供"财政专户的资产负债"信息。提供了"预算资金年终资产负债表"和"财政专户管理资金年终资产负债表"的省份有黑龙江、山东、四川、甘肃、宁夏5个省份,这5个省份的得分为51.02分,并列第1名;而只提供了"预算资金年终资产负债表"的有山西、安徽、福建、河南、湖南、新疆6个省份,这6个省份的得分为48.98分,并列第6名。

第三,省级政府资产负债信息平均得分为17.71分。由于只有11个省份提供了资产负债信息,并且也只是公开了部分信息,因此,从省级政府总体水平看,百分制平均得分仅为17.71分,这表明我国省级政府资产负债信息极不透明。从平均水平看,将近80%的信息没有公开。而即使公开信息的省份也有将近50%的信息没有公开。而从得分的增长率来看,今年的增长率比较快,今年的平均分比2016年的11.06分高出了6.65分,增长了60%。

8.2.3　省级政府资产负债各项目透明度评估

我们根据设定的评分标准,对31个省级政府资产负债的各调查项目透明度进行了评分,得分结果如表8-5所示。从调查结果中可以看出,政府资产负债各项目透明度呈现以下特点:

第一,31个省份都未公开政府资产负债总额信息。这是因为我们所调查的政府资产负债涵盖了除社会保险基金和国有企业基金之外的所有政府资产和负债,包括一般公共预算基金、政府性基金、国有资本经营预算基金、财政专户管理资金所形成的政府资产负债信息。就目前已公开的政府资产负债信息来看(以黑龙江为例,其他省份公开的信息与黑龙江基本相同),都只公开了上述四块资金中的两块资金形成的资产负债,即一般公共预算基金和财政专户管理资金,见表8—6和表8—7。而且,即使是这两块资金形成的资产负债信息,目前也只是公开了金融性资产负债信息,而未公开非金融性资产负债信息。据此,我们判定目前省级政府公开的政府资产负债只是所调查的政府资产负债信息的一部分,而非全部,因此,在这一项目上,没有一个省级政府获得满分。

第二,缺失地方政府的固定资产信息。从黑龙江提供的两张表格上看,政府资产项目中只公布了"金融资产"及其下属各科目,并未公布"固定资产"项目信息;在政府负债项目中只公布了"短期负债"及下属各科目信息,并未公布"长期负债"项目信息;而在政府净资产项目中只公布了"金融净资产"及下属各科目,并未公布"非金融净资产"项目信息。政府资产负债各信息项目的平均得分从零分到0.30分不等(满分1分),与上年相比均有所增加。只有政府资产负债总额信息得分低于2016年,2016年有得分是由于湖北省公布了该项信息,但今年却并未公布。

表8—5 政府资产负债信息各项目透明度得分(2016—2017)

调查项	完全公开信息的省份数		公开部分信息的省份数		没有公开信息的省份数		平均得分（满分1分）	
	2016年	2017年	2016年	2017年	2016年	2017年	2016年	2017年
政府资产负债总额	0	0	1	0	30	31	0.02	0
政府资产一级分类信息	0	0	9	11	22	20	0.16	0.18
政府资产二级分类信息	0	0	9	11	22	20	0.14	0.20
政府负债一级分类信息	0	0	8	11	23	20	0.13	0.18
政府负债二级分类信息	0	0	8	11	23	20	0.13	0.18
政府净资产一级分类信息	0	0	8	11	23	20	0.13	0.18
政府净资产二级分类信息	0	0	8	11	23	20	0.13	0.30

表 8-6

2015年度黑龙江省预算资金年终资产负债表

决算 21 表

单位：万元

资产部类						负债部类				
会计科目	期初数		期末数		会计科目	期初数		期末数	
	合计	其中:本级	合计	其中:本级		合计	其中:本级	合计	其中:本级
资产	7 872 995	7 872 995	6 159 419	6 159 419	负债				
国库存款	5 318 628	5 318 628	946 962	946 962	暂存款	215 114	215 114	186 559	186 559
其他财政存款	1 750 000	1 750 000	3 500 000	3 500 000	其中:国库集中支付年终结余	61	61	38 929	38 929
有价证券					与上级往来	215 053	215 053	147 630	147 630
在途款	−63 042	−63 042	33 355	33 355	其中:上级拨付国债转贷资金	125 589	125 589	107 794	107 794
暂付款	798 973	798 973	864 275	864 275	计划单列市往来				
与下级往来	68 436	68 436	814 827	814 827	借入外债				
其中:与省与计划单列市往来					应付外债利息				
预拨经费					应付外债费用				
基建拨款					净资产	7 657 881	7 657 881	5 972 860	5 972 860
借出外债					预算结余	4 827 773	4 827 773	3 188 214	3 188 214
应收外债利息					基金预算结余	1 630 424	1 630 424	325 472	325 472

续表

资产部类					负债部类				
会计科目	期初数		期末数		会计科目	期初数		期末数	
	合计	其中:本级	合计	其中:本级		合计	其中:本级	合计	其中:本级
应收外债费用					国有资本经营预算结余	5 062	5 062	140 367	140 367
					专用基金结余				
					预算稳定调节基金	1 184 520	1 184 520	2 308 705	2 308 705
					预算周转金	10 102	10 102	10 102	10 102
					净资产调整				
总 计	7 872 995	7 872 995	6 159 419	6 159 419	总 计	7 872 995	7 872 995	6 159 419	6 159 419

表8—7　2015年度黑龙江财政专户管理资金年终资产负债表

决算22表　　　　　　　　　　　　　　　　　　　　　　　　　　　　　　　　　　　　　　单位：万元

资产部类					负债部类				
会计科目	期初数		期末数		会计科目	期初数		期末数	
	合计	其中:本级	合计	其中:本级		合计	其中:本级	合计	其中:本级
资产					负债				
其他财政存款	97 550	97 550	123 146	123 146	暂存款				
暂付款	1 590 000	1 590 000	1 590 000	1 590 000	代收预算内款	1 590 000	1 590 000	1 590 000	1 590 000
					净资产				
支出					财政专户管理资金结余	97 550	97 550	123 146	123 146
财政专户管理资金支出					收入				
					财政专户管理资金收入				
总　计	1 687 550	1 687 550	1 713 146	1 713 146	总　计	1 687 550	1 687 550	1 713 146	1 713 146

8.3 小结

政府的资产负债即是公共资产和负债,与公众利益密切相关。作为重要的政府财务信息,它的管理必须完整、详细、公开透明。缺失这一信息,公众及其代表将无法判断政府规模有多大,政府能力有多强,更无法保证公共财产的安全。正是基于这一认识,我们开展了这项透明度调查。但从调查结果反映的情况看,情况不容乐观。一是大部分省级政府不公开资产负债信息,不公开的理由有多种,甚至没有理由。二是公开的信息残缺不全。只公开了金融资产信息,没有公开非金融资产信息;只公开了短期债务,没有公开长期债务;只公开了政府账面上的债务,没有公开各种融资平台上的债务。这不仅反映了政府资产负债信息透明度不高,而且也反映了政府资产负债管理上的混乱。

本届政府已对政府资产负债管理提出了明确的要求,各级政府都在编制政府财务报告,或为编制政府财务报告做准备。期待在不久的将来迎来政府资产负债管理的改善和信息透明度的提高。

9 省级部门预算及相关信息透明度评估

就省级政府部门预算收支及相关信息(包括部门机构、人员与资产等方面)的透明度状况进行考察是中国财政透明度报告的一部分。在2010—2016年度《中国财政透明度报告》中,我们就我国省级政府部门预算(我们主要以部门决算的信息为考察指标)及相关信息的透明度状况进行了专题考察。本章的研究是前面七年研究的继续和拓展。与以往年度的研究一样,此研究的开展具体有以下几方面的目的:一是对我国省级政府部门预算透明度状况的把握:目前,在部门层面,我国省级财政及相关信息整体的透明度状况如何?财政透明度有何结构性差异特征?相比以往,透明度状况有何变化?二是对财政透明度状况及其变化的逻辑解释:透明度整体水平及其结构变化的原因是什么?三是对未来我国财政透明度建设的规范思考:省级政府部门预算及相关信息的透明度考察对于我国财政透明度的建设和推进有何规范意义?其中,研究思路与以往一致,基于第3章所给出的评估方法和标准,我们下面依次从整体水平与结构差异(包括主体结构差异与客体结构差异这两个角度)来就透明度状况作出分析。

9.1 部门预算及相关信息公开的整体水平

为了从整体上把握我国省级政府部门预算信息公开的情况,项目组先就

2017年省级政府部门预算及相关信息的透明度水平作出考察。报告的分析拟从静态与动态两个方面来进行:分析目前透明度的整体水平及变化(见表9—1),并就其中的原因给出恰当的理论解释。

表9—1　部门预算及相关信息透明度的整体水平及其变化情况(2010—2017)

年份 指标	2017	2016	2015	2014	2013	2012	2011	2010
实际得分	4 195	3 146	2 422	1 687	8 422.7	3 280.4	1 684.5	1 534.5
实际总分	8 866	8 866	8 866	8 866	88 660	88 660	88 660	85 250
百分制得分	47.3	35.5	27.3	19.0	9.5	3.7	1.9	1.8
增长率(%)	33.2	30.0	43.7	100.0	156.8	94.7	5.6	—
得分单位数	310	263	233	177	195	182	36	18
单位总数	341	341	341	341	341	341	341	341
得分单位占比(%)	90.9	77.1	68.3	51.9	57.2	53.4	10.6	5.3

说明:①在2010—2013年的透明度评估中,每一个问题的分值是10分,从2014年起,每一个问题的分值则为1分,这使得2014—2017年的总分同2010—2013年的总分存在差异;②在总分所涉及的评估内容方面,2010—2013年的评估考虑了态度,而自2014年起,由于有关部门信息公开态度的评估已经纳入了一般的评估范围,进而本章也就不再就态度状况进行专门的评估,这使得之后几年的总分相比以往评估中的总分要少了态度的评分;③表中的增长率是本年相比上一年得分的增长率。

9.1.1　信息公开整体水平的静态分析

从表9—1所给出的相关统计数据来看,整体而言,我国省级政府部门预算信息的透明度水平依旧较低。因为在最终的得分方面,在2017年的评估中,341个单位的透明度得分仅为47.32分,不足50分,依旧没有达到及格水平。特别地,正如之前的透明度报告所表明的,就本项目组所采用的评估体系和评分标准而言,有关透明度的要求和指标并不是很高。因为:

其一,从我们所调查和评估的政府信息内容来看,此次透明度评估的调查提纲完全是基于财政部所统一规定的财政预决算报表体系来确立的。我们调查的表格具体有:"收入支出决算总表(财决01表)"、"支出决算表(财决04表)"、"支出决算明细表(财决05表)"、"基本支出决算明细表(财决05—1表)"、"项目支出决算明细表(财决05—2表)"、"资产情况表(财决附01表)"、"基本数字表(财决附03表)"、"机构人员情况表(财决附04表)"、"各项目支出按经济分类的明细表(补充表)"。就上述 9 张表格而言,除了最后一张补充调查表外,相关部门在日常管理中均已有此方面的规范信息,相关信息的公开在技术上也并不存在任何困难,且公开的成本也很低。毕竟,上述信息的公开基本上不需要相关部门就表格数据进行加工和(或)汇总。

其二,从这里所使用的具体的透明度评估体系来看,正如第 3 章有关评估方法的介绍所表明的,此次透明度评估所涉及的信息包括:①收入总数及其分类信息;②部门支出的信息,具体包括支出(总支出、基本支出和项目支出)分别按功能分类和按经济性质分类的类、款和(或)项级层面的信息(参见表 9-2);③部门资产信息及补充数据;④与人员及机构有关的部门基本数字。就该评估体系所涉及的数据资料来看,它们其实都包含在前面所列举的各表格当中。[①] 因此,从这个意义上来说,就透明度评估的指标体系来看,部门预算及相关信息的公开也不存在技术上的困难。

表 9-2　　　　　　　　　　财政支出信息评估内容

信息级次	支出按功能分类			支出按经济性质分类		
	总支出	基本支出	项目支出	总支出	基本支出	项目支出
类	√	√	√	√	√	√
款	√	√	√	√	√	√
项	√	√	√			

注:表中"√"表示评估涉及该项支出信息内容。

其三,在具体的评估方面,正如以前年度的透明度报告所指出的那样,此项透明度的评估只考虑结果的信息,而不涉及过程的信息;而在信息的规范性方面,此项评估只考虑相关的信息是否可以获得,而并不考虑信息的准确性、可靠性与及时性。因此,此项评估对于透明度的要求并不是很高。实际上,只要相关部门主动或应申请而全部公开了"收入支出决算总表"等相关表格,那么该部门的透明度得分就是满分 100 分。

考虑到透明度的评估标准以及评估的具体结果和水平,可以说,我国省级部门预算及相关信息的公开还是存在很大提升空间的。

我国省级部门预算信息的公开水平之所以不高,从直接层面来看,与两方面的因素有关:一是得分的单位数目及比例不全。表 9-1 所给出的统计数据表明,在 2017 年的评估中,341 个单位中尽管有 310 个单位(占全体单位的

---

① 对于补充表"各项目支出按经济分类的明细表"所涉及的财政信息,为保证评估体系的连续性,最后在确定评估标准时,我们依旧未将其纳入评估体系当中。

90.9%)有得分,但还是有 31 个单位(占 9.1%)的得分为零(得分单位与不得分单位的具体情况请参见表 9—3)。这也就意味着在所有被评估单位中,在我们所确定的信息范围内,还是有近 10% 的单位没有财政信息公开,这在一定程度上降低了透明度得分的整体水平;二是得分单位的平均得分水平还比较有限,这也是最为关键的方面。对于有信息公开的 310 个单位,其平均得分(按百分制来计算)仅为 52 分,也没有达到及格的水平。

表 9—3 341 个单位预算透明度的百分制评分情况 单位:分

省份	政府	人大	政协	教育	财政	国税	地税	工商	卫生	交通	环保
安徽	46.2	46.2	46.2	46.2	84.6	0.0	46.2	46.2	46.2	100.0	46.2
北京	46.2	46.2	46.2	46.2	46.2	42.3	46.2	46.2	46.2	46.2	46.2
福建	50.0	50.0	50.0	100.0	88.5	0.0	100.0	50.0	50.0	50.0	50.0
甘肃	100.0	46.2	46.2	46.2	100.0	0.0	46.2	46.2	46.2	46.2	100.0
广东	46.2	46.2	46.2	100.0	84.6	0.0	46.2	46.2	46.2	100.0	84.6
广西	46.2	46.2	46.2	46.2	46.2	0.0	46.2	46.2	46.2	46.2	46.2
贵州	100.0	46.2	46.2	38.5	46.2	0.0	46.2	46.2	38.5	100.0	38.5
海南	46.2	46.2	46.2	46.2	46.2	0.0	46.2	46.2	46.2	46.2	46.2
河北	46.2	46.2	46.2	46.2	46.2	0.0	46.2	46.2	46.2	46.2	46.2
河南	42.3	46.2	38.5	46.2	61.5	0.0	38.5	38.5	42.3	50.0	38.5
黑龙江	46.2	38.5	46.2	46.2	100.0	0.0	46.2	46.2	38.5	42.3	100.0
湖北	46.2	46.2	0.0	46.2	46.2	0.0	46.2	46.2	46.2	42.3	100.0
湖南	46.2	46.2	46.2	46.2	46.2	46.2	46.2	38.5	100.0	38.5	46.2
吉林	46.2	46.2	0.0	46.2	100.0	0.0	46.2	46.2	46.2	46.2	46.2
江苏	46.2	46.2	46.2	46.2	46.2	0.0	46.2	46.2	46.2	46.2	46.2
江西	50.0	50.0	61.5	50.0	46.2	0.0	46.2	46.2	46.2	46.2	46.2
辽宁	46.2	0.0	46.2	46.2	100.0	0.0	46.2	46.2	46.2	46.2	46.2
内蒙古	46.2	65.4	46.2	46.2	46.2	42.3	46.2	46.2	46.2	46.2	46.2
宁夏	38.5	46.2	46.2	50.0	46.2	0.0	46.2	46.2	46.2	38.5	38.5
青海	46.2	46.2	38.5	46.2	46.2	0.0	46.2	19.2	46.2	46.2	38.5
山东	100.0	100.0	100.0	46.2	100.0	0.0	46.2	100.0	100.0	46.2	46.2
山西	46.2	46.2	46.2	46.2	46.2	0.0	46.2	46.2	42.3	38.5	46.2

续表

省份	政府	人大	政协	教育	财政	国税	地税	工商	卫生	交通	环保
陕西	61.5	46.2	61.5	46.2	61.5	0.0	42.3	61.5	61.5	61.5	61.5
上海	46.2	46.2	46.2	46.2	76.9	34.6	46.2	76.9	46.2	46.2	46.2
四川	46.2	46.2	46.2	46.2	46.2	0.0	46.2	46.2	46.2	46.2	46.2
天津	46.2	46.2	46.2	61.5	0.0	0.0	46.2	46.2	46.2	46.2	46.2
西藏	50.0	34.6	34.6	34.6	38.5	0.0	0.0	34.6	34.6	38.5	34.6
新疆	76.9	76.9	76.9	73.1	76.9	0.0	76.9	76.9	100.0	100.0	76.9
云南	46.2	46.2	61.5	61.5	46.2	0.0	46.2	46.2	46.2	46.2	46.2
浙江	38.5	46.2	46.2	46.2	100.0	0.0	46.2	46.2	38.5	46.2	53.8
重庆	46.2	46.2	46.2	46.2	100.0	46.2	46.2	46.2	46.2	46.2	46.2

至于我国省级部门预算及相关信息公开水平不高的深层次原因,可能与以下几方面因素有关:第一,我国财政信息公开依旧处于起步阶段,受此影响,我国财政信息公开的起点比较低,这不仅是意识方面的,也是能力方面的,这使得财政信息公开的程度受到了极大的限制。这一点对于部门预算来说尤为如此。从表9-1所给出的数据来看,从2010年到2017年,部门预算及相关信息的透明度水平一直比较低,从未超过50分。第二,受政治架构等诸多因素的影响,我国财政信息公开受到诸多因素的限制和桎梏,相关的制度规范尚未完全建立起来,财政信息公开推进的力度有限。比如,在预算主体方面,人大、政协以及二级预算单位(如国税)是否需要公开其预决算信息?现有的制度对此没有明确的规定。这使得相关单位就有拒绝公开预算信息的"理由"和"依据"。在我们的调查中,有的人大部门依旧明确表示:人大没有公开所调查财政信息的义务和责任。而对于国税部门,有较多的单位在反馈中表示:"我局作为垂直管理的中央预算单位,部门预算、决算等相关信息已由国家税务总局统一向社会进行公开,请你们通过国家税务总局网站或相关社会媒体查阅。"第三,在法律制度规定层面,尽管新修订的《预算法》第十四条、第二十二条和第八十九条对于政府预算公开作出了规定,但对于部门预算信息的公开,地方究竟应该具体公开到何种程度?目前的制度规范也没有对此作出详尽的法律规定。至于非财政预算的信息,比如人员与机构方面的信息,相关的法律根本就没有对此作出规定,这使得地方在预算信息公开上没有直接的法律依据。

9.1.2 信息公开整体水平的动态分析

当然,尽管我国省级政府部门预算信息的透明度水平不高,但表9-1的相关数据和信息也告诉我们:省级政府部门预算信息公开的进展程度还是非常值得肯定的。相关数据表明:相比以往的年度,2017年的透明度水平有很大的提高。其一,从得分的整体水平看,2017年,341个省级单位预算透明度的平均得分为47.3分(百分制),接近50分,而2016年、2015年、2014年、2013年、2012年、2011年和2010年的百分制得分分别仅为35.5分、27.3分、19.0分、9.5分、3.7分、1.9分和1.8分。其二,从得分增长的情况来看,2017年基本上保持了2013年以来得分大幅度增长的势头。在2012年和2011年,尽管透明度的整体水平有不断上升的趋势,但增长的幅度比较有限(相比2011年,2012年的透明度评分仅增加了1.8分;而在2011年,透明度状况与2010年甚至是基本持平,没有什么明显的进步)。但是,自2013年起,省级政府部门预算及相关信息透明度的提升幅度很大,2017年也在一定程度上保持了2013年以来的增长势头:2017年的平均得分相比2016年增加了11.8分,是绝对分增加量最大的一年。当然,随着平均得分的逐年上升,该项基数不断增加,使得33.2%的增幅较前几年的增幅有所下降,透明度得分的增长速度有所放缓。

2017年,省级政府部门预算及相关信息透明度之所以会有如此大的变化,与两方面的因素有关:

其一,有信息公开的单位数增加。2010年,在341家单位中,有信息公开的单位数仅有18家,但是到了2017年,有信息公开的单位数增加到310家,已经占到所有评估单位的90.9%(参见表9-1),2017年有信息公开的单位数是2010年有信息公开单位数的17.2倍。这也就意味着,即便各单位(有信息公开的单位)信息公开的水平不变,部门预算透明度的水平也会增加17.2倍,即从原来的1.8分增加到31分。这进一步告诉我们,有信息公开单位数的增加是部门预算透明度提升的重要因素。

其二,有信息公开的单位的信息公开平均水平上升(参见表9-1)。2010年,对于有信息公开的18家单位,其透明度的平均得分为34.1分(百分制得分),但2016年,有信息公开的单位数的平均得分已提升到52.0分,增加了52.5%。特别地,相比2010年,在最近两三年之内,有部分单位的信息公开水平得到了明显的提升。2015年,福建省地方税务局等16家单位的得分高达100分。2016年,安徽省交通运输厅等22家单位的得分为100分。而在2017年,得分为100分的单位数进一步增加,共有26家。它们分别是:安徽省交通运输厅、福建省教育厅、福建省地方税务局、甘肃省人民政府办公厅、甘肃省财政厅、甘肃省环境保护厅、广东省教育厅、广东省交通运输厅、贵州省人民政府办公厅、贵州省交通运输厅、黑龙江省财政厅、黑龙江省环境保护厅、湖北省环境保护厅、湖南省卫生和计划生育委员会、吉林省财政厅、辽宁省财政厅、山东省人民政府办公厅、山东省人大常委会、山东省政协、山东省财政厅、山东省工商行政管理局、山东省卫生和计划生育委员会、新疆维吾尔自治区卫生和计划生育委员会、新疆维吾尔自治区交通运输厅、浙江省财政厅与重庆市财政局。如果我们将有得分的单位数增加理解为信息公开"数量"的提升的话，那么，得分为满分的单位数增加，则从一个方面说明单位信息公开的"质量"有显著提升。

当然，不管政府部门预算透明度整体水平的提升是信息公开单位数的增加所引起的还是有信息公开单位所公开的信息量的增加所引致的，在过去的一年中，省级政府部门预算及相关信息的透明度水平显然是明显提升了。至于其中更深层次的原因，在很大程度上与党、政府和人大对于部门预算公开的积极推动有关。其一，在党的文件方面，中共十八届三中全会决定明确提出"实施全面规范、公开透明的预算制度"。其二，在政府层面，《政府信息公开条例》第十条规定：县级以上人民政府及其部门应当按照条例第九条的规定，在各自职责范围内确定主动公开的政府信息的具体内容，并重点公开财政预算、决算报告等政府信息。而《国务院关于深化预算管理制度改革的决定》（国发〔2014〕45号）明确要求：政府预决算支出全部细化公开到功能分类的项级科目。相关的规定为省级部门财政信息的公开提出了制度性的要求。之后，国务院办公厅《关于做好政府信息依申请公开工作的意见》（国办发〔2015〕5号）为政府信息的公开作出了进一步的要求。其三，在人大方面，新修订的《预算法》对政府信息公开尤其是预决算信息的公开有明确的制度性规定。而相关的制度规定，在前面几年中，已经对财政透明度建设产生了建设性的影响。而作为影响力的延续，相关的制度规定依旧在发挥作用。

一方面是党、政府和人大在制度方面的建设，另一方面则是中央在预算信息公开方面的示范性作用。在财政信息公开的实践方面，2011年，国务院明确要求公开中央部门决算，并逐步公开"三公"经费和行政经费，而地方则要比照中央的做法，公开经同级人大或常委会审查批准的政府财政预算、决算。中央为地方做出了榜样，并对地方的部门预算信息公开起到了直接的推动作用：示范性作用不仅促使有信息公开的单位数快速增长，也促使有信息公开的单位其信息公开水平有显著提升。

9.2 部门预算及相关信息公开的主体差异

在对省级政府部门预算及相关信息透明度的整体状况进行考察之后,我们考察其透明度的结构方面。特别是考虑到透明度有主体结构与客体结构等两个方面,作为分析的开端,我们首先从主体的角度就透明度的结构问题进行考察。当然,由于主体可以是单位层面的,也可以是部门或者省际层面的,我们分别从单位、省际与部门等方面来进行考察。

9.2.1 部门预算及相关信息公开的单位差异

对于所调查的341个省级单位,从表9—3所给出的统计数据来看,不同单位之间的透明度还是存在很大差异的,主要体现在两个层面:

第一是透明度得分为零的单位以及得分为正的单位间的差异。在2017年的评估结果中,还是有31个单位的得分为零,占全部被调查单位的9.1%;而得分为正的单位有310个,占全部被调查单位的90.9%,这310个单位的平均百分制得分为52.0分。另外,从动态的角度看,2017年,尽管得分为零的单位相比2016年有明显的减少,但还是有少数单位的透明度得分为零。由于是有和无的区别,而得零分的单位依旧有一定的比例,因而总体上,两类单位的透明度得分差异明显。

第二是得分为正的相关单位之间的透明度差异。在得分为正的单位中,得分最低的单位的得分为19.2分,而得分最高的单位的得分则为100分,得分最高的单位的得分将近是得分最低的单位的得分的5.2倍,差异同样明显。

为了就得分的单位差异作出更为系统的分析,我们按照分数的高低就各得分段的单位数进行了统计(见表9—4)。

表9—4　　　　　　各单位分区段得分统计(2015—2017)

得分区间	2017年 单位数	占比(%)	2016年 单位数	占比(%)	2015年 单位数	占比(%)
100	26	7.6	22	6.5	16	4.7
(100,90)	0	0.0	0	0.0	1	0.3
(90,80)	4	1.2	3	0.9	3	0.9
(80,70)	10	2.9	2	0.6	1	0.3
(70,60)	14	4.1	15	4.4	0	0.0

续表

得分区间	2017年 单位数	占比(%)	2016年 单位数	占比(%)	2015年 单位数	占比(%)
(60,50)	13	3.8	6	1.8	4	1.2
(50,40)	214	62.8	82	24.0	43	12.6
(40,30)	28	8.2	113	33.1	111	32.6
(30,20)	0	0.0	3	0.9	25	7.3
(20,10)	1	0.3	13	3.8	21	6.2
(10,0)	0	0.0	4	1.2	8	2.4
0	31	9.1	78	22.8	108	31.7

从表9-4所给出的统计结果可以看出，从单位的角度来看，部门预算及相关信息公开在结构上有以下几个特点：

其一，单位的透明度状况存在明显的两极分化现象。一方面，有26个单位（占7.6%）的得分为满分；另一方面，则有31个单位（占9.1%）的得分为零。透明度两极分化的状况说明，在部门预算及相关信息的公开方面，各单位还有很大的随意性。这其中的一个可能原因是：现有的制度规范对于相关的责任主体尚缺乏硬性约束，各单位于是可以根据自己的喜恶来选择是否公开信息。

其二，在这两个极端之间，其他单位的透明度得分主要分布在40~50分，这意味着对于大部分有信息公开的单位来说，其公开水平还是受到一定限制的：有信息公开的大多数单位，其信息公开的比例不到50%。之所以如此，其原因在于：在信息公开方面，现行制度还有诸多欠明确的地方。比如，对于按经济性质分类的支出信息，政府部门应该公开到何种程度？现有制度没有明确的规定。同时，对于部门资产信息、部门人员组成与机构设置等方面的信息，现行制度也缺乏规定。这使得那些有信息公开的单位更倾向于不公开此类信息，从而导致信息公开的程度受到限制。

其三，从动态的角度看，关于未公开信息的单位比例，2015年和2016年分别为31.7%和22.8%，2017年这一比例降低至9.1%；得分处于(0,40)区间的单位比例也明显降低，从2015年的48.5%、2016年的39%，一下降低到2017年的8.5%。上述动态变化在很大程度上与中央对于地方财政信息公开所作的制度规定有关。国务院的相关制度规定了地方政府信息公开的详细程度，这使得有信息公开的单位所能公开的信息相比以前有了明显提升。

9.2.2 部门预算及相关信息公开的省际差异

根据表9－3给出的信息,我们进一步就31个省份的政府部门预算及相关信息透明度得分情况进行了统计。表9－5给出了根据统计数据所得到的省际排行榜。从排行榜所给出的得分情况来看,在省际层面,部门预算及相关信息的财政透明度有如下特点:

首先,省际透明度得分的差异很大。2017年,部门预算及相关信息透明度得分最高的省份是新疆,其得分为73.8分,而得分最低的西藏则仅为30.4分,前者得分是后者的2.4倍,省际部门预算及相关信息透明度得分的差异比较大。至于其中的原因,从直观的角度来看,与两个因素有关。其一是有信息公开的单位数的差异:新疆2017年有信息公开的单位数有10家;而西藏为9家。其二是各单位信息公开程度的差异,这是最为关键的方面。对于有信息公开的单位,新疆有两家单位得满分,其他8个单位的得分均为76.9分;但西藏有得分的9个部门,除了人民政府办公厅的得分为50分之外,其他8个单位的得分均在35分左右(参见表9－3)。

表9－5　部门预算及相关信息公开的省际排行及变化(2016—2017)

省份	2017年 百分制得分	排名	2016年 百分制得分	排名	变化 百分制得分	排名
新疆	73.8	1	40.6	7	＋33.2	↑6
山东	71.3	2	32.9	20	＋38.4	↑18
广东	58.7	3	53.8	1	＋4.9	↓2
福建	58.0	4	40.2	9	＋17.8	↑5
甘肃	56.7	5	39.9	10	＋16.7	↑5
陕西	51.4	6	46.9	4	＋4.5	↓2
重庆	51.0	7	37.8	12	＋13.2	↑5
上海	50.7	8	45.1	6	＋5.6	↓2
安徽	50.3	9	52.1	2	－1.8	↓7
黑龙江	50.0	10	30.4	22	＋19.6	↑12
贵州	49.7	11	39.9	10	＋9.8	↓1
湖南	49.7	11	50.3	3	－0.6	↓8
内蒙古	47.6	13	36.7	14	＋10.9	↑1

续表

省份	2017年 百分制得分	排名	2016年 百分制得分	排名	变化 百分制得分	排名
浙江	46.2	14	34.6	17	+11.6	↑3
北京	45.8	15	34.3	18	+11.5	↑3
云南	44.8	16	27.3	26	+17.5	↑10
江西	44.4	17	21.7	29	+22.7	↑12
吉林	42.7	18	33.2	19	+9.5	↑1
辽宁	42.7	18	40.6	7	+2.1	↓11
湖北	42.3	20	36.4	15	+5.9	↓5
广西	42.0	21	14.7	31	+27.3	↑10
海南	42.0	21	24.8	27	+17.2	↑6
河北	42.0	21	30.1	23	+11.9	↑2
江苏	42.0	21	36	16	+6.0	↓5
四川	42.0	21	46.9	4	-4.9	↓17
山西	40.9	26	32.9	20	+8.0	↓6
河南	40.2	27	29	24	+11.2	↓3
宁夏	40.2	27	37.1	13	+3.1	↓14
天津	39.2	29	24.5	28	+14.7	↓1
青海	38.1	30	20.3	30	+17.8	—
西藏	30.4	31	28.7	25	+1.7	↓6

注:"+"表示得分增加,"-"表示得分减少;"↑"表示排名上升,"↓"表示排名下降, "—"表示排名不变。

其次,在相对差距的变化方面,省级差异有下降的趋势。一方面,自2013年以来,所有省份部门预算及相关信息公开的得分都为正数,消除了得分为零的情况。另一方面,从最高分与最低分的比值来看,2015年、2016年的比值分别为6.8和2.7,2017年的比值为2.4,相对差异有降低的迹象。

最后,在差异的绝对水平方面,省际有缩小的趋势但不显著。2015年,得分最高省份(河南)的得分为45.1分,而得分最低省份(河北)的得分仅为4.9分,前者高出40分左右。2016年,得分最高的广东比得分最低的广西高出39分左右,与2015年的差距水平基本持平。2017年,得分最高的新疆比得分最低的西藏高出 40 分左右,与前两年的绝对差异基本持平。

9.2.3 部门预算及相关信息公开的部门差异

根据表 9-3 所给出的各单位的得分信息,我们就 11 个部门透明度的得分情况进行了统计,表 9-6 是根据统计数据所得到的部门排行榜。从表 9-6 所给出的排行结果来看,从部门性质角度来考察的部门预算信息公开,有以下几个特点:

其一,对于所评估的 11 个部门,与前面几年的评估结果具有相似性,国税部门是最特殊的,它是唯一一个得分在 10 分以下且得分总数相比往年下降的部门:其 2017 年的得分仅为 6.8 分。国税部门的得分之所以最低且得分下降,其原因是:国税部门属于垂直管理的单位,其预算属于国家税务总局的一部分。对于中央直属单位二级预算单位,国家还没有出台主动公开财政方面相关信息的具体规定和相关细则。大部分的国税部门于是以此为由拒绝公开本部门的信息,而能够主动公开相关信息的,更是寥寥可数(有省份的国税部门在网上公开了一些信息,但它们所公布的是国家税务总局的汇总信息,而不是本部门的信息)。

表 9-6　　　　预算信息公开的部门排行(2016-2017)

部门	2017 年 得分	2017 年 排名	2016 年 得分	2016 年 排名	变化 得分	变化 排名
财政	63.4	1	53.5	1	+9.9	—
环保	53.1	2	38.1	7	+15	↑5
交通	52.9	3	45	3	+7.9	—
政府	52.6	4	39.8	5	+12.8	↑1
教育	51.1	5	46.3	2	+4.8	↓3
卫生	50.4	6	42.1	4	+8.3	↓2
工商	48.8	7	38.8	6	+10	↓1
人大	47.6	8	24.2	9	+23.4	↑1
地税	47.0	9	36.8	8	+10.2	↓1
政协	46.7	10	18.5	10	+28.2	—
国税	6.8	11	8.2	11	-1.4	—

注:"+"表示得分增加,"-"表示得分减少;"↑"表示排名上升,"↓"表示排名下降,"—"表示排名不变。

其二,人大和政协这两大部门的透明度得分有根本性的改变。由于《政府信息公开条例》规定政府信息公开的主体为行政部门,人大和政协这两大部门的诸多单位于是就认为它们不是行政部门,在刚开始评估的2010年、2011年和2012年,人大与政协能就信息公开申请给予答复的单位很少,而能够公开实质性信息的单位几乎没有,这使得两类部门的得分基本为零。从2013年开始,这一情况有了实质性的变化:有单位已经主动或应申请公开了部门的部分信息。从2017年的情况看,人大和政协的透明度状况基本上延续了2013年以来的透明度发展势头:虽然人大和政协的得分与其他部门相比还是比较落后,但与其他9类单位(不包括国税部门)的差异已经不是非常明显。在2017年,除辽宁省人大、湖北省政协外,其他60个单位在一定程度上均公开了其部门预决算的信息。而山东省人大和省政协的得分还为100分,这使得与2016年相比,人大与政协的这两个部门的得分有进一步的提高:2016年人大和政协的得分分别为24.2分和18.5分,而2017年的得分分别为47.6分和46.7分,两者得分分别增加了23.4分和28.2分,增长幅度很大。这一点说明,中央部门预算公开已经给地方预算信息公开起到了良好的示范效应,有越来越多省份的人大和政协能够主动公开它们的财政信息。但与此同时,由于《政府信息公开条例》未明确将人大和政协列为预算信息公开的主体,对于项目组的申请,它们整体上还是倾向于不回复并基于它们不是行政部门而予以拒绝。

其三,其余8大部门的得分有一定的差异,但差异并不是很大,基本上都在45~65分的区间范围内。但从动态的角度看,它们的得分分布也出现了分化现象。如工商、地税这两个部门得分主要在45~50分这个区间,而卫生、交通、政府、环保和教育的得分却分布在50~60分,财政的得分则超过了60分,达到了及格的水平。

9.3 部门预算及相关信息公开的客体差异

在就省级部门预算及相关信息透明度的主体差异作出分析之后,我们接下来考察其客体的差异。当然,由于关注的是客体差异,我们这里将单位、部门与省份之间的差异撇开。

9.3.1 信息级次与信息公开水平差异

表9-7是有关26个信息项的得分及排名情况。基于表格所给出的统计数据,我们发现:信息级次对透明度水平的影响主要是出现在支出的经济分类信息方面,而对于其他的信息,从整体上看,信息级次越高,透明度水平也相对越高的现象已经不明显。

表 9-7　　　　　　　　26 个信息项的得分及排名情况

序号	信息项	2017年 百分制得分	2017年 排名	2016年 百分制得分	2016年 排名	变化 百分制得分	变化 排名
1	部门支出功能分类类级科目	90.9	1	77.1	1	+13.8	—
2	部门支出功能分类款级科目	90.6	2	73.6	4	+17.0	↑2
3	部门支出功能分类项级科目	90.6	2	71.6	5	+19.0	↑3
4	基本支出功能分类款级科目	90.6	2	70.4	9	+20.2	↑7
5	基本支出功能分类项级科目	90.6	2	76.5	2	+14.1	—
6	基本支出功能分类类级科目	90.3	6	71.6	5	+18.7	↓1
7	项目支出功能分类类级科目	90.3	6	71.6	5	+18.7	↓1
8	项目支出功能分类项级科目	90.3	6	71.6	5	+18.7	↓1
9	项目支出功能分类款级科目	90.0	9	70.4	9	+19.6	—
10	部门收入分类	89.1	10	74.8	3	+14.3	↓7
11	基本支出经济分类类级科目	75.4	11	39.3	11	+36.1	—
12	基本支出经济分类款级科目	74.8	12	20.2	12	+54.6	—
13	部门支出经济分类类级科目	26.1	13	15	13	+11.1	—
14	部门支出经济分类款级科目	19.4	14	14.1	14	+5.3	—
15	项目支出经济分类类级科目	13.8	15	11.1	15	+2.7	—
16	项目支出经济分类款级科目	13.5	16	11.1	15	+2.4	↓1
17	资产二级分类	12.3	17	8.5	21	+3.8	↑4
18	资产一级分类	12.3	17	8.8	18	+3.5	↑1
19	资产三级分类	12.0	19	8.8	18	+3.2	↓1
20	其他补充资产信息	11.7	20	8.2	23	+3.5	↑3
21	年末实有人员总数及类型	9.7	21	9.4	17	+0.3	↓4
22	人员编制总数及各类人员编制数	9.7	21	8.8	18	+0.9	↓3
23	按经费来源划分的各类人员数	9.4	23	8.5	21	+0.9	↓2
24	部门机构二级信息	8.8	24	8.2	23	+0.6	↓1
25	部门机构三级信息	8.8	24	8.2	23	+0.6	↓1
26	部门机构一级信息	8.8	24	8.2	23	+0.6	↓1

注:"+"表示得分增加,"-"表示得分减少;"↑"表示排名上升,"↓"表示排名下降,"—"表示排名不变。

其一,对于经济分类的信息,不管是总支出还是基本支出和(或)项目支出,与以往年度的评估结果一样,信息的级次越高,其透明度水平也就越高。

比如,总的支出,按经济性质分类的类、款级信息的透明度评分分别为26.1分和19.4分,级次特征明显。信息公开的层次性特征之所以如此,其逻辑在于:信息级别越低,明细程度越高,其公开也就越敏感。但在制度上,对于按经济性质分类的信息,国家的相关法律和制度并没有对其信息公开的层次给予明确的限定,各单位在公开信息时有一定的随意性。在此情况下,级别相对较低的信息,相关单位公开信息的程度往往就相对有限。

其二,对于其他方面的信息,与以往的情况有所不同,其层次性特征已经不太明显。在以往年度的透明度调查中,对于其他的信息,与支出的经济分类信息基本一样,其信息级次越高,透明度水平一般也相对要高。比如部门支出信息的透明度水平,2016年,此类信息按功能分类的类级、款级与项级信息的透明度得分分别为77.1分、73.6分和71.6分,呈现出一定的信息级别特征。但是,在2017年,支出(不管是总支出、基本支出还是项目支出)按功能分类的类、款、项方面的信息,它们的得分基本上都相同,均在90分左右,其层次性特征已经不太明显。另外,资产一、二、三级信息的透明度水平相差也不大,它们的得分分别为12.3分、12.3分和12.0分;而部门机构一、二、三级的信息得分则完全一样,都为8.8分。至于上述信息,其不同级次信息的透明度水平为何差异不大,有客观的原因:对于支出按功能分类的信息,鉴于财政部的相关文件已经对此提出了要求,相关单位在公开相关信息时,不同级次的信息往往一并公开;对于资产信息和部门机构信息,国家的相关文件并没有对此给予明确的规定,其不同级次信息的透明度得分之所以差别不大甚至是相同,与目前此项透明度调查和评估的方式有关。与刚开始我们针对单独的信息项来进行调查和评估不同,最近几年的调查所针对的是具体的、规范化的统计表格。就部门资产与部门机构等方面的信息来说,它们各自的分级信息其实都在一张表上。在就我们的信息公开申请进行答复时,能够给出信息的单位往往就给出了完整的表格,而未给出信息的单位则什么都没给,这就使得各级次信息的得分基本是一样的。当然,或许也正是因为这种"连带"关系的拖累(有些单位也许愿意公开比较粗的信息,但考虑到表格的"连带"性,所有的信息都不公开了),使得相关部门公开这两类信息的水平还很有限。

9.3.2 信息类型与信息公开水平差异

在客体差异方面,一方面是不同级次信息的透明度水平的差异,另一方面则是不同性质的信息所存在的透明度水平的不同,具体涉及以下几个方面:

其一,收支信息的透明度水平整体上要高于资产信息、人员信息与机构信息的透明度水平。因为在表9-7中,收支信息全部排在前面的16位,而其他信息则全部排在后面的 10 位,结构差异十分明显。关于其中的原因,这在很大程度上与省级部门预算信息公开的推动力性质有关。在我国,对于部门预算及相关信息的公开,相关省级单位主要是参照中央的模式来进行的。而在中央层面,目前部门预算公开的重点是收入和支出,而对于其他方面的信息,公开也相对较少(比如,国家税务总局,其所公布的 2013 年的部门预算信息主要是公共预算收支总表、公共预算收入表、公共预算支出表、公共预算财政拨款支出表与政府性基金预算支出表)。在此情况下,地方往往也就比照中央的做法,侧重于收支尤其是支出的信息公开。至于其他方面的信息,地方公开的就相对要少。与此同时,《预算法》有关透明度的制度性规定主要是收支方面的,它没有就资产信息与人员机构信息的公开作出明确规定。

其二,在收支信息内部,支出按经济性质分类的信息,其透明度水平远远要低于按功能分类的支出信息的透明度水平。对于支出,其按功能分类的信息项共有 9 项(分别为评估标准中的第 2、3、4、7、8、9、12、13、14 项),而按经济性质分类的信息则为 6 项(分别为第 5、6、10、11、15、16 项)。在 2017 年的调查中,正如表 9—7 的相关数据所表明的,前 9 项信息的得分分别为 90.9 分、90.6 分、90.6 分、90.3 分、90.6 分、90.6 分、90.0 分、90.3 分和 90.3 分,各项得分都在 90 分以上,而后面 6 项信息的得分则分别仅为 13.8 分、19.4 分、75.4 分、74.8 分、26.1 分和 13.5 分。显然,按经济性质分类的支出信息的透明度得分明显要低于按功能分类的支出信息的透明度水平。按经济性质分类信息的透明度之所以相对要低,一方面与信息本身的敏感性直接相关,按经济性质分类的信息要比按功能分类的信息相对敏感,另一方面也与我国现行信息公开制度规范的规定有关,《预算法》对于政府财政信息公开更多地强调按功能分类的信息。

9.4 部门预算及相关信息公开的特别考察

在前面的几节中,我们已经就省级政府部门预算及相关信息公开情况作出了评估。但是,在评估过程中,除了上述所评估的内容之外,省级政府部门预算及相关信息的评估还有几个值得特别考察的方面:一是信息公开的典型事例。经过多年的发展,省级政府部门预算及相关信息公开不仅整体上有进步,同时更是存在一些值得学习的典型,这需要特别考察。二是信息公开的规范进展。省级政府部门预算及相关信息透明度评估目前主要侧重于信息是否公开,至于信息公开是否规范,本项目并不作出评估。但在评估过程中,我们也发现,在过去的几年中,省级政府部门预算及相关信息在公开的规范性方面也有诸多值得我们关注的地方,比如预算信息公开内容的规范性与调查回复的规范性等。三是信息公开的制度建设。透明度评估只是考察信息公开的情况,对于影响信息公开的制度建设,没有专门的评估,因此,这里也稍作考察。

9.4.1 部门预算信息公开的典型事例

在省级政府部门预算及相关信息公开方面,在 2017 年的评估中,有几方面的事例值得特别提出:

一是山东省的部门预算信息公开。2017 年,在我们所评估的 11 个部门中,除了山东省国家税务局外,山东省其余的 10 个部门都主动或应申请公开了其部分或评估所涉及的全部信息。其中,山东省人民政府办公厅、山东省人大常委会、山东省政协、山东省财政厅、山东省工商行政管理局与山东省卫生和计划生育委员会 5 个单位甚至公开了项目组所评估的所有信息(见表 9-3)。这 5 个单位所公开的相关表格涉及:"收入支出决算总表(财决 01 表)"、"支出决算表(财决 04 表)"、"支出决算明细表(财决 05 表)"、"基本支出决算明细表(财决 05-1 表)"、"项目支出决算明细表(财决 05-2 表)"、"一般公共预算拨款支出决算明细表(财决 08 表)"、"资产负债表(财决 12 表)"、"基本数字表(财决附 03 表)"与"机构人员情况表(财决附 04 表)"等。

二是新疆维吾尔自治区的部门预算信息公开。在此次省级政府部门预算及相关信息透明度调查中,虽然新疆得分为 100 分的单位没有山东省那么多,只有卫生厅和交通运输厅这两个单位的得分为 100 分,但新疆的部门预算信息公开得分是最高的,达 73.8 分。除了新疆维吾尔自治区国家税务局未有信息公开之外,其他单位的信息公开得分基本上都达到 76.9 分(参见表 9-3),这使得新疆的整体评分相比山东还要高(山东有 4 个单位的得分只有 46.2 分)。而在具体的信息公开方面,相关单位所公开的信息包括:"收入支出决算总表(财决 01 表)"、"支出决算表(财决 04 表)"、"支出决算明细表(财决 05 表)"、"基本支出决算明细表(财决 05-1 表)"、"项目支出决算明细表(财决 05-2 表)"、"财政拨款收入支出决算总表"、"财政专户管理资金收入支出决算表"、"行政事业类项目收入支出决算表"、"基本建设类项目收入支出决算表"、"'三公'经费支出决算表"、"收入决算表"与"项目收支决算表"等。

三是对补充调查信息的回复。在财政透明度评估的内容方面,为了就部门预算及相关信息透明度有一个更全面的评估,项目组还设置了一张补充表,要求各单位填写"各项目支出按经济分类的明细表"。与其他表格是现成表格不同,此表格的填写与制作需要各单位自行生成。就表格的制作及相关数据的填写而言,国务院办公厅《关于做好政府信息依申请公开工作的意见》(国办发〔2015〕5号）文件规定："行政机关向申请人提供的政府信息，应当是现有的，一般不需要行政机关汇总、加工或重新制作。"而在现实的信息公开答复中，诸多单位也以此为依据来就未能提供"各项目支出按经济分类的明细表"作出说明。但是，尽管如此，这3个单位还是能够对此补充表给予认真的填写和答复。比如，广东省交通运输厅就其所涉及的4个项目的经济分类明细信息进行了公开，尽管它未公开具体的项目名称而只是以项目1、项目2、项目3来列示。

9.4.2 部门预算信息公开的规范进展

首先是有关部门职能及机构组成情况的说明。部门预算是为履行部门职能而进行的收支，而预算则是相关部门职能履行的经济体现。因此，恰当的预算公开需要以部门职能的介绍等为基本前提。在较早的预算信息公开中，比如，在2010年，由于部门预算及相关信息的公开尚处于起步阶段，相关单位在公开预算信息时，往往局限于信息本身，而对于有关信息的文字说明往往做得不够。但自2014年左右开始，我们在调查和评估中发现：有相当一部分单位不仅公开了收支信息，而且还开始就收支相关的信息作出说明，财政信息公开的规范化有明显的进步。2015年，随着我国政府信息公开和深化预决算管理制度改革的持续推进，各省份基本上均已出台《省级部门预决算及"三公"经费信息公开工作方案》或指导意见等规范性文件，省级政府部门在信息公开规范化方面又有所提高。2017年的透明度建设保持了前几年的发展势头，按此规范来公开财政信息的单位逐渐增多，财政信息公开的规范化程度日益提升。具体来说，相关单位在公开部门预决算时，它们不只是简单地公开财政收支方面的数据，而是以部门职能及机构组成等方面的说明为前提。部门预算的公开报告包括三部分：

第一部分是部门概况，主要介绍部门主要职能与决算单位构成。

第二部分是部门预决算表。

第三部分是对部门预决算情况的说明。

其次是信息公开的法治思维。在2016年的调查中，我们发现，各单位有关财政信息公开的法律意识日益凸显。在信息公开申请的回复中，诸多单位明确表示：如果对于答复不服，可以提请行政复议或行政诉讼。信息公开的法治思维在2017年的调查中得以延续和发展，例如：

安徽省财政厅在答复中表示：如您认为本告知书侵犯了您的合法权益，可自收到本告知书之日起60日内依法向安徽省人民政府或中华人民共和国财政部申请行政复议，或者6个月内向合肥市庐阳区人民法院提起行政诉讼。

安徽省卫生和计划生育委员会在答复中指出：如不服本告知的，可自收到本告知书之日起60日内向国家卫生和计划生育委员会或安徽省人民政府申请行政复议，或在6个月内向包河区人民法院提起行政诉讼。

安徽省工商行政管理局在答复中指出：当事人认为本行政行为侵犯其合法权益的，可以自收到本告知书之日起60日内向国家工商行政管理总局或安徽省人民政府申请行政复议，也可以在收到本告知书之日起6个月内直接向人民法院提起诉讼。

其他很多单位在回复中也有类似的表述，这里不一一列举。

9.4.3 部门预算信息公开的制度建设

2014年，我们专门考察了《安徽省省级部门预算决算及"三公"经费信息公开工作方案》，该方案从规范的角度就安徽省相关部门预算信息公开的方式作出了制度性规定。随着信息公开规范化的推进，越来越多的省份在原有的预决算公开工作方案或指导意见基础上，提出了进一步推进预算信息公开工作的要求。例如，湖北省人民政府办公厅根据《政府信息公开条例》及《国务院办公厅关于印发2014年政府信息公开工作要点的通知》（国办发〔2014〕12号）出台了《省人民政府办公厅关于深入推进预算信息公开工作的通知》。该通知从总体要求、公开主体、公开时限、公开形式与公开内容等多个方面就预算信息公开作出规定，规定比较具体，为预算公开工作提供了规范性指导。其具体情况如下：

其一，总体要求。该通知对政府信息公开的程度作出了严格规范。例如，政府预算和决算要全部公开到支出功能分类的项级科目，专项转移支付预算和决算公开到具体项目；所有财政拨款安排的"三公"经费都要按规范的要求详细公开；在基层财政专项支出中，涉及民生类的专项资金，要公开支出范围、申报方式、分配过程和结果效益等信息。

其二，公开主体。预决算公开的主体为负责编制政府或部门预决算的部门或单位，财政专项支出预算公开的主体按照"谁分配、谁公开"的原则履行职责。

其三，公开时限。该通知对省级预决算和部门预决算的公开时间都作了明确要求，其中，市（州）、县（市、区）本级各预算单位部门预算公开的时限为每年3月31日前，部门决算公开的时限为每年10月31日前。各部门"三公"经费预决算应随同部门预决算一并公开。公开时间应保持一致，原则上一天内公开完毕。

其四，公开形式。预决算公开应以政府或部门门户网站为主要形式，保持长期公开状态，方便社会公众查询监督。

其五，公开内容。该通知提出了包括政府预决算、部门预决算、"三公"经费等信息的公开内容要求。其中，部门预算应将同级财政部门批复的预算表全部公开，包括本级预算和所属单位预算在内的汇总预算。各部门还需公开本部门"三公"经费财政拨款预算总额和分项数额，并对增减变化的原因进行说明。

其六，工作要求。该通知主要提出了四个方面的要求：一是统一思想，加强组织，按照"方向明确、过程可控、结果可查、易于监督"的原则，制订工作方案，明确工作目标，抓好工作落实；二是落实责任，注重反馈；三是把握关切，及时回应，营造良好的政务信息公开氛围；四是严肃纪律，强化督查，每年底要对各地预算信息公开工作进行专项检查。

9.5 研究结论及其规范意蕴

到目前为止，基于我们所调查和搜索的信息，本部分已经从整体水平、主体差异、客体差异以及特别考察等方面，就2017年省级政府部门预算及相关信息的透明度状况作出了实证考察与评估。研究表明：

其一，在整体水平方面，2017年，沿袭前几年的发展势头，我国省级政府部门预算及相关信息透明度有阶段性的提升，但透明度整体水平依旧比较低。2017年，省级政府部门预算及相关信息的透明度评分为47.3分（百分制），相比2016年的35.5分，透明度得分有进一步的提高，增长率高达33.2%。2017年该项透明度水平之所以能有如此的进展，在很大程度上与最近几年以来中央对部门预算以及"三公"经费公开的要求有关。受此推动和影响，诸多省份都出台了促进和规范部门预算信息公开的制度规范或者工作方案。此外，随着财政部2014年《关于进一步推进地方预算执行动态监控工作的指导意见》《关于深入推进地方预决算公开工作的通知》等文件的出台和新《预算法》的实施，我国预决算信息公开得以进一步提升。这一方面使得有信息公开的单位数快速增加，从2010年的18个单位扩展到310个单位，也就是说，绝大部分单位都会有信息公开而不是完全封闭；另一方面也使得有信息公开的单位的公开力度得以增大。在2017年的评估中，安徽省交通运输厅等26家单位的评估得分为100分。当然，在肯定政府信息公开取得显著进展的同时，我们应该看到，由于我国的财政信息公开依旧处于起步阶段，尽管部门预算及相关信息的公开近年来都有一定进展，但受各方面因素的限制，透明度的整体水平还比较有限，其整体的评分还不超过50分，依旧没有达到及格水平，离中共十八届三中全会所提出的"透明政府"、"透明财政"目标还有很大的距离。至于政府财政信息公开具体如何来推动,受政治体制的影响,这在很大程度上离不开中央的进一步推动以及相关的制度规范和严格执行。

其二,在主体结构方面,研究表明:①在省级结构方面,从得分最高省份的得分与最低省份得分的相对比值来看,省际间差异依旧很大。2017年,得分最高的新疆维吾尔自治区的得分(73.8分)是得分最低的西藏自治区的得分(30.4分)的2.4倍。但省际的相对差异在一定程度上有缩小的趋势。②在部门结构方面,与2014年、2015年和2016年的情况基本一样,伴随着政府的努力,尤其是中央的示范性做法,公开部门预决算信息的单位并不只是局限于狭义的行政部门。在调查中我们发现,尽管有些省份的人大部门依旧明确表示人大并没有公开其部门预算的责任,但有相当一部分的省级人大和政协在网上主动公开其部门预据算的信息。在2017年的调查中,除了辽宁省人大和湖北省政协,其他60个单位(省级人大和政协)均公开了其部门预决算的信息。在这一背景下,2017年人大和政协这两大部门的得分有了进一步的增长,从2016年的24.2分和18.5分分别增长到2017年的47.6分和46.7分,这极大程度地缩小了它们与其他部门透明度水平的差距,使得人大和政协这两大部门与其他部门的差异并不是十分明显,特别是相比排在后面的行政部门。③受管理体制及我国财政透明度制度规则局限等方面因素的影响,国税部门的透明度得分是最低的,且呈下降趋势:一方面,自2015年开始,随着人大和政协分数的提升,国税部门的分数开始在11个部门中排名垫底,其相对地位发生了变化。2017年的情况与2015年、2016年的情况相同:国税部门的得分只有6.8分,排名最后一位。另一方面,在透明度的绝对水平上,2017年6.8分的透明度得分相比于2016年的8.2分下降了1.4分,呈下降趋势。另外,对于其他8类行政部门,与2016年相似,它们内部呈现了较大的分化情况:地税、工商这两个部门得分主要在45~50分这个区间,而卫生、教育、政府、交通与环保的得分分布在50~60分,财政是唯一一超过60分的部门,达到及格的水平。

其三,在客体结构方面,与以往年度的评估有一定不同,2017年,层次性差异并不是非常大:在诸多时候,上一级次信息的透明度与下一级次信息的透明度水平相同。客体结构差异的特征主要体现在不同性质信息透明度水平的差异上,主要体现在两个方面:①收支信息(主要是支出方面的信息)相比资产信息、人员安排与机构配置等方面信息的透明度明显要高;②支出信息内部的结构性差异:按经济性质分类的信息透明度得分要远低于按功能分类的信息透明度得分。这说明,按经济性质分类信息的公开难度大。因此,促进按经济性质分类的明细信息的公开,既是预算信息公开不断进步的趋势,也是未来部门预算信息公开的难点所在,更是我们在今后的改革中必须要直接面对和需要解决的问题。

10 省级社会保险基金透明度评估

我国目前有 10 项社会保险基金,统筹层次均在省或省以下,省级社会保险基金信息披露对了解我国社会保险基金的运行情况至关重要。根据财政部公布的数据,2015 年,全国社会保险基金收入 47 144.19 亿元,其中,保险费收入 34 376.59 亿元,财政补贴收入 10 848.04 亿元。全国社会保险基金支出 43 546.53 亿元。当年收支结余 3 597.66 亿元,年末滚存结余 60 600 亿元[①]。

我国社会保险基金的主体是城镇职工的养老、医疗、失业、工伤、生育五大基金。后来又出台了针对城镇居民和农民的养老保险制度和医疗保险制度,社会保险基金增加至 9 项。2015 年 1 月,国务院发布了《关于机关事业单位工作人员养老保险制度改革的决定》,从 2014 年 10 月 1 日启动实施。从此,我国又增加了一项社会保险基金——机关事业单位基本养老保险基金,由此社会保险基金类型增加至 10 项。10 项社会保险基金如表 10-1 所示。

由于新型农村社会养老保险(以下简称新农保)和城镇居民养老保险(以下简称城居保)两种制度极为类似,又是先后设立,而且城居保制度的参保人数很少,为节省管理成本,有些省份在 2011 年城居保起步之初直接就将两种保险制度合二为一。2014 年 2 月 21 日,国务院出台《关于建立统一的城乡居

---

① 财政部:《关于 2015 年中央和地方预算执行情况与 2016 年中央和地方预算草案的报告》,第十二届全国人民代表大会第四次会议报告,2016 年 3 月 5 日。

表 10-1　　　　　　　　　我国 10 项社会保险基金

	机关事业单位职工	城镇职工	城镇居民	农民
养老保险	√	√	√（城居保）	√（新农保）
医疗保险		√	√	√（新农合）
工伤保险		√		
失业保险		√		
生育保险		√		

民基本养老保险制度的意见》，决定将新农保和城居保两项制度合并实施，在全国范围内建立统一的城乡居民基本养老保险制度。目前财政部公布的居民社会保险基金收支与结余额已包含城镇居民养老保险基金和新型农村社会养老保险基金。

新型农村合作医疗基金（以下简称新农合）由国家卫生和计划生育委员会管理。2013 年度新农合筹资总额达 2 972.5 亿元，人均筹资 370.6 元；全国新农合基金支出 2 909.2 亿元。2016 年初，按照国务院《关于整合城乡居民基本医疗保险制度的意见》（国发〔2016〕3 号）的要求，我国正式启动建立统一的城乡居民基本医疗保险制度的改革，要求整合城镇居民基本医疗保险和新型农村合作医疗两项制度。截至 2016 年 7 月，全国已有河北、湖北、内蒙古、江西、新疆、北京等 17 个省份明确将新型农村合作医疗制度和城镇居民基本医疗保险制度整合。

在城镇居民与农民的养老保险基金、医疗保险基金整合以后，实际上，我国的社会保险基金由 10 项减少至 8 项。

10.1　社会保险基金透明度调查方法

根据我国社会保险基金的现状，结合财政和社会保障部门的预决算报表体系，项目组在《财政信息调查提纲》（见附录 1）中关于社会保险基金共调查了 21 张表，涉及 14 个评分项目。调查范围主要包括我国现行的 10 项社会保险基金，见表 10-2。

需要说明的是，发达国家普遍认为，社会保险基金透明度不仅包括基金财务收支，还应包括参保人员年龄、人均给付额等基本信息以及养老基金的长期收支预测等。因此，项目组的调查表也包含对上述参保人员信息的披露要求。

表 10—2　　　　　　　　关于社会保险基金的 21 张调查表

1	社决 01 表	社会保险基金资产负债表
2	社决 02 表	企业职工基本养老保险基金收支表
3	社决 03 表	机关事业单位基本养老保险基金收支表
4	社决 04 表	城乡居民基本养老保险基金收支表
5	社决 05 表	城镇职工基本医疗保险基金收支表
6	社决 06 表	城乡居民基本医疗保险基金收支表
7	社决 07 表	新型农村合作医疗基金收支表
8	社决 08 表	城镇居民基本医疗保险基金收支表
9	社决 09 表	工伤保险基金收支表
10	社决 10 表	失业保险基金收支表
11	社决 11 表	生育保险基金收支表
12	社决 12 表	社会保障基金财政专户资产负债表
13	社决 13 表	社会保障基金财政专户收支表
14	社决附 01 表	财政对社会保险基金补助资金情况表
15	社决附 02 表	基本养老保险补充资料表
16	社决附 03 表	城镇职工基本医疗保险、工伤保险、生育保险补充资料表
17	社决附 04 表	居民基本医疗保险补充资料表
18	社决附 05 表	失业保险补充资料表
19	社决附 06 表	其他养老保险情况表
20	社决附 07 表	其他医疗保障情况表
21	补充表	养老基金的长期收支预测

在最后一项，我们还要求各省份提供养老保险基金的长期收支预测。养老基金不同于财政资金的一个重要特点是，养老基金是长期资金而财政资金是短期资金，这意味着：一方面，养老保险计划涉及社会公众的养老财务规划，不能朝令夕改，必须超前实施，让社会公众有时间来调整自己的退休规划；另一方面，养老金给付额巨大，一般要通过几十年的积累才能实现，如果政府不未雨绸缪，超前改革，到了老龄化高峰时将无力承担这一庞大的支付。从这个角度来讲，养老基金的精算报告是实施养老改革的前提条件，只有准确预测了养老基金的未来收支形势，才能进行切实有效的改革。美国联邦养老基金

理事会2013年年报共有254页,有2/3的篇幅是在作长期收支精算分析,主要分为未来10年和未来75年收支精算分析,可见收支精算报告的重要性。

10.2 社会保险基金透明度调查结果

在获得各省份的社会保险基金信息披露情况以后,根据事先设定的评分标准(详见本书第3章),我们对各省份的社会保险基金透明度进行了评分。

10.2.1 总体信息公开情况

如图10－1所示,2017年31个省份的平均百分制得分为49.11分,较上年的38.76分有明显提升。

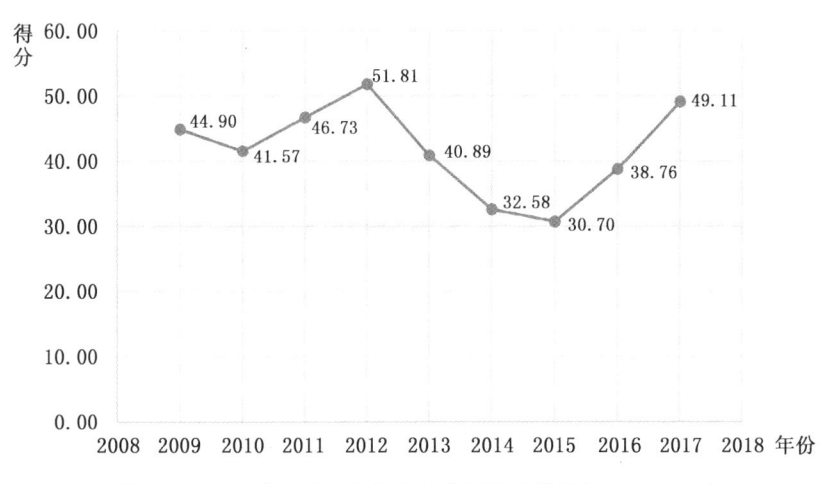

图10－1 31个省份社会保险基金透明度得分(2009－2017)

10.2.2 各信息项的信息公开情况

各信息项的信息公开情况详见表10－3。

表10－3　　　省级社会保险基金各调查项目透明度情况(2017)

序号	调查项目	完全公开信息的省份数	部分公开信息的省份数	没有公开信息的省份数	本项目平均百分制得分
1	各项社会保险基金的收支总额	31	0	0	100.00
2	各项社会保险基金的收入类级科目	31	0	0	100.00
3	各项社会保险基金的收入款级科目	13	12	6	52.77

续表

序号	调查项目	完全公开信息的省份数	部分公开信息的省份数	没有公开信息的省份数	本项目平均百分制得分
4	各项社会保险基金的支出类级科目	31	0	0	100.00
5	各项社会保险基金的支出款级科目	13	12	6	52.77
6	各项社会保险基金收支分级信息（类级科目）	0	29	2	50.81
7	各项社会保险基金的基本数字（类级科目）	11	5	15	44.09
8	各项社会保险基金资产的类级科目	14	1	16	46.77
9	各项社会保险基金资产的款级科目	14	1	16	46.77
10	各项社会保险基金资产的项级科目	0	0	31	0.00
11	各项社会保险基金负债的类级科目	14	1	16	46.77
12	各项社会保险基金负债的款级科目	14	1	16	46.77
13	各项社会保险基金负债的项级科目	0	0	31	0.00
14	养老基金的长期收支预测	0	0	31	0.00
平均百分制得分：49.11				

(1) 最低要求

关于社会保险基金的收入、支出和结余指标，各省份都已经公布，可以在《中国劳动统计年鉴》、《中国统计年鉴》等查询得到。

(2) 基本要求

● 各个社会保险基金的预算收支表明细（类级科目）：各省份都已经公布。

● 各个社会保险基金的预算收支表明细（款级科目）：这部分调查涉及城镇职工、城镇居民和农村居民等人群9项社会保险基金的各种收支明细情况，平均得分为52.77分。山西、内蒙古、辽宁、上海、安徽、江西、山东、河南、湖南、广东、四川、云南、甘肃13个省份提供了全部信息；北京、天津、河北、吉林、黑龙江、江苏、浙江、福建、湖北、广西、海南、新疆12个省份提供了部分调查信息；重庆、贵州、西藏、陕西、青海、宁夏6个省份没有提供任何信息。

● 各个社会保险基金收支分级信息（类级科目）：这部分调查涉及各个社会保险基金在各层级政府之间的分布情况以及上解、下拨资金方面的信息。本调查项平均得分为50.81分。没有一个省份提供全部完整的调查信息。黑龙江和西藏没有提供任何信息；其他29个省份提供了部分调查信息。

● 社会保险基金的其他信息（类级科目）：这部分调查涉及各个社会保险基金的非财务信息，例如参保人数、领取养老人员数量、平均缴费基数等，也非常重要。本调查项平均得分为44.09分。山西、内蒙古、辽宁、安徽、江西、山东、河南、湖南、四川、云南、甘肃11个省份提供了全部调查信息；吉林、黑龙江、上海、江苏、广东5个省份提供了部分调查信息。

● 各项基金资产负债信息（类级科目、款级科目）：这部分调查涉及各个社会保险基金的资产（例如债券投资、协议存款等）和负债明细，关系到基金资产运用和保值增值，重要性不言而喻。本调查项平均得分为46.77分；公布社会保险基金资产负债的类级和款级项目全部信息的省份有14个：山西、内蒙古、辽宁、吉林、上海、安徽、江西、山东、河南、广东、四川、云南、甘肃。黑龙江公布了部分信息。

● 各项基金资产负债信息（项级科目）：没有省份公布，各省份全部得零分。

(3) 更高要求

这部分的评分要求提供养老基金未来50年或70年收支精算报告。没有一个省份提供该项内容。

值得一提的是，社决03表"机关事业单位基本养老保险基金收支表"是今年调查新增加的表格，直接公开或向项目组提供这一表格的省份有山西、内蒙古、辽宁、上海、安徽、江西、山东、河南、湖南、广东、四川、云南和甘肃13个省份。

10.2.3 各省份的信息公开状况排名

根据调查结果，我们形成了31个省份社会保险基金透明度得分及排名表（见表10-4）。总的来看，有喜有忧。喜的是今年总体得分增长明显，31个省份的平均得分从上年的38.76分升为今年的49.11分；忧的是平均得分仍不及格，且各省份得分悬殊很大。根据表中的得分数据，我们大致可以把各省份分为四类：

第一类是得分较高的省份：山西、内蒙古、辽宁、安徽、江西、山东、河南、湖南、四川、云南、甘肃、广东13个省得分均超过70分，分数较为接近。被扣分的项目主要是"养老基金的长期收支预测"、"社会保险基金收支分级信息"，其他调查信息基本上都公布了。这也说明项目组的评分标准较为宽松，很容易达到70分。

第二类是得分不高，但超过及格线的省份：吉林得分为69.21分，勉强及格。

第三类是公布少量信息，但得分不及格的省份（得分在30~59分）：黑龙江和江苏公布了少量的信息，但未能及格，分别为48.25分和40.79分。

第四类是公布信息太少,得分较低的省份(得分低于30分):按得分高低依次是北京、天津、福建、新疆、宁夏、河北、浙江、湖北、广西、海南、重庆、贵州、陕西、青海、西藏15个省份。这些省份中不乏有经济实力非常强的省份,其政府效率在国内排名前列,如此不重视社会保险信息公开,实在令人遗憾。

表10-4　　　31个省份社会保险基金透明度得分及排名(2017)

排名	省份	百分制得分	排名	省份	百分制得分
1	山西	77.14	17	北京	26.07
1	内蒙古	77.14	17	天津	26.07
1	辽宁	77.14	17	福建	26.07
1	安徽	77.14	20	新疆	25.50
1	江西	77.14	21	宁夏	25.00
1	山东	77.14	22	河北	24.93
1	河南	77.14	22	浙江	24.93
1	湖南	77.14	22	湖北	24.93
1	四川	77.14	22	广西	24.93
1	云南	77.14	22	海南	24.93
1	甘肃	77.14	27	重庆	23.21
12	广东	74.76	27	贵州	23.21
13	上海	73.17	27	陕西	23.21
14	吉林	69.21	27	青海	23.21
15	黑龙江	48.25	31	西藏	21.43
16	江苏	40.79			
31个省份平均得分:49.11					

2017年社会保险基金透明度得分提高,一个重要原因是社会保险基金预算和决算被要求提交各级人大审议批准。2015年新实施的《预算法》提出,"预算包括一般公共预算、政府性基金预算、国有资本经营预算、社会保险基金预算。一般公共预算、政府性基金预算、国有资本经营预算、社会保险基金预算应当保持完整、独立。政府性基金预算、国有资本经营预算、社会保险基金预算应当与一般公共预算相衔接"。以前各省份预算只列一般公共预算和政府性基金预算这"两本账",按照新《预算法》要求,2015年初各省份在"两会"

上提交的预算报告中首次加列国有资本经营预算、社会保险基金预算这另外"两本账"。延续这一口径,在 2014 年的决算报告中也加入新增的"两本账"。不过,与一般公共预算相比,保险基金预算在信息披露的规范性、详细程度等方面都要差不少。

11 省级国有企业基金透明度评估

根据《中国财政年鉴(2016)》,我国的国有企业有 16.7 万家,所有者权益为 48.24 万亿元,其中,中央国有企业所有者权益为 20.68 万亿元,地方国有企业所有者权益为 27.56 万亿元(见表 11-1)。巨额国有资产的管理需要有公开透明的机制作为保障。

表 11-1　　　　　全国国有企业所有者权益总额

年份	全国 汇编企业户数(万户)	全国 所有者权益总额(亿元)	中央 汇编企业户数(万户)	中央 所有者权益总额(亿元)	地方 汇编企业户数(万户)	地方 所有者权益总额(亿元)
2006	11.6	98 014.4	2.1	54 998.0	9.6	43 016.4
2007	11.2	144 595.6	2.2	82 739.6	9.0	61 856.0
2008	11.0	166 210.8	2.2	92 023.9	8.8	74 186.9
2009	11.1	198 720.3	2.5	106 951.4	8.6	91 768.9
2010	11.4	234 171.1	2.6	122 465.0	8.7	111 706.1
2011	13.6	272 991.0	4.1	136 996.5	9.4	135 994.5
2012	14.7	319 754.7	4.8	151 309.6	9.9	168 445.1
2013	15.5	369 972.8	5.2	166 097.8	10.4	203 875.0
2014	16.1	418 759.1	5.4	185 050.2	10.6	233 708.9
2015	16.7	482 414.4	5.6	206 807.0	11.1	275 607.4

资料来源:《中国财政年鉴(2016)》。

我国中央层面的国有资产信息公开已推进多年。2009年,国务院国有资产监督管理委员会曾经进行过一次尝试,在那一年,国有资产监督管理委员会史无前例地公布了118家中央企业2007年和2008年两个年度的营业收入、利润、纳税以及资产总量四个目标,这也是国有资产监督管理委员会第一次向公众亮出了中央企业的家底。2013年11月,中共十八届三中全会上《中共中央关于全面深化改革若干重大问题的决定》要求"探索推进国有企业财务预算等重大信息公开"。2015年11月4日,国务院出台《关于改革和完善国有资产管理体制的若干意见》(国发〔2015〕63号),规定:完善国有资产和国有企业信息公开制度,设立统一的信息公开网络平台,在不涉及国家秘密和企业商业秘密的前提下,依法依规及时准确地披露国有资本整体运营情况、企业国有资产保值增值及经营业绩考核总体情况、国有资产监管制度和监督检查情况,以及国有企业公司治理和管理架构、财务状况、关联交易、企业负责人薪酬等信息,建设阳光国企。巨额国有资产的管理需要有公开透明的机制作为保障。2016年6月24日,国务院国有资产监督管理委员会公布《2016年政务公开工作要点》,提出要指导中央企业做好信息公开。按照国企国资改革总体要求,研究制定推动中央企业信息公开的指导意见,指导推动中央企业依法依规做好中央企业改革重组、公司治理及管理架构、财务状况、重要人事变动、企业负责人薪酬等信息发布工作。

与此同时,地方政府也在国有资产信息公开方面作了一些尝试。2008年,深圳市国有资产监督管理委员会就要求直管企业实行年报公开。这也是我国首个进行相关尝试的国有资产管理部门。2014年11月,深圳市研究出台了《深圳市市属国有企业年报公开工作指引》,以正式文件的形式对国有企业年报公开的具体问题进行了明确,信息披露的内容比照上市公司规定。2014年7月,石家庄市人民政府出台了《国有企业财务预算等重大信息公开暂行办法》。同年12月,山西省人民政府发布了《山西省省属国有企业财务等重大信息公开办法(试行)》。2015年3月,山东省国有资产监督管理委员会、财政厅联合下发了《山东省省管企业财务等重大信息公开暂行规定》,着力提升省管企业透明度和公信度,对企业依法依规经营、保护投资者合法权益、保障企业职工参与管理、促进资源共享等具有十分重要的意义。这些有益的做法,推动了国有资产信息公开的进程。

目前,国有企业财务预算的公开还面临着很多障碍和困难,比如如何在财务预算公开的同时保护国有企业的商业秘密,如何协调国有企业财务预算公开与上市国有企业财务报表公开的关系,公开后社会公众如何行使监督权等问题。

11.1 国有企业基金透明度调查方法

为了调查省级国有企业基金透明度的现状与问题，项目组对省级国有企业基金透明度的评估包括以下内容（见表11-2）：

- 国有企业的总量6项指标（国有企业的收入、费用、利润总额、资产、负债及所有者权益总额）。
- 国有企业的总量4张表（资产负债表、利润表、现金流量表、所有者权益变动表）。
- 政府直属企业按户公布的8项指标（资产总额、负债总额、所有者权益总额、国有资本及权益总额、营业总收入、利润总额、净利润总额、归属母公司所有者权益的净利润）。
- 政府直属企业是否按照国内上市公司的信息披露要求公布企业运营状况。参照《上市公司信息披露管理办法》（中国证券监督管理委员会令第40号）的要求，对省级和省级以下政府（或各级国有资产监督管理委员会）直属企业的信息披露情况进行调查。

表11-2　省级国有企业基金信息公开调查的信息项与评分权重

类别	信息项	权重
最低要求	国有企业的收入、费用和利润总额	1
	国有企业的资产、负债及所有者权益总额	1
基本要求	国有企业资产负债表	1
	国有企业利润表	1
	国有企业现金流量表	1
	国有企业所有者权益变动表	1
	政府直属企业主要指标表	1
理想目标	政府直属企业达到与国内上市公司同等信息披露要求	1

注：①政府直属企业主要指标表是指政府直属企业按户公布的8项指标，即资产总额、负债总额、所有者权益总额、国有资本及权益总额、营业总收入、利润总额、净利润总额、归属母公司所有者权益的净利润。②政府直属企业达到与国内上市公司同等信息披露要求是指省级政府出资成立的企业的信息公开要求与沪深证券交易所对上市公司信息披露的要求完全一致。

11.2 国有企业基金透明度调查结果

在获得各省份的国有企业基金信息公开情况以后,根据事先设定的评分标准(详见本书第3章),我们对各省份的国有企业基金透明度进行了评分。

11.2.1 总体信息公开情况

如图11-1所示,31个省份的平均百分制得分为57.78分,较上年的49.27分有明显提升。

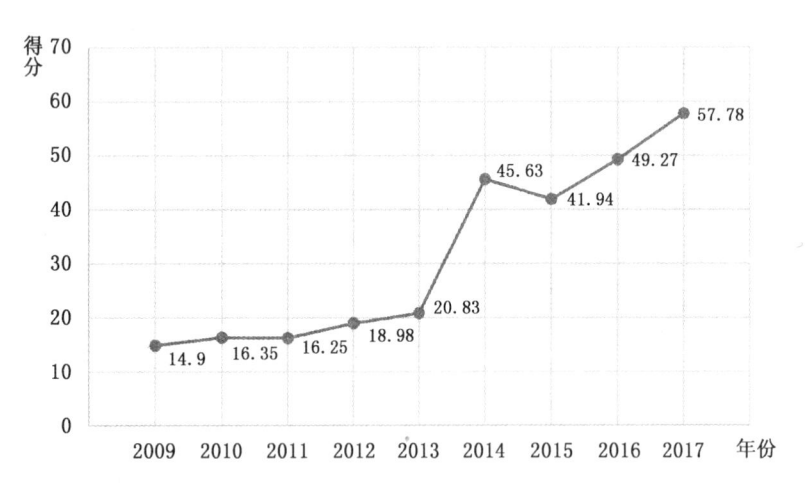

图11-1 31个省份国有企业基金透明度得分(2009—2017)

11.2.2 各信息项的信息公开情况

各信息项信息公开的具体情况如表11-3所示。

(1)国有企业的总量指标

国有企业的收入、费用、利润总额、资产、负债及所有者权益总额这6项总量指标可以在历年的《中国国有资产监督管理年鉴》上查到。因此,各省份均得满分。

(2)国有企业资产负债表、利润表和现金流量表

这部分信息公开情况相对较好,平均百分制得分均为63.23分。天津、河北、内蒙古、辽宁、黑龙江、上海、江苏、安徽、福建、山东、河南、湖南、广东、广西、重庆、四川、云南、甘肃、宁夏19个省份公开了这3张表格。北京部分公开

了表格的部分信息(虽然提供了表格,但表格分类太粗)。

(3)国有企业所有者权益变动表

这部分信息公开情况较"三大表"略差,平均百分制得分为58.06分。天津、内蒙古、辽宁、黑龙江、上海、江苏、安徽、福建、山东、河南、湖南、广东、广西、重庆、四川、云南、甘肃、宁夏18个省份公开了这张表格。

(4)政府直属企业按户公布的8项指标

这一调查项的得分情况较差,平均百分制得分为14.52分。山东公开了这项信息。内蒙古、辽宁、上海、江苏、云南和宁夏6个省份部分公开了这项信息。

(5)政府直属企业达到与国内上市公司同等信息披露要求

目前没有一个省份达到这一要求,均得零分。

表11—3　　省级国有企业基金信息各调查项目透明度情况(2017)

调查项	完全公开信息的省份数	部分公开信息的省份数	没有公开信息的省份数	本项目平均百分制得分
国有企业的收入、费用和利润总额	31	0	0	100.00
国有企业的资产、负债及所有者权益总额	31	0	0	100.00
国有企业资产负债表	19	1	11	63.23
国有企业利润表	19	1	11	63.23
国有企业现金流量表	19	1	11	63.23
国有企业所有者权益变动表	18	0	13	58.06
政府直属企业主要指标表	1	6	24	14.52
政府直属企业达到与国内上市公司同等信息披露要求	0	0	31	0.00
平均百分制得分:57.78				

11.2.3　各省份的信息公开状况排名

根据调查结果,项目组形成了2017年31个省份国有企业基金透明度得分及排名表(见表11—4)。表11—3提供的数据信息呈现出两大特征:

第一,总体情况尚可,有19个省份及格,但平均分仍然不及格,反映了部分省份做得较差,拖了全国平均分的后腿。

第二,透明度高的省份与透明低的省份形成极大的反差,呈现"两头大、中间小"的格局。有18个省份达到75分或超过75分;同时,有11个省份得分仅为25分,这些省份除了公布国有企业的收入、费用、利润总额、资产、负债及所有者权益总额 6 项总体信息外,再无信息公开了。

表 11—4　　　　31 个省份国有企业基金透明度得分及排名(2017)

排名	省份	百分制得分	排名	省份	百分制得分
1	山东	87.50	8	四川	75.00
2	上海	85.00	8	甘肃	75.00
2	江苏	85.00	19	河北	62.50
2	宁夏	85.00	20	北京	47.50
5	辽宁	81.25	21	山西	25.00
6	内蒙古	80.00	21	吉林	25.00
7	云南	77.50	21	浙江	25.00
8	天津	75.00	21	江西	25.00
8	黑龙江	75.00	21	湖北	25.00
8	安徽	75.00	21	海南	25.00
8	福建	75.00	21	贵州	25.00
8	河南	75.00	21	西藏	25.00
8	湖南	75.00	21	陕西	25.00
8	广东	75.00	21	青海	25.00
8	广西	75.00	21	新疆	25.00
8	重庆	75.00			

31 个省份平均得分:57.78

如图 11—2 所示,与 2016 年相比,6 个省份的得分出现下降,原因主要有两个:一是该省份的本年度财政年鉴无法买到,导致信息缺失;二是有些信息在以往年度被该省份工作人员认定为是可以公开的,而在本年度却认为不能公开。

最后需要说明的是,尽管一些省份的国有资产监督管理委员会向项目组提供了相关报表,项目组在评估时给了其得分,但这些省份的国有资产监督管理委员会并不掌握本省份所属的所有企业情况,其提供的报表是不全面的。以河北省为例,如表 11—5 所示,文化类国有企业、地方金融类企业以及其他行政事业单位所属企业均不隶属于省国有资产监督管理委员会,各类国有企业信息具有碎片化的特征,从而不利于社会公众的监督。

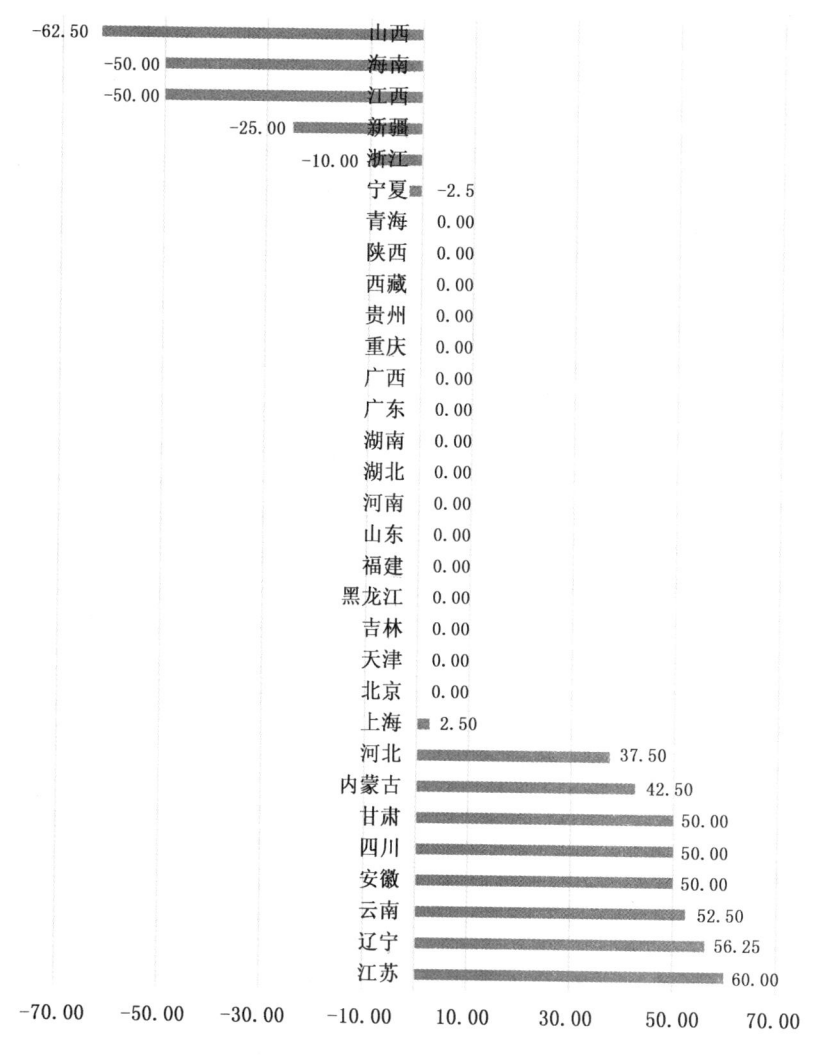

省份	数值
山西	-62.50
海南	-50.00
江西	-50.00
新疆	-25.00
浙江	-10.00
宁夏	-2.5
青海	0.00
陕西	0.00
西藏	0.00
贵州	0.00
重庆	0.00
广西	0.00
广东	0.00
湖南	0.00
湖北	0.00
河南	0.00
山东	0.00
福建	0.00
黑龙江	0.00
吉林	0.00
天津	0.00
北京	0.00
上海	2.50
河北	37.50
内蒙古	42.50
甘肃	50.00
四川	50.00
安徽	50.00
云南	52.50
辽宁	56.25
江苏	60.00

注：图中数值为2017年得分减去2016年得分。"+"表示得分增加，"-"表示得分减少。

图11-2　各省份国有企业基金透明度得分变化情况（2016—2017）

表11-5　　河北省省属企业的归属类型与资产规模

企业归属类型	资产规模
省国有资产监督管理委员会在统企业	截至2016年底,省国有资产监督管理委员会在统企业1 845家,资产总额22 659.8亿元

续表

企业归属类型	资产规模
文化类国有企业	截至2016年底,省级文化类国有企业共6家(市县未统计),资产总额228.4亿元
地方金融类企业	国有资本的地方金融类企业29家,截至2015年底资产总额10 902.2亿元,其中,国有资本219.5亿元
其他行政事业单位所属企业	其他省直行政事业单位所属企业共206家(市县未统计),截至2015年底资产总额557亿元

资料来源:李谦《河北省人民政府关于国有资产管理和国有企业改革工作情况的报告》,河北省第十二届人民代表大会常务委员会第二十九次会议,2017年5月23日。

12 省级财政透明度调查的态度评估

公民、法人与其他组织有要求政府部门公开政府信息的权利。《政府信息公开条例》第十三条规定："除本条例第九条、第十条、第十一条、第十二条规定的行政机关主动公开的政府信息外，公民、法人或者其他组织还可以根据自身生产、生活、科研等特殊需要，向国务院部门、地方各级人民政府及县级以上地方人民政府部门申请获取相关政府信息。"与之相应，政府部门有向公民公开信息的义务。《政府信息公开条例》第二十四条明确规定："行政机关收到政府信息公开申请，能够当场答复的，应当当场予以答复。行政机关不能当场答复的，应当自收到申请之日起 15 个工作日内予以答复；如需延长答复期限的，应当经政府信息公开工作机构负责人同意，并告知申请人，延长答复的期限最长不得超过 15 个工作日。申请公开的政府信息涉及第三方权益的，行政机关征求第三方意见所需时间不计算在本条第二款规定的期限内。"鉴于《政府信息公开条例》对政府部门回复政府信息公开申请作出了制度性的规定，项目组根据信息公开申请的回复情况，评估了省级政府财政透明度态度的得分情况。

12.1 财政透明度调查态度得分的总体情况

省级财政透明度调查态度指标的总分设定为 100 分，为财政厅（局）、人力资源和社会保障厅(局)、国有资产监督管理委员会、政府信息公开办公室的回复情况得分和部门预算信息公开申请回复情况得分的平均数。在财政信息公开申请过程中,项目组向财政部门和政府信息公开办公室发出了调查一般公共预算基金、政府性基金、国有资本经营预算基金、社会保险基金和财政专户管理资金等"全口径预算"信息公开的申请;向人力资源和社会保障部门提交了社会保险基金信息的公开申请;向国有资产监督管理委员会提交了国有企业基金信息的公开申请;向省级人民政府办公厅等11个省级行政部门提交了部门财务收支的部门预算及相关信息的公开申请。评分的基本依据是被调查部门是否对项目组的申请作出了正式回复、在怎样的程度上作出了回复。如果被调查部门以电话、电子邮件或信件等方式作出回复,则无论被调查部门是否按项目组提交的申请要求作出回复,都能得分。表12-1是31个省份政府财政透明度态度的得分及排名情况。

表12-1　31个省份财政透明度调查的态度得分及排名(2017)

排名	省份	百分制得分	排名	省份	百分制得分
1	安徽	90.91	14	河南	81.82
1	北京	90.91	14	湖南	81.82
1	广东	90.91	14	陕西	81.82
1	江西	90.91	14	重庆	81.82
5	福建	86.36	21	湖北	77.27
5	甘肃	86.36	22	辽宁	72.73
5	吉林	86.36	22	内蒙古	72.73
5	江苏	86.36	22	宁夏	72.73
5	山东	86.36	22	青海	72.73
5	上海	86.36	22	云南	72.73
5	四川	86.36	27	黑龙江	68.18
5	天津	86.36	27	新疆	68.18
5	浙江	86.36	29	贵州	47.73
14	广西	81.82	29	山西	47.73
14	海南	81.82	31	西藏	9.09
14	河北	81.82			
		31个省份平均得分:77.27			

表12-1所给出的数据表明:2017年省级政府财政透明度态度的评估得分整体上还算理想。虽然31个省份的平均得分为77.3分,比上年的得分

(80.6 分)有所下降,但在 31 个省份中,除贵州、山西和西藏之外,其他 28 个省份的态度得分都在及格线以上。其中,安徽、广东与四川、江西 4 个省份的态度得分在 90 分以上;福建、甘肃等 16 个省份的态度得分在 80 分以上;湖北、辽宁等 6 个省份的态度得分在 70 分以上;黑龙江与新疆这两个省份的态度得分在 60 分以上。

12.2　一般信息公开申请回复情况及态度评估

根据省级财政透明度调查态度得分评分标准,在财政厅(局)、人力资源和社会保障厅(局)、国有资产监督管理委员会和政府信息公开办公室 4 个部门中:

● 如果有两个或两个以上的部门对本项目组的政府信息公开申请予以回复,则该省份财政透明度的态度评估就得 100 分;

● 如果只有一个部门对本项目组的政府信息公开申请予以回复,则该省份财政透明度的态度评估就得 50 分;

● 如果没有任何一个部门对本项目组的政府信息公开申请予以回复,则该省份财政透明度的态度评估就得零分。

基于这一评分标准以及一般信息公开申请的答复情况,我们就一般信息公开申请的态度进行了评估。表 12-2 是信息公开申请的答复情况及相应的态度评分结果。从表 12-2 所给出的数据可知,除了山西、贵州得 50 分,西藏得零分以外,其他 28 个省份都得了满分。各省份财政透明度态度的评分平均高达 93.5 分。这说明各省份的整体态度较为良好。

表 12-2　　　　　一般信息公开申请的回复情况及评估

省份	部门	电话回复	邮件回复	信函传真回复	百分制得分
北京	财政局		√	√	100
	国有资产监督管理委员会	√		√	
	人力资源和社会保障局		√		
	政府信息公开办公室			√	
天津	财政局			√	100
	国有资产监督管理委员会			√	
	人力资源和社会保障局			√	
	政府信息公开办公室			√	

续表

省份	部门	电话回复	邮件回复	信函传真回复	百分制得分
河北	财政厅			✓	100
	国有资产监督管理委员会			✓	
	人力资源和社会保障厅			✓	
	政府信息公开办公室			✓	
山西	财政厅		✓	✓	50
	国有资产监督管理委员会				
	人力资源和社会保障厅				
	政府信息公开办公室				
内蒙古	财政厅	✓		✓	100
	国有资产监督管理委员会			✓	
	人力资源和社会保障厅			✓	
	政府信息公开办公室			✓	
辽宁	财政厅			✓	100
	国有资产监督管理委员会				
	人力资源和社会保障厅			✓	
	政府信息公开办公室				
吉林	财政厅			✓	100
	国有资产监督管理委员会				
	人力资源和社会保障厅				
	政府信息公开办公室			✓	
黑龙江	财政厅			✓	100
	国有资产监督管理委员会			✓	
	人力资源和社会保障厅			✓	
	政府信息公开办公室			✓	
上海	财政局			✓	100
	国有资产监督管理委员会			✓	
	人力资源和社会保障局				
	政府信息公开办公室				

续表

省份	部门	电话回复	邮件回复	信函传真回复	百分制得分
江苏	财政厅				100
	国有资产监督管理委员会			✓	
	人力资源和社会保障厅	✓		✓	
	政府信息公开办公室			✓	
浙江	财政厅		✓	✓	100
	国有资产监督管理委员会			✓	
	人力资源和社会保障厅			✓	
	政府信息公开办公室			✓	
安徽	财政厅			✓	100
	国有资产监督管理委员会			✓	
	人力资源和社会保障厅	✓		✓	
	政府信息公开办公室			✓	
福建	财政厅				100
	国有资产监督管理委员会			✓	
	人力资源和社会保障厅			✓	
	政府信息公开办公室			✓	
江西	财政厅			✓	100
	国有资产监督管理委员会			✓	
	人力资源和社会保障厅		✓	✓	
	政府信息公开办公室			✓	
山东	财政厅		✓	✓	100
	国有资产监督管理委员会				
	人力资源和社会保障厅		✓	✓	
	政府信息公开办公室			✓	
河南	财政厅			✓	100
	国有资产监督管理委员会		✓	✓	
	人力资源和社会保障厅			✓	
	政府信息公开办公室			✓	

续表

省份	部门	电话回复	邮件回复	信函传真回复	百分制得分
湖北	财政厅			✓	100
	国有资产监督管理委员会				
	人力资源和社会保障厅			✓	
	政府信息公开办公室			✓	
湖南	财政厅			✓	100
	国有资产监督管理委员会		✓	✓	
	人力资源和社会保障厅			✓	
	政府信息公开办公室			✓	
广东	财政厅			✓	100
	国有资产监督管理委员会			✓	
	人力资源和社会保障厅			✓	
	政府信息公开办公室			✓	
广西	财政厅			✓	100
	国有资产监督管理委员会			✓	
	人力资源和社会保障厅			✓	
	政府信息公开办公室			✓	
海南	财政厅				100
	国有资产监督管理委员会			✓	
	人力资源和社会保障厅				
	政府信息公开办公室			✓	
重庆	财政局			✓	100
	国有资产监督管理委员会				
	人力资源和社会保障局			✓	
	政府信息公开办公室			✓	
四川	财政厅			✓	100
	国有资产监督管理委员会			✓	
	人力资源和社会保障厅			✓	
	政府信息公开办公室			✓	

续表

省份	部门	电话回复	邮件回复	信函传真回复	百分制得分
贵州	财政厅				50
	国有资产监督管理委员会				
	人力资源和社会保障厅				
	政府信息公开办公室			√	
云南	财政厅			√	100
	国有资产监督管理委员会				
	人力资源和社会保障厅			√	
	政府信息公开办公室			√	
西藏	财政厅				0
	国有资产监督管理委员会				
	人力资源和社会保障厅				
	政府信息公开办公室				
陕西	财政厅			√	100
	国有资产监督管理委员会				
	人力资源和社会保障厅			√	
	政府信息公开办公室			√	
甘肃	财政厅	√			100
	国有资产监督管理委员会			√	
	人力资源和社会保障厅				
	政府信息公开办公室			√	
青海	财政厅			√	100
	国有资产监督管理委员会				
	人力资源和社会保障厅				
	政府信息公开办公室			√	
宁夏	财政厅			√	100
	国有资产监督管理委员会			√	
	人力资源和社会保障厅			√	
	政府信息公开办公室	√		√	

续表

省份	部门	电话回复	邮件回复	信函传真回复	百分制得分
新疆	财政厅			√	100
	国有资产监督管理委员会			√	
	人力资源和社会保障厅			√	
	政府信息公开办公室			√	

当然,值得强调的是,尽管各省份的态度评分均很高,但根据项目组的评分标准,一个省份的态度得分为100分,并不意味着4个部门都要对信息公开申请给予答复,而只需要两个部门给予答复就够了,这样其实掩盖了一些问题:有部门没有给予答复,该省份的态度得分依旧是满分。从表12-2的数据来看,其实有29个部门是没有答复的。按照此标准,所有部门的态度评分其实只是76.6分(=95/124×100)。在未给予答复的29个部门中,绝大部分是国有资产监督管理委员会,共有11个,所占比重高达37.9%。财政厅(局)、人力资源和社会保障厅(局)、政府信息公开办公室未给予答复的分别为5个、8个和5个(见表12-3)。这表明财政厅(局)与政府信息公开办公室的法制意识相对较强,能按照《政府信息公开条例》及时处理政府信息公开申请,人力资源和社会保障厅(局)次之,而国有资产监督管理委员会的法制意识则较为薄弱,未能对政府信息公开作出及时处理。当然,及时回复项目组的财政信息公开申请并不表示该省份的财政资金信息披露情况较好,一些部门的回复只是告知项目组已经收到了政府信息公开申请而没有提供财政资金的实质性信息。

表12-3　　　未回复本项目组财政信息公开申请的部门和省份

部　门	未回复的省份
财政厅(局)	5个省份(江苏、福建、海南、贵州、西藏)
国有资产监督管理委员会	11个省份(山西、辽宁、吉林、山东、湖北、重庆、贵州、云南、西藏、陕西、青海)
人力资源和社会保障厅(局)	8个省份(山西、吉林、上海、海南、贵州、西藏、甘肃、青海)
政府信息公开办公室	5个省份(山西、辽宁、上海、安徽、西藏)

12.3 部门预算信息公开申请回复情况及评估

从表12-4可知,在2017年341个省级行政部门的财政透明度调查中,有208个部门对项目组的政府信息公开申请作出了回应,并就是否公开相关信息给予明确的答复,平均得分为61分。就行政部门政府信息公开申请回复情况而言:

安徽、北京、广东与江西4个省份的回复情况最好,它们都有9个部门对信息公开申请给予了回复。

福建、甘肃、吉林、江苏、山东、上海、四川、天津与浙江这9个省份的回复情况次之,各有8个部门回复了项目组的财政信息公开申请。

广西、海南、河北、河南、湖南、陕西与重庆这7个省份的回复情况再其次,它们各有7个部门处理了项目组的财政信息公开申请。

湖北省有6个部门处理了项目组的财政信息公开申请并进行回复。

贵州、辽宁、内蒙古、宁夏、青海、山西与云南这7个省份各有5个部门处理了项目组的财政信息公开申请。

黑龙江与新疆这两个省份各有4个部门处理了项目组的财政信息公开申请。

西藏有两个部门处理了项目组的财政信息公开申请。

值得注意的是,一些省份对项目组财政信息公开申请作出回复的部门数虽然相同,但行政部门提供的信息质量差异导致了最终得分的差异。

表12-4　　　　　部门预算信息公开申请回复情况及评估

省份	政府	人大	政协	教育	财政	国税	地税	工商	卫生	交通	环保	小计	得分
安徽	√			√	√	√	√	√	√	√	√	9	81.8
北京	√			√	√	√	√	√	√	√	√	9	81.8
福建	√			√	√		√	√	√	√	√	8	72.7
甘肃	√			√	√	√	√	√	√		√	8	72.7
广东	√	√		√	√	√	√	√	√	√	√	9	81.8
广西				√	√		√		√	√	√	7	63.6
贵州	√			√				√		√	√	5	45.5
海南	√					√	√	√	√	√	√	7	63.6

续表

省份	政府	人大	政协	教育	财政	国税	地税	工商	卫生	交通	环保	小计	得分
河北	✓		✓	✓	✓	✓	✓				✓	7	63.6
河南	✓			✓		✓	✓	✓	✓	✓		7	63.6
黑龙江					✓		✓	✓			✓	4	36.4
湖北	✓			✓	✓	✓			✓		✓	6	54.5
湖南	✓			✓	✓			✓		✓	✓	7	63.6
吉林	✓		✓		✓	✓		✓	✓	✓	✓	8	72.7
江苏	✓	✓	✓	✓	✓		✓		✓		✓	8	72.7
江西	✓	✓	✓	✓	✓	✓	✓	✓			✓	9	81.8
辽宁	✓			✓	✓				✓		✓	5	45.5
内蒙古					✓	✓	✓		✓	✓		5	45.5
宁夏	✓			✓				✓			✓	5	45.5
青海	✓						✓		✓	✓	✓	5	45.5
山东	✓			✓	✓	✓	✓	✓	✓		✓	8	72.7
山西					✓			✓	✓	✓	✓	5	45.5
陕西	✓			✓	✓	✓	✓	✓	✓			7	63.6
上海	✓		✓	✓	✓		✓	✓	✓		✓	8	72.7
四川	✓			✓	✓	✓	✓	✓	✓		✓	8	72.7
天津	✓			✓	✓	✓	✓	✓	✓		✓	8	72.7
西藏	✓										✓	2	18.2
新疆	✓			✓	✓						✓	4	36.4
云南	✓			✓			✓			✓	✓	5	45.5
浙江	✓			✓	✓	✓	✓	✓	✓		✓	8	72.7
重庆	✓				✓	✓		✓	✓	✓	✓	7	63.6
小计	26	3	1	24	27	15	18	25	23	20	26	208	61.0

就行政部门政府信息公开申请回复情况的部门结构而言,财政、政府办公厅、环保、工商、教育与卫生等部门的回复情况较好,将近2/3以上的省份以电话或电子邮件或信件传真的方式回复了财政信息公开申请;交通、地税和国税

的回复情况其次；人大办公厅和政协办公厅的回复情况最差。具体来说，在31个省份中，分别有27个省级财政部门、26个省级政府办公厅、26个省级环保部门、25个工商部门、24个教育部门、23个卫生部门、20个交通部门、18个地税部门、15个国税部门对项目组的申请作出了回复。与政府职能部门回复情况相对应，人大办公厅和政协办公厅的回复情况非常糟糕，对项目组政府信息公开申请作出回复的只有广东省人大办公厅、江苏省人大办公厅、江西省人大办公厅和河北省政协办公厅这4个部门。造成人大办公厅和政协办公厅的回复情况比政府职能部门差的主要原因在于《政府信息公开条例》的法律地位低，在一些预算单位的观念中，《政府信息公开条例》的作用范围局限于人民政府的职能部门，党的有关部门、人大办公厅、政协办公厅、法院、检察院、民主党派和人民团体并不在《政府信息公开条例》的适用范围内。

附　录

附录 1

财政信息调查提纲

我们申请公开贵省(直辖市、自治区)2015年度决算的下列各表所包含的信息。

编号	表号	表名	分类
1	决算 01 表	公共财政收支决算总表	第一部分：公共财政决算
2	决算 04 表	公共财政收入决算明细表	第一部分：公共财政决算
3	决算 05 表	公共财政支出决算功能分类明细表	第一部分：公共财政决算
4	决算 06 表	公共财政收支决算分级表	第一部分：公共财政决算
5	决算 08 表	公共财政收支及平衡情况表	第一部分：公共财政决算
6	决算 09 表	政府性基金收支决算总表	第二部分：政府性基金决算
7	决算 12 表	政府性基金收支及结余情况表	第二部分：政府性基金决算
8	决算 13 表	政府性基金收支决算分级表	第二部分：政府性基金决算
9	决算 14 表	政府性基金收支及平衡情况表	第二部分：政府性基金决算

续表

编号	表号	表名	分类
10	决算15表	国有资本经营收支决算总表	第三部分:国有资本经营决算
11	决算16表	国有资本经营收支决算明细表	
12	决算17表	国有资本经营收支决算分级表	
13	决算18表	国有资本经营收支及平衡情况表	
14	决算19表	社会保险基金收支决算表	第四部分:补充资料
15	决算20表	财政专户管理资金收支情况表,以及财政专户管理资金收入决算明细、支出功能分类明细、收支分级及平衡情况	
16	决算21表	预算资金年终资产负债表	
17	决算22表	财政专户管理资金年终资产负债表	
18	决算23表	基本数字表	
19	补充01表	公共财政支出决算经济分类明细表(见样表1)	公共财政决算
20	补充02表	公共财政支出决算部门分类明细表(见样表2)	
21	补充03表	本级政府国有企业资产负债表	社会保险基金决算
22	补充04表	本级政府国有企业利润表	
23	补充05表	本级政府国有企业现金流量表	
24	补充06表	本级政府国有企业所有者权益变动表	
25	补充07表	本级政府直属企业主要指标表(见样表3)	
26	社决01表	社会保险基金资产负债表	
27	社决02表	企业职工基本养老保险基金收支表	
28	社决03表	失业保险基金收支表	
29	社决04表	城镇职工基本医疗保险基金收支表	
30	社决05表	工伤保险基金收支表	
31	社决06表	生育保险基金收支表	
32	社决07表	居民社会养老保险基金收支表	
33	社决08表	城乡居民基本医疗保险基金收支表	
34	社决09表	新型农村合作医疗基金收支表	

续表

编号	表号	表名	分类
35	社决 10 表	城镇居民基本医疗保险基金收支表	社会保险基金决算
36	社决 11 表	社会保障基金财政专户资产负债表	
37	社决 12 表	社会保障基金财政专户收支表	
38	社决附 01 表	财政对社会保险基金补助资金情况表	
39	社决附 02 表	企业职工基本养老保险补充资料表	
40	社决附 03 表	失业保险补充资料表	
41	社决附 04 表	城镇职工医疗保险、工伤保险、生育保险补充资料表	
42	社决附 05 表	居民社会养老保险补充资料表	
43	社决附 06 表	居民基本医疗保险补充资料表	
44	社决附 07 表	其他养老保险情况表	
45	社决附 08 表	其他医疗保障情况表	

表中,编号 1—18 的决算 01—23 表按财政部统一制定的《2015 年度财政总决算报表》格式和要求填报;编号 19—25 的补充 01—07 表按提供的样表和会计要求填报;编号 26—45 的社决 01—12 表以及社决附 01—08 表按财政部、人力资源和社会保障部以及卫生和计划生育委员会统一规定并要求编报的《2015 年度社会保险基金决算》报表和要求填报。所有表格均可在以下网址下载或来函索取:http://spea.shufe.edu.cn/structure/kyws/dt_163992_1.htm。

样表 1   **公共财政支出决算经济分类明细表**   单位:万元

预算科目	决算数	预算科目	决算数	预算科目	决算数
一、工资福利支出		三、对个人和家庭的补助		地上附着物和青苗补偿	
基本工资		离休费		拆迁补偿	
津贴补贴		退休费		公务用车购置	
奖金		退职(役)费		其他交通工具购置	
社会保障缴费		抚恤金		其他资本性支出	
伙食费		生活补助		小计	
伙食补助费		救济费		六、对企事业单位的补贴	

续表

预算科目	决算数	预算科目	决算数	预算科目	决算数
绩效工资		医疗费		企业政策性补贴	
其他工资福利支出		助学金		事业单位补贴	
小计		奖励金		财政贴息	
二、商品和服务支出		生产补贴		其他对企事业单位的补贴支出	
办公费		住房公积金		小计	
印刷费		提租补贴		七、债务利息支出	
咨询费		购房补贴		国内债务付息	
手续费		其他对个人和家庭的补助支出		向国家银行借款付息	
水费		小计		其他国内借款付息	
电费		四、基本建设支出		向国外政府借款付息	
邮电费		房屋建筑物购建		向国际组织借款付息	
取暖费		办公设备购置		其他国外借款付息	
物业管理费		专用设备购置		小计	
差旅费		基础设施建设		八、赠与	
因公出国(境)费用		大型修缮		对国内的赠与	
维修(护)费		信息网络及软件购置更新		对国外的赠与	
租赁费		物资储备		小计	
会议费		公务用车购置		九、贷款转贷及产权参股	
培训费		其他交通工具购置		国内贷款	
公务接待费		其他基本建设支出		产权参股	
专用材料费		小计		其他贷款转贷及产权参股支出	
被装购置费		五、其他资本性支出		小计	
专用燃料费		房屋建筑物购建		十、其他支出	
劳务费		办公设备购置			
委托业务费		专用设备购置			
工会经费		基础设施建设			
福利费		大型修缮			

续表

预算科目	决算数	预算科目	决算数	预算科目	决算数
公务用车运行维护费		信息网络及软件购置更新			
其他交通工具运行维护		物资储备			
税金及附加费用		土地补偿			
其他商品和服务支出					
小计		安置补助		本年支出合计	

样表2　　　　　　　　　　公共财政支出决算部门分类明细表　　　　　　　　单位：万元

预算科目	决算数	预算科目	决算数	预算科目	决算数
公安厅		发改委		南水北调办	
检察院		统计局		国资委	
司法局		国土资源管理局		……	
外交厅		建设局			
工商局		知识产权部门			
商委		环保局			
财政厅		旅游局			
税务局		海洋部门			
海关部门		测绘部门			
审计厅		交通运输局			
人口和计划生育办		经信委			
国管局		农委			
外专局		林业局			
保密局		水利局			
质量监督检验检疫局		卫生厅			
出版局		民政厅			
安全生产监督管理局		人力资源和社会保障局			
档案局		证监会			
港澳办		银监会			
贸促会		保监会			
宗教办		电力监管委			
人防办		仲裁委			

续表

预算科目	决算数	预算科目	决算数	预算科目	决算数
中直管理局		编办			
文广局		党校			
教育厅		监察局			
体育局		外文局		本年支出合计	

样表3　　　　　省(直辖市、自治区)政府直属企业主要指标表　　　　单位:万元

企业名称	资产总额	负债总额	所有者权益总额	国有资本及权益总额	营业总收入	利润总额	净利润总额	归属母公司所有者权益的净利润
××集团有限公司								
××集团有限公司								
××集团有限公司								
……								
合计								

附录 2

部门行政收支及相关信息调查提纲

我们申请公开贵部门 2015 年度决算的下列报表所包含的信息。

编号	表号	表格名称
1	财决 01 表	收入支出决算总表
2	财决 04 表	支出决算表
3	财决 05 表	支出决算明细表
4	财决 05－1 表	基本支出决算明细表
5	财决 05－2 表	项目支出决算明细表
6	财决附 02 表	国有资产收益情况表
7	财决附 03 表	基本数字表
8	财决附 04 表	机构人员情况表
9	补充表	各项目支出按经济性质分类的决算明细表（见样表1）

表中，编号 1－8 的财决 01－05 表以及财决附 02－04 表按财政部统一制定并下发的《2015 年度部门决算报表编制手册》的要求填报。编号 9 为补充表，提供的样表和会计要求填报。所有表格均可在以下网址下载或来函索取：http://spea.shufe.edu.cn/structure/kyws/dt_163992_1.htm。

样表 1　　　　　各项目支出按经济性质分类的决算明细表
编制单位：　　　　　　　　　　　　　　　　　　　　金额单位：

	项目名称与编号		项目1	项目2	项目3	……
	合　计	1				
工资福利支出	小计	2				
	基本工资	3				
	津贴补贴	4				
	奖金	5				
	社会保障缴费	6				
	伙食费	7				
	伙食补助费	8				
	绩效工资	9				
	其他工资福利支出	10				

续表

	项目名称与编号		项目1	项目2	项目3	……
商品和服务支出	小计	11				
	办公费	12				
	印刷费	13				
	咨询费	14				
	手续费	15				
	水费	16				
	电费	17				
	邮电费	18				
	取暖费	19				
	物业管理费	20				
	差旅费	21				
	因公出国(境)费用	22				
	维修(护)费	23				
	租赁费	24				
	会议费	25				
	培训费	26				
	公务接待费	27				
	专用材料费	28				
	被装购置费	29				
	专用燃料费	30				
	劳务费	31				
	委托业务费	32				
	工会经费	33				
	福利费	34				
	公务用车运行维护费	35				
	其他交通费用	36				
	税金及附加费用	37				
	其他商品和服务支出	38				

续表

	项目名称与编号		项目1	项目2	项目3	……
对个人和家庭的补助	小计	39				
	离休费	40				
	退休费	41				
	退职(役)费	42				
	抚恤金	43				
	生活补助	44				
	救济费	45				
	医疗费	46				
	助学金	47				
	奖励金	48				
	生产补贴	49				
	住房公积金	50				
	提租补贴	51				
	购房补贴	52				
	其他对个人和家庭的补助支出	53				
基本建设支出	小计	54				
	房屋建筑物购建	55				
	办公设备购置	56				
	专用设备购置	57				
	基础设施建设	58				
	大型修缮	59				
	信息网络及软件购置更新	60				
	物资储备	61				
	公务用车购置	62				
	其他交通工具购置	63				
	其他基本建设支出	64				
其他资本性支出	小计	65				
	房屋建筑物购建	66				
	办公设备购置	67				
	专用设备购置	68				
	基础设施建设	69				
	大型修缮	70				
	信息网络及软件购置更新	71				
	物资储备	72				
	土地补偿	73				
	安置补助	74				
	地上附着物和青苗补偿	75				

续表

项目名称与编号			项目1	项目2	项目3	……
其他资本性支出	拆迁补偿	76				
	公务用车购置	77				
	其他交通工具购置	78				
	其他资本性支出	79				
对企事业单位的补贴	小计	80				
	企业政策性补贴	81				
	事业单位补贴	82				
	财政贴息	83				
	其他对企事业单位的补贴支出	84				
债务利息支出	小计	85				
	国内债务付息	86				
	向国家银行借款付息	87				
	其他国内借款付息	88				
	向国外政府借款付息	89				
	向国际组织借款付息	90				
	其他国外借款付息	91				
赠与	小计	92				
	对国内的赠与	93				
	对国外的赠与	94				
贷款转贷及产权参股	小计	95				
	国内贷款	96				
	产权参股	97				
	其他贷款转贷及产权参股支出	98				
其他支出		99				

参考文献

[1]中华人民共和国慈善法.中华人民共和国中央人民政府门户网站,http://www.gov.cn/,2016—03—16.

[2]中华人民共和国环境保护税法.http://www.npc.gov.cn/,2016—12—25.

[3]中共中央办公厅,国务院办公厅.关于全面推进政务公开工作的意见.中华人民共和国中央人民政府门户网站,http://www.gov.cn/,2016—02—17.

[4]国务院.关于全面推进政务公开工作的意见实施细则.中华人民共和国中央人民政府门户网站,http://www.gov.cn/,2016—11—10.

[5]国务院.关于在政务公开工作中进一步做好政务舆情回应的通知.中华人民共和国中央人民政府门户网站,http://www.gov.cn/,2016—09—24.

[6]财政部.关于切实做好地方预决算公开工作的通知.http://yss.mof.gov.cn/,2016—10—27.

[7]财政部.财政部驻各地财政监察专员办事处实施地方政府债务监督暂行办法.中华人民共和国中央人民政府门户网站,http://www.gov.cn/,2016—11—24.

[8]上海财经大学公共政策研究中心.2015中国财政透明度报告[M].上海:上海财经大学出版社,2015.

[9]上海财经大学公共政策研究中心.2016中国财政透明度报告[M].上海:上海财经大学出版社,2016.

[10]清华公共经济、金融与治理研究中心财政透明度课题组.2016年中国市级政府财政透明度研究报告[EB/OL].http://www.sppm.tsinghua.edu.cn/,2016—07—27.

[11]李林,田禾.法治蓝皮书:中国法治发展报告(2016)[M].北京:社会科学文献出版社,2016.

[12]中国社会科学院法学研究所法治指数创新工程项目组,国家法治指数研究中心.中国高等教育透明度指数报告(2015)[M].北京:中国社会科学出版社,2016.

[13]中国政法大学环境资源法研究所.新〈环境保护法〉实施情况评估报告[EB/OL].http://news.cupl.edu.cn/,2016—05—23.

[14]"透明中国"网,http://www.ogichina.org/.

后　记

《2017中国财政透明度报告》经过辛勤的孕育马上要与读者见面了。这是自2009年以来的第九部报告。每部报告的顺利完成都不仅凝聚着项目组成员的心血，而且有赖于多方的支持与帮助。

首先需要感谢的是上海财经大学党委书记丛树海教授以及学校其他相关领导。他们自始至终对本项目的全过程给予高度关注和支持。丛教授的真知灼见经常会使项目组成员耳目一新，为项目研究增添新的观察和思考视角。

本项目的完成除了项目组成员的奉献和努力外，还有赖于近百名学生的参与与支持。他们中的下述人员特别值得在此提出并表示感谢。

全程参与本项目调研的同学有朱颖、刘潋滟、赵颖博。他们对项目的热情、工作上的认真负责和不辞辛苦都是项目得以顺利进行的必不可少的条件。

参与在政府网站和公开出版物上搜寻政府财政信息的学生有毕凯君、李大林、郭亚坤、牧霜琪、孙胜楠、钱忆文、郑文琪、沈菲菲、马莉、朱琨、齐海丞、乌贤晖、徐利、肖静依、丁云惠、冯笑等。他们一丝不苟、认真负责的态度以及不怕吃苦、耐心搜索的精神感动着项目组每一位成员。

上海财经大学出版社为本项目报告的及时出版和不断完善给予了极大的支持，并做了大量辛勤的工作。

《中国财政透明度报告》项目是由高校、科研机构和政府部门通力合作进行的一项在我国具有开创性的调研活动，希冀它能继续为推动我国政府财政信息公开事业贡献绵薄之力。

《中国财政透明度报告》项目组
2017年9月